# 学而思 思而行

XUE ER SI SI ER XING



潘尔春 主编

江西高校出版社
JIANGXI UNIVERSITIES AND COLLEGES PRESS

**图书在版编目（CIP）数据**

学而思　思而行/潘尔春主编. —南昌:江西高校出版社,2020.5（2022.2 重印）
ISBN 978-7-5493-9651-1

Ⅰ. ①学…　Ⅱ. ①潘…　Ⅲ. ①高等学校—人才培养—中国—文集　Ⅳ. ①G649.2-53

中国版本图书馆 CIP 数据核字(2020)第 048867 号

| | |
|---|---|
| 出版发行 | 江西高校出版社 |
| 社　　址 | 江西省南昌市洪都北大道 96 号 |
| 总编室电话 | (0791)88504319 |
| 销售电话 | (0791)88522516 |
| 网　　址 | www.juacp.com |
| 印　　刷 | 天津画中画印刷有限公司 |
| 经　　销 | 全国新华书店 |
| 开　　本 | 700mm×1000mm　1/16 |
| 印　　张 | 34 |
| 字　　数 | 500 千字 |
| 版　　次 | 2020 年 5 月第 1 版 |
| | 2022 年 2 月第 2 次印刷 |
| 书　　号 | ISBN 978-7-5493-9651-1 |
| 定　　价 | 68.00 元 |

赣版权登字-07-2020-238

# 序
# 以“学·思·行”理念创新管理专业人才培养

潘尔春　何文强　张鹏程

创新驱动发展时代，迫切需要大批创新型人才。培养创新型人才，是时代赋予高等院校义不容辞的使命。大学生创新能力，已经成为衡量高等院校人才培养质量和规格的一项重要标准。2012年《教育部关于全面提高高等教育质量的若干意见》中明确提出，要“创新人才培养模式，提高人才培养质量”，要求高等院校因校制宜，努力探索适应社会需求并体现本校特色的人才培养模式。因此，承载创新型人才培养使命的高等院校必须从自身实际出发，探索并形成具有各自特色的创新型人才培养模式。川北医学院管理学院作为学校的二级学院，主要承担管理人才的培养任务。为适应时代和社会对创新型管理人才的需要，我院根据自身的实际情况，秉持“学·思·行”的理念，深入探索创新型管理人才培养新模式，促进了人才培养质量和规格的不断提升。

培养什么样的人才，从根本上取决于人才培养理念。而创新型人才的培养，最根本的就在于创新思维和创新能力的培育与养成，这依赖于“学习力”“思维力”“实践力”（即“学·思·行”能力）三种基本能力的培养。理论性和应用性密切结合的管理特点和学科性质，要求管理人才必须具备强大的“学习力”“思维力”“实践力”。与此相应的是，培养创新型管理人才，就必须秉持“学·思·行”的理念。“学”“思”“行”彼此联系又互为支撑。积极促进学生“学习力”“思维力”“实践力”的养成和提升，能够提高学生的综合素质，为其创新能力的形成和提升奠定良好的基础。

管理学院在探索人才培养新模式的实践中，始终以“学·思·行”为核心理念。无论是理论教学、实践教学，还是“第二课堂”，都围绕着学生“学·思·行”能力的培养和提升而设计和展开，致力于学生“学习力”“思维力”“实践力”这三种基本能力的融合培养。课堂教学的教学设计、教学内容、教学方式方法、课程考试等，都必须以培养和提升学生“学习力”“思维力”“实践力”为出发点和归宿，充分发挥课堂教学的作用。在课堂教学之外，学院构建了主题为“我的管理学”的管理论坛、“经典、专业、学术”读书交流活动、每月一次学术讲座、以四川省基层卫生事业发展研究中心课题为导向的调查研究、以课题为引导的“三下乡”社会实践活动以及技能比赛和开放性实验多级平台，为培育和提升学生“学·思·行”能力提供强有力的支撑。

管理论坛以“我的管理学”为主题，开展征文演讲大赛，鼓励学生积极探索管理科学、探究管理艺术，将所学管理学理论知识进行思考沉淀，提升其运用管理学理论和方法解决问题的能力。同时，学院为全院学生打造了交流管理知识、分享管理智慧和追踪学术前沿的平台，时间为每年9月至11月。征文要求围绕“我的管理学”这一主题，结合专业知识以论文形式呈现。

“经典、专业、学术”读书交流活动着力激发学生读书热情，广泛阅读思考，培养学生“爱读书、勤思考、善运用”的习惯，不断拓宽视野，丰富知识储备。活动时间为每年3月至5月。读书活动由学院推荐书目，学生自主选择书籍进行阅读。一年级：选读人文社科类经典书籍；二年级：精读管理专业类经典书籍；三、四年级：研读管理类经典著作及专业学术期刊。活动内容分为：经典著作及专业著作、学术期刊阅读与交流和读书报告会两部分。

每月一次学术讲座，是为了激发学生的学术兴趣与追求，了解学科、专业发展动态而设置的。学院邀请校外专家或安排本院的教师，组织开展每月一次的学术讲座。

开展以四川省基层卫生事业发展研究中心课题为导向的调查研究，是为了培养学生对科学研究的爱好、兴趣，促进其科学研究素养的形成，使其具备一定的科学研究能力。四川省基层卫生事业发展研究中心，是四川省教育厅人文社科重点研究基地。学院依托该“中心”，以“中心”课题为导向，组织学生结合自身的情况与专业特点，开展调查研究，撰写调研报告和论文。“中心”提供经费资助，用于活动开展与论文发表。优秀论文作者参加“中心”学术年会，进行论文交流。

以课题引导学生“三下乡”社会实践活动，让学生了解社会尤其是基层社会发展情况，发现问题，积极思考，探讨解决问题的措施、路径。学院和参加“三下乡”社会实践活动的学生共同拟定课题，以课题为引导开展活动，撰写实践报告和论文。

技能比赛，以提高学生的专业技能为目标。学院四个专业分别根据自身的专业特点，拟定1—2个技能比赛项目，组织学生开展技能比赛。

开放性实验，主要是巩固、检验学生对所学知识的掌握和运用能力。各专业教师结合专业实际与“大学生创新创业大赛”对接，选定1—2个开放性实验项目，组织学生参加开放性实验，检验知识的掌握程度及其运用到具体实践中的能力。

多级平台的构建，为学生“学·思·行”能力的培养和提升，发挥了积极的促进作用，提供了强有力的支持和保障。通过四年多的探索实践，学院形成了全过程培养和提高学生“学·思·行”能力的长效机制，多级平台同向共振，学生的“学·思·行”能力显著提升，学院创新型管理人才模式日趋形成，成效日益凸显。

从各平台运行实践看，学生的主体作用得以发挥，以学生为中心的培养理念得到贯彻，学生智慧和潜力得以挖掘，提高了学生自主学习、科学研究、表达沟通以及团结协作等方面的能力。学生逐渐成为自主学习者、积极思考者，而且体现出日益增强的实践创新能力，从而促进了整体水平和综合素质的提高。

从学生提交的论文看，视野较为开阔、题材多样，涉及公共管理、信息管理、社会工作、财务管理等多学科和专业，包括对基层卫生事业发展和基层治理相关问题的研究、对传统管理思想的梳理、对管理技巧的运用分析、对信息管理应用的拓展探究、对AI引入管理实践路径的思考等，具有极强的现实意义。

从学生参与科研课题及其成果看，理论与实践紧密结合，密切关注现实，立足实地调研，用数据分析说话。绝大多数文章做了广泛的实地调研和数据分析，在分析具体问题的过程中，形成自己的思考，提炼成文。

学院秉持“学·思·行”的育人理念，业已形成的创新型管理人才模式，推进了管理人才培养内涵式发展，促进了人才培养“质”的提升，成效初显。近年来，学生入驻学校创新创业俱乐部3项，获四川省创新创业大赛金奖1项，四川省“挑战杯”一、二、三等奖各1项，四川省互联网·创新创业铜奖1项，国家级和省级科研立项30项，发表论文100余篇。获得团体奖项6个，考取各类资格证书300余份，累计获得个人奖项百余项，参加团中央“逐梦计划”100余人。

contents

# 目　录

## 上　篇

## 下　篇

# 上篇

# 论“传播五W理论”在政府形象建设的运用

熊粉瑶
公共事业管理2012级

**摘　要：**良好的政府形象具有强大的公信力、号召力、影响力，有利于增加公众对政府的信任，更有利于促进政府工作的有效开展。然而当今社会处在高速传播与发展的时代，传播媒介的多样化与传播方式的复杂性，使得信息的传播变得复杂，信息传播的及时、准确、可靠性受到各种传播媒介的干扰，公众对于信息的筛选与思考也受到传播媒介的影响。在此复杂的形势下，政府形象建设如何开展，如何选择正确有效的传播模式来促进政府良好形象的传播，这是民主政治时期政府形象建设所面临的新形势和存在的问题。本文通过文献理论研究的方法，将“传播五W理论”与政府形象建设相结合，将理论运用于实践中去解决问题。传播“五W理论”是新形势下政府形象建设所能采取的简单有效的传播模式，此模式的五大步能够给政府形象建设带来充足动力。

**关键词：**传播五W理论；政府形象；建设作用

政府形象的构成是很复杂的，各种形象因素相互联系，构成一个完整的政府形象系统，政府形象的各个方面相互影响、相互制约，共同组成完整的政府形象系统。传播媒介与沟通技术的发展，完全突破了传统的沟通障碍，缩短了政府与公众之间的距离，因而政府展示在公众面前的形象变得尤为重要，政府的形象建设就成为重点开展项目。抓好政府形象建设，有利于塑造良好的政府形象，推进政府高效率地工作，为人民办好事，促进社会的稳定与发展。

## 一、“传播五W理论”对政府形象建设的作用

“传播五W理论”的传播过程是一个目的性行为过程，具有企图影响受

众的目的。“传播五 W 理论”的五个环节正是传播活动得以发生的精髓，它的五个环节分别作用于政府形象建设的五个方面，对政府形象的建设起到五个方面不同的作用，五个环节环环相扣共同推进了政府的形象建设。政府形象建设既是一个实践问题也是一个理论问题，所以塑造政府形象的实践可以运用“传播五 W 理论”来丰富，“传播五 W 理论”对政府形象的塑造具有重要作用。

（一）明确政府形象主体，担当形象传播责任

“传播五 W 理论”的第一个环节是 Who（谁），即传播者。传播者既可以是个人也可以是组织，传播者是传播活动的起点，也是传播活动的中心之一。因此传播者可以说处在一个传播活动的控制地位。传播者在政府形象建设中的作用是可想而知的，政府形象是政府工作中必须重视的一个内容，政府形象的好坏直接关系着公众对政府的理解与信任程度，政府形象决定着政府的影响力、号召力和凝聚力，影响着政府的威信[1]。政府的形象建设需要借助传播媒介的传播功能来推进。“传播者”这一环节要求政府形象建设要明确政府形象主体，担当形象传播责任。政府的形象主体可以是普通政府、中级政府、高级政府等，先明确自己处在哪一级上，然后再根据所在层级确定政府形象的传播主体并且将传播责任明晰。政府本身通过自己的行为展示自己的形象，自己的行为就是政府形象的传播主体，政府自身就是一个强大的舆情发起者。例如：国家元首出访外国或者在重大活动上发表演讲，这既是政府活动的开展也是政府形象传播的绝好机会。传播者这一主要环节是首先明确了责任主体，迈出了政府形象建设的第一步。

（二）具体化政府形象的相关信息，向公众表达政府的主观诉求

“传播五 W 理论”的第二个环节是 Says What（说什么），即传播内容。传播内容就是传播者想要传达给公众被公众认知的信息，传播内容是传播活动的中心。传播内容存在真伪、好坏，传播内容需要筛选，因此，传播内容可以说是处在内容分析的地位。

传播内容对于政府形象建设的影响十分明显，政府形象涵盖的内容十分广泛，政府形象建设需要传达的内容也是方方面面，政府掌控好传播内容很有意义。因为如果将政府形象中精华的部分传达给公众，会增加观众对政府的好感与热爱；反之，如果将政府形象中粗糙的部分传达给公众，则会引起

公众对政府的反感和厌恶。所以传播内容对于政府形象建设的作用不容小觑。“传播内容”这一环节有助于政府具体化其想要传播的内容，帮助政府筛选出有利于塑造政府良好形象的传播内容，将自己好的形象传达给公众，以达到建设形象的目的。

（三）采取合适的传播渠道，达到提升政府形象的目的

“传播五W理论”的第三个环节是In Which Channel（通过什么渠道），即传播媒介。传播媒介是传播信息符号的物质实体，用以扩大并延伸信息传送的工具。传播媒介包括报纸、杂志、广播、电视、电影、书籍等，是传播过程的基本组成部分，是传播行为得以实现的物质手段。

传播媒介在政府形象的传播过程中起着不可或缺的作用，政府在努力创造政绩的同时，还必须借助一定的渠道、途径、方式将其展示给公众，将政府自身追求的形象转化为公众对政府的实际认识。当今社会飞速发展，传播媒介日益多样化、复杂化，对传播媒介的选择成了政府形象传播的一大难题，政府的形象需要借助什么媒介来实现传播也是一个比较复杂的问题。政府必须放弃传统的对待媒体和公众的态度，用全新的认识和态度去适应媒体并且充分利用媒体[2]。“通过什么渠道”这一环节能够更好地让政府寻找到适合自己形象的传播媒介，并且通过合适的传播媒介来将政府形象正确地传达给公众，减少公众对政府形象认识的偏差与误会，从而促进政府形象的建设。

（四）考虑政府形象的受众，照顾受众的需求

“传播五W理论”的第四个环节是To Whom（对谁谈），即受众。受众就是接受者，是主动的信息接收者、信息再加工的传播者，是传播活动产生的动因也是中心环节，在传播活动中占有重要地位。例如广播的听众、电影的观众等都是受众。

受众在政府形象的建设中处在接受地位，受众是政府形象建设主要关注的部分，政府进行形象建设的动因都来源于受众，政府形象的建设无非就是为了给受众留下好的印象，争取更多受众对政府的支持。现实中有不少的政府和官员没有意识到网络时代的传播范式已经发生了颠覆式的革命，他们认为只要通过“宣传”和“公关”就能“摆平”媒体，从而主导社会舆论，殊不知受众才是政府形象传播最应关注的部分。受众是一个复杂的群体，受众有不同的思想与观念，对问题持有不同的看法，个体的差异性就会影响受众

对政府形象的理解。但是事物的普遍性毕竟是其最主要的特征，“受众”这一环节就指引政府针对受众的普遍性，从大局出发传达出大多数公众所密切关注的内容，吸引受众对政府的关注，从而能够更方便地将政府形象展现给受众，更有利于加深受众对政府形象的认识。

（五）及时反馈传播效果，为政府形象的改善提供指导

“传播五 W 理论”的最后一个环节是 With What Effect（产生什么效果），即传播效果。传播效果是指传播者发出的信息经媒介传至受众而引起受众思想观念、行为方式等的变化。传播效果处在结果分析这一地位，是最具有现实意义的环节。

传播效果涉及政府形象的最终塑造效果，是政府形象建设中最需要认真剖析的环节，是此轮传播活动的结束，是下一轮传播活动的开始，起到承前启后的作用。当前，越来越多的政府将工作重点转变为服务群众，重视与群众间的沟通，塑造亲民、为民的好形象，然而官员的能力、素养等参差不齐，对政府要求越来越高，政府形象的传播效果就难以达到理想状态[3]。政府努力塑造自己的良好形象，并且希望公众能够感受到自己最好的形象。传播效果这一环节有利于政府了解现实与理想的差别，找出政府想要表达的内容与受众所感知的内容的差异，这样有助于政府改进形象传播的方法，促进政府形象的提升。

## 二、“传播五 W 理论”的运用

每一个事物的发展都遵循一定的规律，政府开展活动都有一定的指导方针，“传播五 W 理论”可以作为政府形象建设所运用的方针。“传播五 W 理论”系统地将政府形象建设分为五大步，步步为营，一步一个脚印地解决政府形象建设问题，做到理论与实践的真正结合。

（一）政府形象传播的主体

政府形象建设需要确立一个主体，主体起控制方向的作用。政府形象大多是公众对政府官员的行为及其人格状况，通过直接的感性印象积累叠加而成的，可以说，政府官员是政府形象的人格化表现，抽象的政府形象在政府官员的行为和人格中都具体化了。此外，在政府工作环境影响下的工作人员不一定是官员，也包括在政府部门工作的其他人员。每一个政府人员都立足

本职工作，并且结合自身宣传政府形象，就会聚沙成塔，政府形象就会有极大的改观。政府人员都是政府形象的传播主体，是最能体现政府形象的主体，也是最适合的传播主体。

（二）政府形象的传播内容

政府形象是指社会公众在了解和经验的基础之上，对政府在运行过程中显示的行为特征和精神状况的总体印象和评价。要用“传播五 W 理论”来武装政府形象，就要清楚政府形象具体包含的内容。政府形象囊括了许多方面，包括人员形象、政府建筑风格、精神文化、信念与信仰、前景目标、方针政策等，这些方面都直接或者间接地体现了政府形象。因此了解政府形象具体包含的内容以后，就要针对这些方面来做文章。例如：人员形象就是要传播政府工作人员整洁干净的着装、简单大方的仪容、积极向上的精神面貌等。政府建筑风格要传播出威严、公正，给人以政府的威慑力。精神文化就是要传播出政府精干的组织能力、远大的发展眼光、踏实的办公能力。

（三）政府形象的传播渠道

随着网络通信的发达，信息的共享已成为普遍趋势，我们获取信息的途径逐渐拓宽，网络、报纸、广播、电视等已经成为主流渠道，那些浓缩了政府形象的信息需要传播渠道传播出去，因此政府形象也可以通过网络、报纸、广播、电视等传播渠道来传播。例如：政府可以在网络上建立官方网站、微博、微信，及时更新官方动态，发布政府信息。政府还可以采取网络舆情监测、开设民意反馈窗口等方式来了解公众需求并且对症下药[4]。同时，政府可以在报纸上专门设立一个政府信息版面，传达政府的方针政策等。政府也可以专门开设一档广播节目，让听众在不经意间了解政府动态。最后，政府还可以在电视上开设一个政务电台，为公众普及政治常识，增加公众的政治理解能力。

（四）政府形象的受众群体

活动的开展都围绕某个确定的目标进行。政府形象的受众群体就是政府形象传播的最终目标。公众对政府的观点和看法，称为公众的政府观，政府形象的优劣最终由社会公众来评价，公众的政府观在对政府评价的过程中有着潜在的影响。政府形象的目标人群就是不同职业、不同性格、不同年龄、不同文化程度的人群。例如：医生、教师等职业性质与工作环境不同，对政府形象的理解就不同；性格乐观积极的人和性格悲观消极的人对政府发展前景所持的态度不一；不同年龄所处的年龄阶段特征不同，所表现的行为方式和思想方式不同，会影响其对政府形象的看法；文化程度高的人可能会透过现象看本质，而文化程度低的人就比较不容易理解有难度的政府决定。总之，政府形象面向广大群众，被公众时刻关注着。

（五）政府形象的传播效果

政府通过各种努力来塑造自身形象，通过传播来树立自己的好形象。政府形象的传播效果并不是绝对的，它具有两面性。一方面，政府形象传播出去有可能带来公众对政府的支持度和信任度上升，公众可能会更加关注政府动态，对政府形象树立信心，并且还会尽自己所能去协助政府工作，配合政府政策，减少政府工作的阻碍。另一方面，政府形象传播出去有可能导致效果被扭曲，导致公众对政府形象的歪曲、误解，对政府形象产生反感心理，反动情绪高涨，与政府对抗、反对政府的方针政策，制造麻烦，阻碍政府正常工作的实施，甚至可能导致政府政务系统的瘫痪。总之，传播效果分为正、反两面，要及时预测到会出现的结果，加以正确的引导，避免不必要的结果发生，趋利避害，促进政府形象的树立。

## 三、传播五 W 理论指导形象建设存在的不足

政府形象建设是一个长期且复杂的过程，需要坚持不懈的努力才能塑造出好的效果，然而任何一个理论无论是其本身还是其在现实中的运用都存在不足，传播五 W 理论最常用于广告方面，在此用于指导政府形象建设，当然存在不足。

（一）传播者难以控制

政府形象的传播主体是各级政府、政府的工作人员。每一个在政府部门工作的人员都肩负着建设政府形象的责任。在工作中，许多政府人员在其位而未谋其政，虽身处职位，但并未认识到自己是政府形象的传播主体，未传达良好的政府形象。相反，政府的形象由外来人员通过各种途径传播，在网络环境下，政府与公众之间信息不对称的情况减少，传统的政府主导自身形象的局面被打破[5]，传播者难以控制。例如外来人员来此办公，把自己的所见所闻加上自己的主观意志传达给外面的人，或者散布一些谣言。政府如果

能够及时处理妥当，并且将舆论消除，就能将自身形象维护好，并且掌握传播主体的主动权。这样外来人员就不可能对政府形象的传播进行虚构、歪曲、混淆。因此，如果政府不加以重视就会出现传播主体不规范、难以控制的局面。

（二）传播内容的收集与整理比较复杂

政府形象可以细分为很多方面，每个方面所涵盖的内容十分广泛。例如政府形象可以分为：人员形象、办公理念、精神内涵、理论方针等。每个方面需要收集的内容纷繁而复杂，同时对收集的内容进行筛选与整理更是难题。一方面，政府对自己想要表达的内容一时难以界定，政府形象的传播的具体内容很难确定；另一方面，分类整理与筛选出对政府形象建设有利的内容需要的工序较多。例如，《人民日报》上传达的政府工作方针、政府实际工作绩效等内容的整理与刊登工作都非常复杂，所谓“台上一分钟，台下十年功”就是如此，因此，对于传达政府良好形象的传播内容不能轻视。

（三）传播媒介的选择困难

在传媒时代，广告铺天盖地，各种传播媒介让人眼花缭乱，目不暇接。公司、企业在与广告商合作时都要千挑万选，以挑选出最适合传达本次广告目的的厂商。同样地，政府形象的传播也需要与之相适应的媒体进行传播。政府形象要表达出其高效的办公效率、公正的办公能力、忠诚的服务态度、先进的思想理念、正确的工作方针等，其选择的传播媒介也应当秉承办实事、说实话、为人民着想的原则，传播社会先进行为和规范的信念，所谓“道不同不相为谋”就是如此，越是相近的事物越能体会彼此想要表达的东西。理论看起来比较简单，然而实践中进行选择并非易事，挑选传播媒介任重而道远。

（四）受众的多样性影响对政府形象的评价

每个传播活动的起点都存在着一个明确的传播动因，都有着一定的目标人群。受众总是由不同思想观念、不同选择取向、不同性格特征的人组成。受众的复杂性总是存在于每个领域，是厂商需要考虑的因素之一。我们熟知的品牌例如乔丹、耐克等，其主要目标人群是爱好运动、喜欢休闲舒适的服装的人，兰蔻小黑瓶眼部精华液针对的是有眼纹的女士，它们的目标都是特定的人群，而政府的受众则是广大群众，政府形象被国人关注着，广大群众对政府形象的褒贬不一、意见不一直接影响了对政府形象的客观评价。

（五）传播的实际效果与主观诉求可能存在差异

生活中，我们常说一些人是“口是心非”的人，这其实也可以用于解释传播。此人说出的话与自己实际想要表达的内容不一致，从而导致他人未理解自己真正想要表达的含义，这里就存在着传播的实际效果与主观诉求出现差异的问题。政府形象可以区分为公众期待的政府形象与公众感受的政府形象，政府的主观诉求是为了满足公众对政府形象的期待，实际传播效果就是公众所感受到的政府形象，这两者往往不能达到一致，政府辛苦整理、收集的内容传达给公众，公众却并未理解，甚至还会产生怀疑、质疑的态度，这并未达到政府塑造形象的主观诉求。

## 四、弥补不足应采取的措施

凡事都想要追求十全十美，而凡事都难以十全十美。在看到缺点的同时不能只消极地旁观，而要采取措施进行弥补，“亡羊补牢”为时不晚。“传播五W理论”的五个环节都对政府形象的建设有所帮助，在帮助政府确定形象传播主体、形象传播内容、形象传播渠道、形象的受众以及形象的传播效果的同时，当然也表现出一些不足之处，针对每一环节存在的缺点进行改正，会促进政府形象建设的实践。

（一）确定政府的形象主体

我国政府最基本的管理制度是层级管理，我国政府按层级分为中央、省级、地级、县级、乡级政府，每一层级各有特点，要视不同情况采取不同方法，因此要明确政府所处层级，然后充分了解所在层级的特殊情况，视情况来确定传播主体。例如：中央政府是最高国家行政机关，是最高级别的政府，负责统一领导全国的行政工作。中央政府建设的形象就相当于是国家形象，因此中央政府形象的传播主体就应当是中央政府中具有代表性与影响力的官员。例如：国家领导人形象就代表了最高政府的形象，习近平排队买包子这一事件引发了一次政府形象的传播活动，所以说不同层级的政府传播主体带动的传播效果不同，他们的优秀模范形象对外界具有说服力，是可以体现中央政府良好形象的，所以要明确政府的具体层级才能有针对性地确定传播主体。

（二）明确传播主题，筛选有效的传播内容

美国信息管理专家霍顿（F. W. Horton）给信息下的定义是：“信息是为

了满足用户决策需要而经过加工处理的数据。”所以说信息要经过整理与筛选后才能满足用户的需要。政府建设形象就是为了在公众中树立好的形象，政府形象涵盖太多内容，如果每次都用大篇幅的版面来全面报道会耗费大量的人力、物力、财力等，并且公众也不一定想要获取那么全面的信息。政府要做的就是确保发布信息的分类性、针对性、同步性。例如：政府最近在响应上级号召，为人民群众办实事，那么政府近期就应该同步更新官方动态，让公众时刻接触到政府最新的时事，同时政府发布信息不能完全从主观出发，要考虑当下公众最密切关注的问题，在信息的发布上尽量倾向于公众热衷的问题，吸引公众的眼球。除此之外，政府发布信息时可以就其中一方面着重突出，比如这一时期突出政府的良好的人员形象，下一时期突出政府高效的办事能力，等等。总而言之，信息发布的分类性、针对性、同步性应作为传播内容应符合的特性。

（三）因人而异，选择最能传播政府形象的媒体

传播政府形象的媒体不一定要固定不变，政府选择媒体来对自己进行报道需要考虑许多方面，不能只看一方面就决定事物的方向，要纵观全局，多方面考虑后再做出最终决定。首先，要寻找与自己有共同性质、共同愿景的媒体，可以用“郎有情，妾有意”来概括。也就是说，政府想要美化自己的形象，同时该媒体也要自愿塑造政府形象。其次，要根据自己的传播内容来寻找符合此方向的专业性较强的队伍来承担，适合的才是最好的，专业性较强的队伍更能准确传达政府的意愿。最后，还要综合考虑媒体的美誉度和知名度，越被公众熟知、信任的媒体越是好的合作伙伴，越能使政府形象深入民心。因此，凡事不能以偏概全，特殊问题要特殊处理。

（四）收集受众的反馈意见以提升政府形象

其实，传播五 W 理论的五个环节中并未真正提到反馈这一点。第四环节“产生什么效果”实则是通过反馈来评定效果，可以当作反馈来处理。公众对政府的认知和评价具体反映为政府在国内外公众中的知名度和美誉度，所以看群众反馈才能看出实际效果。政府通过一系列步骤想要努力将自己推销出去，公众买不买账才是政府最应该关注的问题，所以要收集受众对政府传播内容的意见，找出优点与缺点。优点要继续保持并适当强化，缺点要及时改正并且采取措施弥补，将缺点改成优点。有意见就有改进，有改进就有革新，

如此方能显出政府在听取受众意见时的诚恳态度，塑造出亲民形象。因此此举十分有必要。

（五）客观评价传播效果，为进一步传播打好基础

收集了公众的反馈意见后，工作并未完成，根据反馈意见得出最真实的效果才是最重要的一步。公众的反馈意见无疑可以作为政府形象传播效果的评价标准，从公众口中能得出最真实、最客观的评价，正确分析公众的意见就能得到宝贵的经验，并且可以作为进一步发展的指导意见，只有了解了最真实的传播效果，才能为此次传播活动打分，才能为下一步打好基础。政府人员在整理与评价传播效果时，不能掺杂自己的主观意见来影响真实客观的评价，必要的情况下还可以专门聘请广告分析员运用专业知识分析得出结果，避免政府对真实传播效果的掩盖，从而没有发挥“传播五 W 理论”的真正作用。

总而言之，政府的形象建设是当代政府需要抓好的工作，在塑造形象过程中会遇到许多问题，政府需要不断地发现问题、解决问题、改进促进才能使政府形象的建设更上一层楼。“传播五 W 理论”在政府形象建设上的作用是不容忽视的，它的五个环节都深深地影响着政府形象建设策略的问题，是比较好的指导理论与方针，能够指引政府形象建设朝好的方向发展。

**参考文献：**

[1]夏建萍.政府形象研究综述[J].现代妇女(下旬),2014(8):37－38.

[2]王黎明，姚鹏.全媒体时代政府形象建设[J].中国管理信息化,2014(20):95－96.

[3]曹劲松.政府形象传播的现实困境及其破解路径[J].南京社会科学,2012(6):100－105.

[4]王文会，陈显中，陈岩.新媒体时代的政府形象传播[J].产业与科技论坛,2014,13(12):146－147.

[5]淦家辉，彭支援.网络沟通下政府形象的塑造[J].长安大学学报(社会科学版),2010,12(4):71－76.

# 基于营销管理理论视角对南充市区药品零售行业现状的分析

余文瑶
公共事业管理2012级

**摘　要**：目的是通过对南充市药品零售行业的发展现状进行调查研究，分析当地药店经营水平中的优势与缺陷，再结合市场营销理论中经典的“4P”理论，提出一套适合当地药店发展的合理的市场营销方案，以提高药店的经营水平，实现利润的最大化。通过网上查阅相关文献资料，从理性上架构关于南充市药店市场营销调查的大体方向，再通过自行设计182份问卷对南充市民分区进行调查，最后对有效回收的150份问卷进行统计分析。结果对问卷涉及的个人基本信息、消费者购药现状、影响购药行为的因素这三大模块进行统计，并对每个统计指标采取P检验，所反映的信息必须是：P小于0.05，才具有统计学意义，才能进行有效的分析。结论努力改进该地药店营销经营模式的不足之处，满足消费者对于药品的刚性需求，挖掘药店市场的潜力。

**关键词**：“4P”；药品零售行业；市场营销

## 一、绪论

### （一）药品营销“4P”理论的内涵

营销产品（Product）：从市场营销的角度来看，产品是指能够提供给市场被人们使用和消费并满足人们某种需要的任何东西，包括有形产品、服务、人员、组织、观念或它们的组合。营销价格（Price）：营销价格是指顾客购买产品时的价格，包括折扣、支付期限等。价格或价格决策，关系到企业的利润、成本补偿以及是否有利于产品销售、促销等问题。渠道（Place）：所谓销售渠道是指在商品从生产企业流转到消费者手上的全过程中所经历的各个环节和推动力量之和。促销（Promotion）：促销是公司或机构用以向目标市场通报自己的产品、服务、形象和理念，说服和提醒他们对公司产品和机构本身信任、支持和注意的任何沟通形式。广告、销售促进、人员推销、公共关系是一个机构促销组合的四大要素。

（二）药品零售行业营销的内涵

市场营销是计划和执行关于商品、服务和创意的观念、定价、促销和分销，以创造符合个人和组织目标的交换的一种过程。具体表现为：着眼于顾客，把定义的立足点和表述的侧重点都放在顾客身上。而药品零售行业的市场营销是指将购进的药品直接销售给消费者的药品经营行业进行的一系列提高销售经营水平的策略和手段。

（三）药品零售行业的现状及发展

药品零售行业作为药品行业的子行业，承担着药品进入消费者终端环节的作用。随着人们对自身健康意识水平的不断提高，药品行业的发展态势非常迅猛，药品零售行业的潜力巨大 。2013 年，全国药品零售行业总店数共 653 个，门店总数 39319 个，相关从业人员达 22. 8 万人，总共营业面积达 490. 6 万平方米，销售份额达 782. 5 亿元，商品购进总额达 657. 7 亿元，统一配送购进额 613 亿元。从中我们可以看出，我国药品的零售行业交易额巨大，所带来的经济效益也是非常可观的。在了解整个国家药品零售行业的现状后，我们再来看 2014 年南充市居民消费价格涨跌幅度（%）。其中，居民消费价格总水平增长幅度不大：城镇为 102. 3，农村为 101. 6。而居民医疗保健和个人用品的增长幅度较大：城镇为 104. 5，农村为 101. 2。其中零售药品的消费是医疗保健的一个重要组成部分。综上所述，南充乃至我国药品零售行业的总体现状及增长态势都较好。随着医药行业的良好的发展，不少医药上市公司出现了兼并重组，2013 年医药并购出现三个新的特点：（1）从“以国资为主导”到“各方资本加入”；（2）增加产品链、扩张产品线，甚至进入新的领域；（3）以实现协同效应为目的的战略并购渐成主流。这样一来，药品行业的竞争压力加大必然引起药品零售行业的压力增加，因此，各药店要发挥自身优势，提高综合竞争力，屹立于不败之林。

## 二、对象与方法

### （一）调查对象

调查总体为南充市民，调查个体主要针对南充市市民个体。采用随机抽样的方法对调查对象发放问卷展开调查。针对当地高坪区、嘉陵区、顺庆区这三大区开展调查，涵盖不同性别、年龄、教育程度、经济状况的市民，有目的地筛选调查对象，提高调查结果的全面性和准确性。接受调查者详细描述见表1。

**表1　接受调查者个人的基本信息**

| 项目 | 频数（人） | 频率（%） |
| --- | --- | --- |
| 性别 | | |
| 男 | 65 | 43.3 |
| 女 | 85 | 56.7 |
| 年龄（岁） | | |
| <18 | 17 | 11.3 |
| 18—39 | 51 | 34.0 |
| 40—59 | 48 | 32.0 |
| ≥60 | 34 | 22.7 |
| 文化程度 | | |
| 初中及以下 | 41 | 27.3 |
| 高中、职高 | 60 | 40.0 |
| 专科及本科 | 40 | 26.7 |
| 硕士及以上 | 9 | 6.0 |
| 个人月收入（元） | | |
| <1500 | 12 | 8.0 |
| 1500—2499 | 60 | 40.0 |
| 2500—3499 | 50 | 33.3 |
| ≥3500 | 28 | 18.7 |

（二）调查方法

1. 问卷调查方法

采用自填问卷法和入户调查法相结合的问卷调查法。在进行自填问卷法时，我们会将调查问卷发放给调查者，由被调查者自己阅读和填写答案，然后再将问卷收回。对调查者进行不记名的问卷调查，并当场回收问卷，以确保问卷的有效回收率。在问卷调查中，共发放问卷182份，回收有效问卷150份，问卷的有效回收率达82.42%。

2. 访谈法

在开展问卷调查后，对南充市某些药店工作人员进行面对面地交谈来了解零售药店的进展情况和经营情况，了解他们对于药店经营发展模式的看法，主要访谈对象是科创大药房。通过访谈法扩充了信息量，加深了对信息的收集与把握。

3. 文献调查研究方法

通过网上查阅相关文献资料，了解药店市场营销的最新研究成果。利用专家和学者对于这类问题的分析和解决方案来加深对该问题的研究。

（三）统计方法

通过运用SPSS 17.0统计软件和Excel 2007办公软件对问卷中的数据进行处理，主要采用卡方分析和回归分析，并且只对 $P<0.05$ 的数据对象进行分析，才具有统计学意义。为了直观地反映调查的统计结果，本文多采用表格、条形图和饼状图显示数据信息。

## 三、结果

（一）药品零售行业发展令人满意的方面

1. 药店的总体数量规模充足及便民程度较好

有效调查的150位市民中，有106位市民认为南充市药品零售行业的数量规模较好，便民程度“比较便利”，占总体的70.67%。且便民程度“一般”和“非常便利”这两个指标分别占总体的21.33%和18%。这些数据指标都说明目前南充市药品零售行业的数量和规模的发展态势较好，药店在实现药品零售行业自身利益的同时，也为当地市民提供了便利的服务。

2. 药品零售行业销售的产品的效用评价较高

针对当地市民开展的调查结果显示：有一半以上（65%）的市民对于药品零售行业售卖的产品的满意度较高。有一小部分（12%）的市民不满意，只有23%的市民的满意度一般。总体来说，市民对当地药品零售行业的产品比较满意。

（二）药品零售行业存在的缺陷

1. 产品品种单一，缺乏高素质员工和专业药师的配备

在接受调查的150份有效问卷中，对于市民开展的消费者购药现状调查结果显示，有96位受调查者家中有储备药物的习惯，所占比例达到64%。这说明市民有对药品的需求，但是在购药种类的选择上以药品单一的感冒类药品为主：共106位市民购药时选择单一的感冒类药品，占总数比例是70.67%。

在调查信息的反馈中可以看出：南充市民觉得该地药店服务人员的态度总体而言不太好。如下表2。

**表2　药店服务人员的态度**

| 程度 | 频数（人） | 频率（%） | Pearson 卡方 | 渐进 Sig（双侧） |
| --- | --- | --- | --- | --- |
| 非常好 | 6 | 4.00 | 4.509 | 0.037 |
| 比较好 | 23 | 15.33 | 3.557 | 0.012 |
| 一般 | 34 | 22.67 | 5.77 | 0.024 |
| 不好 | 56 | 37.33 | 4.54 | 0.054 |
| 非常不好 | 31 | 20.67 | 6.51 | 0.066 |

调查反馈的信息显示：南充市民对于当地职业医师辅助消费者购药的需求较大。具体情况如表3。

**表3　职业医师辅助消费者的需求**

| 程度 | 频数（人） | 频率（%） | Pearson 卡方 | 渐进 Sig（双侧） |
| --- | --- | --- | --- | --- |
| 非常需要 | 67 | 44.67 | 3.418 | 0.043 |
| 比较需要 | 45 | 30.00 | 3.21 | 0.017 |
| 一般 | 23 | 15.33 | 2.45 | 0.024 |

续表

| 程度 | 频数（人） | 频率（%） | Pearson 卡方 | 渐进 Sig（双侧） |
|---|---|---|---|---|
| 不太需要 | 9 | 6.00 | 3.24 | 0.034 |
| 完全不需要 | 6 | 4.00 | 3.56 | 0.026 |

2. 药品零售行业的零售价格较高

调查结果显示：消费者普遍觉得价格较高。其中：消费者认为价格比较昂贵和非常昂贵分别占 44.67% 和 22.67%，只有 32.67% 的消费者认为药品零售价格适中或比较便宜。这说明南充市药品零售价格高于消费者预期价格。消费者对药品零售价格的态度如表 4。

**表 4　消费者对药品零售价格的态度**

| 程度 | 频数（人） | 频率（%） | Pearson 卡方 | 渐进 Sig（双侧） |
|---|---|---|---|---|
| 非常昂贵 | 34 | 22.67 | 5.509 | 0.025 |
| 比较昂贵 | 67 | 44.67 | 5.557 | 0.018 |
| 价格适中 | 34 | 22.67 | 6.77 | 0.021 |
| 比较便宜 | 12 | 8 | 4.54 | 0.014 |
| 非常便宜 | 3 | 2 | 6.51 | 0.037 |

3. 药品零售行业的营销渠道局限于实体店渠道

调查结果可以看出：购药渠道主要来源于实体店，并且南充市民对于网络购药十分看好。如表 5。

**表 5　市民主要购药渠道**

| 渠道 | 频数（人） | 频率（%） | Pearson 卡方 | 渐进 Sig（双侧） |
|---|---|---|---|---|
| 实体店 | 147 | 98.00 | 4.132 | 0.023 |
| 网络 | 3 | 2.00 | 2.21 | 0.034 |

4. 对于药品购药促销活动较少，信息来源局限于广告信息

研究结果发现：促销活动比较少。如表 6。

表6 药品促销活动频率

| 程度 | 频数（人） | 频率（%） | Pearson 卡方 | 渐进 Sig（双侧） |
|---|---|---|---|---|
| 非常频繁 | 18 | 12.00 | 4.132 | 0.023 |
| 比较频繁 | 38 | 25.33 | 2.21 | 0.034 |
| 一般 | 22 | 14.67 | 2.43 | 0.078 |
| 比较稀少 | 27 | 18.00 | 1.22 | 0.035 |
| 从来没有 | 45 | 30.00 | 1.62 | 0.054 |

## 四、讨论

根据调查数据的处理结果，结合做好市场营销的“4P”原则，研究讨论出一个适合当地药品市场营销的方案，目的是提高药店的经营水平，实现利益的最大化。

（一）提高产品综合质量是保持核心竞争力的关键

药品的质量直接关系到药店的发展甚至存亡，药品质量不仅包括药品的疗效、药品的种类，还包括药店配备的高素质员工和专业医师，他们是增加药品附加值的重要保障。调查结果显示：南充市药品零售行业的产品的效用满意度较高，但是该行业存在品种不全和缺乏专业医师的问题。因此，该区药品零售行业要继续购入高效用的药品，充分考虑药品的销售合格性。

药品零售行业销售的商品不能局限于简单的药品，在调查中发现南充市民认为药店零售行业的商品过于单一，并且对药品零售行业参与药品、饮用品、基本生活用品及保健品的销售是十分看好与支持的。因此，南充市药品零售行业要注意产品选用的合理性，在药品品种的选择上要与消费者真正的需求一致，在选择产品时，要充分考虑惯性消费行为。在选择药品品种方面，药品零售行业能够通过市场细分，选择目标市场和制定市场营销策略。药品零售行业市场后的子市场比较容易了解消费者的需求，因而对销售产品的销售数量有明确的了解。

随着人们对于服务要求的提高，努力培养一群高素质、高服务水平的员工十分重要，加强对员工的管理势在必行。随着人们健康意识的提高，专业药师的配备对于药品零售行业的发展是十分必要的。专业药师的配备可以提高消费者对于该行业的信任，同时也能增加产品的附加值。消费者有了专业药师的指导，可以提高产品使用安全性。总体而言，2013 年，我国医药进出口 817740 吨，药师 39.56 万人，药品销售法人企业个数 3573 个。零售药品行业可以聘请药师，提高药品的附加值。

（二）合理制定产品的零售价格，提高市场占有率

商品价格通常是影响交易成败的重要因素。调查结果显示：南充市民对于商品价格普遍感觉过高。要想控制价格，提高竞争力，增加市场占有率，首先要控制购入商品的成本。一般药品从出厂到药店，要经过四五个环节，层层扣除利润，到药品零售行业，药品的价格就自然地上升了。如果采用药品连锁超市模式，实现厂商对接、厂家直销，旗下每个药店拿到的进货价就相当于省级总代理价格，省去了中间环节，药价相对来说就比较低廉。

其次，在制定价格时既要考虑成本的补偿又要考虑消费者对价格的接受能力。随着商品经济的发展，药品零售行业发展较快，行业间的竞争压力不断加大。受到招标和新医改等因素的影响，整个医药市场显得动荡不安，市场运作难度越来越大。因此，适当降低价格，也可以吸引消费者，提高市场占有率。在制定价格策略时，还要参考该地区同行业药品零售价格的情况，以不同的价格优势吸引顾客。低价格策略局限于一般的药品，高端产品可以采用高价格策略。另外，相关人士要向消费者展示一系列的健康产品及医疗器械，并且提供专业的咨询服务，使高价格药品及其关联的产品和服务令消费者耳目一新。高附加值的药品的利润空间是普通药品所不能企及的。

药店要正确地制定价格，才能在未来的变局中确立自己的优势地位，获得充分发展的机遇。价格是产、营、销组合过程中最灵活的因素，因此它不是一成不变的，只要使行业总体利润最大化，它就是最合理的。

（三）新形势下，开拓便捷的网络新模式

随着互联网时代的到来，网络已经融入人们的生活、学习、商业活动中，仅仅依靠药品零售行业实体店进行销售的发展模式太过单一。单纯地依靠实体店营销，会造成费用和资源的过多使用，因此采用这种模式的药店只能将营销群体局限于附近人群。调查可以看出，南充市民对于网络药品零售也是非常赞同和期待的。因此，药品零售行业应该紧跟网络时代的步伐，发展起来。

首先，在建立的药品零售网络体系中，消费者的信赖是第一考虑因素。要适当地考虑消费者在互联网上购物时的心理期待，也就是要考虑消费者主要购买的产品是哪类货品，充分考虑货品供应的充足，特别是医药健康类产品。其次，为了满足消费者对便捷性的要求，网上药店的物流配送必须及时，其物流配送一般不能自己解决，需要借助第三方物流公司解决，而第三方物流公司的工作效率和工作流程直接关系到网上药店的配送时间。再次，对于网络药品的售卖，网络药店可以根据消费者的病症和实际需求为其提供建议和参考。完善售后服务体系，根据消费者反馈的信息对顾客平时的作息、饮食、运动等方面提出具体的安排。网络销售渠道模式的开拓，是一种新型的管理模式，要注意它与实体店管理模式的区别，合理分配管理费用。

总之，药品零售行业网络渠道模式的开发将是该行业未来发展的趋势，会面临一些机遇与挑战，因此，南充市应有预见性地建立网络渠道模式。

（四）采取多种促销活动，提高消费者的购买欲望

伴随着新医改政策的陆续出台，我国医药行业面临市场格局重新调整的压力。压力是挑战，也是机遇。目前，南充市药品零售行业促销方式只是单纯地采取会员方法，并且，很多医药营销人员对自己销售的产品不了解，在产品推广过程中还沿用原来的那一套，即使用和客户拉关系、套近乎、给回扣的关系营销。针对竞争压力逐渐加大和一些不公正的营销行为依然存在的情况，政府应创造公正的零售环境，药品零售行业更需要以公平的营销策略提升自己的竞争优势。

药品零售行业的目的是利润最大化，需要采取一定的促销手段来实现目标：通过在网上发广告或发传单的形式来告知群众促销活动的信息，通过以节庆贺礼、新品上市之名采取营销活动，以活动的名义提高产品销量和药店的知名度。在促销活动中要注意：（1）“活动名”要有吸引力，便于宣传；（2）尽量做产品搭赠，避免降价抛货之嫌；（3）遵循限时限量原则，调动消费者的积极性。除了通过商业性活动的促销形式，适当的公益性健康体检和以实用保健知识的宣传为目的的公益性活动也可以起到促销宣传的作用，给药店带来知名度，提高药店的名气。具体可以选择人群密集的公共场所开展此类活动。

另外，促销要成功，必须对涉及的药品零售行业促销正确定位。药店只有找准促销群体，正确、细致地定位，才会拥有客户群体。对当地药品零售

行业的服务人员的访谈中得知：小孩对于药品、妇女对于化妆品、老人对于保健品的需求较大，因此，该行业要针对南充市区的小孩、老年人、妇女等特殊消费群体进行促销。因此，该行业要为他们提供必要的信息宣传，针对不同的群体抓住他们的消费心理来推销产品和服务，从而找准自己的市场位置，在定位时要注意理解消费者的需求，深入分析顾客的购买行为和购买心理，赢得顾客的信任。

**参考文献：**

[1]中华人民共和国国家统计局.中华人民共和国2013年国民经济和社会发展统计公报[R/OL].(2014-02-24)[2014-02-25].http://www.asu.edu.cn/info/1125/3027.htm.

[2]王德中.现代管理学:第5版[M].北京:机械工业出版社,2010:267.

[3]罗珉.现代管理学:第3版[M].北京:机械工业出版社,2013:25.

[4]杭州华三通信技术有限公司.新一代网络建设理论与实践:第2版上[M].北京:电子工业出版社,2013:12.

# 风险理论视野下新媒体的食品安全报道研究

陈 靖

公共事业管理2012级

**摘　要：** 目前国家正处于社会转型时期，风险成为现代化进程中不可避免的产物，而食品安全问题则是风险社会构成的重要因素。随着科学技术的不断发展，新媒体的形成和影响力的不断扩大，以及新媒体的社会性自主化传播的特性，普通大众也能参与到食品安全问题的报道和传播中，食品安全问题成了一个从政府到民众都共同关心的焦点问题，一经报道往往能引起强烈的关注度和社会舆论，食品安全报道呈现出广泛性和深远性。无论是2008年三鹿奶粉三聚氰胺事件还是2014年的福喜过期肉制品事件，都在报道与传播过程中发酵升温，三鹿集团最终宣告破产，福喜公司也一蹶不振。食品安全从过去到现在一直都存在，然而为什么在今天会引起如此大的社会影响呢？本文将在风险理论视野下，以新媒体的报道为研究方向，以近年来的重大的食品安全报道为研究对象，运用网上统计的方法，发现风险理论视角下新媒体食品安全报告存在效果偏差性的问题，并提出解决问题的对策。

**关键词：** 风险社会；新媒体；食品安全报道

随着经济高速发展时代的到来，现代化发展进程的加快，德国著名社会学家乌尔里希·贝克提出了建立反思现代化的口号，他认为现在已经进入风险社会，不明和无法预料的后果成为历史和社会的主宰力量，风险社会的到来意味着整个社会无处不潜藏着可能的、未知的风险。“民以食为天，食以安为先”，食是人类生存与安全的基本需求，食品安全关系到人类的生存问题，毫无疑问是人们关注的焦点。当今社会科学技术的发展，传统媒体与计算机网络技术的结合，使普通百姓有了参与食品安全问题的渠道，能够从自己的切身利益出发，发出声音。然而，个人认知的局限性以及科学的复杂性，使人们对于食品安全问题的认知是不全面的、混乱的，甚至可能是错误不实的，新媒体食品安全报道是良莠不齐的。本文要解决的正是发现其中存在的问题，并提出实现对食品安全的全面真实报道的对策。

## 一、基本概念

### （一）风险社会理论概述

1. 风险的概念

目前学界对于风险的定义各有不同，这里选取其中几个加以定义。美国学者海恩斯最早提出风险的概念，认为“风险为损失发生的可能性”；A. H. Mowbray（1995）称风险为不确定性；C. A. Williams（1985）将风险定义为“在给定的条件和某一特定的时期，未来结果的变动”；朱淑珍（2002）在总结各种风险描述的基础上，把风险定义为“风险是指在一定条件下和一定时期内，由于各种结果发生的不确定性而导致行为主体遭受损失的大小以及这种损失发生可能性的大小”；乌尔里希·贝克在《风险社会》一书中指出，风险就是系统地处理现代化自身引致的危险和不安全感的方式。不难看出，风险具有明显的不确定性，是在一定情况下，为了得到某种东西而可能做出的利益让渡。

2. 风险社会

1986 年，德国著名社会学家乌尔里希·贝克在《风险社会》（*Risk Society*）一书中，首次提出“风险社会”的概念。他指出，社会已经从传统意义上的工业社会进入风险社会（从财富分配到风险分配的社会）。由于人类认知的局限和科技以及社会发展的复杂性，风险一般是不容易被感知的，这种不确定性致使人们安全感匮乏，而且随着全球化的发展，风险社会已经成为世界性的风险社会。在风险社会中，怀疑与信任、安全与威胁无法达成长期的平衡，人们需要进行反思来调适，以期达到平衡。

### （二）新媒体相关概念

新媒体是相对于传统媒体的一个概念，是随着技术的发展而出现的。对于新媒体的界定，众说纷纭，还没有统一的定论。美国《连线》杂志给出的定义为“新媒体是所有人对所有人的传播”；清华大学新闻与传播学院熊澄宇教授认为“新媒体是在计算机信息处理技术基础之上出现和影响的媒体形态”；新媒体产业联盟秘书长王斌指出，“新媒体是以数字信息技术为基础、以互动传播为特点、具有创新形态的媒体”；等等。新媒体的“新”在于实现了“官媒体”向“自媒体”的转变，无论是传播主体还是传播方式上，都打破了传统媒体时代政府单向主导的报道传播模式，实现了社会化自主性传播和双向互动性传播。

（三）食品安全和食品安全事件报道

根据世界卫生组织的定义，“食品安全（food safety）是食物中有毒、有害物质对人体健康影响的公共卫生问题”。食品关系到人类的生存问题，食品的安全与否直接影响人体的健康状况，食品安全问题日益成为人们关注的焦点问题，然而获取信息并参与到问题传播中，不得不依赖于对食品安全的报道。食品安全事件报道，是指凡是涉及或包含食品的加工、包装、运输、存储等各个环节存在的问题的各类新闻报道的总称，即食品“不安全”事件的报道。

## 二、新媒体的食品安全报道现状调查

（一）研究对象及方法

近年来，随着互联网技术和数字媒体等技术的发展，每一次食品安全事件几乎都能进入公众视野并引起极大的关注度，食品“不安全”蔓延开来，上至知名企业，下至路边小摊，人们身边无时无刻无处不存在问题食品。这里列举近几年发生的比较重大的食品安全事件，如表1。

**表1　近几年的重大食品安全事件**

| | |
|---|---|
| 2005 年 | 海鲜产品体内含有孔雀石绿　牛奶中添加皮革水解蛋白 |
| 2006 年 | 苏丹红鸭蛋事件 |
| 2008 年 | 三鹿三聚氰胺奶粉事件 |
| 2010 年 | 地沟油事件 |
| 2011 年 | 瘦肉精事件　台湾多种食品塑化剂超标 |
| 2012 年 | 老酸奶工业明胶事件 |
| 2013 年 | 鸭舌制品含甜蜜素　毒生姜事件 |
| 2014 年 | 上海福喜过期肉制品 |

考虑到此次分析的可行性，我们将选取上述事件中的一个事件进行具体的统计分析。鉴于2008年三鹿集团三聚氰胺事件的影响与危害巨大，本文将通过网上统计的方法，选取微博、论坛等新媒体对该事件的报道作为研究对象，进行现状调查。

（二）调查结果和分析

1. 微博统计分析

本文选择的是微博传播分析工具（知微），针对有关食品安全微博的主要发布者、发布内容和方式、粉丝状况、转载数量以及情感值等进行分析。

1.1 报道数量

报道数量最能直观体现出对食品安全问题的关注度和参与度，笔者将其分为主要发布者的发布数量和粉丝转发的数量（以下数据都是总的转发量）。对有关三鹿集团三聚氰胺事件的微博进行数据统计，结果为：

专业媒体：新华网17条，转发量2312条；人民网35条，转发量6807条；中国新闻网13条，转发量1287条；凤凰网21条，转发量3568条；新浪网87条，转发量5897条；腾讯网52条，转发量4211条；搜狐网49条，转发量3570条；网易33条，转发量1783条；财新网21条，转发量2471条；

微博达人：32条，转发量42348条；

个人认证：102条，转发量20451条。

目前，注册的专业媒体主要有新闻网站微博和商业门户网站微博两大类，其中新华网、人民网、中国新闻网、凤凰网等属于前者，而新浪网、腾讯网、网易、搜狐网、财新网等是商业门户网站。依据上面的数据不难得出，整体而言，商业门户网站的微博报道的数量明显要多于新闻网站，至于粉丝转发量，专业媒体之间差别不大，相比之下，微博达人与个人认证的微博转发量远远大于专业媒体，其微博的关注度明显高于专业媒体，而且在分析过程中发现总体的报道模式为事件发生后集中性的大量报道再加上少量追踪报道。

1.2 消息来源

消息来源是指新闻报道内容的提供者，也就是微博的发布者。考虑到研究的方便，我们对此进行了划分，主要分为政府官员、专业媒体、专家学者、微博达人、企业负责人以及广大的普通网民。数据如下：

政府官员微博77条，转发量231条；专业媒体328条，转发量31906条；专家学者13条，转发量17951条；微博达人32条，转发量42348条；企业负责人0条；普通网民12条，转发量2269条。

从以上数据可以看出，微博主要发布人为政府官员、专业媒体和微博达人，分别代表了权威、专业和人气，而专家学者与微博达人的粉丝平均转发量占相当大的比重，体现了人们对他们的信任。由于现代风险社会的食品安全问题不再只是简单的掺假、假冒伪劣，食品安全问题已经超出了人们的传统认知的范围，风险的不可知性、不确定性和人们对风险内幕的欲知性的矛盾，加重了人们的不安全感，此时就需要专业人员出来答疑解惑，因此食品安全的质疑、辨别、认定等都依赖这些专家学者和专业媒体。随着微博用户量的不断增多、影响力的扩大，某些微博达人成为意见领袖，他们在人们对风险社会中的食品安全认知发挥着重要的作用。

1.3 报道内容

报道内容即通过发布微博表现的主要诉求以及希望达到的目的。本次研究分为食品问题的揭露、相关部门介入调查、患者救治和索赔、问题商品的处理、相关当事人的问责、后续事件的追踪报道、反思、食品安全知识的宣传以及其他。调查数据如下：

食品问题的揭露22条，转发量24705条；相关部门介入调查150条，转发量22000条；患者救治和索赔20条，转发量5000条；问题商品的处理86条，转发量11704条；相关当事人的问责52条，转发量16296条；后续事件的追踪报道47条，转发量4000条；反思9条，转发量4500条；食品安全知识的宣传7条，转发量2587条；其他9条，转发量3913条。

以上数据反映了人们比较关注的是食品问题的揭露、相关部门的调查和对当事人的问责这三项，这与风险社会的不确定性和未知性不无关系。人们急于知道事实真相却又不得而知，所以当问题出现时，人们更加关注事件本身，而对于事件后续的报道以及对事件的反思与类似问题的预防缺乏一定的认知。

1.4 报道方式

报道方式是指采用何种手段扩大事件的关注热度和参与度，而手段的多样性正是吸引人们注意力的方式，可以采取纯文字（尤其是标题）、图片、视频、评论及其他方式。数据分析如下：

纯文字86条，转发量29857条，其中“标题”党17条，转发量18792条；含图片125条，转发量31050条；含视频106条，转发量24040条；评论

65 条，转发量 4700 条；其他 80 条，转发量 5058 条。

根据数据分析可知，报道中含有图片和视频更能吸引人的注意，这应该与图片和视频的直观展示性分不开，人们更容易获得对该食品安全事件的认知。其中，有些媒体为了提高关注度，使用夸张的标题，“标题”党应运而生，夸大报道，制造恐慌。

1.5 报道情感值

报道情感值代表了信息发布者或者转载者所传达的立场和态度，是充满正能量，是中立态度抑或是满满的负能量。根据微博分析工具定义，100 到 60 为正能量，60 到 -60 为中性，-100 到 -60 为负能量。数据如下：

正能量 75 条，转发量 11007 条；中性 317 条，转发量 30698；负能量 70 条，转发量 53000 条，且单个微博的情感值一般在 0—70 波动。

从上述数据不难看出，微博发布者的情感值，中性占绝对优势，然而粉丝的关注度更多是在负能量，对食品安全产生怀疑并进行谴责，以及表示对中国食品安全的深深的担忧。虽然主要发布人站在客观公正的角度进行食品安全事件的报道与传播，但由于风险社会科技的复杂性和人们认知的有限性，公众的安全感匮乏，易产生一种不信任感，即使报道是中性的，事件本身的负面性也会给公众带来心理恐慌，让其态度和立场走向负面。

2. 论坛讨论分析

天涯论坛，全球最具影响力的中文论坛，是网友参与讨论最多的论坛。因此，本次研究选取了天涯论坛为研究对象，通过对发帖人、发帖内容和方式、发帖数量以及回复数量等进行研究来分析食品安全事件的报道。

2.1 消息来源与数量

根据天涯论坛上所发布的食品安全事件的报道，消息来源主要分为几个板块，分别为天涯杂谈、经济论坛、法治论坛、传媒江湖、娱乐八卦、股市论谈、新闻众评以及其他；消息数量则包括发帖数量和回复数量。具体数据如下：

发帖总数量 750 条，回复总数量 29420 条。其中天涯杂谈发帖 125 条，回复 7720 条；经济论坛发帖 192 条，回复 6845 条；法治论坛发帖 57 条，回复 1350 条；传媒江湖发帖 96 条，回复 5020 条；娱乐八卦发帖 75 条，回复 5431 条；股市论谈发帖 45 条，回复 1086 条；新闻众评发帖 50 条，回复 1137 条；其他发帖 110 条，回复 849 条。

以上数据涉及经济、政治、法治、新闻媒体、社会娱乐等各个方面，这与食品安全问题影响的广泛性和新媒体时代信息传播的迅速性以及关联性密切相关。食品安全涉及生活的方方面面，而新媒体时代的到来，更是加深了这一影响，牵一发而动全身。其中天涯杂谈、经济论坛、传媒江湖与娱乐八卦板块占了较大的比例，而这几个板块正是热门板块，人们的关注度使其登上热门，反过来又吸引更多人的注意。

2.2 发帖内容与方式

经过分析，发帖内容主要涉及真相的揭露与调查、渎职官员和当事人的处理、患者的救治和索赔、三鹿集团的态度、后续事件的报道、反思与预防、批评与谴责及其他。数据如下：

真相的揭露与调查 71 条，回复 5367 条；渎职官员与当事人的处理 100 条，回复 4329 条；患者的救治和索赔 65 条，回复 8074 条；三鹿集团的态度 35 条，回复 1750 条；后续事件的报道 77 条，回复 986 条；反思与预防 42 条，回复 1782 条；批评与谴责 275 条，回复 7802 条；其他 85 条，回复 80 条。

从上面数据的分布状况可知，人们比较关心事件本身的处理与受害人相关事项的解决，这都由食品安全事件的突发性、复杂性与严重危害性决定，这种风险的不可知，会使人们产生无助感，人们需要宣泄情绪的渠道，而新媒体时代网络具有零界限性和大众参与性，正好提供了这一途径，人们通过对食品安全问题的批评与谴责来减少未知带来的无助感。

2.3 报道情感值

正面报道 37 条，中性报道 438 条，负面报道 275 条。

根据数据可以看出，报道的情感值，中性占大部分，负面内容的报道也占据一定的比例，正面报道相比之下少得可怜，而且在研究中发现，即使是客观真实的中性报道中也有不少人宣泄了负面情绪，显示了不安心理、同情心理和强烈的自身带入感。当食品安全从可能的风险走向现实时，公众在心理上倾向于对事件的走向与问题的解决以及所带来的影响的认知，因此媒体需要对相关事件的进展进行客观真实的报道。公众对于事件带来的影响进行人文关怀，表现为公众在事件传播过程中对受害者会表示同情和怜悯，对食品安全问题的责任人会加以谴责。

## 三、风险理论视野下新媒体食品安全报道的问题

通过对现状调查的分析可以发现，风险理论视野下新媒体食品安全报道的问题是报道存在效果偏差性，具体体现在以下几个方面：

（一）对专业媒体信任感的缺失

在对微博的研究分析中，我们可以明显看出公众对商业门户网站或新闻网站的微博的食品安全报道内容的关注度，还不及部分微博达人与个人认证用户的微博。近年来，我国食品安全事件层出不穷，大部分媒体在报道过程中忠于客观事实，起到了舆论监督作用，但是某些专业媒体为了吸引人的眼球刻意制造话题，造成人们对食品领域的未来走向深深担忧，而且有些人为了抢占报道先机和自身利益，问题事件未经核实或者断章取义，进行不实报道。俗话说，一颗老鼠屎坏了一锅粥，正是他们的存在导致公众对专业媒体的报道持怀疑态度，信任感正逐渐缺失。

（二）信息来源广泛，存在失实

随着互联网技术的发展，普通大众也能通过网络参与、揭露、传播和报道食品安全问题，新媒体食品安全报道的信息来源更加广泛。而且随着风险社会的到来，风险的不被感知性和不确定性，导致现代食品安全已不再是传统意义上的制假、掺假和售假等，表现得更为复杂。人们有限认知水平下不能识别的风险，很容易造成食品安全事件在被揭露与传播时失实。新媒体的双向互动性和开放性为失实报道提供了进一步传播开来的渠道，引起广泛的恐慌现象。

（三）坏消息效应扩大，呈现负面趋势

好事不出门，坏事传千里，新媒体对食品安全的报道正处于这种状态。近年来，食品安全问题频频爆出，一波未平一波又起，仿佛整个社会都陷入“不安全”当中，公众对食品领域的态度偏向于负面，坏消息效应持续扩大，如2008年三鹿奶粉三聚氰胺事件以后，本土的乳品行业品牌的负面消息高达98%，海外只占2%。

## 四、对策

（一）坚守媒体专业主义精神，合理报道

风险理论视角下新媒体食品安全报道中，媒体代表了着权威、专业，公众对现代食品安全的认知很大程度上依赖于媒体，公众的态度、立场也受媒体的影响，因此在报道过程中媒体必须遵守新闻专业主义精神，报道事件之前要核实问题的来源，进行调查掌握确凿证据，切忌跟风炒作，应客观真实地对问题进行报道，并合理地引导公众的认知走向。

（二）发挥意见领袖的作用，理性地引导

进行微博分析时发现，某些微博达人的粉丝量和微博转发量惊人，其影响力远远超过网络专业媒体。在对食品安全问题进行报道的过程中，可以发挥这些微博达人的作用，形成意见领袖，通过他们的影响力引导粉丝，粉丝再影响他的粉丝……通过这种模式对公众进行理性地引导。

（三）加强社会主义道德建设

1. 加强对企业的道德素质宣传

组织的道德感直接关系食品安全问题是否产生，问题的最好解决方式是从源头杜绝问题的产生。然而在现代风险社会理论下，部分商家以牺牲公众的生命安全为前提最大化地获取利润，近年来，“三聚氰胺”事件、“苏丹红”事件、“地沟油”事件和“塑化剂超标”等恶件事件，都体现了部分商家诚信缺失，道德滑坡。所以，加强对企业的道德素质的宣传教育是十分有必要的。

2. 加强对媒体的自我道德建设

约瑟夫·普利策曾说过：“倘若一个国家是一条航行在大海上的船，新闻记者就是船头的瞭望者。他要在一望无际的海面上观察一切，审视海上的不测风云和浅滩暗礁，及时发出警告。”媒体对公众的影响力显而易见，然而媒体的断章取义、夸大报道、追求自身利益的不实报道等行为，造成了公众的不信任感增加，损坏了其客观公正的专业形象。媒体必须加强自我的道德建设，通过核实信息、客观报道真相、追踪后续事件、进行反思等一系列活动，赢得公众的信任，并适时地、积极正面地引导公众，减轻恐慌，促进社会稳定。

3. 加强对公众的社会道德建设

新媒体的互动性和开放性决定了公众上网的自由性，公众可以随心所欲、随时随地发布消息，并影响其他人。因此，公众必须加强社会道德建设，不传谣不信谣，客观公正地看待问题，不刻意制造恐慌。

（四）加强对食品的监督预警

我国食品安全事件报道的一般模式为：事件揭露—集中式大规模报道—事件过后进行反思。不难看出，人们只是在问题发生后采取措施尽量减少损失，而缺乏对食品安全的预警机制。在风险理论视角下，新媒体必须加强对食品安全的监督预警，从食品的生产加工、运输、存储等各个方面加强监督，发现食品风险便及时采取相应措施，从源头上遏制事件的发生，预防食品风险转化为现实的食品安全问题。

结语：当今社会，现代化发展的威胁力量以及现代化导致的怀疑，都是可能的潜在风险。新媒体在风险视野下应该如何正确地进行食品安全报道，怎样以积极正面的方式引导公众的情绪和态度，还需要各方的共同努力。

**参考文献：**

[1]廖志坤.风险社会中的食品安全传播:以酒鬼酒塑化剂超标事件报道为例[J].探索经纬,2013(7):44-48.

[2]乌尔里希·贝克.风险社会[M].何博闻,译.南京:译林出版社,凤凰出版传媒集团,2004.

[3]张丹丹.新媒介环境下的食品安全问题研究[J].长春教育学院学报,2014,30(7):32.

[4]徐娟.风险社会语境下网络媒体食品安全事件专题报道研究[D].南昌:江西师范大学,2012.

# 县级医院对突发公共卫生事件的改善对策
## ——基于 SWOT 分析法

黄　欢
公共事业管理 2012 级

**摘　要：**突发公共卫生事件是指突然发生的、对公众健康造成或者可能造成重大损失的传染病疫情，不明原因的群体性疾病，重大食物和职业中毒，以及其他危害公共健康的事件。近年来，我国面临突发公共卫生事件的威胁有不断上升的趋势，医院是应对突发公共卫生事件的关键机构，其应对的强弱直接关系到整个突发公共卫生事件防治工作的成败。因此加强突发公共卫生事件医院应对能力建设，将突发公共卫生事件对人类健康的危害减少到最低限度，使救治对象得到及时、有效的救治，不仅是医务人员的职责，也是各级政府和医院的责任，还是目前备受关注的重大课题。本文主要通过 SWOT 分析法，从政府、医院、医务人员的角度对当前县级医院的应对状况进行研究，从优势、劣势、机遇、挑战方面来探寻县级医院应对能力的最佳管理模式，为完善县级医院应急管理提供有益的借鉴和建议。

**关键词：**县级医院；突发公共卫生事件；改善对策；SWOT 分析法

## 一、绪论

### （一）课题的背景和意义

1. 选题的背景

我国幅员辽阔、人口众多，伴随着经济的不断向前发展，人类生活的不断变化，各类突发公共卫生事件频繁发生，不仅严重威胁到人类的生存和健康，而且给经济发展、社会稳定造成严重的负面影响，同时也给国家安全和人民的生命财产安全带来了不可估量的损失。从资料上可以看出：2005 年 6 月的四川人感染猪链球菌事件波及全省 12 个市 37 个县，引起 204 人感染，

38 例病人死亡；据统计，仅 2007 年卫生部（已改名为卫生健康委员会）就收到全国（除港澳台）31 个省（自治区、直辖市）通过突发公共卫生事件报告管理信息系统报告的突发公共卫生事件共 2552 起，报告病例 98254 人，死亡 515 人；2008 年我国“5 · 12”四川汶川特大地震，以及近来发生的急性群体性食物中毒（如瘦肉精等）事件等，还有近期发生的埃博拉病毒的出现……如此巨大的数字和如此多的事件，提示我国突发公共卫生事件形势严峻，不容忽视。突发公共卫生事件一旦发生，所波及的人将越来越多，而各个地方应对突发公共卫生事件的能力参差不齐。医院作为应对突发公共卫生事件的关键机构，在事件发生的过程中的作用相当重要。在受到各种限制的情况下，在突发公共卫生事件发生时，完善县级医院对策，变得极其重要。本文采用 SWOT 分析法对县级医院突发公共卫生事件应对状况进行研究，来探寻应急管理之道。

2. 课题的意义

通过科学使用 SWOT 分析法对县级医院突发公共卫生事件应对状况进行分析，我们将全面认识到当前县级医院应对突发公共卫生事件的各种内外部因素，并区分出其中哪些是需要继续继承和发扬的因素，哪些是需要想方设法地去规避和解决的因素，以全面提高县级医院的应对能力和水平。同时，在各种突发公共卫生事件中，我们从政府、医院、医务人员的角度出发进行分析，找出问题，探寻改善对策，更好地为完善医院的应急管理提供有意义的意见和建议。

（二）国内外研究综述

1. 国内研究综述

关于医院对突发公共卫生事件的应对研究比比皆是，一些专家学者也从不同角度进行了分析，提出了很多具有价值的理念。罗显荣、卢一郡（2010）以广东与广西壮族自治区为例，从突发公共卫生事件预案的制定、制度的实施、物资、人员保障等方面对医院的应对能力进行了全面的论述；张慧（2006）对北京二级医院突发公共卫生事件的应对状况进行了调查与研究，评价了北京市二级以上医院突发公共卫生事件的应对能力，指出在未来的发展中，只有从政府的角度加以重视，加强经费投入和部门的协调才能够改变这一现状；谢明（2010）对云南省突发公共卫生事件应对能力，特别是对医院作为主体，在事件处理过程中的重要作用进行了调查，提出了要构建“事前

—事中—事后”三位一体的预防和控制体系；王志龙对某部队医务人员的突发公共卫生事件的应对能力进行了调查，指出要加强医务人员应对突发公共卫生事件的能力，加强宣传教育等。

2. 国外研究综述

在全球突发公共卫生事件应急处理体系中，发达国家如美国、英国、澳大利亚、日本等国家的应急处理能力首屈一指。这些发达国家不断建设和完善突发公共卫生事件应急处理系统，已经建成全方位、立体化、多层次和综合性的应急管理网络。从美国的突发公共卫生事件来看，美国通过立法来强调处理突发公共卫生事件的重要性。从日本看，日本的突发公共卫生事件处理表现出较强的“集权性”，处理突发公共卫生事件由厚生劳动省负责，将健康卫生纳入国家危机管理体系，并由厚生劳动省通过派驻地方办事处，并协调医院、检疫等部门进行处理。从全球角度看，学者们相关的研究也较为丰富。洛克（2004）指出：“突发公共卫生事件的处理，必须从着重做好机制、制度和理顺，注重日常的演练，以及预警能力、现场处理能力、公共宣传与教育等方面着手。”大卫·沙维指出：“在突发公共卫生事件的防控过程中，必须有良好的政策抉择机制和模式，才能够作为处理突发事件的保障。”彼得·杜克认为：在突发公共卫生事件的决策过程中，必须注重决策者与执行者的协同，并提出解决问题的一般方法与合理程序。

（三）研究的内容与方法

1. 研究的内容

本文主要基于SWOT分析法对县级医院突发公共卫生事件的内外部因素进行分析，主要是从政府、医院、医务人员的角度出发，首先分析县级医院处理突发公共卫生事件时存在的优势与不足，同时结合其所处的外部环境分析它面临的机遇和挑战；其次，综合这些优势和不足，确定哪些是关键优势，哪些是外部制约因素；再次，分析内部不足，哪些存在外部改善空间，哪些不存在外部改善空间，再分析内部优势，哪些存在外在发展机遇，哪些存在外部威胁，针对内部优势，制定相应的战略措施，对于内部不足，则制定相应的改善战略。综上，探寻到县级医院对突发公共卫生事件的改善对策，为完善应急管理提供建设性意见。

2. 研究方法

第一，文献资料方法：以“医院”“突发公共卫生事件”“改善措施”等为检索词，从众多文献中发现，突发公共卫生事件的概念在不同资料中具有相关性，再从不同角度探讨医院对突发公共卫生事件的改善措施。主要通过网络、学校图书馆网络数据库、校图书馆馆藏图书等渠道，获得与研究课题相关的文献资料。

第二，调查研究法：通过对本县医院的医务人员进行访谈询问，从而获得有利于本课题的资料。

（四）创新点与不足

1. 创新：应用 SWOT 分析法综合分析县级医院在处理突发公共卫生事件中的优势与劣势、机遇与挑战，并提出相关的改善措施。

2. 不足：因为 SWOT 分析法过多地采用定性分析，而缺乏一些客观的定量分析，文章中的定量分析较少，说服力不强，所以在使用 SWOT 分析法时，一定要坚持客观分析、全面考虑的原则，同时要区别对待研究对象的实际现状和发展前景，避免对研究对象产生过度分析。本论文采用问卷调查的方式获取数据，使论点更具说服力。

## 二、SWOT 分析法在医院突发公共卫生事件的运用

（一）SWOT 的内涵

SWOT 分析法是最常用的综合分析方法，是一种基于内部和外部环境分析的战略决策工具。SWOT 分析法，又称为态势分析法。美国旧金山大学的韦里克教授，在 20 世纪 80 年代首次提出了 SWOT 分析法。SWOT 分析法经过后人的不断完善，已经在各种行业积累了丰富的应用经验，在非营业机构、政府部门、个人的决策中也得到了广泛的应用。

SWOT 分析法主要通过对研究对象自身的优势、劣势以及研究对象所面临的外部机遇和威胁进行战略性的分析研究，找出其中有利的因素和不利的因素，然后对它们进行区别对待，扬长避短，从而使研究对象往好的方向发展。其中优势劣势主要是对研究对象自身进行分析，而机遇和威胁主要是考虑研究对象所处的环境对研究对象可能带来的影响。通过对研究对象进行如此全面系统的分析，可以充分地把握研究对象的实际情况，然后制定适用于研究对象的战略性措施。

由此可以得出 SWOT 分析方法具体的实施步骤：首先，将研究对象的内

部条件分为优势和劣势两类，分清哪些对研究对象的实际发展起积极的作用，哪些对研究对象起不利的作用；其次，分析被研究对象所处的外部环境，在研究外部环境时，主要考虑外部的环境条件对对象是构成机遇还是产生威胁；然后构建矩阵图讨论分析哪些是研究对象的关键能力，哪些是被研究对象的关键限制因素；再次，根据列出的有利因素和不利因素，制定适用于被研究对象的发展战略。在制定适用于研究对象的战略时，首先当研究对象具有优势，同时外部环境又为这些优势提供了发挥的机遇时，即可制定针对优势发挥的增长战略；其次，当研究对象具有劣势，同时外部环境又为这些劣势提供了改善的空间时，即可制定针对研究对象的改善战略；再次，当研究对象有优势，但是外部环境没有为这些优势提供发展空间时，需要制定在发挥内部优势的同时，减少外部威胁的发展战略；最后，当内部存在劣势，外部也存在威胁时，需要制定减少内部劣势，同时回避外部威胁的防御战略。如此，通过系统、直观地对研究对象进行分析研究，就可以运用 SWOT 分析法制定适用的发展战略。

（二）突发公共卫生事件的介绍

1. 突发公共卫生事件的含义

根据 2003 年中华人民共和国国务院发布的《突发公共卫生事件应急条例》的论述，所谓的突发公共卫生事件是指“突然发生，造成或者可能造成社会公众健康严重损害的重大传染病疫情、群体性不明原因疾病、重大食物和职业中毒以及其他严重影响公众健康的事件”。由此可见，在我国，突发公共卫生事件的界定主要体现在以下几个方面：

第一，重大传染病疫情。这主要指传染病在集中的时间、地点发生，导致大量的传染病病人出现，其发病率远远超过平常的发病水平。这些传染病包括《中华人民共和国传染病防治法》规定的 3 类 37 种法定传染病，国家卫健委根据需要决定并公布列入乙类、丙类传染病的其他传染病，省、自治区、直辖市人民政府决定并公布的按照乙类、丙类传染病管理的其他传染病。

第二，群体性不明原因的疾病。这是指在一定时间内，某个相对集中的区域内同时或陆续发生多个共同临床表现患者，又不能较快地做明确诊断的疾病。这种疾病可能是传染病，也可能是某种职业中毒。如在 SARS 爆发初期，虽然知道这是一组群体性不明原因疾病的症状，但我们对其发病机制、诊断标准和流行的方式认识不清，这就是原因不明的疾病。

第三，重大食物、职业中毒。这是由于食物污染和职业危害的原因而造成的人数众多或者伤亡较重的中毒事件。

2. 医院在突发公共卫生事件中的重要作用

医院在处理突发公共卫生事件中的作用十分重要，这是医院在突发事件中所处的位置所决定的。突发公共卫生事件，不仅仅是医院的事，也不单是卫生部门的事，它涉及整个社会的方方面面，因此全社会必须共同努力，万众一心、齐心协力，才能最终处理和解决好该事件。医院处在突发事件的中心，因此在这其中起着关键的协调作用。我们既需要协调好医务人员之间的关系，又需要协调医院与疾控中心的关系，还要协调好医院与政府各部门的关系，最终使医院的重要作用得以充分发挥。

3. 突发公共卫生事件的特点

突发公共卫生事件危害重大，与其他公共事件相比，有其自身的特点：

第一，突发公共卫生事件具有突发性。突发性是指对于事件在什么时间、什么地点、以什么样的方式爆发，以及爆发的程度等情况，人们始料未及，难以准确地把握；其起因、规模、事态的变化、发展趋势以及事件的影响深度和广度，也不能事先描述和确定，是难以预测的。

第二，突发公共卫生事件在分布上具有差异性。在时间分布上，不同季节，传染病的发病率不同；在空间分布上，不同地区，传染病的种类也不同。

第三，危害的复杂性，也就是说，重大的卫生事件不但对人的健康有影响，而且对环境、经济乃至政治也有很大的影响。

第四，治理的综合性，不但需要先进的技术，还需要投入，以及各部门的联合协调。

（三）SWOT 分析法在县级医院突发公共卫生事件中的运用

我们通过 SWOT 分析法的含义可以得知，在运用 SWOT 分析法时，主要从对被研究对象的内、外部所有因素进行分析研究开始。本论文的研究对象是县级医院突发公共卫生事件，研究目的是探寻如何改善县级医院突发公共卫生事件的对策，所以需要以提高县级医院应对突发公共卫生事件的能力为出发点，去研究分析县级医院应对管理的内、外部因素。首先，分析县级医院应对突发公共卫生事件时存在的优势与不足，同时分析其所处的外部环境存在着哪些机遇和哪些挑战；其次，综合这些优势与不足，确定哪些是关键优势，哪些是制约因素；再次，分析内部劣势，哪些存在外部改善空间，哪些不存在外部改善空间，再分析内部优势，哪些存在外在发展机遇，哪些存在外部威胁。针对上述内、外部优势和不足，制定相应的措施；针对可以改善的内部不足，制定相应的改善战略；对于其他的，则制定其他相应的战略措施。

## 三、基于 SWOT 的医院应对突发公共卫生事件存在的问题与分析

### （一）县级医院应对突发公共卫生事件的不足分析

1. 政府方面

众所周知，秩序良好的国家，一定是一个以法律来治理的国家，而不是以人来治理的国家。政府在突发公共卫生事件中扮演着重要的角色，要使县级医院在应对突发公共卫生事件时有保障，就需要政府的支持。但是县级政府存在以下不足。

第一，法律制度不够健全，对突发公共卫生事件缺乏足够的重视。我国虽然已经制定了一些关于突发公共卫生事件的应急处理规定，但是这些大多针对单一事件，或者依附于其他法律中，还没有形成政府应对突发公共卫生事件的纲领性的法律。从国务院 2003 年颁发的《突发公共卫生事件应急条例》中可以看出，该条例是依照《中华人民共和国传染病防治法》的规定，特别是针对 2003 年防治非典型肺炎工作中暴露出的突出问题制定的。不管是从总则，还是从预防与应急处理、报告与信息发布，县级以上地方政府都应该积极配合上级有关部门处理有关工作。由于县级医院突发公共卫生事件较少，因此县级政府应对突发公共卫生事件的意识淡薄，尽管针对医院突发公共卫生事件制定了一系列制度，但是仍然浮于表面，仅是为了应付检查，没有做到知根知底，正确地解决问题。

第二，统一指挥平台的建立不够完善。当地政府没有设立专业的应对突发公共卫生事件的指挥决策机构。突发公共卫生事件的一大特点就是突发性，如果要更好地应对突发事件，政府就需要做好预防准备工作，统一指挥，统一协调。现今地方政府与医院之间的协调性差，政府缺乏积极性和主动性，当突发公共卫生事件发生时，当地政府往往向上级汇报并等待上级政府的决策，在这段时间，医院处理问题往往出现局限性，因此，一个可靠、统一的指挥平台对于县级医院处理突发公共卫生事件是非常有必要的。

2. 医院方面

医院是应对突发公共卫生事件的主要场所，从自身分析，也存在着各种不足。

第一，资金的投入不够，物资储备不足。县级医院本身规模小，技术不先进，因此医院的资金主要应用于医疗技术更新、设备购置等，对医院突发公共卫生事件的投入还不够，没有建立起应对突发公共卫生事件的专项资金。县级医院规模小，病患多，现有的床位根本不能满足需求，如果发生突发公共卫生事件，床位完全不能满足需要。同时，县级医院在处理突发公共卫生事件时所需的医疗药品、医疗设备、医疗物资等储备也不足，应急准备工作不充分，当遇到突发公共卫生事件时就会措手不及，救援能力则显得“力不从心”，也将延误最佳处理时机。

第二，应对突发公共卫生事件的人才不足。虽然县级医院医务人员众多，但是主要应对突发公共卫生事件的医务人员极其欠缺，一旦发生突发公共卫生事件，人员短缺，极大地造成了医院的秩序混乱。同时，县级医院专业人员数量也不足，受人员编制、人事制度等因素的影响，专业人才大多集中在城市地区，县级地区专业人才资源少而且分配失衡，护理人员占据多数，既懂医治又懂防治的复合型人才大量缺乏。

第三，医院对突发公共卫生事件宣传力度不够。应对突发公共卫生事件不仅仅靠积极处理，还需要广泛的宣传教育与演练。目前从县级医院的调查来看，医院在这方面做得不好，存在以下问题：其一，宣传力度不够，有些科室的领导为了减轻工作负担，进行宣传时力不从心，敷衍了事；其二，宣传的形式过于单一，利用粘贴海报的形式进行宣传时，口头说明简单，导致宣传范围不广，人员参与积极性不高；其三，宣传过于浮于表面，无法深入人心，起不到真正的宣传效果。

3. 医务人员方面

医务人员是处理突发公共卫生事件的主力军，其所具有的知识、技能、态度、行为等影响到一个地区乃至整个国家对突发公共卫生事件的处理。县级医院的医务人员存在着如下不足：

第一，思想上重视不够。从调查情况看，大部分的医务人员只是了解概念，但是对突发公共卫生事件不能正确地认识：一是认为关系不大，二是心存侥幸。许多领导认为当前突发公共卫生事件在全国层面上很少发生，因此，在县级医院更是不可能发生，从而没有把应对突发公共卫生事件放在重要位置。思想上的不重视，导致医务人员意识淡薄，认识不清。

第二，医务人员的处理技能不完善。由于大多医务人员过于年轻，缺乏工作经历和经验，又由于县级医院突发公共卫生事件较少，因此医生没有进行实践的机会，在应对突发公共卫生事件预警与监测的基础工作的能力不强。县级医院的医务人员学历较低，知识面狭窄，在现场处置中，处置方法传统、落后，不能做到快速收集、分析、传递、反馈信息，不能快速、高效、科学地防控突发公共卫生事件的发生。

（二）县级医院应对突发公共卫生事件优势分析

1. 重视度不断提高

自 2004 年至今，我省突发公共卫生事件数、发病人数均出现整体大幅度下降趋势，事件数下降了 92.8%，病例数下降了 92.5%，死亡人数下降了 85.5%。据了解，近年来，我省突发公共卫生事件应急工作逐步发展，卫生事件应急能力和水平快速提高，特别是 5・12 汶川大地震以来，全省突发公共卫生应急工作经受了甲型 H1N1 流感、人禽流感处置等一系列大事、难事、急事的考验。县级医院应急工作的规范化水平因此不断提高。

2. 建立疫情信息沟通，共享信息资源

当今社会分工越来越细，工作要求越来越高，任何一个部门或单位要单枪匹马地完成工作既不现实，也是不自量力。医院与疾控中心作为突发公共卫生事件的关键环节，通力合作，在面对突发公共卫生事件的时候，建立起统一战线。一旦发生突发公共卫生事件，医院与疾控中心互相通报、传递信息、汇总有关情况、共享信息资源，同时分析出现问题的原因，及时采取相关对策分工合作，联合防治。

3. 重视基础信息管理，登记记录详细

在实际的突发公共卫生事件中，信息管理对于县级医院应对突发公共卫生事件来说是非常重要的。县级医院十分重视对档案的保管，重视工作日志的填写，患者的住址、家庭联系方式、病史等记录得十分清晰。一旦突发公共卫生事件，医院可以很快联系家属，了解情况，从而根据判断控制突发公共卫生事件的发生，为群众健康提供良好的保障。

（三）县级医院应对突发公共卫生事件面临的挑战

自古就有“得才者得天下”的说法，在市场经济的新形势下，县级医院面临前所未有的挑战，人才已经成为在市场竞争中获取胜利的一大要素。尤其是在突发公共卫生事件频繁发生的状况下，县级医院处于控制突发公共卫生事件的前沿，需要有条不紊地处理突发公共卫生事件，具备充足人员、专业队伍、优秀团队显得尤为重要。

（四）县级医院应对突发公共卫生事件面临的机遇

1. 经济社会的发展

我国现阶段的经济发展水平，与以前相比，已经有了很大程度的提高。目前的社会经济发展水平，将为县级医院应对突发公共卫生事件提供外部的发展机遇。县级医院目前可以将社会经济发展带来的优势应用到应对突发公共卫生事件上来，改善以往在突发公共卫生事件中投入不足的局面，现在可以通过对社会资源的统筹分配，满足当地政府在突发公共卫生事件处理上的需要。而且在社会主义经济发展的高速时期，县级医院应对突发公共卫生事件的重要性越来越明显，只有不断地高度重视，才能保证其成果的取得。

2. 知识技术的不断进步

与经济社会一起发展的知识技术的进步也为县级医院突发公共卫生事件的应对带来了机遇。以往靠实战和讲授来了解突发公共卫生事件，往往不是那么直观生动。随着知识技术的不断进步，目前，医务人员可以通过学习相关突发公共卫生事件知识，了解相关事件的特点及应对原则及方法，掌握相应的技术，将工作更好地结合起来，更好地为人民群众服务。

3. 应对的经验不断积累

随着一次又一次地经历各种突发公共卫生事件，县级医院在应对突发公共卫生事件方面已经积累了经验，而且应对的能力也在不断提高，不仅吸取其他地方的先进经验，还主动指出存在的不足，为今后应对突发公共卫生事件奠定了基础，也更好地指明了方向。

## 四、基于SWOT分析法县级医院突发公共卫生事件的改善对策

（一）改善县级医院应对突发公共卫生事件的不足

1. 政府方面

（1）完善法律建设

随着我国社会主义法制体系的不断完善，《突发公共卫生事件应急条例》

《中华人民共和国突发事件应对法》等法律法规相继颁布，为各级政府在日后处理突发公共卫生事件提供了必要的法律基础和参考。因此，县级政府要认真贯彻我国相关的法律规定，并且要结合当地的实际情况，制定适合地方的具体法规，使县级医院在处理突发公共卫生事件时依照的法律法规进一步健全与完善，从而促使应急管理体系的完善。

（2）建立统一指挥平台

从目前国内外已经发生的各种突发公共卫生事件的处理经验来看，一个统一的应急指挥平台非常重要。应对突发公共卫生事件需要多个部门及部门之间通力合作，因此县一级政府要建立突发公共卫生事件应急处理指挥部，负责统一领导、指挥、协调、督查本地区的预防与应急工作，同时协调好政府与医院之间的关系，多些指导，少点管理，一旦发生突发公共卫生事件，立马进行处理，通报与应对同时进行，形成多部门合作联动，有效、快速地控制事态的发展。

2. 医院方面

（1）强化医院的应急演练和宣传教育

第一，要搞好应急演练。组织应急队伍成员，根据预案定期进行应急演练，必要时与地方政府进行联合演练，要使所有成员熟悉预案的内容，掌握自身在应对突发公共卫生事件中的责任任务、事件处置的流程和程序等，确保在发生公共卫生事件时，能够正确应对、有条不紊。

第二，要提高医务人员的知识水平和整体素质。突发公共卫生事件的处理涉及面广，医院需对医务人员进行全面的培训，以提高医务人员应对突发公共卫生事件的知识水平和整体素质，保证医务人员应对突发公共卫生事件的效率和质量。

（2）增加资金投入，储备资源

改变当前在经济发达地区投入多、经济欠发达地区投入少的格局，应该一视同仁，增加县级医院的投入资金并建立起应对突发公共卫生事件的专项资金，主要用于应对突发公共卫生事件。在合适的时机，扩大县级医院的规模，增加床位，以满足突发公共卫生事件时的需要；同时，应该做好医疗应急物资的储备工作，比如特定的药品、手套、防护服、口罩等；建立完善应急物资储备的管理制度，保证储备物资供应充足，并根据储备物资的有效期适时更新，保证物资处于有效状态。

（3）储备人才

各类人才的匹配是医院良好地应对突发公共卫生事件的重中之重。县级医院在功能定位上一般为急救中心，处于核心地位，所以储备人才也是医院更好地应对突发公共卫生事件的第一道关口。县级医院应该有一支专门的应急队伍，并建立和完善应急处理专业人才培养机制，一旦发生突发公共卫生事件，能够第一时间进行处理。提高专业应急人员的福利待遇，更好地吸纳社会上有用的人才。

3. 医务人员方面

（1）强化医务人员对突发公共卫生事件的意识

一方面，医院需要进行宣传教育，另一方面，医务人员需要努力自学和吸纳全球视野内关于突发公共卫生事件的新知识，加强自身应对各种突发公共卫生事件的专业理论学习，还需学习一些交叉学科知识，以扩大知识面，增强识别判断能力。同时医院要加强对医务人员进行有关突发公共卫生事件知识的培训，并组织各级各类医务人员贯彻、落实有关法律法规，最终实现以不变应万变。

（2）掌握更多的技能，发展复合型人才

除了需要掌握的技能，医务人员还应该具备其他专业的知识技能，比如心理辅导技能、心理抗压素质等。在平时的培训中，医务人员要提高心理适应能力，明确工作重点，才能在面对突发公共卫生事件的环境下保持良好的心理状态，把紧张的工作变得得心应手，构筑稳固的心理防线；同时还需要具备防护技能，在面对突发状况时能够有效地保护自己。总之，我们要培养、发展更多的复合型人才。

（二）发挥县级医院应对突发公共卫生事件的优势

1. 借政府重视之机，加快县级医院突发公共卫生事件应急管理体系建设

政府应该明确医院各部门应急救援的工作职责，建立健全应急管理制度；同时要建立和完善突发公共卫生事件应急预警机制，按照国家和地方政府突发公共卫生事件应急预案框架，结合本地区和医院的实际情况，组织医院各个部门进行科学研究，对突发公共卫生事件过程中可能出现的问题，提出具有针对性的解决方案，制定出切实可行的预案，根据不同的发生方式及时调整、更新和修订。

2. 利用信息沟通便利，完善灵敏的监测报告信息网络体系

要减少突发公共卫生事件的危害，就需要高效、快捷地传递信息，及时制定并采取应对措施，因此县级医院与疾控中心之间要做到信息资源共享，正常运作。完善突发公共卫生事件的监测系统，开展主动监测，并及时发现苗头及其发展趋势，以便及早报告，结合其他相关部门的信息进行整合，提高应急能力。

3. 利用基础信息资料，建立强有力的技术支撑体系

医院登记的基础信息资料较全面，是医院应对突发公共卫生事件的强有力的保障。在此基础上建立技术支撑体系，根据突发公共卫生事件的性质特点，利用基础信息资料，参与应急处理，可以进行技术指导，为突发公共卫生事件应急管理提供咨询与指导；也可以参与制定、修改技术方案，结合具体的情况，更好地控制事态的发展，保障人民群众的生命安全。

（三）迎接县级医院应对突发公共卫生事件的挑战

应急专业队伍是处理突发公共卫生事件的人力保障，因此，县级医院需要组建一支常备不懈、技术高超、设备齐全、灵活机动、覆盖面广的医疗卫生应急队伍。人才也是医院发展的根本，县级医院要把好人才的入口，充分发挥自身的管理能力，提高招聘质量，把招聘工作作为人才引进的重要渠道。医院人事部更是要明确医院需要多少人，需要什么人，公开透明地选拔、考评专业人才。利用当地政府对突发公共卫生事件的政策支持，补贴专业人才，更好吸纳人员进来。

（四）利用县级医院应对突发公共卫生事件的机遇

1. 争取政府的财政投入，建立应急资金体系

当地经济有了一定程度的发展，将为地方带来巨大的收入，政府的大力支持，为县级医院建立专门应急资金体系带来了机遇。而投入县级医院的资金在分配上可以优先加大对突发公共卫生事件的应急管理。这样的巨大支持，不仅是医院重视突发公共卫生事件的表现，也为医院更好地应对突发公共卫生事件提供了保障，更重要的是，还可以降低突发公共卫生事件产生的社会影响。

2. 利用知识和技术的进一步完善培训机制

现阶段的知识技术水平，相对于以前有了一定程度的提高，尤其是近几

年，信息技术突飞猛进，医院可以通过制作应对突发公共卫生事件的常识的宣传资料、影像资料，通过媒体、网络进行必要的宣传。医院要根据应对的需求对医务人员进行全面培训和技术模拟演练，有针对性地开展应对突发公共卫生事件的讲座，提高应对能力。医务人员也可以利用知识技术的进步接受相关的继续教育学习。

3. 利用现代信息网络，丰富学习的经验

上面已经提到，现阶段的信息技术已经很发达了，县级医院不光可以将技术应用到培训上，还可以将此技术运用到学习先进的经验上，利用现代信息网络加强与其他地区医院的经验交流，共同学习。其他地区的医院也可以参与到本地区应对突发公共卫生事件中来，从而更快地提高应对能力，少走弯路，缩短距离。

## 五、结论

随着经济社会的发展，突发公共卫生事件引起社会的广泛关注，也成为目前备受关注的课题。本文主要采用 SWOT 分析法，对县级医院突发公共卫生事件的内部优势与不足，同时对外部所存在的威胁与机遇进行了探讨。本文从政府、医院、医务人员等方面分析县级医院应对突发公共卫生事件存在的不足，比如法律制度不够健全、统一指挥平台不够完善、资金投入及物资储备不足、人才不足、医务人员重视不够以及处理技能不完善，以及县级医院的优势，如重视度提高、信息沟通便捷，资源共享，同时结合其所处的外部环境分析面临的机遇和挑战。综合这些优、劣势，确定最终的关键优势和制约因素，最后分析内部不足，提出改善的空间，再分析内部优势，发挥优势，迎接挑战。通过分析，本文提出了适合县级医院应对突发公共卫生事件的改善措施，探寻出好的管理方法，在一定程度上为完善应急管理体系提供了有益的借鉴。

## 参考文献：

[1]杨风. 突发公共卫生事件医务人员应对能力评价指标选择和初步模型构建[D]. 广州：南方医科大学,2009:1.

[2]王俊,王昕. 国内外突发公共卫生事件应急管理综述[J]. 中国市场,2012(26):33－34.

[3]崔琳,罗羽,陈俊国.我国突发公共卫生事件应急救援中护理人员的素质现状及对策[J].护理学杂志,2010,25(4):94－96.

[4]何海艳,董英利,王静.加快区县级医院人才梯队建设 增强应对突发公共卫生事件能力[J].黑龙江医学,2013,37(1):65－67.

[5]何维林.医院在突发公共卫生事件中的重要作用[J].现代医院管理,2004(1):10－12.

[6]淳于淼泠,程永明,骆兰.日本政府应对突发公共卫生事件的组织创新[J].现代预防医学,2007,34(13):2405－2409.

[7]胡静.某医院突发公共卫生事件的应急能力调查分析[J].基层医学论坛,2013,17(13):1750－1751.

[8]王维娜.齐齐哈尔市F医院突发公共卫生事件应对能力评价研究[D].哈尔滨:哈尔滨工程大学,2013:3.

[9]刘佩佩.四川:十年来突发公共卫生事件数量下降超90%[N].(2014－10－28)[2014－10－28].http://sc.cnr.cn/sc/2014/sc/201410/t20141028_516680055.shtml.

[10]陈虹.军队数字化医院突发公共卫生事件应对能力现状评价研究[D].重庆:第三军医大学,2011:191.

[11]边巍,陈立明,雷蕾.探讨提高医院应对突发公共卫生事件的能力[J].白求恩军医学院学报,2006,4(1):44.

# 基于ERG理论的强化基层卫生人员工作意愿的调查分析

吴艳春
公共事业管理2012级

**摘　要：** 近年来，随着深化医疗卫生体制改革的推进，双向转诊和分级诊疗的就医模式逐步推行。毋庸置疑，基层卫生服务机构在这一过程中扮演着不可或缺的角色，而基层卫生人员的作用更是显得举足轻重。基层卫生人员是卫生服务的直接提供者，其数量和质量直接决定着城乡基层卫生服务的质量和效果。然而基层卫生人员数量却与患者人数在一定程度上不匹配，一定数量的卫生人员不能留任基层，因此卫生人员留任基层的工作意愿问题亟待解决。本文从ERG理论出发，利用自行设计的问卷进行调查，通过理论与实践的结合，分析基层卫生人员工作意愿的影响因素，从生存需要、关系需要和成长需要三方面进行探究，并据此提出相应的解决措施，以便真正能从源头解决问题，真正发挥基层卫生人员基层首诊"守门人"的作用，切实守护居民健康，推动基层医疗卫生事业的发展。

**关键词：** ERG理论；基层卫生人员；工作意愿

ERG理论是美国人克雷顿·奥尔德弗在发展和测试了马斯洛的需要层次理论后提出的。他把人的需要分为3种（Alderfer，1969）：生存需要（Existence），与人的生存需要相关，指人类个体全部生理和物质上的欲望，相当于马斯洛理论中的生存需要和安全需要。关系需要（Relation），指发展人际关系的需求。这种需求通过生活与工作中与其他人的接触和交往得到满足，相当于马斯洛理论中的爱和归属的需要、尊重的需要。成长需要（Growth），是个体要求自我完善和发展的需要。这种需要通过发展个人的潜能，开发个人的能力才能得到满足，相当于马斯洛理论中的尊重和自我实现的需要[1]。

## 一、基本情况

（一）调查对象

2015 年 5 至 8 月选取南充市顺庆区、嘉陵区、高坪区的社区卫生服务机构及其附近乡镇卫生院的基层卫生人员，主要是医生、护士。

（二）调查方法

采用分层抽样的方法，对南充市三区的社区卫生服务机构及附近乡镇卫生院的基层卫生人员进行调查，以自填问卷为主、当面访问为辅的调查方法进行调查。本次共发放问卷 43 份，其中调查社区卫生服务机构卫生人员 14 人，乡镇卫生院基层卫生人员 29 人，回收有效问卷 43 份，回收率为 100%。要求每个调查员在收回或完成一份问卷后，及时浏览问卷填写情况，发现问题，及时回访核实。

（三）统计学方法

使用 Excel 进行数据录入，采用 SPSS Statistics 19.0 进行分析处理。主要为描述性统计分析。

## 二、结果

（一）被调查对象的基本情况

**表 1　被调查对象基本情况**

| 因素 | 选项 | 频数 | 频率（%） |
|---|---|---|---|
| 性别 | 男 | 19 | 44.2 |
| | 女 | 24 | 55.8 |
| 年龄 | 21—30 | 21 | 48.8 |
| | 31—40 | 9 | 20.9 |
| | 41—50 | 10 | 23.3 |
| | 50 以上 | 3 | 7 |

续表

| 因素 | 选项 | 频数 | 频率（%） |
| --- | --- | --- | --- |
| 文化程度 | 中专 | 7 | 16.3 |
| | 大专 | 34 | 79.1 |
| | 本科 | 2 | 4.7 |
| | 硕士及以上 | 0 | 0 |
| 职称 | 无职称 | 3 | 7 |
| | 初级 | 24 | 55.8 |
| | 中级 | 13 | 30.2 |
| | 副高 | 3 | 7 |
| | 正高 | 0 | 0 |
| 职业年限 | 5年以下 | 14 | 32.6 |
| | 5—10年 | 11 | 25.6 |
| | 10年以上 | 18 | 41.9 |

在表1中能够获得如下信息：从性别上看，男女比例基本处于平衡状态，男性占44.2%，女性占55.8%；从年龄上看，基层卫生人员呈现出年轻化趋势，其中21—30岁的占48.8%，31—40岁的占20.9%，41—50岁的占23.3%，而50岁以上的仅占7%；从文化程度上看，文化程度偏低，中专文化的占16.3%，大专占79.1%，本科仅仅只有4.7%，硕士及以上学历更是没有；从职称上看，初级和中级卫生人员占了绝大多数，高达86%。

（二）生存需要

**表2 生存需要相关信息调查情况**

| 因素 | 选项 | 频数（人） | 频率（%） |
| --- | --- | --- | --- |
| 月收入 | 1001—2000元 | 4 | 9.3 |
| | 2001—3000元 | 21 | 48.8 |
| | 3001—4000元 | 17 | 39.5 |

续表

| 因素 | 选项 | 频数（人） | 频率（%） |
|---|---|---|---|
| 月收入 | 4000 元以上 | 1 | 2. 3 |
| 设备和材料对医务人员的满足度 | 几乎不能 | 6 | 14 |
| | 有时候能 | 15 | 34. 9 |
| | 一般 | 20 | 46. 5 |
| | 大多数时候能 | 2 | 4. 7 |
| | 总是能 | 0 | 0 |
| 工作时间 | 8 小时以下 | 3 | 7 |
| | 8 小时 | 15 | 34. 9 |
| | 9 小时 | 8 | 18. 5 |
| | 10 小时 | 14 | 32. 6 |
| | 11 小时及以上 | 3 | 7 |
| 工作量 | 非常小 | 1 | 2. 3 |
| | 很小 | 1 | 2. 3 |
| | 一般 | 12 | 27. 9 |
| | 比较大 | 22 | 51. 2 |
| | 非常大 | 7 | 16. 3 |

从表 2 中可以看出生存需要的三个层次（收入水平、工作条件、工作量）在数据上存在不平衡。就收入来看，月平均收入水平存在偏低的趋势，其中月收入 2001—3000 元和 3001—4000 元的人数占绝大多数，分别为 48. 8% 和 39. 5%，而 4000 以上的仅占 2. 3%。在工作条件方面，基层卫生人员设备和材料需要的满足度仅为 4. 7%，更多时候是不能满足需要。从工作量来看，基层卫生人员认为工作量比较大的人数占 51. 2%，非常大的占 16. 3%，而工作时间超过 8 小时的则高达 58. 1%。

## （三）关系需要

**表3 关系需要相关情况调查表**

| 因素 | 选项 | 频数（人） | 频率（%） |
| --- | --- | --- | --- |
| 与上级关系 | 非常不融洽 | 0 | 0 |
| | 不融洽 | 3 | 7 |
| | 一般 | 23 | 53. 5 |
| | 融洽 | 15 | 34. 9 |
| | 非常融洽 | 2 | 4. 7 |
| 与平级关系 | 非常不融洽 | 0 | 0 |
| | 不融洽 | 3 | 7 |
| | 一般 | 19 | 44. 2 |
| | 融洽 | 17 | 39. 5 |
| | 非常融洽 | 4 | 9. 3 |
| 患者对卫生人员的尊重程度 | 非常不尊重 | 0 | 0 |
| | 不尊重 | 3 | 7 |
| | 一般 | 17 | 39. 5 |
| | 尊重 | 22 | 51. 2 |
| | 非常尊重 | 1 | 2. 3 |
| 患者对卫生人员的信任度 | 非常信任，态度友好 | 3 | 7 |
| | 信任，态度温和 | 15 | 34. 9 |
| | 一般 | 23 | 53. 5 |
| | 不信任，怀疑医术 | 2 | 4. 7 |
| | 非常不信任，无理谩骂 | 0 | 0 |

如表3所示，关系需要从横向的人际关系（即医患关系）和纵向的人际沟通（即上下级关系）以及平级关系来说明。从表中可以看出，上下级关系非常融洽的仅占4. 7%，还有7%处于不融洽的状态；而平级关系中，融洽程度则要相对高点，非常融洽的占9. 3%，不融洽的还有7%；再看医患关系，

对卫生人员非常尊重的仅占 2.3%，7% 的患者不尊重，对卫生人员的医术持怀疑态度的还有 4.7%。虽然极端的数据不是特别大，但放在一个大环境下，也是不容小觑的。

（四）成长需要

**表 4 成长需要相关情况调查表**

| 因素 | 选项 | 频数（人） | 频率（%） |
|---|---|---|---|
| 职业发展机会 | 很少或没有 | 9 | 20.9 |
| | 较少 | 7 | 16.3 |
| | 一般 | 26 | 60.5 |
| | 较多 | 1 | 2.3 |
| | 非常多 | 0 | 0 |
| 培训次数 | 无 | 9 | 20.9 |
| | 1—3 次 | 31 | 72.1 |
| | 4—6 次 | 2 | 4.7 |
| | 7 次以上 | 1 | 2.3 |
| 单位对卫生人员培训的重视程度 | 非常重视 | 1 | 2.3 |
| | 重视 | 7 | 16.3 |
| | 一般 | 23 | 53.5 |
| | 不重视 | 12 | 27.9 |
| | 非常不重视 | 0 | 0 |

成长需要包括组织提供的发展机会以及培训次数。从表 4 可以看出，基层卫生人员认为组织提供的职业发展机会没有或很少的占 20.9%，较少的占 16.3%。20.9% 的基层卫生人员表示单位每年基本上没提供培训机会，72.1% 的基层卫生人员表示单位每年提供了 1—3 次的培训机会。可见单位对基层卫生人员的培训不够重视，还需加强。

## 三、讨论与建议

### （一）提高执业人员的工资水平，改善工作环境，减少工作量以满足生存需要

1. 收入水平普遍不高

从表2中的收入来看，月平均收入水平存在偏低的趋势，其中月收入2001—3000元和3001—4000元的人数占绝大多数，分别为48.8%和39.5%，而4000元以上的仅占2.3%。近年来，随着国家深化医疗体制改革的不断推进以及法律制度的规范化作用，行之已久的“以药养医”模式逐渐被打破，从药品中拿回扣的现象不复存在，这在一定程度上阻断了基层卫生人员其他方向的收入来源。而国家对基层卫生人员的经济补助又没有得到及时的补充，致使现有的工资水平不能满足基层卫生人员生活所需。基层卫生人员一方面是卫生服务的提供者，另一方面也是社会人。当这两种角色发生冲突时，基层卫生人员首先选择的肯定是社会人角色。因为在一个庞大的社会体系中，不论任何人，只要是一个独立的个体，就有获得物质需求的需要。一个人如果连最基本的温饱问题都不能得到有效的解决，又怎么有激情和动力去提供公共卫生服务，恰到好处地扮演好居民健康“守门人”的角色呢？据有关调查，卫生行业实际上是一个稳定性很高的职业。可为什么基层卫生人员离职率这么高？某种程度上说，这跟收入不高存在着直接的联系。

2. 工作条件的限制

从表2的工作条件方面来看，基层卫生人员设备和材料需要的满足度仅为4.7%，更多时候是不能满足需要。一般意义上讲，工作条件是从业人员在工作中的设施条件、工作环境、劳动强度和工作时间的总和。本文定义的工作条件就是基层卫生机构中人员和设备的配置状况，即软件和硬件的协调程度。城市中的社区卫生服务中心和农村中的乡镇卫生院都属于基层卫生服务机构，从表1中可以看出，在组织中执业的卫生人员整体学历结构参差不齐，掌握的医学知识技能有限，处于低水平状态，仅仅能处理一些常见病和多发病。一些学历稍微高点的卫生人员缺乏医术交流的平台，在心理上具有一定程度的压抑情绪，这种负面情绪容易导致卫生人员离开基层，只为寻求更好的平台。另外，基层缺乏最基本的医疗仪器，硬件方面的配置不能满足患者的就诊需求。由于仪器的缺乏，再加上人体结构的复杂性，很多卫生人员不

能通过借助仪器的方式准确地把握患者的病情，而仅仅凭借自身的从医经验和累积的医学知识去判断患者所患疾病。知识和经验的有限性，有时候可能造成误诊，给患者造成不必要的意外伤害，这给卫生人员造成一定的心理压力和失落感，他们甚至怀疑自身的医疗技术水平。而由于患者就诊量和医院自身资金的限制，医院又不能盲目地购买大型设备去满足医患双方的需求。

3. 工作量大

从表2中的工作量来看，基层卫生人员认为工作量比较大的人数占51.2%，非常大的占16.3%，而工作时间超过8小时的则高达58.1%。从人力资源管理学角度讲，工作量是指劳动者在组织中实际需要完成的工作任务。在基层卫生服务机构中，由于卫生人员数量有限，面对大批量的常见病、多发病患者，卫生人员经常不得不延长工作时间替患者诊治，以避免延误病情，由此造成卫生人员工作量加大。而在高级别的医疗卫生服务机构中，卫生人员的工作时间更加规范化，除有意外情况，基本上不会出现无故加班的情况。和高级别医疗卫生服务机构中的卫生人员相比，基层卫生人员在心理上存在一定程度的失衡感：基层工作量大，收入水平却是望尘莫及。

（1）加大国家财政投入，提高执业人员的工资水平

国家每年都会有用于公共事业方面的财政支出：用于科学、教育、文化、卫生、体育等公共事业的发展费用。教育和卫生事业的发展直接关系着国计民生，关系着居民素质的提升和生活的舒适度，因此国家对这方面给予了充分的重视。尽管在卫生事业的投入数额比较大，但由于基层卫生人员基数较大，因此，实际到达卫生人员账户上的工资不足以满足其生存所需。收入是激励卫生人员最基本的经济因素，也是其生存所必需的。因此国家在这方面仍需加大财政投入，真正切实地提高执业人员的工资水平，使基层卫生执业人员真正感受到自己的价值所在，使他们即使不在层级较高的医疗卫生服务机构中执业，也一样能发挥自身价值。

（2）改善工作环境

通常意义上讲，工作环境是指与劳动者工作密切相关的一系列内外因素的总和。在医疗卫生服务机构中，卫生人员理解的工作环境，不仅应该包括作业环境，即设施、设备仪器等，也应该包括人文环境，即卫生人才的引进。了解了工作条件受到硬件和软件的限制，要改变这种局面，也就不难了。首先，在硬件方面（即设备），对于一些简单的必须配备的设备，经过基层卫生

服务机构领导的同意，根据当地基层卫生机构的实际情况，向上级卫生机构申请财政拨款，双方共同出资购买。其次，在软件方面（即卫生人才的储备），增加基层卫生人员的编制数量，吸引高校毕业生到当地执业，为其提供更多的福利，提供好的发展平台。

（3）减少工作量

首先，通过增加基层卫生人员的数量，来分流部分患者，从而使卫生人员的超负荷工作量减少。其次，通过提高医疗效率，使医疗工作能够在规定的时间内按质按量地完成。当然，为了减少工作量而提高工作效率，并不是说就可以忽略医疗质量。比如，在对患者进行诊治时，尚未理顺患者病情，就贸然出具诊疗方案，这是不可取的。医疗效率的提高要在保证医疗质量的前提下进行，这就需要卫生人员平时辛勤努力，对医学知识进行探索，对医疗经验进行总结。如此，工作量便可以得到控制，甚至减少。

（二）加大人文关怀，营造良好的关系氛围，加强医德教育以满足关系需要

1. 组织中的人际关系不协调

从表3中可以看出，上下级关系非常融洽的仅占4.7%，还有7%处于不融洽的状态；而平级关系中，融洽程度则要相对高点，非常融洽的占9.3%，不融洽的还有7%。任何一个人，只要在社会中生存，都会跟组织发生联系。只是这种联系有时候是直接的，而有时候是间接的，同时有横向和纵向之分，横向即指平级关系，而纵向则是指上下级关系。不可避免的是，只要在组织中，就存在人与人的交流和沟通。而人际关系的协调与否与彼此的信息交流密切相关。在基层卫生服务组织机构中，就上下级关系而言，上级对下级的关心程度直接影响下级对整个组织的印象。上级对待下级犹如朋友一般，在下级犯错时，不是一味地责备下属，而是帮助下级查找原因，找出解决办法，和下级一起面对问题，同甘共苦，下级对组织的归属感就越强，对组织文化就越认同。此外，在组织关系中，除了上下级关系，还有平级关系。如果说上下级关系是头和脚，那么平级关系就是左右手。平级关系的融洽度也是影响组织人际关系的一个重要因素。平级之间医疗技术水平差不多，只是在某些知识方面可能存在细微的差异。平级之间彼此可以进行医学知识的交流和探讨而无所顾忌，良好的人际关系不会存在嘲笑和看不起。反之，基层卫生人员就会有一种孤立感和被冷落的感觉，自然就会排斥组织中平级之间的人

际关系。

2. 患者对卫生人员的尊重和信任度不高

在表3中可以获取的医患关系信息能够知道，对卫生人员非常尊重的仅占2.3%，7%的患者不尊重，对卫生人员的医术持怀疑态度的还有4.7%。基层卫生服务机构在整个医疗服务体系中处于基础地位，较之层级较高的医疗组织，明显处于劣势地位。无论医疗技术、人才储备方面，还是仪器设备方面，都存在一定差距。因此无论农村还是城市居民，只要一生病，不管疾病严重程度，也不去深思基层卫生服务机构是否能真正解决，首先想到的就是去层级较高的大医院，就算为此花费更多的人力、物力、财力，也在所不惜。这在本质上说明居民的认知差异存在较大的偏颇，对基层卫生人员存在极度的不信任。有时候患者病情不严重，或苦于条件的限制，无法去大医院，迫于无奈，只有去附近的基层卫生服务机构，但由于始终持有怀疑的态度，怀疑基层卫生人员的医疗技术水平，即俗称带着“有色眼镜”去审视卫生人员的医术。同时在心理上期望卫生人员给出的治疗方案能很快发挥作用，真正地花了钱治好了病。一旦存在偏差，患者就会责怪卫生人员技术不精，丧失医德，不尊重卫生人员。医学信息沟通的不对称，再加上媒体的推波助澜，加剧了医患关系的紧张，使位于一线的基层卫生人员备感压力。基层卫生人员自身为患者考虑周全，遵循循序渐进的原则，结果却换来患者的不理解。

（1）对组织中的卫生人员加大人文关怀，营造良好的人际关系氛围

基层卫生机构的卫生人员数量虽然不多，但也存在人际关系不和谐的情况。无论是上下级之间的相处，还是同级之间的共事，良好的人际关系总是能营造一种愉快的氛围，有益于彼此的身心健康，同时还能提高工作效率。对组织中的卫生人员加大人文关怀，能够激励其更加自觉地做事，而不是督促其做事，如此便可增加组织的凝聚力和向心力，使基层卫生人员的归属感更加强烈，更加自觉地做好自身工作，从而促进基层卫生事业的蓬勃发展。

（2）加强卫生人员医德教育，改善医患关系

和高级别的卫生机构所面临的医患关系相比，基层卫生机构的医患关系则要简单得多，但不代表没有医患矛盾，只是没有高级别的卫生机构的医患关系那么紧张。尽管有部分患者对基层卫生人员的医术存在一定程度的怀疑，可医生在对待患者时皆一视同仁，基本不存在“开小灶”的情况。但基层卫生人员因为工作的特殊性，在一定程度上存在职业倦怠感，有时候可能因为

患者的问题而做出不受意识控制的事，导致医患关系始终达不到预期的状态。因此只有对卫生人员加强医德教育，培养其博大的胸襟和容人的度量，才能改善医患关系，消除潜在的威胁因素。

（三）通过建立完善的竞争激励制度，定期对卫生人员进行培训，提高医疗技术水平以满足成长需要

1. 组织提供的晋升空间不够

从表4可以看出，基层卫生人员认为组织提供的职业发展机会没有或很少的占20.9%，较少的占16.3%。无论国家机关、事业单位，还是团体组织，为有效地激励员工更好地为组织服务，通常会采取一系列措施，包括物质层面和精神层面的。物质层面就是收入，以及组织提供的福利和补贴，而精神层面即是组织给予的奖励、荣誉以及职称晋升的公平性。由于基层卫生服务机构仅仅充当居民健康“守门人”的角色，加之国家政策对基层卫生服务人员职称的倾斜度不够，导致基层卫生服务机构卫生人员职称的分配比例不大。此外，基层卫生人员自身知识结构的有限性，使他们在通过国家卫生技术能力考试上有难度，难以顺利达到职称晋升要求。另外，基层卫生服务机构人员数量不多，行政管理岗位数量有限，大多数人不能通过自身医术的提高和良好的工作表现而走上管理岗位，实现职业的进一步发展。

2. 个人医术的提升潜力不大

在表4中，20.9%的基层卫生人员表示单位每年基本上没提供培训机会，72.1%的基层卫生人员表示单位每年提供了1—3次的培训机会。医术的高低直接决定着患者的治疗效果和医疗质量的好坏，而医术的提升潜力却直接影响卫生人员的积极性。在基层卫生服务机构中，由于组织中的卫生人员医疗技术水平相当，再加上组织文化的内化作用，有种固定的框架在无形中起着束缚作用，彼此的医术交流很难得到大的提升。简单理解就是闭门造车，本质上说，这是缺乏有效交流的信息平台的表现。对于基层卫生服务机构的卫生人员来说，自己的医术提升的潜力和空间不足，满足不了心理上的需求，自然就会寻求更高的平台，继续深造，以便更好地实现救死扶伤、治病救人的人生价值。人是一种复杂的生物，在精神需求得不到满足的时候，其追求精神方面的享受会促使其离开原来的组织。

（1）组织建立完善的竞争激励制度

任何有人的组织都存在竞争，凭工作能力晋升，这是无可厚非的，但竞

争在一定程度上存在不到位的现象，缺乏公平性，抑制了基层卫生人员提供服务的积极性。要从根本上改变这种局面，就要真正为基层卫生人员提供宽松的晋升空间，还需要切实完善相关的竞争制度，在保证其公平性、合理性的基础上，真正发挥其激励作用，让卫生人员感觉到组织提供的晋升空间和潜力还是很大的，只要努力，就会有所收获，有所回报。

（2）定期对卫生人员进行培训，提高医疗技术水平

人体结构是一个复杂的系统，有限的医学知识和从医经验并不能满足居民的就医需求。在社会不断发展的过程中，越来越多的疾病出现，有一定的辐射范围，指向一定的人群，而人类对疾病的病理结构、发生机制的认识总是落后于疾病的发生，因为疾病具有突然性。基层卫生人员负有治病救人、防治结合的医学使命，这就需要定期对他们进行培训，加强医学信息交流与沟通，拓宽医学知识认知面，多学习暂时不熟悉的疾病的病理结构和治疗方案。

**参考文献：**

[1]陈百卉，郑剑锋. ERG 理论与需要层次理论的比较及具体现象分析[J]. 科技信息，2014(12)：256.

# 民营医院文化建设存在的问题和对策分析

李　亚
公共事业管理2012级

**摘　要：** 近年来，随着我国医疗卫生体制改革的不断深入，医疗市场竞争日趋激烈，不断深化，在医疗卫生行业，医疗服务已由原来的单一技术服务演化成为对患者的全方位服务，因此在促进医院全面可持续发展问题上，推动医院文化建设是一个强劲的动力。特别是现在民营医院的生存和发展成为焦点，民营医院经过二十多年的发展，其数量和规模都在不断扩展，取得了很大的成绩，对整个医疗卫生事业的发展起着积极的推动作用。但外部环境的制约和内部自身的不足，使民营医院在发展上暴露出了不少的问题。现在越来越看重文化的发展，传承发扬文化是每个行业的义务，医院的文化建设同样是必不可少的。本文主要就民营医院在文化建设过程中存在的问题进行分析和探讨，并提出相应的民营医院文化建设的发展对策，使得民营医院得以健康发展。

**关键词：** 民营医院；文化建设；存在问题；发展对策

## 一、绪论

### （一）研究背景和意义

我国的民营医院出现于20世纪80年代，前期的发展比较缓慢。但随着我国经济的快速发展和人民生活水平的逐渐提高，人们对医疗卫生服务的需求越来越大，要求也越来越高，仅仅依靠公立医院已经远远不能满足人们对医疗卫生服务的需要和需求，民营医院便迅速发展起来。近年来，虽然民营医院分担了社会的就医压力，缓解了“看病难，看病贵”的问题，提高了医疗卫生服务的质量和效率，却始终无法有效地挑战公立医疗机构的垄断地位。为了更好地发展和提升自己的地位，民营医院必须开辟出一条有利于自身发展的道路。随着人类物质文明和精神文明的进步，21 世纪是一个不断学习创新的知识经济时代，医院文化已经成为一种不可缺少的资源，谁具有文化优势就具有竞争、效益和发展优势，就能在激烈的市场竞争中立于不败之地，自觉地开展医院文化建设是一项具有战略性的举措。民营医院要看重医院文化的发展前景，在文化建设上下功夫，客观地找出目前医院文化建设中存在的问题并提出针对性的改进意见，推动民营医院更好更快地发展。

（二）理论综述

1. 民营医院理论综述

1.1 民营医院的概念

民营医院是我国的特有词汇，是指个人或集体投资的营利性或非营利性医院，从所有制上来讲是非国家所有的。在中华人民共和国成立初期，所有的医疗机构均为国家所有，统一规划、营利和支出。改革开放以来，随着社会经济的高速发展，为了进一步适应市场经济的需要，更好地发展社会医疗卫生事业，国家逐步放宽了医疗卫生事业的经营门槛，允许私人资金投入医疗卫生事业中，由此产生了大批形式灵活多样、追求服务水平高质量、以营利性为主导的非公有制医院，即民营医院[1]。

1.2 民营医院的地位

民营医院是我国医疗卫生事业的重要组成部分，它在促进我国医疗卫生事业发展和保障广大群众的健康上起着十分重要的作用，是公立医院的重要补充力量，在医疗卫生事业中处于从属地位。民营医院与公立医院、中外合资医院三者之间相互竞争，相互补充，相互促进，共同推动着我国医疗卫生事业的发展。

1.3 民营医院的作用

我国人口众多，医疗和教育一直是一个老大难问题，医疗资源供不应求，大医院病患拥挤，民营医院就显得十分有必要。首先，民营医院的发展在一定程度上缓和了“看病难，看病贵”的局面。其次，民营医院通过社会出资兴办，减轻了政府的财政压力。再次，民营医院促进了医疗卫生服务的市场竞争。民营医院与公立医院不同，不是政府出资兴办的，要想有自己的发展和市场，就要找准市场定位，以最小的成本创造出最大的价值。在这样的市场环境下，民营医院就不得不改善现有的服务，改善服务渠道，提高服务质量，增强竞争力。

2. 医院文化理论综述

2.1 医院文化的概念

医院文化是社会文化的一种亚文化，它是随着企业文化的兴起逐渐在医疗界被提出来的，是一种带有鲜明行业特点的文化。它是在一定的经济社会背景下，在长期医疗服务过程中逐步形成和发展起来的独特的价值观和医院精神，以及以此为核心而生成的道德规范行为准则、理想信念、医院传统，并在此基础上生成的医院服务意识、服务理念和经营战略的总和。广义的医院文化泛指特定群体在医疗及与之相关领域生产实践中所创造的物质财富和精神财富的总和。狭义的医院文化是指全体医护员工在医学实践、社会生活易交往实践活动中形成的以人为核心的文化形态、观念形态和行为规范[2]。其基本内容包括：精神服务、道德、思维、心理、管理、技术、环境、组织、制度等十个方面的文化。

2.2 医院文化结构

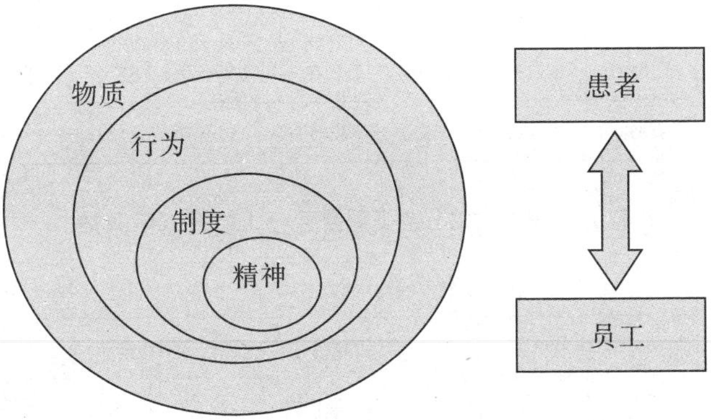


图1　医院文化结构层次图

医院文化由物质文化、行为文化、制度文化和精神文化四个层次构成，表层为物质文化，浅层为行为文化，中层为制度文化，深层为精神文化，四层文化相互联结，相互影响，相互渗透，共同构成了医院文化的整体结构。

## 二、民营医院发展的现状

### (一) 我国民营医院的发展状况

从目前我国民营医院在医疗服务市场中的发展来看，规模与体制还不够完善，还有着较大的空间。《2010 年我国卫生事业发展统计公报》显示，

2010年年底，民营医院7068家，占医院总数的33.8%，民营医院拥有的床位数373669张，占医院床位的11.0%，卫生技术人员34.8万人，占总数的10.1%。从发展规模上来看，它们大部分是由私人诊所发展起来的，也有一部分是通过改制分离出来的，因此，我国民营医院的规模大都比较小。其经营特色主要以特色专科为主，综合性医院较少。从全国的范围来看，华北、华东、华中、华南等地区的经济发达城市里规模较大的民营医院较为集中，占全国民营医院的90%以上，尤以四川、广东、浙江为最，而在西北地区较少，地区发展极不平衡[3]。作为我国医疗卫生服务市场的新兴力量，民营医院的发展并不是很顺利，半喜半忧。

**表1　2010—2011各类医院数量及病床数**

| 医院名称 | 数量（个） | | | | 病床数（张） | | | |
|---|---|---|---|---|---|---|---|---|
| | 2010年 | | 2011年 | | 2010年 | | 2011年 | |
| | 数量 | 构成 | 数量 | 构成 | 数量 | 构成 | 数量 | 构成 |
| 总计 | 20918 | 100.00% | 21979 | 100.00% | 3387437 | 100.00% | 3705172 | 100.00% |
| 公立医院 | 13850 | 66.21% | 13542 | 61.61% | 3013768 | 88.97% | 3243902 | 87.55% |
| 民营医院 | 7068 | 33.79% | 8437 | 38.39% | 373669 | 11.03% | 461270 | 12.45% |

**表2　2010—2011各类医院诊疗人数及入院人数**

| 医院名称 | 诊疗人数（亿人次） | | | | 入院人数（万人次） | | | |
|---|---|---|---|---|---|---|---|---|
| | 2010年 | | 2011年 | | 2010年 | | 2011年 | |
| | 数量 | 构成 | 数量 | 构成 | 数量 | 构成 | 数量 | 构成 |
| 总计 | 20.4 | 100.00% | 22.6 | 100.00% | 9524 | 100.00% | 10755 | 100.00% |
| 公立医院 | 18.7 | 91.67% | 20.5 | 90.71% | 8724 | 91.60% | 9708 | 90.26% |
| 私立医院 | 1.7 | 8.33% | 2.1 | 9.29% | 800 | 8.40% | 1047 | 9.74% |

资料来源：《2010—2011中国卫生事业发展统计公报》。

（二）国外民营医院的发展状况

国外民营医院的发展相对于国内时间更长，更成熟。所以学习国外民营医疗机构的发展经验和管理对我国民营医院的发展有很大的帮助。

1. 美国

在美国等发达国家，民营医院已经有了长足的发展，甚至已经成为卫生服务机构的主体。在美国，公立医院占26%，私立医院约占74%[4]。有关调查表明，美国的住院病人对营利性的民营医院的满意度甚至超过了其他医院。在税收制度与补偿机制等方面明显处于劣势的民营医院，只有通过先进的管理和在医疗服务市场上较高的竞争优势，才能实现盈利的目标。美国的医疗保健制度充分体现了其市场经济的自由性，充分体现了管理与服务的职责。

2. 英国

英国实行的是国家卫生服务制度，政府通过税收供给给全民提供医疗服务。民营医院作为公立医院的补充，在医疗服务市场中占的份额少，其目的不在盈利而在于减轻公立医院的负担，减少病人的等待时间，其功能主要是提供较为高端的服务[5]。

3. 印度

印度是世界上人口仅次于中国的发展中国家，在人口和经济状况等方面都与中国相似。印度也像英国一样为国民提供免费的医疗服务，但由于资金匮乏，现有的公立医院不能满足需要，因此政府鼓励私人资本投资经营医疗机构。印度目前拥有1300多家私立医院，且私立医院的医疗条件和水平高于公立医院[6]。

## 三、民营医院在文化建设上存在的问题及原因分析

从医院文化体系来看，精神文化是整个文化体系的核心。医院文化建设是现代医院实行科学化、规范化、人性化管理必不可少的部分。加强民营医院文化建设对推动其发展，强化服务理念，提高服务水平和医疗质量都具有重要意义。但是文化建设的过程中难免存在着一些问题，主要是医院内部自身的问题和医院外部遇到的问题。

（一）民营医院自身的问题

1. 缺乏科学合理的人事管理制度

民营医院中有不少是家族企业，在管理岗位上的人往往是与医院所有者有密切关系的人，而非真正具有管理知识和经营的管理者，经常会出现一人身兼数职的情况，这样就会给医院的内部管理带来混乱，出现以权谋私的情况，制约了民营医院的发展。那些非家族企业的民营医院，采用的管理方法

大多是企业式的管理方法，缺少医德医风的建设机制，不符合医院“以人为本，以病人为中心，强调一切从人性出发”的理念。大多数的民营医院缺乏专业医院管理人才，不舍得花费财力、物力去培养新人，医院管理人才队伍的建设就会受到阻碍，没有科学、合理、规范的内部管理制度，制度文化就会举步维艰。

2. 对医院文化建设的认知度不够

在医院的工作人员主要从事的是医疗技术方面的工作，对文化只是一个概念上的认识，学习了解得太少，认为文化就是思想政治工作，只是党组织和政工干部的事情；还会错误地理解医院平时开展的各种文化活动就是医院文化的核心，这只是文化的最浅层次的理解，而没有真正认识到文化的核心即医院精神，这样医院整体的文化建设就会盲目和散乱，导致文化建设的工作不能深入进行。

3. 民营医院文化建设实践中盲目地模仿

民营医院毕竟以盈利为目的，十分看重效率。民营医院为了节省时间和成本，就会盲目地学习和吸收公立医院和国外医院先进的文化理论和医院文化，而忽视了它们是否符合医院自身的发展和特点，与医院文化和实际情况不能紧密地联系在一起，没有长远的发展眼光，具有一定程度的盲目性。

4. 员工人文精神和敬业精神的缺失

医院精神包括科学精神和人文精神，人文精神就是以病人为本的精神。道德观、消费观和科技观等都会体现出人文精神。民营医院的一些医务人员会因为利益的驱使在道德观和消费观上出现一些缺失，比如不合理的用药，小题大做，让病人多消费、多埋单来增加自己的盈利。导致这些情况出现的原因主要是医院给医务人员的补贴和待遇不能满足其需要。和公立医院相比较而言，民营医院不是国家政府兴办的，工资待遇的来源不一样，公立医院由国家财政拨款，民营医院由医院所有者发工资，这就需要民营医院领导制定出比较合理和较为优越的福利待遇，减少民营医院的医务人员为了牟取暴利而做出违背道德的医疗行为，提高医院的整体服务水平和精神风貌。

（二）外部存在的问题

1. 政府扶持不够，市场定位不准确

目前，虽然各地政府都表示支持民营医院的建设和发展，但是政府有关部门在对待公立医院和民营医院的态度上还存在差别，如医院扩建用地的批准，医务人员职称的评定。另外，绝大多数民营医院尚未被划入医保定点医疗机构的范围内，客观上导致民营医院病源的减少，进而影响了民营医院的盈利和健康发展。民营医院在资金、人力、物力上都比不上公立医院，盲目地追求与公立医院“平起平坐”，市场定位不够准确，就会严重影响医疗质量，患者就不会把民营医院作为首选。为了避免这一情况，医院就会为了提高知名度而造假，大大损害了医院的形象，阻碍了医院文化建设的发展。

2. 公立医院的竞争

首先，公立医院经过几十年的发展，积累了丰富的经验，形成了鲜明的特色，具有良好的知名度和美誉度，公众形象高大。其次，近年来，随着我国医药卫生体制的不断深入改革，医疗保险的覆盖面越来越广，享受医保的人越来越多，公立医院都是医保定点医院，公立医院理所当然地成为病人的首选。公立医院先进的医疗设备和较高的医疗水平都让公立医院有绝对的优势，这使得民营医院生存更困难。再次，公立医院规模比较大，技术力量雄厚，拥有专业的人才队伍，而目前的民营医院中，少有能够在技术设备、人才科研等方面和公立医院平等竞争的。所以与公立医院的竞争也是民营医院在物质文化和行为文化上遇到的一个不可避免的难题。

3. 诚信危机引起社会偏见

危机往往都是由自己的错误引发的，社会公众对民营医院的偏见主要是因为民营医院追求短期暴利，目光短浅，没有长远的战略目标规划，违法经营，如一些医院不顾患者的利益，不顾职业道德，虚假宣传和制售假药。长此以往，公众不再信任民营医院，民营医院在社会公众眼中的形象岌岌可危，就会流失本来就不多的病源，想要再建立起公众对民营医院的信任就要花费更多的人力、物力和财力。其实这种损失是可以避免的，只是民营医院铤而走险。总的来说，民营医院在经营过程中缺少自律、以次充好、虚假宣传是导致诚信危机出现的主要原因。由此可见，精神文化是一种无形的巨大财富，民营医院必须好好把握，才能树立良好的形象。

## 四、促进民营医院文化建设发展的对策

### （一）制度文化建设

1. 健全完善医院人事管理制度

“没有规矩，不成方圆。”好的制度是医院文化的重要保障。在用人方面

要懂得任人唯贤，是人才就好好利用，不要光靠关系用一些闲人，必须加强人事监督和管理，协调管理中的各种关系，最大限度地发挥个人潜在的能动性，提高工作效率。加强医德医风的建设，实施医务人员医德考评制度，把病人的满意度和医生的绩效考核紧密地联系起来，严肃处理违背职业道德、损害病人健康和利益的行为，重视人才队伍的建设。人才战略是民营医院发展的重要组成部分，医疗市场无论是技术、服务还是经营管理归根到底都是人才的竞争。吸纳、留住、用好人才是提高医院综合能力和取得最佳效益的关键，在人才培养上要做好继续教育和进修培训工作，积极创建学习型医院，促进员工知识的不断更新和学术水平的不断提高，使员工跟上时代的步伐，与时俱进。

2. 从实际出发，开辟适合自身发展之路

不同的国家、不同的医院都有自己的特色。民营医院在学习吸收其他医院先进文化和管理理念的时候要考虑到医院自身的发展情况，不要盲从，要从实际出发，与自己医院的实际相结合，取其精华、去其糟粕，将本土文化和国外文化相融合，要有准确的认知。

（二）加强精神文化和行为文化建设

1. 树立医院精神，引导员工树立正确的价值取向

医院精神是医院文化建设的核心。引导员工树立正确的世界观、人生观和价值观，形成全心全意为病人服务的意识。坚持以“以病人为中心，以质量为核心”的办院宗旨，把病人的健康放在第一位，提高服务意识，改善服务态度，为病人提供优质高效的服务。以“人性化服务，亲情化关怀，温馨化环境”为目标，要让病人有一种虽然在医院却像在家里一样的感觉，细心、暖心地做好医疗服务工作。员工要树立正确的价值取向，坚决抵制拜金主义和个人主义，不要受外界金钱物质的影响，见利忘义，做出一些有伤医德医风的事，如不择手段地开大处方，获取提成和回扣，收受病人的红包等。认真开展职业道德、个人道德的教育工作，营造奉献爱心的良好氛围，构建和谐的医患关系，提高员工的整体素质，构建人本理念的精神文化建设，使医院的功能得到最大的发挥。

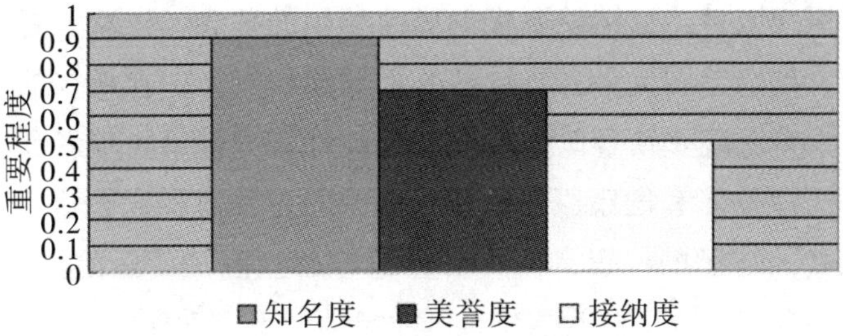


图 2　医院形象的构成要素的重要程度

2. 实施品牌战略塑造医院形象，提高知名度和美誉度

塑造自身形象也是民营医院文化建设的一个重要举措。医院形象是知名度与美誉度的统一，知名度是医院形象的前提，美誉度是医院形象的基础。由上表可以看出，知名度对一个医院的重要性。实施品牌战略塑造医院形象离不开知名度和美誉度，所以医院要有一流的医疗技术和高质量的服务，得到多数人的认可，让更多的公众知晓，把医院名气打出去，这不仅有利于医院化解诚信危机，而且在和其他医院的竞争中也会形成一定的优势。民营医院最大的竞争优势就是创建“温馨沟通，真诚服务”品牌，要想使品牌成为名牌，就必须加大宣传力度和建设力度，医院要有培育“品牌”的理念，把它作为医院发展的一个目标，这样可以帮助医院创造有序、独特和统一的识别系统，增加医院的无形资产，提高医院的地位，增强吸引力，使医院逐渐形成统一的价值观和价值标准，并将其自动地与医院文化相结合，使全院上下达成共识，振奋医院精神，推动医院文化建设，使医院在社会上逐步塑造起“病人至上，奉献爱心，高效服务，质量第一，道德行医”的医院形象，构建医疗服务平台，进而增强医院的整体凝聚力。

3. 开展文化活动

文化活动是医院文化也是精神文明建设的重要内容，医院应充分发挥这一传统优势，建立完善文化活动室、各种俱乐部、职工之家，依托节日或医院的主题工作组织丰富多彩的活动，如摄影比赛、户外活动、文艺演出、体操比赛，进一步丰富员工的业余文化生活[7]。医院通过活动缓解员工的工作紧张度，释放心理压力，增强员工的凝聚力和向心力，营造积极向上的文化氛围。

（三）合理运用营销理念，找准自身位置

思维文化营销也是民营医院文化建设不可缺少的一部分。民营医疗服务是营利性的医疗服务，营销就要借助商业营销的理念：比竞争者创造出更多的顾客价值；创造差别优势；将自己的资源和努力集中在顾客的需要和欲望上。同时，民营医院要结合医疗行业的公益性，为健康需求者和利益相关者提供满意的医疗技术和健康服务，实现医院的整体目标。在这一过程中，民营医院必须找准自己的位置，不要盲目地与公立医院等医院拼个你死我活，我国的医疗服务以公立医院为主体，其主导地位不可动摇。

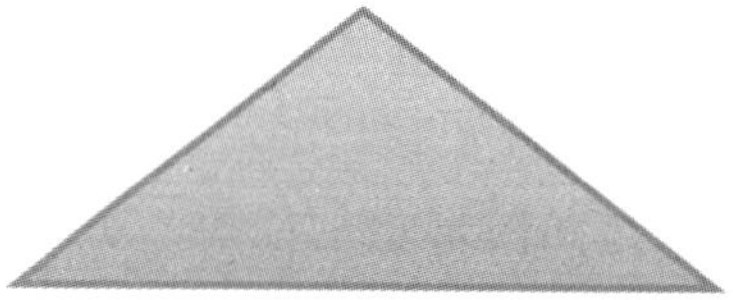


图 3　医院服务营销三角模型

医院营销三角模型强调的是“以病人为中心，明确员工的需要，全球化的思维”。营销的出发点是患者，重点是提供患者需要的医疗服务，目的是识别并满足患者及群众的就医需要，从而使医疗服务被群众接受，为患者解除病痛而获得经济效益和社会效益。我们通常会用到 4P 理论、4C 理论和 STP 理论。

4P 理论强调的是产品、价格、渠道和促销。民营医院要特别注意的是在医院服务产品上不仅要考虑服务范围和质量还要注意院后服务，院后服务做好了会给病人留下很深刻的社会责任形象，就会留下更多的病源。在价格上，民营医院要有一个定价目标和方法，适当地调整价格，制定合理的价格，让更多的人看得起病，买得起药。在渠道和促销上，医院需要在广告和宣传这方面做好良好的沟通。

4C 理论单纯地从产品供应方的角度出发，包括顾客、成本、便利和沟通。对民营医院的营销来说，这是最重要的部分。首先，医院必须了解、研究、分析患者的需要来对症下药，一切以病人的需求为导向。成本是患方所愿支付的成本，主要是从患方的角度考虑，对于某种疾病的治疗费用，超出的金额由院方承担。便利是考虑患者在诊疗服务过程中医院怎样才能给他们带来更多的便利，使患者从急诊到入院到转科最后到出院减少入院等待，为患者省时、省力、省钱。沟通就是与消费者的沟通，加强交流了解消费者真正的需求。医院不断整合改进，才能把患者的利益和医院的利益无形地结合起来。

STP理论即细分市场、目标市场选择和定位。根据民营医院自身的特点和特色，突出和其他医院的差异，针对这一突破点，重点建设，来塑造出民营医院相比其他医院更有吸引力、竞争力，更有优势的医疗服务形象。

## 五、结语

民营医院的文化建设虽然存在种种问题，但是困难是可以克服的，内部问题要通过加强规范化建设来解决，外部问题要通过增强竞争、树立诚信、加强精神文化建设来解决。总的来说，医院文化建设存在复杂性和具体性，不同的医院有不同的文化建设道路，在吸收借鉴别人经验的同时也要探索出自己特有的文化，这样才能促进民营医院文化建设又好又快发展。

## 参考文献：

[1]岳狄.新医改政策下我国民营医院的定位与发展对策研究[J].黑龙江医药.2012,25(1):9.

[2]张鹭鹭，王羽.医院管理学：第2版[M].北京：人民卫生出版社，2014:322.

[3]严艳.新医改政策下民营医院的发展前景[J].商场现代化，2009(35):88-89.

[4]李岩，张弘.美国医疗体系宏观结构和特点[J].医院管理论坛，2003,20(11):41-45.

[5]郭义贵.从济贫法到福利国家：论英国社会立法的进程及其作用与影响[J].华中科技大学学报(人文社会科学版)，2002(3):29-33.

[6]杨育清.印度的私立医院与医疗制度[J].政策瞭望，2006(8):39-40.

[7]刁辉钦.培育先进医院文化 打造良好形象品牌[J].中国现代医生，2008,46(10):143.

# 羊马镇卫生服务机构人力资源管理探讨

王　敏

公共事业管理2012级

**摘　要：**新的医改形势下，医院人力资源作为医院最宝贵的财富，是医院最具能动性的卫生资源。医院的发展归根结底就是人力资源的发展，它在一定程度上决定着医院的医疗质量、服务质量和管理质量，医院的人力资源决定着医院的发展前景。本文主要探讨崇州市羊马镇卫生服务机构当前的人力资源状况是否能满足新的医改条件，存在哪些问题，并就此问题提出解决办法。

**关键词：**全科医生；医院人力资源；医院人力资源管理

医药卫生事业关系着亿万人民的健康，深化医药卫生体制改革，加快医药卫生事业发展，适应人民群众日益增长的医药卫生需求，不断提高人民群众健康素质，是贯彻落实科学发展观、促进经济社会全面协调可持续发展的必然要求，是维护社会公平正义、提高人民生活质量的重要举措，是全面建设小康社会和构建社会主义和谐社会的一项重要任务。

中华人民共和国成立以来，我国医药卫生事业取得了显著的成就，覆盖城乡的医药卫生服务体系基本形成，疾病防治能力不断增强，医疗保障覆盖面逐步扩大，卫生科技水平迅速提高，人民群众健康情况明显改善，居民主要健康指标处于发展中国家前列。与此同时，我们也应该看到，当前我国医药卫生事业发展水平与人民群众健康需求及经济社会协调发展要求不适应的矛盾还比较突出，其中包括基层卫生服务机构人力资源配置问题。

## 一、相关概念

全科医生（General Practitioners）是指接受过全科医学理论的专业学习，在全科医学基本原则的指导下，以处理早期未分化疾病为主的初级保健医务人员。医疗实践包括内科、外科、妇科等若干临床医学领域。必要时，全科医生根据病情需要利用专科会诊与转诊的方式，提供协调性医疗服务[1]。

全科医生是基层卫生服务机构人力资源的核心，医院人力资源（Hospital Human Resources）指在医院中拥有一定的知识、技术、专长的人员的总和，他们运用智力、体力劳动为医院目标的实现贡献自己的价值[2]。人力资源是医院竞争的核心，所以医院的人力资源管理在医院管理中处于重中之重的位置。在新的时期，基层卫生服务机构不但应该做好全科医生的培养和管理工作，还要做好医院的人力资源管理工作。

医院人力资源管理（Hospital Human Resources Management）是指根据医院发展战略的要求，运用现代科学理论与方法，对医院人力资源进行有效的开发、合理的配置、充分的利用，并通过培训、考核、激励等一系列管理措施，发掘员工的潜能，充分调动员工的积极性与创造性，最终实现医院发展与员工工作需求的双向目标[3]。

在新医改形势下，对基层医疗卫生服务机构的人力资源要求不断提高，现有人力资源是否能满足新的医疗需求成了至关重要的一个问题。

## 二、研究背景

2012 年 3 月 14 日，国务院印发的《“十二五”期间深化医药卫生体制改革规划暨实施方案》提出，要提高基层医疗卫生机构服务能力，加强基层在岗人员培训，重点实施具有全科医学特点、促进基本药物使用等针对性和实用性强的培训科目。2015 年 4 月 26 日，国务院办公厅发布《深化医药卫生体制改革 2014 年工作总结和 2015 年重点工作任务》强调要加强卫生人才队伍建设，加强以全科医生为重点的基层卫生人才培养，简化农村订单定向免费医学毕业生定向到基层医疗卫生机构就业的相关手续，加大急需紧缺人才和高层次人才培养培训力度；加强乡村医生队伍建设，贯彻落实《国务院办公厅关于进一步加强乡村医生队伍建设的实施意见》（国办发〔2015〕13 号），加强农村订单定向医学生免费培养工作，重点实施面向村卫生室的三年制中、高职免费医学生培养，建立乡村全科执业助理医师制度。

2015 年 5 月 17 日，国务院在《国务院关于城市公立医院综合改革试点的指导意见》中再次强调要大力培养基层卫生服务机构高素质人才，注重发挥全科医生的作用，推进全科医生签约服务。

## 三、调查方法和对象

根据《四川省卫生和计划生育委员会关于实施基层首诊工作的指导意见》，基层卫生服务机构是指村卫生室、社区卫生服务站、社区卫生服务中心、乡镇卫生院、乡镇中心卫生院等。

为了了解崇州市羊马镇基层卫生服务机构现有的人力资源是否能适应新型医疗模式，我们通过问卷法和访谈法对崇州市羊马镇4个社区12个行政村的村卫生室（或村卫生站）以及羊马镇社区卫生服务中心的36名医生（其中乡村医生12名）进行调查。

本次调查共计发放问卷50份，回收有效问卷36份，然后将调查结果录入SPSS Statistics 17.0并分析调查结果。

## 四、结果分析

在被调查的36名基层医生中，男性16名，女性20名，分别占44.4%和55.6%。其中30岁以下男性2人，女性4人，其中未婚1人，已婚5人；31到40岁男性6人，女性11人，其中未婚1人，已婚15人，离异1人；41到50岁男性2人，女性5人，其中已婚6人，离异1人；50岁以上男性6人全部已婚。

**性别 & 年龄　交叉制表**

| | | 年龄 | | | | 合计 |
|---|---|---|---|---|---|---|
| | | 30岁以下 | 31到40岁 | 41到50岁 | 50岁以上 | |
| 性别 | 男 | 2 | 6 | 2 | 6 | 16 |
| | 女 | 4 | 11 | 5 | 0 | 20 |
| 合计 | | 6 | 17 | 7 | 6 | 36 |

我们可以看出，基层卫生服务机构的医生年龄都偏大，与大部分比较好的医院或者三级医院相比，医生年龄结构不合理，医生年龄偏大，新鲜血液不足。

从受教育的程度来看，36人中，中专及以下的11人，占30.6%，大专25人，占69.4%，无大专以上的学历。其中中专及以下学历的30岁以下2

人，31 到 40 岁 4 人，41 到 50 岁 2 人，50 岁以上 3 人；大专学历的 30 岁以下 4 人，31 到 40 岁 13 人，41 到 50 岁 5 人，50 岁以上 3 人，总体学历很低。

**文化程度 & 年龄　交叉制表**

| | | 年龄 | | | | 合计 |
|---|---|---|---|---|---|---|
| | | 30 岁以下 | 31 到 40 岁 | 41 到 50 岁 | 50 岁以上 | |
| 文化程度 | 中专及以下 | 2 | 4 | 2 | 3 | 11 |
| | 大专 | 4 | 13 | 5 | 3 | 25 |
| 合计 | | 6 | 17 | 7 | 6 | 36 |

在有无职称和执业资格的调查中分别有 11.1% 和 13.9% 的人没有职称和执业资格。在中级职称中有 9 人是执业医师并且已经注册，9 人是执业医师未注册，1 人还没有执业资格；初级职称中有 7 人是执业医师并且已经注册，5 人是执业医师未注册，1 人还没有执业资格；没有职称的 4 人中有 1 个是执业医师并且已经注册，其他 3 人则没有执业资格。不符合 2∶5∶3 的科学职称结构。

**执业资格 & 职称　交叉制表**

| | | 职称 | | | 合计 |
|---|---|---|---|---|---|
| | | 中级 | 初级 | 无职称 | |
| 执业资格 | 执业医师，已注册 | 9 | 7 | 1 | 17 |
| | 执业医师，未注册 | 9 | 5 | 0 | 14 |
| | 尚无执业资格 | 1 | 1 | 3 | 5 |
| 合计 | | 19 | 13 | 4 | 36 |

在被调查者中，有 50% 的人（18 人）从事社区医疗工作仅仅 3 到 5 年的时间，19.4% 的人（7 人）已工作 5 到 10 年，30.6% 的人（11 人）已经有 10 年以上工作经验，没有 3 年以下的工作者。在有无编制的问题上，仅有 14 人即 38.9% 的人表示现在已经有编制，剩下的 22 人即 61.1% 的人表示目前还没有编制。

在有编制的 14 人中，从事社区医疗工作 3 到 5 年的有 4 人，5 到 10 年的有 2 人，10 年以上的 8 人；在没有编制的 22 人中，从事社区医疗工作 3 到 5 年的有 14 人，5 到 10 年的有 5 人，10 年以上的 3 人。

**有无编制 & 从事社区医疗工作多长时间　交叉制表**

| | | 从事医疗工作多长时间 | | | 合计 |
|---|---|---|---|---|---|
| | | 3 到 5 年 | 5 到 10 年 | 10 年以上 | |
| 有无编制 | 有 | 4 | 2 | 8 | 14 |
| | 没有 | 14 | 5 | 3 | 22 |
| 合计 | | 18 | 7 | 11 | 36 |

在每天工作时长的调查中，2.8% 的人（1 人）每天工作 6 小时，30.6% 的人（11 人）每天工作 8 小时，47.2% 的人（17 人）每天工作 10 小时，13.9% 的人（5 人）每天工作 12 小时，还有 5.6% 的人（2 人）表示每天工作 12 小时以上甚至全天待命，工作时间过长。

除了每天给病人看病开药，20.7% 的人（19 人次）还要对行政村或社区的居民进行健康教育，34.8% 的人（32 人次）还要做预防保健工作，14.1% 的人（13 人次）还要对病人进行护理工作，10.9% 的人（10 人次）还要进行实验室检查，18.5% 的人（17 人次）还要做健康促进工作，还有 1.1% 的人（1 人次）要做公共卫生事业方面的工作。工作繁多，工作量大。

在全科医学教育方面，55.6% 的人（20 人）表示自己没有接受过系统的全科医学教育或者培训，只有 44.4% 的人（16 人）接受过系统的全科医学教育或培训。在接受过全科教育的 20 人（55.6%）中，32.5% 的人（13 人次）接受的是全科医生岗位培训，12.5% 的人（5 人次）接受的是全科医生骨干培训，12.5% 的人（5 人次）接受的是全科医生转岗培训，12.5% 的人（5 人次）接受的是全科医生规范化培养，10.0% 的人（4 人次）接受的是全科医学学历教育，20.0% 的人（8 人次）接受的是全科医学继续教育。

**$具体接受的全科医学教育或培训项目　频率**

| | | 响应 | | 个案百分比 |
|---|---|---|---|---|
| | | N | 百分比 | |
| $具体接受的全科医学教育或培训项目 a | 全科医生岗位培训 | 13 | 32.5% | 81.3% |
| | 全科医生骨干培训 | 5 | 12.5% | 31.3% |
| | 全科医生转岗培训 | 5 | 12.5% | 31.3% |

续表

| | | 响应 | | 个案百分比 |
|---|---|---|---|---|
| | | N | 百分比 | |
| $具体接受的全科医学教育或培训项目 a | 全科医生规范化培养 | 5 | 12.5% | 31.3% |
| | 全科医学学历教育 | 4 | 10.0% | 25.0% |
| | 全科医学继续教育 | 8 | 20.0% | 50.0% |
| 总计 | | 40 | 100.0% | 250.0% |
| a. 组 | | | | |

在现有的人员中，接受过系统的全科医学教育的人很少，正式的全科医生只有9名，远远低于一些发达城市或者国家的标准。

接下来我就被调查者到上级医院进行培训学习或者参加全科医生规范化培养的意愿进行了调查，16.7%的人（6人）表示非常愿意，50%的人（18人）表示很愿意，19.4%的人（7人）表示较愿意，8.3%的人（3人）表示愿意，仅有5.6%的人（2人）表示不愿意，理由分别是自己年龄过大（78岁高龄）和浪费时间。

在愿意到上级医院进行培训学习或者参加全科医生规范化培养的94.4%的人（34人）中，52.8%的人（19人）表示其主要动机是因为工作的需求，41.7%的人（15人）是因为对自我的追求。并且19.4%的人（18人）希望能够提高自己的全科医学服务理念，29.0%的人（27人）希望提高自己的临床诊断能力，25.8%的人（24人）希望提高自己的基本公共卫生服务能力，9.7%的人（9人）希望提高自己在医患沟通上的能力，14.0%的人（13人）希望提高自己的责任感与专业认同感，还有2.2%的人（2人）表示没有特定的目标。

**$通过培训希望提高哪些能力　频率**

| | | 响应 | | 个案百分比 |
|---|---|---|---|---|
| | | N | 百分比 | |
| $通过培训希望提高哪些能力[a] | 全科医学服务理念 | 18 | 19.4% | 52.9% |
| | 临床诊疗能力 | 27 | 29.0% | 79.4% |
| | 基本公共卫生服务能力 | 24 | 25.8% | 70.6% |

续表

| | | 响应 | | 个案百分比 |
|---|---|---|---|---|
| | | N | 百分比 | |
| $通过培训希望提高哪些能力[a] | 医患沟通能力 | 9 | 9.7% | 26.5% |
| | 责任感与专业认同感 | 13 | 14.0% | 38.2% |
| | 没有特定目标 | 2 | 2.2% | 5.9% |
| 总计 | | 93 | 100.0% | 273.5% |
| a. 组 | | | | |

但是有58.3%的人（21人）表示自己从来没有到三级以上医院进行过规范化培养或者学习。有50%的人（18人）表示直属上级医院或者更高层医院不会派医生对自己的工作进行指导学习，在余下的50%的人（18人）中，22.2%的人（8人）表示每年直属上级医院或者更高层医院会派1到2次医生下来对自己的工作进行指导，3到4次的有11.1%（4人），5次以上的有16.7%（6人）。

即使有那么多的人表示愿意再次接受系统的教育或者培训，但是由于现有医生的再教育工作做得远远不够，医生再次接受培训学习或者指导学习的机会也少之又少。

## 五、结论

通过调查结果分析得知，崇州市羊马镇卫生服务机构现有的人力资源根本无法满足新的医疗模式下基层卫生服务机构对人力资源的新的要求，主要表现在全科医生总量不足，医生质量偏低，工作时间长且工作繁多，培训工作滞后。

### （一）基层医院人力资源管理问题

#### 1. 全科医生总量不足

按照美国、英国、澳大利亚、加拿大等国家的标准，每1000人配备2.5名全科医生，羊马镇应配备全科医生153人。按照国务院颁发的《"十二五"期间深化医药卫生体制改革规划暨实施方案》，到2015年为基层医疗卫生机构培养全科医生15万名以上，使每1万名城市居民拥有2名以上全科医生，每个乡镇卫生院都有全科医生，羊马镇至少应该配备 12 名全科医生。羊马镇社区卫生服务中心服务人群总数为 6.1 万人（其中流动人口约 1.5 万人），然而整个镇只有 9 名正式的全科医生，平均每 6800 位居民配备 1 名全科医生，全科医生数量远远不足。

2. 医生质量偏低

在调查过程中，通过与受访者交谈得知，他们认为羊马镇现有医务人员总体实力还可以，但是与其他发达国家相比还是非常落后，主要表现在缺乏高素质人才，年龄偏大，职称结构不合理。

2.1 缺乏高素质人才

根据调查分析结果，整个镇的医生学历全部在大专及以下，要想服务好整个镇的居民，需要医生具备丰富的临床医学领域的知识和技能，才能满足新的医疗模式以及全科医疗快速发展对人才的需求。

2.2 医生年龄偏大

整体而言，基层医院拥有一批处于中年、年龄偏大的医生队伍。医生年龄偏大，人才队伍更新速度缓慢，缺乏良好的人才循环机制，年轻医生数量不足。一般情况下，年轻的员工工作能力较弱但意愿较强，需要加强各种培训，提高专业技能；年龄大、工龄长的员工一般工作能力较强但工作意愿较低，需要加强激励，规范绩效管理。适当调整医生年龄结构比例，加强人才队伍储备是社区医院的当务之急，合理的梯队建设应该尽快提上议事日程。

2.3 职称结构不合理

职称是衡量医生业务能力和综合素质的指标。医生的职称结构应呈现多层次的动态模式，合理的职称结构是相对的，没有绝对科学的、固定的职称结构，因此应在动态中进行职称的优化调整。合理的职称结构梯队，对有效提供卫生医疗服务是十分重要的。从科学的职称结构来看，高级、中级、初级三类职称的比例以 2∶5∶3 为宜。而羊马镇的医生职称比例约为 0∶4.5∶3，甚至还有 4 人没有职称。没有高级职称的医生，中级职称较多，初级职称较少，不利于人才队伍的建设，影响年轻工作者的工作积极性。

3. 工作时间长，工作繁多

根据调查，66.6% 的医生每天工作时长都在 8 小时以上，特别是村卫生室或者村卫生站的医生，每天工作时间相较于其他的社区医生要长，甚至 24 小时全天待命，随时准备应对突发状况。而且每个村的卫生室或者社区卫生服务站都只有一名医生，没有护士，医生既要诊治又要负责护理工作，甚至还要负责整个村或者社区的健康教育、预防保健、健康促进等工作。工作时间过长、工作负担过重会影响医生的工作效率和热情。

4. 培训学习工作滞后

在调查的36名医生中，接受过全科医学教育或者培训的只有16人，到三级以上医院接受过培训学习的只有15人，总的来说，接受过培训学习的不到50%。在与被调查者的交流中得知，虽然医院每年会安排人员去上级医院学习培训，但是次数较少，名额也相对较少，而在调查中94.4%的人希望能够有机会去上级医院参加培训学习或者全科医学培训从而提高自己的临床诊断能力，增强全科医学服务理念，因此，较少的名额和培训次数根本不能满足医生的培训学习需求。

（二）基层医院人力资源管理对策

现代医院管理是以人力资源为核心的管理。人力资源管理就是在医院管理中要坚持和贯彻“以人为本”，使“人”与“工作”和谐地融合起来，实现医院和员工“双赢”，达到利益最大化。人力资本理论告诉我们，人力资本比物质、货币等硬资本有更大的增值空间。作为“活资本”，人力资源具有创造性、创新性，具有有效配备资源、调整企业发展战略等市场应变能力。在知识经济时期，人力资本将有更大的增值潜力。

1. 加大对全科医生的培养和招聘

针对全科医生总量不足的情况，基层医院应该人力培养全科医生，在现有的人力资源下，对医院的医生组织全科医学培训学习，或者提倡全科医学再教育，以及鼓励医生重回校园学习全科医学；招聘新的接受过全科医学教育的正式的全科医生；招聘中医转型为全科医生，中医研究人体生理、病理以及疾病诊断和防治的方法与全科医生“注重预防、治疗、保健、康复一体化”的服务内容有一定的相似性，中医可以弥补全科医生总量不足的缺陷。

2. 提高医生质量

2.1 完善医生准入管理，引进高素质人才

新时期，基层医院不但面临市场份额的竞争，也面临人才竞争，人才是医院的竞争核心。面对新时期的医疗改革，为了更好地做好基层医院的首诊任务，基层医院必须充分认识到人才的重要性，建立健全一套引进人才、用好人才、留住人才的管理机制。尽可能地招收学历较高的医务人员，并且营

造一个有利于他们发挥自身潜能的工作环境，营造良好的学术氛围，积极推荐、支持、鼓励他们参加国际国内学术交流，把医院发展目标同个人实现价值的目标有机地结合起来，充分发挥他们的聪明才智，激活他们的活力，使他们在工作中做出更大的贡献。

2.2 改善医生年龄结构

建立良好的人才循环机制，年龄大的医生，到了退休年龄就严格实行退休，不再重聘，转而引进青年才俊，招聘年轻的医生，给年轻医生营造良好的工作环境和学习进修环境，提供更好的发展机会，重点培养业务能力等各方面能力较强的新一代基层医生。

2.3 优化职称结构

2.3.1 提高医生素质水平，达到职称评定标准

据了解，年龄较大的医生，虽然经过多年的临床实践，对诊疗方法有了一定的经验，但未接受系统的高等教育，学历偏低。基层医院应鼓励采取职业继续教育和岗位培训的方法，逐步加大本科、研究生学历比例，以达到职称评审标准，这也有利于在基层医院内部形成良好的学习氛围。

2.3.2 适当放宽高级职称评定标准

基层医院可以适当放宽高级职称的评定标准，如学历、工龄等，提高基层医生中的高级职称比例。有些资深的医务工作者由于历史原因，学历偏低；有些全科医生工龄短，在严格的评审标准下，不具备评聘中级职称的条件，医院应尽量为他们提供发展空间以提高其工作积极性，在实际的社区卫生工作中达到高级职称的要求。对于评审标准，可以对新员工、老员工区别对待，但都必须通过公平竞争的途径。这样一来，既合理解决了历史遗留问题，又极大地促进了年轻的基层医生或者全科医生的成长。

3. 合理安排工作时间，增加医务人员，减轻基层医生的工作负担

缩短卫生服务机构医生每天的工作时间，按照国家规定的每天上班 8 小时制度上下班（危急情况除外），让医生在规定的时间内有效地发挥其工作效率与能力。加强乡村医生队伍建设，加强农村订单定向医学生免费培养工作，重点实施面向村卫生室的三年制中、高职免费医学生培养。

建立乡村全科执业助理医师制度。给村卫生所或者社区卫生站配备至少一名全科医生、一名护士，让护士为医生分担一些护理工作、宣传教育工作，让医生能够集中精力更好地为病人诊治，提高医生的工作效率和热情。

4. 加强医生的职业继续教育

医学模式及医疗服务需求的转变，对基层医生的职业能力提出了更高的要求，特别是要求基层医院拥有更多的全科医生。继续教育是人才开发的重要手段，医院要根据不同的素质差异和诊疗水平采用相应的培训方式和培训内容，向他们提供所需的医学理念、知识技能，使基层医生胜任现职，甚至将一部分医生合理转型为全科医生。加强继续教育、规范继续教育制度已成为当务之急。

医院要有目的、有计划地组织基层医生参加继续教育培训，可以针对性地开展岗位培训、全科医生转岗培训，组织基层医生或者全科医生参加规范化培养等，并对有意愿参加培训的人员予以重视，端正参加培训人员的思想，根据他们自身的学习需求制订适合的培训计划，以达到医院与医生共赢的效果。

**参考文献：**

[1]张妍. 发展社区全科医生的研究：以北京J社区医院为例[J]. 山西财经大学学报,2010(S1).

[2]张鹭鹭,王羽. 医院管理学：第2版[M]. 北京：人民卫生出版社,2014:120.

[3]张鹭鹭,王羽. 医院管理学：第2版[M]. 北京：人民卫生出版社,2014:122.

# 成都市大型医院官方微博的公共关系塑造研究

张　藏
公共事业管理 2012 级

**摘　要**：微博是新兴的网络媒体，其短小精悍、高度互动、传播迅速的特点符合网络用户的生活方式和交流习惯，医院官方微博为医院与公众提供了及时有效的沟通渠道，对加强医院宣传、展现和塑造良好的社会形象以及构建新型医院公共关系起着至关重要的作用。本研究从医院公共关系出发，对成都市三所具有代表性的三级甲等医院的官方微博运营情况和微博运营采取的公共关系策略进行了分析，了解了微博运营的方式和效果，由此提出了医院官方微博在运营中存在的问题，并针对这些问题提出了一些具有可行性的改进方案，得出一个相对具有系统性和普遍适用性的结论，为其他医院的微博运营提供建设性意见。

**关键词**：医院；官方微博；公共关系

微博，即微型博客的简称，2006 年诞生于美国。作为一种信息分享的新媒体，它迅速渗透到各个领域，在传播信息、表达意见、社交沟通等方面使用微博新媒体正成为当下中国的一种社会常态。随着越来越多的个人和组织加入微博大军，医院作为一个独立单元也开始占领微博这个新型信息传播平台。微博的普及为医院的发展带来新的机遇，医院官方微博可以及时发布新的医疗服务信息，履行健康教育职责，发挥舆情监控功能，加强医院文化建设，拓展对外宣传渠道，建立新型的公共关系资源等[1]。本研究从医院公共关系视角考察三所医院的官方微博的传播内容和传播效果，并对医院官方微博的公共关系塑造提出可行性建议。

## 一、微博与公共关系

### （一）微博的概念

国内知名新媒体领域研究学者陈永东在国内率先给出了微博的定义：微博是一种通过关注机制分享简短实时信息的广播式的社交网络平台。其中有五个方面的理解：1. 关注机制：单向、双向两种；2. 内容简短：通常为140字（包括标点符号）；3. 实时信息：最新实时信息；4. 广播式：公开的信息，谁都可以浏览；5. 社交网络平台：把微博归为社交网络。还有一种通俗的解释：微博提供了这样一个平台，你既可以作为观众在微博上浏览你感兴趣的信息，也可以作为发布者在微博上发布内容供别人浏览。发布的内容一般较短，例如140字的限制，微博由此得名。当然，微博也可以发布图片，分享视频等。微博最大的特点就是：发布信息快速，信息传播的速度快。例如你有200万粉丝，你发布的信息会在瞬间传播给200万人[2]。不同学者对于微博有不同的定义，但其共识是：微博短小精悍、传播迅速、高度互动。

### （二）公共关系的概念

目前国内外对于公共关系的定义尚没有统一的标准。美国公共关系研究和教育基金会的莱克斯·哈罗博士在收集和分析了472种定义后对公共关系所下的定义是："公共关系是一种特殊的管理职能。它帮助一个组织建立并保持与公众之间的交流、理解、认可与合作；它参与处理各种问题与事件；它帮助管理部门了解民意，并对之做出反应；它确定并强调企业为公众服务的责任；它作为社会趋势的监测者，帮助企业保持与社会同步；它使用有效的传播技能和研究方法作为基本工具。"国际公共关系协会对公共关系的定义是："公共关系是一种管理功能。它具有连续性和计划性。通过公共关系，公立的和私人的组织、机构试图赢得同他们有关的人们的理解、同情和支持——借助对舆论的估价，以尽可能地协调它自己的政策和做法，依靠有计划的、广泛的信息传播，赢得更有效的合作，更好地实现它们的共同利益[3]。"在国内，居延安等人的《公共关系学》的表述是："公共关系是一个社会组织在运行中，为使自己与公众相互理解、相互合作而进行的传播活动和采取的行为规范。"熊源伟主编的《公共关系学》的表述是："公共关系是社会组织为了塑造组织形象，通过传播、沟通手段来影响公众的科学与艺术[4]。"

## 二、调查说明

### （一）研究对象

本研究以四川省成都市的三所三级甲等医院的官方微博作为研究对象，分别是四川大学华西医院官方微博、成都市第二人民医院官方微博、四川省人民医院官方微博，三个医院微博账号互相关注，且粉丝均超过一万。由于新浪微博在各门户网站中的代表作用，本文所有关于医院官方微博的研究都基于其新浪官方微博展开。这三所医院被列入中华人民共和国国家卫生健康委员会公布的36家四川省三级甲等医院名录，为成都有代表性的三所医院。

### （二）研究方法

本文采用定性研究和定量分析两大研究方法，通过对2015年1月1日至2015年7月31日三所医院官方微博的发布数量、发布内容、发布形式进行统计分析，展现医院官方微博相关数据图表，从而对其公共关系策略和公共关系塑造效果进行描述，得出相应的研究结论。

## 三、调查结果与分析

### （一）医院官方微博运营方式分析

1. 微博发布数量整体偏少

医院微博的发布数量反映了医院官方微博的活跃度，发布微博的数量越多就证明其越活跃。通过调研，三所医院在调查时间段内的官方微博发布数量统计情况如下：四川大学华西医院共发布788条，是微博发布数量最多的，平均每天发布3.7条；其中原创微博473条，占比60.0%，转发微博315条。四川省人民医院共发布187条，平均每天发布不到1条；其中原创微博94条，占比50.3%，转发微博93条。成都市第二人民医院共发布167条，平均每天不到1条；其中原创微博115条，占比68.9%，转发微博52条。

从这些数据得出，医院官方微博发布数量差距较大，四川大学华西医院是微博最为活跃的，而另外两所医院的官方微博显得过于低调，发布数量平均每天不足1条。

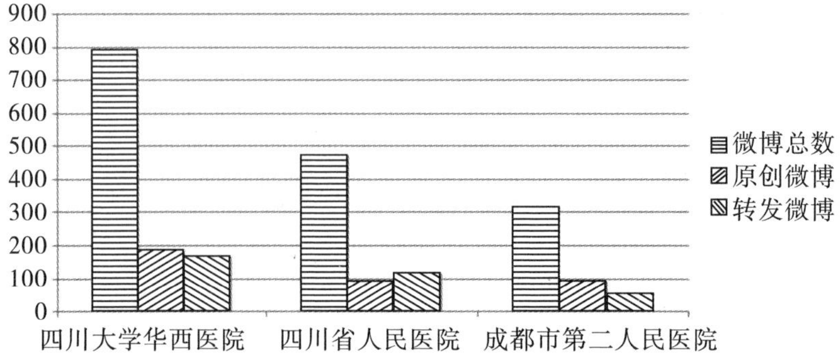


图 1　三家医院官方微博发布数量

2. 微博发布内容丰富多彩

微博所承担的职能主要体现在发布内容的属性上。根据调查统计，三所医院官方所发微博大致可分为医院宣传类、健康知识科普类、互动类。

（1）医院宣传类。根据调查统计，四川大学华西医院和四川省人民医院所发布的微博中，医院宣传类占比最大。四川大学华西医院和四川省人民医院最为显著，所占比例分别为 65%、76%（参见图 2、图 3）。其宣传内容包括以下几点：一是医院对内部员工开展的培训教育。医院将这类信息发布出来主要是为了使公众了解到医院在不断向前发展，在不断提高医务工作人员的技术水平和服务质量。二是患者或其家属的感谢信。这类信息向公众传达医院具有较高的医疗技术水平，以人为本，医务人员医术精湛，具有极高的医德医风，在宣传医院的同时也在宣传医院的医务人员，提高医务人员的知名度，有利于提高团队的凝聚力。三是分享医院将要或已经对外开展的义诊活动和宣传教育活动，表明医院在进行公益活动，为群众做好事，体现“医者仁心”的本色。四是医院引进的新设备新技术，为大众展现最前沿的医学科技，说明医院不仅在升级软件也就是医务人员的技术水平，硬件设备也在不断升级，能为患者提供更优良的医疗服务。五是医院的就诊信息。例如成都市第二人民医院乳腺外科周末专科门诊 4 月起开诊，该信息发布在官方微博上，有利于患者合理安排时间前来就医，使大众感受到医院的人性化。六是四川省人民医院官方微博所独有的《医生来了》。此节目是四川省人民医院与 SCTV－4《雷宇有名堂》联合打造的健康科普类节目。该节目旨在提高群众的健康素养，增进群众对医疗卫生服务高难度、高风险的认识和理解，有利于构建和谐的医患关系，并充分展现当代医者的风采。医院官方微博对此节目进行预告宣传，有利于提高节目的收视率，提高医院和医务人员的知名度。

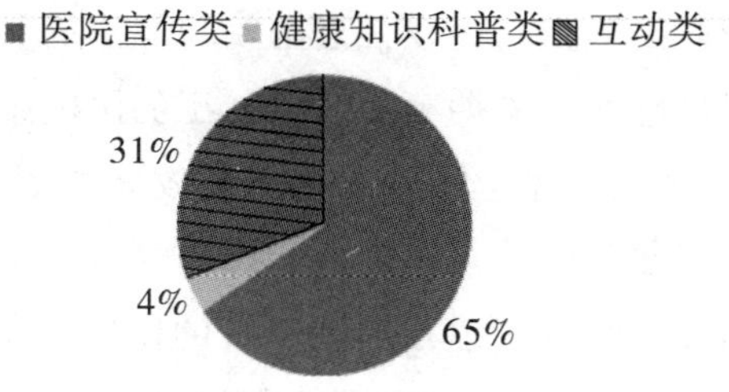


图 2　四川大学华西医院官方微博内容分类

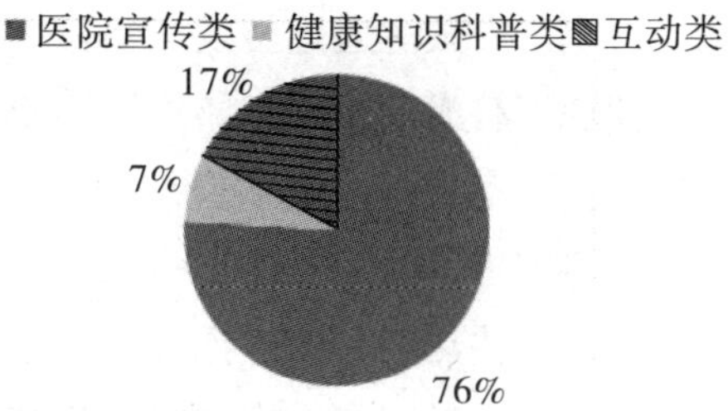


图 3　四川省人民医院官方微博内容分类

（2）健康知识科普类。医院不仅承担着救死扶伤的责任，还承担着向公众传播健康养生知识的责任。成都市第二人民医院所发布的微博中，健康知识科普类所占的比例最大，为 52%（参见图 4），且多为原创。与之相对的是，成都中西医结合医院所发布的健康知识，仅有 1 条是原创微博，其他都是转发的，且仅有几条微博有个别粉丝转发评论。科普健康知识的目的就是消除大众的健康疑虑，带给大众最新的健康资讯，告诉公众如何促进健康，但如果这类微博无人问津，就达不到科普的目的。“#健康提醒#【踏青出游健康行】春季天气多变，外出游玩的童鞋们记得备足衣物，勤穿勤脱，避免着凉哦！出门赏花的，易对花粉过敏的童鞋，要注意与花儿保持距离，不妨事先口服抗过敏药，或玩的时候戴个薄口罩，预防花粉过敏，否则只能悲桑地远观了。”这是成都市第二人民医院发布的健康知识科普类微博之一，内容中出现了“童鞋”“悲桑”这类网络词汇，深得网友追捧，拉近了医院与公众的距离，一改医院在公众心中僵硬的形象。

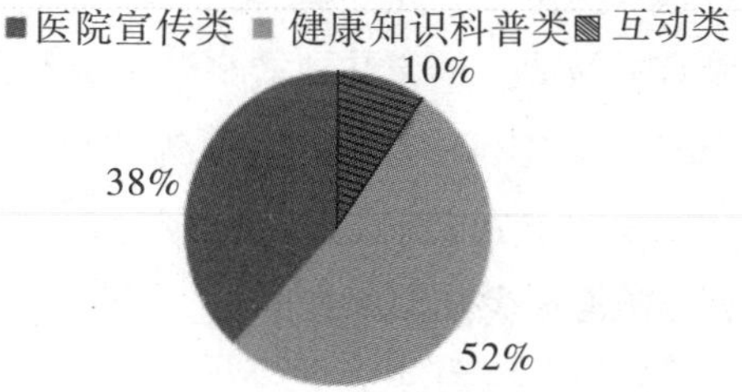


图 4　成都市第二人民医院官方微博内容分类

（3）互动类。公共关系具有双向性，是以真实为基础的双向沟通，而不是单向的公众传达或对公众舆论进行调查、监控，它是主体与公众之间的双向信息系统。互动类的微博就是双向的，有利于建立良好的公共关系。根据调查统计，成都市第二人民医院所发布的微博中，其互动类所占的比例最小，为 10%，但互动类微博占比高并不意味着该医院利用官方微博塑造公共关系取得了更好的效果，因为互动必须有效才能为塑造良好的公共关系提供催化剂。三家医院发布的互动类微博分为以下几类：一是与本院的科室、职工互动。医院官方微博通过转发科室微博、职工微博，可以拉近医院与职工的关系，使职工有成就感和归属感，感受到自己在一家拥有上千名员工的医院中被重视。科室的粉丝数可能没有医院官方微博的粉丝数多，官方转发其微博，就能将科室传达的信息让更多人看见。二是与媒体互动。新闻媒体热衷于报道医院的一些热点和焦点问题，其中医疗纠纷的报道占有相当大的比重。在处理医疗纠纷过程中，媒体与舆论的影响力很大，直接关系到医疗机构的形象声誉。所以医院要重视协调好与媒体的关系，掌握与媒体沟通的策略技巧，消除媒体对医院工作认识上的偏差和误解，营造良好的舆论环境，从而为顺利解决医疗纠纷提供一个良好的社会环境，维护医疗机构良好的社会声誉。要充分利用新闻媒体的优势和在群众中的影响力，传播医疗信息，沟通医患供求，扩大医院的影响力，树立正面形象。由此可见，与媒体的互动是相当有必要的。三是与同行业组织、个人互动。此举有利于建立本院与其他同行业的良好合作关系，促进交流；有利于吸引人才，体现医院具有卓越的战略眼光。

3. 微博发布形式多样结合

随着微博功能的不断完善，微博的发布内容中也可以添加更多的元素了，你可以选择纯文字，也可以添加图片、音乐、视频等。在此以成都市第二人民医院官方微博为例，其纯文字微博所占比例为9%，文本＋视频微博所占比例为10%，文本＋图片所占比例为76%，文本＋图片＋链接微博所占比例为5%（见图5）。由此可见，医院官方微博极少选用纯文字的形式发布，因为纯文字会让人觉得枯燥无味。大部分微博选择了文字＋图片的形式，或是文字＋图片＋链接的形式，因为微博有字数限制，140字可能不够表达想要传达的内容，那么就用简洁的语言概括主要内容，具体内容就附在链接里，对此内容有兴趣的就可以打开链接阅读内容，对此没有兴趣的就可以直接忽略，节省了粉丝选择阅读的时间，这种图文并茂的形式更加生动形象，更能吸引大众的眼球。四川省人民医院在对《医生

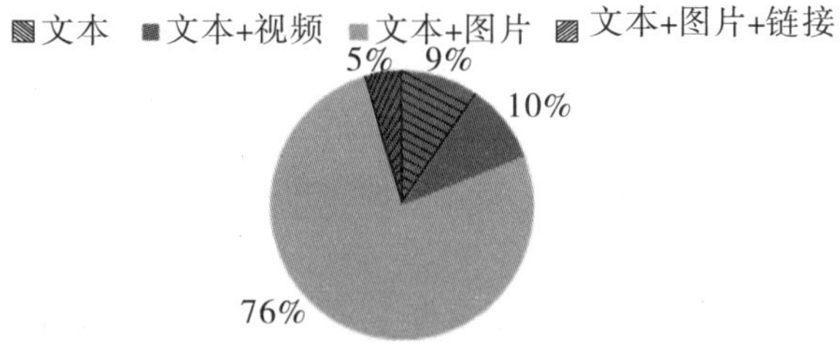


图5　成都市第二人民医院官方微博发布形式

来了》进行宣传时，插入了该视频的链接地址，方便大众能迅速找到播放地址观看该节目。成都市第二人民医院采用了文字 + 视频的发布形式，视频短小精悍只有十几秒的时间，也不会占用粉丝过多的时间。

（二）医院官方微博的公共关系策略简析

在三家医院官方微博的发布过程中，运用得最多的是宣传型公共关系策略，其次是交际型公共关系策略，其他几种公共关系策略运用得相对较少，其中矫正型公共关系策略使用得最少。

1. 宣传型公共关系策略

宣传型公共关系是运用大众传播媒介[5]和内部沟通方法，开展宣传工作，树立良好组织形象的公关活动模式。微博本就是一种新兴的网络媒介，三家医院相继开通官方微博，通过微博来进行自我宣传，提高组织的知名度，就是一种宣传型公共关系策略。从四川大学华西医院官方微博主页上可以看到，其封面图为医院一角，是一幅美丽的风景画，那么当普通微博用户进入官方微博，映入眼帘的就是该医院美丽的环境，令人印象深刻，重视就医环境的公众会优先考虑此医院。

2. 交际型公共关系策略

交际型公共关系是在人际交往中开展公共关系工作的一种模式，其目的是通过人与人的直接接触，进行感情上的联络，为组织广结良缘，建立广泛的社会关系资源网络，形成有利于组织发展的人际环境[6]。微博的主要功能体现在两方面，一方面是自身言论的发表，另一方面是关注他人的言论。医院方面发表各种各样的微博，就与普通微博粉丝形成点对点的交流，而粉丝通过阅读该医院的微博，了解各类资讯，分享相关心情，感受趣味图片，从而得到心理上的满足；粉丝通过评论和转发该医院的微博，又让医院了解公众的喜好和医院自身存在的问题，这种互动是双方的[7]。对医院发布的互动类微博进行分析后，我们可以看到医院在与不同的群体、个体进行互动。四川省人民医院官方微博转发了转化医学网发布的这条微博（参见图6），并表达了自己的观点。当我们点开原微博的链接就可以发现四川省人民医院和转化医学网对癌症是否会遗传这个问题的见解是一致的。这条信息让医院与转化医学网进行交流，既达到了科普知识的目的，又增加了相互之间的联系，为组织广结良缘。

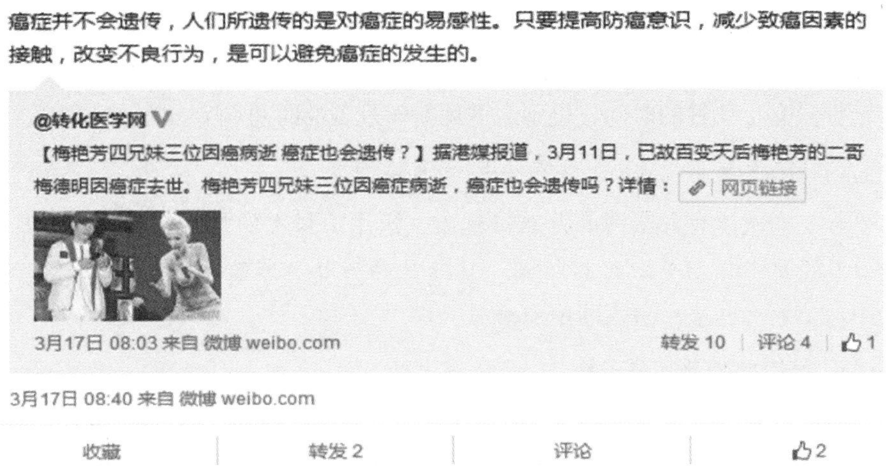


图6　四川省人民医院与转化医学网互动

根据调查统计，三所医院的官方微博在交际型公共关系上相对弱化，交际型公共关系微博占总微博发布数量较少。

3. 服务型公共关系策略

服务型公共关系是一种以提供优质服务为主要手段的公共关系活动模式，目的是以实际行动来获得社会公众的了解和好评，从而树立良好的形象。例如在四川大学华西医院官方微博主页，我们可以看见在靠左边的位置有医院的简介，下面附带有医院的官方网址链接（参见图7），普通微博用户可以通过点击链接，进入医院官网了解该院更多的信息。再往下拉，有该院开通了微博的科室的微博链接（参见图8），用户可以直接点击进入想要了解咨询的科室。比如用户需要到四川大学华西医院就诊，在去就诊之前想要了解一些相关信息，直接通过官方微博的链接就可以去医院相关科室的微博了解信息，免去了用户再去重新寻找该科室微博的麻烦。医院给公众以方便，用实际行动让普通微博用户对医院产生好感。

医院官方微博除了提供以上的内容，还提供科普健康知识。医院发布健康知识科普类微博，为公众提供养生小知识、简单的医学常识等，都是为公众的健康着想，减少公众不必要的就医。但是医院提供的这项服务是否满足公众的需要还有待考量。

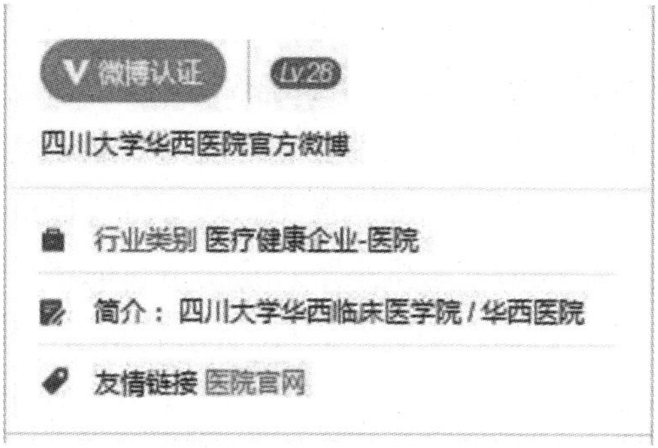


图 7　四川大学华西医院主页链接

图 8　四川大学华西医院临床科室链接

4. 社会型公共关系策略

社会型公共关系策略通常以各种社会性、文化性、公益性、赞助性活动为主要内容，以此来塑造组织良好的社会形象，提高组织的知名度和美誉度，常见的做法有为灾区捐款、赞助文化、义务活动等。在尼泊尔地震期间，四川大学华西医院和四川省人民医院都发布了关于派出医疗队去参加救援的微博，并通过微博对救援进展情况进行更新。如四川大学华西医院 4 月 26 日的微博“华西医院赴尼泊尔医疗队出发了”转发次数 602 次，评论 184 条且评论叫好的居多，并获得 261 个点赞。这条微博体现出四川大学华西医院较高的社会影响力。此外，通过微博对医院的志愿活动和义务活动进行宣传，让公众了解医院的社会性、公益性活动，有助于提高医院的社会声誉，获得公众的理解、信任和支持，能为医院的生存和发展创造良好的外部环境。

5. 征询型公共关系策略

征询型公共关系策略就是围绕收集信息、征询意见来开展公共关系活动，即通过掌握公众信息和公众舆论为组织经营决策提供依据，常见的做法有热线电话、有奖征询、问卷调查、民意测验等。医院官方微博的开通，本身就加强了医院和公众之间的双向沟通。

6. 建设型公共关系策略

建设型公共关系策略多采用宣传和交际的方式，使公众对该组织及其产品和服务展现出新的兴趣，如新服务和新产品介绍、免费试用等，来向社会各界主动介绍自己、宣传自己，树立良好深刻的第一印象，提高知名度，扩大影响力，形成有利于本组织生存、发展的社会关系网络。

7. 维系型公共关系策略

维系型公共关系策略主要通过各种传播媒介，以较低的姿态持续不断地向公众传达各种信息，使组织的有关形象潜移默化地存在于公众的长期记忆中，从而对已经形成的良好公关状态进行加固。三家医院中，四川省人民医院的官方微博很好地运用了这种策略，它根据《医生来了》这个节目的播出时间连续发布微博并通过转发进行节目预告。在调查时间段内，四川省人民医院共发布与《医生来了》节目有关的微博35条，平均每周1.56条，通过这样的方式巩固和加强公众对医院的印象。

8. 防御型公共关系策略

防御型公共关系策略多用于社会组织出现某种潜在危机时，为防止自身公共关系失调而开展的公共关系活动。它主要通过发挥内部职能，及时向决策层和各业务部门提供外界信息，特别是反映批评的信息，并提出改进的参考意见，进行全员公关教育，使全体员工从思想到行动自觉维护组织形象，避免出现漏洞。这种公共关系策略，三家医院运用得都比较少。

9. 进攻型公共关系策略

进攻型公共关系策略多用在组织与外部环境发生冲突时，公共关系部门和公共关系人员抓住有利时机和有利条件主动进攻。主要做法有主动开发新产品，开拓新市场，吸引更多客户来开拓新环境和新机会。医院对这种公共关系策略的运用主要是通过微博发布关于医院新技术引用、新药品研发等消息，把这些消息主动发送给公众。此外，在一些较大突发公共卫生安全事件发生时，院方会主动派出医务人员参与其中，把这些事情通过微博的形式发布出去，主动让公众知晓，有利于为组织带来发展机会和更广阔的市场。

10. 矫正型公共关系策略

矫正型公共关系策略是在公共关系严重失衡，组织形象受损时，迅速与相关公众取得联系，采取一系列有效的措施做好传播沟通与善后工作，尽快平息风波，恢复公众对组织的信任，挽回组织声誉，修复组织被损坏的形象。2015年3月11日，有多位医生在微博爆料称四川省人民医院普外科主任医师周晓辉因医疗纠纷自杀身亡。对此，四川省人民医院4月1日连续发布了三条微博对该事件进行了说明，其中第一条微博证明了事件真实发生，表示事件原因正在了解中。调查显示，这条微博的转发次数高达2035次，评论2936次，点赞1630次，显示出公众对该事件具有一定的关注度，院方主动面对公众对事件的良性发展起到了导向作用。

### （三）医院官方微博的公共关系塑造效果分析

1. 医院官方微博的粉丝数差距甚大

微博所拥有的粉丝数量是其微博运营情况的直观反映，从某种意义上说，一个微博的粉丝人数和分布情况是其影响力的体现。而关注数则反映利用微博塑造公共关系的目标人群。四川大学华西医院关注709人，粉丝210539人；成都市第二人民医院关注651人，粉丝12083人；四川省人民医院关注1028人，粉丝51663人。经过观察，我们可以发现三家医院的关注数差距不大，最多关注数和最少关注数之间差额仅为几百人，但粉丝数最多和最少之间的差额达到了几十万人。四川大学华西医院拥有的粉丝最多，一方面是因为四川大学华西医院在全国知名，与其医院自身的品牌有关系，另一方面与其微博公共关系的塑造存在一定联系；而成都市第二人民医院拥有的粉丝相对较少，影响力相对较弱。三家医院的粉丝主要集中在四川地区，其他各个省份都占有相对较小的比例。医院在全国的知名度越大，声誉度越高，它的粉丝地域来源就越分散，不局限于本地区和周边区域；知名度越小的医院，它的粉丝来源就越局限于本地区。四川大学华西医院被转发最多的一条微博，其粉丝分布为四川42.1%，广东6.1%，北京5%，浙江4.8%，湖北4%，海外4%，江苏2.9%，山东2.1%，其他29%。根据抽样调查统计，三家医院均关注了本院科室的微博、本院职工的个人微博、其他医院的官方微博、各行业内佼佼者的微博、媒体的微博、其他政府机构的微博等。

2. 官方微博对粉丝的吸引力不够强大

公众对自己感兴趣的微博信息进行转发或评论，通过转发，信息以一种级联方式传播给更多的用户，一条微博信息被转发或评论的次数越多，意味着产生的影响越大。在三家医院发布的微博中，原创微博的数量较少，均不到一半，其发布的微博，大部分是转发的，且不带评论，而这些微博大多数是健康科普类，其他医院可能已经科普过这个知识了，所以在内容上没有新意，不能够吸引公众的目光。医院所发布的微博中，极少涉及本院发展现状以及发展趋势，也没有情感的流露，不能引起大众的共鸣。

3. 医院官方微博对粉丝舆论缺乏引导

粉丝与医院官方微博进行公开的互动有两种方式：一是发表微博时进行@；二是对其发布的微博进行评论转发。而粉丝如何评论该医院官方微博发布的内容，又关系着该院利用微博塑造公共关系取得的效果。粉丝在对微博进行评论时，其评论内容可能并不是针对这条微博的。“#华西微新闻#【急诊科护理团队进行中毒知识系列健康科普教育】急诊科每年会收治很多急性中毒患者，包括农药中毒（尤其是百草枯及有机磷中毒）、酒精中毒、蛇咬伤、蜂蜇伤等。详情见：急诊科护理团队进行中毒知识系列健康科普教育”在这样的一条微博下，评论是这样的（参见图9）：

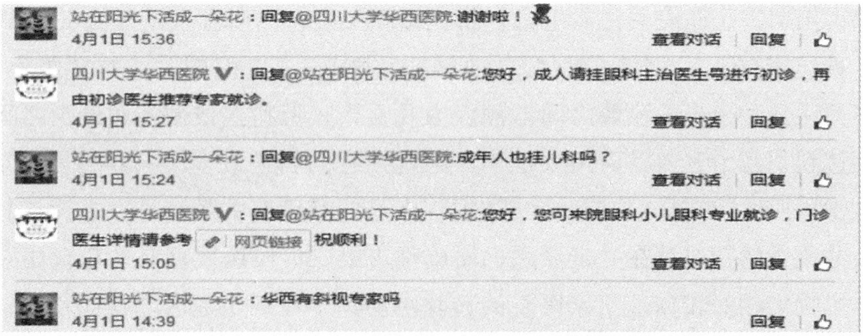


图9 四川大学华西医院官方微博收到的评论

很明显，这是一条关于中毒知识的科普类微博，而粉丝对其评论是咨询就诊相关信息，好在四川大学华西医院官方微博细心地回复了这位粉丝，粉丝对医院的态度也很满意。据统计，在调查期间内，四川大学华西医院官方微博的评论中有3条是咨询相关就诊信息的，占所有评论的2%，官方微博回复了其中的2条。

通过上述对医院官方微博的运营方式、公共关系策略以及公共关系塑造效果的分析，我们可以发现，医院官方微博在选择发布内容上是下了功夫的，不仅包括医院的发展动态，对医院进行宣传，还不忘为公众提供相关的健康知识以及吸引眼球的娱乐性信息。这些内容的选择既彰显了医院官方微博接地气，又展示了医院官方微博的官方形象。同时，医院在官方微博的运营上已有了自己的一套体系，运用了宣传型公共关系策略、交际型公共关系策略以及服务型公共关系策略，来建立医院与社会公众之间良好的合作关系，树立医院在社会公众中的良好形象，提升医院的品牌价值。但是我们也可以看到医院官方微博运营中存在的一些问题和值得改进的地方：微博的发布数量整体偏少；与粉丝的互动不足，对粉丝的舆论缺少引导；转发数和评论数偏少；公共关系策略的运用有待完善。

## 四、对医院官方微博运营的建议

### （一）加强微博的更新力度，提高微博的活跃度

医院要有专人负责官方微博的信息发布和信息互动，更新频率控制在合适的范围内，更新频率过高有刷屏嫌疑，粉丝会产生反感，也不利于有效传播；更新频率过低则会降低关注度，长此以往粉丝会取消关注，也不利于吸引新的粉丝。建议各医院由宣传部门或者相关部门牵头负责官方微博的日常运营，责任部门指定一人具体承担微博的日常运营，纳入其工作职责，不需要另外增加人员编制[8]。同时，医院发布微博在时间上也要有规律，人们每天上网看新鲜事物的时间通常集中在几个时间段：上午9：30～12：00，下午3：30～5：30，晚上8：30～11：30，这几个时间段就是发微博的黄金时段[9]。构建医疗机构—学科或科室—医护人员的三级网络和医疗机构主体间的合作关系，使医院官方微博形成点线面的集合，充分发挥互动效应，彰显医疗卫生行业的网络文化特色[10]。

### （二）注重与粉丝之间的互动，加强危机管理

三家医院的官方微博普遍侧重于发布宣传类和科普类的微博，互动类的微博数量较少。不注重对公众信息的解答，充分说明医院对微博这个新型传播平台的作用还没有足够的认识，医院应及时更正传播理念和思维方式，增强服务意识，尽力尊重并回复公众的诉求。加强对微博投诉的监控和处理，对于一些患者的投诉和建议，医院应及时向相关的部门反馈，并尽快给予答复，及时解答患者提出的问题，从而推进医院各项管理工作，提升服务品质。

### （三）精选微博发布内容，提高文案撰写水平

根据之前的研究数据，我们可以看到医院官方微博的转发数和评论数整体上来说较少，说明官方微博对公众的吸引力不够强大。微博的主要使用人群为平民，为了拉近与普通公众之间的关系，医院官方微博应摒弃陈旧的话语体系，更多地学会个性化、人性化表达，尝试活泼通俗的行文风格，可借用昵称、网络流行语、表情符号和轻松活泼的语气等方法来中和自带身份属性的庄严肃穆。医院还应根据微博的社会公众反馈情况（评论和转发情况），及时调整本医院微博内容的性质和方向，形成良性互动和正反馈。微博的影响力增长是一个循序渐进的过程，通过点对点的传播，逐步构建辐射圈，在

内容上要花心思、讲技巧、求新意，平凡的遣词造句只会成为绊脚石。

（四）充分利用微博平台各应用，完善公共关系策略

通过对医院官方微博公共关系策略的分析，我们发现，三家医院的官方微博对交际型公共关系策略运用得不足，可以通过有效地改善文案撰写的力度，让微博更具互动意义，更好地把粉丝、行业领袖和企事业单位联系到一起，起到共同宣传和互惠互利的目的。服务型公共关系策略有待加强，医院可以提供微博专项服务，发起形式多样的互动活动，比如利用微博“预约挂号”，这样就会有更多的潜在微博粉丝通过宣传参与进来，医院可以获得更多的关注，而患者也得到了方便。医院也可以开展微博公益活动，体现其社会责任感。征询型公共关系策略尚未开展，医院可以充分发挥微博投票调研的功能，获得更准确的公众需求信息，深化微博中的征询型公共关系策略。例如对医院开展的某次义诊活动进行投票调研，了解公众对这次活动是否满意，还有哪些地方需要改进。

正如著名传播学大师麦克卢汉所言：“每一种技术都是对人的交往模式进行重组，实际上造就了一种新的环境。”微博平台不只是一个简单的技术工具，它也是蕴含着文化传播、人际沟通、社会心理等多种复杂语义的全新交往模式。医院建立官方微博的意义不仅体现在拓宽医院宣传渠道，还体现在它打破了医院与公众的沟通的时间和空间限制，使医院与公众的沟通更为及时。目前，医院官方微博的运营正逐渐走向成熟，但在思想观念、运营维护、语言文风和机制建设方面仍存在一定的问题。微博从悄悄兴起到迅猛发展仅用了不到三年的时间，医院微博作为一个低成本、易运营的公共关系平台，具有人本和开放双重特点，医院应积极建设并努力推广。

**参考文献与注释：**


[1]余飞，陈敏生，沈迎春，等. 上海市三甲医院官方微博的现状研究[J]. 中国医院管理. 2013(11).

[2]李华玉. 综艺节目官方微博传播研究：以“爸爸去哪儿”官方微博为例[D]. 安徽：安徽大学，2014.

[3]李道平. 公共关系学：第3版[M]. 北京：经济科学出版社，2008：7.

[4]阮可，朱臣，李成建. 公共关系理论与实务[M]. 北京：北京工业大学出

版社,2005:11.

[5]大众传播媒介是在信息传播过程中处于职业传播者和大众之间的媒介体,指复制、传递信息的机械和传播组织、团体及其出版物和影视、广播节目。

[6]陈先红.公共关系学原理[M].武汉大学出版社,2007:235.

[7]王晨.1号店微博营销的公共关系策略研究[D].重庆:西南大学,2013.

[8]余飞,沈迎春,王辰昊,等.全国大型公立医院官方微博的运行现状研究[J].中国医院.2013(11):26-28.

[9]李开复.微博改变一切[M].上海:上海财经大学出版社.2011:46.

[10]胡亚琼,丁俭,沈晓思.上海市三级甲等医院新浪微博建设现状分析[J].医学与社会.2013,26(11):58.

# 患者对医疗纠纷的认知与应对调查

## ——基于法律视角

杨 欢

公共事业管理2013级

**摘 要：**目的是了解患者对医疗纠纷的认知与应对，基于法律视角，站在医患双方的角度来进行调查研究，剖析医疗纠纷频发的各个因素，根据这些调查所得信息追本溯源，采取针对性的策略措施，进而改变当下医疗纠纷频发的现状。本文采用定量分析与定性分析相结合的方法，定量方法为问卷调查法，定性方法为访谈法。对收集到的信息进行分析，从法律视角出发，对医疗纠纷的主体、客体、内容，政府角色以及社会舆论五个方面进行剖析，了解医疗纠纷这一高热社会现象背后的诸多影响因素。对患者对医疗纠纷的法律认知与应对进行分析，发现通过法律途径解决医疗纠纷方式的各种限制因素，主要包括患者对自身权利与义务的认知缺失，现有的解决机制不完善，院方的回避处理态度，舆论引导失范。本文旨在以这些因素的改变或控制来改善当下恶劣的医患关系，推动医患关系回归正常轨道，构建和谐的医疗环境，进而推动和谐社会的构建。

**关键词：**法律；医疗纠纷；认知；应对

我国从1949年开始了对医疗体制的改革与探究，在1979年改革开放以后，试图充分发挥市场经济的优势，并将此与医疗卫生事业的公益性充分结合，其目的始终是改善人民群众所享受到的医疗服务，提高人民群众的身体素质。这些在几十年以来取得了显著成果，但是随着经济的快速增长，人民群众对医疗服务的需求与要求不断增加，一些新的社会问题出现，医患关系恶化，医疗纠纷频发，患者在处理医疗纠纷时出现了一些不理智的行为，如医闹、伤医。那面对医疗纠纷时，患者如何利用法律保护自己的权益呢？这些问题的复杂性和法律规定的缺失，使得我们在面临和处理这些问题时显得无所适从。本文为了了解患者对医疗纠纷的认知和应对，于2016年6月开展了关于患者对医疗纠纷的认知与应对基于法律视角的调查，以期真正全面地了解影响医疗纠纷处理的各种法律因素，进而推动相关工作的开展，避免医疗纠纷演变为医闹或者更为恶劣的社会事件，为医疗卫生事业健康发展以及医院与人民群众的和谐关系的构建贡献一份力量。

## 一、基本情况

### （一）调查对象

调查对象为患者和医生，采取简单随机抽样方法，以问卷调查为主，访谈为辅。调查问卷总数为307份，患者问卷共207份，问卷回收率为100%，其中有效问卷为203份，问卷有效率为98%；医生问卷共100份，回收率为95%，有效问卷90份，问卷有效率为90%。

### （二）调查内容

采用设计的问卷进行调查，分为患者问卷和医生问卷。患者问卷主要内容为患者的基本情况，对医疗纠纷的认知与应对，对自身权利的了解程度，基于法律对医疗纠纷的应对。医生问卷主要包括医生如何看待医疗纠纷和医闹，以及它们的成因。

### （三）质量控制

根据要求设计问卷，不断修正，进行试调查，根据反馈进行修改，最后形成一份完整的问卷。问卷调查中，本人亲自前往各家医院对患者与医生进行当面调查，并同时对问卷进行检查，进而最大限度地确保问卷的回收率与有效率。信息收集从2016年7月10日开始，至2016年8月13日结束。

### （四）统计分析方法

采用统计软件SPSS 17.0软件录入数据并进行统计分析，分析方法包括频数分析、交叉因素分析、卡方检验，$P<0.05$为有统计学意义。

## 二、调查结果

### （一）被调查者的基本情况

患者问卷调查对象总数为203人，男性占42.4%，女性占57.6%，其户口类别为农村户口的占60.1%，城镇户口的占39.9%。被调查患者的文化程度：小学及以下的占1.5%，初中以下的占3.4%，高中/中专的占17.2%，大专的占9.4%，本科及以上占比最高，为68.5%，说明被调查对象以高学历为主，详见表1。

**表1　被调查者的基本情况**

| 项目 | | 频率 | 百分比 |
|---|---|---|---|
| 性别 | 男 | 86 | 42.4% |
| | 女 | 117 | 57.6% |
| 户口类别 | 农村户口 | 122 | 60.1% |
| | 城镇户口 | 81 | 39.9% |
| 学历 | 小学及以下 | 3 | 1.5% |
| | 初中及以下 | 7 | 3.4% |
| | 高中/中专 | 35 | 17.2% |
| | 大专 | 19 | 9.4% |
| | 本科及以上 | 139 | 68.5% |
| 合计 | | 203 | 100.0% |

（二）患者对医疗纠纷的认知情况调查

（1）患者对就医过程中自身权利与义务的了解情况

从患者对医疗过程中权利与义务了解程度的频率分析可得，高达43.3%的调查对象了解，但不是特别清楚患者的相关权利，仅有6.4%的调查对象认为自己比较清楚患者的相关权利，15.8%的患者完全不了解自己的权利，34.5%的患者表示一般了解。由此分析可以得出，我国当下大部分居民还不太了解自己作为患者拥有哪些权利，这成为医疗纠纷处理途径法制化的明显障碍。

表2显示，91.6%的患者对自己的知情同意权和人格受到尊重的权利，不得歧视、遗弃、侮辱等比较清楚，有80.8%的患者知道自己有隐私权，77.3%的患者知道自己对医院有批评建议权，76.8%的调查对象知道自己有因医疗事故造成损害而获得赔偿的权利（包括请求鉴定权、请求调解权、诉

讼权)，69.0%的患者了解患者有自主权，61.6%的患者了解自己有获得基本医疗保健的权利，但是也有4.4%的被调查者认为自己有报复医务人员的权利。根据以上统计数据，患者对自己拥有的权利存在认知不全和认知错误的缺陷。医学本身的技术性、专业性和高风险性易导致医患双方的信息严重不对称，可见患者在医疗纠纷中的不当应对是有原因的，这也不利于医疗纠纷的化解和医疗纠纷处理途径的法制化。

**表2　患者权利有哪些**

| | | N | 百分比 | 个案百分比 |
|---|---|---|---|---|
| 您认为哪些是患者的权利[a] | 报复医务人员的权利 | 9 | 0.7% | 4.4% |
| | 人格受到尊重的权利，不得歧视、遗弃、侮辱等 | 186 | 15.0% | 91.6% |
| | 知情同意权 | 186 | 15.0% | 91.6% |
| | 隐私权 | 164 | 13.2% | 80.8% |
| | 自主权 | 140 | 11.3% | 69.0% |
| | 拒绝治疗权 | 116 | 9.4% | 57.1% |
| | 有对医疗机构的批评建议权 | 157 | 12.7% | 77.3% |
| | 因医疗事故造成损害而获得赔偿的权利（包括请求鉴定权、请求调解权、诉讼权） | 156 | 12.6% | 76.8% |
| | 获得基本医疗保健的权利 | 125 | 10.1% | 61.6% |
| 总计 | | 1239 | 100.0% | 610.3% |
| a. 组 | | | | |

我们将表3与表2进行比较发现，患者对义务的了解比权利更清楚，知道尊重医务人员的劳动及人格尊严的义务的患者占95.1%，知道支付医疗费用及其他服务费用的义务的患者占88.2%，知道如实陈述病情的义务的患者占86.2%，知道配合医疗机构和医务人员进行一切检查治疗的义务（遵守医嘱的义务）的患者占85.7%，知道遵守医疗机构规章制度的义务的患者占79.8%，知道不影响他人治疗、不将疾病传染给他人的义务的患者占78.8%，知道爱护公共财物的义务的患者占77.3%，知道接受强制性治疗的义务（急危病人、戒毒、传染病、精神病等）的患者相对而言较少，占58.1%。此表

同样表明患者对相关义务并不完全知道。大多数患者连自己的权利和义务都不清楚，如何能够运用法律维护自身权益，进而减少医闹的发生呢？

表3 患者的义务

| | | N | 百分比 | 个案百分比 |
|---|---|---|---|---|
| 您认为哪些是患者的义务[a] | 如实陈述病情的义务 | 175 | 13.3% | 86.2% |
| | 配合医疗机构和医务人员进行一切检查治疗的义务（遵守医嘱的义务） | 174 | 13.2% | 85.7% |
| | 支付医疗费用及其他服务费用的义务 | 179 | 13.6% | 88.2% |
| | 尊重医务人员的劳动及人格尊严的义务 | 193 | 14.6% | 95.1% |
| | 遵守医疗机构规章制度的义务 | 162 | 12.3% | 79.8% |
| | 不影响他人治疗，不将疾病传染给他人的义务 | 160 | 12.1% | 78.8% |
| | 爱护公共财物的义务 | 157 | 11.9% | 77.3% |
| | 接受强制性治疗的义务（急危病人、戒毒、传染病、精神病等） | 118 | 9.0% | 58.1% |
| 总计 | | 1318 | 100.0% | 649.3% |
| a. 组 | | | | |

（2）患者从法律角度如何看医疗纠纷的成因

统计数据表明，33.5%的调查对象身边发生过医疗纠纷，66.5%的调查对象身边没有发生过医疗纠纷，说明绝大多数人的身边是没有发生过医疗纠纷的，但是发生过医疗纠纷的数据占到33.5%，数值偏高，表明与医疗纠纷有过接触的人较多。调查的203份患者问卷中有72.4%的患者了解医疗纠纷，仅有27.6%的患者不了解医疗纠纷，这说明在调查对象中，大部分是了解医疗纠纷的。

根据统计，有148人（占72.9%）的调查对象了解医疗纠纷，55人不了解（占27.1%）医疗纠纷。将性别、文化程度与是否了解医疗纠纷做交叉分析，其中只有文化程度与是否了解医疗纠纷有统计学意义（$x^2=50.764$，$P=0.000$）。表4的统计数据显示，高达80.3%的被调查者认为医疗事故处理法律法规不健全是造成医疗纠纷的主要原因，68.5%的被调查者认为医疗纠纷是医患双方均未严格行使权利履行义务造成的恶果，认为部分患者不懂法律，胡搅蛮缠的占68.0%，认为医方未充分尊重患方，患者权利受损的占46.3%，认为医方没有履行好自身的职责的占45.3%。这些数据说明了医疗纠纷发生的主要原因，若想改变当下医疗纠纷频发的现状，就必须从以上各个方面入手，改善各项工作，必须抓住主要矛盾，切忌眉毛胡子一把抓。

**表4　站在普通公民角度，你如何看待医疗纠纷的成因**

| | 项目 | N | 百分比 | 个案百分比 |
|---|---|---|---|---|
| 从法律的角度，如何看待医疗纠纷[a] | 医方未充分尊重患方，患者权利受损 | 94 | 14.9% | 46.3% |
| | 医方没有履行好自身的职责 | 92 | 14.6% | 45.3% |
| | 部分患方不懂法律，胡搅蛮缠 | 138 | 21.9% | 68.0% |
| | 医患双方均未严格行使权利履行义务造成的恶果 | 139 | 22.1% | 68.5% |
| | 医疗事故处理法律法规不健全是造成医疗纠纷的主要原因 | 163 | 25.9% | 80.3% |
| | 其他 | 3 | 0.5% | 1.5% |
| 总计 | | 629 | 100.0% | 309.9% |
| a. 组 | | | | |

表5描述了从法律的角度，看当下医疗纠纷频发的原因，根据数据分析，认为部分患者缺乏法律意识，导致极端维权和不知道如何正确维权的占85.7%，认为法律法规不健全，患者难以有效维护自身权益的占85.2%，不相信相关部门的处理结果，认为有“内幕”的占77.3%，认为法律维权的成本（时间成本、经济成本、精力成本）过高，普通人难以负担的占76.4%，认为患者的权利没有被医方充分尊重，权益受损现象普遍存在的占73.4%。由以上的数据分析可以看出，被调查者们对法律在解决医疗纠纷中的地位有较高的期望值，希望通过解决有关法律方面的问题，从而使当下医疗纠纷解决窘况得以改变。

表 5 从法律的角度，看当下医疗纠纷频发的原因

| | | N | 百分比 | 个案百分比 |
|---|---|---|---|---|
| 从法律的角度来看，您认为当下医疗纠纷频发是哪些原因造成的[a] | 法律法规不健全，患者难以有效维护自身权益 | 173 | 21.1% | 85.2% |
| | 患者的权利没有被医方充分尊重，权益受损现象普遍存在 | 149 | 18.2% | 73.4% |
| | 部分患者缺乏法律意识，导致极端维权和不知道如何正确维权 | 174 | 21.2% | 85.7% |
| | 法律维权的成本（时间成本、经济成本、精力成本）过高，普通人难以负担 | 155 | 18.9% | 76.4% |
| | 不相信相关部门的处理结果，认为有“内幕” | 157 | 19.2% | 77.3% |
| | 其他 | 11 | 1.3% | 5.4% |
| 总计 | | 819 | 100.0% | 403.4% |
| a. 组 | | | | |

（3）患者认为医疗纠纷愈演愈烈的原因

统计数据显示，被调查对象中认为医疗纠纷正呈现愈演愈烈趋势的占84.7%，仅有15.3%的人不认为医疗纠纷愈演愈烈。这说明了社会大众对医疗纠纷事件发生的推测是越来越频发，呈现出不看好的趋势，而他们的判断依据则是多方面的。如表6所示，84.1%的被调查者认为医疗纠纷处理机制缺失，患者权利诉求难以实现，66.7%的被调查者认为部分媒体的相关报道，助长社会不信任及仇医风气，有63.5%的人认为是经济利益的驱使。确实如此，现在社会上的医闹组织及医闹风气，助长了医闹的嚣张气焰，而且在很多医疗纠纷案件中，患者方罔顾法律规定，认为闹就有赔偿，就能赔得更多。此外，59.8%的被调查者认为是因为患者的权利意识逐渐提高，有58.7%的群众认为是因为医务人员职业道德滑坡，57.1%的患者认为当下医闹文化盛行，要闹才能最大限度地维护自己的权益。综观所有原因，其中最主要的原因还是医疗纠纷处理机制缺失，患者的诉求难以实现，所以制定相应的详细的法律法规，保证一个健全的医疗纠纷处理机制是最重要的，比如设立直接的医疗纠纷处理机构，以及对结果不满意的上诉制度。由于医疗的专业性和

高难度，因此处理这类案件的法庭必须有医疗纠纷案件处理专职或专业人员，或者完善当前的医疗事故处理条例。

**表6 医疗纠纷愈演愈烈的原因**

| | | N | 百分比 |
|---|---|---|---|
| 医疗纠纷愈演愈烈的原因[a] | 患者权利意识逐渐提高 | 113 | 59.8% |
| | 医疗纠纷处理机制缺失，患者的权利诉求难以实现 | 159 | 84.1% |
| | 当下医闹文化盛行，要闹才能最大限度地维护自身权益 | 108 | 57.1% |
| | 经济利益的驱使 | 120 | 63.5% |
| | 医务人员职业道德滑坡 | 111 | 58.7% |
| | 部分媒体的相关报道，助长社会不信任及仇医风气 | 126 | 66.7% |
| | 其他 | 2 | 1.1% |
| 总计 | | 739 | 391.0% |

### （三）患者基于法律视角对医疗纠纷的应对

#### 1. 患者面对医疗纠纷的处理方式

**表7 患者应对医疗纠纷常规方式的排序**

| | | N | 百分比 |
|---|---|---|---|
| 应对医疗纠纷方式排序[a] | 与医务人员及院方协商 | 196 | 97.0% |
| | 自认倒霉 | 24 | 11.9% |
| | 告诉亲戚朋友这家医院不行，以后都别去 | 101 | 50.0% |
| | 到医院去闹，获得自己应得的赔偿 | 94 | 46.5% |
| | 借助法律，维护自身权利 | 191 | 94.6% |
| 总计 | | 606 | 300.0% |

表7为患者应对医疗纠纷常规方式的排序。根据分析可知，在医疗纠纷发生后，人们的第一选择往往是通过与医院协商解决，其次是通过法律途径解决，当前两者没有顺利维护自身权利时则采取较极端的医闹方式解决。由

此我们也可以看出，医疗纠纷演变成医闹，很大程度上是因为患者没能维护自身权利，所以如果我们能够在前两个环节把工作做到位，那么医闹事件将会得到有效控制。有近31.5%的患者选择借助法律维护自身权利，这一选择只比占比最高的协商低0.8%，也就是说法律途径解决医疗纠纷也是最主要的选择之一。

2. 处理医疗纠纷的法律途径选择

表8显示的是被调查对象处理医疗纠纷的第一选择途径。有62.6%的群众选择用协商的方式处理医疗纠纷，26.6%的群众选择通过调解来处理医疗纠纷，仅有5.9%的群众选择通过仲裁处理纠纷，4.9%选择直接通过法律诉讼处理纠纷。这些数据表明绝大多数公众还是偏向于协商解决医疗纠纷，通过这种方式可以有效节约人力、物力、财力，并且可以避免医闹发生造成的负面影响，也符合中国国情和中华民族“以和为贵”的传统。

**表8　处理医疗纠纷的法律途径中，您的第一选择途径是**

| | | 频率 | 百分比 | 有效百分比 | 累积百分比 |
|---|---|---|---|---|---|
| 有效 | 协商 | 127 | 58.0 | 62.6 | 62.6 |
| | 调解 | 54 | 24.7 | 26.6 | 89.2 |
| | 仲裁 | 12 | 5.5 | 5.9 | 95.1 |
| | 诉讼 | 10 | 4.6 | 4.9 | 100.0 |
| | 合计 | 203 | 92.7 | 100.0 | |
| 缺失 | 系统 | 16 | 7.3 | | |
| 合计 | | 219 | | 100.0 | |

表9显示的是患者对解决医疗纠纷的法律途径的了解程度。仅有26.1%的被调查者了解通过法律途径解决医疗纠纷的处理程序，有73.9%的被调查者表示不知道如何应用法律来解决医疗纠纷，进而维护自身的权利。所以不难看出，这也是医闹的一个重要影响因素，当患者不知道怎么办的时候，本能的反应就是找医院，找医生，要“说法”。表9中将户口类别与是否了解处理医疗纠纷的法律途径分析做交叉分析与卡方检验，可得P值大于0.05（P=0.365，P=0.328），所以无统计学意义，城镇户口与农村户口的调查对象对医疗纠纷处理法律程序的了解无明显差异。

表 9　通过法律途径解决医疗纠纷您是否了解处理程序 & 户口类别　交叉制表

| | | | 户口类别 | | 合计 |
|---|---|---|---|---|---|
| | | | 农村户口 | 城镇户口 | |
| 通过法律途径解决医疗纠纷您是否了解处理程序 | 是 | 计数 | 30 | 23 | 53 |
| | | 户口类别中的% | 24.6% | 28.4% | 26.1% |
| | 否 | 计数 | 92 | 58 | 150 |
| | | 户口类别中的% | 75.4% | 71.6% | 73.9% |
| 合计 | | 计数 | 122 | 81 | 203 |
| | | 户口类别中的% | 100.0% | 100.0% | 100.0% |

3. 改善当下医疗纠纷现状，法律方面可开展的工作

分析表 7 可以看出，人们对通过法律途径解决医疗纠纷有较高的期望，所以被调查对象们也提出了自己对于运用法律法规解决医疗纠纷的一些意见和建议，如表 10，针对医疗纠纷设置相应完整的法律法规有 90.6% 的个案百分比，为最高，其次是提高医疗事故鉴定的效率、公开性、公正性，比例达 90.1%，为弱势群体提供免费的法律援助达 86.1%。值得一提的是，在当下社会，医闹一方面是因为不会应用法律法规，另一方面是因为法律维权成本过高，患方在长期的医疗消费后，难以承担法律相关费用，所以无奈选择医闹。第三是重视对公众进行医疗相关法律教育与宣传，占 84.2%，让公民知道自身的权利与义务。第四是鼓励协商解决，保证医疗纠纷各种解决途径赔偿数额基本相同，占 69.3%。第五是法律严格禁止医闹，打击直接或间接非法医闹个案，百分比为 51.5%。

表 10　改变医疗纠纷现状，法律方面应该开展哪些工作[a]

| | | N | 百分比 | 个案百分比 |
|---|---|---|---|---|
| 改变医疗纠纷现状，法律方面应该开展哪些工作[a] | 针对医疗纠纷设置相应完整的法律法规 | 183 | 19.0% | 90.6% |
| | 为弱势群体提供免费的法律援助 | 174 | 18.1% | 86.1% |
| | 提高医疗事故鉴定的效率、公开性、公正性 | 182 | 18.9% | 90.1% |

续表

| | | N | 百分比 | 个案百分比 |
|---|---|---|---|---|
| 改变医疗纠纷现状，法律方面应该开展哪些工作[a] | 鼓励协商解决，保证医疗纠纷各种解决途径赔偿数额基本相同 | 140 | 14.6% | 69.3% |
| | 法律严格禁止医闹，打击直接或间接非法医闹 | 104 | 10.8% | 51.5% |
| | 重视对公众进行医疗相关法律教育与宣传 | 170 | 17.7% | 84.2% |
| | 其他 | 9 | 56.9% | 4.5% |
| 总计 | | 962 | 100.0% | 476.2% |

a. 组

## 三、结论与建议

### （一）完善法律法规

明确规定患者在医疗过程中因非自身疾病原因造成伤害甚至死亡，应该怎么进行赔偿，可以尝试改变现行法律中“两个方向牵牛鼻子”的状况。现实中医疗纠纷案件处理过程中最大的争议就是对于患者的伤害赔偿应该按照侵权责任法处理，还是按照医疗事故处理条例，如果按照统一标准支付赔偿便可以改变这一状况，但是在某种程度上来说，这加大了医院在医疗过程中的风险，那么我们可以向美国学习，建立医疗风险保险，形成第三方解决机制，避免医疗纠纷中患者与医务人员直接接触，保护患者与医务人员，让保险业进入医疗市场，由社会上的医疗机构分担风险。这样既维护了医患双方的利益，又可以发展医疗纠纷保险市场，一举多得。

法律禁止医闹，严厉打击医闹，依法追究相关医闹人员的法律责任，鼓励通过协商的方式解决医疗纠纷[1]。表 8 中有 62.6% 的群众选择用协商的方式处理医疗纠纷，这一方式最节约资源，也是最有效率的。另一方面，表 10 中为弱势群体提供免费的法律援助达 86.1%。值得一提的是，在当下社会，医闹一方面是因为不会应用法律法规，另一方面是因为法律维权成本过高，患方在长期的医疗消费后，难以承担法律相关费用，所以无奈选择医闹，可以通过鼓励社会法律人才，或者高校有相关资格的法学师生，为社会弱势群体提供法律援助，并试着将其作为系统内部考评点[2]，真正发挥法律援助的价值与作用。

根据表10中的统计数据，提高医疗事故鉴定的效率和公开性的比例达90.1%。我们可以考虑改变以往的医疗事故鉴定程序和不合理规定，提高医疗事故的鉴定效率。医疗事故鉴定小组成员的抽取，可采用跨区域抽取，或者在医疗系统外部独立设置。根据辖区人口和医疗纠纷案件例数设置鉴定机构，并且为了能够充分利用机构人力资源，还可按照管理学原理，通过组织功能设计，让该机构兼顾处理医疗纠纷的职能。

（二）患者方面

表2与表3的统计数据显示，绝大多数患者不完全了解自身的权利与义务。首先，患者要了解自己在医疗过程中所拥有的权利和需要履行的义务，这是患者维护自身权益的前提条件。当面对医疗纠纷时，患者应该学会使用法律武器来维护自身权益[3]，而不是通过医闹来达到自己的诉求。其次，患者对医学应该有正确的认知，医学的神圣使命是除人类之病痛，助健康之完美，但是医学并非神学，不是所有疾病在接受医疗服务之后都会好转，而且就算是很普通的疾病，治疗方式再简单，也都存在医疗风险，患者及其家属对此应该有明确的认识，杜绝对治疗结果不满意就把所有过失与责任不分青红皂白地转嫁给医务人员的情况的发生。

（三）医院方面

如表5所示，认为患者的权利没有被医方充分尊重，权益受损现象普遍存在的调查对象占73.4%。在医疗纠纷频发的当下，部分医务工作者对待病人的态度有时确实存在问题，所以应该重视对医务工作者进行相关卫生法律法规再教育，不断地改善医院提供的医疗服务，提高医疗质量，引入现代管理理念，做到以病人为中心，努力在患者和医务人员之间建立信任、和谐、相互尊重的关系[4]。其次，医院建立的医务科应该有足够的实力来应对自身与患者之间的纠纷。一方面，医务科应该配备专业的医疗纠纷处理工作人员（有医学专业背景，对相关法律法规非常熟悉，能运用专业知识解决医院遇到的各种医疗纠纷）。根据访谈了解到，现在的很多医院，甚至是大型综合性医院，医务科的工作人员主要以临床工作者或者纯法律专业的工作者为主，很少有解决医疗纠纷的专业型人才。另一方面，医院对这种医疗纠纷和医闹都采取回避或者冷处理的态度，很少积极应对，这样加剧了医闹事件，所以法律应该规定在能力许可的条件下，医务科处理纠纷的工作人员应该是专业处理医疗纠纷人员。与此同时，工作人员的专业素质也会使医院以积极的态度应对医疗纠纷，进而避免医疗纠纷院方处理不当造成的恶性极端事件。

（四）政府责任

调查对象中有90.1%的公众认为，政府应该在处理医疗纠纷中承担相应的责任，而仅有9.9%的公众认为政府不应该承担相应的责任。由此可以看出，绝大部分公众希望政府承担相应的责任。其下设的卫生行政部门，要切实履行好自身职责，致力于提高医疗纠纷解决的效率与维持各方利益的平衡，并且在法律当中明确规定政府的卫生行政部门在解决医疗纠纷时应该有哪些具体责任，比如介入调查，监督医疗纠纷事件的解决，在全社会营造依靠法律处理医疗纠纷的良好氛围，形成正确的舆论导向，对发布不实报道的媒体要进行行政处罚，情节严重的要联合公检法追究其法律责任，在全社会开展卫生法基本知识的普及[5]。总之，不能坐视不管，更不能袒护其中任何一方，要坚持实事求是的医疗纠纷处理态度。

（五）媒体责任

调查显示，83.7%的调查对象认为对于当下媒体报道的乱象，要严格追究媒体的法律责任，媒体发布不实报道要承担法律责任。62.1%的人认为媒体发布不实报道，成本太低，应该加大打击力度。所以法律法规必须明确规定，对媒体故意捏造扭曲事实、引导舆论、欺瞒公众的相关报道，情节严重者应该追究刑事责任，法律规定涉事者终生不得再从事新闻媒体行业的工作。综观我国近些年对医疗纠纷事件的报道，深圳媒体《十万元手术八毛钱治愈》的报道以及近来的徐州丢肾事件，都在社会上造成了极其恶劣的影响，要想改变媒体乱报道、罔顾事实、捏造新闻事件、扭曲事件真相、恶意报道的现状，就必须严格追究其法律责任，尊重事实，对公众讲真话，维护医患双方的权利。

医患纠纷发生时，医院需要积极与媒体沟通，让媒体充分了解事件的真实情况，避免媒体只了解病人一方面的信息，出现一边倒的声音，化解公众的积怨，还原医疗纠纷的本来面目。

（六）社会医学方面

重视对公众进行医疗相关法律知识宣传，让公众了解医学，理解医学，在社会上营造良好的医疗纠纷处理氛围，医患双方相互尊重，鼓励公众通过协商的方式解决医疗纠纷，其次再是通过其他法律途径，这样可以节约很多社会资源，也可避免医患双方为此耗费太多人力、物力、财力。

**参考文献：**

[1]傅华. 预防医学:第6版[M]. 北京:人民卫生出版社,2013.
[2]张鹭鹭,王羽. 医院管理学:第2版[M]. 北京:人民卫生出版社,2014.
[3]田长生. 医患法律关系处理实务[M]. 北京:北京大学医学出版社,2014.
[4]李鲁. 社会医学:第4版[M]. 北京:人民卫生出版社,2012.
[5]吴崇其,张静. 卫生法学:第2版[M]. 北京:法律出版社,2010.

# 互联网医疗发展现状及其所存在的法律问题分析

唐倩文

公共事业管理2013级

**摘 要：**随着近几年互联网的飞速发展，人们对健康管理的需求日渐增多，互联网医疗逐渐成为人们防治疾病的又一个手段，它在一定程度上缓解了我国医疗卫生的各种矛盾。但是现在对于互联网医疗的相关概念及其范围没有明确的界定，与此相关的法律和政策保障不完善，严重制约着我国互联网医疗的发展。本文从互联网医疗发展的背景出发，分析了互联网医疗发展的现状，对其在实施过程中存在的法律问题进行了探讨，并针对我国互联网医疗存在的法律问题提出了相应的意见和建议，以促进互联网医疗健康发展。

**关键词：**互联网医疗；远程医疗；发展现状；法律问题

近几年来，互联网技术发展迅猛，互联网与人们的生活和各行业的联系日渐紧密。2015年，国务院总理李克强在政府工作报告中提出了制订“互联网+”的行动计划，促进传统行业与互联网技术的结合。医疗卫生服务行业也逐渐受到互联网技术的影响，互联网与就医各环节结合，商业模式百花齐放。互联网医疗旨在通过改变健康管理方式、重构就医方式、改善就医体验，重构方重构医患生态，提高医疗服务效率，降低医疗费用，使患者享受安全、便利、优质的诊疗服务。但与此同时，互联网医疗也引发了不少问题，当医学技术与互联网技术相遇，必然会震动到医学、伦理学、法律等许多方面。本文将互联网与医疗卫生有机结合，通过对互联网医疗的背景和现状分析，针对互联网医疗存在的法律问题提出相关建议，改善不足，以促进互联网与医疗行业更好地融合发展。

## 一、互联网医疗发展背景分析

### （一）社会环境背景

中国地域广阔，人口众多，近几十年来，中国的人口结构发生了巨大的变化。《中国统计年鉴2015》显示，截至2014年，65岁以上的人口占总人口数的比例为10.1%，老年抚养比为13.7%。从数据可看出，老龄化趋势明显。在老龄人口不断增加的过程中，劳动人口总数增长率不断走低，老年人抚养比逐年走高，社会负担渐重。年龄结构的变化继而引发的人口及健康结构改变等问题使医疗服务弊端日益凸显，社保负担加重，使得"看病难"问题加剧，给我国现有医疗健康体系带来了严峻的挑战。与此同时，"80后""90后"群体崛起，逐渐成为家庭的中坚力量、互联网的主力军，在一定程度上为互联网医疗的发展提供了便利。

经济水平不断提高，人民群众健康管理服务需求日益增长，但是我国医疗卫生资源总量相对不足，基础薄弱，每1000人拥有的卫生技术人员和医疗机构床位数低于世界平均水平，加之医疗体制落后，卫生资源分布不均，不能满足人们对医疗服务的需求，致使我国医患矛盾日渐尖锐。

### （二）技术背景

众所周知，进入20世纪90年代后，计算机技术、通信技术以及建立在计算机和网络技术基础上的计算机网络技术迅猛发展。至1997年我国兴起互联网以来，随着网络速度的提升、新的交流沟通工具的出现以及各种通信技术和手段的不断创新和突破，互联网正在向深入、全面而广泛的方向发展。进入21世纪后，体感技术日益完善，智能设备普及率上升，移动互联网快速发展。进入全民时代后，大数据、云计算、物联网等多领域技术与移动互联网跨界融合，人与人之间的关系变得前所未有的紧密，人类生活将进入智慧生活新时代。同时，这些技术的发展也为互联网医疗技术的发展提供了强有力的技术推动。这些因素为医疗行业的发展带来了巨大的空间，使得健康咨询、慢性病监测、在线医疗等成为可能，从而影响现有的就医方式，改变传统的医疗服务模式。

### （三）政策背景

近年来，国家陆续推出关于医师多点执业、医药电商监管、分级诊疗等相关政策，继续推进医药改革，完善基层医疗卫生体制。《关于推进和规范医师多点执业的若干意见》的颁布在一定程度上解除了医生行医的地理空间限制，提出推进医师合理流动，放宽条件，简化注册审批程序，改善医疗资源分布不均的现状，推动优质医疗资源下沉与科学配置，服务更多的群众，缓解医患供需紧张的现状。《关于药品生产经营企业全面实施药品电子监管有关事宜的公告》中药品电子监管码的实行，与网售处方药政策放开，将大力推进医药电商的业务发展，同时对医药 O2O 行业的发展有着巨大的推动作用。《中国制造 2025》指出：重点发展方向包括医疗器械创新、高端影像设备、医用机器人、智能可穿戴、远程诊断等，体现政府对互联网医疗技术发展的强有力支持。在《关于促进社会办医加快发展的若干政策措施》中，政府鼓励社会办医并建议社会力量以多种形式参与公立医院改革，提出“非禁即入”，使民营资本更好地进入“健康门”。国务院办公厅印发的《关于推进分级诊疗制度建设的指导意见》明确提出以高血压、糖尿病等慢性病为切入口，逐步推进分级诊疗，在慢性病管理中，明确强调借助互联网技术，实时远程监控健康，远程慢性病管理，医疗机构间网络会诊、转诊等，逐步形成基层首诊、双向转诊、急慢分治、上下联动的分级诊疗模式，基本建立符合国情的分级诊疗制度，充分利用医疗卫生资源，提高诊疗效率。上述政策都需要互联网医疗作为支撑，同时又促进了互联网医疗的发展，为互联网医疗的发展打下了政策基础。

## 二、我国互联网医疗的发展现状及存在的问题

### （一）我国互联网医疗领域的发展现状

《reMED2015 年中国互联网医疗发展报告》显示，2014 年互联网医疗领域投资达到历史最高，2014 年中国互联网医疗领域风险投资达到 6.9 亿元，比 2013 年增长了 226%，投资总额是过去 3 年的 2.5 倍。根据相关部门预测，我国互联网医疗领域市场规模在五年内可能突破百亿人民币。

2013 年通过的《中共中央关于全面深化改革若干重大问题的决定》中指出“深化医药卫生体制改革”充分利用信息化手段，促进优质医疗资源纵向流动，加强区域公共卫生服务资源整合；2014 年通过的《国家卫生计生委关于推进医疗机构远程医疗服务的意见》指出，积极推动远程医疗服务发展，确保远程医疗服务质量安全，完善远程医疗服务流程，加强远程医疗服务监

督管理；2015年通过的《国务院关于积极推进“互联网+”行动的指导意见》提出推广在线医疗卫生新模式，促进智慧健康养老产业发展。

互联网医疗行业主要包括预约挂号、在线问诊、医药电商、远程医疗等几大服务板块。它们以移动终端和互联网为载体，开展咨询、疾病评估、挂号缴费等医疗健康服务。现行的仅依托移动终端的移动医疗App数量众多，它们为医生和患者提供了良好的平台，在一定程度上提高了就诊率和诊疗效率，缓解了信息不平等的现状。给人们带来便利的同时，互联网医疗在发展过程中也存在着诸多问题，如缺乏规范的行业标准和国家层面的政策保障，这极易导致误诊，耽误治疗。现行的法规条例没有对移动互联网医疗行业的规范问题做出明确统一的规定，这使得在移动医疗运行中企业和消费者以及医务人员等各方的权益得不到有力的保障。互联网医疗的发展对虚拟网络的高度依赖，使得其具有巨大的现实危险和法律风险，加之政策监管的缺失，这在一定程度上制约了互联网医疗行业的发展。

综上可以看出，我国互联网医疗发展迅猛、前景广阔，行业蓬勃发展，但是我国关于互联网医疗服务的相关法律、政策、规定还处于基础阶段，行业规范与从业规范远远滞后于行业发展。

### （二）我国互联网医疗发展存在的法律问题

互联网医疗是互联网技术和医疗技术结合的产物，已经成为人们保障健康的一个新手段。它与传统医学有着许多的不同点，因此它在产生发展的过程中必将引发与传统医学不同的法律问题。

#### 1. 相关行业标准缺失，管理制度不明确

互联网医疗所涉及的方面多、范围广，对于能够获准进入医药电商、在线问诊、健康咨询、移动医疗、远程医疗等领域开展相关的互联网医疗业务的主体资格认证、经营范围许可、设备标准以及相关人员资质要求，等等，现行的法律和政策并没有明确的说明，也缺乏与该行业、人员、设备、电子病历等方面相关的管理制度。

就远程医疗而言，它涉及医疗机构、医务人员、医疗设备等各个方面，开展远程医疗服务医疗机构主体，参与远程医疗的医务人员，在开展远程医疗时所需的相关技术设备要求等，都将影响远程医疗服务的质量与效果。我国对远程医疗设备以及互联网医疗相关设备并没有统一的标准，不同级别的医院所用的医疗器械参差不齐，现行的政策对医疗机构的资质、设备等的规

定和划分过于简单，加之法律责任没有十分明确的界定，信息传输失真、电子资料泄露、设备操作失误以及意识水平限制等极易造成误诊和医疗纠纷[1]。

还应注意的是医师多点执业与互联网医疗的关系问题。虽然政府发布的《关于推进和规范医师多点执业的若干意见》中，对医师多点执业的相关问题做出了规定，但是并没有说明互联网医疗领域是否也在其中，相关部门又如何对互联网医疗的医师进行监管？这些问题不解决，将极大地限制远程医疗以及互联网医疗的发展。

2. 患者与医生的相关权利无保障

在传统医疗模式中，医生与患者会进行直接的接触和交流，充分了解患者的病情以及与疾病相关的诊疗事项，但是在互联网医疗中患者与医生多是通过以互联网为媒介的医疗产品进行沟通，因此患者的相关权利保障问题有待解决。

互联网改变了传统就医模式和患者信息收集方式，互联网医疗能够运用互联网技术广泛、快速、大量地收集、整理、传送和利用信息，这将如孤岛的各个医疗机构联系起来，使信息资源能够共享，提高了临床诊断的质量和效率。但同时，互联网如同一把“双刃剑”，在为医疗行业带来方便的同时，也存在侵犯患者权利的危险。

首先侵犯的就是患者的个人隐私安全。互联网是开放的向外的空间，在互联网上开展医疗活动难免涉及个人信息与隐私，即使资料收集者并未主动透露，但是关于互联网安全管理的漏洞一直未解决，加之网络黑客的猖獗使得互联网网络安全面临巨大的挑战。这些数据若能很好地共享利用，一定会对医疗科学事业有很好的促进作用，但若被居心不良者利用，就可能会对个人和社会带来不好的影响。目前大部分网络安全等级较低，而涉及互联网医疗的企业没有专门的系统保护，因此关于这方面的问题还需要时间去处理。此外，在远程医疗、在线问诊等和互联网医疗领域还存在着侵犯患者知情同意权的问题。在远程医疗中，患者除了需要面对主治医生，还需要面对为自己进行远程医疗的第三方医生。在这个实施过程中，医生是否将开展远程医疗的目的、方式、内容等告知患者，并取得患者的同意，也是医疗机构以及医生值得注意的问题[2]。

除了患者权利，医生的权利也会受到一定的影响。因为互联网具有公开性，在互联网上进行医疗活动时，与疾病相关的技术手段、治疗方法、配方、个人专利等知识产权很可能受到侵犯，这会打击医务人员和医疗机构的参与积极性，影响互联网医疗的发展。因此建立完善对网上知识技术产权的法律法规以及政策保护，将会使互联网更有利于科学技术的发展[3]。

3. 法律关系不清，责任不明

互联网医疗较之传统医疗来说，有更多的主体参与其中，关系也更复杂、更混乱，主要包括医疗机构、医务人员、药品生产与经营者、企业、患者等。

就互联网医疗中医患法律关系而言，互联网医疗突破了传统医疗服务合同的时空限制，使医疗服务不再局限于医疗机构，也使得原有的医患关系有第三方加入，因此情况更复杂。以远程医疗为例，在实施远程医疗的过程中，患者、当地医师与会诊医师三方各自相互构成不同的法律关系，可以明确的是患者与当地医师的关系，那么其他交叉的关系又是怎么样的呢？若出现医疗事故或者医疗纠纷等情况时，举证责任属于谁？三者应分别承担什么样的法律责任？这些问题还有待明确。因为进行远程医疗活动，可能会涉及不同地域和文化等，加之人体个体的特殊性、医疗设备等主观与客观问题，远程医疗中所产生的法律关系更复杂，责任也更加难以确认。不止远程医疗，互联网所涉及的其他领域也是如此。因此若不能较好地处理这些问题，互联网医疗不仅不能够缓解现在的医疗现状，反而会带来更大的困扰。

4. 报销政策空白，盈利模式模糊

无论是国家政策还是社会投资等，都对互联网医疗的前景有很好的期待，市面上也有众多的移动医疗产品，但多是以医药电商、宣传广告等方式为收入来源，且仍然处于探索阶段，缺乏固定清晰的盈利模式。远程医疗、治疗收费等互联网医疗的费用支付给谁，比例如何分配，并没有统一的标准和界定。传统的医疗活动中，大头的医疗费用由医保承担，但是医保和商业健康保险在互联网医疗领域并没有介入，互联网医疗缺乏医保支付手段支撑和责任认定等机制的保障，这些都需要政府和社会共同来解决。

## 三、加强互联网医疗的相关建议

从医学和医疗服务的特殊性而言，医疗服务的对象是人，人的生命安全是医疗服务过程中首先要考虑的问题。当今社会是一个“互联网＋”的时代，互联网与医疗的结合顺应时代潮流，未来医疗模式将逐步向互联网医疗时代的方向转变。虽然现在的发展面临重重困难，但是这些困难终究会随时间和技术的不断发展得以克服。

（一）健全相关法律法规，建立严格的准入监督制度

我国互联网起步晚，相关法律还有待健全，以互联网为依托的互联网医疗的相关法律更是欠缺。但是医疗关乎人们的生命健康，因此，我国应完善相关法律，建立严格的互联网医疗准入机制，明确行业标准，要从法律上界定医疗行为与互联网医疗行为的概念，规定医疗机构及第三方非互联网医疗机构开展互联网医疗服务的从业范围，明确从业人员的服务权限，制定出一套标准，成立相关的部门对开展互联网医疗服务的机构、企业、人员、技术设备等多方面的资格要求进行审查监管，维护互联网医疗网络秩序，确保为患者提供安全、优质、有效的互联网医疗服务。同时，国家还应加大对互联网医疗的设备等方面的投入，规范对设备、技术等方面的要求，确定电子病历的法律效力，减少由客观原因引起的医疗纠纷和医疗事故的概率，维护医生和患者的合法权益。此外，国家还应建立有效的监管机制，保障互联网医疗健康运行[4]。

（二）保护医患权利

国家政府和互联网医疗服务提供者应注意网络系统的安全性和独立性，做好信息安全管理工作，加强对患者隐私的保护。在进行互联网医疗活动前，保障患者的知情同意权并以电子档案的形式做好管理工作，针对患者的病例、个人信息、影像资料等，做好保密工作并采取相应的安全措施，设立专门的部门管理资料数据，并制定严格的查看复印制度，确保信息安全。尊重并保护医务人员的个人专利，调动医务人员的参与积极性。

（三）明确法律关系与责任

互联网医疗的法律关系虽然复杂又混乱，但始终围绕着“人”这一核心要素。医生、患者、互联网企业、医疗机构、药品生产销售机构等，他们之间的不同组合会产生不同的法律关系。医生与患者之间的医患关系，互联网企业、医疗机构、医生之间形成的居间合同关系，数据处理服务合同关系以及医疗服务合同关系等，都需要相应的法律明确规范，以免在发生医疗纠纷或者事故时出现责任推诿、抵赖等现象，这样才能有力地促进互联网医疗的健康有序发展。

（四）完善固定的盈利模式

目前，很多医疗健康类 App 处于免费使用以争夺用户的阶段，盈利模式不成熟。而比较成熟的医疗健康类 App 的盈利模式主要有两类：一是用户付费指定医生进行医疗咨询；二是投放医药类广告。

这两种盈利模式能否成为固定的盈利模式还有待商榷。我们可以借鉴国外互联网医疗相似产品的盈利模式，如保险买单、药企付费、患者收费、向医院收费等方式都值得我们借鉴学习，结合我国实际，我们可以将这些模式运用在我们的产品中，以促进互联网医疗的良性发展。在远程医疗中，我们应该明确收费的项目和标准，并建立一套行之有效的付费方案，另外社会医疗保险也应加入互联网医疗中，消除患者因为费用对互联网医疗产生的拒绝心理。此外，我们还要放开政策，让商业保险进入健康保险领域，填补社保的巨大缺口，给互联网医疗带来更广阔的空间，促进互联网医疗的蓬勃发展。

## 四、小结

当今是一个互联网的时代，各个行业都与互联网产生联系，医学科学作为关乎人类健康的学科应保持谨慎严谨的态度，互联网医疗应不断地从实践中探索总结，在向国外优秀的经验学习的基础上不断发展，建立起维护互联网医疗发展的法律法规，保护人们的利益，使互联网医疗更好地服务人们的生活，服务社会。

**参考文献：**

[1] 左秀柒. 网络时代远程医疗法律问题论析[J]. 人民论坛. 2010(35):54-55.

[2] 刘建炜,杨晓文,许友侨. 我国远程医疗领域中有关法律问题的研究[J]. 中国卫生法制. 2015(4):62-65.

[3] 覃红,李冀宁. 网络医疗的发展带来的法律问题[J]. 医学与哲学. 2005(15):58-60.

[4] 瞿运开,谢锡飞,孙东旭,等. 我国远程医疗发展的法律与医疗伦理的限制及其化解[J]. 中国卫生事业管理. 2014(11):808-811.

# 社区医务人员临终关怀照护态度的调查

## ——基于自贡市大安区

郑华蕊

公共事业管理2013级

**摘　要：** 为了解社区医院从业人员临终关怀知识和态度的情况，本文研究了当前医务人员临终关怀知识与态度的差异。方法是通过自填问卷对8家社区医院的94名医务人员进行调查。结果：社区护理人员对待临终关怀照护的态度积极。学历、职称、工作年限、年收入、民族、宗教信仰是调查对象临终关怀态度的影响因素（$P < 0.05$）。结论：医院临终关怀知识现状不甚理想，临终关怀知识差异性显著，医务人员临终关怀知识来源单一。随着老龄化社会的发展和分级诊疗制度的推行，社会对社区临终关怀的需求将越来越强烈。国家应建立起以政府为主导、社工服务为辅助的体系，同时完善社区医务人员的岗位编制，加强临终知识的培训与教育。

**关键词：** 临终关怀；态度 ；医务人员；社区医院

临终关怀（hospice care）一词源于中世纪，它是一种特别的和缓疗护（palliative treatment and care）服务项目。

临终关怀是人类死亡文明的重要成果，是近代医学领域中的一门新兴学科，是社会发展的需要和人类文明的重要标志[1]。临终关怀是指对生命时间有限（6个月或更少）的患者进行适当的医院或家庭治疗及护理，以减轻其痛苦，提高患者的生命质量。其主要目的不是治愈疾病或延长寿命，而是改善患者余下寿命的质量。

世界人口老龄化的快速发展以及当前医疗模式的改变，对这门新兴学科提出了严峻的挑战。1999年，中国已达到老龄化社会的标准，预计到21世纪中叶，我国60岁以上的人将达到4.5亿，占全世界老年人口的24%，占亚洲老年人口的36%，也就是说到那时地球上每4个老年人中就有一个中国老人。

我国正逐步推进医疗分级诊疗制度，社区医院将成为今后人们看病就诊的主要场所，今后越来越多的患者将在社区医院的病房中逐步走向生命的终点。为了解直接接触临终病人的社区医护人员对待死亡以及对待患者的临终关怀态度，笔者于2016年7月对自贡市大安区的8家社区医院的部分医务人员进行了临终关怀态度的调查。

## 一、对象与方法

### （一）调查对象

2016年7月在四川省自贡市大安区8家社区医院选取共计94名取得执业资格且愿意接受调查的医务人员。

### （二）方法

采用无记名问卷调查，保护调查对象的个人隐私并承诺问卷仅用于本次调查研究，调查须征得其同意，所有被调查者自愿参加。共发放问卷100份，回收问卷100份，回收率100%，有效问卷94份，有效率94%。

### （三）调查工具及内容

问卷内容包括两部分：①一般情况，采用自编问卷，包括性别、年龄、学历、工作年限、职务、职称、临终关怀知识来源等内容；②临终关怀态度问卷，根据赵梅[2]、Sullivan[3]等人使用的临终关怀照护态度问卷改编而成。该问卷包括“对个人死亡及濒死的态度”“对患者死亡及濒死的态度”“对患者和家属实施临终关怀照护的态度”“对临终关怀知识的自我评估”“对临终关怀的支持”“对死亡教育和临终关怀教育的态度”“对医院开展临终关怀的态度”等。采用李克特5级计分法，正向问题选择“非常同意”计5分，“同意”计4分，“不确定”计3分，“不同意”计2分，“非常不同意”计1分。反向问题反向计分，选择“非常同意”计1分，“同意”计2分，“不确定”计3分，“不同意”计4分，“非常不同意”计5分。该问卷信度系数为0.84，已在相关领域中广泛应用，具有较好的效度。

### （四）统计学方法

采用Excel录入数据，应用SPSS 17.0对数据进行统计学分析，采用均数±标准差、方差分析、t检验对数据进行处理。$P<0.05$为差异性显著，有统计学意义。

## 二、结果

### （一）一般情况

本次共调查了100人，女性医务人员82名，男性医务人员18名，年龄为19—48岁，平均年龄为（29.00 ±4.16）岁。被调查者中，62.9%为中专学历，30.5%为大专学历，6.5%为本科学历；84.7%的人有与垂危患者接触史，74.4%的人有护理死亡病人的经历，23.7%的人患过重病。

### （二）医护人员的临终关怀照护态度及护士临终关怀态度的影响因素

表1 死亡及临终关怀态度调查表的构成及得分

| 问题类别 | 平均分（x ± s） |
|---|---|
| S1：对个人死亡及濒死的态度 | 3.16 ±1.05 |
| 害怕濒死过程中的疼痛 | 1.93 ±0.55 |
| 我得了致命的疾病愿意有人告诉我 | 3.83 ±0.70 |
| 我面临死亡时会和别人讨论它 | 3.33 ±0.81 |
| 我接受死亡是不可避免的事实 | 3.96 ±0.66 |
| S2：对患者死亡及濒死的态度 | 3.30 ±0.84 |
| 患者快要死去时我愿意告诉他 | 2.77 ±0.81 |
| 患者临终时我会经常接近他 | 3.71 ±0.63 |
| 我不能接受一个患者死亡的事实 | 3.61 ±0.77 |
| 看到一个死去的人，我会烦乱不安 | 3.11 ±0.82 |
| S3：对临终关怀照护的态度 | 3.78 ±0.86 |
| 对濒死的人，亲属应日夜守护身旁 | 4.30 ±0.59 |
| 对晚期患者，心理安慰是无效的 | 3.88 ±0.77 |
| 长期与临终患者接触会使医务人员产生厌倦和无成就感 | 3.15 ±0.94 |
| S4：对医院目前临终关怀现状的认识 | 2.93 ±0.80 |
| 目前医院环境能满足临终患者的身心需要 | 2.96 ±0.90 |
| 目前医院对癌症晚期患者的疼痛控制不满意 | 2.77 ±0.64 |

续表

| 问题类别 | 平均分（x ± s） |
| --- | --- |
| 目前医院没有考虑到临终患者家属的需要 | 2.84 ± 0.83 |
| 医务人员对能治愈的患者关心程度超过不能治愈的患者 | 3.15 ± 0.87 |
| S5：目前医院有必要开展临终关怀 | 4.30 ± 0.52 |
| S6：目前医院有条件开展临终关怀 | 3.57 ± 0.72 |
| S7：我觉得自己了解临终关怀学 | 3.01 ± 0.61 |
| S8：我觉得自己有必要学习临终关怀知识 | 4.11 ± 0.52 |

表1显示护理人员对待临终关怀照护的态度积极（S3 = 3.78 ± 0.86），对个人死亡及濒死的态度无明显的倾向性（S1 = 3.26 ± 1.05）；83.6%的人害怕濒死过程中的疼痛，22.5%的人表示患者快要死去时愿意告诉他。

本次调查中有67.9%的人不相信“生命永存”“轮回转世”，74.8%的人接受死亡是不可避免的事实，42.7%的人能公开谈论死亡，48.9%的人得了致命疾病愿意有人告诉他。从本次调查结果来看，医院目前的临终关怀现状不理想（S4 = 2.93 ± 0.80），42.7%的人认为目前医院没有考虑到临终患者家属的需要，35.5%的人认为医院对癌症晚期患者的疼痛控制不满意。

**表2　护士临终关怀态度影响因素的回归分析**

| 自变量 | B | 标准误 | β | t | p |
| --- | --- | --- | --- | --- | --- |
| 学历 | 2.549 | 0.875 | 0.143 | 2.831 | 0.030 |
| 职称 | 4.231 | 1.24 | 0.214 | 3.415 | 0.020 |
| 工作年限 | 3.312 | 1.324 | 0.135 | 2.951 | 0.021 |
| 年收入 | 2.345 | 0.897 | 0.145 | 2.876 | 0.031 |
| 宗教信仰 | 28.85 | 1.564 | 0.262 | 18.32 | < 0.001 |

表2结果显示，学历、职称、工作年限、年收入、民族、宗教信仰是调查对象临终关怀态度的影响因素（$P < 0.05$）。

本科及以上学历的护士临终关怀态度更积极，原因可能是他们接受了更高的教育，学习的知识更广泛，因此对临终关怀的态度会积极一些。本调查显示，年收入高的护士更重视人本身对于临终关怀的需求，更能够从情感和人文关怀角度出发，临终关怀态度就更加积极，而年收入低的护士对于临终关怀态度的考虑因素比较复杂，因此临终关怀态度不够积极。

（三）对临终关怀的认识

94 名从业人员中，完全了解临终关怀服务具体概念的有 39 名，占 41.5%；完全了解临终关怀服务内容的有 23 名，占 24.5%；完全了解临终关怀工作人员职责的有 41 名，占 43.6%（表 2）。

**表 2 从业人员对临终关怀的认识**

| 项目 | 完全了解 | 部分了解 | 不了解 | 从未听说 |
| --- | --- | --- | --- | --- |
| 临终关怀服务概念 | 39（41.5%） | 42（44.7%） | 10（10.6%） | 1（1%） |
| 临终关怀服务内容 | 23（24.5%） | 66（70.2%） | 5（5.3%） | 0（0%） |
| 临终关怀工作职责 | 41（43.6%） | 34（36.2%） | 16（17%） | 4（4.3%） |

（四）临终关怀知识来源

94 名从业人员中，临终关怀知识主要来源于大众传媒报道，其次为继续教育讲座和学校教育，选择专业书籍杂志的较少（表 3）。

**表 3 从业人员临终关怀知识来源**

| 项目 | 人数 | 百分比（%） |
| --- | --- | --- |
| 学校教育 | 14 | 14.9 |
| 继续教育讲座 | 27 | 28.7 |
| 专业书籍杂志 | 8 | 8.5 |
| 大众传媒报道 | 41 | 43.6 |
| 其他 | 4 | 4.3 |

（五）对临终关怀工作的态度

94 名从业人员中，愿意全力或一定程度地支持和参加临终关怀服务的占 86.6%；愿意成为临终关怀志愿者的占 63.6%；愿意亲人接受临终关怀服务的占 67.8%（表 4）。

**表4　从业人员对临终关怀的态度**

| 项目 | 愿意 | 不愿意 | 不清楚 |
|---|---|---|---|
| 愿意参加临终关怀服务 | 82（87.2%） | 2（2%） | 10（10.6%） |
| 愿成为临终关怀志愿者 | 60（63.8%） | 11（11.7%） | 23（24.5%） |
| 愿意亲人接受临终关怀 | 64（68%） | 14（14.9%） | 16（17%） |

（六）对社区开展临终关怀的看法

94名从业人员中，有41.5%的人认为开展社区临终关怀对晚期肿瘤患者将会有很大益处；有23.4%的人认为开展社区临终关怀能提升社区服务功能；有20.2%的人认为开展社区临终关怀在很大程度上能满足社区居民日益增长的医疗服务需求。

**表5　从业人员对开展社区临终关怀的看法**

| 项目 | 人数 | 百分比 |
|---|---|---|
| 对晚期肿瘤患者有很大益处 | 39 | 41.5% |
| 能提升社区服务功能 | 22 | 23.4% |
| 满足社区居民日益增长的医疗服务需求 | 19 | 20.2% |

## 三、分析与讨论

（一）社区医务人员对临终照护的态度、知识的得分情况

本次调查中对临终照护的态度得分显著高于1996年对医护人员的调查得分（S3＝3.38±0.47）[4]。绝大多数人认为亲属应日夜守护濒死的患者，这与中国人重视亲情，受传统伦理“孝道”影响有关，显现出中国人重视家庭和传统伦理的“孝”效应。75.6%的人认同对晚期患者心理安慰的效果，43.1%的人不同意“长期与临终患者接触会使医务人员产生厌倦和无成就感”，表明随着整体护理知识在各社区医院的深入普及，护士体会到在工作中实施心理护理及健康教育的必要性及良好效果，对临终关怀照护的态度更为积极。

在态度问卷调查中，调查结果显示护士临终关怀的态度得分（表1）处于中等水平，原因可能是社区护士在临床工作中接触到的临终患者较多，而

这些患者及家属往往意识到疾病已处于终末状态，而采取保守应对策略。

（二）对医务人员进行临终关怀教育的必要性

在社区医务人员对临终关怀具体概念掌握情况（表1）的调查中，仅41.5%的医护人员达到良好，其余被调查者对知识掌握的程度仅处于中等或中下等水平。原因可能是社区医生、护士的学历不高，继续教育开展欠佳。

调查中（表1）88.2 %的人表示有必要学习临终关怀知识，只有27.5 %的人觉得自己了解临终关怀学，这说明护理人员对临终关怀知识有自觉的需求，为开展死亡教育及临终关怀提供了有利条件。护理人员获取临终关怀知识主要来源于大众传媒报道，选择专业书籍杂志的较少。然而大众传媒传播的知识并不一定完全正确，这不禁让我们对作为知识性、专业性都较强的执业人员的知识结构现状担忧。

临终关怀教育是将有关临终关怀与死亡及其与生活相关的知识传递给人们及社会的教学过程。临终关怀事业的发展除了物质条件的准备，更重要的是人的因素，良好的心理承受能力和正确的死亡观是开展临终关怀的必要条件。医护人员对临终关怀的理解程度和态度是临终关怀的基础，直接影响临终关怀的发展。因此，我们有必要加强医护人员的临终关怀教育，改善他们的临终关怀照护态度，使临终病人及其家属的生命质量得到切实的提高。

（三）对个人死亡及濒死的态度

在我国，临终关怀才刚刚起步，做好此项工作还将有很长的一段路要走。受中国传统文化影响，人们对待死亡大都采取否定、回避和恐惧的态度，忌讳甚至拒绝谈论死亡[5]。传统教育中只有生的教育，没有死的教育，死亡是每个人都将面临的问题，但是预期的死亡常给人带来巨大的压力。人们焦虑、恐惧，忌讳谈到死亡，为避免亲人焦虑不安，彼此不言明，因而留下许多遗憾和悲哀。总体而言，人们对死亡及濒死的态度是否认及不接受的[6]。

但随着社会文明程度的不断提高，且受到职业及个人经历的影响，护理人员对待死亡的态度基本是顺应接受的。调查中，绝大多数人表示支持临终关怀服务的开展，当谈到是否愿意让自己的亲人接受临终关怀服务时，一部分支持服务开展的人选择了拒绝。随着中国经济的快速发展，人们在生活水平提高的同时面临着更多的压力，人的心理更加脆弱。医务人员愿意开展服务却不愿亲人接受服务的这种现象可能与传统的死亡观有关。

政府应当对医务人员进行死亡教育，让他们认识到死亡是人生的一种必然结果，是人生的一部分，死亡不会因人们的惧怕而对人远之，善待死亡是对生存的最大优待，消除他们对死亡的错误看法，提高对死亡的心理承受能力[7]。作为我国医疗体系的基础部分，社区医院中的医务人员更应该树立正确的人生观及死亡价值观。

（四）社区开展临终关怀服务的必要性

慢性病已经成为威胁我国老年人的最大疾病，相当一部分的老年人承受着诸如肿瘤等慢性疾病的痛苦。一部分医务人员认为有开展社区临终关怀服务的必要性，开展该项服务能有效满足社区居民日益增长的对医疗服务的需求，同时也能在一定程度上缓解大医院的部分压力。

临终关怀学是一门新兴的交叉学科，涉及医学、护理、心理、社会、伦理等多方面的知识，对医护人员的心理承受力和社会道德感有更高的要求。我国应开展多种形式的死亡教育及临终关怀知识教育，除了在医学院校增设临终关怀课程，还应对临床医护人员采取多种形式的在职培训，更好地适应临终关怀服务的需求。

社区卫生服务中心作为最基本的医疗机构及社区的第一医疗责任者，承担着大部分临终患者的临终关怀服务，加强医护人员临终关怀的知识掌握程度及改善临终关怀态度尤为重要。自贡市现着力发展社区卫生服务中心，仅大安区就已建了 14 家社区医院。在社区医院建设中开设临终关怀病房，使更多的患者在临终时更有尊严、更舒适，这不仅需要治疗的舒缓技术指导，还需要每位护理人员的细心照料，所以很有必要在自贡市的社区卫生服务中心开展临终关怀相关内容的培训。

## 四、对策

临终关怀服务是我国卫生事业不可缺少的组成部分，具有社会性、公益性和福利性。在我国，随着老龄化社会的发展和癌症患者发病率的提高，社会对临终关怀的需求将越来越强烈。

第一，应加强医护人员的临终关怀专业知识培训，要求从事临终关怀服务的医护人员能了解临终患者的生理、心理特点，服务性质和内容。有研究者认为在医学院校，临终关怀教育应该作为必修课程。

第二，利用社区、社区志愿者和志愿者组织，大力开展死亡教育和临终关怀知识教育，使社会认识到死亡，帮助人们面对生命的终结，选择有尊严和舒适的死亡。

第三，发展适合本土的临终关怀事业，临终关怀事业需要全社会的广泛参与，才能深入发展，为人类生命发展的最后阶段造福[8]。

## 五、小结

自古以来，生老病死是人生常态，建立社区医院和综合医院优势互补的临终关怀服务体系，不仅是有效推行分级诊疗制度的保障，还是应对人口老龄化的重要举措之一。首先，临终关怀事业需要政府的大力支持以及资金投入，还需要全社会的共同推动；其次，规范社区医院医护人员的岗位编制是社区医院留住人才的重要举措；再次，要加强临终关怀知识和技能的教育、培训，制定统一的临终关怀服务标准。

**参考文献：**

[1]岳林，张雷. 我国临终关怀的特点及其发展展望[J]. 护士进修杂志，2011(2).

[2]赵梅，高标. 医护本科学生对待死亡及临终关怀态度的调查[J]. 安徽医科大报，2003，38(3).

[3]Sullivan AM，Lakoma MD，Block SD. The status of medical education in end - of - life care：a national report[J]. J Gen Intern Med，2003(9).

[4]杨晶，张金环，刘玉春，等. 医护人员对待死亡及临终关怀态度的调查[J]. 中华护理杂志，1998，33(10).

[5]蔺晓贤. 21 世纪中国临终关怀事业展望[J]. 浙江中医药大学学报，2001(6).

[6]何静，徐蓉，陈慎，等. 社区护士临终关怀知识和态度情况调查及其影响因素研究[J]. 中国护理管理，2013，13(6).

[7]罗斯. 论死亡和濒临死亡[M]. 岳谨，译. 广东：广东经济出版社，2005.

[8]殷磊. 护理学基础：第 3 版[M]. 北京：人民卫生出版社，2002.

# 三台县农村电子商务发展研究

邹有成
公共事业管理2013级

**摘　要：**近年来，电子商务发展速度较快，农村电子商务与城市相比发展滞后，开拓农村电子商务市场成为政府、企业和社会共同努力的目标。大数据时代，发展农村电子商务，对改善县域农产品流通状况，促进农产品贸易，加快农业和农村经济结构的战略性调整，促进农村社会全面发展具有重要意义。三台县作为国家首批电子商务进农村综合示范县在不断发展的同时，也面临着基础设施不够完善、对农村电子商务发展认知不足、专业电子商务人才缺乏等问题。为促进三台县农村电子商务的发展，本文在结合其发展现状和现有问题的基础上，提出大力培养电商人才、完善基础设施和物流体系、强化宣传力度、加强服务网店人员培训、加大招商引资力度等建议。

**关键词：**三台县；农村电子商务；现状；问题；建议

电子商务是一种人类突破现有发展空间的最先进的方式，是一种能在网上创建、管理并且扩展商务关系，实现消费者的网上购物、商户之间的网上交易和在线电子支付的新型的商业运营模式。农村电子商务是利用因特网、计算机、多媒体等现代信息技术，为从事涉农领域的生产经营主体提供在网上完成产品或服务的销售、购买和电子支付等业务交易的过程[1]。三台县是一个物产丰富的农业大县，拥有红橘、潼川豆豉、岽山米枣、涪城麦冬等众多农产品、土特产。但是长期以来受重生产、轻销售的传统保守思想影响，农民对农产品市场行情了解较少，农产品销售流通不畅已经成为阻碍农村和农业发展、影响农民增收的重要因素之一。三台县作为国家首批电子商务进农村综合示范县，构建农村电子商务交易平台，能够有效地解决农产品销售流通不畅、对市场行情不了解、销售范围固定在一定区域等问题，有利于加快建立农业信息物流体系，扩大市场范围，增加农民收入，建立健全电子商务服务体系，加快三台县农村电子商务的发展进程。目前，在三台县，农村“电商”可以说还是空白，但也是未来有很大潜力的大市场。因此，全县大力发展农村电子商务势在必行。

## 一、三台县农村电子商务发展现状

2015年11月9日发布的《国务院办公厅关于促进农村电子商务加快发展的指导意见》和2015年8月21日发布的《商务部等19部门关于加快发展农村电子商务的意见》最为全面、最具有针对性。此外，2015年9月6日农业部、国家发改委、商务部印发的《推进农业电子商务发展行动计划》、《中共中央、国务院关于加大改革创新力度加快农业现代化建设的若干意见》（中发〔2015〕1号）、《四川省促进农村电子商务加快发展实施方案》、《三台县关于加快推进电子商务发展实施意见》和《三台县促进电子商务发展扶持政策》等文件明确指出，在经济新常态下，发展农村电子商务已成为转变经济发展方式的重要方式、促进产业升级的必然选择[2]。三台县作为农业大县，拥有丰富的农产品资源，在推进国家电子商务进农村综合示范县建设中，坚持“政府引导、企业主体、协会整合、分步推进”的原则，全县上下凝心聚力、创新实干、优化服务，聚集优势资源，重点发展“互联网 ”这个现代服务发展“一号工程”，将三台打造成电商发展高地。2014年，三台县被列入首批国家电子商务进农村综合示范县，在发展农村电子商务过程中成效显著。

### （一）政府大力支持农村电子商务发展

2015年全国“两会”期间，李克强总理在政府工作报告中提出了“互联网+”行动计划。三台县出台了《三台县关于加快推进电子商务发展实施意见》和《三台县促进电子商务发展扶持政策》，各相关职能部门也制定了扶持电商发展的优惠鼓励政策。同时，落实专项资金，投资4700万元用于“全县电子商务进农村综合示范项目”，其中国家补助资金2000万元，县财政匹配资金1000万元，引导社会资金投入1700万元，为工作的顺利开展提供了资金保障。截至目前，已累计拨付项目资金2168万元，其中电子商务公共服务中心网络建设费408万元，网点渠道体系建设费480万元，培训费160万元，物流及农产品网销配套费944万元，发展支持网店176万元。截至2016年7月，三台县已建成536家村级“电商”、63家镇级“电商”，全县电商平台企业已达12家，新增电商和微商网店1920个，2016年新增电子商务经营主体

46家，培育网销名特产品23个，县内80%的“三品一标”农产品和50%的工业产品已开辟网销渠道。2015年，全县实现电商交易额52.3亿元，其中网络零售额12.5亿元。

（二）电子商务平台多元化

三台县大力发展电子商务公共服务中心、电子商务产业园、镇村电商服务中心网点硬件平台，依托省级平台“蜀农网”建设的“梓州购”和自主平台“云端三台363”为核心，融合邮政“邮乐网”、工商银行“融e购”、中国移动“和小宝”、中国电信“天虎云商”以及“掌上三台”“惠当家”“购物吧”等本土电商平台，共推“梓州购”三台产品特色馆，打造多元化的三台特色产品销售平台等本土电商平台，打造三台产品特色馆，搭建多元化的三台特色产品销售平台，科学规划，达到了“建成一个、成活一个、示范一片”的效果。为促进电商运营，三台采取资金扶持、示范创建、技术指导等措施，鼓励农产品生产加工企业直接开设全网旗舰店，实现线上线下融合发展。通过整合优势资源，放大聚集效应，促进三台县农村电子商务全面发展。

（三）“2+N”平台模式推动农村电子商务快速发展

电商平台是发展电子商务的重要载体，它是协调整合信息，货物、资金高效流动的重要平台，企业和商家可充分利用电子商务平台有效、低成本地开展商业活动。三台县着力构建“2+N”平台模式，以“邮乐网”和“云端363”为核心，着力打造多元化的三台特色产品销售平台，推动农村电子商务快速发展。全县电商平台企业已达12家，县内80%的“三品一标”农产品和50%的工业产品已开辟网销渠道。“2+N”平台模式的建立实现了电商平台的多元化，对于加快三台县农村电子商务发展有重要作用。

（四）探路产业新模式，电商效应在“发酵”

随着电子商务的发展，传统工业商贸的优势正逐渐丧失，要想继续发展，就必须迎合时代潮流转型升级，“全企入网”发展电子商务。三台是农业大县，拥有“涪城麦冬”“潼川豆豉”“崭山米枣”等一大批农业特色品牌。在过去，由于流通渠道不畅等原因，绝大部分产品市场仅局限于绵阳周边几个区市县，只有少部分产品销往重庆、成都等外地市场。

如今，电子商务进农村，打破地理空间和自然资源限制，拓展多元化市场，提高经济影响力和辐射力，加快了现代农业转型升级。部分农产品企业已经主动同电商企业接触，通过自营淘宝店、三方平台等多种形式开展网络营销。同时，三台县以电商网点的“成活率”为核心，依托“万村千乡”市场工程，结合农副产品生产加工企业、农村专合组织、家庭农场等产业实际，实行多行业整合、多业态叠加选点，科学布局网点，综合利用各种资源加快农村电子商务的发展。

## 二、三台县农村电子商务发展中存在的问题

三台县是国家首批电子商务进农村综合示范县，其电子商务发展成效显著，但也面临许多问题，主要表现为以下几点：

（一）电子商务专业人才不足

《县域电子商务人才研究微报告》指出，未来两年县域网商对电商人才的需求量将超过 100 万人，尤其缺运营推广、美工设计和数据分析三类人才。正在从事电商创业的人，大多缺少开店知识，不会设计网店，经营管理能力不足。数据显示，农村网商创业者，知识来源多以自学为主，参加政府和企业组织的系统培训和学习的比例不足 5%。三台县农村电子商务人才建设方面较为滞后，受农村社会经济和文化环境的限制，一些懂得电子商务技术和电子商务管理的人员不愿意到农村基层工作；农民对电子商务技术的掌握水平较低，接受新鲜事物的能力不高，对于政府部门推行的电子商务平台心存疑虑，农村本身在培养电子商务人员方面存在极大的困难，农民较低的文化素质直接影响其信息素质，表现为对新技术、新信息、新成果反应迟钝，缺少对市场信息进行分析、利用的积极性，对电子商务没有足够的信心。同时农民本身没有利用网络工具的能力，而大专院校的电子商务人才很少有愿意到农村地区服务的，这造成三台县农村电子商务应用人才缺乏的局面。

（二）居住分散，物流配送成本“高”

农村物流市场主要由农村消费品需求、农资需求和农产品的流通等构成。三台县地处丘陵地区，地势南高北低，交通不便，关键是居住分散，收送一件快递要跑十几公里，由此带来的成本上涨进一步推高了物流价格，形成“价高—量少—价更高”的死循环。物流的顺畅配送是保证农村电子商务发展顺畅的前提，但是到目前为止农村居民居住分散，从村级到乡镇路途远，加大了物流的配送难度。农村物流市场的大小与人流息息相关，但三台县人口分布极其不均，这对三台县农村电商的发展带来了困难。

（三）农民变网店老板，上手简单赚钱不易

帮助农民销售农产品，实现增收，从而实现产品在城乡之间的“双向”流动，这是电子商务进农村的出发点之一。但根据三台县的摸底调查结果，目前农村网店多为大学毕业生等年轻群体开设，真正的农业经营者并不多。而且，农村大多是“留守老人”，年轻人不愿意到农村基层工作，农民不懂如何经营网上销售，使得农民成为老板容易，但是真正把电商做成功则很困难。针对这一情况，三台县对一些农业专合组织、大户进行培训，帮助他们在网上销售农产品。

（四）农民对发展电子商务认识不到位、思想保守

在农村电子商务进入农村的过程中，由于农村地区的人们对电子商务认识不到位，不能较好地理解电子商务的各项内容，因此电子商务发展缓慢。长期以来，农村地区存在着人口多和教育落后等现象，导致人们对新事物的接受能力相对较差，对计算机网络缺乏认识。由于自身的消费行为和传统观念的束缚，农村电子商务在运用中，遇到了一定的阻碍。普遍的认识误区是在淘宝上开个网店卖农产品就是做农村电子商务。参与农村电子商务的政府部门和企业，往往更关注在网上卖东西，而不关注在网上买东西。实际上，发展农村电子商务的各种因素与城市差异巨大，必须对信息、交易、物流以及市场营销、运营管理等环节做统筹考虑。农民对网络的认识不到位，不安全因素的存在，导致农民的网购质量下降，对网络支付安全持怀疑的态度。

（五）农民获取电子商务信息费用较高

农民收入普遍偏低，而进行电子商务需要一定的硬件设备投入，这使得农民参与的积极性较低。据估算，一户农民购买一台低端配置的电脑也需要3500元左右，还要通过电话线或者宽带上网，年上网费也需要支出500元左右。这对处于小规模经营状态下的农民家庭是一笔不小的开支。尽管许多农业网站都开通了通过手机短信提供农业信息服务，但这种信息费用一般农户也是难以承受的。例如，从某农业信息网上订购农业信息短信每条信息的收费是0.5元，这些农业信息费用对农民来说也是一笔不小的开支，而且所购买的短信不一定全部有利用价值，从而进一步提高了短信的平均成本。过高的信息获取费用在一定程度上制约了农村地区因特网的普及，阻碍了三台县农村电子商务的应用。

## 三、加快三台县农村电子商务发展的对策

为促进三台县农村电子商务更好、更快地发展，我们在结合其发展现状和面临的问题的基础上，提出以下几点建议：

（一）大力培养农村电子商务人才，提高农民的信息素质

一是充分利用党校、行政学院及其他教育培训机构，制订中长期的农村电子商务培训计划，建立全省农村电子商务人才教育培训体系，教会农民如何使用计算机，如何从网络上检索到所需要的信息，以及电子化交易的方法和注意事项，提高农民的信息素质，调动农民利用电子商务的积极性。二是明确培训重点。农业龙头企业、种养大户、合作组织和农村经纪人等是当前农村电子商务应用的主要带动力量，信息接受能力强、传播速度快，培训应以这部分人为重点，这样就能在更大程度上提高培训效率。三是制定优惠政策，引导大专院校的电子商务专业人才进入农村地区进行“技术扶贫”，为农村电子商务建设提供人才支持和队伍保障。四是充分利用多媒体开展网上培训，扩大培训范围，加快培训步伐。

（二）完善农村基础设施，建立完善的物流体系

农村人口分布广泛、交通相对落后的现实造成了农村电子商务的物流配送很困难，在生活电子商务方面更是如此。当前，绝大多数第三方物流公司的物流网络只能覆盖到县一级地区，一些偏远的地区因此在物流公司的业务范围之外，即使这些地方的农民有电子商务需求也无法得到满足。政府应该鼓励第三方物流企业开展农村业务，物流企业依托城市配送中心、仓储中心等物流资源，根据农村的产品供应与需求情况、农村规模建立农村物流网点，负责农产品的储存、运输、配送、流通加工、包装等作业，实现农产品物流一体化运作，建成真正的农村物流服务中心。

（三）加强农村电商服务网点人员的培训

三台县作为国家首批电子商务进农村示范综合县，在现有农村基本上以“留守老人”为主的情况下，开创经营模式，选择有兴趣、有意愿的农民来作为服务网点的服务人员，让愿意学习、对农村电子商务的发展充满激情的人员都可以参加三台县组织的农村电子商务网点服务人员培训，从中选取优秀的服务人员。

（四）加大农村电子商务宣传力度

三台县以及各级乡镇人民政府可以建立电子商务服务体系，为广大农民提供服务。第一，政府可以在农村地区发展一些网购体验店，让广大农民感受到网购带来的实惠和方便。第二，各级政府可以为广大农民提供培训教育、营销推广、平台建设等电商基础公共服务。第三，政府可以安排专业人员对各个涉农企业进行专门的跟踪服务，及时将供需信息提供给农民，并积极开展农产品销售活动。

（五）完善农村网络配套设施，降低农民上网费用

2015年4月14日，中共中央政治局常委、国务院总理李克强主持召开座谈会，在会上，他叮嘱有关部门负责人，研究如何把上网费用降下来。三台县政府应该积极贯彻执行党中央的政策，努力降低农村地区的上网费用。政府可以拿出专项补贴资金，为广大农民提供一定的上网费用补贴。同时，三台县应依托目前较为普及的电话网、广播电视网，大力推进“三电合一”模式，搭建多种形式的信息服务平台，为农民提供信息咨询服务，提高农民的信息应用能力。同时，政府要与有关部门协调，降低农民上网的管理维护费用，降低或减免“三农”短信定制费用。信息获取费用的减少会吸引更多的农民参与农村电子商务。

（六）加大农村电子商务招商引资力度

三台县人民政府要全面贯彻执行《四川省促进农村电子商务加快发展实施方案》，根据本地实际情况制定相应的农村电商发展优惠政策。随着各大电商平台的开发、扶持农村电子商务举措的颁布，政府应该鼓励利用第三方平台服务提供不断创新、质优价廉的服务产品，鼓励开发面向农村电子商务需求的定制服务，帮助农民网商降低业务成本，鼓励网络平台进一步透明化，同时引进各种社会支持，促进三台县农村电子商务在农村的全面开展。

**参考文献：**

[1]叶银兰.上虞市农村电子商务发展现状及对策研究[J].农业网络信息，2010(2)：95.

[2]刘豪.重庆市农村电子商务发展现状与对策研究[J].经贸实践，2015(7)：296.

# 三国文化之源
## ——南充发展三国文化的SWOT分析

廖 庆 魏小莉 张安林 尼龙志玛
公共事业管理2014级

**摘 要：**作为三国文化发源地，南充拥有丰富的三国文化资源，三国文化对于南充未来的发展有着举足轻重的地位，是南充文化的标志。但相对于三国文化发展较好的湖北省襄阳市，南充三国文化的发展还有待改进。本文拟从与襄阳市的比较中，利用SWOT分析法指出南充当前发展三国文化拥有的优势、劣势以及面临的机遇和挑战，最后针对当前三国文化发展存在的问题，对南充进一步发展三国文化提出改进措施，旨在充分利用三国文化发展品牌经济，把南充建设成实在的“文化南充”，推动南充文化大发展、大繁荣。

**关键词：**三国文化；品牌经济；文化南充

一首《滚滚长江东逝水》唱得“三国”家喻户晓，·部《二国志》写出文化之源南充。历史文化名城、三国文化发源地——南充市，位于四川盆地东北部，地理坐标为北纬30°35′-31°51′，东经105°27′-106°58′，具有2200多年的建城历史。

南充市拥有“四大文化主题”：三国文化、丝绸文化、红色文化、嘉陵江文化，四大文化交相辉映，共同形成了本市深厚的文化底蕴。1993年10月，“三国文化国际学术研讨会”正式确定南充是三国文化的发源地。2011年，南充市被联合国确定为“世界三国文化研讨会永久会址”。

作为三国文化发祥地，南充的三国文化对南充的文化发展起了重要的作用，但三国文化的建设还远远不够，只是单一地、片面地建设了一些文化“点”。一个城市，要想拥有自己的文化品牌，必须深入挖掘这个城市与众不同的文化历史，整合其文化精神的丰富内涵，使之成为这个城市迥异于其他任何地方的独特文化性格，成为这个城市的独特文化标识，形成一个在广阔空间内具有较高知名度的文化品牌[1]。我们应该多角度、多方位地开发建设三国文化，彰显“文化南充”的魅力。

## 一、南充市三国文化发展现状

南充的三国文化历史底蕴非常厚重、博大精深，其内涵和外延涵盖政治、军事、外交、文化、经济等诸多领域。为了进一步打造南充“三国文化源”旅游品牌，充分展示三国文化的博大精深，丰富群众节日旅游文化生活，促进南充旅游事业发展，从2006年开始，南充每年“十一”期间在西山风景区举办三国文化节。南充三国文化节围绕陈寿万卷楼“三国文化源”主题，活动期间，举办大型开幕式，开展三国古装开门迎客典礼、三国文化源知识讲座、三国文化景区发展论坛、三国文化知识竞赛、三国文化才女大赛、扮陈寿写三国志、《三国志》名篇朗诵、猜三国灯谜、捏三国泥人比赛、推木牛流马等30余项旅游文化活动。纵使南充文化资源丰富，可利用程度还是远远不够。一个企业要发展需要不断拓展它的企业文化，企业文化可以拓展它的企业凝聚力，使职工对企业充满归属感。在发展过程中，一个城市需要凝聚市民的向心力，需要不断拓展自己的文化，这种文化是一个地区发展的核心力量[2]。

截至2015年，南充市全年接待旅游人数3726.5万人次，比上年增长21.1%，其中接待入境旅游人数2.52万人次。全年旅游总收入321.72亿元人民币，比上年增长26.8%，其中入境旅游外汇收入1270万美元。在《关于南充市2015年财政预算执行情况和2016年财政预算草案的报告》中，2016年市级一般公共预算中文化体育与传媒支出15428万元，增长10.1%。由此可见，南充市的文化产业发展正不断加大力度，推动南充文化大发展、大繁荣。

## 二、湖北省襄阳市的三国文化

被称为“三国头，三国尾”的湖北省襄阳市是具有2800多年建城史的中国历史文化名城，三国文化旅游资源丰富，2009年被命名为“中国三国文化之乡”。120回的《三国演义》中就有32回发生在襄阳，其中“三顾茅庐”“隆中对策”“马跃檀溪”“携民渡江”“水淹七军”“刮骨疗毒”等著名故事都发生于此。襄阳流行三国文化，襄阳人也善于利用三国文化。勤劳智慧的襄阳人，利用历史古城的丰厚积淀汇聚影响，利用诸葛孔明的响亮名头开拓市场，利用三国文化的丰厚资源打造襄阳品牌，为襄阳经济的发展谱写了新篇章。

同是拥有三国文化背景的城市，襄阳市发展三国文化的举措值得我们借鉴与学习。

（一）开发具有三国文化特色的产品，打造品牌经济

湖北三国酒业有限公司，总部位于著名的中国三国文化之乡——湖北省襄阳市襄城区，与三国名相诸葛亮的躬耕地古隆中比邻。在该公司的企业文化中，目标是打造历史文化名酒驰名品牌。于是公司先后隆重推出三国浓香型系列白酒："五粮液·三国""三国源""三国情"，使之成为我国高端品牌文化酒的又一惊世杰作。

《三国演义》中，诸葛亮上演了"借东风"的好戏，当代襄阳人抓住机遇，用刘备三顾茅庐的诚恳感动了"东汽"人，终于"借"得"东风"，获得该企业的四成投资。襄阳与东风汽车结成市企合作伙伴，东风汽车也成为襄阳发展新能源汽车产业最重要的依托。巧借东风汽车品牌的号召力，唱响襄阳经济发展的大戏，看似偶然，其实是三国文化在襄阳人心中长期积淀的必然结果。

襄阳大头菜本为山野之物，三国时被诸葛亮发现并引入军中广泛食用。襄阳市浪潮调味品有限公司把大头菜深加工后，命名为"孔明菜"，成为襄阳的品牌之一。

如今在襄阳，以三国文化作为品牌的企业达 30 多家，并已形成一定的产业规模。

（二）再现历史，传承三国文化

2006 年起，襄阳利用其三国文化资源优势，投资数亿元修复襄阳古城，扩容隆中风景区，修缮南漳水镜庄，复建荆州古治等三国文化遗址，搜集整理与三国史实有关的民间传说，为三国文化的保护和传承发挥了重要作用。

## 三、南充发展三国文化的 SWOT 分析

南充既然是三国文化之源，那就具有一定的优势，但也具有一定的劣势与挑战，我们要做的就是抓住发展机遇，发展系列三国文化。

（一）优势

1. 人文景观优势

南充境内三国遗迹较多，诸如万卷楼、张飞庙、王平墓、谯周墓、瓦口关古战场等。川北大木偶、川北灯戏、川北剪纸、川北皮影饮誉中外，同时也孕育了辞赋大家司马相如、史学大家陈寿、天文历法巨匠落下闳和忠义将军纪信等众多历史名人。

2. 空间组合优势

南充的三国遗址空间分布跨越不大，资源整合较为容易，易于组织旅游线路。南充市的三个区彼此相邻，又互成掎角之势。与三国鼎立的地理格局相得益彰，成为建设“小三国”的天然优势。

3. 生态环境优势

三国文化旅游属于文化旅游范畴，出色的自然生态环境作为文化旅游资源的载体，为文化旅游的开展锦上添花。南充就是这样一个既拥有价值很高的三国文化旅游资源，又拥有优美的自然生态环境的地方。可见，南充的三国文化旅游的开发具备了得天独厚的自然资源条件，是自然与文化完美结合的理想典范。

4. 交通区位优势

南充地处川东北地区，有“川北心脏”之称，居于“西通蜀都，东向鄂楚，北引三秦，南联重庆”的特殊位置。随着成南高速、南广高速、南渝高速、达成铁路的通航与高坪机场的通航，便利的交通条件可以辐射周边的旅游市场，使得热爱三国文化的旅游者可以方便、快速地到达南充本地。

5. 服务设施优势

近年来，南充政府重视旅游业的发展，加大了旅游服务接待设施的提升和整改力度，在数量上和质量上均有所突破；加大了旅行社管理力度，定期组织培训，不断提高旅游服务质量，为南充旅游的发展起到了很大的促进作用。

（二）劣势

南充虽然拥有许多三国文化遗迹，但由于缺乏统一的策划包装，三国文化的影响力并不大，名声并没有打响。总的来说，主要有以下几个劣势：

1. 文化遗迹分散，且规模不大，没有形成一个集合体。

2. 缺乏对南充文化的整体规划，缺乏竞争力，没有把三国文化与南充其他文化结合起来。目前我市三国文化的品牌打造、产业发展更多地局限在万卷楼和张飞庙，还未把三国文化的品牌做大做强，缺乏整体的产业规划、有效的资源保护和统一的品牌打造，与其他地区采取的众多举措相比，还有很大差距。

3. 宣传力度不够，外地人员对南充三国文化的知晓度低，且了解得少。

（三）机会

1. 物质文明快速发展的时代，人们的可支配收入增加，人们对精神文明的需求不断增加，为南充三国文化旅游业发展提供了机会。

2. 高速公路、铁路、航空交通体系的不断完善，将为成都、重庆等周边城市的游客到南充旅游提供便利的出行方式。

3. 省委、省政府对全省的三国文化旅游十分重视。

4. 我省与陕西省关于三国文化旅游的区域联动已有良好的开端。

（四）威胁

1. 其他城市三国文化的竞争力大于南充市。

2. 南充嘉陵区、顺庆区与高坪区之间隔有嘉陵江，地铁及轻轨不容易发展起来，建设成本太大。

## 四、打造三国文化的措施

（一）利用区域地理优势，发展商业街

南充市由嘉陵区、顺庆区、高坪区组成，与三国的魏国、蜀国、吴国正好可以对上，那么我们可以运用这天时地利在三个区各打造一个展现古国特色的区域三国。

从地理位置上来看，以居北方的顺庆区为中心，嘉陵区较顺庆区偏西南方，高坪区较顺庆区偏东南方，这样的分布恰好与三国鼎立的形势相吻合。魏国居北方，蜀国居其西南侧，吴国居其东南方。那么，顺庆区可以展现魏国的文化，修建魏国风格的建筑群，建设具有魏国特色的商业街，举办与魏国文化相关的大型文艺表演、游园会等活动，并展示一些具有魏国特色的食品、艺术品及纪念品。嘉陵区展示蜀国的文化，修建蜀国风格的建筑群，建设具有蜀国特色的商业街，展示具有蜀国特色的食品、艺术品、纪念品。高坪区则体现吴国的文化，全力打造具有吴国特色的商业街，修建吴国风格的建筑群，展示具有吴国特色的食品、艺术品、纪念品。

（二）精品景点展现“三国文化”

一是利用现有景点资源打造三国文化。首先，可以利用明宇广场的稻草节编制三国时期的人物，让游客及当地的人们从视觉上切实感受立体的三国人物形象，这将起到很好的宣传作用。利用嘉陵江的游船再现“草船借箭”一景，用稻草制作成士兵，让游客射箭，参与其中。其次，可以利用生态公园建造一部《三国志》巨著，使其成为南充永久性标志性建筑。另外，利用每年木老乡的桃花节展现“桃园三结义”情景，让游客不只是为了欣赏桃花而去。此外，还可以利用白塔公园、西山、凌云山建设茅庐，以展示“三顾茅庐”的故事，优雅的自然环境与茅庐天然辉映，恰到好处。

二是利用滨江大道新建十里三国文化长廊，把三国著名人物景观复制过来。

（三）拓展三国文化展示平台，发挥网络作用

第一，通过蜡像馆、戏曲、动漫、游戏、歌曲、卡通等系列作品，再现三国人物及其故事，充分展示人物形象，多形式提升南充的知名度和美誉度，提高南充的吸引力与影响力。第二，邀请顶尖艺术团队来南充打造“三国文化源”大型歌舞实景剧，并在南充大剧院举行。第三，面向全市征集三国文化微电影，以真人模仿参与其中，评选出最佳微电影作为三国文化的宣传片，在各大屏幕及公交车上循环播放，具有真实性的同时让游客们深刻感受南充浓浓的三国气息。

（四）延长产业链，加强创新，壮大文化产业

第一，推广餐饮全链。2016 年 8 月，在南充餐饮创新交流活动现场，100 多名大厨齐聚，探讨南充餐饮创新发展之路，不约而同地表示要为南充餐饮注入更多本土文化。此次活动的主题是“创新”，采用南充本地特色食材为原材料，使用健康的烹饪技术进行烹制加工。在烹制和构思设计中，更好地体现南充本土文化，是此次交流的一个主要内容。记者在现场的菜品名单上看到，不少菜品从命名上，都打出了本土牌。“三国”“丝绸”“绸都”等菜名，充满了南充味道。

第二，要积极采用高新技术、高科技手段改造提升传统文化产业，运用

电子出版、网络传输、数字影视技术和现代生产方式，加大对印刷业、电影制作放映业和演出业的技术改造，改造传统的文化创作、生产和传播模式，推进文化产业升级，延伸文化产业链[3]。

在同样拥有三国文化的城市中，南充的竞争力不及其他城市，为了提高南充文化的软实力，提高本市文化的竞争力，我们可以通过对资源的整合以及加强创新，多方面、多形式地把三国文化发展起来，联合红色文化、丝绸文化、嘉陵江文化构建全方位的文化网，切实打造“文化南充”。

**参考文献：**

[1]石振平.打造三国文化品牌加快文化产业发展[J].许昌职业技术学院学报,2009(12).

[2]吴莉新.浅议民族民间民俗文化艺术传承与群众文化的发展[J].科教导刊(电子版),2015(12):110.

[3]王颖.浙江省文化产业竞争力对比分析与思考[J].经济研究导刊,2008(10):180－182.

# 人际传播视角下构建和谐的医患关系

黄　涛
公共事业管理2013级

**摘　要：** 近年来，医患关系已成为社会热点话题。医患关系日趋紧张、矛盾凸显，整个社会对医患关系问题极为关注。本文以推动全人类的健康水平、传播健康观念、改变健康行为为研究目的，同时也将人际传播视野下的医患沟通议题纳入研究体系中。笔者在梳理健康传播与医患关系相关概念的同时，借助人际传播的相关理论进行医患关系的分析，提出促进医生与患者之间有效沟通的措施，从而为构建和谐的医患关系提供建议。本文重点研究了三个方面的问题：第一个方面，人际传播与医患关系；第二个方面，人际传播视角下医患关系建构中的问题；第三个方面，人际传播视角下构建和谐的医患关系。

**关键词：** 人际传播；医患关系；医患沟通

## 一、人际传播与医患关系概述

### （一）人际传播概念

人际传播指个人与个人之间的信息交流。人际传播的形式可以是两个人面对面地直接传播，也可以是以媒体为中介的间接传播[1]。前者主要以语言表达信息，或用表情、姿势来强化、补充、修正语言的不足，它可以使传者与受者直接沟通，及时反馈信息，从而增强传播的效果。后者使用的媒体主要有电话、交互电视、计算机网络、书信等，它可以使传者与受者打破空间上的距离限制，从而提高传播的效率。人际传播是CI（企业形象）的传播的主要形式，表现在企业内部成员之间的沟通和企业外部公众之间的沟通。人际传播是一种社会的活动，任何人的生存都离不开和他人之间的交往。在人们之间的交往活动中，人们相互传递和交换知识、意见、情感、愿望、观念等信息，从而产生了人与人之间互相认知、互相吸引、互相作用的社会关系网络。我们将此称为“人际传播”[2]。基于人际传播媒体形式的差异，我们还可以进一步把人际传播划分为直接传播和间接传播两种形式。

所谓直接传播，指的是传播者和受体之间无须经过传播媒体而面对面地直接进行信息交流的过程。直接传播主要通过口头语言、类语言、体态语的传递进行信息交流。间接传播是指在现代社会的各种传播媒体出现后，人际传播不再受距离的限制，可以通过各种传播媒体进行远距离交流。这就大大拓宽了人际传播的范围。

（二）医患关系概念

医患关系是指“医”与“患”之间的关系。“医”包括医疗机构、医务人员；“患”包括病人、病人的家属以及除家属以外的病人的监护人（有时称作“患者方面”）[3]。

此处所称的“医”主要是指医疗单位及其医务工作者，不仅包括各级各类医院、乡镇卫生院、疗养院和门诊部，还包括各种诊所、卫生所、医务所等。医务工作者也是一个广义的概念。此处所称的“患”是指接受诊疗的病人。医患关系的实质是“利益共同体”。

（三）人际传播对医患关系的作用

1. 积极作用

人际传播可以划分为直接传播与间接传播，下面主要研究一下间接传播对医患关系的积极作用。当前，社会经济已经进入一个快速发展的阶段，社会科学技术在不断发展，很多媒介技术都被创造出来，医疗人员与患者之间的沟通和互动的途径也不断拓展和丰富起来[4]。通常来说，医疗人员与患者之间的间接人际传播方式主要有医院专用热线咨询预约；广播，这种传播方式主要以夜话用药最为常见；健康访谈类电视节目，主要的方式包括医学专家的讲解、访谈主持人以及参与观众的共同提问、电视台之外的听众或者观众通过微信、QQ 以及短信、热线电话等方式参与互动，等等；另外也有一些医院在网络上开辟专门的网站或者网页来介绍医院的相关信息，患者也可以采取网站问询的方式与医疗人员进行沟通；另外，也有一些拥有资格执照的医生在网络上开辟专栏，专门传播一些健康知识，或者在线为患者解决一些身体健康问题；与杂志、报纸或健康专栏的科普信息平台上的医疗专家互动，或者是一些病患现身说法；手机通话、短信沟通以及邮件等方式进行咨询沟通等[5]。在这种传播形式下，医疗人员不再像平常一样拥有绝对的话语权，前来咨询的患者反而成了对话中的主导者，诊疗的推进过程受到了患者的影响，越来越多的诊疗因素被患者掌控。比如，在咨询的过程中选择哪位医生来诊治，什么时候开始诊治，什么时候终止诊治，对于医生询问的问题选择作答或者是选择沉默，这些都可以让患者来掌控。更重要的是，为了能够得到更加准确无误的诊断，一名患者可以同时向几名医生询问，然后再进行比较，从而能够很大程度上提高诊断的准确性，也为患者的生命健康增添了双保险。

2. 消极作用

医学科技的不断进步，医学科目的日益精分，在给病人带来更加专业、高效的便利服务时，也使治疗过程越来越趋向影像器材的“符号化”审视，会隐形地缩短病体的主观解述内容，将许多时间用于X光、CT、核磁、血液、B超、细菌检查、体液提取等项目的数字反映上，过多地关注病症自身，宿体主感被工具理性替代，无形中使医患的隔阂加深[6]。同时，越来越精分细化的分科制度，让各科室医生成为各所主脏器的把关人，各司其职，不再双管齐下，仅注意其各科室检查范围内的病症，使病患经常在许多医生中辗转，不能与任何一个建立稳定的联络，客观上很有可能造成医生和患者之间产生误解。与此同时，人们总是将交流视线专注在医生和患者这一概念体上，而忽略了其周围的其他个体如医生助理以及病患亲属的重要作用。助理医生的举止言谈总是会影响病人对医生的初步印象，病人亲属所提供的信息会影响后续的治疗，二者缺一不可。

规模化的现代医疗机构使诊病手续日益烦琐，大量的病人使医生没有精力集中在对某一个体的全面观察诊断[7]。但每个前来看病的病患，在与医者交流前都抱有个性化的情境预想和心理期望，都希望对方能理解自己的感受、对自己格外看重，而现实的差距总是会使他们难过。再加上医疗纠纷被大众媒体广泛地曝光，许多患者对其产生抵触情绪，形成刻板的成见，这些现象都在一定程度上导致了医患关系紧张，无益于二者之间的友好交流，最终影响治疗效果。

### （四）人际传播视角下我国当前医患关系现状及特点

1. 人际传播视角下我国当前医患关系现状

在最近一段时间以来，中国的医患关系发展状况令人担忧，医生和患者之间的冲突和矛盾越来越激烈，医生和患者之间的关系十分紧张。从患者的角度来说，有的患者认为自己已经付出了大量的医药费用，却并没有得到相应的医疗照顾，甚至有些严重的患者还因为一些医疗事故而葬送了生命[8]。而从医生的角度来说，有些医生觉得自己整天都在兢兢业业地工作，却还要承担许许多多的压力。而且随着越来越多的医疗事件的曝光，越来越多的患者开始对医疗人员产生不信任感，他们并不愿意将自己的生命放在一个陌生人手中。

2. 人际传播视角下我国当前医患关系的特点

在人际关系之中，医生和患者之间可以说是人际关系中一种相对来说比较特殊的关系，医生和患者之间不单单存在着对立关系，也存在着统一关系，但是医生与患者拥有同一个目标，那就是实现患者自身的身体健康。但是由于种种原因的影响，这种关系也体现出一定的对立性，那就是患者所希望的康复效果或者是康复速度往往与实际情况存在一定的差距；另外，从当前的医患关系来看，医生和患者之间存在的隔阂也越来越明显，有时候，医生和患者之间还会出现争吵甚至辱骂。

## 二、人际传播视角下医患关系构建中的问题及成因

### （一）人际传播视角下医患关系构建中的问题

医患关系具有天然不对等性。由于信息的不对称性，医患之间存在天然的不平等性。医生在权力分配方面具有优势，如医生对症状、病情、治疗方法和手段及愈后等拥有更多的信息和发言权。病人由于知识上的不平等，则处于相对弱势的地位。再者，医患关系具有不纯粹契约性。医患之间具有类似信托契约的关系，但由于医疗工作具有特殊的风险性，双方标的预期值不明确。一般来说，病人求医目的明确，有权选择医院和医生，而且医方不能拒绝治疗那些符合其治疗科目的正常的求医病人。

（二）人际传播视角下医患关系紧张成因分析

1. 医患信息不对称，导致医患地位不平等

信息不对称指交易中的各人拥有的信息不同。在社会政治、经济等活动中，一些成员拥有其他成员无法拥有的信息，由此造成信息的不对称。医患纠纷出现后，特别是有患者死亡的情况下，患者家属上医院摆花圈、设灵堂、哭闹打砸的现象，在各地屡屡出现。一些人甚至从中总结出“大闹大赔，小闹小赔，不闹不赔”的“经验”。一位曾长期分管“平安医院”建设的福建省原卫生厅负责人说，患者和医院诉求对立、地位不平等，对于有错还是无错、错大还是错小，很难达成一致。

2. 医患关系物化，导致医患沟通存在障碍

具体表现为：医师对医学设备的依赖性逐步增强；医疗机器阻隔了医患之间的联系，制约了医患之间在感情、思想上的交流；医师重视的只是疾病本身；疾病和患病的人被分割开来，自然的人与社会的人、生理的人与有思想和情感的人被割裂开来。医患关系物化趋势要求医师加强职业道德修养，在应用高新技术时关心病人、尊重病人，与病人保持融洽的关系，克服“高技术低情感”现象。

3. 医患关系不信任

2011 年 12 月 15 日上午 8 点，一位患者来到服务中心。那位患者所看到的一幕真的让他感到很惊讶：小小的服务间里全是各种前来办理手续的人，挤得小小的服务间水泄不通。其中，有一个不是本地的患者大声地叫嚷着：“我是在这个医院看病的，但是为什么在你们医院看病想要开个证明还需要那么多事情，我一个外地的来这里那么多次了，不说来回的路费，耽误的时间也耗费不起啊。”这时，一位女护士对这位患者解释道：“从我们医院开出去的每一份证明都是具备法律效力的，所以必须要用到患者本人所在的工作单位开出的介绍信才可以，如果您真的不方便回家去开介绍信的话，那么你也可以请所在单位将单位的介绍信通过传真的方式给我们，只有有介绍信，院方才能开出诊断的证明。”这名患者不愿意放弃，说：“我开诊断证明又不是去干坏事，你就通融通融吧。”“不是我不通融，如果有人拿这个去骗保险或干其他违法的事，我们怎么办?”最终，患者选择了打电话回老家，让家人把介绍信传真过来。这名护士说：“我干这个工作已经 5 年多了，这名患者还不是很难做工作的。其实，患者着急我们也理解，培训的时候，领导也教我们

换位思考。哎，仔细想想也就不生气了。”

从这个案例中可以看出，医生和患者之间存在严重的不信任，而且这种现象在实际的医疗环境中经常出现，医生不信任患者，患者对医生也存在一些误解和怀疑，这种现象的存在必然会对医疗的进行产生阻碍，同时也不利于患者的诊疗和康复。而且，医生与患者之间的不信任也导致一些医疗活动很难正常进行下去，比如像刚刚的例子那样，医院开诊断证明必须要有患者所在单位出具的介绍信，否则不能够开诊断证明，但是有些患者并不理解这种规定，如此一来，矛盾和摩擦也就不可避免了。

## 三、人际传播视角下构建和谐医患关系的对策

### （一）选择合适的沟通模式，以共同参与型为主

医疗人员与患者之间的会话主要包括三种模式，第一种模式是主动－被动模式，第二种是指导－合作模式，第三种是双向参与模式[9]。主动－被动模式是传统的医患观念带领下所产生的一种医疗人员和患者之间的对话的模式，但是通过调研可以发现，这种模式出现的情况是很少的，一般采取这种模式的情景是患者已经病重必须接受紧急救助的时候。总的来说，这种模式适用于患者已经无法自主的情况，比如说患者已经陷入重度昏迷，或者是出现了休克，甚至已经失去了意识。这个时候医生掌握了绝对的主动权，无论是施救还是诊疗的决定，这个时候都由医生来判断和选择，患者无法发表自己的见解或意见，只能够听从医生的安排。

第二种模式是指导－合作模式，这种模式通常应用于患者具有自主意识，并且能够与医生进行合作的情况。在诊疗的进行过程中，患者能够发表自己的意见和见解，能够与医生进行对话，能够在一定程度上参与治疗过程，并且能够就心中的疑惑向医生进行询问，医生也应该为患者做出合理的解释。

第三种模式是双向参与模式。以北京市的一所二级甲等医院为例，该所医院无论是在医生的个人修养、医疗手段方面，还是在社会评价、百姓的口碑方面都表现得十分优秀，整体质量比较高，所以患者比较信任该医院。如此一来，医疗人员与患者之间的沟通就能够达到更好的效果，而且信息的传播速度和质量也大大提升了。

### （二）选择合适的沟通技巧和沟通语言

在医疗人员与患者之间，如果想要患者被医生说服，最重要的一个基础

就是医生和患者之间的信息的分享和传递[10]。这就要求医生在诊疗的过程中重点向患者解释采取一些医疗方式的目的以及效果，从而消除患者心里的恐惧和疑惑，应该让患者对医生产生信赖，相信医生的技术，同时也要让医疗的过程更加透明化，让患者明确整个诊疗过程。这样一来，患者与医生之间的距离就越来越短，而且有的时候医生和患者之间的这种互相信任的感情能够得到长久的发展，这对中国医疗事业的发展将起到有力的推动作用。

（三）采取逐步渗透策略，减轻患者的抵触情绪

例如，呼吸科某医生和某患者在进行医患会话时，医生发现这名外地患者对医生有很强的戒备心，那么这名患者的潜意识中应该会认为这个医生是不够热心和负责的[11]。在这个时候，患者难免会对该医生产生一些抵触情绪，而为了医疗考虑，医生必须消除患者的这种情绪，这个时候最有效的方法就是采取逐步渗透的策略，一步步取得患者的信任，切忌心浮气躁、急于求成，而应一步步地去了解患者的想法，并且通过有效的沟通改善这一现象。

## 四、结论

通过研究，我们可以发现，当前的医患关系仍然处于一个比较紧张的阶段。医患关系的紧张主要体现在医患地位的不平等造成医生掌握绝对权而患者很难参与进去。这很容易造成患者对医生的医疗缺乏足够的了解和判断，从而对医生产生怀疑。另外，医患之间还存在严重的互相不信任的现象，很多患者不愿意将自己的身体完全地交给医疗人员，而有些医疗人员也不愿意向患者透露过多的医疗信息，医生和患者之间的隔阂越来越大，彼此之间存在误解也就很正常了。

针对这些现象，文章给出了一些具体的解决方法，主要包括：选择合适的沟通方式，在医疗进行的过程中，医生不应该站在绝对的主导地位，应该有一定针对性地听取患者的意见，了解患者的需求，和患者进行有效的沟通和交流，消除患者内心的恐惧和怀疑。在医疗人员与患者之间，如果想要患者被医生说服，最重要的一个基础就是医生和患者之间的信息的分享和传递。这就要求医生在诊疗的过程中重点向患者解释采取一些医疗方式的目的以及效果，从而消除患者心里的恐惧和疑惑，应该让患者对医生产生信赖，相信医生的技术，同时也要让医疗的过程更加透明化，让患者明确整个诊疗的过程。这样一来，患者与医生之间的距离就会越来越短，而且有的时候医生和

患者之间的这种互相信任的感情能够得到长久的发展，这对中国医疗事业的发展将起到有力的推动作用。另外，医生在诊治过程中，应该采取逐步渗透的策略，一步步取得患者的信任，切忌心浮气躁、急于求成，而应一步步地去了解患者的想法，并且通过有效的沟通改善这一现象。

**参考文献：**


[1]季建林. 医患关系的建立与沟通[J]. 中华神经科杂志,2004,37(2):180-181.

[2]韩淑英,史文峰. 重视沟通技巧,改善医患关系[J]. 中国卫生质量管理,2003,10(5):35-36.

[3]马辉. 再论医患关系的性质与类型[J]. 中国医院管理,2014,34(1):76-77.

[4]王广,刘佳,陈哲,等. 实习医师医患沟通能力的培养[J]. 中国病案,2014,15(4):64-65.

[5]李军菊. 浅论医患沟通技巧[J]. 中国医学创新,2012,9(6):117-118.

[6]阎平慧,李冬梅,屈榆生. 医患关系与沟通技巧[J]. 中国中医药现代远程教育,2005,3(7):54-55.

[7]周芸玲,杨永太. 医疗纠纷的现状与防范[J]. 中国卫生事业管理,2005,21(3):162-163.

[8]陈仲庚. 医学心理学浅谈[J]. 北京:人民卫生出版社,1982.

[9]张赞宁. 论医患关系的法律属性[J]. 医学与哲学,2001,22(4).

[10]弗洛伊德. 精神分析引论新编[M]. 高觉敷,译. 北京:商务印书馆,2013.

[11]王明旭. 医患关系学[M]. 北京:科学出版社,2008.

# 凉山地区农村彝族老年人的健康状况调查

阿坡阿呷
公共事业管理2013级

**摘　要：**目的是探究凉山州农村地区彝族老年人的健康状况，为提高彝族老年人的健康提供建议，以便更好地为他们提供健康相关的服务。方法：选择在不同地区进行问卷调查，走进凉山地区挨家挨户地进行问卷调查，以访谈的方式向老人了解他们的一些健康情况。结果：（1）122位老人的健康状况一般，占了总数的40.1%；68位老人健康状况较差，占总数的22.4%，这些老人多少存在一些疾病，可见他们的健康状况不太理想。（2）他们对自身健康不重视，几乎没有几个老人会在没有生病的情况下去医院进行健康体检，有179位老人只有得病了才去医院，占了总数的58.9%；有88位老人是只有当病情非常严重时才去医院做检查，占总数的28.9%。（3）有50%左右的老人还在做农活。结论：农村彝族老人的健康状况不太好，健康相关的需求也尚未得到满足。本调查建议从老人的健康状况、对健康的重视度、医疗支付方式、日常工作、健康知识的知晓、社会的关心等老年人健康状况影响因素着手，采取措施，改善老年人的健康状况。

**关键词：**农村地区；彝族老年人；健康状况

我国已经进入老龄化社会，根据我国老龄工作委员会的统计数据，2006年我国60岁以上老年人口已达到1.45亿，每年还以3.3%的速度增加。随着人口老龄化趋势的加快，老年人的健康状况已成为社会共同关注的焦点。而凉山地区的彝族老年人的健康状况也不例外，社会应该共同去关注。凉山州为经济欠发达地区，环境恶劣，生活条件相对较差，医疗设施设备较落后，特别是偏远的农村地区，老年人缺乏医疗卫生知识和缺乏对自我健康的重视，彝族老年人的健康状况不太好。了解农村地区彝族老年人的基本情况，关注农村地区彝族老年人的健康状况有利于改善彝族老年人的健康状况，可以作为政府给老年人健康提供服务的依据。2016 年 8 月，笔者对凉山不同农村地区的 304 位老年人进行了问卷调查。

## 一、对象与方法

### （一）研究对象

于2016 年8 月11 日至14 日在凉山州西昌市月城广场、喜德县城、米市镇、依洛乡等地方，选取50 至81 岁以及81 岁以上的农村地区的彝族老人为调查对象。

### （二）调查方法

于2016 年8 月初自行设计调查问卷，进行预调查和修改问卷，并进行问卷调查。其调查内容包括这些老人的基本信息、经济情况、医疗支付方式、日常工作、身体状况、睡眠情况、生活习惯、健康知识的知晓情况、社会的关心情况、心理方面的情况等。共发放 305 份问卷，回收 304 份问卷，回收率为 99%，有效问卷 304 份，有效率 100%。

### （三）数据分析

将调查问卷所收集的数据输入 SPSS 17.0 进行数据分析。

## 二、结果

### （一）基本情况

现将调查结果报告如下：304 人中，男性 94 人（占 30.9%），女性 210 人（占 69.1%），年龄在 50—60 岁的有 81 人（占 26.6%），61—70 岁的有 105 人（占 34.5%），71—81 岁的有 92 人（占 30.3%），81 岁以上的有 26 人（占 8.6%）。婚姻状况，有 215 人已婚，占总数的 70.7%；丧偶的有 85 人，占总数的 28.0%；未婚的有 4 人，占总数的 1.3%。文化程度，文盲有 235 人，占总数的 77.3%；小学文化的有 50 人，占总数的 16.4%；初中文化的有 12 人，占总数的 3.9%；高中或中专文化的有 7 人，占总数的 2.3%。目前的居住情况，自己住的有 77 人，占总数的 25.3%；与配偶一起住的有 188 人，占总数的 61.8%；与子女同住的有 38 人，占总数的 12.5%。从数据中可以看出，此次调查的老年人健康状况很有说服力和准确性。数据中，文盲占了 77.3%，可见这些接受调查的老人缺乏医疗卫生知识。（详见表 1）

表 1　接受调查的老年人的基本情况

| | | 频率 | 百分比% |
|---|---|---|---|
| 性别 | 男 | 94 | 30．9 |
| | 女 | 210 | 69．1 |
| 年龄 | 50—60 岁 | 81 | 26. 6 |
| | 61—70 岁 | 105 | 34. 5 |
| | 71—81 岁 | 92 | 30. 3 |
| | 81 岁以上 | 26 | 8. 6 |
| 婚姻状况 | 已婚 | 215 | 70. 7 |
| | 丧偶 | 85 | 28. 0 |
| | 未婚 | 4 | 1. 3 |
| 文化程度 | 文盲 | 235 | 77. 3 |
| | 小学 | 50 | 16. 4 |
| | 初中 | 12 | 3. 9 |
| | 高中或中专 | 7 | 2. 3 |
| 目前的居住情况 | 自己住 | 77 | 25. 3 |
| | 与配偶居住 | 188 | 61. 8 |
| | 与子女同住 | 38 | 12. 5 |

（二）经济来源与支出

首先，这些老年人的经济来源包括自己的收入、子女给的赡养费、养老保险金、低保等，但大部分是自己的收入及养老保险金和低保，子女给赡养费的几乎没有几个。主要的经济支出都用于日常生活支出，占总数的 81. 9%，用于医疗费用的只占总数的 11. 5%，且在调查过程中得知经济支出主要用于医疗费用的这些人都是常年有病、不得不吃药的特殊老年人，几乎没有人有其他的老年服务消费。从这些数据可见，这些老人的生活质量并不高，健康状况的好坏不得而知。有 36. 2% 的老年人承担日常的医疗费用（大病除外）有一定困难，还有 10. 5% 的老年人不能承担日常的医疗费用（大病除外），只有一半左右的老年人基本能自己承担日常的医疗费用。（详见表 2）

表 2 接受调查的老年人的经济情况与支出情况

| | | 频率 | 百分比% |
|---|---|---|---|
| 经济来源 | 自己的收入 | 146 | 48.0 |
| | 子女给的赡养费 | 27 | 8.9 |
| | 养老保险金 | 191 | 62.8 |
| | 低保 | 179 | 58.9 |
| | 其他 | 8 | 2.6 |
| 主要支出 | 日常生活支出 | 249 | 81.9 |
| | 医疗保险费用 | 35 | 11.5 |
| | 娱乐休闲费用 | 1 | 0.3 |
| | 给子孙后代 | 17 | 5.6 |
| | 养老保险 | 2 | 0.7 |
| 能承担的日常的医疗费用（大病除外） | 能 | 54 | 17.8 |
| | 基本能 | 108 | 35.5 |
| | 有一定困难 | 110 | 36.2 |
| | 不能 | 32 | 10.5 |

（三）健康状况

1. 生理状况

总的来说，这些老人中，自认为身体很好的有 74 人，占总数的 24.3%；自认为身体较好的有 14 人，占总数的 4.6%；自认为一般，多少有些小病的有 122 人，占总数的 40.1%；自认为身体较差的有 68 人，占总数的 22.6%；自认为身体很差的有 26 人，占总数的 8.6%。

目前还经常做农活的有 124 人，占总数的 40.8%；偶尔做的有 44 人，占总数的 14.5%；不做的有 136 人，占总数的 44.7%。这些老年人中，觉得做农活影响身体健康的有 192 人，占了总数的 63.2%；认为没有影响的有 110 人，占总数的 36.2%。这些彝族老年人从不锻炼的占了总数的 70%，只有少数的一些人偶尔锻炼。

这些老人中有 179 位老人只有得病了才去医院，占总数的 58.9%，甚至有88位老人只有当病情非常严重时才去医院做检查，占总数的28.9%。一些老年疾病在这些彝族老人中倒并不常见，如：高血压、心脏病、癌症、眼部疾病、肢体残疾、中风，没有患以上这些疾病的有147人，占总数的48.4%；有其他疾病的有50人，占总数的16.4%。调查时，他们自己说所患的疾病大部分是胃病、风湿等。还有大部分彝族老年人普遍存在以下这些症状：记忆力减退、听力障碍、视力障碍，且很多是三者兼备。这些老年人生病后采取的治疗方式：选择在家进行迷信活动的有128人，占总数的42.1%；简单地吃点药的有248人，占总数的81.6%；去医院检查治疗的有200人，占总数的65.8%；什么都不做的有35人，占总数的11.5%。详细的数据见表3、表4。

**表3　接受调查的老年人的生理状况与治疗方式**

| 变量 | | 人数 | 百分比% |
|---|---|---|---|
| 您觉得自己身体状况如何 | 很好 | 74 | 24.3 |
| | 较好 | 14 | 4.6 |
| | 一般 | 122 | 40.1 |
| | 较差 | 68 | 22.4 |
| | 很差 | 26 | 8.6 |
| 您目前还在做农活 | 经常做 | 124 | 40.8 |
| | 偶然做 | 44 | 14.5 |
| | 不做 | 136 | 44.7 |
| 做农活对身体是否有影响 | 有影响 | 192 | 63.2 |
| | 没有影响 | 110 | 36.2 |
| 多久去医院进行健康体检 | 每年一次 | 10 | 3.3 |
| | 只有生病了才去 | 179 | 58.9 |
| | 只有当病情严重时才去 | 88 | 28.9 |
| 生病后采取的治疗方式 | 在家进行迷信活动 | 128 | 42.1 |
| | 简单地吃点药 | 248 | 81.6 |
| | 去医院检查治疗 | 200 | 65.8 |

续表

| 变量 | | 人数 | 百分比% |
|---|---|---|---|
| 生病后采取的治疗方式 | 什么都不做 | 35 | 11.5 |
| | 其他 | 9 | 3.0 |

**表4 接受调查的老年人的一些老年疾病状况**

| 变量 | | 人数 | 百分比% |
|---|---|---|---|
| 身体有没有以下疾病 | 高血压 | 27 | 8.9 |
| | 心脏病 | 29 | 9.5 |
| | 癌症 | 2 | 0.7 |
| | 眼部疾病 | 31 | 10.2 |
| | 肢体残疾 | 28 | 9.2 |
| | 中风 | 34 | 11.2 |
| | 其他 | 50 | 16.4 |
| | 以上都没有 | 147 | 48.4 |
| 身体有没有以下症状 | 记忆力减退 | 203 | 66.8 |
| | 头脑不清晰 | 11 | 3.6 |
| | 视力障碍 | 195 | 64.1 |
| | 听力障碍 | 124 | 40.8 |
| | 其他健康问题 | 64 | 21.0 |

2. 心理健康状况

大部分调查对象的心理健康状况都不错，与自己的子女的关系也很好，只有少数的一部分存在一些心理状况，大部分的老人心态好，易于满足。记忆力差是这些老年人普遍存在的症状，记忆力差的老年人占了总数的73%，最近一个月情绪低落的只占了20.4%，最近一个月紧张或焦虑的只占了17.4%。这些老年人中，善于处理问题的占了53.9%，不善于处理问题的占45.4%。详见表5。

表5　接受调查老年人的心理健康状况

| 变量 | | 人数 | 百分比% |
|---|---|---|---|
| 记忆力差吗？ | 是 | 222 | 73 |
| | 否 | 82 | 27 |
| 最近一个月情绪低落吗？ | 是 | 62 | 20.4 |
| | 否 | 242 | 79.6 |
| 最近一个月紧张或焦虑吗？ | 是 | 53 | 17.4 |
| | 否 | 251 | 82.6 |
| 善于处理问题吗？ | 是 | 164 | 53.9 |
| | 否 | 138 | 45.4 |
| 晚上睡眠好不好？ | 从无 | 106 | 34.9 |
| | 轻度 | 83 | 27.3 |
| | 中度 | 77 | 25.3 |
| | 偏重 | 18 | 5.9 |
| | 严重 | 20 | 6.6 |

（四）社会支持方面

当问及这个社会对老年人的健康关心程度时，差不多有一半的老人觉得一般，还有一部分人觉得不关心，只有一半不到的老人认为社会关心老人。有98%的老人希望政府能出钱为他们提供基本的与健康相关的服务，只有3%不到的人觉得无所谓。有159人觉得目前农村老年人的健康没有保障，还有62%左右的老年人因为交通不便，路程遥远，所以到医院看病特别不方便，有时甚至会耽误病情。在健康知识这一方面，政府从未搞活动、宣传等，接受调查的这些彝族老年人中，从不关注健康相关知识的占了总数的66%，关注的人少之又少，主要的原因是这些老人大部分是文盲，政府的健康知识教育缺乏。

表6 社会对彝族老年人的健康关心程度及交通状况

| 变量 | | 人数 | 百分比% |
|---|---|---|---|
| 老年人的关心程度如何 | 关心 | 108 | 35.5 |
| | 比较关心 | 38 | 12.5 |
| | 一般 | 95 | 31.3 |
| | 不很关心 | 18 | 5.9 |
| | 不关心 | 43 | 14.1 |
| 您觉得农村老年人的健康有保障吗? | 有 | 145 | 47.7 |
| | 没有 | 159 | 52.3 |
| 到医院看病方便吗? | 方便 | 113 | 37.2 |
| | 比较方便 | 47 | 15.5 |
| | 一般 | 29 | 9.5 |
| | 比较不方便 | 15 | 4.9 |
| | 不方便 | 100 | 32.9 |
| 如不方便,原因有哪些? | 交通不便 | 90 | 29.6 |
| | 无人陪同 | 35 | 11.5 |
| | 就诊不便 | 23 | 7.6 |
| | 不知看什么科 | 26 | 8.6 |
| | 没有钱看 | 20 | 6.6 |
| | 行动不便 | 19 | 6.3 |
| | 路程远 | 99 | 32.6 |
| | 其他 | 6 | 2.0 |

## 三、讨论

此次调查研究发现，总的来说，这些老人自认为身体很好的有74人，占总数的24.3%；自认为身体较好的有14人，占总数的4.6%；自认为身体一般，多少有些小病的有122人，占总数的40.1%；自认为身体较差的有68人，占总数的22.6%；自认为身体很差的有26人，占总数的8.6%。凉山农村地区的彝族老年人大体上的健康状况欠佳，不管是生理健康还是心理健康都不是很理想，因为有一些影响健康的因素存在。

第一，缺乏良好的生活习惯。从表1中可以看出，农村地区的这些彝族老年人普遍是文盲，有的只懂彝文，缺乏健康知识，从不关注健康相关知识，对自身的健康也不太重视，有少数人即使是身体有疾病也没去管，还有部分老人有不良的健康行为，抽烟、喝酒的占总数的52%，可见这些农村地区的彝族老年人缺乏健康良好的生活方式，政府应该在这方面采取积极有效的措施。在调查过程中与老人交谈时发现，接受调查的这些老人大部分从不锻炼身体，因为没有时间锻炼，这些彝族老年人从不锻炼的占了总数的70%，只有少数人偶尔锻炼。在他们看来，他们干活就算是锻炼了。

第二，生活环境差，物质条件、生活质量和经济条件不高。这些因素严重影响了这些老人们的健康。众所周知，凉山地处高海拔地区，环境恶劣，特别是身处高山农村地区的这些彝族老年人生活环境相当差。表2显示，这些老人的经济支出主要用于日常生活支出，如柴米油盐等基础物质，几乎没有人把钱花在老年休闲娱乐、老年服务、医疗费用上，有额外支出也是给子孙的，可见这些农村地区的老人的经济水平差，生活质量不高。另外，这些老年人的经济情况不太好，从而影响这些老人的心理健康，经济上的压力会对其负面情绪的形成产生重要影响。

第三，经常做农活。从表3中可以看出，凉山农村地区的彝族老年人年纪大了还经常做农活的习惯影响了他们的健康，做农活也是影响健康的主要因素之一。彝族是个勤劳的民族，特别是农民都以种地为生。尽管国家法定60岁及以上的老人为丧失劳动能力的人，但这些身处高山农村地区的彝族老年人还在做农活，干体力活来养活自己。目前还经常做农活的有124人，占总数的40.8%；偶尔做的有44人，占总数的14.5%；不做的有136人，占总数的44.7%。这些不做农活的老年人要么是年龄有点大了，要么是肢体有残疾，要么是跟着子女到县城住。这些老年人觉得做农活影响身体健康的有192人，占总数的63.2%，没有影响的有110人，占总数的36.2%。从数据中可见，做农活也是影响农村地区彝族老年人健康的重要因素。老年人年纪大了还在做农活，在凉山农村地区是普遍存在的现象，因为这些老人大多自己住，种地为生，村民家中一般养有家畜，喂猪、喂鸡、做饭这些小事情都是老人自己做的。

第四，这些农村地区的彝族老年人对自身健康的重视度不够。从表 3 中不难看出，对于这些农村地区的彝族老年人来说，健康体检几乎是没有的，大部分老人只有生病了才去医院，甚至有一部分人只有当病情很严重时才去医院做检查。调查过程中得知，在以前还没有农村医保时，他们即使生病了也没有去医院看病，因为付不起昂贵的医药费。有了新型农村合作医疗后，这些情况改善了许多。这些老年人生病后一般选择在家进行迷信活动的有 128 人，占总数的 42.1%；简单地吃点药的有 248 人，占总数的 81.6%；去医院检查治疗的有 200 人，占总数的 65.8%；什么都不做的有 35 人，占总数的 11.5%。彝族是个信仰毕摩文化的一个民族，彝族老人认为生病后在家进行迷信活动也是一种治疗方式。几乎没有人会在没有生病的情况下去医院进行身体检查，有些即使是身体有疾病也不知道是什么病，因为没有去医院检查过，最多是靠简单的药物来控制，思想比较传统、保守。虽然有一部分的原因是农村地区经济条件普遍差，发展较落后，这些年迈的老人承担不起医药费，但归根结底主要还是农村地区的彝族老年人对自身健康的重视度不够。

第五，交通不便、路程遥远。表 6 中可见，凉山农村地区的彝族老年人看病不方便的占了总数的一半左右，数据显示不方便的主要因素是交通不便和路程远。与他们访谈时发现，很多老人害怕坐车、怕晕车，他们觉得本来身体就不好，加上路上奔波劳累、晕车，病情加重，所以很多老人宁愿在家里进行迷信活动，也不愿去医院看病。这些原因导致了凉山农村地区的彝族老年人疾病高发，病情较严重。

第六，政府对农村地区彝族老年人的健康关注度不够，不重视。当被问及这个社会对老年人的健康关心程度时，差不多有一半的老人觉得一般，还有一部分人觉得不关心，只有一半不到的老人认为社会关心他们。有 52.3% 的老人觉得农村地区的老年人健康没有保障，很多人都说除了医保，并无其他针对他们健康的相关政策，而且农村地处偏远地区，生活及卫生条件相对较差。

## 四、小结

总体来看，凉山农村地区的彝族老年人文化程度偏低，经济来源少，健康保健意识特别弱，对自身健康状况不重视。此次调查研究从健康状况影响因素提出以下几点建议：

1. 加强健康教育，增强老年人的健康意识，改变老年人的体检观念。加强慢性病健康教育，提高老年人的自我保健意识。这些农村地区的彝族老年人普遍认为只有生病了才需要体检，其实有很多潜在疾病没有明显的相关症状，通过体检就可以将这些潜在的危险因素找出来，及时采取相关措施。此次调查中，有很多老年人由于受经济、文化等因素的制约，自我保护意识薄弱，几乎所有老年人从来没有参加过体检，患病后若病情没有很严重就不去医院看病，导致疾病高发。所以，首先，要帮助老年人树立正确的健康观，在生理、心理各方面采取切实可行的老年人健康保险措施，建立健全老年人健康评估体系。乡镇卫生院及老年人的子女要重视起来，提高乡镇对老年人的健康管理，提高乡镇卫生院对老年疾病的诊治及护理水平。

2. 加强村组的管理，为老年人提供休闲、运动的场所，提高老年人的生活质量，提倡健康良好的生活方式，让他们进行适当的锻炼，与他们积极沟通，鼓励他们积极参加社会活动。村卫生室的工作人员可以定期为他们开展健康教育，通过健康教育提高这些老人的自我保健意识，使他们重视自己的健康状况。

3. 加强政府扶持，帮助改善农村老年人的经济状况，在社会保障、养老保险金、社会救助、社会福利等方面都予以落实，别再让他们为了生存，为了最基本的物质生活而去做农活，让这些老年人享受生活，享受社会的美好。

**参考文献：**

[1]丁国锋，曲海英，石斗飞，等. 滨州市老年人健康状况调查[J]. 滨州医学院报. 2013，36(1)：8－12.

[2]易莉. 四川民族地区老年人心理健康状况及影响因素分析[J]. 统计与管理. 2015(8)：31－32.

[3]易莉. 彝族老年人心理健康的影响因素及应对方式[J]. 劳动保障世界. 2015(11)：52－54.

[4]胡月，龚磊，陈福宽，等. 农村老年人自评健康状况的影响因素分析[J]. 中国卫生统计. 2014，30(2)：232－234.

[5]陈凌玉，曹梅娟. 农村老人健康及健康管理现状调查[J]. 中国老年学杂志. 2011，31(24)：4875－4877.

[6]姜娜,孙孟霞,廖淑梅,等.岳阳地区农村空巢老人健康状况[J].中国老年学杂志.2011,31(6):1028－1030.

[7]杨海霞.平凉市宝塔社区老年人健康状况调查分析[J].卫生职业教育.2015,33(13):111－112.

# 网络交易中消费者的权益保障

周代英
公共事业管理2013级

**摘　要：**随着“互联网＋”时代的到来，人们接触网络的时间随之增多，中国的网民数量每年以惊人的速度在增长。科学技术的发展带领人类进入一个新纪元，于是，网络交易盛行。它以自身独特的魅力，吸引着无数消费者，从而逐渐使网络购物成为当今社会的一种时尚。然而消费者在享受购物便捷的同时，也承担着网络交易本身所带来的风险。本文旨在切实保护网络交易中消费者的权益，从其固有特点与存在的不足，提出建立相应管理制度的建议，完善我国相关的法律法规。

**关键词：**网络交易；消费者权益；法律保护

## 一、网络交易的概述

### （一）网络交易的含义及特点

所谓网络交易，其实就是电子商务，即利用计算机技术、网络技术和远程通信技术，实现整个商务（买卖）过程的电子化、数字化和网络化。它的主要特点有：

1. 大众性

网络购物具有很强的生命力，主要是因为其销售的商品价格较之实体店铺的价格普遍更低。由于网络经营者减少了经销商、代理商等中间环节，因此生产成本降低了。大部分商品的价格容易为消费者所接受，比较合理。

2. 便捷性

网络购物可以节约消费者大量的时间，例如往返商场的时间、寻找与挑选商品的时间、排队付费的时间，同时也减少了身体上的疲劳感，在比较舒适放松的环境中就能选择自己满意的商品。

3. 风险性

马克思主义哲学告诉我们，任何事物都有两面性，网络购物也不例外。一方面，它不同于现实购物，消费者无法见到实体商品，收到的商品也许会不符合心理预期。另一方面，网络交易依靠的是网络支付的方式，不同于现金支付，消费者也承担着一定的经济风险。

（二）网络交易参与者

1. 网络交易的经营者

网络购物经营者，就是通过网络销售商品的法人、其他经济组织或者自然人。其不同于现实经营者，主要存在两种形式：

（1）电商经营者。B2C 的经营模式，相当于现实生活中的“商场”或“专卖店”。商业机构利用先进的通信和计算机网络的三维图形技术，把线下的商业街搬到网上，并通过建立网站、在线发布信息和提供数据库检索向用户介绍和销售商品；消费者使用浏览器进行浏览、购买、订单发送、支付操作，最后由商家将商品送到消费者手中。目前，我国知名的 B2C 电商有京东自营、亚马逊自营等。

（2）非电商。第一，C2C 模式，类似现实生活中的“小商品批发市场”，网站提供数据库检索和一定的安全保障，收取一定的费用，商品信息的上传和交易协商都由作为独立个体的“卖家”和“买家”完成，一个网站同时存在大量的个体经营者，网站只起一个现实中“市场管理者”的作用。第二，O2O 模式，第三方企业法人为交易平台，消费者通过在线支付选择商品或服务，在线下接受商品或服务。如美团网、饿了么订餐网不是经营者，线下提供商品或服务的个人、法人或组织为经营者。

2. 网络交易的消费者

网络交易的消费者，就是在互联网购买商品或接受服务的个人。目前，我国网购消费者表现出以下特点：一、消费者数量和消费量都在不断增长；二、年龄结构多元化，网络消费者群体不再以年轻人为主，更多的中老年人也加入这一潮流；三、消费缺乏理性，对于促销降价商品的购买思考不足。尤其是在某些节日，消费量的剧增一度造成物流系统崩溃。

3. 网络交易的监管者

网络交易的监管者，主要指我国的立法机关和行政机关。网络交易每天都在发生，因此需要国家完善法律和监管，规范网络交易方式，打击违法犯罪行为，保护消费者的合法权益，维护消费者的合法利益，保证网络交易又好又快发展。

（三）网络交易的发展现状

随着互联网的普及，网络购物的优点更加突出，网络购物日益成为一种重要的购物模式。中国互联网络信息中心（CNNIC）2016 年 8 月发布的《第 38 次中国互联网络发展状况统计报告》显示：截至 2016 年 6 月，我国网民规模达 7.1 亿，2016 年上半年新增网民 2132 万人，增长率为 3.1%。我国互联网普及率达到 51.7%，与 2015 年底相比提高 1.3 个百分点，超过全球平均水平 3.1 个百分点，超过亚洲平均水平 8.1 个百分点。

近几年，中国网络购物交易规模一直保持较快增速，年增速平均为 GDP 的 2—3 倍，网络购物成为拉动国民经济增长的重要动力和引擎。在资本寒冬期，网络购物因强劲的发展势头获得了大批资本的青睐。大量资本的进入，催生网络购物行业更多企业和模式的发展。2011 年以来，中国网购人均消费额以 20% 左右的增速上升。随着互联网的发展、触网用户的增加以及网购方式的越来越流行，未来网络购物用户在整体网民中的比例将持续增加。

## 二、网络交易中消费者权利易受到损害的体现

（一）消费者的知情权难以得到保障

《中华人民共和国消费者权益保护法》第八条规定："消费者享有知悉其购买、使用的商品或接受的服务真实情况的权利。消费者有权根据商品或者服务的不同情况，要求经营者提供商品的价格、产地、生产者、用途、性能、规格、等级、主要成分、生产日期、有效期限、检验合格证明、使用方法说明书、售后服务，或者服务的内容、规格、费用等有关情况。"消费者对于购买的网上商品，了解程度受到一定的局限。由于网络购物模式与传统购物模式存在差异，消费者只能通过网络虚拟空间进行选择和消费，并不能实际感受商品的各方面情况。信息获取依赖的是经营者提供的图片与相关的介绍，真实性无从考证，这点是对消费者的知情权保障的考验。尽管大多数经营者对上述相关信息会做详细的说明，但并没有对网络商品信息的描述方式做出强制或规范的规定，甚至也会出现部分商家在网上发布虚假广告，夸大商品性能，以此误导消费者的情形。信息不完整与信息不真实都严重损害了消费

者的知情权，导致消费者在商品信息获取方面处于劣势地位。

（二）消费者的公平交易权经常受到侵害

《中华人民共和国消费者权益保护法》第十条规定："消费者享有公平交易的权利。消费者在购买商品或者接受服务时，有权获得质量保障、价格合理、计量正确等公平交易条件，有权拒绝经营者的强制交易行为。"民事主体在民事活动中，法律地位平等，不得将自己的意志强加给别人。以平等协商的方式从事民事活动，在法律允许的范围内民事主体有权自愿自主做出决定。在网络交易中，经营商往往事先拟定了格式条款，有意免除自身责任、加重消费者责任，这对消费者十分不利。

（三）消费者的隐私权得不到保护

作为网络交易的经营者，有义务对消费者的个人信息进行必要的保护。有过网购经历的人都知道，从你开始网购时，你就要准备将自己的个人信息提交。从最初注册用户账号，需要填写手机号，到提交订单后绑定银行卡进行付款，最后完善自己的住址信息，其中涉及的个人信息多种多样，既然消费者基于信任原则填写这些信息，经营者就应该正确使用和保护消费者的信息。可是近年来的用户信息泄露事件日益增多，一些网络经营者故意收集消费者的个人信息，常见的是向消费者打电话、发信息推荐商品，或是将这些信息出售给他人，这些都已严重影响消费者的日常生活，从而间接地侵犯了消费者的隐私权。

（四）消费者的求偿权难以实现

求偿权是指在当权利、资源等因个人或集体而受到侵害、损失时，所具有的要求赔偿的权利。在现实交易活动中，作为消费者的我们在购买、使用商品或接受服务时，可能会由于产品质量不合格，使人身权和财产权受到侵害。此时，商品的生产商、销售商就要承担无过错的责任。这一点也是在民法中有明确规定的，可是在网络交易中，消费者和经营者彼此是不见面的，当消费者需要行使求偿权时，最大的阻碍就是向谁主张权利。

（五）售后服务难以得到保证

《中华人民共和国消费者权益保护法》第二十五条："经营者采用网络、电视、电话、邮购等方式销售商品，消费者有权自收到商品之日起七日内换、退货。"有些经营者通常要求消费者拿出购物凭证，若消费者不慎丢失，退换货往往难以实现。或者会说此类原因不在退换货的范围内。再加上退换货流程烦琐，买方都要求自行联系快递，自付邮费。因此，消费者很多时候会选择放弃退换货。

## 三、网络交易中消费者维权的其他阻碍

### （一）网络经营商的身份难以确定

一是网络交易的经营者并不是都会清楚地注明店面信息，二是应当承担赔偿责任的主体不明确，是网络购物平台经营者、商品生产商、物流机构或中介机构承担责任，还是共同承担责任？法律对此没有做明确的规定，导致消费者行使求偿权困难重重。

### （二）诉讼案件的管辖问题

网络交易无地域限制的新特点带给网络维权新的挑战，以地域管辖为主的调处方式已不能适应网络交易无地域限制、虚拟性的特点。消费者在收到假货、不符合质量标准的产品，需要退货却发现程序烦琐时，往往放弃退货，因此我国的立法者应该完善相关的制度。

消费者在维权过程中处于劣势地位。当消费者提起诉讼时，关于案件的管辖问题也是一大难题。消费者也往往因此遭受巨大的阻力，不利于维权。

### （三）举证责任确定问题

因为网络交易依赖第三方交易平台，具有虚拟性。当消费者与经营者发生纠纷，消费者会由于手中的购物证据不足，处于劣势地位。很多时候消费者手中并没有什么购物凭证，加上许多交易是跨省市异地交易，监管很难实施。另一方面，随着网络购物的发展，消费者购买新型产品、技术型产品随之增多，意味着举证成本将增加，并且部分产品还有时间限制，消费者更难举证。

## 四、我国法律中关于消费者权益保障的体现

### （一）《中华人民共和国消费者权益保护法》

1.《中华人民共和国消费者权益保护法》第二十五条同时还规定了消费者的反悔权，网购消费者在购买商品之后七天之内可以无理由退款，除了鲜活易腐的、消费者定做的、在线下载的数字化商品和已经交付的期刊报纸。

所以很多消费者在网购时经常会看到商家写有一经售出概不退换的字样，这条法规就很好地规避了这样的霸王条款。如果商家不同意退货的话，可以申请交易平台介入。一般情况下，交易平台会严格按照法律规定进行落实，如果交易平台不保护消费者的权益的话，消费者可以直接使用法律武器进行维权。同时我国法律规定，商家应该向消费者提供发票，在消费者同意之后可以使用电子票据的形式发给消费者，发票可以作为日后产生纠纷时可使用的一项证据。

2. 在消费者的隐私权保护方面，我国的《中华人民共和国消费者权益保护法》规定，经营者必须对消费者的个人信息进行保密处理，不得向他人出售或泄露消费者的个人信息。通过网络交易平台购买商品或接受服务，其合法权益受到损害的，可以向销售者或服务者要求赔偿。网络交易平台提供者不能提供销售者或服务者的真实名称、地址和有效联系方式的，消费者也可以向网络交易平台提供者要求赔偿；网络交易平台提供者做出更有利于消费者的承诺的，应当履行承诺。网络交易平台提供者赔偿后，有权向销售者或服务者追偿。网络交易平台提供者明知或者应知销售者或者服务者利用其平台侵害消费者合法权益，未采取必要措施的，依法与该销售者或服务者承担连带责任。

3.《中华人民共和国消费者权益保护法》第二十八条规定："采用网络、电视、电话、邮购等方式提供商品或服务的经营者，以及提供证券、保险、银行等金融服务的经营者，应当向消费者提供经营地址、联系方式、商品或者服务的数量和质量、价款或者费用、履行期限和方式、安全注意事项和风险警示、售后服务、民事责任等信息。"此条法律规定极大地保护了消费者的知情权，即使对于一些商家没有标明的信息，消费者也可以进行询问，根据询问结果进行判断。

（二）《中华人民共和国产品质量法》

《中华人民共和国产品质量法》第四十三条规定："因产品存在缺陷造成人身、他人财产损害的，受害人可以向产品的生产者要求赔偿，也可以向产品的销售者要求赔偿。"

（三）《中华人民共和国合同法》

《中华人民共和国合同法》第三十九条规定："采用格式条款订立合同的，

提供格式条款的一方应当遵循公平原则确定当事人之间的权利和义务，并采取合理的方式提请对方注意免除或者限制其责任的条款，按照对方的要求，对该条款予以说明。”

## 五、完善我国消费者权益保障的制度

### （一）立法部门健全相应的法律法规

1. 允许消费者在异地维权

从事网络商品交易及有关服务的经营者，应当依法办理工商登记。从事网络商品交易的自然人，应当通过第三方交易平台开展经营活动，并向第三方交易平台提交其姓名、地址、有效身份证明、有效联系方式等真实身份信息。第三方交易平台经营者应当建立消费纠纷和解和消费维权自律制度。消费者在平台内购买商品或者接受服务，发生消费纠纷或者其合法权益受到损害时，消费者要求平台调解的，平台应当调解。

2. 完善网络产品的召回制度

目前，世界上有许多国家，尤其是发达国家建立了产品召回法律制度。我国最早于2004年建立汽车召回管理制度，后又在2009年版的《中华人民共和国食品安全法》第五十三条明确建立食品召回制度。建立召回制度，就是切实保护消费者的合法权益。现阶段，召回产品的范围还比较有限，还应该进一步扩大。不仅因为它有利于保护消费者的人身和财产安全，降低消费者的损失，还因为它有利于生产者、销售者建立良好的美誉度和信誉度。

3. 设立在线投诉平台

在我国，各个部门已经建立起自己的投诉中心，在线接受社会各界的监督、投诉。然而，对网络消费者的保护不是某一个部门单独就能完成的，需要建立起一个联合的权威的在线投诉中心。

4. 建立小额诉讼程序

小额诉讼程序，是指基层法院的小额诉讼法庭或专门的法院审理数额较小的案件，适用于比普通简易程序更加简化的诉讼程序。由于多数消费争议往往具有涉及金额小、案情简单的特点，为方便受害者通过诉讼途径及时解决纠纷，许多国家专门设立了小额法院或法庭，处理金额小、案情简单的消费争议案件。我国也可以学习借鉴国外的经验，建立一套具有中国特色的小额诉讼程序。

现实生活中，大部分消费者购买的商品，其价格并不高。即使遇到纠纷，需要通过法律手段解决，成本也高于商品价格，且费时费力。消费者通常采取诉讼程序，需要先预付案件受理费和其他相关费用，单从维护自身权益出发，这无疑是得不偿失，赢了官司却输了钱。

5. 确立网络商家的市场准入制度

近年来，侵权事件日益增多，很大程度上是因为网络商家的增多。不少人看见了网购的商机，纷纷进入这个行业。因为网店的注册和流程远没有实体店复杂，并且网购的便捷性在方便消费者的同时，也方便了商家。这就要求政府对商家资格进行严格的审核，不然就会造成商家质量良莠不齐，不利于消费者权益的保护。

（二）政府建立执法、监管体系

1. 重视对执法人员的网络培训，加强对网络交易监控

既然是网络交易，就避免不了运用电脑等相关技术。法律的有效实现，不仅需要完备的法律体系，还需要高素质的执法人员。所谓高素质，就是指执法人员在执行法律、依法办事的过程中，有相关的知识储备和技能。只有如此，才能保证法律的切实有效实施。

2. 加强对网络经营者的监管，违法必究（强化行政监督、重视舆论监督）

我国处于社会主义初级阶段，市场经济不发达，政府的严格监管对于减少消费者侵权事件发挥着重要的作用。

（三）建立网络交易行业信用体系

1. 切实履行告知义务

民法规定，从事民事活动的双方要遵守诚实守信的原则。经营者有义务就商品的相关情况告知消费者，不得欺骗和规避法律责任。网络交易的虚拟性决定了消费者无法感知商品的实体，会对其商品产生一定的误解。需要经营者对商品做出详尽的介绍，对于消费者的疑问细心回答，避免让消费者产生误解，营造一种公平诚信的交易环境。

2. 保障消费者信息安全

网络交易的行为涉及大量的消费者个人信息，特别是某些隐私信息，经营者有保护的义务。消费者基于信任的原则与其进行交易活动，那么经营者就应该履行自己的职责，不能滥用这些信息，更不能将信息卖给他人从事违

法犯罪活动。只有给予消费者安全感，他们才能更多、更愉悦地消费。

（四）网络消费者提高自我保护意识，积极维权

购买商品前，消费者可以先选择进入有先行赔付保障的网站，再选择信誉良好的商家，通常可以去看交易次数、评价以及晒图等。如果这几个指标都不错，那么质量就是有保障的。当然这些还不够，还需要找一下类似的商品，进行比对，综合选择。不用先急着付款，网络商品琳琅满目，多看看总是好的。可以从商品的价格、性能及售后服务进行比对，降低上当受骗的可能性。同时，消费者也应该对该店的配货与退换货的说明进行了解，优先选择制度比较完善的店家。消费者就物流公司要与店主事先沟通，避免店家选择不方便拿取快递的公司。尤其重视退换货程序，虽然很多店家愿意退货，但是也不缺少退货时有条件限制的。因此，要全面了解店家的信息，确保购物顺利。

购买商品时，消费者个人也要注意对自己信息的保护，当涉及身份证号、银行卡号这些隐私信息时要非常谨慎。因为不少网站会对网络用户行为进行追踪，信息易被泄露。应该选择相对正规、知名的网站或商店进行购物，这些网站会对用户的信息进行加密处理，还会适时地提醒消费者正在进行的操作是否存在某些安全隐患。消费者要学会收集和保存证据，虽然我们都不愿发生纠纷问题，但是维权证据应进行预先保留。在购买过程中，消费者应就一些相关问题进行提问，并保留这些聊天记录，之后无论是退货还是维权，这些都可以成为有力的证据。

# 从观展表演范式看线上图书评论

王雅静

公共事业管理2013级

**摘　要：** 互联网的普及与科技的发展使越来越多兴趣爱好类似的人在虚拟平台集结，而互联网作为一个天然的观展平台，具有门槛低、开放性与自由性的特征，同时打破了时间与空间的限制。人们在网络上自我延伸的同时，也使图书评论在虚拟空间中得到延伸。在线评论无论是对消费者购物感受的表现，还是对图书本身的发展都具有深远的意义。本文从观展表演范式的理论出发，通过收集图书线上评论并进行分类与分析，探究线上图书评论中受众的观展行为，由此分析线上图书评论对当代图书出版产生的影响。

**关键词：** 观展表演；图书评论；图书出版

## 一、绪论

随着互联网的不断发展，在新媒体环境下，网络打破了时间与空间的限制将人们汇集在一起，人们通过各种平台进行集结并在其中进行自我延伸。“豆瓣读书”是其中一种平台，它将众多阅读爱好者通过对图书进行评论这种方式集结在一起，而在线评论对于图书出版而言的重要性显而易见。在线评论不仅能够表现消费者的购物感受，而且也是对图书侧面的补充展示。同时线上图书评论也是消费者在评论过程中进行的一种传者与受者的互动式传播，评论者通过对图书进行打分与评论不断展现自我，他们在进行“表演”的同时也扮演着“观影者”的角色，这种“表演者”与“观影者”的角色在不同人之间循环转换。本文以“豆瓣读书”为研究对象，在观展表演范式的理论下对其中的部分图书评论进行分析，以期在对受众的类型与特征的解读中得到对互联网环境下图书出版的思考启发。

## 二、研究背景与理论依据

### （一）研究背景

依托于不断发展的互联网技术，“豆瓣网”将兴趣爱好类似的人吸引至这一虚拟社区中，而“豆瓣读书”是“豆瓣网”的一个子栏目，自2005年上线之后成为国内信息最全、用户最为活跃且数量最大的读书网站。在这一开放且多元化的子栏目中，用户可以根据自己的兴趣爱好选择喜欢的分组，而网站会根据用户的选择推荐图书，并通过提供图书条目供用户创造内容。在“豆瓣读书”的页面上，每一本书都会显示“想读”“在读”“读过”三个选项供用户选择，在网站注册的用户除了向外展示对图书的阅读意向，其主页还会展示用户所加入的小组与曾经发表过的图书评论等内容。

### （二）理论依据：观展表演理论

社会与科技的不断发展导致媒介景象发生巨变，受众行为模式也变得日益复杂。传统的受众研究已经不足以解释当代受众的行为，合作/抵抗范式（IRP）正在逐渐解体，同时出现了另一个替换它的范式，这一范式不把受众仅仅描绘为抵抗或者服从而是通过其他的、不把受众当作讯息接受者的方式理解受众，这一范式出现于英国传媒学者尼古拉斯·艾伯柯龙比和布莱恩·朗赫斯特共同撰写的《受众：展演和想象的社会学理论》。书中提出“观展/表演”（SPP）范式，围绕“观展/表演”范式，他们主要提出了四个概念，分别是扩散受众、观展、自恋与想象。

1. 扩散受众

随着互联网与高科技产品的高度普及，媒介信息内容的生产与消费的界限变得模糊，这使广大受众从单纯的信息消费者同时成为信息生产者。同时，受众使用媒介进行日常交际与娱乐行为已经成为媒介使用主流。受众通过媒介的使用来愉悦自我并进行自我构建，这使受众面貌发生了相应的变化。针对这种情况，两位学者将受众视为相应于表演而存在的群体，并根据表演形式将不同受众分为直接受众、大众受众与扩散受众。

当代的受众不同于传统受众，受互联网的兴起与发展的影响，媒介娱乐化加强，媒介影像充斥在受众周围。由于媒介影像的大量渗透，并入侵人们的生活，生活在社会之中的人们不可避免地接触媒介影像，无人能够逃脱受众的位置，人人都直接或间接地成为受众，这就是扩散受众。网络受众是扩散受众在网络空间的延续，其通过各种媒介获取信息并加入个人观点发布于互联网上，因此具有较大的主动权，同时网络为受众提供了丰富的想象空间，这也使网络受众这一扩散受众能够在网络世界中构建身份并进行充分展现与表演，

2. 观展

两位学者认为，现代社会是一个观展社会，而“观展”拥有“作为主体的观看”与“作为被展示观看的客体”。这就意味着，人们从直接观看或借助媒介观看表演的受众逐渐转变成了在日常生活中直接或间接地观看别人的表演同时自身也成为被观看的对象。

3. 自恋

两位学者引用一句模特的话来形容自恋：“我只有透过他人注视的眼光才存在，当注视不再，就什么也不存在了。”他们将心理学上的自恋延伸到整个社会领域。在观展社会中，自我与外在事物的界线是模糊的，所有外在事物都是镜子，受众从镜子的反射中看见自己。自恋的重点在于“自我”，人们运用自恋的方式进行自我构建。人们视自己为他人注视的表演者，自恋是将自己视为观展的对象，人们会想象自己为他人表演，自己又同时是观看他人的观众，人们会认为自己受到注目而在他人面前进行想象性的表演。

4. 想象

媒介提供世界的资源，人们根据自身的经验在无数媒介产品中获取信息来构建想象，并在获取的信息的基础上用想象进行加工。媒介展示的影像使观展/自恋循环成为镜子，使人们以不同的角度展演自己并检阅自己的影像，想象他人的反应。

以上四个概念相互关联与作用，线上评论的产生、接收与传播过程中都存在着这四个子概念。

## 三、观展表演范式下受众的观展行为模式分析

互联网作为一个天然的观展平台，门槛低并且具有开放性与自由性的特征。在“豆瓣读书”上，有两类用户：一是没有进行注册登录的用户，这类用户通常在网站上进行关键词搜索，带着明确的目标对他人的表演进行观展，他们扮演观展者的角色，没有发表观点的权限；二是注册登录的用户，此类

用户可以随时随地在网站上发表观点，在其中进行表演与观展。他们通常会主动在自己正在阅读或者阅读完的图书下发表各种评论，其中的一些会发表较长篇幅的书评，这些较为活跃的用户会出现在许多本图书的评论中，他们的一字一句都成为自我在“豆瓣读书”这一虚拟平台上的表演并且也成为观展的对象，同时他们也会随时随地观看他人留下的书评以及对自己评论的反馈，这一过程实质上是在自恋、想象下进行的观展与表演。因此，笔者将以观展表演理论考察受众的观展行为。

下文的样本来源于“豆瓣读书”（电脑版），按照完全随机原则，采用简单随机抽样方法直接抽取，以 2016 年 7 月 21 日“豆瓣读书”热门标签下出现的第一本书《巨人的陨落》（肯·福莱特）的短评为样本，通过对样本的考察与分析，对 378 条短评进行了如下分类：

一是对图书简介的回应。在“豆瓣读书”选取的《巨人的陨落》的内容简介中写道：“全球读者平均 3 个通宵看完的超级巨著。”不少短评内容都是针对这一噱头进行的回复，主要强调作为这本图书营销的对象阅读这本书所花费的时间。比如用户“丁丁虫”的短评：“果真三天看完了。”此条评论有 40 人觉得有用。又如用户“奥德赛的暗流”发表的短评：“我本来以为推荐言过其实了，尤其书封，什么平均三个通宵读完，哼。嗯，书封确实错了，我用一天一夜读完了。”这一条短评内容也获得了 15 人觉得有用的反馈。用户积极地对图书简介内容做出回应，“丁丁虫”与“奥德赛的暗流”的短评都对简介中给出的 3 天看完做出了回答，而围观的浏览者同时也在对用户进行针对性的表演观展并利用网站的功能给出此条评论“有用”的回应。在看与被看的互动中，表演与观展在这一类型的评论中形成了一种循环。同时互联网与科技颠覆了传统的传受模式，打破了以往传统的图书宣传中单向传受的模式，读者在线上评论中掌握了主动权，用户在“豆瓣读书”这一虚拟平台上进行表演与观展，无异于在图书出版发行中获得了话语权。

二是用书中印象深刻的语句段落“代替”自己表演。在采集的所有短评中，用户“Ringo”的短评在此类评论中较为典型：“真的没有想到自己会在一周内看完这么厚的战争小说。也第一次真正地理解到第一次世界大战的爆发不是历史书上奥匈帝国皇储遇刺这么简短的一个知识点。作者从几个小人物着手让我们看到了各个国家的人被战争影响下的努力生存，不论出于多么正当的理由，战争都不应该是解决问题的方法，不能为了赢而忘却了最初的目的。‘这场战争每天耗费五百万英镑，是国家正常花费的十倍。输了，最大债主美国就会破产。赢了，德国会被迫代为还债，即所谓的战争赔款。’艾瑟尔听得目瞪口呆：‘所以，我们源源不断送那些年轻人上战场冒生命危险，就因为我们付不起账单……’”此类评论引用书中出现过的较为经典或让人印象深刻的段落，借用书中人物的“表演”获得观展者的共鸣与认同。

三是引用或改写图书宣传语句。在《巨人的陨落》一书的图书简介的第一句写道：“世界是属于勇敢者的，所以世界是属于我的。”用户“秋风潇瑟F·M”的短评直接引用这句话表达自己的阅读感想。用户“無名小辈”将其改写为“世界是属于我们的”。在短评中引用这句话作为评论内容者不在少数，观展和表演的重要内容是语言的呈现。用户利用朗朗上口的简单语句相互表演与观展，为用户之间建立一种稳定的互动关系打下了基础。

四是为观展者介绍图书内容。用户“tin_ tin”的短评介绍道：“‘一战’背景下五路人马五条叙事线：威尔士的矿工少年和他的被伯爵抛弃后成长为女权政治家的女佣姐姐、美国政治权贵家族的青年外交家、穷困潦倒的俄国兄弟、富有英俊的英格兰伯爵和他的致力于民主女权和改革的妹妹，以及痴情的德国特工……俄国贵族的没落、苏维埃政权的出现、英国工会的力量、美国的自由与包容，等等。战争的发生其实是各方影响的结果，看大事件是怎样由各路小人物一起推动的，又看小人物在大事件下又受到怎样的影响。真实的历史，虚构的小人物故事，却也穿插了真实的历史人物。主要人物虽然基本都参战了，不过基本都没死，受伤在所难免。开篇很有唐顿庄园的味道，但唐顿庄园虽然有‘一战’等社会背景，却始终只是家庭剧，巨人却走向了世界。”同时用户“turbulence”用“一战版的战争与和平”一句话介绍了全部内容，前者获得了 7 人觉得有用的反馈。在“豆瓣读书”的短评中，主要来源是用户自身阅读的图书内容，这也是观展者期待看到的内容。在表演者与观展者互动时，表演者思考观展者期待看到的内容，然后调整自己所创造的内容，获得他人的观展与关注，二者形成良性互动。

五是基于自身经验与见解围绕图书作者、内容与写作形式进行主观评价。用户对于作者的评价主要分为两种。第一种是阅读图书后根据图书内容等对作者本身进行评价，用户“头你别疼了星人”在其评论中说：“我这种不太爱看历史小说的都一口气看完了，肯爷确实牛逼。”他从自己的主观感受出发向观展者表演，表达对作者的喜爱。另一种用户是将不同作者与图书作者进行比较，通过这种比较展示作者的出色，“蜗牛有个家”的热门短评：“肯·福莱特其实跟金庸很像，他在欧美出版界的地位绝不逊于金庸在中国的影响力，而且他们都是那种肚子里装满真材实料但绝不以此刁难读者寻找古怪存在感的好作家。”有111人觉得“有用”。这一评论将肯·福莱特与金庸进行比较，也是在回应《巨人的陨落》一书在“豆瓣读书”上的“经典”标签，而每位用户在“豆瓣读书”上都有关注的标签。对于已经贴上喜爱“经典”标签的用户而言，这类短评容易在表演者与观展者之间建立起一个具有共同兴趣爱好的小组，用贴标签的方式使小组成员彼此之间拥有默契的内部认同感，这也就搭建起一个有明确动机与目标的观展表演的舞台。

已经阅读过图书的用户对于图书内容的评价有以下几类：其一是将图书内容与各类同题材作品进行对比，从自身的角度评价。“1997xhp”在评论中说：“本卷是以‘一战’为背景的史诗级作品，如果部分情节及人物刻画得再细致些，就可以和赫尔曼·沃克的《战争风云》系列媲美了。”又如“老邢”的短评：“战争与和平，唐顿庄园既视感。”这二者都是将图书与观展者较为熟悉的作品相联系，将观展者关注的热点进行观展表演，将对图书的个人感悟借助其他作品展示。其二是对图书翻译的评价。“我有我的想法”在短评中说：“作者的文笔真好，其实翻译也好。”有9人觉得“有用”。其三是由阅读产生的感想。“窗边的sakura”在短评中写道：“花30块买的电子书，读完被深深地感动了。战争是可怕的，但战争也会带来深刻的社会变革。”这条短评有6人觉得有用。也有在阅读后发现自身知识储备不足而感觉吃力者，“穆雪”说：“历史知识储备不足，读起来太吃力，三天才看完一本，后面实在看不下去了。我就纳闷那些平均三个通宵看完三本的读者是怎么做到的。不过真心不觉得像介绍中说的那样情节紧凑叙事鲜活什么的，之前买的《圣殿春秋》这下也不敢拆封了。”用户在“豆瓣读书”上发表短评的重要动力在于参与评论的用户希望自己的短评能让更多人觉得“有用”，能够被更多人关注。这种自恋心理也使线上图书评论的创作与接受更体现情绪化，在生产、传播与消费过程中凸显的是人的主体性，自恋心理催生的主体性表演也造成了这类带有个人色彩的短评内容的出现。

还有对图书写作手法的评价，比如“ppYang”的短评：“多人物叙事，章节短小有张力，背景是历史激荡的‘一战’，读起来确实很过瘾。只是角色有些太脸谱化，其实可以出续集写成《百年孤独》那样的家族兴亡史。”线上图书评论实质上是文学知识的个人化生产，知识生产也具有竞争，而表演者的自恋心理让“豆瓣读书”上的短评内容不再停留在好与坏，而是在众多用户的共同作用下全方面展示这本书在受众群体中的印象，这也让短评的质量得到了提高。

## 四、观展表演范式下图书评论对图书出版的影响

首先，科技拓展加强了“豆瓣读书”上参与用户看与被看的符号景观的符号化程度，相比于传统的图书评论“豆瓣读书”的图书评论被赋予更多的科技符号。观展者可以通过对评论“有用”的点击表达自己作为受众的感受，“有用”前的数字统计同时也代表观展者为表演者提供一个镜子使其通过这面镜子完成“自恋—观展—自恋”循环。科技扩大了线上图书评论的影响，为普通读者的图书评论的传播、接受与消费提供了更广阔的平台与空间，增强了图书评论的生命力，让图书的受众获得了主动权，这使图书出版者注重线上图书评论的影响，注重在图书出版的过程中线上图书评论的口碑树立。

其次，使图书出版更注重标签化的影响。用户“蜗牛有个家”将《巨人的陨落》一书与金庸相比较，使这本书贴上了“经典”的标签，而在“豆瓣读书”下的标签中，此书也确实被打上了“经典”的标签。标签为受众传达差异化的信号，又让读者能够更好地对图书进行分类。

再次，图书出版过程中关注的重心逐渐拓展到扩散受众。在科技的作用下，传统意义上的受众出现扩散，一切参与者成为受众，相互观展。当下，人们被媒介影像包围，媒介渗透使日常生活进入数字化的潮流中，每个人都拥有平台发声与表演，同时观看他人的表演也变得更为便捷。在互联网时代的大背景下，图书出版转变为以受众为中心，以用户需求为导向。

最后，在图书出版过程中重视图书简介的作用。在《巨人的陨落》一书中，图书简介中“全球读者平均3个通宵看完的超级巨著”与“世界是属于勇敢者的，所以世界是属于我的”均在短评中受到了受众对这两句话的想象，受众还对短评进行了表演，得到了观展者的回应。图书出版应当利用受众的心理特征，为受众自我想象、表演、观展创造条件，这在《巨人的陨落》的图书简介与受众的互动中可以窥见一二。

综上所述，线上图书评论对于图书出版具有理论与现实的存在价值，线上图书评论契合当代社会的状况，它为图书的受众提供了更广阔的进行观展

表演的平台，在为受众争取图书出版过程中的话语权与主动权的同时也为图书出版从业者提供了新思路，从而再次开拓创新。

## 五、不足

本文将表演欲望、自恋心理等心理因素看作用户进行图书评论的主要动因，且本文只在“豆瓣读书”随机抽取一本书的短评进行分类与分析，这使文章存在一定局限。

## 参考文献：


[1]胡言会，胡正旗. 语言・知识・景观：“观展/表演”视阈下的段子文学[J]. 当代文坛，2016(2)：141－146.

[2]幸小利. 新媒体环境下的受众研究范式转换与创新[J]. 国际新闻界，2014，36(9)：122－134.

[3]方元，陆斌. 从“观展/表演”范式看网络受众的“触媒”传播形态[J]. 哈尔滨师范大学社会科学学报，2014(6)：155－158.

[4]张婷. 从观展表演范式看网民的自我构建：以人人网为例[J]. 新闻世界，2013(3)：78－80.

[5]黄鑫. 互联网环境下受众的新变化：以观展/表演范式分析[J]. 东南传播，2013(4)：103－105.

[6]师佳，张明芳，李风. 青春文学影响下的中学生群体分析：以观展表演范式为框架[J]. 商，2013(11)：274.

[7]王念. 从观展表演范式看美国真人秀节目《You're Cut Off》[J]. 新闻世界，2013(6)：44－45.

[8]汪彩艳. 试论社交媒体中的自我建构和他者镜像：基于观展－表演范式[J]. 今传媒，2014(3)：15－16.

[9]蔡骐，谢莹. 受众视域中的网络恶搞文化[J]. 新闻与传播研究，2008(3).

[10]佟菲. 想象表演与自我呈现：“观展”范式下互联网使用与青少年自我认同建构[D]. 上海：上海师范大学，2013.

# 公立医院公益性研究现状

李文雪

公共事业管理2014级

**摘　要：**公益性是公立医疗机构的重要属性，也是新医改推进过程中公立医疗机构的重要价值目标。公立医疗机构的公益性服务质量评价对我国医疗事业的发展具有十分重要的意义。本文通过文献分析公立医院回归公益性的研究，充分了解我国现阶段公立医院的卫生服务现状，提出相应的可行性建议和意见，不断改进我国公立医院服务质量的措施，以促进医疗改革的有序稳步进行。本文首先通过对关键词“公益性”和“医疗公益性”进行计量可视化分析并总结研究优势和不足，有针对性地提出相关研究的观点，并进行分析研究。

**关键词：**公益性；公立医疗机构；公立医院；医疗改革

现阶段，我国公立医院改革采取“分步走”的策略。我国卫生和计划委员会在今年3月8日对城市公立医院改革解读时表示，我国县级公立医院改革2015年已全面推开，城市公立医院改革在2010年启动了第一批17个试点城市的工作，2014年增加了17个城市，2015年扩大到100个城市，2016年扩大到200个城市，覆盖了全国近三分之二的地级以上城市，形成了区域联动改革的良好局面。今年，全国剩下的138个地市都要推开改革，实现全覆盖。这也标志着全国公立医院彻底告别“以药补医”的时代，具有重大的历史意义。此外，卫生部等部委在2010年联合下发的《关于公立医院改革试点的指导意见》文件中提出，要坚持公立医院的公益性质，把维护人民健康权益放在第一位，实行政事分开、管办分开、医药分开、营利性和非营利性分开，推进体制机制创新，调动医务人员的积极性，提高公立医院的运行效率，努力让群众看好病。这足以说明公益性是公立医疗机构的重要属性，也是新医改推进过程中公立医疗机构的重要价值目标。为促进医疗改革的平稳发展，公立医院公益性服务质量评价成为一项重要的衡量指标，所以从不同角度探究公立医疗机构的公益性服务质量评价，得出相应的结论，对医疗改革来说是十分有必要的。

## 一、公立医疗机构的公益性

### （一）公益性概念

在各个领域，公益性由于其利益主体不同，其内涵界定也各不相同。据清华大学秦晖教授考证，我国的“公益”一词是19世纪末从日本引进的，当时日本人用这两个字来翻译西语中的public welfare（公共福利），后来为汉语沿用下来[1]。在现今社会，大多数研究者认为“公益性”即是指“公共利益”，而本文中的公益性即是指医疗卫生方面的公益，即是满足公众的医疗卫生利益。综合各研究者的研究，我们可以将“公益性”的内涵表示为“非营利性”和“公众利益最大化”。值得关注的是，我国的公立医疗机构并不具有营利性，为何各大文件政策都呼吁及要求公立医院回归公益性呢？其根本原因在于随着社会经济的发展，公立医院的收费渐渐丧失了其公益性，社会上渐渐出现看病难、看病贵的现象。所以深入探究公立医院公益性改革，对解决“看病难，看病贵”，促进社会和谐具有十分重要的意义。

### （二）医疗机构的公益性

医疗机构的公益性，涉及医疗服务、医疗行为等各个方面，医疗公益性改革是公立医院改革的重要指导思想。站在患者的角度来看，医疗公益性就是指基本医疗服务具有可负担性和可及性。以基础医疗的可担负性为例，“基本医疗服务”就是在一定经济发展水平的条件下公立医疗保险（或基本医疗保障体系）所能保障的医疗服务。根据中国统计局的统计数据（图1），我国的城镇居民基本医疗保险年末参保人数在2011年至2015年持续增长，截至2015年，参保金额已达到30亿元。其中除城镇退休人员基本医疗保险的参保人数持平外，其他都呈上升趋势。

公立医院是政府举办的公益性事业单位，不以营利为目的，公立医院改革的核心就是坚持公立医院的公益性质和主导地位。坚持公立医院的公益性质，要求公立医院在确定和组织提供医疗卫生服务时，必须坚决地把社会效益放在首位，防止片面地追求经济收益。

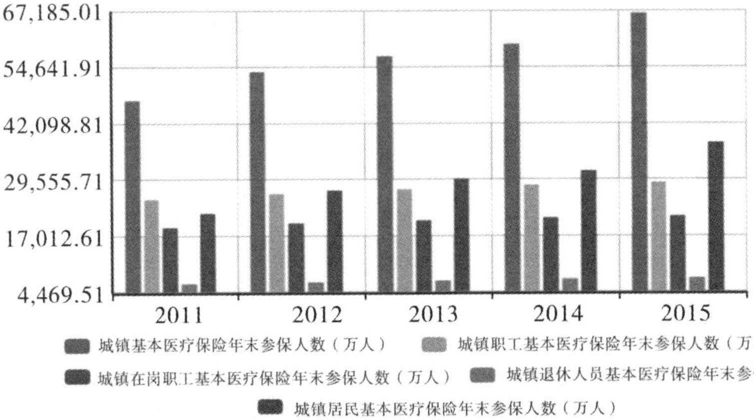


图 1　2011 年至 2015 年医疗保险年末参保人数统计表

公立医院的公益性具体表现在什么地方呢？第一，公立医院的公益性性质在宏观层面表现为相关职能机关要切实履行公共服务职能，努力满足群众的基本医疗卫生服务需求，实现公立医院的社会功能，即公立医院在确定服务内容、服务区域和服务人群时，必须以满足社会公共需要、实现公共利益为目标，而不是以经济收益最大化为目标。在服务内容方面，努力提供各种公益性服务，包括基本医疗卫生服务，医学科研、人才培养任务，突发公共事件紧急医疗救治和预防保健任务，支农、支边、援外、支援社区等任务；在服务区域方面，强调落实区域卫生规划，公平配置资源，提高服务可及性；在服务人群方面，强调平等对待患者，特别要注意保障弱势群体的就医权利，承担国家医疗保障安全网的兜底功能。第二，公立医院的公益性性质在微观层面表现为按照公共服务最大化而非经济收益最大化的方式组织提供服务，着力提高运行效率，为群众提供安全、有效、方便、廉价的医疗卫生服务。公益性不是不讲效益，相反，通过创新体制机制，加强内部管理，努力以比较低廉的费用提供比较优质的服务，正是公益性的重要体现。

## 二、公益性研究计量可视化分析

### （一）总体趋势

“公益性”的研究自 1978 年第一篇文章发表统计（如图 2），至今已经陆续发表了 36514 篇文章，关于“公益性”研究在前 20 年的增长较缓慢，1999 年才累计突破 1000 篇文章，其中和“医疗公益性”相关的研究在 1990 年才第一次发表（图 3），至今已发表 3477 篇，2004 年之前的增速也比较缓慢。而自 2006 年开始，关于“公益性”的研究，每年的增长量都在 1000 篇以上，特别是在 2010 年提出公立医院改革指导意见后，每年的增长量更是达到了 3000 篇以上，并在 2014 年达到增长峰值。而“医疗公益性”研究在 2008 年才突破 200 篇，并在 2015 年达到增长峰值。

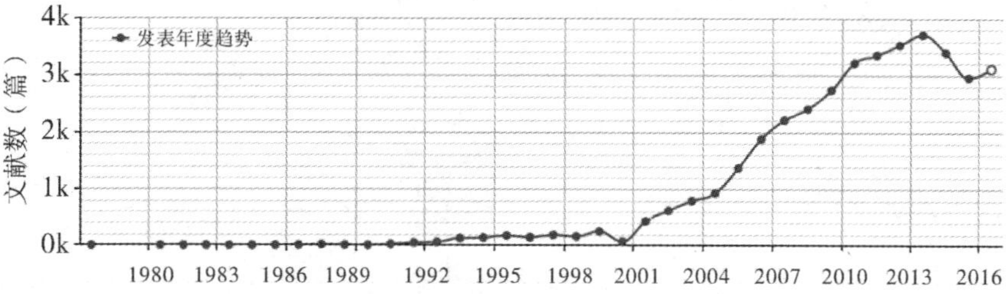


图 2　关键词“公益性”可视化分析总体年发表量统计图

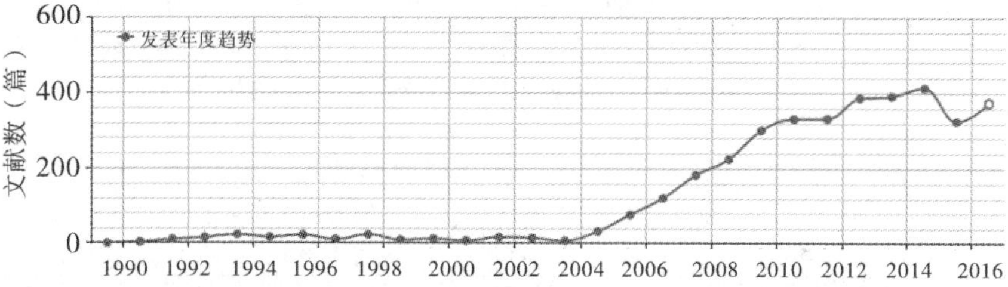


图 3　关键词“医疗公益性”可视化分析总体年发表量统计图

（二）关键词

1. 关键词共享网络分析

“公益性”研究主要和公立医院相关，相关研究已达到 341 次（图 4、图 5）。此外，“公益性”和“改革”“医院”“事业单位”以及“政府”有着密不可分的联系。学者们的研究方向主要是公立医院公益性、公益性对改革的影响、存在的问题、解决对策等方面。我们根据分布图可以看出，公立医院的公益性研究是当下研究的热点。这为我们研究的选题提供了十分重要的方向和依据。不管是“公益性”可视化分析，还是“医疗公益性”计量可视化分析，其关键词“公益性”和“公立医院”的联系都是最紧密的，所以我们对公立医院的公益性进行了深入的研究。

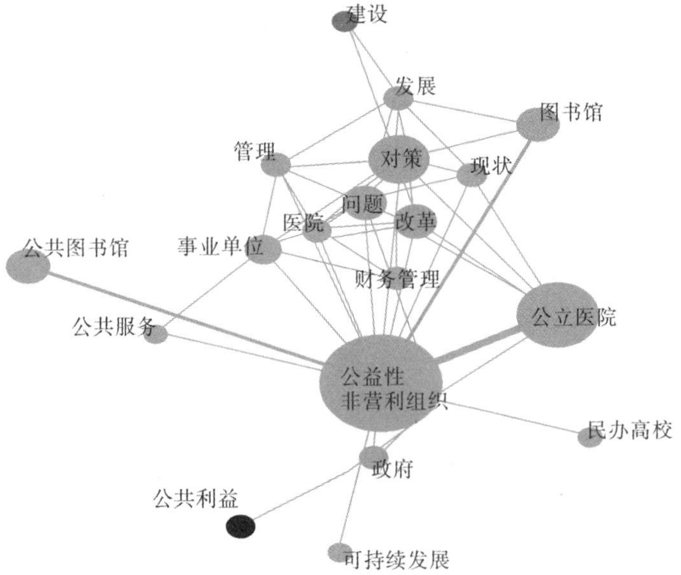


图4　关键词“公益性”的计量可视化分析图

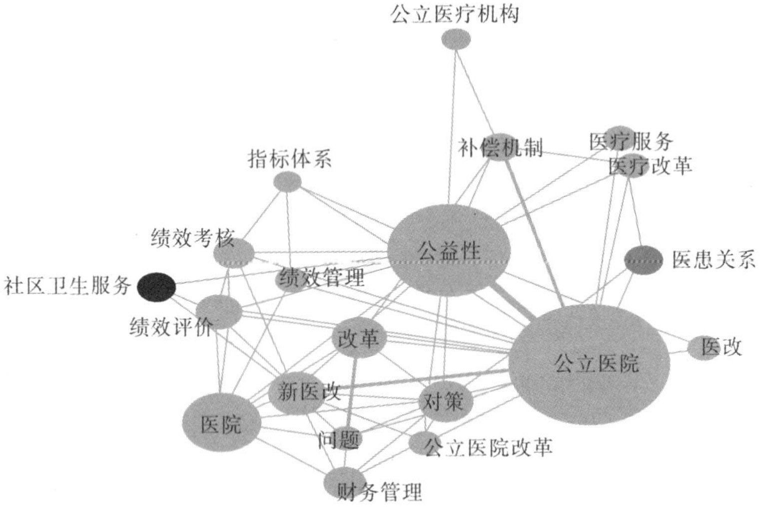


图5　关键词“医疗公益性”的计量可视化分析图

2. 关键词分布分析

从关键词“公益性”和“医疗公益性”的计量可视化关键词分析表可以看出（图6、图7），在研究关键词分布中，“公益性”和“公立医院”的分布都是最多、最广的。此外还有部分研究比较热的关键词也对我们的研究有相当大的参考价值。在“医疗公益性”领域，我们可以看出，关键词“新医改”的出现次数已经超过100次，自2010年提出医疗改革至今仅7年时间，其出现频率能达到这个水平，说明这是一个相当有价值的研究热点。此外，对于对策的研究也十分重视，一切研究就是为了解决问题，医疗回归公益性是大势所趋，我们以此为切入点，深刻探讨使公立医院回归公益性存在的问题，已经提出相应的可行性措施。

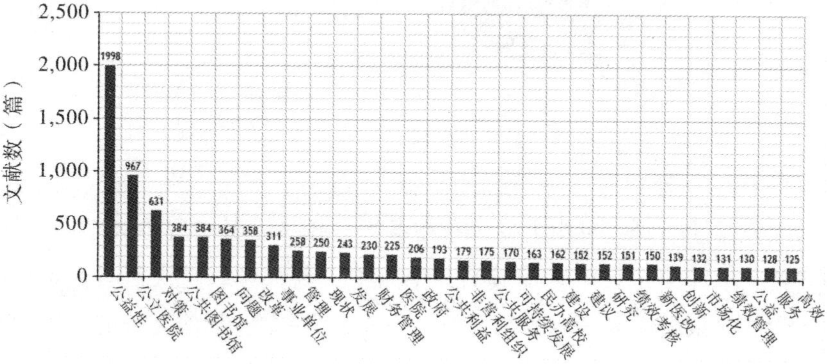


图6　“公益性”的计量可视化关键词分析表

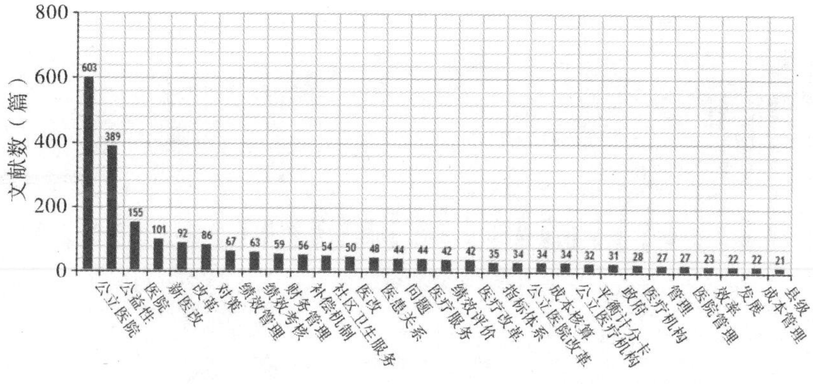


图7　“医疗公益性”的计量可视化关键词分析表

### （三）研究分布及来源

1. 层次分布分析

从医疗公益性的研究层次统计可以看出（图8），大部分的文献集中在行业技术指导（自科）类，共1042篇，占31.58%。此外，基础与应用基础研究（自科）和工程技术（自科）相对持平，分别占16.15%和16.00%；其他，如政策研究（自科）、基础研究（社科）、政策研究（社科）、行业指导（社科）等相对较少。

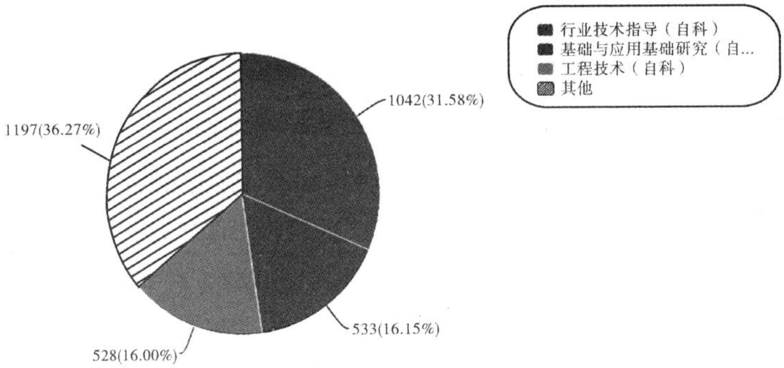


图 8　医疗公益性计量可视化分析的研究层次分布比例图

2. 机构分布分析

医疗公益性的研究机构主要分布在各大高校中，其中复旦大学高居榜首，华中科技大学和山东大学紧随其后，南京中医药大学、重庆医科大学、上海交通大学、北京大学等研究的文献数均在 33 篇左右，其他高校的文献数相对较少。根据高校分布可以看出，研究医疗公益性较多的地区主要是实行医疗改革的地区，并且属于试点地区，这对于问卷数据的采集相当有利。

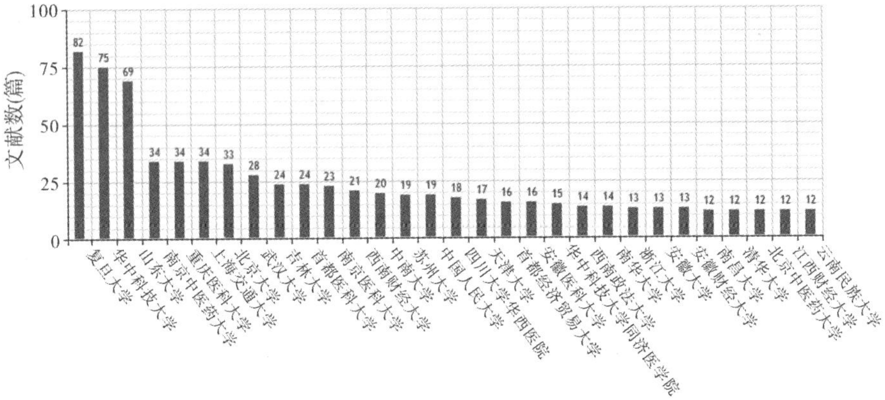


图 9　机构分布统计图

3. 学科分布分析

医疗公益性的研究学科主要分布在医药卫生方针政策与法律法规研究，至今已有 2684 篇，并占总研究数的 73.64%。此外，除会计 11.2%、医学教育与医学边缘学科 9.47%、保险 8.43%、行政法规及地方法制 7.39%、行政学及国家行政管理 6.04% 和投资 5.01%，其他的学科分布较少，数量基本不超过 50 篇，比例均在 5% 以下。

4. 来源类别分析

医疗公益性研究文献的来源（图 10），在各个刊物上相差不大，来自《中国卫生经济》和《中国医院管理》的相对较多，占总数的 9.71% 和 9.25%。其他刊物的文献相差不大，比如《中国医院》《山东大学学报》《中国卫生事业管理》《华中科技大学学报》《中国医院院长》《中国卫生产业》以及《医院管理论坛》等刊物均在 4% 到 6%，相对较少。

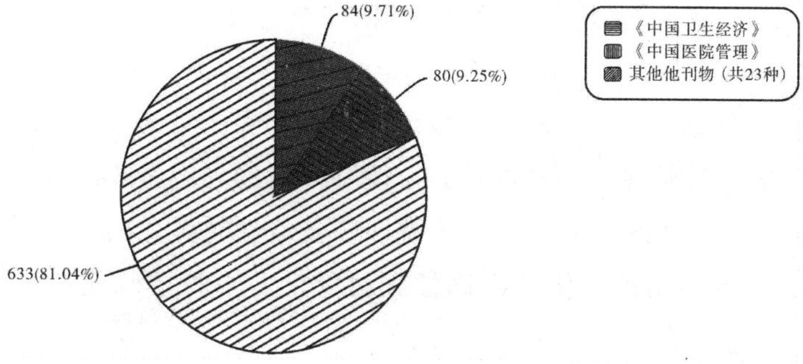


图 10　医疗公益性研究文献的来源类别分析图

## 三、总结

根据上述对“公益性”和“医疗公益性”的计量可视化分析可知，其中优秀的调查和分析方法是值得借鉴的。首先，通过分析关键词共享网络，可以得出“公益性”和“公立医院”是密不可分的。所以我们在确定研究对象时，能够确定一个大的方向，并且可以很清晰地知道当下的研究热点，并根据热点选取自己的研究方向。其次，就总体的分布趋势而言，现在对医疗公益性特别是公立医院的公益性的研究越来越多，那么再想突破这种大面积同化研究就十分困难了。通过计量可视化的研究，我们了解到研究主题的大致分类和主流，并根据前人的研究进行突破性、创新性研究，特别是在公立医院回归公益性的可行性措施上，要打破陈规，创新方式。再次，通过研究机构分布，我们可以得出并了解这些走在研究前列的机构，并借鉴他们的经验，从而来进行自己的研究。分析显示，复旦大学对公立医院公益性的研究是相当多且全面的，我们可以参考其研究方向和方法，选择适当的选题进行研究。此外，大量查看含有关键词“公立医院公益性”的相关文献，通过进行对比分析，可以从中总结出一些相关的研究方向及内容。

## （一）“公益性”和“医疗公益性”内涵界定总结

通过大量查看文献可以得出，不同学者、不同学科、不同研究课题对于“公益性”和“医疗公益性”内涵界定的表述各有不同，有的从词素着手进行比较，进而逐步揭开公立医院公益性的朦胧面纱；有的从公益性的直观表现入手，用其表现形式和具体表现内容来界定公益性，但大多倾向于用“非营利性”和“公共利益性”来界定它。其中也有不少学者指出，“公益性”不等同于“非营利性”。将各学者对其的内涵界定做一个统计比较（表1[2]），可以更直观地看出各学者对其内涵的界定的联系与区别。

虽然对“公益性”和“医疗公益性”内涵的界定各式各样，各有各的依据，但是关于“公益性”和“医疗公益性”内涵的界定至今没有一个准确的定义，这对于研究者的研究和公立医院回归公益性的目标的确定、行为的选择都会造成一定的困惑，使其准确性相对降低，不利于研究和医疗改革的进行。

**表1　学者对公立医院公益性内涵的界定比较**

| 学者 | 公立医院公益性内涵 |
|---|---|
| 陈英耀 | （1）提供卫生服务的可及性，实现“人生享有基本卫生保健”；<br>（2）提供卫生服务的适宜性，即适宜的技术、适宜的药品、适宜的成本 |
| 周金玲 | （1）符合国情条件下达到社会公平，为政府制定的基本医疗服务，一方面要与经济发展相适应，另一方面要满足广大群众的基本需要；<br>（2）政府利用经济、政策手段，在全社会范围内提高医疗资源配置效率，解决市场失灵造成的医疗资源分配不均的问题；<br>（3）政府利用政策手段解决医患之间信息不对称的问题 |
| 李玲、陈秋霖等 | 公立医院的行为和目标与政府意志一致，进而与社会福利最大化的目标一致 |
| 厉传琳 | 提供基本的卫生服务过程中体现出的可及性和医疗服务提供的适宜性 |
| 张明月 | 如公共物品，应具有非排他性和非竞争性 |
| 雷海潮 | 衍生公益性：通过公共政策而使公立医院能长期持久地发挥缓解居民看病就医经济风险程序的公共功能 |
| 吴敬琏 | 非营利性：以促进公众福利为宗旨 |

续表

| 学者 | 公立医院公益性内涵 |
| --- | --- |
| 其他 | （1）公立医院的本质属性；<br>（2）非营利性；<br>（3）民众平等地享有公共卫生服务和基本医疗服务的权益；<br>（4）公共利益；<br>（5）卫生事业的本质属性；<br>（6）最大限度地提高社会整体人群的健康水平和生命质量 |

（二）公立医院回归公益性的影响因素分析

公立医院改革，其核心就是要使公立医院回归公益性，但是其中存在相当多的影响因素。

第一，从政府的角度来看，政府在公立医院回归公益性的改革中的作用重大。有学者指出，我国公立医院本不是营利性的组织，现在却要倡导回归公益性，似乎有一点本末倒置的感觉。其中政府要承担相当大的一部分责任，政府财政支出不足以及财务制度不合理等问题得不到解决，公立医院回归公益性之路就举步维艰。例如根据我国统计局给出的数据，2011 年至 2015 年，我国的政府卫生支出虽有增加，但是相对增幅较小，支出力度不大。而且每年的结余量还在增加，这就说明政府的财政投入力度不够。从图 11 中可以看出，政府卫生支出比个人现金卫生支出少，这就可以反映出患者所花的钱没有得到足够的补偿，“看病难、看病贵”的问题仍未得到解决。

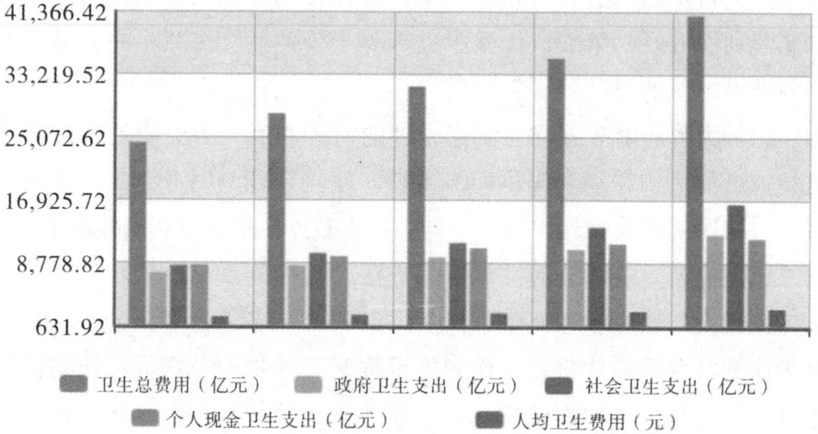


图 11　2011—2015 年我国卫生支出

第二，从医院的角度而言，由于近年来的公立医院改革正大刀阔斧地进行着，公立医院回归公益性势在必行，因此很多时候我们的公立医院会自觉地考虑如何进行改革。很多公立医院混淆了公益性的概念，对公益性内涵的界定不准确，将优质服务理念代替公益性。不少医院想要通过提高服务质量来达到回归公益性的目标。此外，不少医院以公益性为名限制医务人员待遇的合理增长，使得医务人员的积极性下降，从而引发隐形的医患矛盾，不仅不能更好地促进公立医院回归公益性，还可能会影响社会稳定，这是不可取的。面对这些问题以及可预见的隐患，我国并没有规范化回归公益性的指导性意见和政策，也很少有人研究如何规范公立医院回归公益性的总体方法。我们可以探讨一下国家应制定何种规范性大政方针，促进医改的顺利进行。

第三，从需方的角度而言，常说的需方在公立医院公益性改革中即指患方。随着社会经济的发展，患方对于医疗公益性服务的要求越来越高，这种主观的要求和客观的实际形成强烈的反差，从而引起医患关系紧张的案例数不胜数。根据谷茜、胡献之等人进行的《基于患者视角的公立医疗机构公益性评价》的调查分析，调查对象整体公益性评价满意度较高，为82.4%。其中满意度最低的指标是诊疗费用和经济困难病人先诊疗后收费，说明患者对于这些方面的要求并没有得到满足，从而影响公立医院回归公益性。

（三）公立医院回归公益性的措施

根据不同研究者的调查研究，我们在充分地了解公立医院回归公益性的障碍的同时，也可以总结相关的可行性措施，为实现公立医院公益性改革提供相关理论支持。如何进行公益性改革？首先要明确相关概念：第一，将公益性和非营利性分开；第二，优质服务不等于公益性。按照不同的分类方法可以将各种措施归纳为以下几个方面。

第一，加大政府财政支出，制定合理的财务制度，为医院的基础设施建设、医护人员的薪酬和福利提供经济支持。建立合理的财务制度，如现行的绩效制度，将医院绩效管理作为一个重要的突破点，不断进行绩效改革。

第二，研究公立医院公益性评价的方法、指标体系和评价工具，不断进行指标体系建设。通过参考文献，我们可以看出许多学者对于公立医院的公益性评价质变进行了一些研究，比如陈英耀基于德尔菲专家咨询法对公益性评价指标进行筛选，通过两轮筛选，初步构建了评价体系，其指标涉及公共卫生、应急救治和政府指令性安排的开展及执行情况、服务及费用的合理性、服务质量、服务对象的主观评价和服务效率等方面[3]。

第三，监督机制的建立与完善。充分发挥多主体、多渠道的监督，实现对公益性服务的指标的监督。首先要发挥内部监督的作用，比如实时监控公益性指标的完成程度和效果，调节内部管理机制，实现科学化管理，如内部人事管理制度、内部财务管理制度。此外还要加强外部监管的作用，特别是需方力量，我们要充分发挥需方在公立医院公益性改革中的作用，因为需方是公益性体会的直接感触者，他们对公益性的评价具有十分重要的影响。

公立医院公益性改革是现今社会的一个改革热点和难点，如何回归公立医院公益性是研究的热点。我们进行计量可视化分析和参看大量文献进行总结，得出研究公立医院公益性的优势与不足，以此为基础展开研究，为公立医院公益性改革提供理论支持。

**参考文献：**

[1]吴敬琏.公立医院公益性问题研究[J].经济社会体制比较,2012(4):13-20.

[2]潘小琦.当前中国公立医院改革为何难以回归其公益性[J].劳动保障世界,2017(23):70-71.

[3]陈英耀,倪明,胡献之,等.公立医疗机构公益性评价指标筛选:基于德尔菲专家咨询法[J].中国卫生政策研究,2012,5(1):6-10.

# 南充市医师多点执业的困境及其行政管理办法研究

王廷秀
公共事业管理2015级

**摘　要：**在新医改背景下，南充市目前医师多点执业政策的模糊性和冲突性、管理制度的不完善性、第一执业机构阻碍、高级医师人才资源的缺乏、医师及医院思维固化、统一的信息管理平台的缺乏、法律监管体系不完善以及医师的高负荷工作和法律意识淡薄等因素造成了南充市多点执业推行的困境。本研究采用实证研究和问卷调查的方式，对南充市三家大型三甲医院相关多点执业政策的实际推行情况进行初步了解，并深度访谈卫生行政部门及相关专家，就南充市医师多点执业的现状及影响因素进行剖析。研究结合双因素理论、模糊－冲突模型理论，对南充市医师多点执业推行的困境及影响因素进行分析，参考相关文献及其他城市的管理办法，进而为南充市进一步推行医师多点执业政策提出行政管理办法。医师多地点执业管理办法能真正落实，需要有针对性、可操作性的管理办法，建议：完善相关法律法规，确立多点执业合法性；建立区域性统一信息平台，加强医师薪酬财税管理；构建责任承担体系，消除医疗风险阻碍力；建立绩效考核机制，保证收入公平合理性；加快健全激励机制，充分激发积极主动性。这有利于缓解目前医患紧张的局面，满足基层的医疗卫生需求，实现医师的自我价值；从根本上推进医师多点执业的开展，实现医疗资源的均衡配置，为人民群众提供优质、便捷的医疗服务。

**关键词：**医师多点就业；困境；影响因素；行政管理办法

## 一、绪论

### （一）研究背景

我国卫生部于2009年推行医师多点执业政策，并在部分地区开始试点，这引起了社会各界的普遍关注。事实上，该政策在实施过程中遇到了较大的阻力，且发展并不平衡，一直面临“媒体热捧，医院淡定”的局面，并未达到预期效果。2017 年 3 月，国家卫计委发布的《医师执业注册管理办法》，将医师执业地点修改为“医疗、预防、保健机构所在地的省级或者县级行政区划”，执业医师的注册地点为省级行政区划，执业助理医师的注册地点为县级行政区划，实现“一次注册、区域有效”。医师在医疗、预防、保健机构执业以合同（协议）为依据，确定一家主要执业机构进行注册，其他执业机构进行备案，执业机构数量不受限制。此次新政意味着医师不再需要第一执业医院的审批即可开展多点执业。

在新医改的背景下，南充市在医师多点执业政策实施过程中，尽管有明确的政策发布，但真正申请多点执业的医生人数并不多。南充市自 2012 年开始在全市范围内开展医师多点执业工作，五年来，申请多点执业的医师逐年递增。截至 2017 年初，全市共有 75 人申请并开展了多点执业，均是取得了副高以上专业技术职称的医师。作为一个有 700 万人口、管辖 3 区 6 县的大城市，南充市对于多点执业医师的需求是庞大的，但是申请多点执业的医师数量却远远不够。这需要政府完善行政管理办法，促进更多的医师参与多点执业。

（二）研究目的及意义

1. 研究目的

研究主要通过实证研究初步了解南充市目前推行医师多点执业的现状，进而分析南充市医师多点执业现状的影响因素，总结其目前面临的困境，然后通过专家访谈及文献研究，在参考其他实施效果良好的地区的管理办法的基础上，探讨解决南充市推行医师多点执业困境的行政管理办法，从而进一步推动南充市医师多点执业政策的实施与完善。

2. 研究意义

研究有利于了解南充市推行医师执业政策的现状及其影响因素，明白目前南充市面临的困境，对南充市医师多点执业行政管理办法的完善奠定基础，从而促进医师合理流动；有利于建立医学专业人才共享机制，方便基层群众就近享有优质医疗服务，切实保障人民群众的健康。在南充市医疗专家资源稀缺的现实状况下，在不影响自己的本职工作的前提下，医师多点执业既可以满足本院患者的需求又可以向基层群众提供更多服务，既为基层群众解决了部分寻医困扰的问题，又有利于充分实现医师的自我价值。改进医师多点执业的行政管理办法，不仅可以给所在医疗机构带来发展良机，还能造福更多的基层患者，实现南充市医疗资源的均衡，逐步满足南充市基础群众的诊治需求，缓解医患关系紧张的局面，解决群众“看病难、看病贵”等问题；推进南充市医疗高端人才的流动，促使卫生体制进一步改革，均衡优质卫生资源配置，为我国全面推广医师多点执业提供一个良好的范例。

（三）研究方法及创新点

1. 研究方法

研究主要采用的研究方法是：

（1）实证研究法；

（2）专家访谈法；

（3）文献研究法。

2. 本文创新点

（1）研究理论创新：目前国外医师多点执业的推行相当广泛和成熟，但是我国近年来才开始推行医师多点执业。无论是国家层面，还是地方层面，研究医师多点执业的理论都相对较少，因此国家、地方急需完善医师多点执业的行政管理办法的研究。本文试图通过分析南充市推行医师多点执业的困境，分析其影响因素，探讨有效合理的医师多点执业的行政管理办法。

（2）研究视角创新：结合模糊－冲突模型、双因素理论模型，对南充市医师多点执业政策推行困境的影响因素进行分析。从多个角度看待该项政策实施的阻碍，从突破阻碍点出发，完善医师多点执业管理办法，进一步推进医师多点执业的实施与深入。

（3）研究方法创新：采用实证研究、文献研究及专家访谈法，在国家医师多点执业实施条例以及《南充市医师多点执业暂行管理办法》的基础上，参考云南昆明市、广东深圳市、四川成都市等医师多点执业政策推广效果突出的城市的行政管理办法，结合南充市本地的实际情况，提出行政管理办法。

（四）研究路线

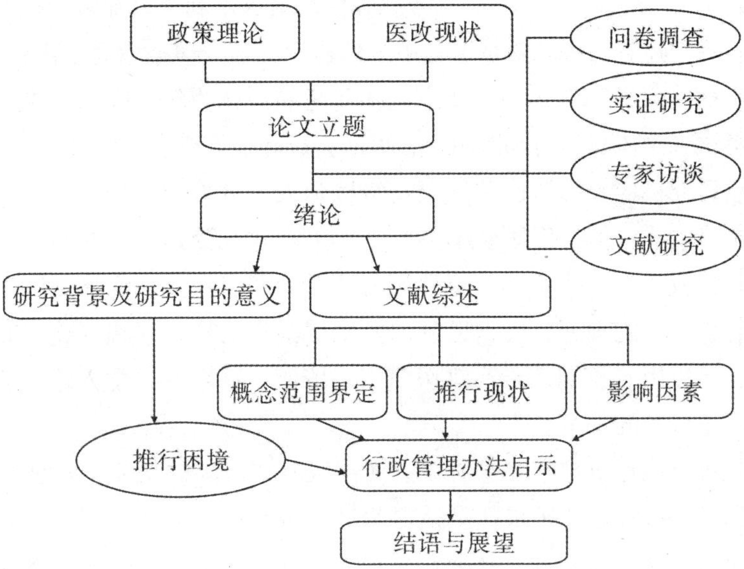


## 二、文献综述

（一）医师多点执业的概念范围界定

医师多点执业是指符合条件的临床、口腔、中医（中西医结合）、公卫类别中级以上职称的执业医师，经所在区域的卫生行政部门注册后，在三个以内的医疗机构从事执业活动的行为。执业医师一般需要中级及以上职称，副高及正高以上职称的医师不需要经过第一执业机构的批准即可进行多点执业注册，需在一定时间内向第一执业机构报备。

（二）南充市医师多点执业的基本现状

从体制上看，大型公立医院缺乏释放优质医师资源的动力；从医师本身角度看，多点执业不得不考虑各种现实问题；从服务保障体系上看，目前还缺乏承载医师多点执业的公共医疗服务平台。南充市大部分医师处于观望中，政策虽好，但如何真正落到实处？这是广大一线与三甲医院的医生们所关心的。首先院方的管理者必须对医生的权责分配、时间等做出具体可操作的协议，能保证第一执业地点的医院、医生本人和患者三方的利益。

南充市的大多数医生和医院思维固化。虽然现在副高及正高职称的医师申请多点执业已经不用单位审批，但薪酬、奖金、晋升、学术地位仍与医院本身挂钩，这让不少医生有顾虑。新医改背景下，一些有能力的医生还是喜欢进行地下的“走穴”，不进行多点执业注册。这不利于医师多点执业的统一考核与管理。还有一种特殊情况是中医的执业问题。根据南充市出台的政策，医师多点执业除了备案，还需要定期接受考核。一些年纪大的老中医，让他们参与考试，身体和精力都跟不上，可能会放弃执业机会。

基层医疗机构及民营医院期望高级医师人才流入该机构，并以高薪酬吸引高端医疗人才；但三甲医院不愿人才流失及收入受损，不鼓励与支持医师进行多点执业或自由执业，甚至阻碍医师进行多点执业。优秀的医生资源长期被高等公立医院垄断，民营医院以及基层医疗机构由于福利待遇较差、设施不完备等原因，长期缺乏高级医学人才资源。这需要医学人才的流动，才能实现医生资源的平衡。

一些民营医疗机构存在“挂牌”（高级职称医师的执业资格证）吸引患者的情况。一些社会办医机构利诱医师通过多点执业的渠道成为其医师团队成员，肆意包装普通医师，从而误导患者。多点执业助长了不法医疗机构的“挂牌”行医行为。部分地区为了应付上级检查，将通过对口支援、晋升职称前下基层、会诊等明确规定不属于多点执业的情况作为多点执业的数据统计，使多点执业的实施存在走形式、走过场完成任务的情况。

### （三）医师多点执业的影响因素

#### 1. 政策因素

医师多点执业政策的模糊性和冲突性。目前我国所推行的多点执业政策以及管理办法，有着典型的“摸着石头过河”“先试点后推广”的特征。由于中央政府并未对医师多点执业政策进行短期和长期执行规划以及目标量化，因此这些多点执业政策具有很高的模糊性[1]。中央政府政策目标的模糊性传导到地方政府制定的政策目标中，在政策工具的选择上，中央政府和地方政府对医师多点执业政策大多以“意见”“通知”“工作安排”等形式发布，具有典型的非强制性工具倾向。医师多点执业是一个跨部门、跨地区、多层次的综合性政策议题，涉及众多的利益相关主体。医师多点执业的冲突性是利益多元化的必然。

医师多点执业管理办法的不完善性。南充市从 2012 年才开始推行医师多点执业政策，起步时间相对较晚，缺乏发展经验。而且，为了填补人才空缺，方便老百姓基层就医，南充卫计委于 2014 年 10 月才出台《南充市医师多点执业管理暂行办法》。这个“暂行办法”无论是可行性，还是完善性，随着南充市医疗卫生服务需求的发展都需要不断改进。

2. 组织因素

大多医疗机构不愿看到自己培养的医学人才流向竞争对手，且医院的收入创造又主要依靠医生，特别是高水平医师。实施医师多点执业政策后，公立医院必然担心医生特别是高水平医生流失和收入受损。医师资源，尤其是高级职称医师，在各类医疗机构都属于稀缺人才[2]。对于医院来说，医师是医院的灵魂，人才就是支柱。南充市医院众多，对医疗人才的需求量自然不小。然而南充市绝大多数专家人才集中在南充市中心医院和川北医学院附属医院，基层医院和民营医院几乎很少有医学博士、硕士等高端人才。尤其是急救（诊）医学、放射、超声和病理等方面的高端人才，连三甲医院都比较紧缺，更别说基层医院和民营医院了。

医疗机构与医师之间的利益联盟关系限制了医师的多点执业。根据哈罗德·孔茨关于人性的基本假设，个人将促进组织的创建以服务自己的需求。医师作为医院的员工，医院的声誉品牌与个人的利益息息相关。促进医院的发展，同时也有利于自身的发展，并从中获利。同时，组织中的个人能够受人引导，会响应领导。医师也不例外，往往会响应和配合组织领导的指挥安排。

医疗机构的水平参差不齐。优质医疗服务的提供不仅需要医疗水平高的医师团队，还需要一定的设备仪器做支撑。目前地方各大医院由于资金、政府扶持力度等因素的不同，医疗机构的设备、仪器、医疗水平等有着很大的差距。

3. 个人因素

医师多点执业的保健因素与激励因素。医师既是医疗机构的工作人员，也是社会群体的普通成员。在取消药品加成、分级诊疗等一系列医改措施的综合作用下，大多数医护人员的收入水平大幅度下降，为了增加个人收入，多点执业对于医师来说无疑是一个不错的选择。但同时受到所属医疗机构的限制，部分“保健”因素难以得到满足。作为医疗专家，都希望自己的价值得到更加广泛的体现，经济价值仅仅是一个方面，更大的价值在于基层病患群体庞大，有利于医师搞科研，从而促进医师个人以及医院医疗技术水平的提升。申请多点执业，除了增加收入，还能在基层医院和高级别医院之间搭建起一个合作平台，帮患者和医院解决更多的实际问题，这是医师多点执业存在的激励因素[3]。

## 三、研究内容

### （一）南充市医师多点执业的困境

南充市卫计委数据显示，政策放宽后，申请人数也没有呈现大幅度地增加，没有达到预期效果。多点执业风险影响了医生多点执业的广泛开展，多点执业过程中如果发生医疗纠纷，医师担心责任难以界定。很多医师因为考虑到规范性、社会口碑、风险承担等因素，或者因为工作过多，难以进行多点执业。南充市的医师多点执业在推行过程中存在不少问题，亟待政策制定者与全社会共同参与探讨与解决。

基层医疗卫生单位水平的参差不齐制约了医师向基层流动。多点执业管理办法与现行的法律法规还不完善，医师多点执业的待遇特别是到基层医疗机构执业的待遇需要政策支持。绝大多数基层医疗机构场地狭小、设施设备简陋，缺乏先进的医疗仪器，社会对民营和基层医疗机构的认可度低，影响了上级医院医师多点执业的效果，从而使得多点执业医师担心影响自己的口碑。缺乏对多点注册执业医师的监督管理，多点执业现状混乱，没有统一的考核标准，考核制度不完善。

第一执业地点不释放人才资源。很多第一执业地点担心医院高端人才流失或不能兼顾，对医师多点执业进行约束，大多第一执业点不支持本院医师多点执业，医生申请多点执业存在顾虑。政策执行难的关键原因是缺乏合理的激励机制以促使公立医院和医生放弃利益联盟关系。

医师长期高负荷工作，工作状态透支，导致医师没有多余的时间精力投入多点执业。在二甲以上级别的医院，医院里问诊的患者普遍就多，该医疗机构的医师的工作量自然就很大，尤其是医疗水平高的医师更是忙碌。再加上临床科研与教学工作，使得医师往往高负荷工作，自然没有更多的时间和精力投入多点执业，从而很难涉足多点执业[4]。

医师的法律及责任意识淡薄。一些有能力的医生为了经济利益，不按照规定进行多点执业注册，仍然进行地下的“走穴”。这些“走穴”行为已经是公开的秘密，在南充市各大医院非常普遍。虽然有一定风险，但因为收益高，所以很多医生愿意铤而走险。但一旦出现医疗事故，在责任分担的问题上就容易产生纠纷，这成为多点执业的另一难题。

医疗行为具有一定的风险性，且医疗责任事故具有复杂性和多样性。由于监管的不到位以及相关的配套措施的不完善，大多数医师担心发生医疗纠纷时无法合理处置，因此不愿冒险涉足多点执业。

### （二）南充市医师多点执业困境的行政管理办法启示

在参考梅奥和罗特利斯伯格的有效管理理论和丹尼尔·麦卡勒姆的管理思想的基础上，在新政策的规定下，除了各大医院应该遵守规定、医师按照要求积极参与多点执业，还要完善多点执业立法、制度体系，规范医师多点执业的行为，建立区域性统一信息平台，以及建立健全绩效考核和激励机制，完善责任风险承担体系等。

1. 完善医师多点执业立法、制度体系，确立和确保多点执业的合法性与合理性

从医改的高度提升医师对多点执业的认同感，改变医院及医师的传统思维模式，打破本位主义、利己主义的观念，牢固树立为广大人民群众造福的观念[5]。医师的第一执业医疗机构充分使第一执业医疗机构释放人才资源，必须按照管理规定执行，副高及正高职称医师多点执业无须征求第一执业地点的同意，第一执业机构也不得以任何借口威胁阻碍副高及正高职称医师多点执业的申请；对于阻碍副高及正高职称医师多点执业的医疗机构，卫生行政部门要及时给予处罚，要求其限时调整。对于中级职称医师的多点执业申请，第一执业医疗机构要严格把控，不得使低水平者流入市场，对申请者充分进行考核，合格者方可进行多点执业。

医师在进行多点执业时，为了消除了第一执业机构的顾虑，多点执业的医师应该与第一执业机构签订工作协议，对多点执业的时间、科研成果、责任界定等关键性问题进行科学的划分；同时也要与执业地点的医疗机构签订聘用合同与劳务协议，规定医师与执业的医疗机构在协议中应当约定执业期限、时间安排、工作任务、医疗责任、薪酬、科研成果归属、相关保险等[6]。多点执业医师的薪酬，根据实际工作时间、工作量和工作业绩等因素，由执业地点的医疗机构与医师协商确定。

简化医师多点执业的注册程序，同时探索实行备案管理的可行性。实行区域注册，以促进区域医疗卫生人才充分有序流动[7]。当医师在参加城乡医院对口支援、支援基层，或在签订帮助或托管协议、建立医疗集团或医疗联

合体的医疗机构间多点执业时，不需办理多点执业相关手续。

对于特殊医师进行特殊管理。已经退休或者年纪大、体力弱的医师，无论中医还是西医，需要定期考核，但要考虑其生理因素，简化其多点执业注册考核和办理程序，并给予适当的辅助。在公立医院担任院级领导职务的，在一般情形下不能从事其他形式的多点执业，但急救（诊）医学、放射、超声和病理紧缺专业医技人员且担任院级领导职务的医师应适当地进行多点执业，并完善自由执业的规范。

2. 建立有效的约束机制，规范医师的诊疗行为

无条件或者低要求的医师多点执业不但会引起卫生人力市场的混乱，还会带来严重的医疗安全隐患。南充市医政管理机构要对允许聘用多点执业医师的医疗机构制定管理标准，对其技术力量、医疗设备等硬、软件条件进行定期考评，以保障医疗服务质量。

如果医师在任何一个执业点被处以暂停执业及以上行政处罚，那么该医师在其他所有执业点的执业活动都将被暂停。另外，如果医师在本单位（第一执业点）定期考核不合格，那么他们的多点执业资格也将被取消，暂停其他执业地点的执业活动一年，接受第一执业地点等级注册卫生行政部门组织的医疗机构的培训和继续医学教育，并通报其他为该医师注册的卫生行政部门。在暂停执业活动期满后，再次考核合格的，当年只能在第一执业地点执业，次年才能再次申请多点执业[8]。当多点执业的医师在任何一个执业点被处以暂停执业以上行政处罚或者定期考核时，必须给该医师所执业的其他医疗机构及时发布通知，严禁该医师继续执业，直到考核合格，重新获取执业资格后才能继续执业。

每个区域应当结合医师执业管理机构的建立，会同卫生执法部门，建立严格的执业监督管理体系，有效防范多点执业可能带来的制度风险，并且要加强平时的多点执业监督，避免走形式，防范可能存在的制度风险。

3. 建立区域性统一信息平台，加强多点执业医师的统一管理

成立专门的医师执业管理机构，不是只从属于卫生部门的医政科室的某个项目，而要组建单独的专门的医师多点执业管理机构，进行统一注册、定期培训考核等。为注册多点执业的医师建立统一的信息管理平台，对多点执业的医师所服务的所有医疗机构、医疗事故、薪酬、财税等进行统一管理。及时接收多点执业医师的意见反馈，并加以运用，促进医师多点执业管理的

完善。

4. 建立健全绩效考核制度，保证收入的公平合理性

长期以来，我国的医师考核“重科研、轻临床”的现象普遍存在，这违背了医师回归临床的现实需求。医师的精力往往是有限的，第一执业机构的工作量及科研教学工作已经使人疲惫，这种情况下再参与多点执业，对医师的健康是非常不利的。因此，应以临床综合能力为核心，分类细化考核体系，引导医师将更多的时间和精力投入临床[9]。

在制定医师多点执业的考核制度时，应当根据SMART原则，制订绩效考评计划；按照公开、公平、公正的原则，确定统一的绩效考核标准；选择合适的绩效考评方法，对不同专业的医师采用特定的绩效考核方式，不能过于单一；在实施医师多点执业的绩效考评计划后，还要定期分析数据资料和评定考核结果，将绩效考评结果进行反馈运用。

5. 加快健全激励机制，充分激发积极主动性

各区域医师多点执业的管理机构，应当对多点执业成果突出的医师及医疗机构进行嘉奖；在评优、评职称方面给予多点执业医师激励政策，对于开展多点执业且医疗绩效优异的医师优先评优、评职，鼓励更多的医师参与多点执业。

鼓励和支持城市大医院主动搭建医师多点执业平台，积极与其他基层医疗机构及民营医院开展合作，共同探索新型的医师劳动报酬支付形式、福利待遇等。激励和支持各大医疗机构结合自身的学科特征和学科建设要求，主动积极搭建医师多点执业合作平台，组建跨机构、跨学科的专病治疗团队。对于这类合作型的治疗团队，政府应给予相应的鼓励与监督[10]。对于需要医师多点执业且医疗设施基础差的基层医疗机构和民营医院，卫生部门要给予政策支持和资金扶持。

同时，政府还可以鼓励医师以团队形式开展多点执业，支持多点执业医师团队自由地到基层、社区、边远地区、医疗资源稀缺的区县和其他有需求的医疗机构多点执业，多点执业的地点数量不限定。对于其他城市或者省份的医师，应当适当地允许符合条件的医师到本地开展多点执业。

6. 构建责任风险承担体系，消除医疗风险阻力

大多数医师在考虑多点执业的时候，往往最先考虑的是在进行多点执业过程中发生医疗纠纷或医疗事故后责任的界定与承担程度。因此，医疗机构

和医师应当通过合同或协议，明确发生医疗损害纠纷时各自应承担的责任，以解决医师的“后顾之忧”，并且还要支持医疗机构和医师个人购买医疗责任保险等医疗执业保险，医师个人购买的医疗执业保险适用任一执业地点[11]。

针对医疗责任，医师多点执业过程中发生医疗损害或纠纷，应当由发生医疗损害或纠纷的当事医疗机构和医师按照有关法律法规处理，其他非当事医疗机构均不承担相关的医疗损害或纠纷处理责任。医师自身也要增强法律意识，不违规进行多点执业，当遇到医疗纠纷时要懂得使用法律武器作为维护自身利益的武器。将多点执业中的医疗责任风险向自由执业的医疗责任风险过渡，发挥市场引导作用，推进医疗赔偿第三方支付制度，排除医师多点执业的障碍。

## 四、结语与展望

医师多点执业政策的实施能够平衡有限的优质医疗人才资源分布，使医疗高端人才流动起来，提高医疗人才资源利用的社会效益和经济效益，减轻基层患者及其家属的医疗费用负担，对医患来说，这都是好事。

一方面，自由执业能解除医生的束缚，给予医生自由施展才能的平台。优秀的医生不应该只属于一个医院，而是属于病人的。如果能打破单一执业地点的限制，技术成熟的医生可以凭借自己的本事求生存、求发展，实现个人价值。

另一方面，执业自由也可以在一定程度上缓解医患矛盾。一直以来都说看病难、看病贵，大医院的品牌效应吸引了病患，但超量的病人、超负荷的工作量，必然导致医生服务态度与质量的下降，反而导致医患矛盾加剧。而小医院缺少优秀的医生，而且没有病源，医院缺少经验，进一步失去医疗服务意识与质量。医生自由执业给医生提供了流动的机会，那些看到机会的医生会选择下沉到基层、社区。一段时间之后，病人进行了分流，大医院、小医院都受益，由资源紧张带来的医患矛盾问题就能得到缓解。

医师多点执业是医学知识、临床技术和经验等医学资源共享的主要途径，是促进医疗资源、改变医疗资源配置失衡的主要举措。逐渐实现由多点执业过渡到执业自由，才能最终充分实现医师的自我价值，平衡优秀医学人才资源发展方向，均衡地区医疗资源。

## 参考文献：

[1]刘芳,刘红.医师多点执业政策执行困境分析[J].卫生经济研究,2017(6):43－46.

[2]严娟,陈大伟,王振宇.我国医师多点执业制度影响因素鱼骨图分析[J].南京医科大学学报(社会科学版),2013(2):101－104.

[3]潘秋予.新医改背景下医师多点执业的影响因素研究[D].成都:成都中医药大学,2016.

[4]杜晓宇.PPP模式在城乡居民医保一体化建设中的应用[J].保险职业学院学校(双月刊),2011,25(3):52－56.

[5]刘晔.医生多点执业的法律风险与防范[Z].2016.

[6]赵晋,董自西,董晓建.新医改背景下医师多点执业机制探讨[J].中华医院管理杂志,2014,30(10):734－736.

[7]李章平,林锦,许方泳,等.医师多点执业制度实施障碍与对策[J].中华医院管理杂志,2017,33(2):119－121.

[8]李姗姗.新医改背景下中国医师多点执业的推行困境与对策研究[D].重庆:西南政法大学,2016.

[9]欧雅琴.医师多点执业,理想丰满现实骨感[N].南方日报,2016－03－07(DC04).

[10]谭婧,刘国恩,伍艳红,等.昆明试点医师多点执业实施效果的实证分析[J].中华医院管理杂志,2012,28(4):241－245.

[11]左建生,吉琳,林茂.医师多点执业制度实施的思考[J].中华医院管理杂志,2013,29(12).

# 医院官方微信公众平台与医院形象提升
## ——以南充市中心医院为例

钟雯婷
公共事业管理2014级

**摘　要：**医院形象是医院文化建设的重要组成内容，也是医院价值取向的重要体现。如何提升医院形象，提高医院的竞争力因而成为现代医院管理决策者的重要工作内容。医院官方微信公众平台既是展示医院形象新的窗口，又能为患者提供更加方便、智慧的就医服务。因此，医院官方微信公众平台就为提升医院形象、打造品牌提供了一个新的途径。本文主要以南充市中心医院官方微信公众平台运营现状及存在的问题进行研究，并提出相应对策。

**关键词：**医院；提升形象；微信公众平台

医院形象是面向社会大众的一张名片，而这张名片是人们对医院素质与医院行为、医院各种活动成果的整体评价、总体印象与一般认定[1]。宣传医院的积极形象，打造良好的口碑，及时处理公共危机事件无疑成为写好这张名片的重要工作。新媒体环境下，传统的广播、电视、报纸等媒体已经远远不能满足受众需求，此时，采用新媒体进行宣传已经势在必行。微信公众平台，是新兴的交流互动媒体，2017年腾讯旗下企鹅智酷公布的《2017微信用户 & 生态研究报告》显示：截至2016年12月，微信全球共计8.89亿月活跃用户，而新兴的公众号平台有1000万个，2016年全年直接带动了信息消费1742.5亿元，相当于2016年中国信息消费总规模的4.54%。如何在新媒体时代的背景下利用医院微信官方公众平台更高效、更系统、更全面地提升医院形象因此成为如今的研究热点。

## 一、提升医院形象的重要性

### （一）有利于提升医院知名度，塑造医院品牌

医院形象主要是指人们对医院素质与医院行为、医院各种活动成果的整

体评价、总体印象与一般认定。拥有良好的住院环境、医术精湛的医生、服务到位的护士的医院无疑会获得良好的口碑和评价。中国古代名医无论是华佗、扁鹊，还是李时珍都是因为老百姓口口相传而闻名天下。直至如今，宣传医院形象，树立医院品牌，仍是吸引患者就医的最直接有效的方法。毫无疑问，患者会选择印象最好、口碑最好的医院就医。南充市中心医院是一所拥有编制床位 2800 张（含在建的江东院区 1500 张）、开放床位 2000 张，拥有 80 年历史的三级甲等综合医院，医疗资源、医务人员素质都是非常优秀的。但是，随着城市面积的扩张、外来人口的增加，医院竞争也面临多元化，南充本地的川北医学院附属医院也是同等级的三甲医院，是中心医院最大的竞争对手。因此只有通过提升医院形象，才能提高医院的知名度，树立自身形象品牌，才能让患者选择中心医院就医，才能让医院在市场竞争中保持健康发展的态势。

（二）有利于吸引患者就医，拓展医疗市场

医院形象已经成为患者在就医时选择医院的一个重要因素，自“魏则西”案件之后，“莆田系”医院已经成为负面医院形象，一提起“莆田系”医院，人们最先想到的就是草菅人命、谋财害命。正所谓“好事不出门，坏事传千里”，自此事件后，患者在就医时会有所甄别，“莆田系”医院自然门可罗雀。医院立足之本是治病救人，但这一负面形象无疑会使医院流失众多患者，这对医院的打击是致命的。与之相反，形象良好的医院深受患者信赖，增强了患者去除病痛的信心，患者自然会放心选择、放心就医、积极配合。患者放心就医→医生细致治疗→患者治愈→大力宣传→其他患者放心就医，这样一个良性的循环塑造了一个让患者放心的医院形象，不断吸引患者，医院自然就扩大了医疗市场。

（三）有利于医院吸引并留住人才，对内提高凝聚力

构成医院的条件其中很重要的一项是相应的、系统的人员配备。当今社会医疗资源紧张，医疗从业人员欠缺的问题已经相当明显。《中国统计年鉴 2016》统计显示，我国 2015 年每千人口卫生技术人员为 5.8，执业（助理）医师为 2.2，注册护士为 2.4。医院想在竞争激烈的市场经济条件下不断发展就要吸纳更多人才，才能形成发展的良性循环。而医院良好的形象是一个医院重要的软实力、发展的内动力，可以提升医护人员的职业精神与团队精神，

进而使医护人员在工作的过程中，提升归属感以及创造力[2]，这样的工作环境无疑更能够吸引并留住人才。由此，我们可以看出，在新媒体环境下的医院形象传播，对于医院的可持续发展具有重要的作用。

（四）有利于树立正确的医院行为导向

著名的“破窗效应”提出：环境中的不良现象如果被放任存在而不加改正，会诱使人们纷纷仿效，甚至变本加厉。就像一个人闯红灯，会有一群人跟着闯红灯；一个人乱吐痰，会有一群人跟着不讲卫生；一个人在墙上乱涂鸦，过不了几天满墙都是污渍……这让我们明白“亡羊补牢，为时不晚”，但若是“亡羊不补”，那么绝对会“羊尽失矣”。“拿红包”“吃回扣”在当今医疗过程中屡见不鲜，为人诟病，想要从根本上杜绝此类事件的发生，一要提高从业人员的素质，二要形成健康的环境，进行监督约束。良好的医院文化促成良好的医院形象，良好的医院形象树立正确的医院行为导向，从而约束医务工作者的行为，扼杀不良现象，弘扬“正能量”，弘扬社会主义核心价值观，惩恶扬善，杜绝了“千里之堤，毁于蚁穴”发生的可能。

## 二、官方微信公众平台是提升医院形象的新途径

微信公众平台是腾讯公司在微信的基础上新增的功能模块，通过这一平台可以实现和特定群体的文字、图片、语音的全方位沟通、互动。而医院的官方微信公众平台就是医院官方认证的同社会大众沟通交流互动的窗口。鉴于网民数量、微信用户的爆炸式增长，更是出于服务理念的转变和医疗行业信息化发展的需要，医院宣传的网络化、数字化、信息化已经势在必行。随着手机和电脑的普及，人们已经习惯了足不出户地了解天下事，“秀才不出门能知天下事”已经成为现实，人们通过新闻媒体来了解医院的形象。正是微信的新体验功能、新互动模式、新宣传方式，使得官方微信公众平台成为提升医院形象的新途径。

（一）微信具有数量庞大的用户群，拥有巨大的影响力

2017 年 8 月 4 日中国互联网络信息中心（CNNIC）在北京发布的第 40 次《中国互联网络发展状况统计报告》显示，截至 2017 年 6 月，中国网民规模已经达到 7.51 亿，占全球网民总数的五分之一。互联网普及率为 54.3%，超过全球平均水平 4.6 个百分点。2017 年腾讯旗下企鹅智酷公布的最新《2017

微信用户 & 生态研究报告》显示：截止到 2016 年 12 月，微信全球共计 8.89 亿月活跃用户，而新兴的公众号平台有 1000 万个，2016 年全年直接带动了信息消费 1742.5 亿元，相当于 2016 年中国信息消费总规模的 4.54%。由此可见，微信在我国已经广泛普及并且具有巨大的影响力，微信已经成为医院宣传的重要途径。只有把握好广大的微信用户的喜好，才能在社会变革的大环境下成功地宣传提升医院形象。

（二）微信采用多媒介交流，满足不同用户的需求

微信的客户端以手机等便携式移动终端为主，而手机、平板之类的终端是人们在日常生活随身携带的用具，手机更是人手一部，所以微信在进行信息推送的时候可以保证实效性，不受时间和地点的限制。微信平台通过不断升级强化，已经实现了文字、图片、音视频、语音和视频通话等多媒介的交流方式，这为不同地域、不同年龄段、不同性别、不同爱好的用户提供了方便。人们更愿意采用自身喜爱的方式接触了解医院，医院也可以采用文字、图片、视频等更易接受的方式，多渠道、多媒介地宣传来提升医院形象。医院通过在微信上推出医院介绍、新闻动态、医生风貌来宣传医院形象，满足不同需求的用户的使用体验，因此官方微信平台与医院形象出现了“一荣俱荣、一损俱损”的关系，一个良好的受欢迎的官方微信就代表了医院积极的形象，一个被社会大众厌弃的官方微信会给医院带来负面影响。

（三）微信推广成本低

传统的电视广告、展板宣传都需要医院付出巨大的宣传成本并且无法及时了解受众的接受情况。但是医院公众平台采用微信的推广方式发布消息是免费的，只需要付出流量费，但这个费用同传统的广告费相比简直是九牛一毛。并且使用微信进行推广时，不需要运营者拥有专业工具、专门工作室就能够随时随地发布消息，这也解决了传统广告费事费力的问题。低成本的微信宣传能够节省大量财力，能够将其运用于微信运营人员的学习培训，形成良性循环，大大减少医院的财政压力。

（四）微信推广互动性强，能及时获得信息反馈

微信采用“点对点”的双向传播方式，能够与用户实时互动，及时了解受众意见与看法。医院可以在宣传自身形象的时候获得良好的信息反馈，从而不断改善自身的宣传模式及内容，大大提升了宣传的自主性和及时性。在

面对突发的医患纠纷、公共危机事件时，医院官方微信公众平台也能够及时应对、灵活处理，减小恶性事件对医院形象的影响，达到提升医院形象的目的。例如在2017年9月发生的陕西省榆林市产妇跳楼自杀事件中，榆林一院很快就在该院的官方微信、微博发声，让公众不要无端臆测，防止了事件在网上的进一步恶化，为后期的调查争取了时间，也获得了公众舆论支持。无可辩驳，医院的官方微信平台已经成为新媒体环境下提升医院形象的重要途径，交流互动、信息反馈，通过这一途径，医院才能更快、更好地推广医院积极正面的形象，人们才能更方便、更透明地了解医院。

## 三、南充市中心医院官方微信公众平台运营存在的问题

为了具体了解医院官方微信公众平台与医院形象的相关性，本文以南充市中心医院为例，通过走访以及关注其开通的官方微信公众号的方式，对其官方微信公众平台的基本情况、更新频率、推送内容等进行调查。深入了解调查之后发现，南充市中心医院的官方微信公众平台运营现状及存在的问题如下：

### （一）微信公众平台建设基本成型，有一定的用户阅读基础

本文选取“南充市中心医院”官方微信公众号为研究对象，该微信公众号于2014年开通，开通三年至今已经有10万余人关注。通过对南充市中心医院官方微信公众平台自定义菜单的分析和了解，我们可整理出其自定义菜单及下设栏目，具体包括：医院介绍（微官网、医院介绍、新闻动态、医院导航、就医反馈）、就医服务（智能导航、自助挂号、自助缴费、排队查询、报告查询）、个人中心（我的挂号、我的门诊、我的住院、我的信息、绑定就诊卡）。该微信公众号整体是从患者对医院的基本信息需求以及就诊需求等方面进行设置的，满足患者的基本信息需求，且子栏目设置较为完善，并关联了医院官网、新闻动态、就医反馈等，便于联动宣传和与患者相互交流。由此可见，南充市中心医院官方微信公众平台建设基本成型，有一定的用户阅读基础，平台本身功能齐全，操作方便，能够满足患者就医的需求。该微信公众平台也在有意识地宣传医院风貌，为提升医院形象做了极大的贡献。

### （二）运营人员缺乏专业临床知识，无法迅速解答专业医学问题

南充市中心医院官方微信公众平台主要由该院宣传部运营，其中撰稿3

人，日常运营维护 1 人，平均年龄 30 岁。据走访调查得知，目前存在的问题主要有两点：人手不足及工作人员临床知识水平有限，无法快速解答专业问题。目前负责微信公众平台的仅有 4 人，不能够满足平台运营需要，撰稿、发布时间紧张。且运营人员对临床专业知识不了解，多次接到患者咨询时为保证回答的专业性和准确性，运营人员无法限时回答，要询问相关医师方能回复消息，但是医生工作时间有限，因此回复消息具有延迟性，引起在线咨询患者的不满。今天的人们追求快速、高效，如果低效率成为常态化，受众肯定是不满意的。长此以往，受众就会放弃利用微信平台进行互动，南充市中心医院也会给受众留下一个拖沓、低效率的负面形象，因此改变线上解答效率低的问题已经迫在眉睫。

（三）受微信平台文章推送频率限制，新闻缺乏时效性

通过对南充市中心医院官方微信公众平台推送文章的研究发现：目前该平台为微信服务号，文章推送频率为每月 4 次，具体推送时间不一，文章发布时间大都在 18：00 过后，每次推送 5—8 条新闻。由于南充市中心医院官方微信公众平台为服务号，文章受推送频率限制为一个月 4 次，使得文章的发布有了延迟性。以该平台 2017 年 8 月 9 日发布的文章为例，其中一篇为《建军节前夕，市中心医院赴共建部队开展慰问活动》。此文章于 2017 年 8 月 9 日 19：51 推送，而该新闻发生在 7 月 31 日下午，足足延迟了 9 天。文章推送的目的是展现该院拥军爱党的人文情怀，提升该院的正面形象，但是由于文章的延迟推送，新闻缺乏了时效性，使得该院活动和该文章对提升医院形象的作用大打折扣。可以想见，如果能够在 8 月 1 日建军节当天发布该微信文章，该文章获得的阅读量及点赞率一定与现在的 733 人阅读、12 人赞（截至 2017 年 8 月 10 日）迥然不同。

（四）文章推送内容单一，缺乏多样性、全面性

结合南充市中心医院官方微信公众平台的自定义菜单设置及具体推送文章类型调查，我们可将推送内容大致分为三大类：1. 医院新闻；2. 医疗热点；3. 预防保健知识。其中，医院新闻占绝大多数，主要宣传医院活动及医疗成果。以该医院 2017 年 7 月推送的 4 次文章为例，该医院 2017 年 7 月共推送文章 24 篇，医院新闻类 20 篇，预防保健知识 2 篇，医疗热点 2 篇。文章内容展示了该院获得的医疗成果，展示了医院勇于承担社会责任的正面形象。

开通医院官方微信的目的是宣传医院形象，但是作为面向社会大众的官方平台一味推送本院新闻，作为非医院工作人员，用户的体验是不能得到满足的。

## 四、加强医院官方微信公众平台建设，提升医院形象

医院品牌是医院综合实力的集中体现。医院官微作为推广医院形象、打造医院品牌的重要途径，充当了医院品牌的建设者、推广者和公关形象塑造者的角色。如果医院想要利用这一角色在新媒体环境下，在各大竞争对手也在纷纷使用新媒体宣传的情况下脱颖而出，打造具有特色的医院官方微信公众平台，有目的、有计划地宣传医院的服务特色、科技力量，更高效地提升医院形象，提高核心竞争力，就需要在建设这个平台时明确定位、组建团队、学习创新。

### （一）明确医院官方微信公众平台定位

“新公共服务理论”由美国亚利桑那州立大学登哈特夫妇首先提出，该理论将公民置于整个治理体系的中心，强调政府治理角色应当是服务，应当以民众为中心，以民众的利益为根本利益出发点[3]。公立医院作为政府开办的非营利性组织也应当以民众为中心，因此医院官方微信公众平台的定位必须是为民众服务。就南充市中心医院官方微信公众平台而言，其定位是不准确，主要服务于医院而不是民众，因此民众使用其服务号自定义菜单中的“就医服务”“个人中心”频率很高，但是对其推送的医院新闻及医院医疗成果的接受度不高，文章点赞率低，评论回复少。医院在受众眼中的形象就是高高在上，不亲民，不“接地气”的，因此其官方微信公众平台应当重新定位为服务民众，通过用户对推送内容的互动情况适时调整推送内容的类型和数量，以提高用户黏性，满足用户的需求，从明确定位、改善服务上来打造一个亲民、便民、“接地气”的医院形象，使受众更乐于接受，更加关注医院的消息推送。

### （二）加大官微管理力度，打造专业团队

鉴于南充市中心医院官方微信公众平台存在人手不足、专业临床知识欠缺等问题，打造专业的运营团队应当成为其官微建设的建设重点。医院官方微信公众平台建设不能成为院办和宣传科的内部事务[4]，应当加大官微管理力度，加派人手，打造专门的团队对官微进行运营，合理化分工，加强推送

内容主题系统性规划。针对官微运营者临床专业知识欠缺的现状，医院应当积极宣传，让更多的科室及医务人员积极主动地参与进来。首先要培养科室，建立科室及科室医务人员自己的账号，并且对其内容做适当的引导，使医院官方号可以直接转发使用。其次，与特定医务人员建立长期合作关系，请医务人员帮忙撰稿，这样就大大减轻了发布者的压力，并且能够及时有效地回复专业问题。鉴于各科室对于自身业务的了解程度，通过医务人员撰稿对于宣传南充市中心医院特色科室也是有所助益的。只有通过专业化团队的系统化打造，将医院形象作为宣传工作的中心及重点，医院的形象才能够在平台的日常医患互动中不断提升。

（三）同时开通服务号及订阅号，摆脱推送频率限制

微信服务号文章推送限制为一月 4 次，微信订阅号文章推送限制为一天 1 次，因此订阅号具有极大的机动性和自主性。由于南充市中心医院开通的是服务号，一月只能推送 4 次文章，使得很多重要新闻不能及时推送，对提升医院形象不利。因此，同时开通服务号和订阅号是一个最佳解决办法，这样摆脱了推送频率的限制，能够每天推送一篇文章，内容的涉及面可以包括医院当日新闻、养生指南、健康科普、人物事迹报道等多种内容，一周时间的推送期过后，根据文章的互动情况、回馈度、点赞率等，选取高互动率的文章再结合医院重要新闻在服务号进行组合推送，这样就大大减轻了运营者的撰稿压力，而且能够极大地提高关注服务号受众的满意度，官微的知名度、互动性也能够提高，文章的时效性能够得到保障。

（四）创新推送内容及形式

综观南充市中心医院官微推送内容，最主要的就是医院官方新闻，官方微信公众平台不是内部读物，面向的是社会大众，人们对于医院新闻的关注度自然不如对健康养生知识、个人健康咨询的关注度那么高，想要打破日常关注度低这个瓶颈，就需要从推送内容上下功夫，创新推送内容，适当减少不重要新闻的推送，进一步增加受众关心的医疗热点问题、健康知识、养生指南的文章推送。尤其是在撰写非官方新闻时，注重语言的鲜活性，善于使用网络语言及符号，适当采用时下流行的网络语言以获得网民的认同感和共通的话语空间[5]，让受众感觉医院形象不是冰冷的、严肃的，而是亲民的、“接地气”的。文章的发布形式也不要再拘泥于文字图片相结合的传统方式，

适当采用视频等网络用户更易接受的方式进行宣传，保持用户的新鲜感。天气播报、小贴士、重大节日提供对用户的节日问候也能展现医院的人文情怀，提高满意度，让用户养成不就医也每天查看医院官微的习惯，医院的亲民形象在受众关注查看官微的同时“润物细无声”地宣传开来。

## 五、总结

新媒体环境下，医院传统的广告式形象宣传已经逐步被社会淘汰，医院官方微信公众平台向受众提供了更便捷的服务、更亲密的沟通渠道，采用了“碎片式”的方式一点一点地宣传着医院的文化，提升着医院的形象。而随着科技的发展，微信公众平台的服务功能也在进一步深化拓展，利用其提升医院形象的方式和途径也在逐渐革新。只有建设一个更加完善、更受民众喜爱的官方微信平台，才能在科技变革、社会进步中不被淘汰，大步向前。医院官方微信公众平台是提升医院形象的重要途径，是展现医院形象的第一窗口，建立、利用好微信这个目前在全球达到8.89亿月活跃用户的公众平台，才能抓住网络宣传的主动权，达到提升医院形象的目的。

**参考文献：**

[1]左建辉.浅谈医院形象的设计与塑造[J].现代医院,2005(3):101.

[2]司艳.新媒体环境下的医院形象传播[J].管理观察,2015(36):179.

[3]谭德军.微信公众平台在医院的应用实践研究[J].现代医院,2016,16(2):294-295.

[4]郑惠兰,周艳琴.医院微博、微信公众平台宣传的实践研究[J].中国卫生产业,2014(23):43-44.

[5]梁俊丽,谭一笑,潘嘉盛,等.医院官方微博在医院形象宣传工作中的应用[J].医学与社会,2016(9):44-46.

# 基于波特五力模型的共享单车对策研究

## ——以 ofo 为例

高 婷

公共事业管理 2014 级

**摘 要：**近几年，随着“互联网 +”和共享经济理念的提出和广泛应用，共享单车成为炙手可热的行业。它不仅解决了城市交通“最后一公里”的痛点，还为城市绿色出行做出了巨大的贡献。可是共享单车在被使用的过程中，暴露出了很多急需解决的问题。本文就以波特五力模型为基础，对以 ofo 为首的共享单车现状进行分析，并提出解决的方案。

**关键词：**波特五力模型；共享单车

2015 年 10 月在北京召开的中共十八届五中全会提出了“共享发展”的理念，这对共享经济在中国的发展起到了良好的促进作用[1]。如今在我国，越来越多的行业进入共享经济模式中，共享单车就是一个很好的例子。这几年，共享单车从最早只有 ofo 小黄车一家，到现在整个共享单车市场不少于 26 家，还不包括已经退出市场的共享单车。共享单车规模扩张得如此之快，不仅反映了其具有进入门槛低、灵活性大的优点以及拥有较好的经济发展前景[2]，也暴露出了一些社会问题。比如说，单车的性能问题导致的安全事故，单车的乱停乱放成为政府相关管理部门的一大痛点，还有就是关于私人违规占有共享单车以及未成年人使用共享单车造成事故等。

很多新事物产生之后，一旦出现了较多的社会问题都由政府出面进行整改，共享单车也是如此。很多大城市的共享单车停放杂乱无章，导致城市很多公共区域被占用，给城市带来诸多不便，政府出面将其安置在统一的区域内，并要求用户停放在规定的区域内。有一部分人认为这一整改使共享单车失去了无桩停放的特点，也有一部分人认为这使共享单车管理更加规范。但是不管是好是坏，共享单车现在存在的问题更需要它们自身有清醒的认识，并通过它们自己的努力再结合政府的管理才能从根本上解决这些问题。本文利用波特五力模型，让以 ofo 为首的共享单车对自身所要面对的五种竞争力有较为清楚的认识，从中找出自身发展存在的问题。

## 一、文献综述

### （一）共享经济及其发展

共享经济，一般是指以获得一定报酬为主要目的，基于陌生人且存在物品使用权暂时转移的一种新的经济模式。其本质是整合线下的闲散物品、劳动力、教育医疗资源。作为当下最为热门的一种经济模式，它不仅吸引了一大批企业的关注，也对人们的生活方式产生了很大的影响。共享经济的说法出自马科斯·费尔逊（Marcus Felson）和琼·斯潘思（Joel Spaeth）在 1978 年发表的《群落结构和协同消费》论文中。它初具模型是在 2000 年互联网时代到来时。空间、论坛这类虚拟社区的出现，使人们能够对信息资源实施共享，所以说互联网的发展推动了共享经济的发展。它初步形成是在 2010 年左右，网约车这类实物共享平台的出现，使共享从无偿分享走向以获得一定报酬为主要目的、基于向陌生人暂时转让商品或服务使用权的“共享经济”，并带动了规模效益，形成了新结构的产业体系[3]。这说明社会经济类型已经由短缺经济逐步转向过剩经济，又因为人们不能实现所有资源利用的最大化，再加上过剩产能拥有低成本、高收益、高效率的优点，所以共享经济成为时下最热门的经济模式。现在除了网约车、共享单车这类出行共享，还有大众点评美食共享、咸鱼私人物品共享等。今后还会有各种各样的平台进入共享经济模式中，使其不断发展壮大。

### （二）波特五力模型与共享经济发展的关系研究

#### 1. 波特五力模型的内涵

波特五力模型是迈克尔·波特于 20 世纪 80 年代初提出的，它是企业制定竞争战略时经常利用的战略分析工具。他认为行业中存在着决定竞争规模和程度的五种力量，这五种力量综合起来影响着产业的吸引力以及现有企业的竞争战略决策。五种力量分别为同行业内现有竞争者的竞争能力、潜在竞争者进入的能力、替代品的替代能力、供应商的讨价还价能力、购买者的讨价还价能力[4]。（见图 1）

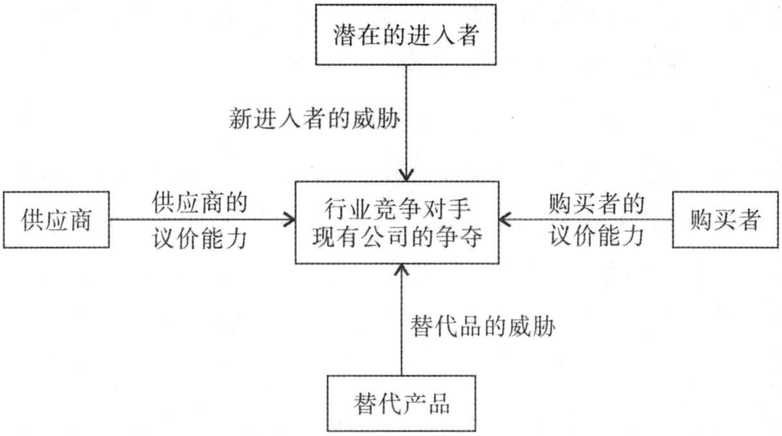


图1　波特五力模型分析图

2. 二者关系研究

由于共享经济模式不仅能够带来经济效益，还能带来极大的社会效益，减少距离感，提高信誉度，因此进入共享经济模式中的行业越来越多，同行业内的竞争者也越来越多。企业要想制定竞争策略在行业竞争中处于不败之地，就需要利用波特五力模型将行业内的基本态势进行分析。所以说，波特五力模型是为处于共享经济模式下的企业制定竞争策略的分析方法。

## 二、研究方法

### （一）问卷调查

1. 调查目的

本次是对南充市民对共享单车的体验感受的问卷调查，是为了更好地了解南充市民对共享单车的认识，以及他们对以 ofo 为首的共享单车的体验感受。本次调查采取自填式问卷调查的形式，利用网上发放问卷的方法对人群进行简单的抽样调查。只有通过问卷调查的方式，才能更好地掌握南充市民对共享单车体验感受的数据，方便对以 ofo 为首的共享单车的发展现状做出对策。

2. 调查内容

调查问卷一共设计了 24 题，问卷内容包括基本信息和体验感受两个部分，基本信息涉及性别、年龄和职业三个部分；体验感受是调查的主要内容，包括了使用共享单车的频率、是否方便操作和寻找、是否认同共享单车以及是否认为共享单车存在经济风险等问题，针对这些问题，设计了很满意、满意、一般、不满意、很不满意五个选项。

（二）访谈调查

本次访谈调查的对象是根据五力模型来确定的，又因为问卷调查已经得到了共享单车用户的数据，因此这次的访谈对象为ofo同行业的竞争对手、新进入的共享单车品牌、替代者以及共享单车的供应商。南充市一共有五个共享单车品牌，ofo的竞争对手有永安行、摩拜单车、好运单车，新进入者则是才进入没多久的哈罗单车，ofo的替代者仍有很多，ofo的供应商在南充只有用户提供的闲置单车。根据访谈对象确定访谈内容，了解各个共享单车品牌的竞争能力以及现有的市场份额。

## 三、ofo共享单车的经营现状与问题分析

### （一）对经营现状进行分析

1. 行业内现有竞争者的竞争能力

目前，从全国范围来看，随着共享单车行业的快速发展，越来越多的企业进入这一领域，ofo的竞争对手也越来越多，但是从统计到的整个行业使用量的数据来看，ofo和摩拜占据主要的市场份额，它们也是行业内最有力的竞争对手。从南充市场来看，ofo的竞争者目前有永安行、摩拜单车、好运单车和哈罗单车。作为第三个进军南充的共享单车，ofo同样受到南充市民的热捧。但是随着共享单车品牌的不断进入，ofo的发展也遇到了阻力。

首先，从摩拜和ofo二者对比来看，摩拜单车致力于车的质量和功能，以减少单车的损坏量，节约成本，同时打造智能单车，不断研发新技术，它是目前为止专利技术最多的共享单车品牌。而ofo的单车质量、功能以及专利技术都远远不如摩拜单车，不过，在南充市ofo可以利用支付宝直接扫码而且免交押金，这就更加方便市民的骑行。目前，使用微信小程序也可以免交押金试骑摩拜单车，所以在南充市，ofo对比摩拜单车存在的优势较小。相对于摩拜和ofo来说，永安行不管是费用、质量还是外表颜色都和ofo很相似，都可以支付宝扫码免交押金。结合南充市实际情况来看，永安行进入南充市场的时间最早，投入量要比ofo大，覆盖率比ofo高；ofo宣传力度较大，同时提供微博、微信公众号这类平台，让用户能够及时反馈信息。6月28日，南充本

土品牌——好运单车亮相南充街头，首次投入单车3000辆。相对于共享单车大佬ofo来说，好运单车作为本土品牌能更好地切合南充市的发展，宣传渠道也会比ofo广。综上所述，可以看出目前南充市所有的共享单车品牌的竞争能力都比较强，ofo要有突出的优势才能够抢占更多的市场份额。

2. 新进入者的威胁

哈罗单车作为目前最后进入南充的共享单车，成了ofo新的威胁。因为共享单车大热，同时没有什么门槛，让很多企业纷纷涌入共享单车市场，又因为这些新进入的共享单车相似度高且没有较为突出的特点，所以与现有行业内的共享单车品牌相比没有突出的优势，只能够通过低价来吸引用户。在哈罗单车进入南充市之前，已经有四种共享单车品牌进入南充市。对于南充市民来说，对共享单车的兴趣已经消退，并且市场也已经被瓜分，所以哈罗单车的进入对ofo并没有构成多大的威胁。

3. 替代者的威胁

虽然现在共享单车市场如此火爆，但是它们的替代者仍然有很多，并且仍然被很多人使用。统计数据显示，还有30%的南充市民使用共享单车的次数减少，说明ofo的替代者还有很多。比如说步行，在距离较近的时候，人们就觉得不需要去花费时间寻找共享单车。又比如说电动三轮车，在南充市有很多电动三轮车出租，虽然对交通造成很大隐患，但还是有很多人为了方便去坐三轮车。现在普通自行车的价格并不高，所以相比于共享单车需要到处寻找，还是有很多人倾向于个人购买自行车。目前，ofo的供应商仍然以个人用户和厂商为主，所以个人自行车对ofo的盈利水平还是存在一定的威胁。[5]

4. 供应商议价的能力

在共享单车出现之前，全国各大自行车厂一直处于一种饱和的状态，所以目前共享单车议价能力弱。同时又因为ofo的供应商有自行车厂和用户共享这两种方式，所以它对供应商有多种选择，这就更能说明供应商的议价能力对ofo的影响较小。

5. 用户议价能力

共享单车都是按小时收费，收费标准大同小异，用户一开始只能被动接受价格，议价能力不强。但是由于共享单车的队伍越来越庞大，并且共享单车品牌之间的差异较小，所以用户的议价能力越来越强。根据对南充市的调查来看，在被调查者中有90%的人对共享单车持肯定态度，认同共享单车是现在流行的一种便利的出行方式，同时认为它是解决城市交通问题的有效方法之一。但是有80%以上的人认为共享单车容易出现故障，同时存在一定的风险，有86%的人出现过在骑行过程中感到不满意的现象。有74%的人表示并不在意是选择ofo还是其他品牌的共享单车出行。综合数据可以得出，用户对共享单车的认同度高，但是体验感受方面较差，对ofo的品牌认同度较为一般。这就说明在用户议价能力增强的条件下，用户体验感受差以及用户对ofo的认同度不高都对ofo有很大的影响。

（二）存在的问题

1. 与行业内现有竞争者对比，缺乏技术含量

从现状分析可以看出，行业内现有竞争者的竞争力对ofo的影响较大，所以ofo只有把目前缺乏竞争能力的地方提升起来，才能不被现有竞争者打败。访谈调查结果显示，ofo没有较为完善的定位系统，每辆ofo单车没有独立的定位，就容易出现用户找不到的情况，同时也会给维护人员造成管理上的难题。ofo一直以来被吐槽的车锁，目前已经更换成了智能锁，让那些想占为己有的人和未成年人有所收敛。但是，从用户的使用体验来看，ofo的智能锁并没有实现真正的智能，同时智能锁的密码以及它的使用仍存在一些问题。

2. 设施配套不完善，新进入者还有利可图

因为共享单车行业的门槛较低，行业前景较好，所以很多企业纷纷进入行业中来。在目前行业出现了诸多问题后，仍然还有新进入者进入行业内，说明行业仍有利可图。行业内已存在的共享单车品牌，为了抢占更多的市场份额，不断扩大自身的市场范围，但是并没有完善自身的设施配套，从而无法较好地满足用户的需求导致用户流失，就容易出现市场范围扩大、但是用户并没有增多的尴尬局面。所以新进入者进入后，用户有了更多的选择，也让新进入者有利可图。

3. 共享意识淡薄，替代者仍占主流地位

不管是从南充市还是从全国来看，共享单车虽然覆盖范围不断扩大，但是替代者仍然占主流地位。这不仅仅是因为共享单车出现了诸多问题，同时也说明了大众的共享意识依然较为缺乏。有很多人已经对原来的出行方式产生了惯性思维，又因为现在的经济水平提高，人们对出行工具的舒适感和安全系数要求较高，ofo没有办法满足所有用户的需求，所以他们仍然觉得自己买自行车比租用共享单车更好。

4. 供应商只追求单车产量，单车质量较差

ofo 为了占据更多的市场份额，不断扩大覆盖范围，这就需要供应商为其提供单车产量保障。但从现状分析中可以看出，供应商自身对于 ofo 的议价能力较弱，供应商的积极性不高。因此，在单车的生产过程中，供应商就会把精力投入提高单车的产量上，而不会过多地注意单车的质量问题，导致 ofo 被很多人吐槽车的质量不够好。

5. 用户体验感较差

用户体验感是共享单车在发展过程中需要注意的核心问题，其实共享单车出现的很多问题是因为无法满足用户的需求。问卷调查的结果显示，有约 88% 的人同意“我觉得使用共享单车会泄露个人信息”，同时也有 88% 的人同意“我觉得使用共享单车的押金较高”，也有 80% 的人同意“我觉得使用共享单车存在经济风险”，有 50% 左右的人同意“我觉得使用共享单车浪费时间”。根据这些数据来看，用户认为使用共享单车会出现泄露个人信息、浪费时间、存在经济风险以及押金较高的问题，所以目前用户对于共享单车的体验感较差。

## 四、ofo 共享单车发展对策建议

### （一）增强技术投入

根据调查结果来看，用户体验感是影响共享单车的核心，所以提高用户体验感成为最重要的问题。但从“关于南充市共享单车的用户体验感受”调查数据来看，有 80% 以上的居民对共享单车的体验较差，所以不管是 ofo 还是其他的共享单车平台都需要提升用户的体验感。数据显示，有 78% 的人在使用共享单车的过程中单车出现故障，这就说明需要提高共享单车的质量。所以 ofo 不仅要将车锁升级为智能锁，还要提高单车的质量。目前，南充市的 ofo 已经将车锁升级为智能锁，从源头上减少了未成年人骑 ofo 出现事故的情况的发生，同时也有利于减少用户私自占有共享单车的问题。但是在南充街头还是有很多被损坏的 ofo，这就需要供应厂商生产更多高质量的单车，但在提高门槛的同时也要注意向用户提供优惠政策。还要进一步加大对技术的研发，让每一辆单车都能拥有智能定位功能，减少用户找车所需的时间，从而提升用户的体验感。同时，智能定位还对单车的管理有相当大的帮助，能够减少维护成本。

（二）完善设施配套

对于调查问卷中“我想要使用共享单车时都能找到共享单车”这一问题，有81%的人表示认同，这就说明南充市的共享单车覆盖率较高。这就对南充市的市容和交通带来很大的不便，因为越来越多的共享单车被乱扔乱放，越来越多的人骑共享单车时占用人行道和机动车道。虽然ofo在南充有相应的维护人员，同时他们也负责对乱扔乱放的共享单车进行回收整理。但是由于南充的区域范围大，而维护人员较少，因此还是不能从根本上解决这个问题。所以对于完善设施配套的问题，不仅需要ofo自身增加维护人员的数量来对共享单车进行管理，也需要政府对单车道路和停车进行规划和建设，相信人性化的设施配套能够提高用户的体验感。

（三）培养共享意识

相对于其他有定位的共享单车，ofo的发展更需要培养大众的共享意识。首先，ofo自身需要加大宣传力度，引导人们正确使用共享单车并且要规范停车，同时倡导文明出行，并告诫不能肆意破坏单车或者占为己有。其次，政府与企业应该深入开展文明用车领域的诚信体制建设，提高用户的诚信意识，改善社会不良风气。同时，政府要充分发挥诚信建设与失信惩戒机制的作用，坚决打击用户损车卖车等不良行为；企业要完善停车点监控系统，对不良行为进行记录拍摄，追偿使用责任，并加强线下工作人员的监督检查力度，及时制止不良的故意破坏行为。

（四）供应商应该提高单车的质量

供应商不仅要提高单车的数量，同时也要提高单车的质量。提高单车的质量对于ofo来说可以减少单车的损坏率，减少生产和维修单车的成本；对供应商来说，可以提高自身的竞争优势，提高自身的议价能力。

（五）增强用户体验感

当有了较多的技术投入、较完备的设施配套、全民共享意识提高以及车的质量更好这些条件，用户的体验感才能有很大的提升。所以ofo想要提高用户的体验感，就必须在车的定位和智能方面做出努力，同时在不断扩张的条件下，完善自身的设施配套，提高单车的性能，让单车能够更好地与城市融合。

本文利用波特五力模型对ofo共享单车的现状进行分析，根据所得数据将其与行业内现有竞争者的竞争能力、新进入者的威胁、替代者的威胁、用户的议价能力和供应商的议价能力进行对比分析，找出 ofo 在这五种竞争力中存在的问题。然后，针对 ofo 存在的问题提出有建设性的解决方案，这不仅对 ofo 有借鉴的意义，对行业内其他的共享单车也有一定的借鉴意义。

**参考文献：**

[1]周坤维.共享经济时代的企业商业模式分析：以 ofo 共享单车为例[J].经营管理者,2017(3):96.

[2]陈思,刘梦冉,刘玥欢.浅析共享经济模式[J].江苏商论,2017(4).

[3]刘晓媚.基于波特五力模型对共享单车行业的分析与发展研究[J].中国商论,2017(17):134-136.

[4]段婷婷."ofo 共享单车"行业竞争五力模型分析[J].中国市场,2017(21):167-168.

[5]郭建明.共享单车的经济学思考[J].改革与开放,2017(6):73-75.

# 身体资本理论视角下的女大学生身体消费

廖　庆

公共事业管理2014级

**摘　要：** 本文以身体资本理论为理论基础，采用文献研究与访谈法对女大学生身体消费情况进行探究。通过对南充市某医学院校16名女大学生的深度访谈发现，女大学生存在盲目冲动、炫耀攀比、超前消费的非理性身体消费行为并受到五个因素的影响——对身体资本含义理解不够、自身经济状况、人际交往、就业规划、大众传媒。由此，本文针对非理性身体消费并结合身体资本理论提出相应对策，倡导女大学生热爱生命，回归身体需要，理性进行身体消费与投资，形成合理的身体资本结构，进而实现身体的最大增值，提高生活满意度和生活质量。

**关键词：** 身体资本；女大学生；身体消费；非理性消费

## 一、前言

### （一）研究背景

大学生正值青春阶段，身体、思想等各方面正在趋于成熟，与初中、高中阶段相比，他们对自己的身体更加敏感和关注，尤其是女生对身体的关注度和身体管理水平比男生表现得更高一些。在大学期间，她们比以往更加注重自己的外表，讲究穿衣打扮，加强运动健身。女大学生对自己的身体予以高度的关注并以积极的态度对待自身的身体消费，对于提高她们的自我效能感[1]和自尊感具有重要意义。换言之，理性的身体消费能够提高女大学生们的自信心和生活满意度。

我们不否定当代女大学生进行身体消费，但是，现阶段女大学生身体消费状况表现出这一群体的身体消费出现非理性消费现象。如今在物欲横流的社会中，形形色色的商品难免会使她们受诱惑，鲍德里亚在《消费社会》中这样说道："富裕的人们不再像过去那样受到人的包围，而是受到物的包围。"[2]人们不再像以前是因为身体有了需求才去消费商品，随着网络技术的推动，人们被吸进庞大的物系，在人为塑造的"美"的标准深度影响下，她们无止境的消费欲望被激起，这种非自身需求的消费行为因此被附上了非理性的标签。

正是因为她们自身缺乏相应的消费知识、理财能力以及受到多种因素的影响而失去主体性，进而出现非理性的身体消费行为，所以引导女大学生们树立正确的价值观、金钱观、消费观从而进行理性身体资本投资很有必要。

（二）研究目的与研究意义

1. 研究目的

本文旨在以身体资本理论作为理论指导，倡导女大学生树立理性的价值观、消费观，回归身体，回归需要，形成合理的身体资本结构并对其进行理性投资，满足自身实际的个人发展要求，从而提高自身的主观幸福感。

2. 研究意义

探究女大学生身体消费行为具有理论意义和现实意义。首先，其理论意义一方面在于本文选择的理论基础具有创新性，在CNKI上搜集到的文献多从社会学的角度来分析身体的建构，以消费社会理论、符号互动论、自我认同理论等作为理论基础的居多，而以身体资本理论作为理论基础的比较少。本文选择身体资本理论作为理论基础，在一定程度上具有创新性。另一方面，研究对象具有代表性，尽管身体消费在国内外的研究已经足够成熟，但查阅的文献的研究对象是大范围的女性身体消费或者是细分的某个群体的身体消费特征与影响因素等，例如打工妹、农民工、残疾人。以女大学生为研究对象的文章数量有限，以身体资本理论为基础探究女大学生的身体消费的研究更是屈指可数。因此，本文将为以后的研究提供一定的理论帮助。

其次，现实意义在于当今文化社会大背景下，大学生数量剧增，女大学生因为身体、心理等方面的特殊性更加值得关注。商品拜物教理论把身体视为具有交换价值的商品，身体不再是单纯的躯体，而被现实中的各种因素工具化和功利化。如今在这个"看脸"的社会，良好的身体形象会影响一个人的机遇与成就。人们在拜物教理论的深度影响下，更加重视自身的身体形象，却以健康为代价，忽略了身体健康和体适能资本的积累。这种美丽的暴力，是在违背身体自然生长的原则上，人为地进行改造，有可能引发各种风险。

因此，本文积极倡导女大学生进行理性的身体消费，树立积极的价值观、消费观，注重全面发展，“窈窕淑女，君子好逑”，内在与外在兼修才是真正的美丽。

（三）研究对象与研究方法

由于女生对自身身体的关注度以及管理水平显著高于男生，女生们更倾向于通过服饰穿搭、发型设计、化妆美容等增加自身外表的吸引力，因此，本文以南充市某医学院校的女大学生为研究对象，采用文献研究法、个案访谈法相结合的方式来进行资料的收集，从而能够较为客观真实地描述女大学生身体消费的情况。

1. 文献研究法

在进行文章结构的构思以及个案访谈之前，通过查阅身体资本理论以及女大学生身体消费的相关文献、期刊、书籍等资料对身体资本理论以及身体消费进行梳理总结。

2. 个案访谈法

为了体现访谈对象的代表性，笔者在选取对象时特别注意年级、地区、家庭月均收入等明显差异特征，在研究对象中选取 16 名具有代表性的女大学生进行半结构式深度访谈。笔者采取现场访谈并借助网络聊天的方式，根据事先拟定好的访谈提纲，并通过观察访谈对象的穿着打扮、言行举止，采取差异化访谈，根据不同访谈对象对访谈内容进行临时调整和补充。经过对资料的整理、归类和编码，形成了 16 个较为详细完善的个案。个案基本情况见表 1。

**表 1　个案基本情况**

| Case | 姓名 | 年级 | 专业 | 户籍所在地 | 月均消费金额（元） | 家庭月均收入（元） |
| --- | --- | --- | --- | --- | --- | --- |
| 1 | HBR | 大一 | 理科 | 农村 | 500—1000 | 4000 |
| 2 | CXL | 大一 | 理科 | 城镇 | 400—700 | 2000—4000 |
| 3 | MYP | 大一 | 文科 | 农村 | 500—600 | <2000 |
| 4 | TJY | 大一 | 文科 | 城镇 | ≤1000 | 2000—4000 |
| 5 | XHX | 大二 | 理科 | 农村 | 800—1200 | 2000—4000 |

续表

| Case | 姓名 | 年级 | 专业 | 户籍所在地 | 月均消费金额（元） | 家庭月均收入（元） |
|---|---|---|---|---|---|---|
| 6 | WL | 大二 | 理科 | 城镇 | 1500—2000 | 10000 元及以上 |
| 7 | PD | 大二 | 文科 | 农村 | 500—600 | 2000—4000 |
| 8 | LYB | 大二 | 文科 | 城镇 | 1400—1600 | 8000—10000 |
| 9 | CXM | 大三 | 理科 | 农村 | 1200—1500 | 10000 元及以上 |
| 10 | CYN | 大三 | 理科 | 城镇 | 1000—1500 | 4000—6000 |
| 11 | ZY | 大三 | 文科 | 农村 | 1000—1200 | 2000—4000 |
| 12 | ZZJ | 大三 | 文科 | 城镇 | 1500—2500 | 10000 元及以上 |
| 13 | ZJW | 大四 | 理科 | 农村 | 600—800 | 2000—4000 |
| 14 | XL | 大四 | 理科 | 城镇 | 1000—3000 | 6000—8000 |
| 15 | YH | 大四 | 文科 | 农村 | 1000—1500 | 2000—4000 |
| 16 | YM | 大四 | 文科 | 城镇 | 1500—2000 | 10000 元及以上 |

（四）研究思路与框架

本文将以身体资本理论作为理论基础贯穿全文，把身体资本理论中的身体形象资本、身体健康资本、体适能资本作为三个维度，对应分析女大学生身体消费的身体形象消

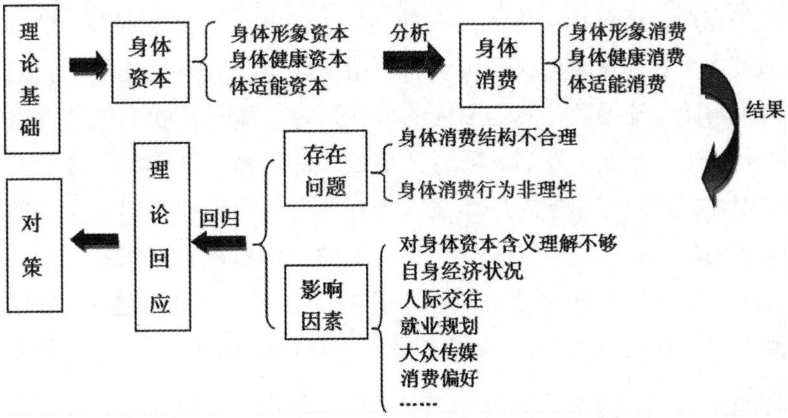


图 1　研究框架图

费、身体健康消费以及体适能消费三个方面的消费情况。我们通过定性研究，发现其身体消费结构不合理，存在非理性身体消费行为，并对非理性身体消

费的影响因素进行剖析，最终回归身体资本理论提出相应的对策。

## 二、文献综述

### （一）相关概念界定

1. 身体资本

“身体资本”是在资本的内涵得以扩展以及现代资本理论的形成的基础上提出来的概念，是指个体通过遗传、劳动、教育传承等途径在身体形象、健康、体适能方面所获得的潜在能力和优势。身体被称为资本，是因为它具有资本的特性，从身体资本的获得消耗时间、精力、金钱到身体资本以健康身体、经济收入、生活质量等为产出，因此身体资本的合理投资很有必要[3]。它以不同的形式存在于我们身体之中，经过身体资源的资本化之后，形成了三种资本，分别为身体形象资本、身体健康资本和体适能资本。一个人的身体资本包括先天获得和后天积累形成，而我们探讨的是通过后天的努力而形成的资本，能够通过适当地投资实现身体的增值。身体资本的积累过程就成了身体形象资本、身体健康资本和体适能资本三者的积累。

身体形象资本是一个人重要的资本之一，是个人的“软实力”，也是个人的“竞争力”。我们不能局限地理解身体形象只是外在的服饰搭配、化妆打扮，身体形象是内外兼修的统一体，不仅包括外貌、服饰、姿态、形体等外在的东西，还包括一个人内在的气质、谈吐、举止表现[4]。之所以说身体形象资本重要，是因为我们所说的“第一印象”在发挥作用。我们对于一个人的了解始于他展现在我们面前的外在形象，而平常我们的关注点也是在他人的外表上，服装、发型、面容、举止、言行都可以反映出这个人内在的性格或习惯，而第一印象的好坏在很大程度上影响着他人对这个人的评价。形象资本的好坏在一定程度上影响了人们的生活机遇，有研究证明，长得漂亮的秘书的工资比长相逊色一点的工资要高很多。在如今这个“看脸”的社会，形象气质佳的女性往往被优先录用，身体形象对于女大学生的重要性不言而喻。

身体健康资本同样是不可忽视的资本之一。古希腊哲学家赫拉克利特说，如果没有健康，智慧难以表现，文化无从施展，力量不能战斗，财富变成废物，知识也无法利用[5]。关于健康的定义，认同度较高的是世界卫生组织所界定的概念，即健康是指身体、心理和社会适应的良好状态，而不仅仅是没有疾病或虚弱[6]。真正健康的人，是躯体、心理、社会适应度和道德四个方面都健康，符合健康四维观的人。尽管我们都知道身体健康资本很重要，但它仍然最容易被我们忽视。当我们每天忙于自己的学习、工作、生活时，关注的焦点都是任务的完成、利益的获得或者其他目的，只有当身体出现问题的时候，我们才对身体予以关注，才采取措施进行补救，这好比“亡羊补牢”。“身体是革命的本钱”，身体是生命的载体，生命诚可贵，健康才是王道。

体适能译自英文 Physical Fitness，是“个人除足以胜任日常工作外，还有余力享受休闲及能够应付压力与突如其来的变化的身体适应能力”[7]，分为健康体适能和运动体适能。健康体适能包括心血管能力、柔韧性、肌肉力量及肌肉耐力、身体成分；运动体适能则是在其基础上的灵敏性、平衡性、协调性等。与身体形象资本和身体健康资本相比，我们对体适能的概念比较陌生，因为它隐含在我们的身体中不易被察觉因而常常被忽略。生活中一些疾病的发生与体育锻炼少、体适能资本下降有很大的关系，而身体的疾病状态又将影响人们的情绪，从而降低人们的幸福感。因此，增加体适能资本有益于健康，能减少负面情绪，成为现代社会人们普遍的生活需求。

2. 理性消费与非理性消费

一般意义上的理性消费是指消费者本着效用最大化原则，在“经济”合理性下做出消费选择，达到以最少的支出来购买能够最大限度地满足自己需要的物品的目的[8]。而非理性消费，指消费者在消费过程中，容易受到各种非理性因素的影响，不能真正考虑自己的消费能力、真实需求，在对消费品认知不足的情况下，盲目产生的消费行为[9]。

身体消费有广义和狭义之分，大多数文章里引用的身体消费的概念只是狭义上的理解，是指消费者为维护自己的外在形象而付出的时间、金钱等资本所进行的活动[10]。而本文所引用的身体消费指的是直接作用于身体或附着于身体，对身体所进行的改变、修复以及再生产引起的消费。第一，理性的身体消费行为应该具有正确的身体消费观念以及合理的身体资本消费结构，即在正确的消费观念的指引下，不攀比、不盲目、不超前消费，对身体形象、身体健康、体适能三方面进行合理比例的投资分配以进行理性的消费，仅倾向于某一方面的消费则是非理性的身体消费行为。第二，理性的身体消费应该是规避风险的身体消费，即消费具有安全性。身体消费毕竟作用于身体本身，运用不合格的产品、不合法的技术对身体进行消费，只会造成不好的结果。第三，理性的身体消费行为还应是持续的消费过程，身体资本能够积累，坚持才能达到维持并增强的效果，若只是短时间的身体消费，身体资本反而会逐渐下降。

非理性的身体消费是理性消费行为的对立面，在错误的消费观、金钱观、价值观的影响下，对于女大学生而言，身体消费的非理性更多地表现为消费结构不合理与盲目、超前、攀比炫耀消费。

（二）文献回顾

1. 关于身体资本的研究

身体资本是一个新概念，国内研究得不多，仅是从社会学的维度来探讨身体的社会性建构和其他一些问题或者将身体资本放入体育实践中来论述身体资本积累、转换与价值变动。

朱虹的《身体资本与打工妹的城市适应》一文从社会学维度分析了身体的社会性建构，作者通过观察和访谈获取资料，分析广州打工妹如何积极地对自己的身体资本进行挖掘、借用和改造，通过塑造城市的身体来获得城市认同和适应城市社会的过程。

沈毅的《身高：青少年形成中的身体资本》一文也从社会学维度探讨了身高作为青少年重要的身体资本，在择偶、就业中的重要性，而“身高热”这种奇特的现象产生的背后揭示了中国社会文化的核心——“面子”，以致身高资本无论是在文化上还是在制度上都具有超乎寻常的重要性，而这种资本的直接作用可能构成某种称为歧视的机制，从而引发一系列不利于青少年成长与发展的社会问题。

高水红的《“身体资本”的自我设计——后现代文化视野下的特殊教育》一文从后现代文化建构性的视野来关注特殊教育，文中提到的身体资本的自我设计是有身体缺陷的弱势群体对自身身体扬长避短式的开发与修补。该设计主张在尊重身体缺失的前提下，将先赋资源置入社会大背景中，然后在动态的“自致资源”的获得过程中，将“缺陷”转化为一种优势资源，并从自我、自我与社会、社会群体三个自我设计的视点和空间提出了新的身体设计理念。

王继雄的《身体资本积累——基于体育经济视角研究》一文提出身体资本积累诠释着自然属性身体的成长与社会属性身体的建构，身体资本的积累包括身体形象资本的积累、身体健康资本的积累、体适能资本的积累。身体资本的积累促使体育日趋生活化，体育日趋生活化又加快了体育经济的增长，体育经济的增长又转而改善了身体资本的积累，循环往复形成身体资本的循环，而其动力来源于不断的身体锻炼。

2. 关于身体消费的研究

当前国内学者对身体消费的研究主要是以下三个方面：消费社会下的身体消费异化、身体消费理论探讨以及女性消费。女性身体消费是当前研究的一个热点，它受多个影响因素的影响，其影响因素主要包括以下内容：

（1）身体消费与同辈群体

刘畅在《理性选择理论视角下女大学生身体消费研究——基于H大学的调查研究》中指出，女大学生的身体消费一定程度上是出于与同辈群体交往的需要，身体消费成为维系女大学生与同辈群体交往的纽带。有共同的兴趣爱好、相似的身体消费需求和身体消费理念，她们更容易形成一个稳定的朋友圈，从而维系良好的社会人际关系。

但是刘佳在《女大学生消费观的误区与对策——以身体消费观为研究视角》中指出，女大学生同辈间由于有相似的教育背景和生活环境，相近的心理特征、兴趣爱好和社会地位，极易形成相互认同的参照群体，有时同辈间消费行为的相互参照会变质为炫耀攀比性消费，造成人际关系紧张。

（2）身体消费与大众传媒

汪怀君的《符号消费视域内的女性“身体消费”》一文中提到女性“身体消费”的异化，原因是大众媒体的诱惑使得女性消费失去了自主决断的能力，一些新兴媒体如电视、网络在消费领域发挥了很大的作用。电视广告重复性地轰炸我们的眼球，完美的女性形象被展现得淋漓尽致，女性开始与构造出来的理性形象寻找差距，并希望通过身体消费达到理想状态。

安娜在《网络消费环境下女大学生身体消费的社会学分析——以吉林农业大学为例》一文中论述了随着互联网经济的发展，网络消费环境作用于女大学生的身体消费，女大学生在满足于网络消费方便、快捷的同时，网络广告“微信”经商、“网络造节”又有力地刺激女大学生身体消费的欲望，引发非理性消费。由于网络媒体过多地宣传奢侈生活理念和社会时尚潮流，女大学生的消费观念受到严重影响，忽视经济水平，一味追求时尚，盲目、冲动、超前消费。因此，网络对女大学生身体消费的错误引导不容忽视。

(3) 身体消费与消费主义

消费主义是指消费主义文化引导下的一种生活方式，即消费的目的不是实际需要的满足，而是不断追求被制造出来的、被刺激起来的欲望的满足。

邱灵的《消费主义冲击下大学生的消费异化及其教育对策研究》一文揭示了消费主义的特征：消费主义重视物质性消费；注重商品的符号象征意义而忽视商品的实际使用价值；制造“虚假需求”；具有很强的传导性。消费主义思潮猛烈冲击大学生的消费观，使他们过度沉迷于物质享受，通过消费商品的符号意义来显示自己的社会地位，获得身份认同。消费主义在大众传媒的鼓吹下，大学生的消费欲望不断膨胀，进而出现了一系列非理性消费。

## 三、女大学生身体消费行为

### (一) 女大学生身体消费基本状况

首先，本次访谈可以看出当前女大学生的月均消费金额多在500—1500元，2000元以上的仅2人，月均消费金额较合理。其家庭月均收入多在2000—4000元，10000元及以上的仅3人。在访谈中，多名访谈对象提到自身的经济状况对自己的身体消费影响最大，因此关注她们的家庭月均收入很有必要。

其次，她们身体消费的结构存在不合理的情况。具体来说，身体形象消费在身体消费中花费最多，身体健康消费中，体育锻炼是重要的一部分，16名女生都在进行体育锻炼，其中2名女生表明以前进行过体育锻炼，如今很少锻炼。她们锻炼的项目主要是跑步，都是在学校的场所锻炼，没有去健身房，购买健身器材的也只是少数。从访谈的情况看来，完全没有体适能消费的仅有3人，其他13人主要是通过拉伸运动来加强身体柔韧性，通过长时间慢跑来加强心肺耐力，但是无其他体适能锻炼。

另外，女大学生出现了非理性的身体消费的现象，其中仅有Case9、Case11、Case15、Case16四人评价自己的身体消费是理性消费，其他访谈对象要么自己存在非理性身体消费行为，要么自己理性消费，而身边的同辈群体存在非理性身体消费。

### (二) 女大学生非理性身体消费

之所以出现非理性身体消费，其本质是因为人的欲望。此外，还存在其他多方面的原因。女大学生现在正处于半社会化状态，大学阶段是她们进入社会的过渡时期，她们接受高等教育，拥有一定的文化知识储备，加上她们在这一阶段接受事物的能力较强，网络的发达使得她们对信息的收集拥有更多的渠道。另外，高度集体化的生活方式使得她们更容易受到身边同辈群体的影响，不得不进行自我身体消费来维护关系，而这些消费原本不是她们真实的身体需要。

1. 盲目、冲动消费

在本次访谈中，盲目、冲动消费是最突出的非理性身体消费行为，共有10人提到盲目、冲动消费。总的来说，女大学生存在盲目、冲动消费的情形分为两种：虚假需要、宣泄消费，当然盲目消费的情形远不止这些。

虚假需要是盲目身体消费中最明显的情形，即并不是出于自身的真实需要而出现的一系列消费行为。在网络平台的作用下，女大学生消费者会出现预期后悔情绪，即她们购买商品之前明知自己将来会出现后悔购买情绪却还是会选择购买。其中Case6说道，当看到很喜欢的衣服的时候，虽然有时会觉得有点贵，但是还是会头脑一热买下来，而过了那段新鲜劲后，时间久了，就觉得后悔不该买那么贵的了。这种情况在平时也是经常出现的，特别是在网上搞活动的时候，有时为了享受满减的活动优惠，而去凑几百块的订单，其中很多衣服是自己纯粹为了凑单而随便选的，所以买回来就会后悔，但是退货很麻烦，就直接压箱底了。Case14较夸张地说道，本来不想买东西的，看到优惠券就像看到钱一样，能省一点是一点，有优惠券还是会比平时便宜很多，所以宁愿一次性下血本买很多东西，虽然很多东西不是特别需要的，只是觉得用了优惠券便宜才买，而身边的朋友也大多会有这样的情况。

宣泄消费也是盲目消费行为之一，宣泄消费同样会引起预期后悔，与虚假需要的差别在于，消费者的心情不好是其非理性消费的前提，Case2提道，平时心情不好要么暴饮暴食，要么购物。有一次因为一点事情心情不好，很想发泄，结果就拿着手机打开了淘宝，虽然不知道自己要买什么，就是看什么顺眼，看上了什么就买什么，于是就买了一些不好的东西。

2. 超前消费

随着网络技术的发展，在当今社会主流提倡超前消费的消费理念的影响下，各种利于超前消费的平台如雨后春笋，成了消费者超前消费的有力工具，这也是女大学生非理性身体形象消费中突出的另一个现象。Case3给我们提供了两个典型的同学超前消费的案例，寝室中有一个妹子是“富二代”，家里有钱，自己却没有金钱观念，寝室大部分同学每用一笔钱都会记账，但她没有这个习惯，反而到了月末还会向室友借钱。她爸妈每个月月初给她3000元，但是她都在将近月末的时候用完了，而且喜欢去酒吧这种高消费的地方。另一个妹子家境一般，她可能存在一定的攀比心理，因此也会超前消费，她会向寝室里的所有同学借钱，借钱买iPhone7，而且她喜欢化妆，买的化妆品也是最好的、最贵的，也喜欢去高端消费场所玩，与“富二代”妹子常有交集。

3. 攀比、炫耀消费

由于大学生的朋友圈比较单纯，加之经济状况受限，攀比、炫耀消费行为相对没有那么严重。Case7提供了一个朋友存在炫耀、攀比的案例，那个妹子申请了4000元的贫困补助金，但她每次出去玩都喜欢发图片，吃得好，还看电影。国庆和男朋友出去就花费了2000多元，手机、电脑都是苹果品牌。

（三）女大学生身体消费的影响因素

在访谈过程中，访谈对象们提到自己在身体消费时会受到多个因素的影响，但是其中重要的一点，对“身体资本”这一概念理解不够是影响最大的，正是因为不了解身体资本，所以在消费时出现了上述身体消费结构不合理的情形。此外，自身经济状况、人际交往、就业规划、大众传媒四个方面也是影响身体消费的因素。

1. 对“身体资本”理解不够

对于身体资本的理解，访谈对象们各抒己见，她们认为身体资本是形象资本和健康资本，但没有提及体适能资本，而形象资本和健康资本只是身体资本的两部分，相比体适能资本，更容易被人们感知和认识。

对身体资本的理解，大致分为以下三种说法：第一类——健康说，认为健康第一。Case3谈道，身体资本可以说成是身体的健康。身体健康就是最好的资本，只有在身体健康的基础上才可以去做任何自己想做的事情。而另一个访谈对象Case11在身体健康的认知上提到了身体资本增值，她认为，身体资本应该是指拥有一个健康的身体，才能全身心地投入工作，才能以更好的姿态迎接生活中的挑战和艰难。从投资来讲，身体是本钱，美好的人生应该是既要保住本钱，又要使本钱增值，这也正强调了“身体资本”，有健康的身体才能使人生增值。第二类——优势说，认为身体资本是一种优势，这也正是身体资本的本质内涵。Case5认识到身体资本与就业的关联，身体资本是身体健康和身体形象带给你的求职优势或者创业优势。同样，Case6 表示，身体资本可以让人在一些方面具有一定的优势，比如健康的身体比不健康的身体更具有优势，更加健美的身体比肥胖的身体更有优势。比如男性健壮、有力气，在各方面比女性更强壮就是他们的身体资本；而女性独有的温婉美丽，那种阴柔的美感就是她们的身体资本。我们可以利用这些身体资本来帮助我们做很多事情，但是我们不能完全依赖这个。第三类——投资说，认为身体资本是投资。Case12 谈道，身体资本就是身体健康和身体形象有关的身体投资，包括护肤品和吃的保养品等，充分理解身体资本是为了合理地进行投资，在保障身体健康的前提下，将身体资本升值，变成自己独有的优势。

2. 自身经济状况

自身经济状况在很大程度上影响着女大学生的身体消费，自身经济状况受限，消费也就受影响，由于女大学生的经济来源多为家庭供给，因此就直接反映了其家庭月均收入的差异。Case1 在说到身体消费的影响因素时提到了经济状况，虽然平时消费时受到其他方面的影响较小，但是经济状况很大程度上限制了她的消费：“没办法，家里给的生活费有限，自己偶尔会超前消费，但是我还是不能大手大脚地买东西，有时就算再喜欢，贵了我还是会放弃，毕竟自己经济没有那么宽裕。”Case6 也说道：“在衣服、包包这些方面，我还是不会刻意去购物，有喜欢的，身上钱够的话，就买，所以说经济状况还是会很大程度地影响我进行身体消费。”

3. 人际交往

“物以类聚，人以群分”，为了进入某个朋友圈、为了恋爱，成为别人眼中的自己而不得不进行身体消费甚至是不合理的身体消费，因此人际交往也是身体消费的重要影响因素。Case6 提道，自己在身体消费时会参照家人、同学朋友以及男朋友的意见，可能有一些会按照他们的眼光来对自身进行一些改变，看到身边的朋友会化妆也会受影响，所以也想把自己改造得好一些，不然感觉都不能在一个圈子里耍了。Case11 更直接地说道，毕竟女为悦己者容，大多数人喜欢跟形象好的人恋爱或者交友。

4. 就业规划

身体消费在就业规划中至关重要，一方面是工作的需要，另一方面也有利于人际交往，良好的形象将为工作加分。Case11 说到了就业规划带给她的影响：“自己所学的专业的职业形象需要是影响最大的，如果我学的是技术类的专业，换句话说以后工作不需要太多社交，我可能就不必花费较多的时间、精力、金钱在身体形象这一方面。现在很多单位对员工的身体形象要求较高，不管在哪个单位，员工都是单位的形象，所以在职业发展中，身体消费是很重要的。”Case13 认为，尤其是实习找工作，身体消费比如提高自己的衣品、画点淡妆，既是一种基本礼仪，也可以提升自己的气质，增加自信，对面试求职有很大帮助，还可以改善人际关系。

5. 大众传媒

在当今社会，网络的发展对人们的生活影响很大，网络广告遍布网站的各个角落，网购也已经成为当今社会的消费潮流。不管是理性消费还是非理性消费，网络平台的推动作用毋庸置疑。Case5 这样认为，因为现在大部分是网购，而网购往往受网络平台的推动作用，比如说买衣服，它会有推荐，根据你平时收藏的衣服的风格和最近浏览的记录来相应地推荐一些符合你消费偏好的服饰。Case11 也说道，网络平台的推广为消费者提供了较多便捷的渠道，至少消费者不会为买不到货而担忧，所以对网络的依赖也是比较大的。一般来说，大学生消费者深受网络广告的影响，搞活动的时候会根据自己的需要和资金控制消费。尽管网络带来了便捷，但其所带来的消极诱导作用更应引起重视。

## 四、对策

全面身体资本理论下，身体资本包括身体形象资本、身体健康资本与体适能资本，身体形象资本与身体健康资本更容易被人们认识，体适能资本由于存在于身体内部不易被感知而常常被忽略。身体资本理论要求女大学生全面进行身体投资，身体投资不应仅仅只投资身体形象，要在形象、健康、体适能三方面合理分配投资比例，从而实现身体资本的增值。由此，我们可以采取以下四个方面的措施促进女大学生进行理性的身体消费。

### （一）女大学生个人需要树立良好的消费观、价值观

量入为出、适度消费是我们提倡的消费理念，同样适用于身体消费领域，它体现了可持续消费的理念。在我们的认识当中，我们笼统地认为消费观只存在一种，其实消费观有多种分类，根据人们对消费对象的消费程度，可分为节俭消费观、奢侈消费观、适度消费观。节俭消费观要求人们最大限度地节约社会资源；奢侈消费观则表现出不加节制地利用资源；而适度消费观则

是对以上两种消费观的扬弃，主张既要考虑自身利益与发展，也要顾及他人与社会的利益与发展。我们不主张过度节俭，而应做到“俭而有度”，减少不必要的身体消费。

（二）高校积极开展消费教育与身体教育

学校是培养高素质人才的场所，学校教育对于女大学生正确消费观的形成发挥着主要作用。鉴于大学生们缺乏相应的理财知识与消费知识教育，因此，高校在加强学生思想政治教育的同时，应大力开设理财、消费指导课程，与之相辅相成，促进大学生形成正确的消费道德观。理财课程主要教授大学生如何进行资金的管理、合理分配与使用，消费课程则讲解与消费相关的知识，包括商品的选择、性价比的比较、消费法律法规、消费心理等。

开展身体教育的主要目的是帮助大学生形成合理的身体资本结构，合理的身体资本结构呈橄榄形（见图2），身体健康资本最为重要，身体形象资本作为被认知的窗口依然重要，体适能资本对健康资本又有促进作用。身体投资不仅要体现在身体形象上，还要体现在身体健康、体适能上。目前女大学生都比较注重身体形象资本的投资，较少关注身体健康资本和体适能资本。因此，高校开展以身体为对象、以身体锻炼为手段的教育极其重要。健康与体适能教育又体现为体育教育，目前本高校体育课程中开设的项目有：跑步、篮球、足球、健美操、游泳、武术、羽毛球、排球等，体育测试包括坐位体前屈、引体向上、仰卧起坐等。尽管学生在课上进行了相应的体育锻炼，但是这并不够，并未形成持续的锻炼习惯。所以，体育教育一方面要增加锻炼器材，多元化地锻炼学生的体适能，促进健康；另一方面需加强体育思想教育，促使全面持续锻炼观念的树立。

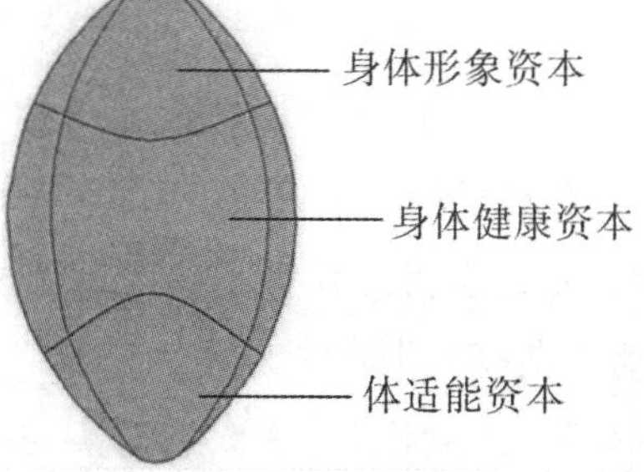


图2　合理的身体资本结构

（三）家庭正确引导子女消费

家庭教育是教育的起点，父母是孩子最好的老师，家长的消费观念、消费习惯、消费方式会影响子女的消费。所以，家庭的理财教育与消费观教育不可忽视。由于家长所处的社会环境不同，爱慕虚荣、炫耀攀比或者铺张浪费，不时渗透到子女的思想中，成为其非理性消费的思想萌芽。加之大部分女大学生的主要经济来源是家庭供给，有些家庭的“无私奉献”助长了女大学生的非理性消费的风气，甚至出现了这种情况，有的家长说“孩子一般不怎么给家里打电话，一打电话来的话，就是没钱了，要钱来了”。久而久之，毫无计划、不必要消费等非理性消费行为频频发生。因此，家长适度、适时地给子女提供生活费用，适当地进行消费教育，有利于子女形成正确的价值观与金钱观：不攀比、不炫耀、不浪费。

（四）净化社会环境

女大学生非理性身体消费行为与社会环境有很大关联，一方面是消费主义的影响，另一方面是网络广告的推波助澜作用。在消费主义思潮的影响下，物质消费、符号化消费、虚假需要成为主要的消费表现。因此，应该加强社会主义精神文明建设，倡导勤俭节约，反对骄奢淫逸，同时发挥社会大众媒体的积极导向作用，引导社会公民尤其是大学生树立科学的消费观。另外，现代广告对女大学生身体消费领域的引导、诱惑作用不言而喻，铺天盖地的广告扰乱我们的心志，因此要加强对网络广告的规范管理，最大限度地减少广告的轰炸。

**参考文献和注释：**

[1]自我效能感：是心理资本其中一个方面，心理资本是指个体在成长和发展过程中所表现出来的一种积极的心理状态，主要包括希望、自我效能感、韧性和乐观四个方面。自我效能是在困难或具有挑战性工作面前能有信心并付出努力取得的成功，自我效能也被称作自信。

[2][法]让·鲍德里亚. 消费社会[M]. 刘成富，全志钢，译. 南京：南京大学出版社，2008：1.

[3]王继雄. 身体资本积累：基于体育经济视角研究[J]. 现代营销（学苑

版),2013(1):114.

[4]陈莹.当代大学生消费的后现代视角透析:以福州市高校为例[D].福州:福州大学,2005:47.

[5]何湘.高校学生人力资本形成研究[D].太原:山西大学,2013:17.

[6]曹维明.老年健康的社会影响因素研究:基于社会资本的视角[D].杭州:浙江大学医学院,2014:1.

[7]王继雄.身体资本积累:基于体育经济视角研究[J].现代营销(学苑版),2013(1):59.

[8]王慧.女性消费异化的社会学研究:基于身份与认同的分析[D].武汉:华中师范大学,2011:17.

[9]钟瑷琳.当代大学生非理性消费问题及解决对策探究[J].兰州教育学年学报,2015,31(8):65.

[10]刘东见.身体消费的意义建构:从主体性角度对身体消费的思考[D].长春:吉林大学,2011:5.

# 医护人员居家临终关怀知信行现状及影响因素分析

## ——以北川羌族自治县为例

贺玲玲

公共事业管理2015级

**摘　要：** 目的是调查北川羌族自治县医疗机构医护人员居家临终关怀认知、态度和行为现状及影响因素。方法：采用医护人员居家临终关怀知信行问卷对北川羌族自治县2家医疗机构200名医护人员进行调查。结果：医护人员居家临终关怀知识总分（3.27±0.637）分，得分指标为57.63%，处于一般水平；态度总分（3.61±0.557）分，处于高等水平；行为总分（3.37±0.859）分，处于中等水平。居家临终关怀知识培训和居家临终关怀态度对居家临终关怀知识有影响；宗教信仰、是否听说过居家临终关怀、居家临终关怀知识以及居家临终关怀行为对居家临终关怀态度有影响；户籍、职业、居家临终关怀知识及居家临终关怀态度对居家临终关怀行为有影响。结论：北川羌族自治县医疗机构应提高医护人员的居家临终关怀知识水平，拓宽知识获取的途径，提高学习居家临终关怀知识的热情，促进居家临终关怀态度的转变，规范居家临终关怀行为。

**关键词：** 居家临终关怀；医护人员；知识；态度；行为；影响因素

临终关怀是为那些患无法治愈疾病的患者提供积极的整体护理，主要通过预防、评估和有效控制疼痛及其他躯体症状，处理心理、社会和精神方面的一系列问题，最大可能地提高患者及其家属的生活质量。临终关怀不是以延长生命为目的，而是以提高患者生命、生活质量为宗旨。[1] 而居家临终关怀是指患者居住在自己家里，在专家指导的基础上，由社区医护人员、社会志愿者等团队成员为患者及其家属提供整体护理，家属也参与其中。世界卫生组织强调以家庭作为临终关怀护理的基本单位，目前居家临终关怀是世界最普遍的类型，这种临终关怀模式在国外得到了很好的发展[2]。

在四川省，川西地区人口聚集程度高，老年人口比例高于全国平均水平，又属老少边穷地区，医疗条件相对落后，对居家临终关怀服务的需求较大，但川西地区的临终关怀服务较沿海发达地区发展相对滞后。本研究旨在通过调查医疗机构医护人员的临终关怀知信行现状及影响因素，为医疗机构的临终关怀工作的开展提供依据。

## 一、对象与方法

### （一）α 系数 1.1 对象

2017 年 7 月抽取北川羌族自治县 2 家医疗机构的医生、护士、护理员共 200 名作为研究对象。纳入标准：具有医师执业资格证、护士执业资格证及护理员证，从事医疗机构的临床工作且工龄大于 3 个月，工作中与临终患者有接触以及知情并自愿参与此次调查。

### （二）方法

1. 调查工具

2. 一般资料问卷

包括：性别、职业、职称、年龄、学历、工作年限、民族、宗教信仰、户籍、家庭形态、个人月收入、临终关怀知识来源等。

3. 医护人员居家临终关怀知信行问卷

问卷包括医护人员临终关怀知识、态度及行为三个部分。知识部分由临终关怀的机构、服务对象以及服务内容等组成，共 5 个条目，答对计 1 分，答错和不确定计 0 分，满分 5 分，该部分的 Cronbach's α 系数为 0.464；态度部分由对患者和家属实施临终关怀照护的态度、对临终关怀知识的自我评估、对临终关怀的支持和对死亡教育和临终关怀教育的态度等 6 个条目组成，该部分的 Cronbach's α 系数为 0.707，评分 $<2.72$ 分（平均分减标准差）为低等水平，评分 $>3.27$ 分（平均分加标准差）为高等水平，处于 2.72～3.27 分为中等水平；行为部分由想尽一切办法减轻临终患者的疼痛和不适、及时给予家属指导并为临终患者提供营养指导、积极主动关注临终患者的病情发展等 6 个条目组成，该部分的 Cronbach's α 系数为 0.903，评分 $<2.35$ 分（平均分减标准差）为低等水平，评分 $>3.65$ 分（平均分加标准差）为高等水平，处于 2.35 ~3.65 分为中等水平[3]。认知得分指标（%） = 平均得分/最高得分×100%，得分指标分 3 个等级：0 ~30% 为差，31% ~60% 为一般，>60% 为好[4]。态度和行为部分采用 Likert 级评分法，非常同意计 5 分，同意计 4 分，不确定计 3 分，不同意计 2 分，非常不同意计 1 分。

4. 调查方法

由三下乡社会实践课题组成员到医疗机构，应用小组统一指导语说明调查的目的和意义，发放问卷并回收，不记名填写，独立完成。本次共发放问卷 200 份，回收有效问卷 194 份，有效回收率为 97%。

（三）统计学方法

采用 SPSS 17.0 统计软件包进行数据分析。计数资料用人数、百分比进行描述；计量资料用均数、标准差进行描述；知信行影响因素分析采用线性回归分析和二元回归分析。

## 二、结果

（一）2 所医疗机构医护人员一般资料（见表 1）

**表 1　2 所医疗机构医护人员一般资料（n = 194）**

| 项目 | | 人数（n） | 百分比（%） |
|---|---|---|---|
| 性别 | 男 | 39 | 20.1 |
| | 女 | 155 | 79.9 |
| 职业 | 医生 | 57 | 29.4 |
| | 护士 | 134 | 69.1 |
| | 护理员 | 3 | 1.5 |
| 职称 | 主任 | 15 | 7.7 |
| | 副主任 | 11 | 5.7 |
| | 执业医师 | 24 | 12.4 |
| | 助理医师 | 9 | 4.6 |
| | 护士长 | 10 | 5.2 |
| | 护士 | 125 | 64.4 |

续表

| 项目 | | 人数（n） | 百分比（%） |
| --- | --- | --- | --- |
| 年龄 | 20 岁以下 | 33 | 17.0 |
| | 20 岁到 30 岁 | 87 | 44.8 |
| | 30 岁到 40 岁 | 33 | 17.0 |
| | 40 岁到 50 岁 | 30 | 15.5 |
| | 50 岁以上 | 11 | 5.7 |
| 性格 | 内向 | 59 | 30.4 |
| | 外向 | 135 | 69.6 |
| 学历 | 研究生 | 14 | 7.2 |
| | 规培生 | 10 | 5.2 |
| | 本科生 | 59 | 30.4 |
| | 专科生 | 111 | 57.2 |
| 个人月收入 | 1000 元以下 | 14 | 7.2 |
| | 1001—3000 元 | 66 | 34.0 |
| | 3001—5000 元 | 68 | 35.1 |
| | 5001—7000 元 | 36 | 18.6 |
| | 7000 元以上 | 10 | 5.2 |
| 工作时间 | 5 年以下 | 88 | 45.4 |
| | 5～10 年 | 44 | 22.7 |
| | 10～15 年 | 24 | 12.4 |
| | 15～20 年 | 12 | 6.2 |
| | 20 年以上 | 26 | 13.4 |
| 户籍 | 农村 | 135 | 69.6 |
| | 城镇 | 59 | 30.4 |
| 家庭形态 | 夫妻、子女 | 61 | 31.4 |
| | 父母、兄弟姐妹 | 79 | 40.7 |
| | 三代同堂或更多 | 54 | 27.8 |

续表

| 项目 | | 人数（n） | 百分比（%） |
|---|---|---|---|
| 宗教信仰 | 有 | 14 | 7.2 |
| | 无 | 180 | 92.8 |
| 临终知识来源 | 课堂教学与教材 | 85 | 43.8 |
| | 医护人员 | 57 | 29.4 |
| | 专门培训 | 9 | 4.6 |
| | 电视、网络等媒体 | 35 | 18.0 |
| | 从亲戚朋友处学习 | 8 | 4.1 |

（二）医护人员临终关怀知信行情况

医护人员居家临终关怀知识总分（3.27 ±0.637）分，得分指标为57.63%，处于一般水平；态度总分（3.61 ±0.557）分，处于高等水平；行为总分（3.37 ±0.859）分，处于中等水平。这说明北川羌族自治县的医护人员居家临终关怀服务存在知行分离、知信分离以及信行分离现象，与张若柏和吴茜等人的研究结果相似[5]。（见表2）

**表2　医护人员临终关怀知信行得分（n = 194）**

| 项目 | 得分（分，$\bar{x} \pm s$） |
|---|---|
| 知识 | |
| 是否听说过居家临终关怀 | 4.33 ±0.995 |
| 学习居家临终关怀知识的途径 | 3.46 ±1.343 |
| 居家临终关怀的服务对象 | 3.69 ±1.048 |
| 哪个机构最适合居家临终关怀 | 2.49 ±1.324 |
| 居家临终关怀的内容 | 2.43 ±1.229 |
| 哪些行为属于居家临终关怀 | 3.22 ±1.348 |
| 总均分 | 3.27 ±0.637 |

续表

| 项目 | 得分（分，$\bar{x} \pm s$） |
|---|---|
| 态度 | |
| 如果有机会更深入学习临终关怀知识或者开展死亡教育，您愿意参加学习并接受教育 | 3.65 ±0.893 |
| 如果有条件支持，您所在地区目前有必要开展或加强居家临终关怀服务 | 3.96 ±0.730 |
| 如果你认识的人当中有人把濒临死亡的病人送到临终关怀医院，您会对此表示赞同 | 3.45 ±0.870 |
| 如果您有机会参加居家临终关怀服务，您愿意参加 | 3.41 ±0.947 |
| 您对患者和家属实施临终关怀照护的态度是 | 3.77 ±0.720 |
| 您对临终关怀知识的自我评估 | 3.40 ±1.039 |
| 总均分 | 3.61 ±0.557 |
| 行为 | |
| 曾主动想尽一切办法减轻临终患者的疼痛和不适 | 3.49 ±1.014 |
| 曾及时给予家属指导并为临终患者提供营养指导 | 3.43 ±1.006 |
| 曾积极主动关注临终患者的病情发展 | 3.34 ±1.052 |
| 曾关注临终患者及家属的心理感受，给予心理护理 | 3.38 ±1.081 |
| 曾尽可能地减少临终患者的不必要检查和治疗 | 3.14 ±1.087 |
| 曾尽最大可能地满足居家临终关怀患者的身心需求 | 3.48 ±1.039 |
| 总均分 | 3.37 ±0.859 |

### （三）医护人员临终关怀知信行影响因素

我们分别将居家临终关怀认知、态度、行为总分作为因变量，将医护人员居家临终关怀知信行方面有意义的变量如性别、年龄、学历、工作年限、宗教信仰、户籍、个人月收入等作为自变量放入回归方程进行分析；以居家临终关怀认知总分为因变量分析时，居家临终关怀态度和行为总分作为自变量进入回归方程；以居家临终关怀态度总分作为因变量分析时，居家临终关怀知识和行为总分作为自变量进入回归方程；以居家临终关怀行为总分作为因变量分析时，居家临终关怀认知和态度总分作为自变量进入回归方程。回归分析结果见表3至表5。

## 三、讨论

### （一）医护人员居家临终关怀认知水平一般，态度处于高等水平，行为处于中等水平

表2分析结果显示，医护人员居家临终关怀知识得分为（3.27±0.637）分，得分指标为57.63%，显示知识为一般水平，与赵佩英和杨燕群[6]的研究结果相似。其原因可能是北川羌族自治县医疗机构医护人员居家临终关怀相关培训偏少、学历偏高和对居家临终关怀的态度一般，因此，医疗机构应组织医护人员更加系统地学习居家临终关怀等相关知识，以此来提高整体的居家临终关怀态度和行为，从根本上提高医疗机构医护人员居家的临终关怀能力。态度得分为（3.61±0.557）分，处于高等水平，与吴茜和张若柏等人的研究结果相似[7]。而居家临终关怀知识学习和居家临终关怀行为（$p=0.00$）对居家临终关怀态度影响非常显著。行为得分为（3.37±0.859）分，处于中等水平，与李新艺和路丽娜的研究结果不同[8]，可能与职业、户籍、居家临终关怀知识以及居家临终关怀态度有关，也有可能与此问卷行为量表中没有体现行为的实际效果有关。

### （二）医护人员居家临终关怀知信行的影响因素分析

1. 医护人员居家临终关怀知识的影响因素分析

分析结果显示，医护人员居家临终关怀相关培训和对居家临终关怀的态度对居家临终关怀认知有影响，与郑忆良和郑悦平等人的研究结果不同[9]。原因可能是通过居家临终关怀培训的医护人员比没有培训过的医护人员对居家临终关怀的了解程度和相关知识水平要高些，他们有更强的学习能力而且更愿意学习居家临终关怀。医学院校和医疗机构应针对不同情况合理设置岗前培训和每月定期培训、检测等加强相关居家临终关怀知识学习，以提高医护人员居家临终关怀知识的水平。居家临终关怀态度（$p=0.001$）对居家临终关怀知识有显著的影响，说明居家临终关怀态度端正、良好也会影响医护人员对居家临终关怀知识的学习，医护人员居家临终关怀态度越好，其知识水平越高。所以医学院校和医疗机构应提高医护人员学习居家临终关怀知识的热情，促进居家临终关怀态度的转变。（见表3）

**表 3　影响临终关怀知识的因素二元回归分析结果**

| 项目 | 回归系数（β） | 标准误 | Wals | P | Exp（B） |
| --- | --- | --- | --- | --- | --- |
| 职业 | −2.518 | 2.047 | 1.514 | .219 | .081 |
| 职称 | .565 | .641 | .776 | .378 | 1.759 |
| 年龄 | 1.095 | .663 | 2.730 | .099 | 2.989 |
| 学历 | −.866 | .616 | 1.979 | .159 | .421 |
| 月收入 | −.790 | .593 | 1.775 | .183 | .454 |
| 工作时间 | −.772 | .482 | 2.559 | .110 | .462 |
| 临终知识相关培训 | −1.437 | .571 | 6.335 | .012 | .238 |
| 家庭形态 | −.868 | .524 | 2.743 | .098 | .420 |
| 临终关怀态度总分 | .550 | .169 | 10.615 | .001 | 1.732 |
| 临终关怀行为总分 | −.170 | .131 | 1.682 | .195 | .844 |

2. 医护人员居家临终关怀态度的影响因素分析

分析结果显示，宗教信仰、是否听说过居家临终关怀、居家临终关怀知识以及居家临终关怀行为影响着医护人员居家临终关怀态度。其中对于宗教信仰，可能是与我国宗教信仰缺乏科学解释且少部分具有迷信色彩有关，导致医护人员对居家临终关怀认知存在偏差。相关机构更要督促有宗教信仰的医护人员加强居家临终关怀知识的学习。是否听说过居家临终关怀也影响着医护人员居家临终关怀态度，听说过的人员态度偏于积极，医疗机构应通过多种途径宣传居家临终关怀，提高医护人员对居家临终关怀的认知。居家临终关怀知识和态度都对居家临终关怀行为（$p=0.000$）有显著影响，说明医疗机构医护人员居家临终关怀知识越多，行为越好，其态度就越积极。因此相关医疗机构应通过多种途径激发医护人员居家临终关怀知识的学习热情，规范居家临终关怀行为。（见表 4）

**表 4　影响临终关怀态度的因素线性回归分析结果**

| 项目 | 非标准化系数 | | 标准系数 | | |
| --- | --- | --- | --- | --- | --- |
| | B | 标准误差 | β 分布 | t | p |
| 临终知识相关培训 | .332 | .286 | .058 | 1.162 | .247 |

续表

| 项目 | 非标准化系数 | | 标准系数 | | |
|---|---|---|---|---|---|
| | B | 标准误差 | β 分布 | t | p |
| 户籍 | .369 | .433 | .051 | .853 | .395 |
| 家庭形态 | .254 | .227 | .059 | 1.118 | .265 |
| 宗教信仰 | -1.098 | .551 | -.105 | -1.992 | .048 |
| 是否听说过居家临终关怀 | -.467 | .167 | -.139 | -2.795 | .006 |
| 临终关怀知识总分 | .456 | .047 | .524 | 9.692 | .000 |
| 临终关怀行为总分 | .258 | .037 | .400 | 6.986 | .000 |

3. 医护人员居家临终关怀行为的影响因素分析

分析结果显示，职业、户籍、临终关怀知识及态度对医护人员居家临终关怀行为有影响。其中护理员的态度比医生、护士更积极，这可能是由于护理员经常且更容易接触患者。城镇的居家临终关怀行为比农村好，可能与城镇人群更容易接受新事物有关。居家临终关怀知识越多，态度均对临终关怀行为有影响，说明医护人员居家临终关怀知识越多，态度越好，其行为就越规范，因此医疗机构应通过多种途径规范医护人员居家临终关怀行为。(见表5)

**表5　影响临终关怀行为的因素二元回归分析结果**

| 项目 | 回归系数（β） | 标准误 | Wals | P | Exp（B） |
|---|---|---|---|---|---|
| 职业 | 10.716 | 4.347 | 6.078 | .014 | 45060.499 |
| 职称 | -3.219 | 1.653 | 3.793 | .051 | .040 |
| 临终知识相关培训 | 1.184 | .696 | 2.896 | .089 | 3.268 |
| 户籍 | -2.280 | .854 | 7.134 | .008 | .102 |
| 家庭形态 | -.683 | .481 | 2.017 | .156 | .505 |
| 宗教信仰 | .863 | 1.048 | .679 | .410 | 2.371 |
| 是否听说过居家临终关怀 | .655 | .354 | 3.415 | .065 | 1.925 |
| 临终关怀知识总分 | -.472 | .155 | 9.294 | .002 | .624 |
| 临终关怀行为总分 | .529 | .143 | 13.752 | .000 | 1.697 |

## 四、建议

### （一）政府制定相关的政策与法规

临终关怀是近代医学领域中新兴的一门边缘性交叉学科，是社会的需求和人类漫长的历史长河中文明发展的重要标志，它还需要不断完善。为让更多人了解临终关怀，各政府部门应加大对居家临终关怀的支持力度，包括政策支持和资金支持等，如通过设置居家临终关怀专项经费、鼓励社会捐助等多渠道筹措资金，用于增设居家临终关怀机构、培训临终关怀专业从业人员、扩大居家临终关怀的服务面等。此外，增强政府行为力度，制定临终关怀有关法律法规对我国发展临终关怀事业至关重要。

### （二）完善志愿者制度

完善志愿者制度，志愿者在临终关怀事业中的作用不可小觑。政府应提倡志愿者服务，完善相关法规制度，倡导志愿者行动，鼓励在校大学生、社区低龄人群以及其他适宜人群参与居家临终关怀服务。由统计数据可知，86.60%的医护人员若有机会，愿意做居家临终关怀的志愿者。完善志愿者制度有利于保护居家临终关怀患者和志愿者的利益，在一定程度上可以提高居家临终关怀的效率。

### （三）加强死亡教育与临终关怀相关知识普及教育

临终关怀教育是将有关临终关怀与死亡及其与生活相关的知识传递给人们及社会的教学过程。1988 年，天津医科大学临终关怀中心成立，在推进临终关怀的同时，提出了“临终关怀教育”这一课题。我国临终关怀教育事业刚刚起步，还处于边探索边实践阶段[10]。中国人对死亡的看法深受传统文化的影响，对死亡十分忌讳，不愿或不敢去讨论死亡。在一个不能提及死亡的环境下是无法进行临终关怀护理的。

死亡教育与临终关怀相关知识普及教育的目的是使人们改变对待死亡的态度，正确地认识死亡，使护理人员为临终患者提供良好的人际关系和心理支持。死亡教育和临终关怀事业的发展也是人类社会文明发展的标志之一。

### （四）建立居家临终关怀机构

在许多条件和背景的影响下，发展居家型临终关怀模式已成为我国面临老龄化的可行之策，但居家临终关怀需要一定的人力、物力、财力的支持，所以此模式尚未完善，并且还没有被社会普遍重视。加快居家临终关怀机构的建立不但可以促进就业还可以使居家临终关怀事业走上正轨，可为居家临终关怀提供专业力量，为社会工作者及相关医护人员提供部分信息参考，加深专业了解，增强专业信心，巩固专业思想，为工作开展提供第一手数据。

## 五、小结

本次研究分析中我们发现居家临终关怀模式是较为适应北川羌族自治县的临终关怀模式。此地区医护人员临终关怀知识水平一般、态度处于高等水平、行为处于中等水平，存在知行分离、知信分离以及信行分离现象。临终关怀知识培训和临终关怀态度对临终关怀知识有影响；宗教信仰、是否听说过居家临终关怀、临终关怀知识以及临终关怀行为对临终关怀态度有影响；户籍、职业、临终关怀知识及临终关怀态度对临终关怀行为有影响。

居家型临终关怀模式打破了传统临终关怀模式，突破了固定的服务形式与场所的限制。这种模式更符合我国国情，更具可行性，有利于缓解我国当前医疗资源紧缺的现状，对解决临终问题具有很大的现实意义。北川羌族自治县医疗机构应提高医护人员的居家临终关怀知识水平，拓宽知识获取途径，提高学习居家临终关怀知识的热情，促进居家临终关怀态度的转变，规范居家临终关怀行为。

## 参考文献：

[1]孟召霞,李艳琳.居家临终关怀服务的研究进展[J].护理学杂志(外科版),2012,27(18):89－90.

[2]徐婷.成都市成立居家临终关怀中心的可行性调查[J].护理研究(上旬版),2014,28(9):3113－3115.

[3]唐丽.实习护生功能失调性态度对临床沟通能力的影响研究[J].护理管理杂志,2013,13(12):865－866.

[4]王晓娅,杨玉燕,刘珂应,等.社区围绝经期妇女骨质疏松知信行的调查分析[J].护理管理杂志,2013,13(11):781－782.

[5]张若柏,吴茜,廖亮,等.长沙市肿瘤专科医院护士临终关怀知信行调查及影响因素分析[J].护理学报,2015,22(13):27－31.

[6]赵佩英,杨燕群.临终护理缺陷的调查分析[J].护理管理杂志,2003,3(2):20－22.

[7]吴茜,张若柏,黎诗豪,等.长沙市养老机构医护人员临终关怀知信行现状及影响因素研究,2015,15(4):243－245.

[8]李新艺,路丽娜.养老机构护理人员知信行调查分析[J].护理实践与研究(下半月版),2013,10(8):3－5.

[9]郑忆良,郑悦平.二级医院医护人员临终关怀知识掌握现状及影响因素分析[J].当代护士(专科版),2009(7):69－71.

[10]郑悦平,李映兰,周阳.医护人员对临终关怀照护态度的研究[J].中国护理管理,2010,10(4):53－55.

# 完善我国婚前医学检查制度的路径探究

刘思文
公共事业管理2014级

**摘　要：**本文通过对婚前医学检查制度（以下简称“婚检”）的内涵和价值的分析，分别从国家、社会和个人三个角度出发，梳理婚检制度的必要性和重大意义，分析2003年取消强制婚检至今婚检率大幅度下降的原因，以及出生缺陷率大幅度提高等情况，探讨自愿婚检目前的窘境和不良后果。针对我国的实情，借鉴婚检情况较好的国家的婚检制度，提出改善我国婚检情况的建议。

**关键词：**婚姻法；婚检制度；问题；策略

高质量的出生人口是未来人力资源的保障，投资提高出生人口素质就是投资经济社会发展事业。多位妇产科专家提出，虽然近年来出生缺陷率的升高有复杂的原因，但婚检率下降导致出生缺陷一级预防明显被削弱是一个主要因素。婚检是出生缺陷的第一道屏障，政府必须加大投入，建立多部门参与；社会加大宣传，营造良好的婚检氛围；个人提高健康的意识，对自己负责，对家人负责，一起促进提高出生人口素质工作措施的顺利实施。

## 一、婚检制度的内涵

婚前保健是母婴保健法的重要内容，包括婚前卫生指导、卫生咨询和婚前医学检查，是即将结婚的男女双方的婚前健康检查。其内容主要包括两大部分：体检和咨询。体检包括问诊和体格检查。问诊主要是医生询问你的家庭病史和自身的病史等。体格检查除了常规的项目还有乙肝、梅毒、胸透、生殖器官检查等。咨询便是医生对其进行婚前健康教育和生育指导等，以便及早发现相关疾病，降低新生儿出生缺陷率，提高生育质量[1]。

## 二、婚检制度的价值

### （一）婚检是落实婚姻法的有效手段之一

《婚姻登记管理条例》第 6 条将“患有医学上认为不应当结婚的疾病的”作为不予登记的情形之一。我国婚姻法第 7 条将“患有医学上认为不应当结婚的疾病”作为禁止结婚的条件之一，第 10 条将“婚前患有医学上认为不应当结婚的疾病，婚后尚未治愈的”作为婚姻无效的情形之一。婚姻法以及《婚姻登记管理条例》将艾滋病、梅毒和麻风病等疾病列为禁止结婚的疾病之一。这些疾病都具有较强的传染性和遗传性，如果允许患该类疾病的人登记结婚，他们以后的生活将出现极大的隐患，并且他们的新生儿缺陷率显著高于其他疾病患者。但是，这些疾病只有通过先进的医学设备检查才能得出结果，普通人很难进行判断。通过婚检证明，婚姻登记机关才能确定当事人是否患有法律上禁止结婚的疾病，所以，婚检使婚姻法的规定具有可操作性，是落实婚姻法的有效手段之一

### （二）婚检有助于发现疾病和隐患，降低出生缺陷率，是保护妇女儿童合法权益的有效途径之一

虽然婚检不能完全排除新生儿缺陷的情况，但是能很大程度上降低新生儿出生缺陷率。一方面，通过婚检，准备登记结婚的男女双方可以了解到彼此患有的疾病以及对后代可能造成的影响，让他们考虑清楚是否还要坚持登记结婚；另一方面，如果他们继续结婚，就应该接受医生的建议，采取治疗的措施和预防的方法，从而很大程度上减少因不了解自己或对方健康状况而造成的新生儿出生缺陷的问题。

### （三）婚检可以减少出生缺陷儿，从而减少缺陷儿给家庭和社会带来的精神负担和经济负担

当初没有花几百块做的婚检带来的后果可能是，要花 100 多万去救治自己的孩子，还不一定能完全治好。出生缺陷儿给家庭和社会带来了沉重的经济负担和心理负担。我国每年新增出生缺陷儿总数近百万例，约占出生人口总数的 5.6%。每年因神经管畸形造成的直接经济损失超过 2 亿元人民币，先天愚型治疗费用超过 20 亿元，先天性心脏病的治疗费用高达 120 亿元人民币。据统计，全世界每年有 500 多万的缺陷儿出生，大约 85% 在发展中国家。

中国是世界上的人口大国，也是出生缺陷残疾高发的国家。监测数据显示，中国每年有20—30万肉眼可见的先天畸形儿出生，加上出生后数月和数年才显示出来的缺陷，先天残疾儿童总数高达80—120万，全球五分之一的缺陷儿来自中国。约每隔30分钟就有一个缺陷儿出生。出生缺陷儿的数量呈逐年上升的趋势。国家每年在补助出生缺陷儿困难家庭的财政支出情况十分严峻。为使“缺陷宝宝”得到诊治，家庭的负担也相当沉重[2]。在社会保障水平总体偏低的情况下，出生缺陷导致的因病返贫、因病致贫现象在中西部贫困地区尤为突出。一位新生缺陷儿父亲说：“我现在什么都不敢想，只能埋头赚钱、买房子，等我们老了，让他有地方住，有房租养活自己。”

（四）婚检可以提供生育咨询，有利于有效地掌握好受孕的时机和避孕方法，实现优生优育

医生根据检查结果为新婚夫妇选择最佳受孕的时间或者是提供有效的避孕方法。对于想要小孩的夫妇，可帮助他们提高计划受孕的成功率；对于不想要小孩的夫妇，可减少意外怀孕或人工流产。婚检也是一次很好的性知识教育机会，可以提供生殖保健方面的有关知识咨询和指导。

（五）婚检给男女双方知情权，保护当事人双方的合法权益，有助于提高婚姻质量，促进家庭幸福

婚检可能涉及隐私，但同时保证了婚姻双方的健康和安全。结婚双方享有对未来配偶健康的知情权，让对方了解自己的健康状况也是对对方负责的态度。对于社会来说，家庭作为最基本的组成单位，家庭的健康对社会有着至关重要的影响。婚检利于优生优育，对提高人口质量很重要，由医生根据双方的身体状况制订最佳生育计划，有助于成功孕育出健康聪明的下一代。

## 三、我国婚姻登记和婚检制度的演变

1950年以前我国结婚无须婚姻登记，更不需要婚前检查，只要举行结婚仪式就是夫妻了。1950年婚姻法实施后，我国婚检制度经历了从无到有、从试行到强制再到自愿三个发展阶段[3]。

（一）试行阶段（1950—1986）

1950年，中央人民政府委员会第七次会议通过《中华人民共和国婚姻法》。为了贯彻其中第5条关于结婚疾病的规定，在当时医疗条件较好的地区

试行了婚前检查。1983年，民政部发布《华侨同国内公民、港澳同胞同内地公民之间办理婚姻登记的几项规定》的通知，要求华侨、港澳同胞在申请结婚登记时，须持有婚姻登记机关指定的县级以上医院出具的婚前健康检查证明。

（二）强制阶段（1986—2003）

1986年，卫生部和民政部共同下发的《关于婚前健康检查问题的通知》，对婚前健康检查问题做出了具体规定，那些在婚检中被发现患有法律规定禁止结婚或者暂缓结婚疾病的，民政部门有权不予批准。1994年，《婚姻登记管理条例》颁布，标志着第一次把婚检制度写入法规。1995年，《中华人民共和国母婴保健法》颁布，以立法的形式明确规定了婚前保健，进一步强化了婚检制度。其中第12条规定："男女双方在结婚登记时，应当持有婚前医学检查证明或者医学鉴定证明。"2001年，新婚姻法中没有将婚检列为婚姻登记的法律程序。2001年6月，《中华人民共和国母婴保健法实施办法》颁布，其中第二章第十六条明确要求："在实行婚前医学检查的地区，婚姻登记机关在办理结婚登记时，应当查验婚前医学检查证明或者母婴保健法第十一条规定的医学鉴定证明。"

（三）自愿阶段（2003年至今）

2003年10月1日，《婚姻登记条例》正式实施。《婚姻登记条例》依据婚姻法制定，没有对婚检做强制性规定。

## 四、当前婚检制度的问题分析

由强制婚检到自愿婚检的转变，顺应了转型时期政府角色转变的潮流。虽然这具有一定的人文价值和进步意义，但这个"价值"和"意义"多少显得有些虚无缥缈，与其同生的是我们不堪设想的、难以承担的代价。由强制婚检到自愿婚检，国家的角色发生了根本的变化，从实质意义上讲，就是政府干预范围的缩小和社会本位的回归。但是自愿婚检实施多年以来的事实表明，政府退出婚检监管的领域后，自愿婚检一度成为取消婚检。我们在承认婚检属于私权范围的同时，也应该承认婚检发生的作用范畴不仅仅局限于私法领域。因此，政府不能一走了之，而是要尽快实现从"划桨政府"向"掌舵政府"的转变[4]。

据统计，我国是出生缺陷高发的国家，每年约90万新生儿有出生缺陷。1996年到2010年，我国新生儿出生缺陷发生率增幅达70.9%，每10000名新生儿中就有149.9人患有先天性缺陷。出生缺陷发生前5位的分别是先天性心脏病、多指（趾）、唇裂、先天性脑积水和神经管缺陷。2003年10月1日《婚姻登记条例》实施后，2004年，全国婚检率由80%降至2.67%，一些地方甚至直接归“零”。取消强制婚检是出生缺陷率升高的罪魁祸首吗？北京大学生育健康研究所所长任爱国表示，目前尚没有研究支持这一结论。“但婚检率下降不利于出生缺陷的预防是毫无疑问的。”任所长说，“婚检不仅仅是医学检查，还包括婚前健康教育、婚育咨询指导等，婚检率下降导致这些工作无法开展，出生缺陷一级预防明显被削弱。”

（一）对于大部分没有自愿婚检意识的人来说，自愿婚检等于不用婚检

目前，由于我国仍处于社会主义初级阶段，尚有大部分地区的人民还不能追求生活的质量，医疗条件十分恶劣，普通人并不具备判断自身健康状况的能力，严重的遗传性疾病、传染病、精神病等仍然是影响我国居民生活的重要因素。特别是在一些欠发达地区，遗传性疾病流行，对这些经济状况本就不好的家庭来说无疑是雪上加霜，是严重的社会问题，而这些群体往往没有自愿体检的意识，不实行强制婚检会使这一问题更加严重。

（二）婚姻法中规定的“医学上认为不应当结婚的疾病”一直未能明确，带来两方面的问题

一是婚姻登记机关根据婚检机构出具的检查结果无法认定当事人是否患有不应当结婚的疾病，是否可以办理登记；二是由于检查没有针对性，造成婚检中存在检查项目多、搭车收费等问题。因此不能把持有婚检证明作为结婚登记的必要条件，所以取消强制婚检。但如果仅仅因为法律没有对某一事项做出明确具体规定或者因为在具体实施时缺乏可操作性就暂停执行这一法律条文的话，这无异于因噎废食，那法律就永远不可能得到完善，最终也无法体现它对社会文明的巨大促进作用。

（三）自愿婚检引发隐私权和知情权的冲突

强制婚检从性质上讲，是一种体现国家意志的公法行为，个人自由或权利被统摄于国家权力之下，不存在私权的冲突。但自愿婚检从性质上讲，是

个人自由的私法自治行为，由此必然导致隐私权和知情权这两种私法的矛盾。比如一对男女在婚前检查后发现，男方患有梅毒。男方怕女友知道后会和自己分手，要求医生为自己保密，因为这是个人隐私；但女方见到婚检报告后，坚持要求医生告知其详细情况，因为她有知情权。医生对此就为难了，到底应不应该将婚检报告如实告知呢？所以自愿婚检强调隐私权，却忽略了知情权。由于一方不能得到有关对方的情况，结婚后或生育后发现对方不宜结婚或生育，必将引发纷争，但是这时造成的严重后果可能做再多也于事无补。

（四）自愿婚检引发的诚信危机

目前婚检人数的大幅减少是对婚姻诚信的一种挑战，在恶意隐瞒所患不宜结婚和应暂缓结婚疾病的情况下，欺骗越来越多，使婚姻诚信面临考验。有人认为《婚姻登记条例》把婚检列入“可选择”的范围，这代表婚检机关在一定程度上“放弃”对申请结婚的当事人健康状况“把关”的责任，这种“放弃”建立在对当事人的自主行为能力高度信任的基础上。目前自愿婚检率很低，直接威胁新婚人群及其后代健康，甚至危及国民素质。取消强制婚检时机尚未成熟，脱离了中国国情。受经济、文化、历史和社会环境的影响，人们的卫生保健观念淡薄，不重视婚检，在农村这种情况尤其突出。

## 五、域外的婚检制度的考察和借鉴

（一）美国：婚检结果并不影响婚姻自由

米希尔·盖博律师曾说，婚检可能涉及个人隐私，但同时保证了双方的健康和安全。他认为：关于婚前血液检查，许多州都有要求。比如新泽西州、阿肯色州、路易斯安那州。检查的主要目的是检测可由性关系传播的疾病，如梅毒、淋病。一些州还要求做艾滋病检查，但是检查结果并不影响结婚自由，政府也不能因为婚检结果而拒绝颁发结婚证。在美国也有一些州没有婚前检查的规定，康涅狄格州最新颁布的法律中取消了婚前验血的要求，当地公共卫生局官员表示，没有必要在法律中规定这项，因为人们早已知道如何对自己的健康负责。

（二）法国：没有健康证明就不能成为合法夫妻

法国没有“强制婚检的说法”，但是婚检是领证不可缺少的一步，他们把婚前体检当作一种义务。新婚夫妇婚检的项目明确，场所可以自由选择。根据个人的医疗保险，大部分的项目可以报销。对于法国人来说，平时在哪里看病，就找哪家医院体检。体检的整个过程及结果都完全保密。患有精神病的未婚夫妇，其父母有权对其婚姻提出异议。法国人结婚前必须要婚检，主要项目是检查艾滋病、弓形虫病、肝炎、风疹等一些传染病。法律规定，验血必须要有两个机构参加，核对血型，避免结果搞错。

（三）俄罗斯：自愿免费体检

在俄罗斯，如果向伴侣隐瞒艾滋病并且把艾滋病传染给伴侣，最高可判5年监禁。1995年的《俄罗斯联邦家庭法典》规定：（1）对申请结婚的人进行医疗检查，以及对医学遗传问题和计划生育的问题的咨询，由申请结婚的人住所地的国家和地方医疗保健机构免费进行，而且必须经过当事人的同意；（2）对申请结婚的人的检查结果为医疗秘密，只有经过检查人的同意，才能将检查结果告诉与之结婚的另一方；（3）如果申请结婚的一方向另一方隐瞒性病或艾滋病病毒携带事实，后者有权请求法院认定婚姻无效。虽然《俄罗斯联邦家庭法典》规定，婚检结果属于个人隐私和医疗秘密，即使当事人被查出患有危险的传染病，有关部门也无权阻止其进行结婚登记。但是向配偶隐瞒严重疾病可能会受到严厉的处罚。虽然法律对婚前隐瞒严重病情做出了相关的惩罚规定，但事后采取的措施并不能弥补当事人甚至后代遭受到的损害。

（四）日本：婚前交换健康诊断书，不强制但这是一种“风俗”

在日本，婚检不是强制的义务，但在日本人眼里这完全是一种常识。日本人不忌讳婚前性行为，但是一旦决定结婚，他们会一丝不苟地对待结婚这件事。婚前交换健康诊断书是建立双方夫妻关系的一个重要开始。婚前检查很注重个人隐私，不会检查家族病史。日本人的观念普遍前卫，结婚之后很多人不要小孩，或者长时间地过二人世界。想要小孩的时候，为了慎重起见，有些人还会做一次体检，检查的项目跟婚前体检相同。日本人普遍重视健康问题，加上医疗机构的隐私保护到位，使得日本人愿意做婚前健康检查。

## 六、完善我国当前婚检制度的策略

（一）明确婚检项目，规范医护人员的行为

医疗保健机构要转变观念，要提供高质量、人性化的服务，建立婚检程序的投诉机制和监督机制，公民可以直接投诉一些形式性的婚检现象。婚检前医院与受检双方签订保密合同，如果医院有违反合同规定泄露受检者隐私的行为，就应当受到处罚。医生要把好关，不能结婚或应当暂缓结婚的，坚决不能开婚检合格证明。

（二）合理划分权利边界，抑制越界的个人自由

立法是为了调整社会关系，而其基本方式就是设定权利与义务。只有合理地划分权利边界，抑制越界的个人自由，才能保障社会自由，才能真正保障人权。我们在承认婚检属于私权范围的同时，也应该承认婚检发生的作用范畴不仅仅局限于私法领域，其实这是在维护整个社会的利益。

（三）法律法规以及法律规范相互补充、相互配合

婚姻法第7条第2款规定，“患有医学上认为不应当结婚的疾病”的人禁止结婚；《婚姻登记条例》第6条第5款规定，办理结婚登记的当事人“患有医学上认为不应当结婚的疾病的”，婚姻登记机关不予登记。表面上看，两者一致，但是婚姻法中规定了哪些疾病不能结婚，而《婚姻登记条例》中没有明确哪些疾病是医学上认为不应当结婚的疾病。加上取消了强制婚检，对于没有提供婚检证明办理结婚登记的当事人，婚姻登记机关根本无法把关，实际上让患有医学上认为不应当结婚的疾病的当事人有机可乘，从而降低了法律法规的严肃性。所以《婚姻登记条例》应当尽快明确“不应当结婚的疾病”有哪些，避免让人钻了漏洞。

（四）卫生局应当加大宣传，营造良好的社会氛围

发放免费宣传光碟和手册，定点开设围绕婚检的免费讲座。开设部门微博和部门微信公众号，定期推送一定要采取丰富多样的宣传方式，营造良好的社会氛围。积极在民政登记处设立免费婚检咨询点，发放有关婚检知识和备孕知识等的长篇图文和有趣易懂的动画，使人民意识到婚检的重要性。

（五）降低婚检项目的费用，将婚检的项目逐步列入医疗保险报销范围，逐步实现免费婚检全面普及化

国家逐渐将婚检的某些项目列入医疗保险范围，提高报销比例，减少人们的负担。婚检是防止出生缺陷的第一道屏障，而出生缺陷干预是社会系统工程，它涉及人口计生、卫生、民政、宣传、教育等多个部门，必须加大政府投入，破除体制障碍和协调机制的缺失，建立多部门参与、运转高效的出

生缺陷防治体系，保证提高出生人口素质工作措施的顺利实施。

（六）政府应该在婚检领域和社会形成互动合作关系，共同完成对该领域的管理，建立和培育社会中介组织填补权利空位

有人认为当前自愿婚检面临窘境的根本原因在于，政府在婚检领域的干预直接从全有到全无，中间缺乏必要的过渡和衔接。正如德鲁克所说："我们并没有处于一个'政府正在消亡'的时代，相反，我们需要有力的、强大的、积极活跃的政府。但我们的确面临着在一个大的却是重要的政府和一个因将自己限定于决策、导航并将具体运作留给其他行为主体的强有力的政府之间的选择。"[5]所以政府不应该完全放手不管，而应该扮演一定的角色。

（七）设置"一站式"婚检服务

提高免费婚检率的"一站式"婚检点的服务形式是在民政局设置免费婚检咨询、抽血点。其他项目仍然需要去指定医院进行。现代年轻人的生活节奏快，在民政局设置"一站式"婚检点，为当天登记结婚的新婚夫妇提供了抽血检查的便利。将免费婚检的所有项目均设置在民政局，将缩短市民到定点医疗机构进行免费婚检的时间，将有效提高免费婚检率。

**参考文献：**

[1]葛玉祥，郑婷，郭寒．提高自愿免费婚检率的措施与效果评价[J]．中国保健营养（中旬刊），2013，35（7）：933.

[2]郭立杰，武卉．某医院新生儿出生缺陷检测结果分析[J]．职业与健康，2014，30（11）：1568－1570.

[3]郭庆敏．婚姻法视野下恢复我国强制婚检的必要性研究[J]．宁波广播电视大学学报，2017（2）：92－98.

[4]王怀章．婚检制度改革的背景、缺陷、完善及发展趋势：从政府与社会分权的视角[J]．行政法学研究，2005（2）：47－54.

[5]毛寿龙．西方政府的治道变革[M]．北京：中国人民大学出版社，1998.

# 市民对共享单车使用满意度调查

## ——以南充地区为例

辜　超

公共事业管理2014级

**摘　要**：目的：为了了解南充地区共享单车使用者对共享单车的使用满意度。方法：本文从安全度体验、舒适度体验、便捷度体验和服务体验四个指标来调查南充地区普通市民对共享单车的使用满意度，并针对共享单车使用者满意度进行信效度检验，根据实际调查结果进行方差分析，确定各个影响因素对共享单车使用者满意度的影响。结果：安全度体验、舒适度体验、便捷度体验和服务体验四个指标共计18个影响因子对共享单车使用者满意度有直接影响，统计结果表明共享单车使用者满意度与性别、年龄、学历和职业没有明显的差异性，使用者的月收入与满意度具有明显的差异性。结论：消费者对共享单车的满意度较高，但是对车身设计与引发的社会现象有不满意之处。

**关键词**：共享单车；满意度；影响指标；方差分析

在相当长一段时间内，自行车一度成为中国社会最主要的交通工具。尤其是在20世纪70年代，自行车、手表、缝纫机并列，成为当时中国家庭结婚必备的“三大件”。到了20世纪90年代，国内自行车市场达到顶峰，后随着家用汽车的普及以及城市公共交通的发展，自行车在交通工具中的“王者地位”开始逐渐动摇。剔除运动型自行车、山地越野型自行车等，仅以通勤类自行车来看，国内自行车市场的销量逐年下滑[1]。就在国内自行车市场从高峰跌落低谷之际，一个潜在而巨大的市场变量正在悄然发生。2015年6月，以ofo为代表的共享单车横空出世，几乎是在一夜之间，色彩不一的共享单车遍布各大城市街区，一场共享单车行业的“跑马圈地”之争可谓如火如荼。

从共享单车进入人们的生活以来，人们的出行方式和习惯开始不断“被”

改变。智能车锁、飞机铝车身、智能停车桩、黑科技供电、无链条带动、防爆轮胎、共享单车运营模式等黑科技的运用，使共享单车在生活中的使用频率越来越高。但是就在共享单车大量投放到一、二线城市之际，7 月 10 日，杭州率先宣布暂停共享单车投放，之后两个月，福州、郑州、南京、广州、上海、深圳、武汉、北京等 12 个城市，先后宣布暂停共享单车新增投放。交通运输部的统计数据显示，截至 2017 年 7 月，全国共享单车累计投放量超过 1600 万辆，且绝大部分集中在一、二线城市。截至各城市叫停的时间节点统计，北京有约 160 万辆共享单车，上海有 150 万辆共享单车，广州有超过 80 万辆共享单车，深圳有 89 万辆，郑州有 39 万辆，杭州有将近 42 万辆，南京超过 45 万辆，武汉约有 70 万辆。对于暂停共享单车投放，上海交通委的解释是：当前共享自行车企业为抢占市场份额，激进投放，疏于线下运维管理，造成本市共享自行车过度投放、乱停乱放现象严重，产生了共享自行车挤占公共出入口、人行道、盲道、非机动车道，以及破损故障车辆多等问题，严重影响了城市交通秩序和形象。武汉方面也给出了类似的解释：一是共享单车发展规模已严重超出武汉市非机动车可停放区域的承载能力；二是企业无序竞争、过度投放及乱停乱放问题突出。共享单车运营模式引发的社会乱象日益突出。

2017 年 8 月 30 日上午，四川省公安厅交警总队举行“护校安全 平安相随”校园交通安全暨校车管理工作新闻通气会。在通气会上，省公安厅交警总队副总队长王建民特别提到了共享单车，提醒未满 12 周岁的中小学生不得骑自行车，特别是目前共享单车非常流行，许多未满 12 周岁的小学生骑行共享单车，存在很大的安全隐患。针对此问题，全省各级交通部门将与学校、社区大联动，加大宣传劝导力度，同时与各家共享单车运营机构沟通协调，防范未满 12 周岁的小学生骑行共享单车。此外，据交警部门透露，《四川省非机动车管理条例》正在研究拟定之中，目前全省多地包括南充在内都在对共享单车的规范管理进行探索试点，并且取得了一定的成果，这些经验将被采纳吸收进未来的《四川省非机动车管理条例》中。该条例的出台将从法律法规层面对我省包括共享单车在内的非机动车道路交通行为进行规范。

随着共享单车的横空出世，其发展势头越来越猛，至今已涌现多家共享单车企业，其市场已遍布全国各大城市甚至已拓展至海外。但是随着其发展，至 2017 年 8 月 31 日，已有三家共享单车企业宣布破产倒闭，经济学家预测，共享单车市场洗牌即将到来。面对行业环境的剧烈变动，共享单车企业也正在谋求新的空间。目前，共享单车行业两大龙头公司摩拜和 ofo 的战场早已从国内烧到了国外。目前摩拜、ofo、小蓝单车、小白单车等共享单车企业都在积极开辟国际市场，"战火"已烧到英国、日本、新加坡。而中小共享单车企业，也在探索新的生存模式。借着大力推广电子围栏，将战线从一、二线城市转移到了三、四、五线城市。南充作为一个三线城市，在 2017 年也迎来了第一批共享单车——永安行单车，随后 ofo、摩拜等也陆续进入南充，南充街头随处可见各式各样的共享单车。但是，共享单车投放在城市的各个街区后，暴露了诸多问题。本文通过对南充市民对共享单车使用的满意度进行了抽样调查，了解消费者对共享单车的满意度，对共享单车的改进方向等提出建议，对提倡绿色出行有一定的现实意义[2]。

## 一、调查方案

### （一）问卷设计

1. 研究思路

参考知网关于共享单车消费者满意度研究的理论模型，针对共享单车的与时俱进的特点，研究影响共享单车使用者满意度的形成的感知维度。大量研究证实，感知（体验）实际上已经是答题者内心将感知与期望进行比较的结果，因此直接分析使用者的感知体验与他们的总体满意度水平是合适的[3]。一个消费者的总体满意度来自每个服务交易和对整个服务体验的整体感知，总体满意度不同于任何一个单方面的服务。因此设计总体满意度为单项指标内生成结构变量，每个单项指标的问题选项为：很不满意、不满意、一般、比较满意、非常满意，分别赋值 1—5。

2. 研究指标

问卷主要由两部分构成，一是基本信息，二是市民对南充城区的共享单车满意度调查。在满意度调查中，细分为四个板块（指标）：分别为安全度指标、舒适度指标、便捷度指标、服务指标。

第一大指标是安全度[4]，安全与否是广大市民选择是否使用共享单车的前提，安全对于我们的生活而言，其重要性毋庸置疑。

第二大指标为舒适度，舒适度是广大市民选择共享单车愿意为其服务的另一大指标，其舒适度的高低与其车身的设计、车架的构造、材料的选择等息息相关。

第三大指标是便捷度，在共享单车入驻城市前，城市中以带桩的公共自行车和私有自行车为主，也存在零星分布的租车行。由于自行车停取不便，偷盗毁坏自行车现象猖獗且难以遏制，因此，采取自行车作为代步工具的人很少，而共享单车的出现对改善这一难题有显著作用[5]。

第四大指标为服务，在商品经济日益发展的时代，售后服务也是我们选择某一产品的重要因素，共享单车作为一个新兴的服务行业，其服务的满意度与市民使用共享单车有着直接的联系[6]。

（二）数据来源与质量评价

1. 数据来源

此次预调查对象为南充市民，包括各高校在校大学生，但是由于条件受限，此次调查对象主要集中在在校大学生。此次调查采取随机抽样调查，通过网络发布问卷，随机抽取人员填写问卷。预调查共发布问卷 170 份，其中有效问卷 146 份，有效率为 85.88%。运用 SPSS 软件对调查数据进行初步整理、检查和统计，对于异常数据进行必要的校对、校正和剔除。

2. 数据质量评价

对自制量表进行信效度检验。首先，分别对共享单车使用者满意度的安全度、舒适度、便捷度和服务各指标进行可靠性分析，得出 Cronbach'Alpha 系数分别为 0.682、0.855、0.883 与 0.860，说明各题目测量了相似的内容和特质。再次，进行 KMO 和 Bartlett 的检验，KMO 值分别为 0.602、0.805、0.804、0.844，说明各指标间具有相关性，可进行因子分析。因子分析结果表明，可将其组合成一个因子。（见表 1）

**表 1　因子负载矩阵及信效度检验**

| | 安全度 | 舒适度 | 便捷度 | 服务 |
|---|---|---|---|---|
| 共享单车在非机动车道上骑行很安全 | 0.857 | | | |
| 在路况较差的地方（比如积水路面、烂路等）骑行没有危险或者感觉很安全 | 0.849 | | | |
| 刹车性能好，能及时刹车，很有安全感 | 0.632 | | | |
| 长时间骑行感觉身体很舒服,（膝盖、腿、背、腰等）没有任何不良反应 | | 0.862 | | |

续表

| | 安全度 | 舒适度 | 便捷度 | 服务 |
|---|---|---|---|---|
| 能保持很舒服的骑行姿势，舒适度很高 | | 0.852 | | |
| 单车设计很符合人体工程学，很合理 | | 0.842 | | |
| 车身很轻便 | | 0.719 | | |
| 车身设计科学，坐垫可按要求调节至合理位置 | | 0.690 | | |
| 共享单车能满足日常的出行需求 | | | 0.772 | |
| 可以方便地与公交车换乘 | | | 0.888 | |
| 可以缓解交通压力，节约出行时间 | | | 0.916 | |
| 可以利用非机动车道避开交通拥堵路段 | | | 0.867 | |
| 系统认证手续简单易操作 | | | | 0.790 |
| 在骑行前会通过 App 等渠道告知骑行安全注意事项和骑行交通规则 | | | | 0.771 |
| 优惠活动设计有吸引力，优惠力度大 | | | | 0.709 |
| 信用系统的建设很好，很符合时代的要求 | | | | 0.820 |
| 共享单车折损率低，很少出现不能使用的车辆 | | | | 0.752 |
| 车辆维修及时 | | | | 0.780 |
| Cronbach'α | 0.682 | 0.855 | 0.883 | 0.860 |
| KMO | 0.602 | 0.805 | 0.804 | 0.844 |

## 二、调查结果

### （一）基本信息分析

对调查问卷结果进行整理后，我们可以得到共享单车使用者的基本信息和使用情况的描述性统计结果（见表 2）。由表 2 可知，被调查者中，男性占比 44.5%，女性占比 55.5%，男性共享单车使用者与女性相比较少，但总体看来比例相差不大。在年龄分布方面，主要集中在 17—30 岁，这个年龄段合计占比 97.9%。在职业分布方面，学生占比最多，由于受本次调查条件所致，其他年龄段的调查量太少。由于学生几乎是没有固定收入的，在月收入方面，大部分被调查者的月收入在2000元以下。

**表2　被调查者的基本信息**

| 基本信息 | | 频率 | 百分比（%） |
|---|---|---|---|
| 性别 | 男 | 65 | 44.5 |
| | 女 | 81 | 55.5 |
| 年龄 | 16周岁及以下 | 2 | 1.4 |
| | 17—30岁 | 143 | 97.9 |
| | 31—50岁 | 1 | 0.7 |
| | 50岁以上 | 0 | 0 |
| 学历 | 小学 | 0 | 0 |
| | 高中 | 9 | 6.2 |
| | 中职或大专 | 4 | 2.7 |
| | 本科 | 133 | 91.1 |
| | 研究生及以上 | 0 | 0 |

| 基本信息 | | 频率 | 百分比（%） |
|---|---|---|---|
| 职业 | 学生 | 139 | 95.2 |
| | 上班族 | 7 | 4.8 |
| | 自由职业者 | 0 | 0 |
| | 其他 | 0 | 0 |
| 月收入 | 2000元以下 | 138 | 94.5 |
| | 2000—4000元 | 6 | 4.1 |
| | 4000—6000元 | 1 | 0.7 |
| | 6000元以上 | 1 | 0.7 |
| 倾向的单车品牌 | 摩拜单车 | 72 | 49.3 |
| | ofo单车 | 93 | 63.7 |
| | 永安行单车 | 65 | 44.5 |
| | 其他单车 | 15 | 10.3 |

（二）四个指标及其项目得分情况

四个指标共计18个项目，分别给每个项目的选项进行赋值，采用Likert 5级评分法（非常满意计5分，比较满意计4分，一般满意计3分，不满意计2分，很不满意计1分），安全度满分15分，舒适度满分25分，便捷度满分20分，服务满分30分，最终将分数转换为标准分。标准分 = 平均分/总分 × 100，标准分以60分为及格，80分为良好。其具体各项目的描述性统计见表3。由表3可以看出，大部分题项的得分平均值在3—4分，说明总体而言，共享单车使用者对这些因素的满意度较高。有个别项得分在4分以上，如“可以利用非机动车道避开交通拥堵路段”。标准分中，四个指标都介于60—80分，说明得分情况没有达到理想的效果。

表3　共享单车使用者的满意度得分

| 项目 | 得分（$\bar{x} \pm s$） | 标准分 |
| --- | --- | --- |
| 安全度 | | |
| 共享单车在非机动车道上骑行很安全 | 3.65 ±.860 | |
| 在路况较差的地方（比如积水路面、烂路等）骑行没有危险或者感觉很安全 | 3.28 ±.988 | |
| 刹车性能好，能及时刹车，很有安全感 | 3.65 ±.891 | |
| 总分 | | 70.53 |
| 舒适度 | | |
| 长时间骑行感觉身体很舒服，（膝盖、腿、背、腰等）没有任何不良反应 | 3.27 ±1.046 | |
| 能保持很舒服的骑行姿势，舒适度很高 | 3.52 ±.977 | |
| 单车设计很符合人体工程学，很合理 | 3.45 ±1.018 | |
| 车身很轻便 | 3.50 ±.941 | |
| 车身设计科学，坐垫可按要求调节至合理位置 | 3.62 ±.912 | |
| 总分 | | 69.44 |
| 便捷度 | | |
| 共享单车能满足日常的出行需求 | 3.83 ±.842 | |
| 可以方便地与公交车换乘 | 3.92 ±.891 | |
| 可以缓解交通压力，节约出行时间 | 3.97 ±.871 | |
| 可以利用非机动车道避开交通拥堵路段 | 4.01 ±.770 | |
| 总分 | | 78.65 |
| 服务 | | |
| 系统认证手续简单易操作 | 3.56 ±.947 | |
| 在骑行前会通过 App 等渠道告知骑行安全注意事项和骑行交通规则 | 3.49 ±.904 | |
| 优惠活动设计有吸引力，优惠力度大 | 3.64 ±.877 | |
| 信用系统的建设很好，很符合时代的要求 | 3.67 ±.880 | |

续表

| 项目 | 得分（$\bar{x} \pm s$） | 标准分 |
|---|---|---|
| 共享单车折损率低，很少出现不能使用的车辆 | 3.28 ±1.119 | |
| 车辆维修及时 | 3.31 ±.994 | |
| 总分 | | 69.83 |

（三）满意度的方差分析

方差分析结果中，性别、年龄和职业与满意度之间无显著性差异[7]（$F = 1.269$，$P > 0.05$，$F = 0.043$，$P > 0.05$，$F = 0.463$，$P > 0.05$）。使用者的收入与满意度之间有显著性差异（$F = 3.584$，$P < 0.05$）。详见表4。

**表4　SPSS 的方差分析数据表**

| 方差来源 | | | 平方和 | df | 均方 | F | 显著性 |
|---|---|---|---|---|---|---|---|
| 年龄 | 组间 | （组合） | 2.204 | 2 | 1.102 | 1.269 | .284 |
| | | 线性 | 2.054 | 1 | 2.054 | 2.364 | .126 |
| | | 线性偏差 | .150 | 1 | .150 | .173 | .678 |
| | 组内 | | 124.234 | 143 | .869 | | |
| 性别 | 组间 | （组合） | .038 | 1 | .038 | .043 | .836 |
| | 组内 | | 126.401 | 144 | .878 | | |
| 职业 | 组间 | （组合） | .405 | 1 | .405 | .463 | .497 |
| | 组内 | | 126.033 | 144 | .875 | | |
| 月收入 | 组间 | （组合） | 8.899 | 3 | 2.966 | 3.584 | .015 |
| | | 线性 | 3.236 | 1 | 3.236 | 3.910 | .050 |
| | | 线性偏差 | 5.663 | 2 | 2.831 | 3.421 | .035 |
| | 组内 | | 117.539 | 142 | .828 | | |

## 三、结论

不同学历、职业的人使用共享单车的满意度，没有明显的差异。从月收入来看，使用者的收入有明显的差异。即走即停的共享单车正在风靡南充的大街小巷。在本次调查的 170 人中，有 146 人使用过共享单车，占比 85.88%。被调查的使用者中，满意度达到 94.44%。但是月收入的差异从年龄段上看，被调查的 146 人中，17—30 岁的使用者占 97.9%，其使用者的满意度很高。从职业上看，上班族与学生使用共享单车比例最高。在学生群体中，共享单车的出现对其生活的改变相当大[8]。在共享单车出现以前，学生想要体验骑行的乐趣只有两种途径，一是买车或者借同学的自行车，二是去固定的自行车租赁店去租车。大多数学生没有自己的自行车，所以只能去找商家租车，也就得付出相对较高的租金，而且很不方便。此时自行车发挥的作用不是代步，而是休闲娱乐。而共享单车的出现则改变了这一现状，它不仅发挥着休闲娱乐的作用，还完美地发挥着代步的作用，使学生们出行不只有打车和挤公交车两种途径了。

南充目前已有的共享单车品牌主要有摩拜单车、ofo 单车、永安行单车等 6 家共享单车，其中在被调查的共享单车使用者中，有 39.39% 的使用者偏好骑行摩拜单车，有 47.96% 的使用者偏好使用 ofo 单车，6.53% 的使用者偏好使用永安行单车，其他车辆占比 6.12%。这表明在共享单车品牌中，摩拜单车与 ofo 单车的喜好者远超其他品牌。在调查中发现，共享单车上有着不少的黑科技，例如智能车锁、飞机铝车身、黑科技供电、防爆轮胎等技术，这些技术大大改变了人们对以往自行车的看法。特别是轮胎，骑过自行车的人都知道，以前轮胎大致分为两种，一种是充气胎，另一种是真空胎。对于充气胎而言，一旦车胎爆胎了或者被尖物扎破，不仅不能继续骑行，甚至还要找工具补胎甚至换胎，这在骑行体验上是个很大的麻烦。对于真空胎来说，虽然不会受爆胎的影响，但一般市面上的真空胎的防震功能太弱，严重影响骑行者的体验，而且真空胎质量较大，会造成大量的不必要的力量消耗。摩拜单车的防爆轮胎就解决了这一难题，使用者不仅不用担心爆胎，也不用担心过多的力量消耗，骑行体验也非常舒适。这也是使用者钟情摩拜单车的原因之一。

调查显示，超过七成的被调查者使用共享单车的频次较高，其中 32.5% 的被调查者使用频率为每 2 天一次，39.9% 的被调查者使用频率为每 5 天一次，这表明骑行共享单车出行已逐渐成为人们的日常选择。同时，共享单车已成为使用者短途出行的重要交通工具，也真正体现了共享单车的口号——“解决出行的最后一公里”。在被调查的使用者中，共享单车大部分是用来代步的，学生们可以骑共享单车到稍微远一点的地方去游玩、散心甚至参加聚会等活动，而上班族也可以解决是花大量时间走路还是花钱挤公交车甚至打车的烦恼。所以使用者们的骑行频率较高。

研究结果也进一步表明，共享单车这种新的形态，在迅速发展的同时，也滋生了种种问题，例如单车没有减震器、无法变速以及 App 太多等问题，影响使用者的满意度。在骑行时间较长时，单车没有减震器，会增加屁股的负担，使屁股有明显的痛感。就南充城区而言，并不是所有的路段都是平坦的，有一些起伏的路段，骑行无法变速的共享单车在这些路段会大量增加使用者的体力消耗，起伏较大时甚至可能需要推车。目前每一家共享单车公司都有自己的 App，使用者每使用一款共享单车就需要下载不同的 App，并且需要缴纳一定的押金，这给使用者带来一定的经济压力和不必要的烦恼。共享单车独有的“解决最后一公里”的出行模式已经被居民普遍接受，但是共享单车在服务平台、车辆分布与服务维修上仍存在诸多不足，只有不断发现问题、解决问题，才能更好地满足使用者的出行要求，从而使共享单车得到积极健康发展。

## 四、讨论

### （一）针对共享单车企业

1. 适当增强共享单车的性能。调查显示，共享单车在车身设计上有明显不足，例如单车坐垫问题、变速问题。部分单车坐垫高度不能调，长时间骑行会感到疲惫；部分单车坐垫不能调至合理位置。关于变速问题，目前市面上的共享单车都没有变速功能，这导致在有坡度的路段骑行会比较费力，如果长时间在姿势不对的情况下骑行，会导致膝盖半月板受损，危害身体健康。

2. 关于机械锁问题。在调查中发现，机械锁（例如 ofo 单车的第一代密码锁）在使用中存在缺陷，部分使用者使用后没有将密码锁的密码打乱，一按开关就会开锁，这对不满 12 岁的未成年人可能存在致命的危险。在 2017 年 3 月，曾发生过一起不满 12 岁的未成年人使用共享单车致死的案例，该未成年人破解了机械锁在骑行过程中与客车相撞，被卷入车底身亡。

3. 押金费用不合理。在南充出现的几种共享单车中，每种单车收取的押金都不一样，0—299 元不等。共享单车企业可以优化费用收取结构，针对不同的人群，制定不一样的收费标准，也可适当降低押金的金额。例如对学生来说，喜欢骑行摩拜单车的同学要先缴纳 299 元的押金，如果还想体验一下

ofo单车，就要再缴纳199元的押金，这样一来就需要在共享单车App中缴纳近500元的押金，对于学生来说，这是一个比较沉重的负担。

（二）针对管理部门、监督部门

1. 管理部门可以出台相应的管理办法，明确主管部门及职能职责。加快制定出台我市《关于规范共享单车发展运营试行意见或暂行办法》，明确交通、城管、公安、规划、住建等有关部门的职能分工，推动落实监管责任，确保共享单车监管不空档、运行有保障。

2. 要落实监管及指导工作，规范单车使用和停放。重点应明确四个方面的监管指导工作。一是运管部门加强对企业的日常监管，督促企业改进软件系统，及时更新单车使用状态、位置信息，定期检查车辆各项性能、及时回收已损坏单车。二是交警部门加强对共享单车的动态管理，对影响通行秩序和违反交通法规的骑行者，要加强教育管理或执法处罚。三是城管部门加强对共享单车的静态管理，引导相关企业进一步科学布局和设置共享单车固定停放点，并促进规范有序停放。四是企业加强对共享单车的运营管理，不断完善使用者年龄范围、骑行规范和文明用车激励措施，探索建立骑行共享单车个人信用评价体系。

3. 严格市场准入，保障共享单车质量。建议相关职能部门会同有关企业，协商制定本地共享单车准入“门槛”，规范企业的单车投放行为，对单车价位、品质和车辆完好率提出明确要求，特别是在目前各大一、二线城市相继暂停共享单车的准入，共享单车纷纷向三、四线城市投放的时刻。同时，公安机关应严厉打击恶意损毁、偷盗共享单车，以假二维码覆盖共享单车二维码骗取押金等行为。

4. 强化宣传引导，促进安全文明出行。大力宣传共享单车使用规定，及时发布相关信息，倡导安全文明骑行。鼓励相关企业在我市主城区人流量大的地方适度增加共享单车投放数量，进一步普及和推广绿色低碳出行方式。

（三）针对消费者

1. 提高自身素质，培养文明意识。消费者应该从自身出发，提高素质，增强社会公德心，在使用共享单车过程中勿私自上锁，要让共享单车真正地成为大众的共享单车，实现真正的共享。在骑行中、使用中不要随意破坏，保持车身的整洁，不乱涂乱画、贴小广告，保持共享单车的整洁就是在维护城市的整洁。在使用后，应打乱密码，文明用车。

2. 教育未成年人正确使用共享单车。共享单车上有明显的“禁止未满 12 岁未成年人骑行”字样，家长应正确引导孩子勿破解机械锁，勿在马路上骑行共享单车，这不仅是对自己负责，也是对社会负责。在共享单车问世以来，发生过未成年人骑行共享单车出现意外甚至死亡的案例，要从源头防止此类事件的再次发生。家长应培养未成年人的安全意识、责任意识，以身作则。

## 五、不足之处

本次调查存在很多不足之处，影响了本次的研究结果：（一）本次满意度调查中发放的问卷太少，不具有明显的代表性；（二）本次被调查者中，各个年龄段的人比例不合理，在 16—30 岁的低年龄段的人数偏多，其他年龄段的人数偏少；（三）问卷设计有待改进，各个影响因素之间存在不合理之处。

## 参考文献：


[1]余佳. 北京市无桩式公共自行车运营现状及监管问题研究[J]. 现代经济信息,2017(1):471－473.

[2]闫亚鸥,张杨柳. 基于 SEM 模型的共享单车满意度调查研究:以河北经贸大学为例[J]. 统计与管理,2017(6):40－42.

[3]鞠珍珍. 基于多元回归模型下的安徽省就业影响因素分析[J]. 劳动保障世界,2017(23):6－8.

[4]清风. 骑行安全:骑乘单车时十大禁忌骑行方式[J]. 中国自行车,2014(10):114－115.

[5]余国磊. 浅析“共享单车”运营和管理中存在的问题与对策[J]. 知识经济,2017(9):87－88.

[6]徐鑫垚. 共享单车 App 后台管理系统的优化[J]. 电子技术与软件工程,2017(4).

[7]任好年. 基于方差分析的粮食最低收购价格政策效果研究[J]. 西安航空学院学报,2017,35(1).

[8]黄超前. 从物理学角度浅析共享单车设计的优势与不足:以小黄车为例[J]. 中国战略新兴产业,2017(12):3－4.

# 我国自媒体传播对医患关系的负面影响及对策研究

王　潇
公共事业管理2014级

**摘　要：** 随着网络技术的不断发展和普及，以微信、微博等为代表的自媒体进入繁盛阶段，大众发声日益高涨。在医患关系依然紧张的现代社会，自媒体传播对医方形象的塑造起着重要的作用，直接或间接地影响了大众对医方的感知，而公众对医方形象的感知则直接影响医患关系和医患信任的建立。然而关于自媒体的法律、制度、监督约束机制还不健全，民众借助自媒体随意发表自己的言论，社会舆论一度处于混乱状态，自媒体传播对医患关系的负面影响日益凸显。本文意在探讨新时代下我国自媒体传播对医患关系形成的负面影响及其原因，并寻求解决对策。

**关键词：** 自媒体；医患关系；负面影响；对策

近年来，我国医疗纠纷频发，医患间信任度下降，医患关系恶化。在其中，媒体扮演了推波助澜的角色。媒体塑造的医方形象在信息传播过程中直接或间接地影响民众对医方的认知，而公众对医方形象的感知则直接影响医患关系的和谐发展。在传统媒体时代，媒体对医方的报道以医疗领域的重大成果、重要突破等正面信息为主，塑造的是医方正面形象。然而在自媒体时代，媒体信息的传播更多地将重点放在诸如医疗事故、医疗纠纷等负面消息上。这样的信息传播不仅阻碍了医患质量的提高，也使得医患关系一度紧张、医患矛盾激化，凸显了自媒体传播对医患关系巨大的负面影响。

医患关系指的是在整个医疗服务全过程中医疗工作者和病患之间的相互关系，是医疗人际关系的有机组成部分[1]。陈亚新、王大鹏在《当代医学伦理学》一文中指出，医患关系通常有狭义和广义之分，广义的医患关系是指和“医”具有相关性的所有人员与和患者具有相关性的所有人员在整个治疗过程中形成的彼此的关系；而狭义的医患关系则简单地指医生和患者之间的关系。本文沿用广义的医患关系范畴，所提到的“医”与“患”或“医方”与“患方”，其主体并不仅仅局限在医生个体和患者个体本身，所谓医或医方包括医疗机构、医务工作者和医学教育工作者，患或患方则包括患者及其亲属、监护人或代理人等利益群体。

## 一、自媒体概述

### （一）自媒体的内涵

“自媒体”这一概念源自硅谷一位最著名的IT专栏作家——丹·吉尔默。他在2002年提出了一个非常具有震撼力的新概念：“We Media”。他说：博客代表“新闻媒体3.0”，1.0是指传统媒体（old media），2.0就是人们通常所说的新媒体（new media）或者叫跨媒体，而3.0就是以博客为趋势的“We Media”[2]。在博客最初进驻中国的时候，国内对“We Media”尚无明确的中文译名，有人翻译成“个人媒体”或者叫“自媒体”，有人翻译为“我们媒体”或称“共享媒体”。美国新闻学会的媒体中心于2013年7月出版了由谢因·鲍曼与克里斯·威利斯两位联合提出的“We Media（自媒体）”研究报告，里面对“We Media（自媒体）”下了一个十分严谨的定义：“自媒体是普通大众经由数字科技强化、与全球知识体系相连之后，一种开始理解普通大众如何提供与分享他们本身的事实、他们本身的新闻的途径。”[3]它是私人化、平民化、普泛化、自主化的传播者，以现代化、电子化的手段，向不特定的大多数或者特定的单个人传递规范性及非规范性信息的新媒体的总称。

### （二）我国自媒体的发展现状

自媒体的发展以及在世界范围内的广泛应用，都是网络信息时代下的必然结果。目前国内最火、普及率最高的自媒体无疑是微信与微博。微信是腾讯公司于2011年1月2日推出的为智能终端提供即时通信服务的免费应用程序，支持跨通信运营商、跨操作系统平台通过网络快速发送免费（需消耗少量网络流量）语音短信、视频、图片和文字，也可以共享流媒体内容的资料的社交插件。截至2016年第二季度，微信已经覆盖中国94%的智能手机，月活跃用户达到8.06亿，用户覆盖200多个国家，超过20种语言。此外，个人品牌的微信公众账号总数超过800万个，其中，61.4%的用户每次开微信必刷"朋友圈"[4]。微博，即微型博客，是博客的一种，是一种通过关注机制分享简短实时信息的广播式的社交网络平台。截至2013年上半年，新浪微博注册用户达到5.36亿，微博已成为中国网民上网的主要活动之一。从以上数据可以看出，以微博、微信为代表的自媒体已经遍布民众的生活，它们不仅是一种娱乐方式，也是大众获取信息、传递信息、发表言论的重要渠道。

（三）自媒体的特点

1. 使用操作的便捷性

以微信、QQ群和微博为代表的自媒体操作要求十分简便，不需要你具有很强的专业技能，也不需要使用大量的物力与人力去维持，更不需要相关部门对自媒体进行严格审核与批准。仅需要一部智能手机，你就可以随时随地发布与自身相关的信息和接受他人信息并与其互动。

2. 传播主体的平民化、个体化与自主性

自媒体的信息采集者、编辑者和传播者，多是没有新闻与传播专业背景的普通大众个体，内容的创建与发布的门槛极低，使得社会上的人都有机会与能力作为自我信息的发布者，而且可以根据自身的意愿去发布或传播信息，这使得自媒体的传播更多地体现出个体化与自主性的特点。

3. 传播的时效性

时效性是新闻行业的生命，自媒体也是一种即时传播的媒介，只有新奇的信息才能广泛地引起大众的注意。同时因自媒体的门槛低，便捷性强，传播无须经过层层审核和专业机构运作，大众可以随时随地地传播信息，使得其传播速度尤其迅速。

4. 传播过程的交互性

自媒体的传播是交互的、双向的，用户可以对其他用户所发表的内容进行评论、转发。在自媒体时代，信息用户可以依靠自媒体平台与他人时时互动，不受空间和时间的限制。

5. 传播内容的多样性

自媒体的传播主体来自社会的各个阶层，其所发表的信息也因个体的多元化呈现出多样性的特点。另外，自媒体传播的内容没有特定的类型和特定的受众，它的传播内容包罗万象，既可以是个人的感情、心情、经历，也可以是对时下热点的讨论；既可以是个人兴趣爱好的表达，也可以是对社会现象的描述。

6. 传播途径的圈群化

以报纸、广播、电视为代表的传统媒体的传播方式呈现出典型的点对面的特点，而自媒体的传播方式既可以是点对面，也可以是点对点，呈现出圈群化传播的特点。所谓圈群化即自媒体的传播是通过交际圈内点对点、点对群的方式传播的[5]。它可以从两个方面来理解：其一，当一个人的生活趋于平稳的时候，他一般有一个比较稳定的交际圈，在没有大的变化的前提条件下，他的传播与交流信息的活动基本是在圈内发生的；其二，一个人所传播的信息多是从自己的交际圈内收集得到的，其所发表的言论在很大程度上也会受交际圈性质的影响。

## 二、自媒体传播对医患关系的负面影响

### （一）我国医患关系的现状

近年来，各地医疗纠纷不断出现在大众视野中，医患关系紧张，彼此缺乏信任，医疗纠纷增加，医患矛盾激化，凸显了医患关系的不和谐发展。

1. 医患关系“器械化”

在现代临床诊断、治疗、护理活动中，医生通过各种机器、仪器、设备等技术获得患者的生化指标等数据，这些数据日益成为诊治的重要依据。这种以机器代替人脑思维的趋向，加重了医生对高技术设施的依赖，淡化了医患之间的思想交流。这使得医生在诊疗活动中以“报告单”为重心，缺乏与患者的沟通，忽视了对个体患者特殊性的了解，忽略了患者的诉求，使医患关系成为依靠机械运行的标准化流程，呈现出“器械化”的特点。

2. 患者对医疗服务期望值太高

随着社会的发展，人们的物质生活水平不断提高，很多人对医疗保健水平也提出了和其他生活水平一样的高要求。但现行的医疗卫生水平还不能完全满足患者所期望达到的要求，大多数患者还处在花了钱就应该把疾病治愈的认知上。当医务人员尽全力抢救仍然无效的时候，患者由于专业知识的限制，加之期望值过高，因此不理解医务人员，对正常的医疗活动进行挑剔，造成医患关系的破裂。

3. 社会舆论导向片面，医患间缺乏信任

在现代社会中，媒体传播对事物形象有巨大的影响。近几年，媒体对医院的报道多以医务人员存在开大处方、收红包、造成医疗事故等不良行为为

主，产生了巨大的社会舆论。而社会舆论对医院的片面指责，媒体的炒作和错误的引导，使得医方形象在大众心中大打折扣，多数人就医时会怀疑医方的动机，医院诊疗活动受到质疑，医患间缺乏信任。

4. 医务人员心态失衡

由于医务人员所从事的职业具有科学性强、风险高的特点，而收入相对低，导致医务人员心理失衡，同时药品制造商和经销商对医务人员追求“高效益”起了催化剂的作用。医务人员必须通过众多利己行为来寻求心理平衡，使得医疗过程中存在态度不到位、医疗行为违规等问题，医务人员的职业道德受到质疑。

（二）自媒体传播对我国医患关系的负面影响

1. 自媒体谣言传播降低医患双方信任度

自媒体是一个庞杂的大系统，其涵盖的内容纷繁复杂，内容缺乏可靠性。近些年来网络上经常曝出诸如“某医院医生不良行医致人死亡”“医院敛财不愿给孕妇剖腹产”等负面消息，又因医疗行业极具专业性，大多数人缺乏客观的专业辨别能力，使这些谣言在网上肆意传播，塑造医方刻板负面的形象，加之自媒体放大和传播的功能，使得这些负面信息的影响进一步扩大，直接影响了大众对医方的感知，降低了患方对医方的信任度，对医患关系造成了恶劣的影响。

2. 自媒体语言暴力恶化医患关系

自媒体区别于传统媒体的一大特征在于它是一个交互式的平台，用户可以通过自媒体进行互动而不受时间、空间的约束，它给人们的交流带来便捷的同时，也会成为语言的战场。当网上曝出医疗纠纷事件时，事情真相还未弄清，一些性情急躁的网友会“人肉”出当事人的用户信息，在个人账户下采取谩骂、嘲笑等激进的方式对当事人进行抨击，给当事人造成不可磨灭的心灵伤害。这种语言暴力发展到最后往往不是对医疗事件本身的辩论，而仅仅只剩双方阵营激烈的口水战。无理的谩骂使得医患双方的关系不断恶化：医方人员备受委屈、心灰意冷，患者难以释怀。

3. 民众自媒体平台情绪宣泄激化医患矛盾

自媒体既是一个发声的平台，也是一个宣泄情绪的平台。很多人会将自己在生活中受到的不公平、不平等待遇发表在自媒体平台上，以寻求帮助或共鸣。当其呈现在自媒体平台上，现实中无法发泄的不满等负面情绪会被无限放大，使其呈现出暴力化、低俗化、情绪化、非理性化的特点。当医疗事件在自媒体平台上传播，部分情绪激化的人并不是当事人，但他们会无厘头地对事件、对当事人进行猛烈的攻击，这无疑是火上浇油，使事件向进一步恶化的方向发展，使得医患矛盾在自媒体领域更加激化。

4. 自媒体恶性的经济效益追求误导医方信息

自媒体时代，网络点击率成为一种经济手段，自媒体低标准、低门槛、缺乏监督约束的特性使其成为炒作的重灾区。不少人沦为标题党，肆意曲解原本的事实，甚至出现恶意中伤他人的事件，只为博取大众眼球，从中获利。一方面，在错误的引导下，网友很可能吸收一些不准确或存在明显错误的医疗信息知识。而在具体的就医过程中，若专业医生的判断和处理与患方之前所获取的信息不一致，就可能会引发病人对医生专业能力以及执业资格的质疑。医患关系也由此产生裂缝。另一方面，标题党采用的片面化、煽情化语言激起群众强烈的不满、愤怒等情绪，激化医患双方的矛盾[6]。例如，2014年8月10日，湖南湘潭妇幼保健院发生一起意外事件，产妇张某因羊水栓塞死在手术台上。8月12日，湖南一家网络媒体的记者率先采访此事，并于当天以《产妇惨死手术台 医生护士跑路 医院称已尽全力》为题刊发报道。报道一出，瞬间激起群众公愤，人们纷纷指责医院草菅人命，直至事后专业人士指出羊水栓塞是高死亡率疾病，医院操作并无不当，不属于医疗事故，民愤这才渐渐平息。然而，媒体播出的医方的负面信息却无法完全抹去。

5. 自媒体圈群化效应阻碍医患沟通

自媒体传播圈群化特征使得自媒体也具有“圈子”化信息传播的特性。所谓“物以类聚，人以群分”，彼此之间甚至构成利益共同体，圈子化生存已成为这个时代人们的一种生活状态。这些不同的圈子代表不同领域或类型的人，人们多在圈内进行信息的交流。在学术知识专业性较强的医学领域，医方的信息基本是在圈内进行传播的，因为只有圈内的人才能理解这些信息。患方则是由不同的圈子组成。医方与患方的交际圈基本是独立的，且很难相融，这就造成他们之间的信息沟通不通畅，误解与嫌隙由此产生。

6. 自媒体传播使医方话语权受到挑战

自媒体时代，每个人都能充分地在平台上发声，但声音越多，判断的标准也越多。在众多网友的滔滔之言中，医方官方媒体无暇应对，其话语权不断受到挑战与质疑，以至于在医疗纠纷中无法纵览大局，一锤定音。另外，发声中的大部分人由于受到同情弱者的传统心理影响，多以患方的得失为判断标准，一旦有人站出来剖析，就会被群起而攻之。医方在舆论面前显得格外被动，医方话语权的缺失使得医患双方的话语权失衡，也使得医方的形象被不断丑化，医患双方难以建立信任关系。

## 三、自媒体传播对医患关系产生负面影响的原因

### （一）自媒体领域法律机制不健全

自媒体领域是一个新兴领域，法律监督约束机制欠缺，对自媒体上的言论监管不力，审核不严格，准入门槛低，把关环节作用甚微。用户匿名性导致群体激化效应明显，事后追责举证艰难，使得自媒体领域存在大量不真实的信息，谣言四散，语言暴力、网络暴力频发，使自媒体的负面效应在医患关系上凸显。

### （二）公众媒介素养有待提高

在媒体信息日益爆炸式增长的现代社会环境，许多公众在面对医患冲突类新闻无法做到理性客观，在事件真相未清晰明了之时，盲目跟风站队，受媒体影响很大，导致自媒体在传播医患冲突新闻时极具煽动性，扩大了医患冲突的社会影响，使医院在危机公关时难度更大。

### （三）政府监管不到位

在我国，政府在各个领域起着宏观调控作用，但显然，政府对于自媒体领域的监管还不够。自媒体内容鱼龙混杂，导致政府在医患冲突时发声的效果大打折扣。现阶段的政府还欠缺专业团队来实施监管，第三方监管作用微弱、举证过程繁杂，使得政府的宏观调控作用无法充分发挥。

### （四）医患之间沟通不顺畅

因医疗行业专业性质较强，医患双方的沟通一直存在阻碍。在现实医疗活动中，医生工作负担重、压力大，医患双方沟通渠道有限，即使能够沟通，也很难充分实现信息的及时性、有效性，这使得医患之间的隔阂一直难以消除。加之医疗信息的不对称，致使患者及家属在发生医疗事故时不信任医务工作者的心理可能性加强。

### （五）医方预防处理机制不健全

医方在经过几年公关危机机制的建立后，处理突发事件的能力有所提升，

但随着新领域、新问题的出现，医方危机处理难度增加，而医方在预防阶段和应急处理阶段的机制尚不能有效应对，不能自如地应对来自自媒体舆论的挑战，使得医方在面对公众舆论时，一度处于被动状态。另外医务工作者运用媒体的能力相对欠缺，工作繁重致使危机处理时间少，且存在部分医生不重视预防和应急处理机制的现象。

（六）医疗领域的大环境

现阶段，我国医疗旧体制的弊端日益凸显，医疗资源分配不均匀，看病难、看病贵等问题仍未得到彻底有效的解决，使得老百姓在进行医疗活动时仍处于弱势状态，医疗满意度不高。而医方在旧体制下既要承受工作上的压力，又要承受来自患者的质疑。医疗活动带给医患双方的重压，使得双方矛盾更加容易被激化、被情绪化，并在自媒体中爆发出来。

## 四、自媒体环境下构建和谐医患关系的对策探讨

（一）从自媒体平台角度

1. 完善自媒体平台的法律监督约束机制

法律是一切行为的依据和准则，要削弱自媒体传播对医患关系的负面影响，就必须建立完善自媒体平台的相关法律、法规。通过法律规范自媒体平台的操作细则，规范对违法人员的惩戒方法和力度，使政府依法监管，对传播谣言、激起医患矛盾的用户实施法律制裁，实现自媒体平台的良性运行。

2. 完善自媒体平台实名认证工作，增强后台审核机制

自媒体中谣言的泛滥已成为影响医患关系的致命伤之一，在自媒体平台上，用户的传播行为具有匿名性、隐藏性，使得用户对自己的行为感知责任低，这也成为事后追责的障碍。所以必须切实推进自媒体平台实名认证工作的进行，对散播不实信息、激起医患矛盾的用户实行追责并严惩。同时，媒体后台应加强对信息内容的筛选、分级，清理易煽动医患矛盾和内容严重失实的言论内容，确保信息源真实可信，秉承媒体人善良的、坚实的、健康的心态来完成信息筛查，净化自媒体空间，促进社会和谐。

3. 重视传统媒体的力量

虽然自媒体的发展进入繁盛阶段，但传统媒体的作用依旧不容忽视。传统媒体拥有更专业的团队、更权威的知识和更规范的操作，相比自媒体大众

化、个体化的发言，传统媒体更具有权威性。传统媒体也可以创建自己的自媒体账户，对网上的突发事件和重要信息给予正确的舆论指导，特别针对专业性强的医疗行业，在舆论出现时，传统媒体应让自己的专业人员及时发声，防止因事态进一步恶化而激化医患矛盾。

4. 提高自媒体用户的素养

自媒体平台的各种信息的产生和传播都来源于平台的每一位用户，要使医患关系舆论导向朝好的方向发展，必须提高自媒体传播主体的甄别信息能力，增强其法律意识，从根源上规避谣言、语言暴力对医患关系的威胁。例如可以通过宣传加强网民参与自媒体传播的公共意识，通过自媒体媒介素养教育等方式提高网民的辨别能力，通过法律知识宣讲、冻结过错用户账户等途径增强主体法律意识，如此才能规避自媒体传播主体的低俗化，使用户在自媒体平台上不造谣、不传谣，不进行人身攻击，理性使用自媒体。

5. 政府加强对自媒体的监管与惩戒力度

自媒体作为信息传播、舆论导向的重要工具，政府应该给予足够的重视。面对自媒体平台的非理性、非真实性的舆论，政府要建立专业性队伍，利用专业手段加强监管，及时处理，加大对造谣者、恶意散播者的惩戒力度。同时，相关部门要严格规范媒体平台，禁止不良信息的传播，营造良好的自媒体平台。

（二）从医方角度

1. 重视医方自媒体平台作用发挥

自媒体凭借其强大的传播功能在医患关系建立中发挥着不容忽视的作用，医方要充分利用自身自媒体平台，促进医患关系的和谐发展。其一，医方通过自媒体建立多种沟通渠道和方式，与患方保持良好的沟通。医方的专业性使得医患双方的圈子难以融合，信息不对称，从而产生误解，激化矛盾。只有实现医患双方的良好沟通，才能很大程度上缓解这一矛盾。其二，医方通过自媒体平台传播有关信息。自媒体在大众中普及广泛，医方可以通过自媒体平台宣传医方信息，普及医学知识，增强患者对医学信息的了解。其三，建立医方权威自媒体平台。我国医疗专业媒体少、影响力小，医方应多鼓励医疗专业权威媒体的建立，在网络曲解医疗纠纷时提供专业权威的见解，正确引导舆论导向，避免错误信息继续传播发酵，激化医患矛盾。

2. 提高医方人员的自媒体素养

医方人员作为自媒体用户中的一员，其言论不仅代表自己，也代表整个医方群体，所以必须切实培养医方人员的自媒体素养。其一，培养在职医方人员的自媒体素养。医方人员要积极利用自媒体平台传播正能量，塑造医方的正面形象。另外对于患者的批评，医方人员应引起重视，做出检讨反省，改善不足之处，增强服务意识，与患者增加沟通。医方人员不该带着因工作而产生的烦躁情绪对患者的批评视而不见，或迫于舆论压力而不敢面对，处于失语状态[7]。其二，培养医学生的交流沟通能力。医学生作为未来医务工作者的接班人，影响着下一代医患关系的质量。医学院校可适当开设相关人文学科课程，让医学生既具备有效沟通的能力，又具有及时合理应对医疗纠纷的能力。

3. 建立舆情危机预案和新闻发言人制度

自媒体增加了医疗机构在危机公关时面临的舆论压力及不良信息迅速扩大的风险和挑战。因此，医疗机构除了需要树立危机预警的意识，还须做好危机防范预案。医疗机构平时应该注意持续搜集各方面的信息，及时发现与医疗相关的危机的发生、发展和解决结果，并对这些信息加以分析和处理，从以往的其他医疗机构发生的危机中汲取经验和教训，有针对性地在自身机构中制订相应预案，尽可能地将隐患减少。应对危机的重点不能停留在危机本身，还要关注危机前、危机中和危机后的全过程。医疗机构自媒体危机公关的过程，包括应对危机的准备、处置危机的过程以及危机过后的形象重建三个部分，应对方法在每个阶段也要有所侧重[8]。另外，建立新闻发言人制度，针对出现的舆论和危机及时处理，及时澄清，避免事态的扩大，赢得社会支持，减轻医务工作者的负担。

4. 提高自身服务质量

过硬的医疗服务技术是避免医疗纠纷的基石，也是医院自身发展的需要。当今形势下的医患关系紧张也与我国医疗资源分布不均，医方运行机制弊端凸显，服务质量不高，老百姓看病难、看病贵问题未得到有效解决有关。所以，有效缓解医患关系必须解决大环境下医疗领域存在的问题，提高医疗服务质量，正确引导患者的求医行为，提高患者的满意度，缓解医患矛盾。

在自媒体时代，因新兴网络信息领域的各项制度还不健全，网民素质不高，医方应对机制欠缺等原因，自媒体对医患关系的负面影响突出。如何利用自媒体平台加强医患双方的沟通，缓解医患矛盾，使自媒体平台转化为构建和谐医患关系的助推力量是需要医患双方以及政府共同思考并践行的。

**参考文献：**

[1]张黎夫.医患关系现状与影响因素调查研究[J].成都：西南交通大学，2015：2.

[2]张美玲，罗忆.以微博为代表的自媒体传播特点和优势分析[J].湖北职业技术学院学报，2011，14(1)：1.

[3]陈进华，张寿强.论自媒体传播的公共性及其道德底线[J].江海学刊，2012(6)：107－111.

[4]王安.新媒体时代：自媒体的现状及发展[J].时代金融(下旬刊)，2017(4)：218－221.

[5]宋全成.论自媒体的特征、挑战及其综合管制问题[J].南京社会科学，2015(3)：112－119.

[6]张志杰."标题党"现象的危害及治理研究：以新媒体对湖南产妇死亡事件的报道为例[J].东南传播，2015(3)：123－124.

[7]李颖彦，王庭霖，董一博.自媒体环境下对医患关系传播的探究[J].开封教育学院学报，2016，36(7)：269－270.

[8]夏扬，高迎爽，纪媛媛.自媒体环境下医患危机应对[J].中国国情国力，2017(5)：36.

# 川西地区乡镇公务员激励机制探讨
## ——以汶川县乡镇公务员为例

张祥菊
公共事业管理2014级

**摘　要**：为了更好地调动基层公务员的工作积极性，国家和政府对公务员的激励制度进行了不断的探索和改革，相关学者和专家也对此进行了大量的研究，但目前对于乡镇公务员的激励机制研究仍欠缺。本文通过对川西地区汶川县乡镇公务员激励机制进行调查和分析，探讨其激励机制存在的诸多缺陷，并提出相应对策。

**关键词**：乡镇公务员；激励机制；对策

《人民日报》上《把握一个真实的“微观中国”》一文中写道：一个社会的发展，最终落脚点是人；一个国家的治理，根本立足点在基层。“九层之台，起于累土。”乡镇政府机关是我国最基层的政府机关组织，它是整个国家行政管理体系的基础。建立和完善乡镇公务员的激励机制有助于乡镇公务员管理的完善，有助于提高公务员自身素质和能力，提高他们的工作效率和效能，为民众提供优质和高效的服务，满足民众的需求最终得到民众的认可与支持，从而促进乡镇政府机关职能的有效实现。

### 一、乡镇公务员激励机制基本情况

#### （一）相关概念

《中华人民共和国公务员法》规定，乡镇公务员是指在乡镇一级依法履行公职，并纳入国家行政编制由财政负担工资福利的工作人员。而这一概念又有狭义和广义之分：狭义的乡镇公务员仅指乡镇政府系列的行政编制工作人员，如乡（镇）长、副（乡）镇长、统战委员及党政办、民政办、农机站、计生办等乡镇政府部门中担任非领导职务的科员和办事员；广义的乡镇公务员，除囊括狭义的乡镇政府公务员，还包括公安派出所、土地所、税务所、烟草专卖所、工商所等实行垂直管理的县级政府职能部门的派出机构在乡镇一级单位中的编制内人员以及另外一类编制隶属事业性质，但同样能享受公务员的权利、福利、待遇，行使公务员职责的乡镇政府工作人员，即参照公务员法管理的事业编制人员。本文所研究的对象即是广义上的乡镇公务员。

公务员激励机制，其实质是政府寻找有效的方式引导公务员的行为方式和价值观念，使得公务员的目标与政府的目标一致，从而提高行政效率实现行政目标的过程。从广义上讲，公务员激励机制包括正激励与负激励；狭义上仅指公务员正激励的问题。就激励对象而言，广义的公务员激励包括对公务员个人的激励和部门的激励[1]。本文所涉及的公务员激励的相关规定，适用于我国所有层级的公务员。从动态的角度看，公务员激励机制是一个循环往复的动态过程，是公务员管理机构通过诱导因素不断引导乡镇公务员的行为方向并最终实现行政目标的过程[2]。

（二）具体内容

我国现行公务员制度中处处体现了激励精神，具体体现在对公务员的权利规定及考核、晋升、奖惩、工资福利保险、培训、辞职辞退等一系列制度规范中，集中体现在考核、职务升降、奖惩、工资福利等环节，并与公务员保障机制、竞争机制和防腐败机制辩证统一、不可分离。公务员法及相关法规在完善和强化对公务员的激励方面，一是明确了公务员的权利，公务员享有获得履行职责应当具有的工作条件，非因法定事由、非经法定程序，不被免职、辞职、辞退或者处分等权利；二是确立了公务员考核制度，以此作为对公务员进行奖惩、职务升降、工资福利保险及辞退的依据；三是对公务员职务升降的条件和程序做出规定；四是规定了公务员的奖惩制度，公务员个人和公务员集体在工作中有突出表现的给予奖励，有违纪行为的要给予惩罚；五是规定了公务员的工资、福利和保险制度以及退休养老制度；六是规定了公务员辞职辞退制度，列举了责令辞退或予以辞退的若干情况；七是规定了公务员的申诉控告制度以维护公务员的合法权益，保障激励机制充分发挥作用。本文将从考核、薪酬、培训、晋升、奖惩五个方面来探讨汶川县乡镇公务员激励机制存在的不足以及改进的对策。

## 二、汶川县乡镇公务员激励机制的调查和分析

本次的调查对象为汶川县乡镇公务员，从12个乡镇中选取了5个乡镇作为本次调研地，包括威州镇、绵虒镇、漩口镇、水磨镇和三江镇，在以上5个乡镇的公务员中展开调查，共发放150份问卷，有效问卷150份，有效回收率100%。经统计，样本基本信息如表1所示。

表1 样本基本信息

| 基本情况 | 项目 | 样本量 | 百分比 |
|---|---|---|---|
| 性别 | 男 | 87 | 58% |
| | 女 | 63 | 42% |
| 学历 | 中专 | 12 | 8% |
| | 大专 | 62 | 41.3% |
| | 本科 | 75 | 50% |
| | 研究生及以上 | 1 | 0.7% |
| 年龄 | ≤25 | 42 | 28% |
| | 26—35 | 54 | 36% |
| | 36—45 | 30 | 20% |
| | ≥46 | 24 | 16% |
| 工资 | 3000—3500 | 48 | 32% |
| | 3501—4000 | 47 | 31.3% |
| | ≥4000 | 55 | 36.7% |

### （一）工作满意度分析

本文问卷采用王艳华在硕士论文中所使用的工作总体满意度问卷，通过对工作满意度的调查来了解汶川县乡镇公务员的整体激励状况。从调查问卷结果来看，汶川县乡镇公务员对工作满意的共89人，占59.3%，其中非常满意的有17人，占11.3%；比较满意的有71人，占47.3%；一般的有55人，占36.7%；不太满意的有6人，占4%，很不满意的没有。综上所述，在150份有效调查问卷中，汶川县乡镇公务员的工作满意度为59.3%（不含一般），

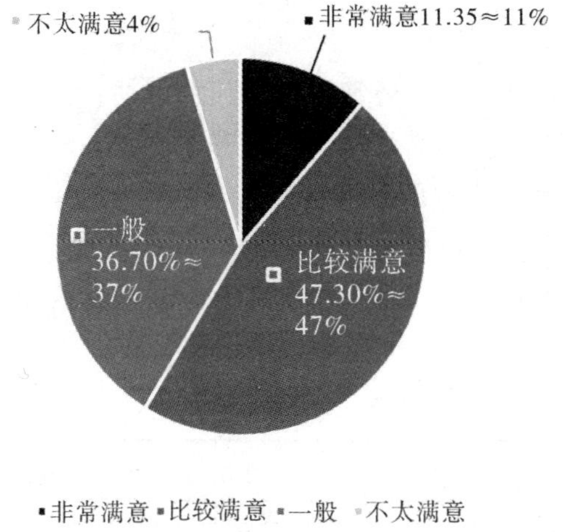


图1 总体工作满意度

处于不满意水平，如图1所示。

根据国外学者的研究，员工工作满意度在70%—80%时，人力资本才能正常发挥效益。由此可见，汶川县一部分员工处于消极怠工状态，如果长期存在消极的现象，会导致员工工作积极性越来越低，影响政府工作的正常运行。

## （二）考核结果与薪酬、晋升关系

调查结果显示，有1.3%的人认为考核结果与薪酬、晋升有关系；26%的人认为有一点关系；而高达72.7%的人认为没有关系。调查结果表明，考核结果并没有起到实质性的作用，而只是流于形式，如图2所示。

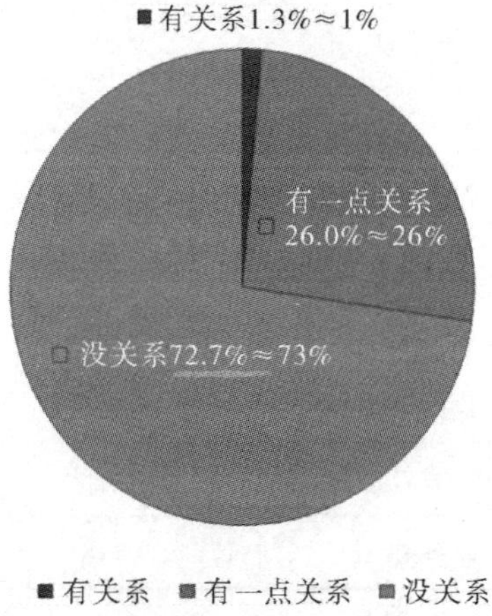


图2 考核结果与薪酬、晋升的关系

（三）需要的激励因素分析

需要是激励的基础，当个体缺乏某种东西时所产生的一种主观状态，是客观需要的一种反映[3]。本文列举了8项激励因素，从其中选取公务员最关心的5项，再从这5项中选取公务员最需要的激励因素，调查结果如表2所示。从中可以看出，公务员更为注重的是个人能力的发挥和成就感、良好的工作环境和较大的晋升机会，说明职务晋升对乡镇公务员起着决定性的激励作用。

**表2　激励因素重要性**

| 激励因素 | 频次 | 百分比 |
|---|---|---|
| 个人能力的发挥和成就感 | 142 | 94.7% |
| 良好的工作环境 | 142 | 94.7% |
| 较大的晋升机会 | 133 | 88.7% |
| 优厚的工资福利待遇 | 86 | 57.3% |
| 领导的信任 | 76 | 50.7% |

从本次调查可以看出，目前乡镇公务员的培训得到了一定程度的重视，但仍有59.3%的人只有1—3次的培训机会，而5次以上的只占11.3%。同时只有18.7%的人认为培训的内容对自己的工作有帮助，如表3所示。

**表3　培训机会、作用和内容**

| 机会和作用 | 具体项 | 频次 | 百分比 |
|---|---|---|---|
| 机会 | 1—3次 | 88 | 59.3% |
| | 3—5次 | 44 | 29.3% |
| | 5次以上 | 17 | 11.3% |
| 作用 | 有 | 28 | 18.7% |
| | 没有 | 122 | 81.3% |
| 内容 | 政治学习 | 5 | 3.3% |
| | 国家方针政策 | 7 | 4.7% |
| | 业务知识 | 138 | 92% |

汶川县乡镇公务员职业晋升渠道狭窄、晋升机会少，如表4所示。人们

感觉自己晋升无望从心理上就会产生懈怠，工作马马虎虎，这种工作状态可能会影响其他认真工作的同事，影响整体工作的质量和效率。晋升渠道的狭窄，使得部分工作业绩差的公务员消极情绪增高，影响整体的工作氛围和工作环境。

表4　晋升依据和发展途径

| | 具体项 | 频次 | 百分比 |
|---|---|---|---|
| 晋升依据 | 工作业绩 | 14 | 9.3% |
| | 考核结果 | 4 | 2.7% |
| | 领导喜好 | 82 | 54.7% |
| | 资历 | 49 | 32.7% |
| | 背景 | 1 | 0.7% |
| 职业发展途径 | 有 | 37 | 24.7% |
| | 没有 | 113 | 75.3% |

## 三、汶川县乡镇公务员激励机制存在的问题

从调查结果中可以看出，汶川县乡镇公务员激励机制存在较多的缺陷，表现在不具备完善的激励机制或流于形式，并未对乡镇面临的实际情况实行合适的激励机制。具体来说，汶川县乡镇公务员激励机制存在以下几个方面的问题。

### （一）考核制度不够科学

调查结果中发现，汶川县没有可量化的考核标准或具体指标，考核标准笼统、宏观，只定性不定量，从而使得在日常的实际操作中无法精确地反映被考核者的工作绩效。考核中还存在考核的范围过于狭窄，考核的主体仅限于行政机构内部，由直属主管领导评价，没有将被服务的群众纳入考核主体的现象，影响了考核结果的客观公正性。考核指标不明确可能是因为领导不重视，考核机构没有进行具体的考核指标确定，使得双方在考核时的标准越来越模糊。我国公务员法第三十六条规定："公务员的考核分为平时考核、专项考核和定期考核等方式。定期考核以平时考核、专项考核为基础。"从图2中的调查结果可以看出，大部分汶川县乡镇公务员认为考核的形式意义大于

实际价值，对于考核的内容和结果不在意；在考核的结果方面，基本都称职，很少有人不称职。可以看出，在某种程度上，大家考虑的是人情而不是实实在在的制度，这种考核形式并未起到实质性的考核作用，最终使考核结果不能表现出每一位被考核公务员的真实水平，缺乏实际的激励作用。平时的考核，由于没有严格的纪律要求、执行标准和相关的规章制度，仅限于日常的工作纪律、出勤率、请假次数等方面，对于涉及考核核心的乡镇公务员工作效能、任务完成量、服务群众满意度、个人工作能力等方面缺乏相应的考核机制和考核指标。

最后，调查中发现，各单位的考核结果缺乏真实性且带有随意性，没有“实打实”地进行考核，年度考核由本单位内部自行进行，存在领导意图，考核过程简化或者省略，使得考核结果并不能反映每一位公务员“德、能、勤、绩、廉”的真实状况。平均主义严重，严重打击公务员工作的热情和积极性，造成干多干少一个样、吃“大锅饭”的局面，使得积极工作的公务员内心极度不平衡，出现消极怠工的现象，影响政府部门的整体工作效率和形象。

（二）薪酬制度缺乏公平

调查数据显示，相对于其他行业而言，汶川县乡镇公务员的工资较低。从调查结果（表1）中可以看出，汶川县乡镇公务员工资3000—4000元的比例占63.3%，而只有36.7%的人工资在4000元以上，且84%以上的乡镇公务员表示，他们的工资是家庭收入的主要来源。乡镇公务员的工作环境比较艰苦、工作任务重，然而薪酬福利没有别人高，容易使乡镇公务员产生巨大的心理不平衡感，进而直接影响其工作积极性。公务员薪资和职务、级别、年龄是密切相关的，但调查中发现汶川县乡镇公务员内部工资以及单位之间的薪资缺乏公平。比如，两个岁数、工龄相同且在同一个单位的公务员，如果一位是领导（正科或副科），而另一位只是普通科员，普通科员可能就因为职务原因收入减少50%。因为“职务”这一道门槛，领导和下属的薪资可能相差一倍以上。

汶川县乡镇公务员内部薪酬缺乏竞争，如同一级别的公务员即使工作的难度、责任的轻重和工作所需投入的精力存在较大的差距，但只要职级一致，最后所拿基本工资是相同的，奖金差别也很小。看着别人工作做得不好又不用承担责任却能拿同样的工资，大部分工作任务重、责任大的公务员心理极度不平衡，这种现象的存在会导致部门内部出现平均主义和消极工作的现象。

（三）培训制度有待完善

培训同样也是一项非常重要的激励因素。从表 3 的调查结果可以看出，目前汶川县乡镇公务员的培训得到了一定程度的重视，但仍只有 11.3% 的被调查者培训机会在 5 次以上，同时只有 18.7% 的人认为培训的内容对自己的工作有帮助。这说明目前汶川县乡镇公务员培训不合理、效果不明显，缺乏系统性、科学性及针对性，培训内容无法满足实际的工作需要，同时缺乏必要的培训考核机制。依据本文的调查资料可以看出，汶川县乡镇公务员激励机制在某些方面发挥了积极作用。然而由于种种因素的影响，现行激励机制仍然存在诸多的矛盾和问题，这些状况在一定程度上抑制了乡镇公务员工作的积极性，不利于吸引更多的人才加入基层政府的工作中来。

（四）晋升制度存在缺陷

1. 晋升空间受限

公务员的等级森严且明显，随着等级的升高，掌握权力的人会越来越少，这种金字塔式排列结构决定了绝大多数公务员在职业生涯的发展中会更早地走到尽头。在乡镇公务员的晋升中，如果 40 岁不能晋升为副科级公务员，一般情况下，这就意味着他一辈子职业生涯的顶点也就是科员。而调查结果（表 4）显示，有 75.3% 的公务员认为除晋升为领导干部外，无其他任何发展途径。在对乡镇公务员的激励中，晋升是对绝大多数乡镇公务员最大的激励，也是绝大多数乡镇公务员渴望的目标。40 岁正是人生中经验、能力最强的时间段，但是由于晋升机制的制约，绝大多数乡镇公务员在 40 岁时，看到的不是自己光明的前景，而是萌生了“当一天和尚撞一天钟”的退意。

2. 晋升机制缺乏公开透明

调查数据分析得出，大部分的汶川县乡镇公务员认为本单位的晋升机制不够公开透明，有 138 人，占 92%。干部晋升的过程中较少征求普通群众的意见，民主意愿不强。这样一个不开放、不透明的晋升机制，也导致了汶川县乡镇公务员的工作目标不确定，他们不知道如何努力升职，也不知道是什么原因导致的其他员工得到提升，这将大大损害公务员工作的主动性和积极性。

3. 职务晋升中组织意图明显

表 4 的调查结果显示，有 54.7% 的人表明职务晋升的依据是领导喜好。

如本单位有领导退休或调离，大部分是按上级领导的喜好重新任命，不会公开选拔有工作实力、群众评价好以及有资质的公务员；或者从其他单位直接委派，不给本单位后备领导人选拔的机会，这样大大降低了汶川县乡镇公务员的工作热情和积极性。

（五）忽视物质奖励

经济基础决定上层建筑，只有当一个人的物质基础满足他的生活需要且富足，他才能够全身心地投入工作，而不是为了解决温饱问题使自己分身乏术。调查数据显示，有68.8%的人认为物质奖励更重要，54.7%的人所在单位是以惩罚为主，奖励为辅。他们并不看重物质奖励带来的激励性，只管口头表扬或者不落到实处，多数情况下只是主管领导口头承诺，事后未兑现。

## 四、完善汶川县乡镇公务员激励机制对策

（一）建立科学合理的考核制度

考核的实际操作依赖于指标，如果指标不明确就不能得出准确的考核结果，所以应该针对汶川县考核指标体系不明确的现状，建立适用于本单位的考核指标，考核指标的分值应该侧重个人的工作能力、业绩。指标体系应该落实到为民排忧解难、为单位所做贡献、行为作风、民众评价等具体的指标。

针对汶川县公务员考核方式仅限于年终考核，考核方式单一且不能真实地反映被考核者的实际工作能力的现状，建议有条件的单位建立线上评价，让被服务者参与进来，只有他们的真实感受才能反映公务员所做工作是否到达了预期效果；被考核公务员也可以和被服务者进行线上的互动，线上考核只作为最后考核的依据，避免领导偏好影响考核结果。

强化考核过程，力求考核结果真实有效。我国乡镇公务员考核失效的原因之一是只考核不反馈，导致考核流于形式。因此，要对考核结果进行及时有效的反馈，考核过程严格按照适用于被考核者所在单位拟定的考核标准执行，避免“人情”的出现，考核应该落到每一个考核指标，而不是走过场、打感情牌，这样才能保证考核结果反映每个被考核者的真实情况。

（二）深化薪酬福利制度改革

1. 优化乡镇公务员的级别设置，适当提高基本工资水平

对公务员级别工资进行改革，将职务与级别的晋升独立设置，扩大公务

员的级别，同时每一级别上设置不同的工资档，这样乡镇公务员就可以根据工作年限和绩效考核的结果来获得相应的工资级别提升。即使没有得到职务上的晋升，也可以通过努力工作得到比以前更多的工资，享受更高的待遇。这种新的公务员工资改革不仅适当提高了乡镇公务员的工资水平，还同时调动了他们的工作积极性，也能更好地实现劳动分配。

2. 建立乡镇公务员正常的薪资上涨制度

乡镇公务员薪资上涨涉及多方面的问题，既有当地财政能力的束缚，又有广大群众对于公务员工资上涨的非议。这就要求我们必须建立一套完整的乡镇公务员薪资正常上涨制度，如根据当地的实际消费水平提高基础工资，对表现优秀的公务员加大补贴金额，对家庭困难的公务员给予额外的生活补助等，使乡镇公务员的工资能与当地经济发展水平同步，保障乡镇公务员自身的合法、合理权益不受损害。同时，在内部引入薪酬竞争机制，和考核结果挂钩，实现薪资公平。针对汶川县乡镇公务员薪资水平存在很大差距的现象，当地政府机构可适当调整薪资的发放，杜绝吃“吃大锅饭”以及干得多出错多拿得少、不干不出错反而拿得多的现象，要严格按照考核结果发放薪资、奖金，给予表现优秀的员工额外奖励，使得单位内部有竞争力，从而提高公务员的工作热情和积极性。

（三）完善乡镇公务员培训制度

培训内容注重实际。在设计乡镇公务员培训内容时，要从他们自身的素质和要求出发，以提高他们实际的工作能力为主要目的。在具体的实施过程中，要适当加大对乡镇公务员技术培训和行政能力培训的比重，使他们在培训中学习到的知识能在工作和实践中发挥作用。同时，增加汶川县乡镇公务员培训机会。汶川县目前对乡镇公务员培训的次数过少且52%的公务员没有到其他单位学习交流的机会，应该增加公务员到其他单位学习交流的机会。乡镇政府部门可多向其他单位学习如何高效地处理日常工作和有效地解决基层群众的困难的经验，借鉴好的内部管理制度，增加公务员自身的阅历，拓宽自身发展空间。

（四）健全乡镇公务员晋升制度

1. 拓宽基层干部内部晋升空间

职务晋升与级别晋升相结合是拓宽晋升空间的有效途径之一。乡镇公务员的晋升主要包括职务晋升和级别晋升。乡镇政府机构行政级别低，所拥有的职务和级别少，而乡镇公务员数量却很多，导致公务员晋升空间狭小。在级别设置上，根据当地的实际情况，适当地增加级别的数量。在确保职务序列与所对应的薪酬级别相统一的基础上，扩大二者的对应幅度。这样使乡镇公务员在职务未实现晋升的情况下，还可以通过级别的提升来提高福利待遇，从而缓解晋升压力。

2. 在乡镇设立科级非领导职务

因为领导本来就是一个数量很少的队伍，但乡镇公务员队伍又很庞大，很多人有可能在职期间一直在同一个单位、岗位，待到退休依然还是科员。针对这一类情况，可以合理地设立非领导科级职务，让有能力的人也可以参与到领导队伍中为领导出谋划策，使领导队伍多元化，在一定程度上也起到了激励作用。革新晋升台阶，适当缩减一些晋升标准，给有才能的公务员更多展现的机会。

3. 考核与晋升紧密结合

公务员考核的结果应该作为晋升的标准，在严格的考核结果下选拔领导，能在一定程度上减少组织意图，增加公平竞争的机会，更能够看出被选拔公务员的领导能力，建设公务员队伍。

（五）奖惩结合

调查结果显示，汶川县乡镇公务员注重精神奖励而忽视了物质奖励的重要性。对此，当地政府可针对表现突出、考核结果优秀的公务员给予不同档次的奖金奖励。从调查结果（表2）中可以看出，汶川县乡镇公务员更关注良好的工作环境、较大的晋升机会、优厚的工资待遇，故物质奖励的效果会更加显著。一方面针对不同年龄段的公务员制订不同需求的奖励形式，如25岁及以下的公务员对假期旅游比较感兴趣，所以可以给予这部分公务员更多的旅游补贴和假期；而46岁以上的公务员更看重医疗保险、退休保障，故针对这一部分的公务员可以加大医疗保险的额度保障，提供更优厚的退休福利。另一方面，针对不同学历的公务员的奖励也应该有所差别。调查数据显示，目前汶川县只有水磨镇有一位研究生公务员，可见汶川县乡镇公务员现行的物质基础是偏低的，若要吸引更多优秀的人才，应该针对高学历的公务员给予丰厚的条件。另外，应在完善的奖励制度下建立惩罚力度强的惩罚制度，做到“胡萝卜加大棒”。奖惩的目的是激励公务员的同时督促公务员不触碰法律和道德的底线。

乡镇公务员处于基层工作的最前线，直接面向基层百姓。他们既是国家方针政策的解释者和具体执行者，也是民意的接收者。他们的工作能力和工作效率直接影响政府效能的发挥，也直接影响党和政府的形象和威信[4]。只有具备科学的考核制度、公平的薪酬制度、完善的培训制度、健全的晋升制度和操作性强的奖惩制度才能在政府服务部门形成长效机制。

**参考文献：**

[1]沈红阳.我国乡镇公务员激励机制探究：以河南省洛阳市B镇为例[D].开封：河南大学,2012.

[2]朱建建.我国公务员考核制度存在的问题及对策[J].陕西省经济管理干部学院学报,2006,20(1):33－35.

[3]王艳华.新宾县乡镇公务员激励机制研究[D].大连：大连理工大学,2016:15.

[4]王艳华.新宾县乡镇公务员激励机制研究[D].大连：大连理工大学,2016:40.

# 医生和患者对公立医院公益性含义的认识研究

姜佳玉
公共事业管理2014级

**摘　要**：公立医院在保障人民的身体健康上占决定性的地位，因此它具有一般医院不具备的公益性。本文围绕医生和患者对公立医院公益性的认识差异进行研究，前期通过文献收集得到公益性概念相关的35个指标，通过问卷调查对医生和患者的认识状况进行调查。结果显示：医生对公益性的认知普遍高于患者；公益性认识中最高的是服务适宜性，然后是公平性和可及性，质量和效率最低。研究目的：帮助进一步扩展完善对公益性概念的界定；针对具体指标的认识水平对公益性的评价工具进行调整或者引入加权系数的方法完善公益性评价工具；促使医院进一步加强对公益性的履行；为公益性政策的调整和制定提供依据。

**关键词**：公立医院；公益性；概念界定；评价工具；公益性政策

## 一、公立医院公益性的含义

公立医院除了一般医院的基本属性，还有着独特的公益性。那什么是公立医院的公益性？我们通过万方、维普、知网等数据库以“公立医院”“公益性”为关键词进行检索，了解到有关的定义。国外学者桑德斯认为医院公益性是以追求提高医疗卫生服务的公平可及性、节约医疗支出、提高医疗服务质量等为社会目标[1]。这个观点和国内的很多学者是不谋而合的，国内学者也从不同的角度对公益性进行了界定 。周金玲认为医院公益性主要体现在政府制定医疗服务包、调配医疗资源以及解决医患纠纷等[2]。雷海潮给出的定义是：一定区域内的居民，人人都有获得公立医院提供的医疗卫生服务的机会及其受益程度的大小[3]。李玲等则从两个层次进行了定义，概念内涵层面是指公立医院的行为和目标与政府的意志一致，进而与社会福利最大化的目标一致；操作层面的公益性体现在公平性和可及性、效率以及政策性职能。[4] 陈英耀等人认为公立医疗机构的公益性有三大点：第一是公平性和可及性，即在提供基本卫生服务和公共卫生服务的过程中不受求医者的社会、经济、资源的背景的影响，这是公益性的基本特征；第二是医疗卫生服务提供的适宜性，即适宜的技术、服务和成本，这是当前公益性的核心特征[5]；第三是医疗卫生服务提供的质量和效率，这是公益性的专业技术特征和内在要求[6]。

综合以上观点，我将公立医院公益性分为三个大的维度：公平性和可及性、适宜性以及质量和效率。公平性和可及性是指公立医院提供的基本医疗卫生服务是面向区域内全体人民群众的。适宜性是指公立医院应依据人民群众健康的需求和病情的需要提供合适的医疗卫生服务。医疗卫生服务质量是提供与当前医疗技术水平相适应的服务，不断改善医疗卫生服务质量，提高群众的健康水平。医疗卫生服务效率是控制医疗费用的过快增长，节约卫生支出，提高投入产出效益，取得良好的社会效益[7]。我们通过前期对公立医院公益性有关文献的阅读和收集，完成了整体问卷。问卷由两大部分构成，第一部分是基本信息，包括医生还是患者、地址、年龄、性别、文化程度等8个问题；第二部分是公益性概念的认识，由三个一级指标，即质量和效率、服务适宜性、公平性和可及性构成，质量和效率由13个二级指标构成，服务适宜性由9个二级指标构成，公平性和可及性由13个二级指标构成。调查对象以汉源县的两大公立医院为主，还有少数其他城市的医院，共收集问卷169份。本文调查问卷采用李克特量表，完全不符合医疗机构公益性含义计1分，比较不符合医疗机构公益性计2分，一般符合医疗机构公益性计3分，比较符合医疗机构公益性计4分，完全符合医疗机构公益性计5分。

## 二、数据分析

### （一）基本信息分析

调查对象最小的为12岁，最大的有79岁。在文化程度方面基于98.2%的有效数据：初中及以下占18%，高中或中专占14.4%，大专和本科占65.9%，研究生/博士/硕士及以上占1.2%。在医疗保障形式上基于98.2%的有效数据：城镇职工基本医疗保险占50%，城镇居民基本医疗保险占11.2%，新型农村合作医疗保险占25.3%，商业保险占2.4%，自费占6.5%，其他占2.9%。在离家最近公立医院上基于97.1%的有效数据：不足

1 公里有 22.4%，1—2 公里有 21.2%，2—3 公里有 23.5%，3—4 公里有 11.2%，4—5 公里有 1.8%，5 公里及以上有 17.1%。

（二）医生公益性认识情况分析

1. 质量和效率认识情况。质量和效率的各个指标的认识在 3 分和 4 分的基本上是在 25% ~52%，利用简单平均数法得到对 13 个指标约 66% 的医生认为是比较符合或者完全符合公益性含义的。其中认识符合度最高的是指标 B6、B8、B11、B13，即在对质量和效率的认识上，医生普遍认为这四个指标是符合公益性含义的。详细数据见表 1。

**表 1　医生公益性的质量和效率认识情况表**

| | 1（%） | 2（%） | 3（%） | 4（%） | 5（%） |
|---|---|---|---|---|---|
| B1：提供舒适干净的医院环境和文化氛围 | 1.2 | 7.1 | 27.1 | 39.4 | 24.7 |
| B2：优化服务流程，缩减候诊、就诊时间，提供方便快捷的医疗服务 | 0.6 | 7.6 | 26.5 | 32.9 | 29.4 |
| B3：满足患者需求，以患者为中心，尊重、关爱患者，主动、热情、周到、文明服务，保护患者隐私 | 1.2 | 5.3 | 22.4 | 34.1 | 36.5 |
| B4：保障医疗服务的效率，提高治愈的效率和好转率，提供满足患者质量要求的医疗卫生服务 | 0 | 5.3 | 22.4 | 34.1 | 36.5 |
| B5：提高病床的使用率，降低平均住院时间，减轻患者负担 | 0.6 | 5.3 | 25.3 | 40.0 | 27.6 |
| B6：遵守法律、法规、规章制度以及各种操作规范，预防医疗事故、医疗纠纷发生 | 0.6 | 5.3 | 18.8 | 32.9 | 41.2 |
| B7：培训基层医务人员，提高医疗技术 | 0.6 | 4.7 | 22.9 | 39.4 | 28.8 |
| B8：合理利用医疗资源，提高资源的利用效率，提高为病人服务的效率 | 1.8 | 6.5 | 29.4 | 34.1 | 27.6 |
| B9：保护政府所有者权益，促进国有资产的保值增值，创造社会财富，促进就业 | 5.3 | 16.5 | 30 | 27.1 | 20.6 |
| B10：强化技术，改进服务效果，提高运营绩效 | 0 | 7.1 | 31.2 | 33.5 | 35.3 |
| B11：加强医务人员的医学技术等相关培训，提高医务人员的操作技能和服务水平 | 0 | 5.9 | 22.4 | 35.9 | 35.3 |

续表

| | 1（%） | 2（%） | 3（%） | 4（%） | 5（%） |
|---|---|---|---|---|---|
| B12：尊重医务人员的基本权利，提供安全舒适的工作环境，给予适当的劳动报酬 | 3.5 | 6.5 | 23.5 | 30.6 | 35.3 |
| B13：正确处理医疗废弃物，保护环境 | 0 | 4.7 | 14.7 | 27.1 | 52.9 |

2. 服务适宜性认识情况。在服务适宜性的认识上，各个指标的认识在3分和4分的基本上是在24%～54%，利用简单平均数法得到约75%的医生认为指标C1到C9是比较符合或者完全符合公益性含义的。对指标C5、C6、C8、C9的认识是最高的，即在服务的适宜性上，医生认为这四个指标是最符合公益性含义的。详细数据见表2。

**表2　医生公益性的服务适宜性认识情况表**

| | 1（%） | 2（%） | 3（%） | 4（%） | 5（%） |
|---|---|---|---|---|---|
| C1：医疗服务合理，透明收费 | 0.6 | 5.9 | 19.4 | 33.5 | 37.6 |
| C2：适度检查和合理用药，杜绝大处方、大检查、诱导过度医疗 | 1.8 | 5.9 | 16.5 | 34.1 | 40.6 |
| C3：治疗流程合理 | 0 | 7.6 | 25.3 | 31.8 | 34.1 |
| C4：提供适宜的医疗服务（如适度检查、合理配方），避免过度医疗或者医疗供应量不足 | 1.2 | 3.5 | 16.5 | 34.7 | 43.5 |
| C5：充分考虑患者的实际需要，尊重患者的意愿，维护患者的合法权益 | 0.6 | 2.4 | 16.5 | 34.7 | 44.7 |
| C6：充分尊重患者的知情同意权和选择权 | 0 | 1.2 | 17.6 | 24.1 | 54.7 |
| C7：考虑患者的支付意愿和支付能力，实现患者在经济上、意愿上、宗教伦理上等方面的可接受 | 1.8 | 4.1 | 24.1 | 34.7 | 34.7 |
| C8：医务人员不得通过职务谋取不当利益，不得收受红包，遵循医德、医风等伦理道德要求 | 1.8 | 2.4 | 11.2 | 32.4 | 51.2 |
| C9：诊断和治愈疾病，改善健康状况，降低医疗风险，提高生命质量，达到促进健康的目的 | 0 | 1.8 | 18.8 | 30.0 | 48.8 |

3. 公平性和可及性的认识情况。在对公平性和可及性的13个指标的认识

上，在4分和5分上的是22%～53%，通过简单平均数法得到约71%的医生认为指标D1到D13是比较符合或者完全符合公益性含义的。其中对指标D3、D4、D6、D13的认识是最高的，即医生认为这四个指标在公平性和可及性上是符合公平性含义的。详细数据见表3。

**表3 医生公益性的公平和效率认识情况表**

| | 1（%） | 2（%） | 3（%） | 4（%） | 5（%） |
|---|---|---|---|---|---|
| D1：经济困难者、危重患者先诊疗后收费，无主患者抢救，病人可适当欠费 | 2.4 | 3.5 | 18.8 | 27.1 | 47.1 |
| D2：无经济负担能力的人低价（或无偿）提供符合其基本要求的医疗服务，为贫困、弱势人口减免医疗费用 | 1.8 | 4.7 | 17.1 | 26.5 | 48.2 |
| D3：免费医疗救助或优惠减免、城镇医疗保险或农村合作医疗保险面向基本医疗保险保障覆盖面、基本药物覆盖等面向区域内所有公众 | 0.6 | 1.8 | 14.1 | 30.6 | 52.4 |
| D4：医保和自费患者平等，就诊机会公平，社会公众公平，平等地为公民提供必需的医疗卫生服务 | 0.6 | 1.2 | 17.1 | 27.1 | 53.5 |
| D5：承担卫生下乡，支援农村贫困地区、社区、边疆或援外医疗等指令性任务 | 1.2 | 4.1 | 13.5 | 35.9 | 43.5 |
| D6：参与突发公共事件和重大灾害性事故紧急救治任务 | 0.6 | 3.5 | 13.5 | 31.2 | 49.5 |
| D7：开展社会公益活动如卫生健康知识的宣传教育工作、义诊工作，提供公共卫生服务项目 | 1.8 | 4.1 | 21.2 | 31.2 | 40.0 |
| D8：指导基层医疗机构卫生工作，为基层医疗机构培养医学人才 | 1.2 | 4.7 | 18.2 | 42.4 | 31.2 |
| D9：适宜技术评估与基本药物筛选，医疗技术创新与新技术推广，医学科学研究，医学科研、教学、技术推广，推动医学科学发展 | 1.8 | 6.5 | 30.6 | 35.9 | 24.1 |
| D10：医疗费用负担在患者可承担范围内 | 4.7 | 11.2 | 24.7 | 31.8 | 24.7 |
| D11：设施方便 | 0 | 4.7 | 29.4 | 35.3 | 27.6 |

续表

| | 1（%） | 2（%） | 3（%） | 4（%） | 5（%） |
|---|---|---|---|---|---|
| D12：提供家庭医生式服务、远程医疗、山区巡诊服务 | 4.7 | 15.3 | 25.3 | 31.2 | 22.4 |
| D13：控制医疗费用，提供合理的医疗服务价格，提高就医费用透明度 | 1.2 | 2.9 | 11.8 | 40.6 | 42.4 |

### （三）患者公益性认识情况分析

1. 质量和效率的认识情况。从下表可得，得4分和5分的人占22%～44%，运用简单平均数法计算得出约57%的患者认为指标B1到B13是比较符合或者完全符合公益性的含义的。其中对指标B2、B6、B12、B13的认识是最高的，即患者认为这四个指标最符合。详细数据见表4。

**表4　患者公益性的质量和效率认识情况表**

| | 1（%） | 2（%） | 3（%） | 4（%） | 5（%） |
|---|---|---|---|---|---|
| B1：提供舒适干净的医院环境和文化氛围 | 1.2 | 11.1 | 29.6 | 39.5 | 17.3 |
| B2：优化服务流程，缩减候诊、就诊时间，提供方便快捷的医疗服务 | 0 | 9.9 | 33.3 | 29.6 | 23.5 |
| B3：满足患者需求，以患者为中心，尊重、关爱患者，主动、热情、周到、文明服务，保护患者隐私 | 2.5 | 8.6 | 22.2 | 35.8 | 29.6 |
| B4：保障医疗服务的效率，提高治愈的效率和好转率，提供满足患者质量要求的医疗卫生服务 | 0 | 6.2 | 38.2 | 33.3 | 19.8 |
| B5：提高病床的使用率，降低平均住院时间，减轻患者负担 | 1.2 | 9.9 | 30.9 | 34.6 | 22.2 |
| B6：遵守法律、法规、规章制度以及各种操作规范，预防医疗事故医疗纠纷发生 | 1.2 | 9.9 | 17.3 | 34.6 | 34.6 |
| B7：培训基层医务人员，提高医疗技术 | 1.2 | 7.4 | 27.2 | 44.4 | 18.5 |
| B8：合理利用医疗资源，提高资源的利用效率，提高为病人服务的效率 | 1.2 | 11.1 | 32.1 | 37.0 | 17.3 |

续表

| | 1（%） | 2（%） | 3（%） | 4（%） | 5（%） |
|---|---|---|---|---|---|
| B9：保护政府所有者权益，促进国有资产的保值增值，创造社会财富，促进就业 | 6.2 | 22.2 | 32.1 | 24.7 | 13.6 |
| B10：强化技术，改进服务效果，提高运营绩效 | 0 | 12.3 | 33.3 | 33.3 | 19.8 |
| B11：加强医务人员的医学技术等相关培训，提高医务人员的操作技能和服务水平 | 0 | 11.1 | 25.9 | 34.6 | 27.2 |
| B12：尊重医务人员的基本权利，提供安全舒适的工作环境，给予适当的劳动报酬 | 1.2 | 6.2 | 27.2 | 32.1 | 32.1 |
| B13：正确处理医疗废弃物，保护环境 | 0 | 8.6 | 13.6 | 28.4 | 48.1 |

2. 服务适宜性的认识情况。在服务适宜性的认识上，在4分和5分的人约占患者被调查人员的27% ~42%，运用简单平均数法得出，约68%的患者认为指标C1到C9是比较符合或者完全符合公益性的含义的。其中对指标C4、C6、C8、C9的认识是最高的。详细数据见表5。

**表5　患者公益性的服务适宜性认识情况表**

| | 1（%） | 2（%） | 3（%） | 4（%） | 5（%） |
|---|---|---|---|---|---|
| C1：医疗服务合理，透明收费 | 1.2 | 8.6 | 27.2 | 35.8 | 24.7 |
| C2：适度检查和合理用药，杜绝大处方、大检查、诱导过度医疗 | 2.5 | 6.2 | 21.0 | 42.0 | 27.2 |
| C3：治疗流程合理 | 0 | 11.1 | 34.6 | 27.2 | 35.8 |
| C4：提供适宜的医疗服务（如适度检查、合理配方），避免过度医疗或者医疗供应量不足 | 0 | 2.5 | 25.9 | 37.3 | 33.3 |
| C5：充分考虑患者的实际需要，尊重患者的意愿，维护患者的合法权益 | 1.2 | 4.9 | 21.0 | 33.3 | 38.3 |
| C6：充分尊重患者的知情同意权和选择权 | 0 | 1.2 | 22.2 | 224.7 | 49.4 |
| C7：考虑患者的支付意愿和支付能力，实现患者在经济上、意愿上、宗教伦理上等方面的可接受 | 1.2 | 4.9 | 25.9 | 39.5 | 27.2 |

续表

| | 1（%） | 2（%） | 3（%） | 4（%） | 5（%） |
|---|---|---|---|---|---|
| C8：医务人员不得通过职务谋取不当利益或收受红包，遵循医德、医风等伦理道德要求 | 1.2 | 3.7 | 17.3 | 35.8 | 40.7 |
| C9：诊断和治愈疾病，改善健康状况，降低医疗风险，提高生命质量，达到促进健康的目的 | 0 | 2.5 | 22.2 | 35.8 | 38.3 |

3. 公平性和可及性的认识情况。从下表可得，得 4 分和 5 分的人占 22.5% 到 51%。通过简单平均数法得出，约 65% 的患者认为指标 D1 到 D13 是比较符合或者完全符合公益性含义的。其中对指标 D2、D3、D4、D6、D13 的认识是最高的，即对这四个指标的认识水平最高。详细数据见表 6。

**表 6　患者公益性的公平和效率认识情况表**

| | 1（%） | 2（%） | 3（%） | 4（%） | 5（%） |
|---|---|---|---|---|---|
| D1：经济困难者、危重患者先诊疗后收费，无主患者抢救，病人可适当欠费 | 1.2 | 4.9 | 22.2 | 27..2 | 43.2 |
| D2：为无经济负担能力的人低价（或无偿）提供符合其基本要求的医疗服务，为贫困、弱势人口减免医疗费用 | 1.2 | 3.7 | 17.3 | 29.6 | 45.7 |
| D3：免费医疗救助或优惠减免、城镇医疗保险或农村合作医疗保险面向基本医疗保险保障覆盖面、基本药物覆盖等面向区域内所有公众 | 1.2 | 1.2 | 13.6 | 30.9 | 51.9 |
| D4：医保和自费患者平等，就诊机会公平、社会公众公平，平等地为公民提供必需的医疗卫生服务 | 0 | 2.5 | 21.0 | 32.1 | 43.2 |
| D5：承担卫生下乡，支援农村贫困地区、社区、边疆或援外医疗等指令性任务 | 0 | 7.4 | 16.0 | 30.9 | 43.2 |
| D6：参与突发公共事件和重大灾害性事故紧急救治任务 | 1.2 | 6.2 | 14.8 | 28.4 | 46.9 |
| D7：开展社会公益活动如卫生健康知识的宣传教育工作、义诊工作，提供公共卫生服务项目 | 3.7 | 6.2 | 27.2 | 28.4 | 32.1 |

续表

| | 1（%） | 2（%） | 3（%） | 4（%） | 5（%） |
|---|---|---|---|---|---|
| D8：指导基层医疗机构卫生工作，为基层医疗机构培养医学人才 | 2.5 | 6.2 | 23.5 | 39.5 | 25.9 |
| D9：适宜技术评估与基本药物筛选，医疗技术创新与新技术推广，医学科学研究，医学科研、教学、技术推广，推动医学科学发展 | 3.7 | 8.6 | 42.0 | 25.9 | 17.3 |
| D10：医疗费用负担在患者可承担范围内 | 6.2 | 14.8 | 29.6 | 29.6 | 17.3 |
| D11：设施方便 | 0 | 3.7 | 39.5 | 34.6 | 18.5 |
| D12：提供家庭医生式服务、远程医疗、山区巡诊服务 | 3.7 | 16.0 | 28.4 | 29.6 | 19.8 |
| D13：控制医疗费用，提供合理的医疗服务价格，提高就医费用透明度 | 2.5 | 3.7 | 11.1 | 42.0 | 38.3 |

（四）医生和患者认识比较

在下面的比较中，我先用字母来代替公益性的各个指标，B1 到 B13 依次代替公益性的质量和效率的 13 个指标，C1 到 C9 依次代替公益性的服务适宜性的 9 个指标，D1 到 D13 依次代替公益性的公平性和可及性的 13 个指标。

1. 质量和效率的认识比较。从医生和患者的平均数（mean）可以看出，医生对质量和效率的认识整体上是高于患者的。从平均数（mean）和众数（mode）可以看出，医生和患者都认为指标 B3、B6、B12、B13 是比较符合公益性含义的，对 B9 的认识医生和患者都是最低的，医生和患者对指标 B13 的认识都是最高的。从前面的分析可以看出，医生和患者对质量和效率的各个指标的认识是趋于一致的，唯一的差别是医生的认识高于患者。数据见表 7。

**表 7　医生和患者质量和效率的认识比较表**

| | B1 | B2 | B3 | B4 | B5 | B6 | B7 | B8 | B9 | B10 | B11 | B12 | B13 |
|---|---|---|---|---|---|---|---|---|---|---|---|---|---|
| 医生 mean | 3.8 | 3.85 | 4 | 3.89 | 3.9 | 4.21 | 3.95 | 3.8 | 3.41 | 3.8 | 4.01 | 3.88 | 4.29 |
| mode | 4 | 4 | 5 | 4 | 4 | 5 | 4 | 4 | 3 | 4 | 4 | 5 | 5 |

续表

| | B1 | B2 | B3 | B4 | B5 | B6 | B7 | B8 | B9 | B10 | B11 | B12 | B13 |
|---|---|---|---|---|---|---|---|---|---|---|---|---|---|
| 患者 mean | 3. 61 | 3. 69 | 3. 83 | 3. 68 | 3. 68 | 4. 16 | 3. 73 | 3. 59 | 3. 18 | 3. 61 | 3. 79 | 3. 89 | 4. 18 |
| mode | 4 | 3 | 4 | 3 | 4 | 4 | 4 | 4 | 3 | 3 | 4 | 4 | 5 |

2. 服务适宜性的认识比较。从医生和患者的平均数（mean）可以看出，医生对服务适宜性的认识整体上是高于患者的。对指标 C3 在 9 个指标中，医生和患者的认识是最低的，并且两者的认识差距最大，医生对 C3 的认识 5 分是最多的，而患者对 C3 的认识最多的是 3 分。从医生的平均数（mean）和众数（mode）可以看出，大多数医生普遍认为服务适宜性的各指标是比较符合公益性含义的，认识最高的是指标 C6。从患者的平均数（mean）和众数（mode）可以看出，大多数患者认为指标 C5、C6、C8、C9 的是完全符合公益性的含义的。数据见表 8。

**表 8　医生和患者服务适宜性认识比较表**

| | C1 | C2 | C3 | C4 | C5 | C6 | C7 | C8 | C9 |
|---|---|---|---|---|---|---|---|---|---|
| 医生 mean | 4. 05 | 4. 07 | 3. 93 | 4. 17 | 4. 22 | 4. 36 | 3. 97 | 4. 30 | 4. 27 |
| mode | 5 | 5 | 5 | 5 | 5 | 5 | 4 | 5 | 5 |
| 患者 mean | 3. 76 | 3. 86 | 3. 67 | 4. 03 | 4. 04 | 4. 25 | 3. 88 | 4. 13 | 4. 11 |
| Mode | 4 | 4 | 3 | 4 | 5 | 5 | 4 | 5 | 5 |

3. 公平性和可及性的认识比较。从医生和患者的平均数（mean）和众数（mode）可以得出，除了指标 D1，对于其余的指标，医生的认识普遍高于患者。医生和患者对指标 D1 到 D7 的认识整体高于指标 D8 到 D13，对指标 D9、D10、D11、D12 的认识医生和患者都是比较低的。医生对 D6 的认识是最高的，而患者认识最高的是 D1。数据见表 9。

**表 9　医生和患者公平性和可及性的认识比较表**

| | D1 | D2 | D3 | D4 | D5 | D6 | D7 | D8 | D9 | D10 | D11 | D12 | D13 |
|---|---|---|---|---|---|---|---|---|---|---|---|---|---|
| 医生 mean | 4. 14 | 4. 40 | 4. 33 | 4. 33 | 4. 19 | 4. 45 | 4. 05 | 4. 00 | 3. 75 | 3. 62 | 3. 88 | 3. 52 | 4. 21 |

续表

| | D1 | D2 | D3 | D4 | D5 | D6 | D7 | D8 | D9 | D10 | D11 | D12 | D13 |
|---|---|---|---|---|---|---|---|---|---|---|---|---|---|
| mode | 5 | 5 | 5 | 5 | 5 | 5 | 5 | 4 | 4 | 4 | 4 | 4 | 5 |
| 患者 mean | 4. 66 | 4. 08 | 4. 33 | 4. 18 | 4. 13 | 4. 16 | 3. 81 | 3. 82 | 3. 46 | 3. 38 | 3. 71 | 3. 47 | 4. 13 |
| mode | 5 | 5 | 5 | 5 | 5 | 5 | 5 | 4 | 3 | 3 | 3 | 4 | 4 |

4. 三个一级指标：医生和患者公益性中的质量和效率、服务适宜性、公平性和可及性的认识状况比较。由表 1 到表 6 的数据分析得知，医生和患者对公益性中的服务适宜性的认识是最高的，其次是公平性和可及性，最后是质量和效率。

## 三、原因分析

### （一）第二是文化因素

利用 SPSS 软件卡方检验得出：年龄和公益性的 P = 0. 978，性别和公益性的 P = 0. 265，文化程度和公益性的 P = 0. 018，社保形式和公益性的 P = 0. 283，家距离最近公立医院的距离和公益性的 P = 0. 637。除文化程度以外，其他指标的 P 值都大于 0. 05，没有统计学的意义，因此只有文化程度和公益性具有相关性。由下图分析可知，文化程度和公益性的认识水平呈正相关的关系，即文化程度较高的医生和患者对公益性的认识水平也相对较高（见图 1）。

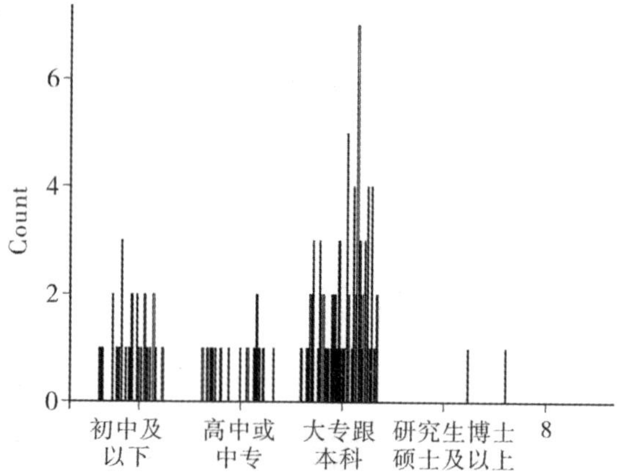


图 1　文化程度和公益性认识水平分析图

（二）第一是职业因素

由上文两份数据分析的结论可得知，医生对公益性的认识普遍高于患者，究其原因是医生所接触的环境、从事的工作等跟研究的内容相关；其次是对于相关政策的接触机会，医生明显比患者更多。因此，医生在各方面的认识上明显高于患者。

## 四、结论

医生对公益性的认识普遍高于患者，这主要是因为医生本身就是为医疗机构服务的，跟医疗机构的公益性有紧密的关系。

医生和患者对公益性的三个一级指标的认识都是一致的，医疗服务的适宜性认识最高，第二是公平性和可及性，最后是医疗服务质量和效率。

由于受文化程度的影响，文化水平较高的一般对公益性的认识要高一些。

医生认识最高的指标分别是：B6、B8、B11、B13、C5、C6、C8、C9、D3、D4、D6、D13。患者认识最高的指标分别是：B3、B6、B12、B13、C4、C6、C8、C9、D2、D3、D4、D6、D13。其中医生和患者认识都高的是B6、B13、C6、C8、C9、D3、D4、D6、D13。（指标不再列出，可见问卷或者前面的表格。）

## 五、意义和措施

（一）意义

医生和患者对公益性的认识研究一方面有利于丰富和完善公益性概念的界定；另一方面对公益性的评价工具具有一定的作用，可以根据评分的高低调整相关指标的权重；最后是通过对公益性概念的认识反映出公益性的实现程度，从而指导医疗卫生服务政策的调整和实施。

（二）措施

首先是加强公立医院公益性教育宣传以及相关政策的学习，促使医务人员更好地实现公立医院的公益性；提高患者对公益性的认知水平从而缩减医生和患者之间的认识差距，减少医患矛盾的发生。其次是根据对指标的认知水平进一步调整完善公益性政策，使得医疗机构更好地履行实现公益性该有的职责义务。

**参考文献:**

[1] Sanders SM. Measuring charitable contributions: Implications for the non-profit hospital's tax - exempt status[J]. Hospital and Health Services Administration, 1993, 38(3): 401 - 418.

[2]周金玲. 公立医院的公益性解析[J]. 卫生经济研究, 2008(7): 3 - 5.

[3]雷海潮. 转变政府职能:建立与医院间新型的监管关系[J]. 中华医院管理杂志, 2004, 20(9): 513 - 515.

[4]贺山. 关于公立医院解决看病贵问题的思考[J]. 中华医院管理杂志, 2006, 22(7): 438 - 439.

[5]陈英耀, 柯雄, 张亮, 等. 对公立医疗机构公益性测量的思考[J]. 中国卫生资源, 2013, 16(4): 223 - 225.

[6]陈英耀, 倪明, 胡献之, 等. 公立医疗机构公益性评价指标筛选:基于德尔菲专家咨询法[J]. 中国卫生政策研究, 2012, 5(1): 6 - 10.

[7]胡献之, 陈英耀, 梁斐, 等. 公立医疗机构公益性评价工具的研究与实践[J]. 中国卫生资源, 2012, 15(4): 293 - 296.

# 浅谈公共关系职业道德对公关工作者的自身管理

彭梦莎
公共事业管理2016级

**摘　要：**中国公共关系事业的发展，是中国改革开放的必然趋势。公共关系这个行业在当今社会扮演着越来越重要的作用，而职业道德本就备受瞩目，因此公共关系职业道德因公共关系交际活动进入广大公众的视野。多年来，公关人员因为职业道德在对公关问题进行解决时而引发公关危机的事件不胜枚举，可见公关工作者在职业道德上对于自身的管理迫在眉睫。《中国公共关系职业道德准则》总则中指出，公共关系工作者肩负着时代的使命，公共关系工作者必须有高尚的职业道德作为完善自身形象的行为准则。本文从公共关系职业道德的知识理论和体系出发，主讲道德层面的问题，重在自身建设，最后提出对公关工作者在职业道德方面自觉进行自身管理建设的建议。

**关键词：**公共关系；公共关系职业道德；公共关系工作者

马克思说过："人的本质并不是单个人固有的抽象物。在其现实性上，它是一切社会关系的总和。"（摘自《马克思恩格斯选集》第2版第1卷）我的理解是这样的：在不同层面上，一个人对于社会来说，都是有影响力的，只不过影响的圈子不同而已；而在公关方面，只要运用公关，不论是好的坏的还是深的浅的，都可能影响到各个圈子，或者是一个人，一个人的一举一动，或者是一个企业，企业的业绩建设，甚至是国家，国家的形象、声誉。公共关系一词最早出现于1807年美国《韦氏新九版大学词典》，但从公共关系产生开始，人们对其概念的理解就众说纷纭。这并不能说明公共关系不成形，而恰恰反映了公共关系在社会各界的普遍应用。公共关系学是一门新兴的学科，还要不断实践完善，形成更完美的学科体系。

现代公共关系事业发轫于19世纪末20世纪初的美国工业化、城市化进程之中。其间，巴纳姆、艾维·李、伯尼斯在历史变革中脱颖而出，在观念和实践层面为现代公共关系事业的发展奠定了基础，做出了贡献。但历史上这三位公关先驱都曾深陷道德困境，这也是我写本文的灵感来源。巴纳姆愚弄、欺诓大众，引领了“公共关系的黑暗时期”。艾维·李因呼吁美国承认苏联政府、受雇于德国企业而被认定服务共产主义和纳粹，被宣判为国家叛徒，抑郁而终。伯尼斯的精英主义饱受批评，被认为蔑视大众，并且把“操纵大众思想”作为实践工具。公关道德问题百年之前早已存在，至今也无法将此问题解决，根源不仅在于解决措施上，如法治体系，还有公关人员对于自身的定位，对是非善恶价值观的偏向，当然还有更多。我们希望通过用历史和新的历史实践来回答。

多年来，各行业严峻的公关道德问题，也影响了中国各行各业在经济等方面的问题。中国公关业也会成为一名答题者，因此细枝末节不应该被忽略，应由小及大、由浅入深，即从公共关系工作者个人道德准则修行开始，到企业行规，再到中国在世界上的名誉，拒绝“跨越式发展”。其中，树立正确的价值观、遵守职业道德既是基础，也是核心。

## 一、公共关系职业道德简述

恩格斯指出，在实际社会生活中，每一个行业都存在着自己的道德。而公关从众多行业中单独分离出一个枝干来成为行业，那么道德规范也应该成为公关行业建设的重要组成部分。

### （一）公共关系职业道德的定义

首先从最基本的道德开始谈起。道德是什么？先秦思想家老子所著《道德经》一书中有“道生之，德畜之，物形之，势成之。是以万物莫不尊道而贵德。道之尊，德之贵，夫莫之命而常自然”的说法。“道”是自然运行与世间共通的真理，“德”是指人世的德行、品行、王道。道德是以文明为方向，是社会主流价值观下非强制性约束的法则，它属于一种意识形态，是人们共同生活及其行为的准则和规范，不以个人的意志为转移，代表着社会的正面价值取向，能判断行为正当与否。道德具有许多功能，例如认识功能、调节功能、教育功能、评价功能。

职业道德，就是与人们的职业活动紧密相连的符合职业特点的道德，是就职人员在职业活动中的行为标准，也是职业对社会所承担的道德责任和义务。爱岗敬业，诚实守信，办事公道，服务群众，奉献社会，素质修养是职业道德的主要内容。

公关工作中，公共关系工作者起着不可忽视的作用。公关工作者的职业道德水平，关乎一个企业、一个组织的生死，甚至是一个国家对外的形象声誉。一个人要学会管理，就必须将自身管理好。因此，公关工作者对于自身的职业道德应该有所管理和建设。

学术界对于公共关系职业道德并没有统一的定义，没有固定的表述，只是各类书中有不同的说法。薛可、余明阳主编的《公共关系学——战略、管理与传播》中写道："公共关系职业道德是公共关系从业人员在其职业活动中所要遵守的道德规范和行为准则，它能使从业人员把个人需要与职业使命结合起来，使公共关系人员的工作经历变得有意义，能够引导他们的职业活动，使之朝有利于社会经济和社会文明建设的健康方向发展。"杨俊在《新型实用公共关系教程》中说："公共关系的职业道德就是指公共人员在从事公共关系活动中所必须遵守的行为规范的总和。它是公关行业的特殊道德要求，是调整公关组织内部、公关组织之间、公关组织与社会相关行业或公众之间关系的行为准则。"我比较认同杨俊先生的观点，即公共关系职业道德是公关工作者从事公共关系工作这种特殊环境中要遵守的行为规范和准则的总和。

（二）公共关系职业道德的特征

每个行业都具有自己的职业特征，公关行业也不例外，但作为一个理论性并不强的行业，只有实践才能出真知，公关工作者要从他人的公关事迹和自己的实践中进行职业道德方面的不断改正完善和自我管理。

1. 公共关系职业道德规范调节的最终目的是达成"双赢"或者"多赢"局面

公关工作者的工作主要是调节组织与内部成员之间、组织与外部公众和社会之间的关系。一位公关工作者所要面对的可能是一件事，但并不一定是一个人，也许是许多人，或者是整个社会，所以处理好各方的利益关系是公关工作者的职责所在。

（1）公共关系职业道德具有强大的协调功能，创造的是和谐的环境和缓和的人际关系。

（2）公共关系职业道德要求坚持公众利益至上的原则，从而有助于良好的形象和声誉的塑造。《中国公共关系职业道德准则》第一条规定：每个公共关系工作者应当坚持社会主义方向，自觉地遵守我国的宪法、法律和社会道德规范。公共关系工作者必须铭记他自身的一举一动都将影响到社会公众对这种职业的总体评价。

2. 公共关系职业道德规范更加注重信息传播的真实性

信息传播是人们在交往过程中将信息进行传递、接收、共享和沟通的过程。这就不得不想到传播媒介了。公共关系的主要传播方式就是通过各种传播媒介、公关客体传播某种信息。公关自从产生以来就和媒体分不开，媒体是公共关系联系组织与公众的桥梁和纽带，争取媒体对组织的理解和支持，形成对组织生存和发展有利的环境是公关工作者努力的方向。

（1）公共关系工作者在对待职业态度上体现客观、真实的原则，正如公共关系之父艾维·李所提出的观点“说真话”“公众必须被告知”。

（2）公关工作者时刻以“守信”为信条，履行公共关系职业道德规范，“人无信不立”，对一个行业来说，诚信是必不可少的，要树立良好的形象。

3. 公共关系职业道德规范的调解内容具有针对性

（1）公共关系职业道德的内容鲜明具体。

（2）与较为笼统的一般社会道德规范相比，公共关系职业道德的内容具有明显的职业活动特点。

### （三）公共关系职业道德发展历程

公共关系作为舶来品，在我国各个方面都稍显落后，国际公共关系的职业道德规范也领先于我们国家。国际公共关系职业道德规范的发展简单来看经历了以下几个阶段：

1. 发端：美国公共关系协会成立于 1948 年，在 1954 年它正式通过了《美国公共关系协会职业标准准则》，这是最早的一部涉及职业道德准则的规范。截至 1991 年，该准则被修订过 6 次，发展可以说相当成熟。

2. 成熟：《英国公共关系协会职业行为准则》诞生较早，影响较大，共 16 条。英国公共关系学院还专门制定了公共关系职业道德规范，内容阐述了公共关系工作人员在实践中必须遵守的道德规范和准则。

3. 完善：《国际公共关系道德准则》是世界上第一部正式的公共关系职业道德规范，对于以后的公共关系职业道德规范起到了非常重要的借鉴作用，俨然已经成为一个衡量公共关系职业道德的标杆。

## 二、我国公共关系职业道德存在的部分问题

公共关系20世纪80年代引入中国，时值改革开放，中国的公关事业迅猛发展是必然的。公关事业的发展如此蓬勃，却也出现了许多问题。本文探讨的是关于公关职业道德的问题，主要归纳为以下几点：

（一）“利”本思想

无论身处什么行业，都讲究一个“利”字。俗话说，“人为财死，鸟为食亡”，但是“君子爱财”，应“取之有道”。2005年，黑龙江双城雀巢有限公司生产的“雀巢”牌金牌成长3+奶粉被列入碘超标食品目录，举国震惊。雀巢公司却表示对“问题奶粉”不实行召回，并且表示早在15日前就知道奶粉有问题，但没有阻止奶粉流向市场，后来针对消费者提出的退货要求也表示拒绝。雀巢公司为了“利”就不顾消费者的健康，置消费者生命安全于不顾。

（二）欺诈公众

诚信应该是一个企业最为宝贵的财富。想当初，巴纳姆因马戏团宣传无中生有，编造神话，欺骗公众，这种做法与公共关系职业的基本要求和道德准则背道而驰，最终落得“搬起石头砸自己的脚”的下场。笔者不禁要拿“海尔”张瑞敏砸冰箱的事件作为例子，诚信和公关相结合，使海尔集团立足于中国，远销国外。

（三）营销炒作

如今是大数据时代，信息传播迅速，覆盖面积广。营销可以成就好事，但是加上虚假二字就不是这样了。一个话题的问世，可谓是经历重重挫折，总会有不同的版本开始流传，比如前段时间的“孕妇跳楼”事件，就流传了不同的版本，各种营销号的推送，让看官们都不知道信谁才好。

## 三、针对公共关系职业道德问题对公关工作者自身管理建设的建议

《中国公共关系职业道德准则》总则中提道，中国公共关系事业的发展，是中国改革开放的必然趋势，它以新型的管理科学，协调社会各方面关系，密切党和广大人民群众的联系，调动各种积极因素，维护安定团结，促进社会主义建设，因此公共关系工作者肩负着时代的使命，公共关系工作者必须

有高尚的职业道德作为完善自身形象的行为准则。

根据《中国公共关系职业道德标准》可以提出以下自身管理建议：

（一）学习研读并遵守宪法、法律，任何公关活动都不得违法犯罪。公关工作者对部分法律要熟知，提高自己的政治水平、文化水平和公关专业技能。

（二）公关工作者在处理事件时应该承担作为一个社会人应该承担的责任与义务，不接受贿赂，拒绝不正当手段，注重社会效益，要维护好公关职业的整体形象。

（三）客观公正，实事求是，重视信息传播的真实性和准确性，公众应该被告知，讲真话无论在什么时代都是适用的。

（四）应对国家、自己的企业有责任感，在国内外公共关系事务中应该严守国家和各自组织的有关机密。

（五）诚实守信是一个人、一个企业甚至是一个国家最重要、最宝贵的财富。在公关活动中，诚信是基本原则，要坚持信誉至上。

## 四、结论

英国著名公共关系学家弗兰克·杰夫金斯曾说："我们生活在一个公共关系极度敌视的世界，敌视的主要原因就在于人们在公共关系活动中偏离甚至丢弃了道德规范，这样，不但使人们对公关产生抵触情绪，还导致了公关自身陷入困境。"公共关系工作者是公共关系活动的主体，个人道德问题就会影响自身的公关职业，当今中国社会，有较多的公关工作者还不成熟，对于公共关系职业道德也显得不那么重视，如果一个公关工作者并没有好的道德素质，这时候的一些言语行为在无意间也会造成很大的损失。此外，由于在公共关系职业道德方面缺乏管理，缺乏监督机制，对公关工作者没有约束力，因此，在我看来，国家要建立相应的法律机制，同时公关工作者要进行自身管理建设。

**参考文献：**

[1]苏日娜，邓莎莎. 公共关系原理与实务[M]. 武汉：武汉大学出版社，2016.

[2]刘蓓. 我国公共关系职业道德建设探析[D]. 上海：华东师范大

学,2010.

[3]薛可,余明阳.公共关系学:战略、管理与传播[M].北京:北京师范大学出版社,2006.

[4]杨俊.新型实用公共关系教程[M].北京:高等教育出版社,2008.

[5]梁启春.公共关系职业道德的荣辱观[J].国际公关,2006(3):38.

# SWOT 分析方法在工业城市转型中的应用

## ——以威远县为例

朱 森

公共事业管理 2016 级

**摘　要：** 当前中国正处于改革的攻坚克难时期，城市的改革属于其中极其重要的一环。然而现有的环境规划分析方法大多是对环境现状的直观描述和简单归纳总结，不足以支撑其制定环境发展战略，因此，需要全新的分析方法的引入。本文运用综合评判法、矩阵分析、四半维平面坐标、强度梯度等数学手段，将 SWOT 分析方法引入环境规划领域，构成了一个适合应用于环境规划决策过程中的系统和定量模型。在此基础上，本文以威远县为例，深入探讨了在工业城市转型中如何引入 SWOT 分析这一重要方法，并成功得出了该县环境规划的方向和对策，为工业城市的可持续发展提供理论支持。

**关键词：** SWOT 分析；城市转型；可持续发展

走可持续发展之路是工业城市转型的必由之路。而城市环境规划是指导城市环境综合治理与城市可持续发展的重要公共政策与技术措施，可以明确城市当前的环境现状、分析城市的环境问题进而得出城市环境发展战略，是城市环境规划基础性的一环。然而现有的分析方法大多是对城市环境现状的直观描述和简单归纳总结，并未对其面临的内外部环境进行整体分析与梳理，因而对于制定环境发展战略的支撑较弱。因此，我们需要引入全新的分析方法。

威远县是传统工业城市，环境破坏较严重。如何在兼顾经济效益的同时，更好地开展环境保护工作，谋求经济、社会和环境的协调发展迫在眉睫。笔者应用了 SWOT 分析方法，充分分析了该县自身的优势、劣势以及所面临的机会与挑战，寻求这四个方面的有机组合，提出了该县环境规划与可持续发展的方向和对策，为该地区的生态建设提供了理论支持。

## 一、SWOT 分析模型的构建

SWOT 分析法又称为态势分析法，是 Strengths、Weaknesses、Opportunities、Threats 四个单词的首字母缩写。它将与研究对象密切相关的各种主要内部优势、劣势、机会和威胁等相互匹配起来加以分析，从中得到一系列相应的结论。

本文将 SWOT 分析方法引入环境规划领域，运用综合评判法、矩阵分析、四半维平面坐标、强度梯度等数学手段，将定性分析和定量分析结合，构成了一个适合应用于环境规划决策过程中的系统和定量模型。

### （一）模型变量及影响因素

模型变量有：优势（Strengths）、劣势（Weaknesses）、机会（Opportunities）、威胁（Threats），将优势和劣势归为微观因素，机会和威胁归为宏观因素。

1. 优势与劣势的影响因素

（1）人口领域：人口总数、人口密度、人口分布、人口素质、环境意识等。

（2）经济领域：经济基础、经济规模、经济条件、生活水平、产业布局、生产力发展水平、地理位置等。

（3）自然资源领域：水资源储量及分布，土地资源及利用状况，空气质量，气候条件，农业生态环境，自然保护区和旅游风景区，森林、草原、沙漠等的面积及分布，物种数量及分布等。

2. 机会与威胁的影响因素

（1）政治环境；

（2）经济环境；

（3）技术环境；

（4）文化环境；

（5）市场环境；

（6）竞争环境；

（7）生态环境。

（二）变量的分析方法

1. 各变量强度计算

根据定性分析结果并应用模糊评判法整理得出单因素评估表，如表1所示。据此计算总优势S、总劣势W、总机会O和总威胁T的强度。

**表1 单因素评估表**

| 综合因素 | 估计强度 I | 估计概率 P |
|---|---|---|
| 优势 S | SI | SP |
| 劣势 W | WI | WP |
| 机会 O | OI | OP |
| 挑战 T | TI | TP |

总优势 $S=\sum(SI\times SP)i/ns$，$i=1, 2, \cdots, ns$ (1)

总劣势 $W=\sum(WI\times WP)j/nw$，$j=1, 2, \cdots, nw$ (2)

总机会 $O=\sum(OI\times OP)k/no$，$k=1, 2, \cdots, no$ (3)

总威胁 $T=\sum(TI\times TP)e/nt$，$e=1, 2, \cdots, nt$ (4)

ns、nw、no、nt分别为优势、劣势、机会和威胁的影响因素的数量。

2. 构筑战略四边形

在四半维坐标系的S轴、O轴、W轴、T轴上分别找出计算出的优势力度S、劣势力度W、机会力度O、威胁力度T的对应点$S_1$、$W_1$、$O_1$、$T_1$，依次连接四点即得到战略四边形$S_1O_1W_1T_1$，如图1所示。

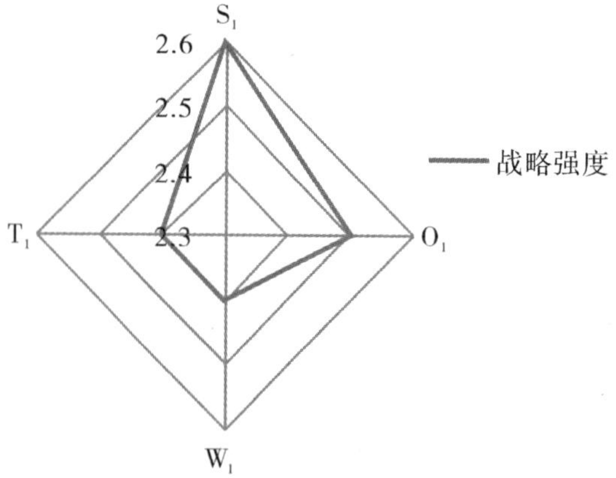


图1 战略强度

3. 战略类型方位 θ 的计算

在四半维平面中，S、W、O、T 四个因素的综合分析结果以战略四边形的重心坐标所在方位来确定，以 $\theta$ 表示战略类型方位，则 $\tan\theta = Y/X$，Y 为 OT 轴，X 为 SW 轴，

其中 $0 \leqslant \theta \leqslant 2\pi$，$\theta$ 的计算公式如下：

$$\theta = \arctan\left[\,(O+T)\,/\,(S+W)\right] \tag{5}$$

这样就可以根据战略类型方位 $\theta$ 的大小选择城市的战略类型，如表 2 所示。

**表 2　战略类型方位 θ 与战略类型的对应**

| 象限 | 战区型 | 类型 | 方位域 |
|---|---|---|---|
| 第一象限 | 开拓型战区 | 实力型 | [0，π/4] |
| | | 机会型 | [π/4，π/2] |
| 第二象限 | 争取型战区 | 进取型 | [π/2，3π/4] |
| | | 调整型 | [3π/4，π] |
| 第三象限 | 保守型战区 | 退却型 | [π，5π/4] |
| | | 回避型 | [5π/4，3π/2] |
| 第四象限 | 抗争型战区 | 调整型 | [3π/2，7π/4] |
| | | 进取型 | [7π/4，2π] |

4. 战略强度系数 ρ 的确定

为便于讨论，我们引入研究战略强度的两个方向的概念，即战略正强度和战略负强度。

城市战略正强度 $U$ 是指城市外部机会与内在优势两因素共同作用的结果：

$$U = O \times S \tag{6}$$

城市战略负强度 $V$ 是指城市外部威胁与内在劣势两因素共同作用的结果：

$$V = T \times W \tag{7}$$

为判断城市的战略强度 $\theta$，引入战略强度系数 $\rho$。战略强度系数的大小反映战略类型的实施强度，其计算公式为：

$$\rho = U\,/\,(U+V) \tag{8}$$

战略强度系数 $\rho$ 的最大值为 1，若 $\rho$ 大于 0.5，则说明宜采取较大的战略

强度。综上，在SWOT矩阵分析中，以战略方位$\theta$识别城市的战略类型，以战略系数$\rho$为模数判断城市的战略强度。坐标（$\rho$，$\theta$）形成以$\theta$为方位角，模数为$\rho$的战略向量。通过战略向量就可以识别和判断城市的战略类型和战略强度，进而选择城市的发展战略。

## 二、威远县案例分析

### （一）背景

1. 城市概况

威远县隶属四川省内江市，地处内江市西北部，位于四川盆地中南部，地跨北纬29°22′~29°47′，东经104°16′~104°53′。东邻内江市市中区，南连自贡市大安区和贡井区，西接自贡市荣县，北衔资中县，西北与眉山市仁寿县、乐山市井研县接壤。

威远县面积1289平方千米，辖20个镇，总人口为72.8422万（2016年）。2016年，威远县实现地区生产总值317.4亿元，比2015年增长7.7%，人均地区生产总值为53409元。其中，第一产业增加值42.7亿元，增长3.8%；第二产业增加值213.6亿元，增长8.2%；第三产业增加值61.1亿元，增长8.3%。威远县三大产业结构比为13.4∶67.3∶19.3，三大产业对经济增长的贡献率分别为6.6%、73.5%和19.9%。威远县2016年人均GDP为53409元，增长7.7%。境内交通便利，成自泸高速公路纵贯南北，内威荣高速公路横贯东西。

2. 规划背景

（1）外部宏观发展背景的改变：威远城市发展进入落实科学发展观，城乡区域统筹，确保经济平稳较快增长和社会经济、环境的协调发展的新阶段。

（2）城市用地布局对上版城市总规的更改：在上版城市总规中，城市建设用地拓展主要集中在工业和居住用地，公共服务设施用地和绿地建设严重滞后，因此导致城市服务功能减弱和城市环境质量下降，同时必要的道路广场用地和交通设施的建设滞后也限制了城市跨河发展，使人口只能集中在老城，或向南工业区附近的新区集聚，由于上版城市总规在工业区和居住用地之间没有规划必要的绿化隔离，因此使工业污染和居住之间的矛盾日益严重。

（3）面临全面发展的新契机：川南逐渐崛起，威远将获益；成自泸高速等区域重大基础设施的建成将加快威远的发展步伐。

## （二）现状分析

### 1. 优势（Strengths）

（1）自然资源

威远县矿产资源丰富。截至2014年，威远县矿产资源有石油、天然气、煤、石灰岩、铝土页岩矿、砖用页岩、含钾水云母黏土矿、黏土、高岭土、岩盐等20多种。其中，石油、天然气主要分布在新场镇及越溪一带，面积850平方千米，储量400亿立方米。煤炭探明储量约8000万吨。

威远县水资源丰富。威远县有水利工程10731处，总蓄引提水能力21764万立方米，有效灌溉面积32530公顷，保证灌溉面积19900公顷。境内有水库61座，其中中型水库2座、小（1）型水库11座、小（2）型水库41座，总库容量17517.55万立方米；水电站6座；泵站150处；水闸15座；农村供水工程81559处，塘坝7118处，窖池3613处；堤防工程6段。

（2）地理位置

威远县位于四川盆地中南部，东邻内江市市中区，南连自贡市大安区和贡井区，西接自贡市荣县，北衔资中县，西北与眉山市仁寿县、乐山市井研县接壤。境内成自泸高速公路纵贯南北，内威荣高速公路横贯东西。同时，威远县属亚热带暖湿季风气候分区，受较特殊的地理位置和地形地貌影响，最热时天气气温比周围城市低6℃～10℃，被称为“红盆中之绿岛，热盆中之凉台”，气候适宜。

（3）经济基础

威远县GDP长期位居四川省县级行政区前列，内江市第一。2016年，威远县实现国内生产总值317.4亿元，同比增长7.7%。其中，第一产业增加值42.7亿元，增长3.8%；第二产业增加值213.6亿元，增长8.2%；第三产业增加值61.1亿元，增长8.3%。威远县三大产业结构比为13.4∶67.3∶19.3，三大产业对经济增长的贡献率分别为6.6%、73.5%和19.9%。人均GDP为53409元，增长7.7%。第二产业发展状况良好，对经济拉动作用明显，经济基础雄厚。后期能够更好地支持该县的开发与生态建设。

（4）知名度高

四川威远选煤设备研发制造有限公司、四川威玻股份有限公司、四川省威远县白塔高级墙地砖厂、四川省威钢钢业有限公司……这些大型工业企业在拉动生产、促进内需、解决就业问题的同时，也大大提高了威远作为县级市的知名度，为之后的发展奠定了基础。

（5）交通发达

2017年至2019年，全县规划建设完成“一带一轴一区”重要交通枢纽项目。2018年，威远将加快井乐高速、成宜高速、资威快速通道、内威快速通道、内荣路改建等项目前期工作，推进连乐铁路、威双路（三期）、资威路大修、威连路改造等项目，构建内畅外联的道路交通体系。加快推进川威大道二期、二环路北段改造、杨家坝渡改桥等项目，完善县城道路体系。四通八达的交通网络大大加强了威远与外界的联系，为城市的进一步转型与发展提供了可能。

2. 劣势（Weaknesses）

（1）人口众多

作为人口大县，威远县人口数量始终居高不下。2016年底，威远县总人口为72.8422万人。与此同时，人口分布集中、城市化发展迅速导致的乡村空心化也越发严重。虽然威远县GDP总量大，但由于人口基数大，人均GDP始终无法同步增长，贫富差距也较大。

（2）产业布局

第二产业比重大于60%，远超第一产业和第三产业的总和。产业发展极度不平衡，产业布局不合理，经济依赖性强，逐渐形成依靠第二产业带动经济发展、维持现有发展水平的格局，且短时间内难以改变。一旦工业发展停滞，经济将难以为继。

（3）环境破坏

以冶金、建材、化工为支柱的工业和经济发展格局，在带来经济效益的同时，对环境造成了不可修复的影响与破坏。空气中可吸入颗粒物含量偏高，PM2.5不达标，城区内尤甚。空气质量、饮用水质量，也成为人们疾病的来源，威远县成为远近闻名的“癌症县”，内江市每一年因患癌去外地就诊的人中，威远人占了近一半。土地质量下降、河流混浊不堪、恶臭扑鼻也是困扰威远人的问题之一。

（4）人才匮乏

高速公路是威远对外连接的通道，也是其丧失人才的症结之一。随着交通的不断发展，外出求学、求职的人越来越多，县级中学招生难、企业招工难的问题也越发凸显，从而造成学校办学水平下降、声誉受损，企业创新能力不足，阻碍了该县的发展。

3. 机会（Opportunities）

（1）政策导向

该县始终把“将威远县建设成为产业发达、设施完善、环境优美、特色鲜明的丘陵宜居城市”作为头等大事来抓，在这样的政策导向和历史趋势下，处于工业城市转型阶段的该县无疑迎来了前所未有的大好机遇。

（2）产业转型

该县服务业发展较为滞后，第三产业对经济贡献较小。在全国经济如火如荼地进行经济结构调整、产业转型的大背景下，威远县部分乡镇也进行了试点工作并取得了较大的成功。以镇西镇为例，周萝卜、黄老五花生酥已被列入省级非物质文化遗产名录，成为威远县轻工业发展的佼佼者。此外，素有“天下穹窿·魅力威远”美誉的威远县，优美的风光、得天独厚的自然地理环境为其发展旅游业创造了条件。

（3）消费趋向

随着城市化进程的加速，居民收入不断提高，消费水平也不断提高。社会化服务消费支出的增多表明了居民在消费观念、生活习惯和方式上的趋向。日益成熟的休闲旅游消费趋向，以及该区域已经形成的旅游度假的发展经验，为该县休闲生态旅游创造了大好的发展机遇。

（4）市场环境

地理上该县能够直接接收来自大都市的各个方面的辐射，从招商引资到人才注入，从产品输出到消费需求，该县都可以依托毗邻中心城的区位优势，最大限度地发挥自己的职能。同时，整个区域的产业提升和经济发展也将为该县营造一个良好的经济环境和开放的文化环境。

4. 威胁（Threats）

（1）竞争环境

人才的竞争、项目的竞争，已成为新一轮竞争，成为各大商家、企业抢夺的热点，由此掀起了一股竞争的热潮。企业的目标是追求利润最大化，由此必然无法关注或选择忽视社会效益及生态效益。但其竞争手段灵活，因此该县在大规模良性开发上遇到了不小的威胁。

（2）技术不足

如何在不损耗经济效益的前提下，兼顾环境效益和社会效益，已经成为工业城市转型的一大难题。该县有自身的特点，不能完全照搬照抄别的城市的经验，要探索出一条适合自己的发展道路绝非易事，现有的技术措施还远远不够。

（3）生态环境

运用生态足迹评价法的相关理论与观点，在不损害有关生态系统的生产力和功能完整的前提下，可持续利用的最大资源量和废物产生率即为生态承载力。将生态足迹与生态承载力相减，可以推测出该县接近生态赤字的边缘，生态环境负荷大，可持续发展现状不容乐观。

（三）该县现状因素的SWOT矩阵分析

1. 定性分析结论的梳理与归类

笔者对于该县上述现状因素分析的四个方面进行了进一步的梳理和归类。

（1）微观因素

优势S：①自然资源丰富；②区域地理位置利于自身发展；③前期发展累积的经济基础为新一轮的发展提供了资金；④知名度高为后期发展铺路；⑤交通发达为城市转型提供机会。

劣势W：①人口众多且集中在城区；②产业布局不合理，且短期内难以改变；③生态环境破坏严重；④专业人才较为匮乏。

（2）宏观因素

机会O：①政策导向与自身发展配合默契；②具有产业转型的成功经验以及自然条件；③日益增长的郊县休闲旅游消费倾向；④良好的经济环境与开放的文化环境。

挑战T：①项目竞争；②人才外流，竞争激烈；③环境和资源保护的相关技术有待健全；④生态环境负荷大。

2. 战略分析SWOT矩阵的建立

（1）各因素强度计算

微观和宏观各单因素采用德尔菲法进行评估，估计强度及概率见表3。

**表3　现状单因素评估表**

| 因素 | | 估计强度 | 估计概率 |
|---|---|---|---|
| 优势S | ①S | 3 | 0.9 |
| | ②S | 3 | 0.9 |

续表

| 因素 | | 估计强度 | 估计概率 |
|---|---|---|---|
| 优势 S | ③S | 2 | 0.7 |
| | ④S | 1 | 0.8 |
| | ⑤S | 2 | 0.8 |
| 劣势 W | ①W | -1 | 0.6 |
| | ②W | -2 | 0.7 |
| | ③W | -3 | 0.9 |
| | ④W | -3 | 0.8 |
| 机会 O | ①O | 3 | 0.8 |
| | ②O | 3 | 0.9 |
| | ③O | 2 | 0.7 |
| | ④O | 2 | 0.7 |
| 威胁 T | ①T | -1 | 0.6 |
| | ②T | -2 | 0.7 |
| | ③T | -3 | 0.8 |
| | ④T | -3 | 0.9 |

由单因素评估表中的数据，运用公式（1）～（4）计算可得：

$S=(3\times0.9+3\times0.9+2\times0.7+1\times0.8+2\times0.8)/5=1.84$

$W=(-1\times0.6-2\times0.7-3\times0.9-3\times0.8)/4=-1.775$

$O=(3\times0.8+3\times0.9+2\times0.7+2\times0.7)/4=1.975$

$T=(-1\times0.6-2\times0.7-3\times0.8-3\times0.9)/4=-1.775$

（2）构筑战略四边形

根据计算得到的总优势强度 S、总劣势强度 W、总机会强度 O、总威胁强度 T 构筑战略四边形 $S_1O_1W_1T_1$，如图 2 所示。

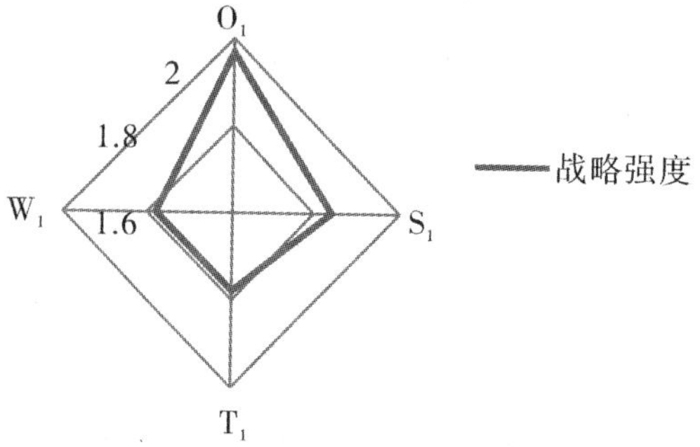


图 2　该县战略四边形

（3）战略类型方位 $\theta$ 的计算

由式（5）计算可得：

$\theta = \arctan[(1.975 - 1.775) / (1.84 - 1.775)] = 1.249$

（4）战略强度系数 $\rho$ 的确定

由式（6）（7）（8）计算可得：

$U = 1.975 \times 1.84 = 3.634$

$V = -1.775 \times (-1.775) \approx 3.15$

$\rho = 3.634 / (3.634 + 3.15) \approx 0.54$

3. 该县 SWOT 分析结果

根据前面建立的 SWOT 矩阵得到该县的战略向量参数表（见表 4）及预测结果。

**表 4　战略向量参数表**

| 向量名称 | 向量符号 | 向量数值 | 向量位置 | 向量位置表示的含义 |
| --- | --- | --- | --- | --- |
| 战略正强度 | $U$ | 3.634 | 大于负强度 | 机会与优势更加明显 |
| 战略负强度 | $V$ | 3.15 | 大于正强度 | 威胁与劣势相对轻微 |
| 战略类型方位角 | $\theta$ | 1.249 | $[\pi/4, \pi/2]$ | 应采取开拓型战略区的机会型战略 |
| 战略强度系数 | $\rho$ | 0.54 | 大于 0.5 | 战略强度较大 |
| 战略坐标点 | $\omega$ | (0.54, 1.249) | SO 象限内 | 发挥内部优势的同时牢牢抓住外部机会条件 |

（1）该县战略类型方位角$\theta = 1.249$，其应采取开拓型战略区的机会型战略。这表明该县的发展重点应当在立足自身优势的同时，牢牢抓住外部机会条件，充分利用宏观环境，依据政策导向和当前经济文化环境对产业结构进行适时调整。

（2）该县的战略强度系数$\rho = 0.54 > 0.5$，表明该县应采取的战略强度应较大，放开手脚、大胆地开拓外部环境，寻找一切机会，并充分利用以促进自身的可持续发展。

（3）坐标点$\omega$（0.54，1.249）落在SO象限内，说明该县面临的机会与优势明显高于威胁与劣势。因此，该县应注重发挥内部优势来利用外部机会条件至关重要。

（4）该县可借鉴城市试点的成功经验。以其下辖的镇西镇为例：作为内江食品工业名镇和威远县重点中心镇，镇西镇是以发展绿色食品、商贸物流业和旅游服务业为主的现代化生态宜居城市，是率先实现产业结构转型的城市之一。威远县可发掘其地方特产，扶持以食品加工业为代表的轻工业。同时利用得天独厚的地理环境，对“威远穹窿”——中国最大的穹窿地质区、四川唯一一处三叠纪地质出露区域进行大力宣传，发展旅游业。

## 三、结语

SWOT分析法已经在商业决策等领域被广泛应用，但在环境规划领域还鲜有提及。作者结合威远县传统工业城市转型的环境规划实例，深入探讨了在城市环境规划中如何引入SWOT分析这一重要方法，运用定性分析和定量计算相结合，成功得出了该县可持续发展的方向和对策。将这一方法引入城市环境规划中，可以更加深入透彻地了解城市环境当前所面临的形势，通过进一步的矩阵分析可以定量得出城市环境发展战略，进一步证实其发展潜力和应用价值。

**参考文献：**

[1]徐祖信，王欣然，廖振良. SWOT分析方法在城镇环境规划中的应用[J]. 环境科学与管理，2009，34(5)：174－178.

# 女大学生安全教育现状研究
## ——以川北医学院为例

刘 琪
公共事业管理2015级

**摘 要：**女大学生作为社会中一个特殊而重要的群体，在社会进步中承担着重要的角色，然而近几年频频发生的女大学生遇害案件，给个人、家庭、社会带来严重的损失，也把女大学生安全问题推向社会舆论的中心。因此维护女大学生安全利益，需要进一步强化女大学生安全教育。在此基础上本文选取川北医学院女大学生为调查对象，主要从个人安全意识、人身财产安全、网络安全、心理安全、家庭层面、学校层面六个方面了解该校女大学生安全教育现状，提出女大学生本人、家庭、学校、社会应共同努力，形成女大学生安全教育“四位一体”的建议，进一步维护女大学生的正当利益，帮助女大学生全面健康的发展。

**关键字：**女大学生；安全教育；对策建议

## 一、绪论

### （一）选题背景和意义

#### 1. 选题背景

安全是人类开展其他各项活动的基本条件，也是大学生顺利完成学业和寻求未来发展的前提和保障。然而近些年来在我国先后发生了多起恶性伤害女大学生案件，给受害者个人、家庭、社会等多方面造成了不良影响，同时也引发了社会各界对女大学生安全问题的高度重视和关注。

在教育部最新发布的全国各级各类学校女学生数据中，“全国普通本专科人数共计2695万余人，其中女生人数为1416万余人，占总人数的52.53%。全国本科院校总人数共计1613万余人，女生超男生111万余人，所占比例为

53.44%。”随着女大学生人数的增多，关注女大学生安全促进女大学生健康发展，应该得到家庭、学校、社会等多方面的重视和关注。然而，一直以来我国高校对女大学生这个特殊群体的安全教育重视力度不够。因此，研究探讨当前女大学生安全教育问题，引导女大学生树立正确的安全观念与安全意识，掌握良好的实践技能，增强女大学生应对各种安全风险的能力，既直接影响到高校的安全与稳定，也关系到女大学生能否顺利地成长成才，具有重要的现实意义。

2. 选题意义

（1）理论意义

研究有利于突出受教育对象的差异性研究，真正体现“以人为本”的特殊化教育。从两性角度来看，女大学生在心理和生理方面存在着不同的特点，因此把女大学生单独作为安全教育的研究对象，有利于进一步把握安全教育对象的特殊性，增强高校安全教育的实效性。

研究有利于深化女大学生安全教育的理论内涵，促进高校女生安全教育研究的深入开展。大学生安全问题的研究，近年来是学术界研究的一个热点，也有了不少研究成果。但是针对女大学生的研究却明显偏少，希望能够扩充大学生安全教育的理论成果，丰富大学生素质教育在安全素质层面的内涵和意义。

（2）现实意义

从社会发展角度看，女大学生安全教育是当前社会治安形势的需要。近几年，在全国范围内开展了社会治安综合整治工作，如“严打整治”和“平安创建”。高校作为社会的一部分，各种社会上存在的不安全因素自然会反映到学校内，影响学生正常的学习和生活，扰乱学校教学秩序。因此预防和减少不安全因素，除公安机关、保卫部门等采取措施，关键还是在于学校通过各种形式进行宣传教育，使学生对社会及校园周边和校园内部严峻的治安环境有清醒的认识，增强忧患意识和防范意识，掌握基本的安全技能。

从学校发展角度来看，女大学生安全教育适合高校发展的需要。随着我国高等教育事业的发展，高校呈现办学规模迅速扩大、办学风格多样、多校区的管理模式、后勤社会化管理等特点，增加了高校保卫工作的管理难度。因此加强对女大学生安全知识和法律法规的教育，既是时代的需求也是高校建设平安校园的需要。

从女大学生个人发展角度看，女大学生安全教育满足学生的安全需要。高校的主体是学生，一切从学生的安全需求出发，一切为了学生的安全需求，一切满足学生的安全需求。特别是女大学生作为一个弱势群体，安全教育十分重要。

（二）研究思路及方法

1. 研究思路

基于研究目的，本文将采用选取议题、构建框架、问卷调查、提出对策的思路。

选取议题。以社会成员普遍关注的女大学生受害案件为切入点，通过大量阅读和分析文献并整理归纳，确定以女大学生安全教育为研究内容。

构建框架。本文总体包含绪论、教育现状、对策建议、结语四个部分。绪论注重理论，现状和对策侧重于实际运用，并涉及相应的实证调查，在结合理论与实际的基础上总结，提出建议。

问卷调查。选取川北医学院女大学生群体为调研对象，通过调查问卷和数据归纳，客观描述当前女大学生安全素质教育的现状。

提出对策。在调查研究和分析的基础上，结合当前女大学生安全素质教育工作的开展情况，阐述优化女大学生安全素质教育的具体措施。

2. 研究方法

文献研究法。通过查阅图书馆、中国知网上的相关文献，获取了有关女大学生安全教育的相关资料，并在网络上搜集大量女大学生受侵害案例。在文献搜集的基础上对高校女生安全教育方面的资料进行梳理、归纳、总结，尽可能多地收集资料，为本课题的研究提供理论依据和学术理论基础。

问卷调查法。在文献研究的基础上，设计了关于川北医学院女大学生安全教育现状的调查问卷，从个人、家庭、学校三大主体出发，对女大学生安全意识、家庭教育情况、高校安全教育实施情况、安全教育意见建议等方面进行了调查，获取了珍贵的一手资料。

理论联系实际的方法。立足于对川北医学院的实际情况调查，结合女大学生侵害事件社会案例，对女大学生安全教育问题提出对策。

## 二、女大学生安全教育现状——以川北医学院为例

### （一）川北医学院女大学生安全教育现状调查

1. 调查对象

选取川北医学院女大学生为调查对象。川北医学院位于川东北区域中心城市——南充市，因此笔者选择该城市进一步深入了解该校的女大学生安全教育状况，同时出于人力、物力等方面的制约，本次问卷调查选取川北医学院大一至大四的女生为主要调查对象。

2. 调查目的

为全面了解女大学生安全教育现状，增强论文的实际性和科学性，笔者以川北医学院为例，对该校的女大学生安全教育现状进行调查。本次调查的目的有三个：第一，了解女大学生的安全意识和行为状况；第二，了解高校安全教育的实施情况和针对女大学生安全教育的实际情况；第三，提出女大学生安全教育的对策建议，为完善女大学生安全教育贡献力量。

3. 调查内容

安全问题和人们的生活息息相关，涉及内容琐碎繁杂，很难进行明确的分类。在本文的问卷设计过程中，笔者查阅了大量文献资料，发现关于安全教育内容的分类众说纷纭，但大都包含人身财产类、网络安全类、心理健康类。本文问卷共 50 个问题，包含基本信息、问题回答两个部分。基本信息由年级、专业等构成；问题回答从女大学生、家庭、学校三大主体出发，从安全意识、人身财产安全、网络安全、心理安全、家长和学校层面六个维度，进一步调查了女生的安全意识和行为状况、女大学生安全教育的实施情况和高校女生安全教育的实际情况等内容。

**表 1　川北医学院女生安全教育现状调查对象统计**

| 年级 | 人数 | 占总人数比例% |
|---|---|---|
| 大一 | 60 | 28. 04 |
| 大二 | 48 | 22. 43 |
| 大三 | 86 | 40. 19 |
| 大四 | 20 | 9. 35 |
| 合计 | 214 | 100 |

为确保调查对象的广泛性和客观性，本次问卷采取随机调查的方式对女大学生进行调查，运用 Excel 和 SPSS 20.0 进行数据分析。发放问卷 240 份，收回有效问卷 214 份，回收率 89%。被调查对象中，大三女生最多，占 40.19%。(详见表 1)

（二）女大学生安全问题

1. 个人安全意识

提到安全问题，很多女大学生存在错误心理，认为这些危险离自己很远，提到安全教育问题更是觉得没有必要，然而不断发生的女大学生被侵害事件却给广大的在校女大学生当头一棒，通过这些事件，她们也开始重新注意和反思自我的不安全行为，关注安全教育的重要作用。本次调查中 21.5% 的女生会主动关注女大学生被侵害事件，有 76.64% 的女生看到相关内容会关注，1.87% 的女生从不关注，数据说明女大学生整体上比较关注自身安全。但在问及对安全教育知识的掌握程度时，67.29% 的女生只了解一些理论知识、防护实践类知识，17.76% 的女生既知道理论知识又掌握防护实践知识，还有 14.95% 的女生对理论类、实践类知识都不了解，这说明女生有安全意识但是缺乏实实在在的应对和解决安全问题的技能。

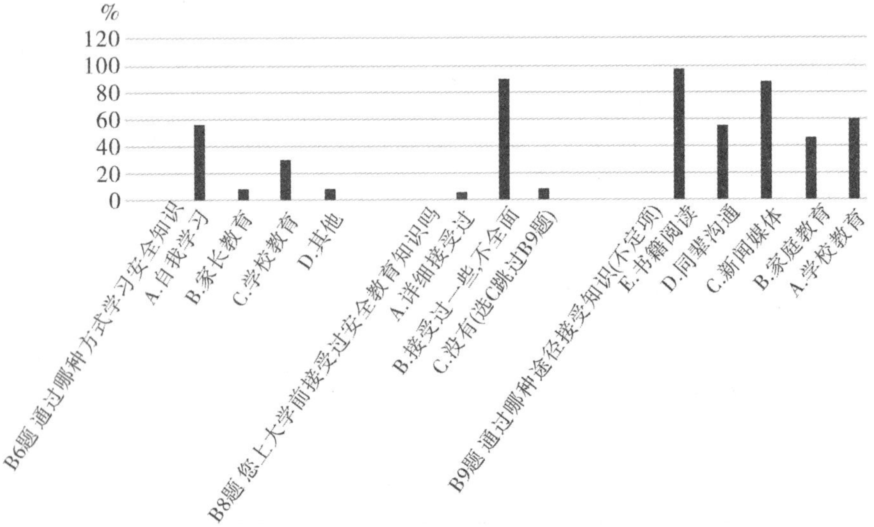


图 1　川北医学院女大学生安全教育学习情况统计图

在问题繁多的安全教育知识中，我们设计了几道关于安全教育学习的题目，并且将学习途径设置为不定项题。在图 1 的柱状图中，每个数据对比非常直观和清晰：56%的女生通过自我学习的方式学习安全知识；在进入大学以前绝大多数的女生接受过一些安全知识教育但是不全面；她们接受知识的途径主要来自学校教育，其次是新闻媒体，再次是书籍阅读，看似非常重要的家庭教育仅仅排在第四。建议学校在大一期间加大安全知识教育，弥补前期知识不足；家庭教育应该是对孩子从小到大的安全教育起到最主要的作用，然而数据显示家庭教育明显不足。

2. 人身财产安全

人身财产安全包括人身安全和财产安全两方面。

在现实生活中，自然灾害、他人侵害、自伤自残等事件都会伤害身体甚至剥夺生命。人只有一次生命，在任何情况之下，大学生都要把安全作为最高原则。天灾、人祸无时无刻不在危害着人的生命安全。在交通工具选择中，76.64%的女生选择公共交通出行，18.69%的女生选择滴滴打车，2.8%的女生选择出租车，1.87%的女生选择“黑车”。可以看出绝大多数女生会选择公共交通方式出行，其次就是滴滴打车这种新型的出行方式。

财产丢失案件是校园案件最多的类型。校园盗窃案件一直是大学校园发生率最高的案件类型，而且近年来呈上升趋势。高校学生被盗的主要物品包括：现金、银行卡、校园卡等财产；手机、电脑等贵重物品；电动车、自行车等交通工具；衣服箱包等生活用品。

人身与财产安全可以说是大学生日常生活中最重要的安全问题，图2用饼状图展示川北医学院女大学生日常注重人身安全的基本情况，由此对于女大学生人身财产安全问题可见一斑。

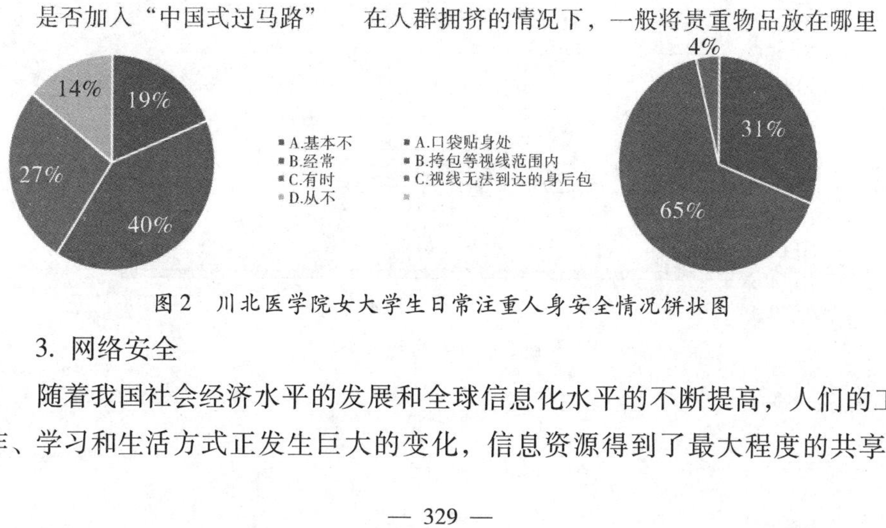


图2　川北医学院女大学生日常注重人身安全情况饼状图

3. 网络安全

随着我国社会经济水平的发展和全球信息化水平的不断提高，人们的工作、学习和生活方式正发生巨大的变化，信息资源得到了最大程度的共享，特别是在当前大学生中，网络已经成为他们生活中必不可少的部分，因此，针对网络安全开展教育工作，日益成为高校安全教育工作的重要组成部分。在调查中发现 49.53% 的女大学生上网是为了休闲娱乐购物，42.99% 的女生是为了社交，7.48% 的人是为了查阅资料。

当前，大学生的网络安全主要有两个方面：

网络信息的安全。网络不良信息是指“互联网上那些容易对人的身体造成损害、给人的精神带来污染、让人的思想产生混乱、让人的心理变得异常的垃圾有害信息”。海量的网络信息一方面为大学生的学习交流创造了条件，另一方面又给大学生带来了选择的困惑，影响大学生的成长成才。

网络金融的安全。“网络天然地具有隐蔽性的特点，随着网络技术手段的发展，网络工具带来的负面影响也越来越严重，例如不法分子利用网络成本低，传播迅速，互动性、隐蔽性高等特点进行网络犯罪行为。”

第一，校园贷是指在校学生向各类借贷平台借钱的行为。2016 年，河南小伙郑某因迷恋赌球通过网络借贷高达 60 万元，因无力偿还而跳楼自杀；2017 年，厦门一大二女生因陷“裸条校园贷”，不堪还债压力和还债骚扰而选择自杀。网贷之所以盯上大学生市场，主要是因为大学生拥有旺盛的购买欲望，却没有与之匹配的资金来源，从而容易陷入“校园贷”陷阱。

第二，现在网上购物已经成为全国人民的生活方式，特别是女大学生们，几乎什么东西都会首选网上购物，然而网上购物陷阱太多，手段、方式又多样，我们需要注重网络使用安全。在本文调查中，58.88% 的女生特别留意自己在购物中的财产安全。（详见图 3）

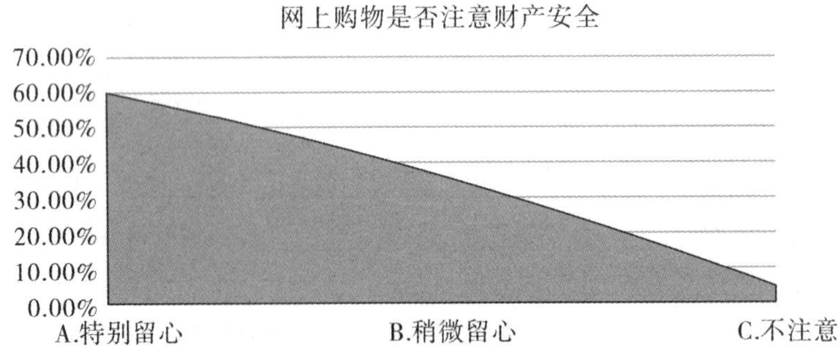


图 3　网络购物安全

4. 心理安全

1948 年，世界卫生组织在其宪章中提出著名的健康新概念：“健康不仅仅是没有疾病，而且是身体上、心理上和社会上的完好状态。”

大学生心理安全是指在保持身体健康状态之外，大学生应该具备良好的心理健康素质，例如正确认识自我、对自我的了解和接纳、生活和交往能力、接受现实的态度等。然而，当前大学生往往处于心理波动较为不稳定的青春期。在本文的调查中，相关数据显示，38.32% 的女生非常关注自己的心理健康，58.88% 的女生一般关注心理健康，2.8% 的女生从不关注，说明川北医学院的女大学生对自身的心理还是比较在意的。

大学生在校的主要工作就是学习，如果学业欠佳，往往直接地影响大学生的心理稳定和心态健康，在调查目前存在的苦恼（多选题）中，我们也发现排在榜首的是学习压力大，高达 77.57%，其次是个人情感，第三是家庭经济压力，前三名均超过 50% 的人选择。因此学校需要针对这一部分问题进行有引导性的教育，甚至采取一定的心理干预手段，大学生心理安全教育得从关注他们的情绪入手，大部分女生觉得自己的情绪一般稳定。（见图 4）

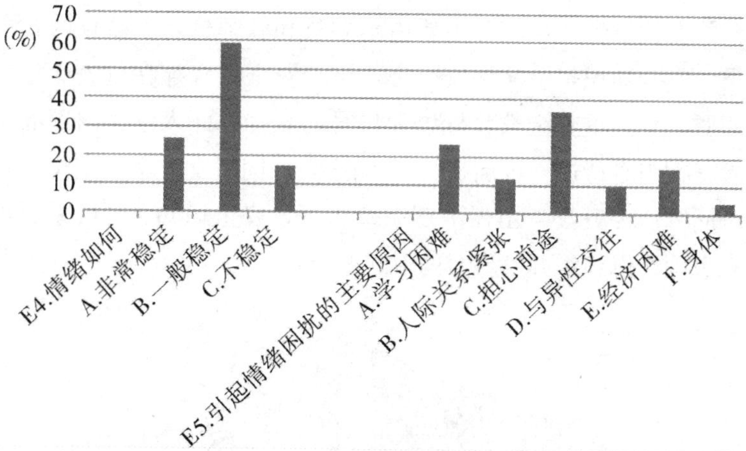


图 4　大学生情绪状况

5. 家庭安全教育开展情况

“现代家庭教育是指发生在现实家庭生活中，以血亲关系为核心的家庭成员（主要是父母与子女）之间的双向沟通、相互影响的互动教育。”家庭是开展女大学生安全教育的众多主体之一，然而在女大学生安全教育的实施过程中，人们过多地把安全教育职责推向学校，忽视了家庭教育扮演的重要角色，导致了家庭安全教育不足。父母是孩子的第一任老师，家庭教育对子女的发展有着长远的影响，然而就目前的问卷调查结果来看，家长对安全教育的关注和开展力度还需持续提高。调查问卷结果显示，进行口头的安全提醒成为多数家长进行安全教育的主要方式，随意性、效果差是这类家庭安全教育方式的主要缺点，因此树立正确的家庭安全教育成为我们呼吁和关注的重要方面。

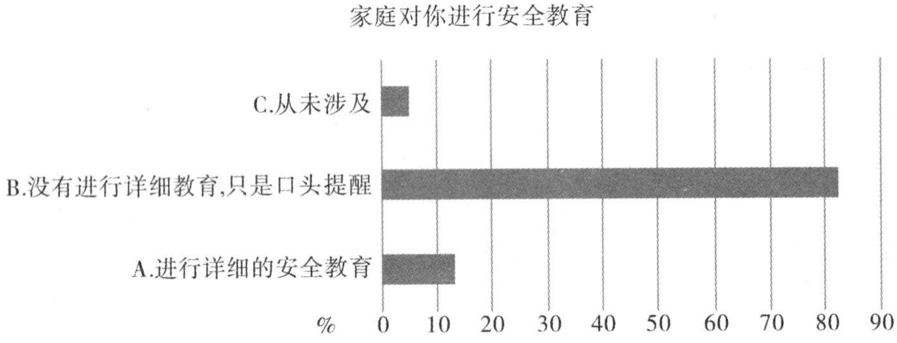


图 5　家庭教育情况

6. 高校安全教育体系

在调查中，该校 74.77% 的女生和周边人在校园内没有遭受过人身伤害。目前该校的女大学生安全教育主要由辅导员和教师进行，教育内容主要是身心健康类、安全知识类、网络安全类。该校安全教育存在重表面宣传轻实际深入的问题，只注重安全教育标语和口号的悬挂，深入学生内部的实实在在的安全教育行为有待进一步加强（详见图 6）。同时女大学生安全教育大多是遇到安全问题后才开展，由保卫部门牵头下发安全通知，各院系、班级传达安全注意事项，以组织开展班会的形式进行。

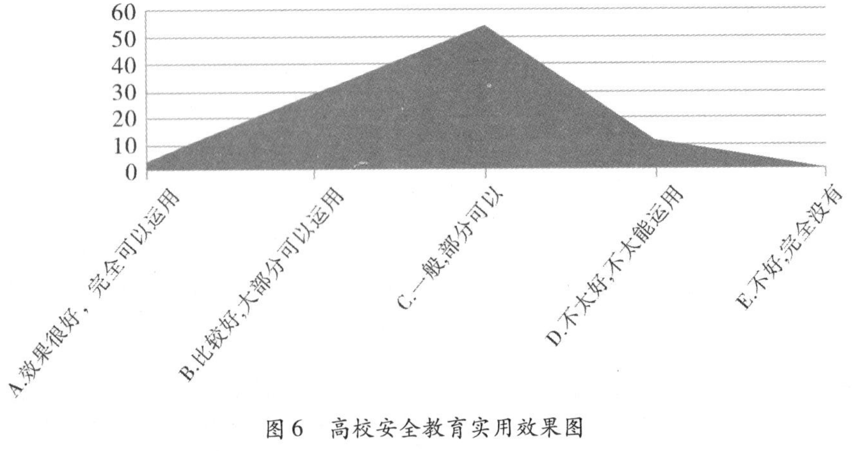


图 6　高校安全教育实用效果图

## 三、对策建议

### （一）提高女大学生的主体地位，增强自我学习能力

马克思主义哲学认为，内因是事物发展的主要原因，所以要加强对女大学生的安全教育必须从女大学生自身的安全意识出发，让她们正视周围可能存在的安全问题。让女大学生认识到安全是自身生活、学习的基本保障，认识到自己肩负着对自身、家庭、学校和社会的责任。只有培养女大学生的安全责任意识，让她们感受到自身承担的责任，才能使她们主动、积极地接受安全教育。

遵纪守法，理性消费，自觉抵制不良网络行为，并且提高自我防卫能力，切实保护好个人身份证、银行卡、网上金融工具等重要信息。

安全技能和安全知识是相互关联、密不可分的，如果只是简单地学习和掌握安全手册上陈列出的安全知识，却没有实际地运用技能，那么安全教育就无法起到真正的实际作用。调查中也显示学生期望的安全教育形式就是实践模拟类，所以对女大学生的安全教育要以安全知识掌握为前提，以实践技能的熟练运用为最终目的。

### （二）树立家庭安全教育理念，加强家庭安全教育

在调查中发现大多数家长对于安全知识不太了解，对于孩子的教育也只是停留在一些口头提醒上。很明显，大部分家长安全意识不强，再加之长时间以学习为重的教育观念影响下，家长只关注升学、就业问题，忽视了最基本的安全教育问题，使家庭安全教育一度边缘化。这种安全教育现象为孩子以后的夜间独自出行、私自会见网友等不良行为埋下了安全隐患。因此进一步提高家长的安全教育重视力度对个体和家庭都具有现实意义。

一般家庭都侧重保护和宠爱女生，家长不正确的安全保护行为，也给女大学生带来了不良的示范效果。很多家长为避免危险的出现，始终充当“护花使者”，家长只注重了这种被动的保护形式，却忽视了教会女生如何主动、自觉进行自我保护的能力，造成了如今女大学生安全能力差。提高女大学生的安全能力不是要家长面面俱到、包办代替而是用正确的安全知识武装女大学生的头脑，用有效的安全技能示范替代过度保护。

### （三）构建学校安全防护体系，完善女生安全教育

学校树立“以人为本 ”的教育理念。女大学生是高校中的主要群体，学

校就应当加大对女大学生安全教育的重视。学校应该了解女大学生的特点，有针对性地开展教育，如：女大学生存在的突出问题是什么？女大学生普遍关心的问题是什么？最需要被关注什么？女大学生的心理状态是怎样的？关爱和理解女大学生，为其营造一个健康安全、积极向上的成长环境以保证她们成长成才 。

上好“开学安全教育第一课”。大多数女大学生迈入大学，是人生第一次离家，去到陌生环境，而且在进入大学前基本没有接受过系统的安全教育，所以学校可以在大一期间对学生进行全面而系统的安全教育。实践模拟类的课程是学生最期望的、认为最有效的。

学校应重视生命安全教育。建设具有重视生命安全教育的人文精神，加强生命安全教育在校园文化中的拓展，积极让学生参与社会实践活动，体验生命的意义。例如：学校可以积极进行校园的板报、荣誉墙等人文环境建设，建立关怀生命的校园环境，做好各种体育设施的防护工作。

排查整治安全问题。防患险于明火，防范胜于救灾。开学前后和放假前，教职工应开展全方位的安全隐患大排查，及时整治存在的安全教育隐患。宿舍管理员认真履职，坚持检查，及时发现问题。教师也要积极关心学生，了解学生的在校情况和身体状况。

细化责任是保障。明确分工，责任到人。学校与教职工、学生家长签订安全责任书，学生向辅导员签订安全责任承诺书，明确各自的职责。

（四）营造和谐安全的氛围和环境，完善齐抓共管机制

马克思曾指出：“社会，不管其形式如何，究竟是什么？是人们交互活动的产物。”女大学生安全教育作为一个社会性问题，不能把所有的教育任务都推给高校，女大学生安全教育需要女大学生本人、家庭、学校、社会的共同努力，形成女大学生安全教育“四位一体”合力，构建女大学生安全教育的齐抓共管机制，才能实现安全教育的实效性。

## 四、结语

作为社会的一个特殊而重要的群体，女大学生的安全问题不容忽视，加强女大学生安全教育不是一蹴而就的事情，因为安全意识的培养和技能的提高是一个由意识萌芽发展转换为行为习惯的长期过程，高校作为教育的重要基地，必须重视女大学生安全教育问题。另外，作为一个社会性问题，女大学生安全教育需要女大学生本人、家庭、学校、社会的共同努力，形成女大

学生安全教育的“四位一体”合力。我们相信，加强女大学生安全教育有利于女大学生健康成长成才，有利于高校教育事业的发展，有利于社会主义现代化建设。

**参考文献：**


[1]周敏. 社会事件融入女大学生安全教育的质性研究[J]. 内蒙古师范大学学报(教育科学版),2016,29(9):45－47.

[2]张俊. 强化新形势下的大学生网络安全教育[J]. 思想理论教育导刊,2013(11):116－118.

[3]马振超. 从女大学生失联看当前大学公共安全教育的缺失[J]. 中国青年社会科学,2015(1):29－33.

[4]徐家庆. 多维视域中的高校稳定问题研究[D]. 济南:山东大学,2015.

[5]年晓萍,徐俊. 我国高校女生安全教育与管理研究:基于性别社会化的理论视角[J]. 淮北师范大学学报(哲学社会科学版),2015,36(3):143－147.

[6]程洋. 女大学生安全教育问题及对策研究[D]. 南昌:江西农业大学. 2017.

[7]程诗敏. 风险社会视域下大学生安全素质提升研究[D]. 北京:首都师范大学,2014.

[8]陶俐. 基于自媒体平台推进女大学生安全教育研究[D]. 南京:南京林业大学,2016.

[9]陈咏梅. 高职院校女大学生安全问题研究:以W职业学校为例[D]. 武汉:华中师范大学,2014.

[10]曲泽鸿. 当前大学生安全素质教育问题研究[D]. 扬州:扬州大学. 2016.

[11]潘洁华. 从女大学生遇害事件反思女大学生安全教育[J]. 西北成人教育学院学报. 2017(4).

[12]阮积嵩. 新形势下高校女生安全问题及防范[J]. 广西教育,2012(15):13－14.

[13]钱飞龙. 网络不良信息治理研究[D]. 北京:中央民族大学,2009.

[14]曲泽鸿. 当前大学生安全素质教育问题研究[D]. 扬州:扬州大学. 2016.

# 大学生对流动商贩的认知及讨论

## ——以川北医学院两校区外的流动商贩为例

陈 龙

公共事业管理2016级

**摘 要：**了解校外流动摊贩现状和存在的问题并总结讨论，提出相应的对策建议，优化流动摊贩的管理。通过问卷调查收集数据，用问卷星和问卷网对数据进行分析。大学生对校外流动摊铺的食品十分青睐，同时，也较重视其存在的问题，希望当地相关管理部门进行集中规范化管理，进一步优化解决卫生问题、缺斤少两问题，还学生一个更加放心的饮食环境。

**关键词：**流动商贩；大学生；消费

## 一、研究背景

流动摊贩是我国社会转型时期的特殊产物，也是当今中国社会弱势群体的主要组成部分。随着我国社会主义市场经济的发展，城市化的进一步推进，产业的升级和转型以及经济下行压力的不断增大，城市流动摊贩的数量有逐渐增多的趋势。我国流动商贩主要由农村的转移劳动力和城市下岗职工组成，这些商贩群体数量大，背景也较复杂，由他们组成的“社会特殊群体”广泛活跃于城市各个流动人口密集的地方。

流动商贩们对城市的影响是多方面的。

从有利的方面而言，一是流动商贩这种就业方式确实减轻了就业压力，让既没有学历，又没有技术的人也可以养活自己；二是流动商贩以较廉价和便捷的方式给人们带来了实惠和便利，若没有这些流动摊铺，人们的生活成本将增加，人们的生活质量还可能降低；三是切切实实地保障了部分社会弱势群体的生存，流动商贩们大多游离于社会保障体系之外，本身属于社会弱势群体。如果杜绝流动商贩的摆卖行为，将威胁到流动商贩的生存权，从而引发民生问题。

从不利方面而言，一是大多流动商贩在人流量大的地方摆摊，挤占了城市空间资源，如果流动商贩的摆卖行为得不到有效的管理，城市空间资源将面临极大的损耗，影响市民的生活质量，也影响市容市貌；二是流动商贩的卫生状况得不到保证，尤其容易发生食品安全问题，若流动商贩的摆卖行为得不到有效的管理，流动商贩所导致的卫生问题有可能引发大规模城市公共问题。

本文旨在运用问卷调查的方法，以川北医学院的在校大学生为切入点，通过了解在校大学生对校外流动商贩的认知和问题，提出相应的对策，优化对流动摊贩的管理，提高流动摊贩的规范化运营。

## 二、研究方法和研究对象

### （一）研究方法

1. 文献研究法

利用中国知网数据库、中国维普数据库等全文数据库以及百度百科等搜索引擎，系统地查阅和借鉴国内流动商贩的治理模式、城市流动摊贩管理的困境与对策、城市执法者与流动商贩间的公共关系问题等相关文献，总结和提炼现有研究结果作为开展本次调查的基础。

2. 问卷调查法

（1）调查工具

调查问卷的问题由五部分构成：第一部分是统计接受调查的在校大学生的人口学资料，包括性别和年级；第二部分是统计接受调查者的在校外流动摊铺消费的相关内容，包括最常消费的商品、消费的频率和占比；第三部分是统计接受调查的在校大学生在流动摊铺上消费时对售卖商品的看法，包括有消费时的顾虑和对商品卫生问题的看法；第四部分是统计接受调查的大学生对流动商贩基础情况的调查，如流动商贩的年龄、关系和月收入；第五部分是统计接受调查的在校大学生对流动商贩被管理的看法，问题包括是否支持流动售卖行为、相关部门是否管理到位和认为应该如何管理。

（2）调查方法

由于校内大学生具有流动性大的特点，因此，本文采用在QQ空间发问卷链接和走访寝室的方法进行随机调查。我在走访寝室进行问卷调查时，首先对调查对象说明目的和方法，在征求其同意后，再向调查对象实行一对一的问卷调查。在 QQ 空间发出的问卷链接，被调查者仅需自主点击，自主填写，填完点击提交即可。

3. 统计学方法

在电脑端问卷网及手机端问卷星对数据进行简单分析。

（二）研究对象

采用问卷调查的方法抽取四川省南充市川北医学院西校区和东校区的在校大学生为问卷调查对象，以四川省南充市川北医学院西校区和东校区外的流动商贩为研究对象。

在川北医学院两校区共收到有效问卷 192 份（全部有效，无废卷），其中男生 59 份，占比 30.73%；女生 133 份，69.27%。年级：大一的学生为 72 份，占比 37.50%；大二的学生为 88 份，占比 45.83%；大三的学生为 26 份，占比 13.54%；大四的学生为 4 份，占比 2.08%；大五的学生为 2 份，占比 1.04%。

**表 1 调查对象人口学特征统计**

| 社会人口学特征 | | 频数（n） | 频率（%） |
|---|---|---|---|
| 性别 | 男 | 59 | 30.73 |
| | 女 | 133 | 69.27 |
| 年级 | 大一 | 72 | 37.50 |
| | 大二 | 88 | 45.83 |
| | 大三 | 26 | 13.54 |
| | 大四 | 4 | 2.08 |
| | 大五 | 2 | 1.04 |

## 三、调查结果

（一）调查对象在校外流动摊的消费情况

由表 2 的问卷数据可知，我们川北医学院学生在校外流动摊铺上的消费频率最高的一类商品是水果类，这也合乎常理，因为校内的水果摊铺仅有一个，无论是水果的种类，还是新鲜度，都无法优于校外的流动水果摊；除占比近四成的水果类外，消费频率第二、三名分别是饭菜类和饼类，占比分别为18.63%和12.6%。

在所调查的学生中，有55.73%的学生在校外流动摊上的消费占总日常饮食的比例在10%至20%，另外有16.63%的学生在校外流动摊上消费的比重占日常饮食的50%以上，这意味着这部分同学一半以上的饮食在校外的流动摊铺上解决。

由于校内食堂菜品较为单一，学生们的口味又多种多样，所以，有相当数量的学生会经常到校外的流动摊铺上消费。从调查的数据来看，有98.96%的学生都会去校外的流动摊上消费，平均一周去流动摊铺上消费一至五次的学生占总调查数的80.73%。可见，流动摊铺是学生生活中必不可少的去处。由此也可试想，我校超八成的学生一周至少会去一次，可见，校外流动摊铺的商贩的生意十分火爆。

**表2　消费对象在校外流动摊的消费统计**

| 消费对象在校外流动摊的消费统计 | | 频数（n） | 频率（%） |
|---|---|---|---|
| 最常买的商品种类 | 水果类 | 142 | 38.90 |
| | 糕点类 | 15 | 4.11 |
| | 粥类 | 42 | 11.51 |
| | 饼类 | 46 | 12.60 |
| | 奶茶类 | 26 | 7.12 |
| | 饭菜类 | 68 | 18.63 |
| | 烤肉类 | 14 | 3.84 |
| | 其他类 | 12 | 3.29 |
| 消费占比 | 大于50% | 32 | 16.67 |
| | 30%—50% | 12 | 6.25 |
| | 20%—30% | 16 | 8.33 |
| | 10%—20% | 53 | 27.60 |
| | 5%—10% | 54 | 28.13 |
| | 0%—5% | 25 | 13.02 |

续表

| 消费对象在校外流动摊的消费统计 | | 频数（n） | 频率（%） |
|---|---|---|---|
| 消费频率 | 一天一次 | 15 | 7.81 |
| | 一天两三次 | 9 | 4.69 |
| | 一天三次以上 | 11 | 5.73 |
| | 一周三到五次 | 75 | 39.06 |
| | 一周一两次 | 80 | 41.67 |
| | 不消费 | 2 | 1.04 |

（二）调查者对售卖商品的看法

由图 1 可知，在被调查的学生中，有超过一半的人对校外流动摊商品的卫生状况不放心，流动摊商品的干净卫生与否是这逾一半学生的最大顾虑；排在第二的顾虑是食品缺斤少两。前几日，校外流动摊贩缺斤少两的事件再一次引起我们学生的公愤，这个事件引起了我们的广泛关注……

由图 2 可知，超过一半的学生认为校外流动摊的食品不卫生，但依然无法抗拒美味的诱惑，有 23.96% 的同学认为校外流动摊的卫生状况还可以接受，16.67% 的学生认为不卫生，但认为吃得少并不会有损健康。

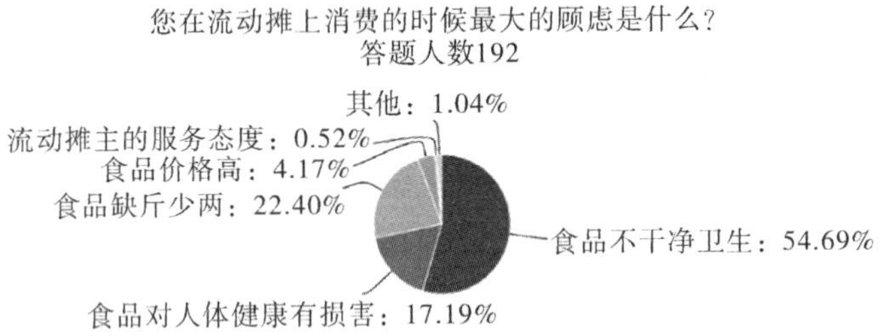


| 选项 | 回复情况 |
|---|---|
| 食品不干净卫生 | 54.69% |
| 食品对人体健康有损害 | 17.19% |
| 食品缺斤少两 | 22.40% |
| 食品价格高 | 4.17% |
| 流动摊主的服务态度 | 0.52% |
| 其他 | 1.04% |
| 回答人数：192 | |

图 1　调查对象在流动摊消费时最大的顾虑

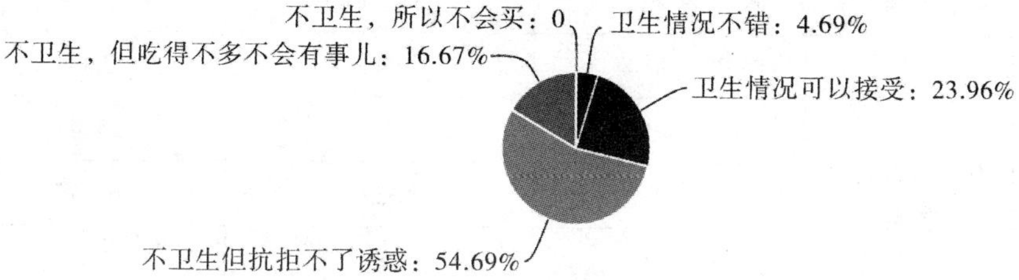


| 选项 | 回复情况 |
|---|---|
| 卫生情况不错 | 4.69% |
| 卫生情况可以接受 | 23.96% |
| 不卫生但抗拒不了诱惑 | 54.69% |
| 不卫生，但吃得不多不会有事儿 | 16.67% |
| 不卫生，所以不会买 | 0 |
| 回答人数：192 | |

图2　调查对象对流动摊上商品卫生问题的看法

### （三）调查者对流动商贩的认知

由表4的情况可知，有68.75%的被调查学生认为校外流动商贩的年龄在40至50岁，近七成的学生认为校外的流动商贩都是40至50岁的中年大叔和阿姨，有24.48%的被调查学生认为其年纪在30至40岁。

有48.96%的学生认为一个摊铺的商贩间的关系是家庭关系，即是一个家庭多人在经营着该摊铺，有24.48%的学生认为一个摊铺的商贩间的关系是夫妻。

因为经常看到校外流动摊贩聚集区人满为患的情况，所以，没有被调查者认为他们的月收入在1000至2000元，仅有1.04%的被调查学生认为其月收入在2000至3000元，43.75%的被调查学生认为校外流动摊贩们的月收入在5000至6000元，22.92%的被调查学生认为校外流动摊贩们的月收入在4000至5000元，18.75%的被调查学生认为校外流动摊贩们的月收入在7000至8000元。

表4 调查对象对流动商贩了解情况统计

| 调查对象对流动商贩了解情况 | | 频数（n） | 频率（%） |
|---|---|---|---|
| 认为流动商贩的年龄段 | 20—30 岁 | 4 | 2.08 |
| | 30—40 岁 | 47 | 24.48 |
| | 40—50 岁 | 132 | 68.75 |
| | 50—60 岁 | 9 | 4.69 |
| | 60 岁以上 | 0 | 0 |
| 认为一个摊铺商贩间的关系 | 独自一人 | 37 | 19.27 |
| | 家庭多人 | 94 | 48.96 |
| | 夫妻 | 47 | 24.48 |
| | 母子/母女 | 9 | 4.69 |
| | 朋友 | 5 | 2.6 |
| | 其他 | 0 | 0 |
| 认为流动商贩月收入 | 1000—2000 元 | 2 | 1.04 |
| | 2000—3000 元 | 16 | 8.33 |
| | 4000—5000 元 | 44 | 22.92 |
| | 5000—6000 元 | 84 | 43.75 |
| | 7000—8000 元 | 36 | 18.75 |
| | 8000 元以上 | 10 | 5.21 |

（四）调查者对流动商贩被管理的看法

由表5可知，有57.3%的被调查学生支持校外流动商贩们的售卖行为，24.5%的学生表示中立，仅有18.2%的被调查学生对校外流动商贩们的售卖行为表示反对。

超过六成，即60.4%的被调查学生认为我们所在地区的政府相关部门对校外流动商贩的管理不到位，26%的被调查学生不清楚我们所在地区的政府相关部门对校外流动商贩的管理是否到位，仅13.5%的被调查学生认为我们所在地区的政府相关部门对校外流动商贩的管理到位，这反映了大多数学生认为政府对流动摊贩的监管并没有达到令他们满意的管理效果。

80.7%的被调查学生希望政府相关管理部门对当地的流动商贩集中规范化管理，这也反映了对政府管理好流动商贩的各种问题的强烈期待。

**表5　调查对象对流动商贩被管理看法统计**

| 调查对象对流动商贩被管理看法统计 | | 频数（n） | 频率（%） |
|---|---|---|---|
| 是否支持流动商贩的售卖行为 | 支持 | 110 | 57.3 |
| | 不支持 | 35 | 18.2 |
| | 中立 | 47 | 24.5 |
| 相关部门的管理是否到位 | 到位 | 26 | 13.5 |
| | 不到位 | 116 | 60.4 |
| | 不清楚 | 50 | 26 |
| 希望流动商贩被怎样管理 | 直接取缔 | 12 | 6.2 |
| | 集中规范管理 | 155 | 80.7 |
| | 任由其发展 | 10 | 5.2 |
| | 其他措施 | 15 | 7.8 |

## 四、讨论

### （一）城市管理者执法难

目前城市管理者在管理流动摊贩时主要的困难表现在执法难。

流动摊贩从业者主要是外来务工人员、下岗再就业及失业人员。这些人都是城市中的弱势群体，他们无资金、无技术、无社会关系，年龄还普遍偏大，文化程度较低，摆摊设点由于进入的门槛低，自然成为他们中很多人的谋生之路，完全取缔摊贩等于断了这些人的生活来源，这自然会受到流动摊贩们的抵制和反抗。

### （二）安全隐患突出

1. 食品卫生隐患

流动摊贩的食品制作售卖过程中，容易引发食品卫生问题，不利于人民群众身体健康。因为校外流动摊贩经营着油炸、油煎、水煮、火烤等食品，这些摊贩往往既无健康证又无卫生许可证，缺乏必要的食品卫生知识和卫生保障措施，有的甚至出售“三无”、过期或腐败的食品。这些食品根本不符合卫生标准，人们吃了这些食品，不可避免地会产生各种不适或疾病，不利于人民群众的身体健康，尤其不利于中小学生的身体健康。

2. 交通安全隐患

流动商贩占道经营，堵塞交通，妨碍车辆和行人的安全通行。

流动摊贩往往在人流量大的路段摆摊设点，特别是在上下班高峰时间在人流量大的繁华地段或在清晨、中午、傍晚期间在集贸市场周边的城市道路两侧占道设摊。这些地方的城市道路本身窄小，人流量又大，加上流动摊贩杂乱无序地占道设摊，这极易造成交通拥挤、堵塞，妨碍车辆和行人的安全通行，造成安全隐患，引发交通事故。

（三）利于丰富城市生活

流动摊贩的售卖行为虽然有让人“讨厌”的地方，但不可否认的是有利于中国文化的传承，丰富城市人民的生活，为城市增添色彩。

流动摊贩在我国历史悠久，古代繁华街市的形成有流动摊贩的贡献，百姓的生活起居也离不开流动商贩的作用。在现代经济日益发达的社会，人们生活节奏加快，社会文明程度不断加强，我们也越来越享受生活，按道理来说，似乎和流动商贩该说再见了，但事实上，我们却对流动商贩产生了依赖。人们无法想象在到处都井然有序、寂静无声的街道上、小区中生活的情景，没有流动摊贩的存在，我们的生活将会变得无味和可怕。流动摊贩供应的商品种类丰富、价格低廉、经营方式便捷，不仅为我们的日常生活所需提供方便，而且使中国传统的文化有了另一个更直接的传承渠道，人们通过流动摊贩可以了解一些民间的饮食文化、各类工艺文化，使一些未被大雅之堂收录的文化在这里获得延续。这便为城市人枯燥的生活增添了一抹亮色，丰富了城市生活。这对于我们校园也是如此，校外流动商贩的买卖已经成为校园文化的一部分。

（四）增加就业，减少社会不稳定因素

城市流动摊贩的存在增加了就业，解决了很大一部分人的生存问题，减少了社会不安定因素。

在我国从事城市摊贩经营的主要是下岗工人、进城农民工、离退休人员和其他社会闲散人员。他们自谋职业、自力更生，减轻了政府安置就业的压力，据估计，全国约有流动摊贩上千万个，这一庞大的人员数量如果不自谋生路，政府要解决他们的就业问题需要提供上千万个岗位，其难度可想而知。其中有部分人因经营有方，走上了发家致富之路，一个摊贩可以养活几个人甚至整个家庭，从这个意义上说，流动摊贩减少了我国的贫困人口数量。他们依靠自己的辛劳既服务了城市居民又使自身得以生存，抛弃等、靠、要的思想，降低了因为贫困而仇视社会甚至采取其他违法手段破坏获取财富的人员的数量，有利于形成良好的社会风气。

**参考文献：**

[1]韩小敬. 城市流动摊贩和谐管理的思考[J]. 城市管理与科技,2013(1):52 - 53.

[2]王晓燕. 比较视野下的流动摊贩治理研究[J]. 理论与改革,2016(1):108 - 111.

[3]罗一鸣. 初论我国流动摊贩管理现状[J]. 科技视界,2013(29):236,269.

[4]孙力. 论城市流动摊贩存在的利弊与治理[J]. 现代商业,2009(14):69.

[5]王晓,王志权. 流动摊贩治理的武汉经验与温州经验及其启示[J]. 城市问题,2015(6):84 - 87.

[6]赵璐. 流动摊贩管理困境的原因及对策分析[J]. 城市管理与科技,2014(6):41 - 43.

# 手机 App 在大学生时间管理中的应用

陈 曦
信息管理与信息系统 2015 级

**摘　要：** 高效率地利用时间一直是人类的梦想，随着现代生活节奏的加快，升学就业压力的增大，人们越来越重视时间管理。大学生是祖国和家庭的希望，更加需要重视时间管理。但是在现实生活中，大学生存在时间浪费严重、时间安排不合理、沉迷手机无法专心学习等问题。同时随着互联网和智能手机的普及，基于各种时间管理理论开发的手机 App 也如雨后春笋般涌现。本文主要总结大学生在时间管理上的问题，梳理了现在各大应用市场上的比较主流的时间管理 App，并论述了如何使用这些 App 提高大学生的时间管理能力。

**关键词：** 时间管理；手机 App；时间统计法；番茄工作法；四象限矩阵

## 一、时间管理的定义和大学生在时间管理中存在的问题

时间是一种重要的资源，具有不可变性、无替代性、无储存性，但可以对其进行有效的管理和使用。时间管理是为了提高时间的利用率和有效性而对时间进行合理的管理和计划，有安排地运用的管理过程。时间管理倾向于划分为时间价值感、时间监控感和时间效能感三个维度。时间价值感是个体时间管理的基础，是指个体对时间的功能和价值的稳定的态度和观念；时间监控感是个体利用和运筹时间的能力和观念，体现在计划安排、目标设置、时间分配、结果检查等一系列监控活动中所表现出的能力及主观评估；时间效能感指个体对自己驾驭时间的信念和预期，是实现时间监控的一个重要因素（吴迎峰，2007）。

在北京师范大学的张小方的调查中，48% 的大学生具有较强的时间管理倾向，22% 的大学生时间管理倾向比较弱，28% 的大学生管理倾向一般。

48.6%的学生具有较强的时间价值感；36.94%的学生具有较强的时间监控感，其中51.5%的学生不善于根据实际情况有计划地安排好每天每周的行程，超过半数的大学生能按任务的重要性来安排自己做事的先后次序。57.75%的大学生时间效能感较强（张小方，2005）。其中大学生时间管理中存在的问题主要有以下两种：

（一）目标不明确

有人曾经说过：生命是以时间为单位的，浪费别人的时间等于谋财害命；浪费自己的时间，等于慢性自杀。人与人之间的差别在时间的利用上。在进入大学后，每个人面临的学习和生活环境没有多大差异，然而由于时间管理上的不同，不同学生的差距很有可能被拉大。加之许多学生在高中时期都有一个考大学的目标，但进入大学后，似乎一下子就失去了奋斗目标，对前途感到迷茫。他们未能及时树立新的发展目标，就会导致对学习不感兴趣，对生活缺乏热情。他们把主要精力用于玩游戏、看小说、追电视剧、逛市场和过度的文体活动等休闲娱乐上，出现学习缺乏主动性、计划性，心理调适能力差，自我控制能力差等现象。

（二）自我管理能力差

大学不同于高中以前的教育，其课堂内容相对较少。高中时期采取的几乎是“灌输式”的教学方法，这完全是一种被动的学习。而大学教育强调的是将学生放在大学的主体地位上，以学生为本，在教学管理上的最终目标就是要在现实性上推进学生的全面发展和尽快成才。尊重学生选择的自由，给学生选择的权力意味着把学习的自主权和主动权交给了学生，也意味着学生将对自己的选择负责。然而部分学生却不知道自己要学什么、如何去学，往往在下课之后无所事事，于是就习惯性地刷各种消息，因此出现了时间分配不合理的现象。

（三）时间管理知识欠缺

在中学时期，时间几乎全部被繁重的课业占据，中学时期由于没有接触过有关时间管理方面的知识，因此学生对时间管理的概念是模糊的。同时在中学时期，学生们没有太多的自主时间，学生对时间的管理行为是被动的，导致没能积累时间管理的经验。这些因素使得大学生进入大学后，面对大量的自主时间，不知如何去分配，如何有效利用。面对这些宝贵的时间，他们仍被动地等待接受别人对自己时间的安排与分配。大学注重培养专业化人才，很少针对大学生的时间管理进行系统的、明确的指导，缺乏对时间管理技能的培养，未开设有关课程，没有给予他们这方面的帮助。因此，大学生时间管理不善。

在当代社会，信息技术发展日新月异，智能手机和电脑等智能设备在大学生中普及，越来越多的大学生都在高考之后的时间里沉迷于玩手机，甚至在大学课堂上玩手机刷消息，浪费了大量时间。同时也有很多大学生意识到了这个问题希望利用电子产品帮助自己管理时间，在此背景下软件开发者们抓住时机，推出了大量基于各种时间管理理论开发的手机 App。

## 二、市面上主流的时间管理 App 分析

### （一）时间统计法

时间统计法，源于一本“以真人真事为基础的文献性小说”——《奇特的一生》。这本书讲述了苏联昆虫学家柳比歇夫通过他独创并坚持了几十年的时间管理方法，帮助他一生取得了巨大的成就。书的内容主要是：如何快速实践并尝试时间统计法，从中感知这种方式并不断调整为适合自己的时间管理。

时间统计法以「事件—时间日志」格式来记录时间的流向，通过分析、总结来形成一套时间记录、计划为一体的系统化工作方法。而这套系统以时间管理、精力管理、计划管理为三大主体。通过时间的流向和开销的分析、总结，可以知道自己做一件事是否按时开始执行、完成所需时间、自己的状态等。这样长期的坚持和分析，可以使自己根据自我的精力和状况来安排计划，来达到自己的目标。关于时间统计法的效果，书中这样写道：“他（柳比歇夫）几乎从未抱怨过自己没有时间。我早就注意到，善于工作的人，时间总是够用的。不，最好还是用另一种说法：他们的时间要比别人多些。”

在各大手机应用市场都有很多基于时间统计法的 App，最典型的就是 aTimeLogger。aTimeLogger 分为四个板块：活动、统计、类别和更多。在“活动”界面，我们可以选择相应的活动类别进行计时，也可以几个板块同时计时。比如在飞机或者动车上办公，可以“交通”和“工作”两个板块同时计时，其间可以暂停计时。在“统计”页面，我们可以看到我们在每一件事上所花的时间和记录的时间段，点击每一条记录可以看到该记录的状态：进行

中、暂停和结束状态，也可以更改活动类别，添加备注和手动添加时间段，适合平时上课不能带手机的学生。在“类别”页面，系统预置了13个类别的活动，同时我们还可以点击加号增加我们所需要的新的活动，而我们点进一个活动里还可以看到我们每天做的统计的条形图和删除、移动、编辑按钮，方便使用者自定义活动类别。在“更多”页面里，我们可以设置自己的目标，比如每天看书3小时。同时有“报告”按钮，可以选择自己想看的类别和时间创建历史报告。在“设置”中，我们还可以选择是否在活动开始/停止/暂停/继续时提醒，适合各种情况的使用者自主设置。

aTimeLogger基于时间统计法，统计每天你花在各个活动上的时间并形成统计图表。通过这些统计图表，我们可以很容易看到我们每天花费的时间，如果某天我们将大部分时间用在了无关紧要甚至是毫无意义和价值的活动上，当我们做一天回顾时这便是一次鞭策。同时，通过时间统计可以加强同学们的时间价值感和时间监控感，使大学生们直观地看到自己每天把时间浪费在了哪些地方，做好总结后吸取教训，加强时间管理意识。

（二）番茄工作法

番茄工作法是简单易行的时间管理方法，是由弗朗西斯科·西里洛于1992年创立的一种相对于GTD更微观的时间管理方法。使用番茄工作法，选择一个待完成的任务，将番茄时间设为25分钟，专注工作，中途不允许做任何与该任务无关的事，直到番茄时钟响起，然后在纸上画一个X，短暂休息5分钟，每4个番茄时段多休息一会儿。番茄工作法极大地提高了工作的效率，让人有意想不到的成就感。根据个人的实际情况，我们可以合理地设置自己一个工作日内的番茄时间段，尽量将重要的工作放在思维高效的时段，比如8：30到11：00、15：00到17：00等。不一定所有工作都要纳入番茄时间段里，要找到适合自己的工作节奏。

现在手机应用市场里主流的以番茄工作法为基础的App主要有番茄土豆、Forest（保持专注）和专心等。番茄土豆是番茄钟和to-do list的结合，专心是日程和番茄钟和习惯打卡的结合，在这里我们只介绍Forest这个软件。

Forest是一个单纯的番茄钟软件。开发者把番茄置换成各种各样的树，提出stay focused、be present（保持专注种出一片森林）的概念。使用者可以根据自己将要进行的活动设定番茄时间，在10分钟到120分钟中，使用者可以选择任意一个时间段开始计时，大大加强了番茄钟的灵活性。在计时中，使用者不能退出种植界面，否则树就会枯死，这也实现了在工作的时候锁住手机强制专心的功能。同时 Forest 里有不同的树种，这些树种需要金币解锁，而金币是通过种树来积累的，一个番茄钟时间越长，种出来的树就越大、越多、越漂亮。除了这些免费功能，Forest 还提供云账户和自定义标签功能，分别付费 6 元就可以解锁。其中云账户可以备份使用者的数据，通过这些数据进行全球 Forest 用户每周的排名。自定义标签可以让使用者自主管理自己需要的标签并有详细的统计图表统计使用者在每个标签的时间分配。现在 Forest 增加了公益板块，Forest 和 Trees for the Future 合作在地球上种下真正的树。使用者通过使用种树得到的 2500 金币就可以在地球上种下一棵树，让使用者在专注做事时也可以投身公益。

Forest 在使用番茄工作法时对强制锁手机和灵活设定时间做了改进，能提高使用者的时间效能感，从而提高了大学生监控时间的能力，让使用者在看到每天种下的森林时信心倍增，使番茄工作法更适合现代人使用。

（三）一万小时天才法

《一万小时天才理论》的作者是丹尼尔·科伊尔，他提及这个理论由安德斯·埃里克森提出，并由心理学界负有盛名的高产心理学家、诺贝尔奖获得者赫伯特·西蒙和埃里克森共同验证。当然，这个 10000 不是一个具体的数字，但大体上不会差很远。而作者所说的 10000 小时也不仅仅是常规的练习，而是一种设定清晰目标，确定适当难度，在自己的能力边缘不断犯错以获得精进的一种练习。这种练习有大的框架，有对框架的细分，有反馈和自己的领会，作者称之为“精深练习”。同时，作者也非常重视激情亦即动力的作用。一万小时理论的生物学依据是神经纤维的髓鞘质化，以神经学的常识来论证人人都有学会任何技能的可能性，这个证明的逻辑很清晰。某一技能的发生肯定是在大脑中形成了精确的神经通路，大量正确的练习可以让我们用更精确的神经纤维传导技能所需的信息。而这一精确的实现，就是靠把神经纤维外层包裹上髓鞘。这一个外层的绝缘的髓鞘增加了信息在神经纤维中传导的速度和精确度，而这，就是作者所认为的成就高超技能的本质。有新的研究指出，可以联系的本质是加强长时记忆（long – term working memory）能力，类似于把电脑的普通硬盘变成了固态硬盘，工作能力一下子就加强了。

1 万小时这个数字，是个平均值。事实上，2014 年综合 88 个研究，共计 1 万余名调查对象的元分析（Macnamara et al. , 2014）显示的数据是一组时间上较为宽广的分布（标准差很大），且不是正态，而是有长长的尾巴偏移（远超1万小时的大有人在）（Simonton，2016）。再有，天才和专家也有不同。天才的特点，往往能在远超常人的更短时间内达到专家水平，并在多个领域达到专家水平（如达·芬奇、歌德）（Simonton，2012）。所以1万小时这个数字用来描述一般“专家”而非天才更为合适。另外，不可能人人都成为“专家”，因为通常“专家”是以人群内部作为参照系，命名处于顶尖比例的人口，而不是用某个绝对的水平去衡量。即便假设刻意练习对表现提高的贡献是最主要的，成为“专家”的小时数还取决于同领域其他人有多努力。如果大家都非常努力，恐怕只会让成为“专家”的小时数越来越长。

同时我们要注意，在一个较长的时间段里不断重复一件事并不会让使用者成为“专家”，在这个时间段里使用者需要做到几点：第一要有正确的训练方法去刻意练习；第二要有不断的关于修正的反馈；第三要根据反馈通过行动不断做微小的改进；第四要坚持。

手机商店里最普遍的基于一万小时天才法的App有ihour（for iOS）和爱今天（for Andriod）。在爱今天App里，使用者可以设置任务名称、作业、固定（比如吃饭洗澡洗衣服）、睡眠和浪费（比如看无意义的小说）等，点击任务名称开始计时，使用者可以通过每天的饼图看到自己消耗的时间在哪里。任务计时可以记录你做这个任务总共用了多少时间。同时，使用者在饼图界面可以添加每天的总结。条形图界面显示使用者每天做任务所投入的时间，系统会显示对你今天工作的评级，工作/学习时间多就显示A或者AA，浪费时间多就显示C甚至更低。

从使用感上来说，爱今天和aTimeLogger很像，都是通过提高使用者的时间价值感和时间监控感来达到时间管理的目的。而从这两个软件所使用的原理来看，时间统计法比一万小时法更好实践。

（四）四象限法则

四象限法则是美国的管理学家科维提出的一个时间管理理论。它把工作按照重要和紧急两个不同的程度进行了划分，基本上可以分为四个“象限”：既紧急又重要的，重要但不紧急的，紧急但不重要的，既不紧急也不重要的。按处理顺序划分：先是既紧急又重要的，接着是重要但不紧急的，再是紧急但不重要的，最后才是既不紧急也不重要的。运用四象限法则的关键在于第二和第三类的顺序问题，必须非常小心地区分。另外，也要注意划分好第一和第三类事，它们都是紧急的，区别就在于前者能带来价值，实现某种重要目标，而后者不能。

以下是四个象限的具体说明：

1. 第一象限是重要又急迫的事

举例：诸如应付难缠的客户、准时完成工作、住院开刀等。

这是考验我们的经验、判断力的时刻，也是可以用心耕耘的园地。如果荒废了，我们很可能会变成行尸走肉。但我们也不能忘记，很多重要的事都是因为一拖再拖或事前准备不足而变得迫在眉睫。

该象限的本质是缺乏有效的工作计划导致本处于“重要但不紧急”的事情变成了重要又急迫的事。这也是传统思维状态下的管理者的通常状况，就是“忙”。

2. 第二象限是重要但不紧急的事

举例：主要是与生活品质有关，包括长期的规划、问题的发掘与预防、参加培训、向上级提出问题处理的建议等事项。

荒废这个领域将使第一象限日益扩大，使我们陷入更大的压力，在危机中疲于应付。反之，多投入一些时间在这个领域有利于提高实践能力，缩小第一象限的范围。做好事先的规划、准备与预防措施，很多急事将无从产生。这个领域的事情不会对我们构成催促力量，所以必须主动去做，这是发挥个人领导力的领域。处理这类事情的能力是传统低效管理者与高效卓越管理者的重要区别标志，如果处理好这个象限的事可以使第一象限的“急”事无限变少，使我们不再瞎“忙”。

3. 第三象限是紧急但不重要的事

举例：电话、会议、突来访客都属于这一类。

表面看似第一象限，因为迫切的呼声会让我们产生“这件事很重要”的错觉——实际上就算重要也是对别人而言。我们花很多时间在这个里面打转，自以为是在处理第一象限的事，其实不过是在满足别人的期望与标准。

4. 第四象限属于不紧急也不重要的事

举例：阅读令人上瘾的无聊小说、收看毫无内容的电视节目、办公室聊天等。

简而言之就是浪费生命，所以根本不值得花半点时间在这个象限。但我们往往在一、三象限来回奔走，忙得焦头烂额，不得不到第四象限去疗养一番再出发。这部分范围倒不见得都是休闲活动，因为真正有创造意义的休闲活动是很有价值的。然而阅读令人上瘾的无聊小说、收看毫无内容的电视节目、办公室聊天等，不但不能让我们走更长的路，反而有损我们的身心，刚开始时也许有滋有味，到后来你就会发现其实是很空虚的。

以四象限法则为原理的手机 App 多是待办清单类，其中最经典的就是高效 Todo。App 界面就是一个四象限，每个象限的颜色都不一样，点击加号可以添加任务，任务编辑界面有闹钟选项，可以选择闹钟提醒。使用者也可以创建项目，把任务放进相应的项目里，同时任务里还可以添加子任务。除了四象限，该 App 还有时间轴，方便查看过去的任务记录。便签功能让使用者可以把一些计划和想法写下来。该软件还有成就系统，可以统计用户本日/本周/本月所记录的待办数和完成数。该 App 也有群组功能，用户可以加入群组把任务分配下去，查看群组成员的任务完成情况，团队管理者以此评估绩效。

通过四象限法则，大学生可以合理安排自己的任务，提高自己的时间监控感，提高做事效率从而进行有效的时间管理。

## 三、大学生时间管理对策

现在很多家长和学生意识到了智能手机对学生注意力有很大的影响，但我们学生作为信息社会的一分子不可能脱离手机生活，但是也不可过度沉迷手机放弃学习。人都有惰性，脱离高考压力又没承担养家任务的大学生，很容易在大把大把的空闲时间里放任自己的惰性发展，养成拖延的习惯。使用时间管理 App 是一个比较好的办法，但是使用时间管理 App 也需要几个前提。

1. 使用者本人有管理时间的决心和意识，想要改变自己，这样才会每天使用而不是下载却不用。

2. 使用者自己有一定的自制力，这样才能保证使用者在番茄时间内可以专心做事。

3. 使用者有一定的总结和制定目标的能力，只有通过不断的总结和达到小目标，才能不断提高自己并激励自己继续管理时间。

管理时间的方法很多，不同的使用者需要在管理时间的过程中不断探索发现适合自己的方法。

**参考文献：**

[1]张小方.大学生时间利用状况的社会学分析：对北京市七所高校本科生的研究[D].北京：北京师范大学,2005.

[2]吴迎峰.大学生时间管理现状与对策[J].科协论坛(下半月),2007(4):309－310.

[3]格拉宁.奇特的一生[M].北京：外国文学出版社,1979.

[4]Staffan Nöteberg.番茄工作法图解：简单易行的时间管理方法[M].北京：人民邮电出版社,2011.

[5]Coyle D. The Talent Code[M]. USA：Bantam,2009.

[6]Macnamara B. N,Z Hambrick,F. L Oswald. Deliberate practice and performance in music,games,sports,education,and professions：a meta－analysis[J]. Psychological science,2014,25(8).

[7]Simonton D. K . Reverse engineering genius：historiometric studies of superlative talent[J]. Annals of the New York academy of sciences,2016,13(37):3－9.

[8]史蒂芬·柯维.高效能人士的七个习惯[M].北京：中国青年出版社,2013.

# 高校食堂开展外卖服务的可行性研究

## ——以川北医学院为例

赵　贤

公共事业管理2015级

**摘　要：**互联网时代，网购对于大学生消费群体而言是一个非常普遍的现象。近年来，越来越多的大学生进行外卖消费。本次调查以川北医学院在校大学生为例，主要采取简单随机抽样的方法，了解目前大学生的外卖消费情况，分析高校食堂开展外卖服务的可行性及其发展前景，并对高校食堂开展外卖服务提出相关建议。

**关键词：**外卖；在校大学生；高校食堂；可行性

随着“互联网+”时代的深入发展，餐饮业与互联网之间的关系进一步深化，外卖已经成为人们日常生活中不可或缺的一环。在大学中，外卖以其订购方便、食品种类繁多、食物美味等诸多优点，深得大学生的喜爱，这也造成了大学生不去食堂就餐的普遍性。但外卖在给我们带来便利的同时，也给我们带来了许多的隐患。由于外卖商家的分散性，政府卫生部门监管难度大，不良商家经常违法经营，造成了许多食品卫生安全等问题。

### 一、对象与方法

#### （一）研究对象

此调查于2018年7月12日至8月12日在川北医学院以方便整体取样原则，选取包括医学类、管理类、综合学科7个专业的学生为被试者，共计发放问卷220份，收回213份问卷，其中有效问卷200份，有效率为93.9%。无效问卷主要是填写不完整，无法进行有效的数据分析。

#### （二）调查方法

此次调查以网络调查为主。我们在互联网上通过问卷星编写调查问卷，以随机的方式对川北医学院各专业的学生发放问卷。

（三）调查内容

1. 通过对川北医学院学生的网络调查，了解现在大学生的外卖消费情况。

2. 分析大学生外卖消费的情况及原因，了解大学生在选择外卖上的相关影响因素。

3. 对调查得知的外卖消费影响因素结果进行分析，并提出相关建议。

4. 对调查得知的外卖消费中的问题进行分析，并结合学生对食堂的态度，分析高校食堂开展外卖服务的可行性及其发展前景。

（四）统计分析方法

所有数据应用 SPSS 17. 0 统计软件处理，对调查者的基本情况进行描述性统计，计量资料用单因素方差分析（$p \leq 0.05$ 视为有统计学意义）方法交叉分析。

## 二、数据结果分析

（一）被调查者基本情况分析

在收回的 200 份有效问卷中，男女分布比例大致适宜，男生 96 名，女生 104 名；大一、大二、大三的学生占据绝大比例，大一 45 人，大二 47 人，大三 93 人，大四、大五共 15 人。

**表 1　性别**

| 选项 | 小计 | 比例 |
|---|---|---|
| 男 | 96 | 48% |
| 女 | 104 | 52% |

**表 2　年级**

| 选项 | 小计 | 比例 |
|---|---|---|
| 大一 | 45 | 22. 5% |
| 大二 | 47 | 23. 5% |
| 大三 | 93 | 46. 5% |
| 大四、大五 | 15 | 7. 5% |

### （二）大学生外卖消费情况

1. 每周订餐次数频率分析

由表3可以看出，每周订外卖0次的同学有38人，占19%；订外卖1—3次的同学有153人，占76.5%；订外卖4—6次的同学有15人，占7.5%；订外卖7次及以上的同学有4人，占2%。可见，大学生每周外卖消费次数主要在1—3次。

**表3　每周订餐次数**

| 选项 | 小计 | 比例 |
|---|---|---|
| 0次 | 38 | 19% |
| 1—3次 | 153 | 76.5% |
| 4—6次 | 15 | 7.5% |
| 7次以上 | 4 | 2% |

2. 性别、年级与订餐频率的交叉分析

由表4和图1可知，男生每周订餐1—3次的最多，占82.29%；其次，订餐4—6次的占10.42%。女生每周订餐次数也是1—3次的最多，占71.15%，但女生每周选择0次订餐的比例有32.69%，而男生仅有4.17%。这说明，男生在外卖消费的偏好上高于女生。

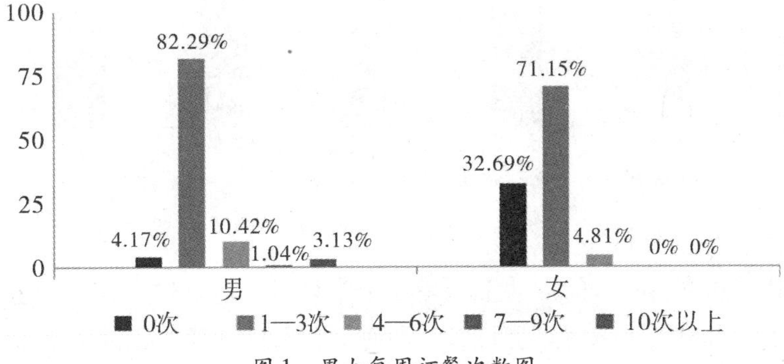


图1　男女每周订餐次数图

**表4　男女每周订餐次数**

| X/Y | 0次 | 1—3次 | 4—6次 | 7—9次 | 10次以上 | 小计 |
|---|---|---|---|---|---|---|
| 男 | 4（4.17%） | 79（82.29%） | 10（10.42%） | 1（1.04%） | 3（3.13%） | 96 |

续表

| X/Y | 0 次 | 1—3 次 | 4—6 次 | 7—9 次 | 10 次以上 | 小计 |
|---|---|---|---|---|---|---|
| 女 | 34（32.69%） | 74（71.15%） | 5（4.81%） | 0（0%） | 0（0%） | 104 |

由表 5 和图 2 可知，大一、大二、大三的订餐次数都集中在 1—3 次。其中大二的比例最高，占同层次比例的 82.98%；大一次之，占 80%；大三同层次比例为 74.19%，最低。但因大三样本人数最多，为大一、大二样本人数的总和，所以仍可得知，大三是外卖消费的主力军。

**表 5　不同年级每周订餐次数**

| X/Y | 0 次 | 1—3 次 | 4—6 次 | 7—9 次 | 10 次以上 | 小计 |
|---|---|---|---|---|---|---|
| 大一 | 7（15.56%） | 36（80%） | 6（13.33%） | 0（0%） | 0（0%） | 45 |
| 大二 | 6（12.77%） | 39（82.98%） | 4（8.51%） | 1（2.13%） | 0（0%） | 47 |
| 大三 | 20（21.51%） | 69（74.19%） | 5（5.38%） | 0（0%） | 1（1.08%） | 93 |
| 大四 | 5（38.46%） | 8（61.54%） | 0（0%） | 0（0%） | 1（7.69%） | 13 |
| 大五 | 0（0%） | 1（50%） | 0（0%） | 0（0%） | 1（50%） | 2 |

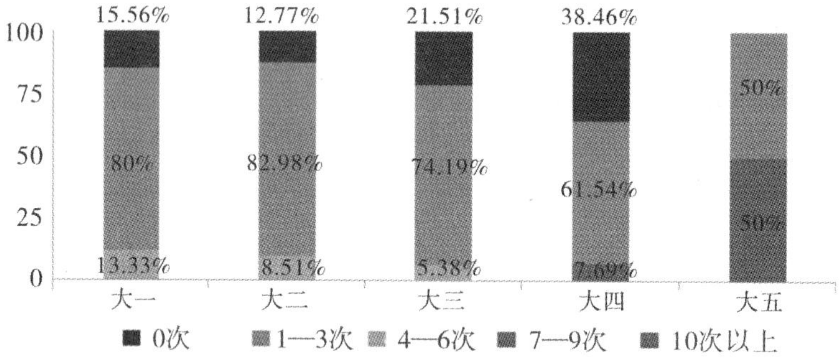

图 2　不同年级每周订餐次数

3. 订餐时间分析

由表 6 可知，89% 的大学生选择在中午订餐，24% 的大学生晚上也会订餐，还有少部分的人选择早上订餐。同时，上课日订餐的比例为 58%，周末订餐的比例为 31%。可以发现，是否是上课期间，对订外卖有很大的影响。特别是中午，上课期间选择中午订外卖的比例达到了 95.69%，相比之下，选择周末中午订外卖的比例为 79.03%，不仅在比例上有较大差距，样本数量上也有很大差距。那究竟为什么上课期间和周末、中午和晚上的订餐差距会这么大？大学生又为什么热衷于订外卖？或者说，大学生看中外卖的是什么呢？

**表 6　订餐时间统计表**

| 选项 | 小计 | 比例 |
|---|---|---|
| 早上 | 5 | 2.5% |
| 中午 | 178 | 89% |
| 晚上 | 48 | 24% |

**表 7　在什么时候叫外卖多**

| 选项 | 小计 | 比例 |
|---|---|---|
| 上课日多 | 116 | 58% |
| 周末多 | 62 | 31% |
| 一样多 | 22 | 11% |

**表 8　不同时间订外卖的情况**

| X/Y | 早上 | 中午 | 晚上 | 小计 |
|---|---|---|---|---|
| 上课日多 | 0（0%） | 111（95.69%） | 8（6.9%） | 116 |
| 周末多 | 3（4.84%） | 49（79.03%） | 27（43.55%） | 62 |
| 一样多 | 2（9.09%） | 18（81.82%） | 13（59.09%） | 22 |

接下来，我们具体分析大学生订外卖的原因。

4. 大学生外卖消费的原因分析

从表 9 可知，“放学晚，食堂拥挤”选项比例最大，占 60%；其次，“食堂饭菜味道不行”占 48.5%；“食堂饭菜种类少”占 41%；“天气不好，不想出寝室”占 38%；“学习忙，想节省时间”占 31.5%。

**表 9　订餐原因**

| 选项 | 小计 | 比例 |
|---|---|---|
| 学习忙，想节省时间 | 63 | 31.5% |
| 放学晚，食堂拥挤 | 120 | 60% |
| 食堂饭菜味道不行 | 97 | 48.5% |
| 食堂饭菜种类少 | 82 | 41% |
| 天气不好，不想出寝室 | 76 | 38% |

从数据可以分析出，大部分大学生订外卖的主要原因是“放学太晚，食堂拥挤”。而从交叉分析表 10 中我们可以得知，在各种原因中，选择“放学晚，食堂拥挤”的累计人数有 120 人。选择中午订外卖的累计人数有 115 人，占 95.83%；选择上课日订外卖的累计人数有 81 人，占 67.5%。从 Pearson 相关系数分析中可以得出，“放学晚，食堂拥挤”和“中午”之间的相关系数值为 0.299，并且呈现出 0.01 水平的显著性，因而说明“放学晚，食堂拥挤”和“中午”之间有着显著的正相关关系。

结合我们学校的实际情况，因为每年学校的扩招，在校学生人数不断增加，而食堂的开放时间没有相应地延长，服务人数也没有增加，很多同学因放学晚，去食堂吃饭的时候要排很久的队，甚至有时候去食堂已经没有饭菜了，这就导致许多同学在中午订外卖。而学生人数的增加，教室资源却并没有增加，再加上学校现在推行小班教育，进一步加剧了教室资源的缺乏，与之相对应的，学校延长了学生的上课课时，原本十周可以上完的课，现在却需要十八周才能结课，这进一步增加了大学生对外卖的消费频率。

**表 10　不同时间订餐的原因**

| X/Y | 上课日多 | 周末多 | 一样多 | 小计 |
|---|---|---|---|---|
| 学习忙，想节省时间 | 39（61.9%） | 18（28.57%） | 6（9.52%） | 63 |
| 放学晚，食堂拥挤 | 81（67.5%） | 26（21.67%） | 13（10.83%） | 120 |
| 食堂饭菜味道不行 | 53（54.64%） | 31（31.96%） | 13（13.4%） | 97 |
| 食堂饭菜种类少 | 50（60.98%） | 19（23.17%） | 13（15.85%） | 82 |
| 天气不好，不想出寝室 | 18（23.68%） | 44（57.89%） | 14（18.42%） | 76 |

从表 9 中我们也可以得知，“食堂饭菜味道不行”和“食堂饭菜种类少”也是影响大学生订购外卖的重要原因。

因“食堂饭菜味道不行”而选择订外卖的累计人数达到了 97 人，仅次于“放学太晚，食堂拥挤”的 120 人。这个选项中的同学，有 91.75% 选择中午订外卖，26.8% 选择晚上订外卖，54.64% 选择上课日订外卖，31.96% 选择周末订外卖。

因“食堂饭菜种类少”而选择订外卖的累计人数达到了 82 人。这个选项中的同学，有 92.68% 选择中午订外卖，26.83% 选择晚上订外卖，60.98% 选择上课日订外卖，23.17% 选择周末更多地订外卖。

食堂饭菜的味道和种类遭受学生的吐槽，这已经是一个很普遍的现象，因这些原因选择订外卖的人数非常庞大。以我身边的同学为例，他们很多时候选择订外卖的主要原因就是学校食堂饭菜难吃，不仅品种少，而且分量也不足。这反映了食堂需要改善的迫切性。

另外，天气原因也是影响大学生订外卖的一个重要因素。数据中，因天气原因选择订外卖的累计人数有 76 人，不少同学都是因为天气而选择了订外卖，尤其是在遇到了雨天或者高温天气。

**表 11　早中晚订餐的原因**

| X/Y | 早上 | 中午 | 晚上 | 小计 |
|---|---|---|---|---|
| 学习忙，想节省时间 | 2（3.17%） | 55（87.3%） | 13（20.63%） | 63 |
| 放学晚，食堂拥挤 | 1（0.83%） | 115（95.83%） | 21（17.5%） | 120 |
| 食堂饭菜味道不行 | 3（3.09%） | 89（91.75%） | 26（26.8%） | 97 |
| 食堂饭菜种类少 | 3（3.66%） | 76（92.68%） | 22（26.83%） | 82 |
| 天气不好，不想出寝室 | 3（3.95%） | 62（81.58%） | 35（46.05%） | 76 |

最后，累计 63 人因“学习忙，想节省时间”而选择订外卖。在所有的比例中，这个比例是最小的，累计人数也是最少的，说明学习对订外卖的影响并不大，两者之间没有显著的关联性。

**表 12　“放学晚，食堂拥挤”与“中午”订外卖的相关系数分析**

| Pearson 相关 | | |
|---|---|---|
| | | 中午 |
| 放学晚，食堂拥挤 | 相关系数 | 0.299** |
| | p 值 | 0.003 |
| *p<0.05 **p<0.01 | | |

5. 大学生外卖消费时考虑的因素

从表 13 的数据可知，大学生对外卖最看重的依次是卫生、价格、味道、配送速度，这四个要素是大学生订外卖的核心考虑因素，比例均在 30% 以上，预定方便性和配送速度的影响相对较小，比例为 21% 和 20%。

**表 13 选择外卖的参考标准**

| 选项 | 小计 | 比例 |
|---|---|---|
| 价格 | 99 | 49.5% |
| 卫生 | 162 | 81% |
| 味道 | 97 | 48.5% |
| 菜品多样性 | 40 | 20% |
| 配送速度 | 63 | 31.5% |
| 预订方便性 | 42 | 21% |

在表 14 中，大学生点外卖最担心的问题中，“加工场所不卫生、不正规”与“加工人员不专业、不讲卫生”的选择比例分别为 87.5% 和 78%，两个选项累计选择人数达到了 331 人。“店家使用廉价、过期、不新鲜的食材”和“店家拿‘囤积品’冒充‘现做’出售”的比例分别为 58% 和 40%。这四个问题是大学生点外卖时主要担心的问题。

**表 14 点外卖时最担心的问题**

| 选项 | 小计 | 比例 |
|---|---|---|
| 店家使用廉价、过期、不新鲜的食材 | 116 | 58% |
| 加工场所不卫生、不正规 | 175 | 87.5% |
| 加工人员不专业、不讲卫生 | 156 | 78% |
| 店家拿“囤积品”冒充“现做”出售 | 80 | 40% |
| 店家使用廉价、劣质的餐具和餐盒 | 52 | 26% |
| 无法索取发票，难以维权 | 19 | 9.5% |

下面我们将大学生点外卖考虑的因素逐个进行分析。

（1）食品卫生安全

“卫生”是大学生点外卖时最主要的影响因素，选择比例为 81%。在食品安全问题频发的今天，大学生在外卖的选择上格外重视卫生因素是有理可循的。我们经常在网上看到美团、饿了么等外卖平台上的一些商家被曝出无证经营，很多“黑心作坊”生产食品的环境脏乱差，外卖食品的卫生不能得到有效的保障，导致许多大学生在食用了外卖之后感到身体不适，严重影响了大学生的身心健康。

从表15可知，认为外卖“对身体健康没什么影响”的比例为20%，“对健康有轻微影响”的比例为57.5%，“饮食失衡，对健康造成不好的影响”的比例为11.5%，“会有潜在的致病因素，对健康有很大影响”的比例为11%。从中可以得知，80%的大学生认为快餐外卖对身体健康是有影响的。

**表15 点外卖对身体的影响**

| 选项 | 小计 | 比例 |
|---|---|---|
| 对健康没什么影响 | 40 | 20% |
| 对健康有轻微影响 | 115 | 57.5% |
| 饮食失衡，对健康造成不好的影响 | 23 | 11.5% |
| 会有潜在的致病因素，对健康有很大影响 | 22 | 11% |

从表16得知，26.5%的大学生自己或他的朋友在食用外卖时，遇到过餐盒不洁、食物中出现头发等不卫生的现象。从表17可知，7%的大学生自己或他的朋友遇到过食用了外卖而感到身体不适的情况。

**表16 您或您的朋友在食用外卖时，是否发生过餐盒不洁、食物中出现头发等不卫生的现象？**

| 选项 | 小计 | 比例 |
|---|---|---|
| 有 | 53 | 26.5% |
| 没有 | 147 | 73.5% |

**表17 您或您的朋友是否遇到过，食用了外卖感到身体不适？**

| 选项 | 小计 | 比例 |
|---|---|---|
| 有 | 14 | 7% |
| 没有 | 186 | 93% |

现在外卖食品卫生安全问题频发，不良商家的“黑心制作”，外卖环境脏乱差的问题不止一次被爆料，甚至有小餐馆给中介费，中介就可以帮助餐馆通过网络平台上的店铺审核，而其实开店地址与申请审核的地址并不一致，平台上的餐馆干净、整洁、上档次，而实际的店铺却十分隐蔽，卫生完全得

不到保障[1]。而由此引发的一系列安全问题，数不胜数。结合表中的数据，如此高频率的卫生问题的出现，说明外卖的卫生安全问题已经到了很严峻的地步了。

（2）食品的价格

“价格”是大学生点外卖时的第二大影响因素，比例为49.5%。从表18中我们可以得出，74%的大学生的每月生活费在1001—1500元，占据了绝大部分的比例。在交叉分析中，每月生活费1001—1500元的同学每次订外卖的个人平均消费在10—15元的比例达到了85.14%，不仅比例高，而且人数上也占据了绝对的优势。

**表18　不同月生活费的学生外卖消费的差异**

| X/Y | 小于10元 | 10—15元 | 16—20元 | 20—25元 | 25元以上 | 小计 |
|---|---|---|---|---|---|---|
| 1000元以下 | 5（25%） | 13（65%） | 1（5%） | 0（0%） | 1（5%） | 20 |
| 1001—1500元 | 8（5.41%） | 126（85.14%） | 7（4.73%） | 3（2.03%） | 4（2.7%） | 148 |
| 1501—2000元 | 0（0%） | 17（77.27%） | 5（22.73%） | 0（0%） | 0（0%） | 22 |
| 2001—2500元 | 0（0%） | 1（12.5%） | 2（25%） | 4（50%） | 1（12.5%） | 8 |
| 2500元以上 | 0（0%） | 0（0%） | 0（0%） | 0（0%） | 2（100%） | 2 |

表19的交叉分析中，我们可以得知，每月生活费1001—1500元的同学在每周的外卖消费频率中，1—3次的比例达到了83.11%，人数和比例同样占据了绝对性优势。从中我们可以分析出，大学生外卖消费的频率和价格受每月生活费的影响很大，所以外卖的价格要与大学生的消费能力相匹配。

**表19　不同月生活费的学生订外卖次数的差异**

| X/Y | 0次 | 1—3次 | 4—6次 | 7—9次 | 10次以上 | 小计 |
|---|---|---|---|---|---|---|
| 1000元以下 | 8（40%） | 11（55%） | 2（10%） | 0（0%） | 1（5%） | 20 |
| 1001—1500元 | 24（16.22%） | 123（83.11%） | 7（4.73%） | 0（0%） | 1（0.68%） | 148 |
| 1501—2000元 | 6（27.27%） | 12（54.55%） | 5（22.73%） | 0（0%） | 0（0%） | 22 |
| 2000—2500元 | 0（0%） | 7（87.5%） | 0（0%） | 1（12.5%） | 0（0%） | 8 |
| 2500元以上 | 0（0%） | 0（0%） | 1（50%） | 0（0%） | 1（50%） | 2 |

（3）食品的可口性

“味道”是大学生点外卖时的第三大影响因素，比例为48.5%。在表13中我们可以得知，“菜品多样性”也是一个重要的影响因素，比例为20%。从表9我们可以得知，很多大学生订外卖就是因为食堂饭菜的味道不好，食堂饭菜种类少，所以“味道”和“菜品多样性”在大学生选择外卖时具有重要影响。这也从侧面反映出，高校食堂在食物制作和菜品创新方面有待提升。

（4）服务的便捷性

“配送速度”是大学生点外卖时的第四大影响因素，比例为31.5%。从表20我们可以得知，大学生在订外卖时可以接受的不同订餐等待时间的比例，“15分钟以内”为7%，“30分钟以内”为74%，“一小时以内”为13.5%，“无所谓”为5.5%。这表明，绝大部分人可以接受的等待时间为“半小时以内”。我们点外卖自然希望能在最短的时间内吃到美味可口的食物，但事实上，我们却经常遇到送货超时的现象。“在实际外卖过程中，整个配送环节需要网络接单、制作、包装、发单配送四个环节，外卖基本是熟食商品，现接现做的方式使得其不得不花费至少5—10分钟的时间进行制作包装，而配送由于外卖人员都会同时配送多个消费者的订单，在接单配送过程中又会消耗大量时间”[2]，并且，交通问题和送餐高峰期也是影响外卖配送员按时送达外卖的重要影响因素。

**表20　可以接受的订餐等待时间**

| 选项 | 小计 | 比例 |
|---|---|---|
| 15分钟以内 | 14 | 7% |
| 30分钟以内 | 148 | 74% |
| 一小时以内 | 27 | 13.5% |
| 无所谓 | 11 | 5.5% |

“预订方便性”也是一个重要影响因素，比例为21%。外卖之所以风靡校园，受到大学生的追捧，很多时候就是因为外卖预订方便，手机一键订餐，免除了在食堂长时间排队等候的痛苦。所以，满足订餐的便利，也是影响大学生外卖消费的一个重要因素。

6. 数据分析总结

大学生的外卖消费普遍的原因有两个：一方面是由于外卖自身的各种优

势，如预订方便，食物种类丰富，食物味道可口等，这是影响大学生外卖消费的重要原因；另一方面是高校自身的原因，这也是影响大学生订外卖最主要的原因。食堂饭菜的种类少、味道不好，每到用餐高峰期，到食堂就餐要排很久的队，高校课程的繁重也从侧面影响了大学生订外卖。

外卖虽然给大学生带来了许多便利，但也产生了很多问题，如食品安全卫生问题、外卖餐盒的污染问题都给学校的管理带来了许多麻烦。高校应对外卖的冲击和解决自身的问题的关键是拥抱“互联网 +”时代，效仿外卖商家，开展食堂外卖服务，接下来我们运用数据来说明高校开展食堂外卖服务的可行性。

## 三、食堂外卖的可行性分析

### （一）大学生对食堂外卖的态度

从表 21 可知，7.5% 的大学生对食堂菜品的卫生情况都是很满意的，58.5% 的大学生比较满意，26.5% 的大学生对食堂卫生情况持中立态度，6% 的大学生比较不满意，1.5% 的大学生对食堂卫生情况不满意。总的来说，66% 的大学生对食堂的卫生状况是满意的，这与外卖商家有很大的区别。

**表 21　食堂菜品的卫生情况满意度**

| 选项 | 小计 | 比例 |
|---|---|---|
| 很满意 | 15 | 7.5% |
| 比较满意 | 117 | 58.5% |
| 一般 | 53 | 26.5% |
| 比较不满意 | 12 | 6% |
| 很不满意 | 3 | 1.5% |

从表 22 可知，如果食堂的菜品多样化，24.5% 的大学生会增加在食堂就餐的次数，66% 的大学生基本会增加在食堂就餐的次数，8% 的大学生持不确定态度，1.5% 的大学生持反对态度。总的说来，90.5% 的大学生都表示会增加在食堂的就餐次数。

**表 22 如果食堂的菜品多样化，您会增加在食堂就餐的次数吗？**

| 选项 | 小计 | 比例 |
| --- | --- | --- |
| 支持 | 49 | 24.5% |
| 基本支持 | 132 | 66% |
| 不确定 | 16 | 8% |
| 基本不支持 | 3 | 1.5% |
| 不支持 | 0 | 0% |

从表 23 可知，如果食堂菜品味道改善，总计 91% 的大学生表示会增加在食堂的就餐次数，只有 5.5% 大学生持不确定态度，3.5% 的大学生持反对态度。

**表 23 如果食堂菜品味道改善，您会增加在食堂就餐的次数吗？**

| 选项 | 小计 | 比例 |
| --- | --- | --- |
| 支持 | 54 | 27% |
| 基本支持 | 128 | 64% |
| 不确定 | 11 | 5.5% |
| 基本不支持 | 6 | 3% |
| 不支持 | 1 | 0.5% |

从表 24 可知，对于食堂开展外卖服务的问题，25.5% 的大学生表示支持，53.5% 的大学生表示基本支持，16.5% 的大学生持中立态度，3% 的大学生表示基本不支持，1.5% 的大学生表示不支持。总计 79% 的大学生是支持食堂开展外卖服务的。

**表 24 如果食堂开展外卖服务，您会支持吗？**

| 选项 | 小计 | 比例 |
| --- | --- | --- |
| 支持 | 51 | 25.5% |
| 基本支持 | 107 | 53.5% |
| 不确定 | 33 | 16.5% |

续表

| 选项 | 小计 | 比例 |
|---|---|---|
| 基本不支持 | 6 | 3% |
| 不支持 | 3 | 1.5% |

从数据资料来分析，食堂如果改善食物的制作手艺和菜品的多样性，绝大部分的大学生明确表示会增加在食堂的就餐次数，而对食堂开展外卖服务也是非常支持的。所以，从数据上来说，高校食堂开展外卖服务是可行的。

（二）食堂外卖服务的可行性

高校食堂开展外卖服务在具体操作中也有很大的优势。我们可以从大学生订外卖最关注的四个因素：卫生、价格、味道、配送速度来具体分析。

卫生。“首先，校外餐馆的外卖与学校食堂校内监管力度上有很大差别。无论是学校自主经营的还是外包的食堂，学校都有着安全监管的权利。外包的食堂都从属于同一饮食中心进行管理，饮食中心是校内组织，拥有校内编制，需要对其后勤部负责。而食堂的安全、卫生问题，是他们工作的重点。所以，一般每天都有食堂自查，每周都有饮食中心检查，如果卫生情况不达标，那么可能会影响到学校对于食堂的租金补贴力度（以外包食堂为例）。而承包食堂的合同里，卫生安全问题是不可触碰的红线。在餐食的制作上，近几年出现的‘黑心商家使用地沟油’新闻更是推动食品安全成为广大群众关心的重要问题。食堂用的油是经过国家严格检查的，不会出现反复多次用油的情况。”[3]在卫生方面，高校食堂与外卖商家相比，有着无与伦比的制度监管优势，能极大地保障食品的卫生安全。以川北医学院为例，食堂有着公开的匿名监督举报渠道，食堂食材的采购情况每天都会公示出来，食材的管理、筛选、消毒、烹饪过程都会通过监视器监督记录，并实时播放到食堂大厅，学生可以全程监督。这就从卫生安全上证实了食堂外卖的可行性。

价格。从表18我们得知，大学生每月的生活费大部分都在1001—1500元，对外卖价格的接受区间为10—15元。而高校食堂的价格相对来说要低许多，以川北医学院老食堂为例，午餐的价格有三档：（1）6.8元，一荤一素；（2）8.8元，两荤一素；（3）10.8元，三荤一素。总的价格都低于外卖的价格。即便食堂开展外卖在打包费和配送费上再加1.5元，总的价格还是低于外卖的价格。这在价格上形成了食堂外卖的可行性。

味道。味道是影响大学生订外卖的一个重要因素，而从表22和表23可知，食堂改善食物的味道和菜品多样性，大学生都乐意增加在食堂的就餐次数。同样以川北医学院老食堂为例，川北医学院老食堂属于外包食堂，在价格上略高于学校自主经营的食堂，但在味道和菜品多样性上却有了显著的改善。自从外包食堂开始营业后，学生去食堂就餐的规模和频率明显增加。食堂开展外卖服务，在价格上相对于外卖商家有优势，在味道上又有很大的改善，这就从价格和味道的双向影响下证实了食堂外卖的可行性。

配送速度。从表20可以得知，74%的大学生可以接受的外卖订餐等待时间为“半个小时以内”，而校外的外卖商家因种种原因，经常不能按时送货，导致学生不能及时吃上午餐，这极大地影响学生在下午的学习效率。而食堂在配送时间的控制这方面，有得天独厚的优势，既能够保证配送的及时性，也能提供配送地点的多样性。学生能够自由地选择就餐地点，既可以选择在食堂就餐，也可以选择食堂将食物配送到其他指定地点。这在配送速度上保证了食堂外卖的可行性。

食堂开展外卖服务，在卫生、价格、味道、配送速度上占据很大的优势。这些优势相互促进，共同构成了食堂外卖服务的可行性。

## 四、高校食堂开展外卖服务的建议

### （一）在线点餐

随着互联网的发展，商业与互联网之间的关系更加紧密，各种外卖平台借助互联网的力量得到了爆发式的增长，人们的就餐选择不再受到地域限制，高校学生的餐饮现状与过去相比发生了巨大的改变。而高校食堂要开展外卖服务，第一要务就是借助互联网的力量，设计在线订餐平台。

高校食堂可以借助微信公众号搭建自己的网络在线订餐平台。以川北医学院“食悦家”外卖为模型，订餐系统主要分为四个板块。（1）订餐界面：包括菜品的选择、配送时间和地点的选择；（2）个人信息界面：个人资料、订餐记录、预存款、积分；（3）社区界面：学生可以反馈对各种菜品的意见以及满意度，并对最美味的菜品进行投票；（4）积分界面：可以用订餐积累的积分兑换各种优惠券。

食堂作为广大学生的传统就餐地，运用“互联网+”模式的高校食堂外卖服务必将获得学生的广泛好评。

（二）配送服务

配送是外卖服务中非常重要的一个环节。如果配送不到位，就有可能导致学生对高校食堂外卖的支持度降低，使高校食堂外卖失去在外卖市场的竞争力。因此，高校食堂要合理地规划订餐配送制度。

配送人员可以通过招聘学生兼职的方式来实现。学生对本校的地理位置、上课时间各方面都比较熟悉，在外面配送这方面有很大的优势，但是也应该对兼职者进行培训、考核，从而提高消费者的消费体验。

（三）营销方式

根据调查，大学生获取外卖信息的渠道主要是通过同学的建议、传单、软件推荐，所以高校食堂应注重在这些方面的宣传，吸引学生的关注。同时，高校食堂也可以在节假日推出一些优惠活动，比如端午节送粽子、中秋节送月饼等活动，提高学生的外卖消费体验。

在用餐高峰期鼓励学生提前在网上订餐，减少学生的外卖配送等待时间，既有利于学生及时地吃到饭菜，又能减少食堂工作人员和外卖配送人员在用餐高峰期的工作强度。

（四）菜品创新

高校食堂推出的新菜品都会受到学生欢迎，但经过一段时间后，热度就会减退，直至最后无人问津。学生们表示，销量上涨后，商家忽略了对色香味的把控，所以商户无法持续经营下去，导致有些窗口在一个学期内更换好多商户。所以，食堂在推出新菜品后，要不断加强对新菜品的品质管理，同时也要不断向其他高校食堂学习，引进他们的热销菜品，这既有利于解决学生“吃饭选择困难症”的问题，也有利于提高高校食堂外卖服务的竞争力。

**参考文献：**

[1]赵耀. 大学生外卖消费现况及其影响因素分析：以安徽财经大学为例[J]. 现代商业，2016(20)：164－165.

[2]邹泽庆，曹亚楠，王宏阳. 大学生食堂在线点餐系统的设计与实现[J]. 经济研究导刊，2018(14).

[3]唐欣雨. 在线高校食堂的构建及校内外卖可行性分析[J]. 电脑知识与

技术,2018(13).

[4]王诗.关于高校食堂外卖服务可行性研究:以安徽财经大学为例[J].现代商业,2018(10):183-184.

[5]王晓辉.基于O2O模式的餐饮外卖营销策略研究:以河南大学美团外卖为例[D].开封:河南大学,2016.

[6]高庆.基于大学生消费行为的学生食堂服务满意度研究[D].成都:西南交通大学,2012.

[7]李宇涵.基于使用与满足理论下大学生美团外卖App使用研究:以南昌高校为例[D].南昌:江西师范大学,2016.

[8]朱永涛.大学校园外卖现状及其给食堂的启示:基于苏州某高校的实证调研[J].高校后勤研究,2017(3).

[9]韩梦思,张娜,孟祥旭.大学生外卖消费情况调查[J].合作经济与科技,2017(2):92-93.

# 象棋中的管理之道

## ——我的管理学

刘鑫宇

财务管理2017级

**摘　要：**人生如棋，管理亦如一盘棋，现代企业管理人员的得失，正是下好一盘棋的关键，本文以著名象棋残局与典型管理学案例做分析，化象棋之道，类管理之法。综合二者特点，将象棋的学问渗透入管理，以象理化为管理之道。

**关键字：**象理；现代企业；管理

象棋，称为象者，象也，演象之棋也。从象理入道，即从象理角度出发，达到对事物的认识和实践。而管理学是一门综合性的交叉学科，是系统研究管理活动的基本规律和一般方法的科学。管理学是适应现代社会化大生产的需要产生的，它的目的是：研究在现有的条件下，如何通过合理地组织和配置人、财、物等因素，提高生产力的水平。象棋之中有管理，管理之中有象理。以象理入管理，助管理每一步棋，稳中有进；以管理入象棋，助棋局逢凶化吉，枯木逢春。

### 一、清楚棋局，统筹管理

棋盘为长方形的平面，由九条平行的竖线和十条平行的横线相交组成，共有九十个交叉点，楚河汉界将九十个交叉点对半分，双方棋盘正中刻有米字九宫格。其间落子，共三十二位，双方各十六，分别有帅（将）各一，车（車）各二，炮各二，马各二，象（相）各二，士（仕）各二，兵（卒）各五。各行其道，各司其职，又共同合作，共进将军以达到目的。

（一）从底层入手，以兵将军

兵在象棋中是数量最多、移动最为缓慢的一种棋子，有“过河不回头”

的特点。这个从兵行线（卒林线）出发的底层棋子，常被作为献吃的首选。但能够利用好小兵，才是大将的风度。小小的一个兵，也有：高兵〔泛指不低于对方卒（兵）林线的兵（卒）〕、低兵〔泛指低于对方卒（兵）林线的兵（卒）〕、底兵/老兵〔位于对方底线的兵（卒）〕、过河兵〔高于己方河头线的兵（卒）〕、兄弟兵〔双兵（卒）连在一起〕、对头兵（双方未过河的兵卒在同一路上向着对方）、花心兵〔位于九宫中心的兵（卒）〕、咽喉兵〔在宫心线上接近九宫的兵（卒）〕等诸多称谓及打法。

管理好兵即是管理好底层员工。身为一线工作者，兵常常有被献的考量。从开局来看，炮二平五首先就要打下中兵，炮二进四也是以兵作为压制的对象，马三进四也是要吃掉中兵……兵，在更重要的棋子之前常常被首先牺牲。在一个公司中，底层的初级职员相比于经理和组长，往往更容易被开除，但初级职员不可或缺，没有初级职员填写每一个订单，就没有分析师统计数据的来源。就一个庞大的万人企业而言，一线的工作者常常就占了八千。安抚好底层工作者往往是保证企业高效运转的基础。同样一方的十六个棋子中，兵就占了近五分之一，运用好兵，常常会有奇效，如二鬼拍门（双兵逼近对方九宫的一种战术）或铁门闩〔以炮镇中路限制对方士、象的活动，兼以车或兵（卒）守着对方的将（帅）门〕等有利局势。中国象棋古代著名的四大残局，无一不是有多个兵限制了将的位置，著名残局——蚯蚓降龙中，在失去了众多的棋子之后，往往作为得力干将的车，反而不如小小的兵卒，双车虽矫若强龙，但始终被两卒牵制，故名“蚯蚓降龙”。而在著名残局——千里独行的中后阶段，黑方边卒兼程疾进，奔袭红方主帅，故题“千里独行”，真有“行军千里奔卒忙”的情景，迫使红方最后不得已弃车成和。不难得出，兵（卒）在象棋之中的重要性。

我们以一个著名的公司案例来做分析：

著名的美国国际商业机器公司——IBM 公司，在管理中始终把尊重雇员放在首位。公司制定了职业保障政策，使其故意深受其惠。公司尽量发挥雇员的才能，当工作要求改变时，仍然留用；当发现他们在现实工作中有困难时，便给以另一种工作机会。公司这种能够避免解雇和失业的政策，促进了员工对企业的忠心和对工作的献身精神。

除了职业保障，公司对雇员的尊重同样重要。在公司的管理工作中，处理人事问题所花的时间比处理产品问题的时间还多。他们创立了“开门”政策，任何人都可以直接向公司最高层提出申述。多年来，公司的福利对于服务期限（工龄）相同的雇员，不论职务高低都一视同仁。在人际方面，另一个重要的因素是不断提供晋升的机会。公司的管理人员大多是从所属单位中的最底层挑选上来的。这是保持士气旺盛的一个重要因素。

IBM公司的职员本位思想，即是一个合理利用职员的经典案例，通过把握最基础的“兵”，使“兵”最大限度地发挥作用。将兵当车用，现代企业应牢牢把握每一个职员的忠诚度，人尽其才，这是以象理入管理的典型方法。

（二）统筹兼顾，车马并用

在象棋中除了兵，有泾渭分明的攻守两大类棋子，车、马、炮以攻击为主，防守为辅；象、士则以防守为主，进攻为辅。而每一个棋子能发挥作用的方式亦不同，马走斜日，马一次可走的选择点可以达到四周的八个点，故有“八面威风”之说。如果在要去的方向有别的棋子挡住，马就无法走过去，俗称“蹩马腿”。象飞斜田，相（象）的活动范围限于河界以内的本方阵地，不能过河，且如果它走的田字中央有一个棋子，就不能走，俗称“塞象眼”。车行斜线在象棋中威力最大，无论横线、竖线均可行走，只要无子阻拦，步数不受限制。因此，一车可以控制十七个点，故有“一车十子寒”之称。炮打翻山，炮在不吃子的时候，移动与车完全相同。当吃子时，己方和对方的棋子中间必须间隔一个棋子（无论对方或己方棋子），炮是象棋中唯一可以越子的棋种。明确每一个棋子的作用和能力，才能使企业管理更加协调，将每个人的特长对应到相应的部门，在部门之中又按照对应的象理，使士行士线，炮走炮路，步步紧逼，直线照将。

因此，企业在为员工匹配职位时一定不能盲目，企业必须在员工特点和专业的基础上为员工选择合适的岗位，不能因为企业缺少某个岗位员工就随意安排，盲目分配不仅会浪费企业资源还会影响企业未来的发展。虽然企业员工的工作职责明确，但是企业要丰富员工的工作内容和形式，否则员工每天重复相同的工作内容，没有自己的想法，机械地工作，这样的工作质量和效率都无法达到预期。员工在进入一家企业后，都希望企业能够根据自己的情况为自己制订职业生涯规划，这样员工才有工作动力，有奋斗的目标。如今，很多员工进入企业后看中的并不是薪酬，而是未来的发展，企业需要为员工提供升职的途径，才能让员工在企业贡献出自己的力量。

## 二、象理教人，棋理管事

象理管理的本质是人本位，而人本管理思想强调依靠人，在人力资源管理中，就要展示出企业以及管理者对员工的认可和依靠。因此，在人力资源管理中，首先应广泛应用的，就是情感管理，也就是之前提到的从“兵”开始，即企业要增强对员工的内心关怀，让员工明确其自身价值，以此来增强员工对企业的认同感与归属感，使员工感受到企业对自己的重视和肯定，认同员工是企业经营中重要的一部分，承认员工在展现企业经营状况和企业社会职能方面的积极价值，以此为中心，充分展示出人力资源管理对员工的关怀。在企业能够相信员工，依靠员工，肯定员工对企业发展的积极价值的情况下，人力资源管理工作就从制度化的管理逐渐转变为人性化管理，因此，实施自主管理也是十分有必要的。自主管理，即员工可以按照自身工作的实际需求，对企业管理的相应步骤进行自主制定或规划。从象理而言，就是马行马线，车走车路，简单来说就是让员工“自己管理自己”。要做到这一点，需要将人力资源管理的模式进行改善和创新，简言之，就是将传统的自上而下的管理逐渐转化为民主管理。民主管理的初衷是相信员工具有自我发展的意识，能够进行良好的自主管理。民主管理可以从以下两方面进行：首先，在制定人力资源管理规章制度方面，请员工对现有的规章制度提出建议，或者充分调查员工的发展需要，修改人力资源管理规章制度，将修改之后的管理规范进行公示，征求员工的反馈意见，组织员工统一学习人力资源管理规范，强调员工“按照自己制定的规则”进行工作；其次，在员工绩效管理和激励等方面，鼓励员工进行互相监督，互相管理，在每个岗位上树立规范性榜样，强调工作榜样的服务价值，引导员工学习榜样，在工作中遇到问题时，能够主动思考工作榜样的处理方法和处理态度，从而调整自己的工作态度。

除了人力资源管理，象理还可以用于企业文化管理。企业文化管理是现代企业管理中的重要内容，所谓企业文化，是企业在长期的经营过程中形成的企业核心价值观，这种核心价值观不仅表现在企业的内部经营当中，也表现在企业对外的形象建设方面。可以说，文化管理既是企业内部管理，又是企业外部管理。传统的企业文化管理以企业核心员工共同认可的工作价值观以及企业经营目标为主线，通过宣传、学习的方式，将企业文化确定并扩散到整个企业当中，在企业内部确定好核心文化后，以企业形象宣传的方式，将企业文化扩散到外部市场环境中。象理管理思想将尊重人作为企业经营管理的最高宗旨，使员工能在自己棋子的身份上明确自己的动向，不越界。这一管理思路使企业文化管理形成了新的管理路径，即企业文化以多核心、多元化的形式进行。一切与企业经营相关的、有利于企业发展的文化都可以纳入企业文化系统中，企业员工在实际工作中所表现出来的一切正面的、积极的状态都能够作为企业文化的组成部分，一切企业合作伙伴、企业的客户、消费者群体对企业发展、企业产品以及服务提出的需要，都可以接受其作为企业文化发展的目标。在企业文化管理的认知层面，以尊重人为核心，接纳一切有利于企业发展的文化定义和思想，将其优化并纳入企业文化当中，形成多核心文化，企业的员工文化、企业的技术文化、企业的市场文化、企业的服务文化，定义可以是不一样的，但是互相不冲突；在企业文化管理的执行层面，以尊重人为主要方法，摒弃以往“轰炸式”宣传的方式，而是重视通过实际的管理工作，去践行和展示企业文化，实现多元化的管理。

综上所述，象理管理思想对企业管理工作有非常重要的指导和帮助作用，每个企业管理工作的实际需求不一样，象理管理思想的应用模式也不一样，象理管理可以应用在企业管理的各个方面，其具体的管理效力的产生，应以企业管理的实际情况为基础，这是值得企业管理者们进行深入实践和讨论的。

**参考文献：**

[1]李久敏.人本管理理论在企业管理中的运用方式分析[J].现代营销(下旬刊),2017(9):31－32.

[2]王庆.浅谈人本管理理论在现代企业管理中的应用[J].赤子(上中旬),2015(3):142－143.

[3]李雁燕.对人本管理思想在企业管理中应用的探讨[J].现代营销(下旬刊),2018(4):120－121.

# 人工智能时代传统会计的转型与发展

程雨婷
财务管理2017级

**摘　要：**近年来，我国的财务管理逐步与国际接轨，尤其在财务会计领域已基本与国际会计准则趋同，但是在财务管理应用领域，我国企业仍以财务会计为主，管理会计虽然得到了不同程度的发展，但离国际先进水平的差距还较大，管理会计的应用还有待提高。因此，财务管理要结合实际、顺应时代，充分利用人工智能这一新技术来促进和提高企业的财务管理工作水平。本文首先介绍人工智能对会计职能的影响；其次分析人工智能时代财务会计向管理会计转型的动因；最后提出在人工智能时代财务会计向管理会计转型的策略，最终目的是希望为传统会计的从业人员提供未来发展方向和策略。

**关键词：**人工智能；传统会计；动因；策略

## 一、人工智能对会计职能的影响

2016年围棋领域的“人机大战”掀起了一股人工智能浪潮。由此，人工智能的发展引人深思。人工智能（Artificial Intelligence），英文缩写为AI，它是研究、开发用于模拟、延伸和扩展人的智能的理论、方法、技术及应用系统的一门新的技术科学。2016年3月，四大国际会计师事务所之一的德勤会计师事务所宣布与Kira systems合作，将德勤机器人引入会计行业，标志着财务人工智能时代来临。

会计的基本职能包括核算和监督，核算职能指对企业各项经济活动的确认、计量、记录与报告。由于操作的标准化和规范化，财务逻辑性强，财务信息化和自动化程度较高，在人工智能时代财务核算的大部分工作可以通过财务智能化解决。由于ERP系统（“网络公关系统”或“E公关系统”）的普及应用，企业的会计监督工作也基本实现了财务业务与控制一体化管理。随着人工智能的逐步深入发展，智能财务管理系统以智能财务共享平台和智能管理会计平台为基础，财务机器人可以基于强大的深度学习、计算和响应能力，根据财务管理流程，自主收集相关信息，进行信息分析及财务决策，来逐步取代人类。在企业财务管理中应用人工智能完全可以实现高效、先进的财务工作，例如预测、计划、预算、决策、分析和控制等。因此，人工智能的加入很可能导致大量基础会计人员失业，人工智能甚至有可能完全代替传统会计人员。

## 二、人工智能背景下企业财务管理人员的定位

### （一）人工智能背景下对传统会计人员的挑战

人工智能的发展给传统会计人员带来的最大的挑战就是其很可能被机器人取代而失业。陶雪梅、彭瑞峰（2017）认为，由于人工智能越来越广泛地应用于会计核算中，从而大大减少了传统基础核算岗位会计人员的需要，很大一部分会计人员面临着失业的威胁。盛炜（2018）认为，随着人工智能技术的发展，未来智能系统很可能进一步参与到会计决策之中，基础岗位的会计人员很可能面临失业威胁。张紫馨等（2016）认为，除了核算会计人员，审计、税务会计人员也同样面临着人工智能的影响。由于智能机器系统在模仿人类智力的基础上又克服了人类具有主观性的一些特点，可以更客观地进行审计、税务分析工作，由此减少对审计、税务人员的需求。

### （二）会计人员的机遇

在信息时代背景下，面对不断推陈出新的人工智能技术，我们首先要意识到高重复性、低复杂性的工作正在逐渐被人工智能取代。这是一个不可逆转的趋势。在这样的背景下，为了不被人工智能取代，作为会计从业者应当至少做到以下两点：一是做同样的事情，你应该比人工智能便宜。要做到这一点，你的工作性质必须是重复性较低的工作，因为低重复工作会使人工智能的高频计算无用武之地从而无法实现其规模成本优势。二是你要做人工智能做不到的事情。也就是说，你的工作是一项复杂程度非常高的工作。对于人工智能来说，有两个最困难的地方：一个是与人沟通交流（比如当前热门的政治、外交）；二是不断获取和判断新信息和新事物（比如当前迅速变化的商业环境等，人工智能很难根据新情况做出新的准确的判断）。反观生活中的例子，人工智能替代的第一批工作必然是高重复性、低复杂性的，如收银、出纳、报告生成、报税等。会计职能除了基本职能，还有预测经济前景、参与

经济决策、评价经济业绩等拓展职能。这些职能单独由人工智能很难完成，基本还是要靠人脑解决。

## 三、人工智能时代传统会计转型的推动因素

### （一）管理会计更能适应财务智能化管理需求

管理会计，又称“分析报告会计”，与财务会计并列，着重为企业进行最优决策，改善经营管理，提高经济效益服务等，它包括成本会计和管理控制系统两大组成部分。管理会计需要针对企业中不同部门编制计划、做出决策、控制经济活动的需要，记录和分析经济业务，“捕捉”和呈报管理信息，并直接参与决策控制过程。现代管理会计的职能是解析过去、控制现在、筹划未来，企业实施管理会计的主要目的是为企业管理者进行管理和决策提供财务信息。简单说管理会计的目的是管理，企业的管理会计人员能够参与企业的经营管理，进而提高企业的经济效益及竞争力。管理会计的主要工作职能包括分析、预测、决策、预算、控制和评价，这些职能刚好与财务智能化相契合。而目前我国财会行业仍以传统的财务会计为主，财务会计是以事后记录价值为主，显然在大数据时代下对企业战略管理满足度的需求降低，相对于财务会计侧重财务核算和财务报告的特点，管理会计更注重内部管理，注重事前预算、事中控制和事后评估，能为企业管理提供运营决策的支持。因此，财务会计向管理会计转型是企业战略管理的内在要求。

### （二）传统的财务会计无法满足人工智能时代企业的生产需求

在高速发展、信息爆炸的人工智能时代，信息瞬息万变，企业管理对财务人员提供的数据的准确性、时效性要求不断提高。但传统财务会计通常按月、季、年提供财务报告，最快也要按月提供财务报告信息，这些数据通常至少是一个月之前的数据，很多已经与实际情况大相径庭，这些历史数据已不能反映企业的真实情况。所以，传统的财务会计提供的财务信息已不能满足现代企业管理的需要。传统会计转型升级迫在眉睫。

### （三）国家对新型管理会计的需求增大

基础会计人员饱和，高级复合型财务管理人员短缺是中国财务管理行业的共同现状。

2014 年 10 月 27 日，财政部以财会〔2014〕27 号印发《关于全面推进管

理会计体系建设的指导意见》，按财政部的规划，我国需在 5 ~ 10 年的时间里使管理会计的发展接近或达到世界先进水平。2016 年 6 月 22 日，财政部发布《管理会计基本指引》，标志着管理会计从顶层设计迈向落地实施阶段。2016 年 10 月，财政部《会计改革与发展“十三五”规划纲要》直接将管理会计列为“行业急需紧缺人才”。2017 年 9 月，财政部发布了《管理会计应用指引》。财政部正在紧锣密鼓地制定和完善管理会计制度体系，接下来必定将在全国推动执行管理会计工作，政策因素也必然推动传统会计向管理会计转变。

## 四、人工智能时代传统会计转型的策略

### （一）传统会计人员完善自身知识技能

从积极的角度看，人工智能时代背景下的变化其实是鞭策传统会计人员提高自身核心竞争力的一次契机。这要求传统会计人员努力向高级财务人员过渡，要求其能够掌握会计行业的各项模型、法律法规、管理理论和电子信息技术，能够更有效地理解财务数据背后的含义和隐藏信息，从多个角度看待公司的发展状况和发展前景，能够有效帮助公司克服各种预期障碍，并且消除这些障碍。

### （二）传统会计人员应加强新型技术的学习

优胜劣汰，适者生存一直是社会发展的趋势。传统会计人员要想在人工智能革命中不被淘汰，就需要顺应科技的发展，加强计算机等先进技术的学习，适当掌握部分必要的人工智能技术，及早做好适应人工智能时代的准备。如配合科研人员成为人工智能财务管理系统的设计者，维护和升级智能财务管理程序。由于计算机需要智能维护和更新，以满足企业不断变化的需求，因此传统会计人员与智能机器人科学研究人员可以互相学习优势，充分发挥财务管理及会计行业的特殊优势，与科研人员合作，继续在智能程序设计、计算机硬件和软件的开发、智能机器维护和升级中发挥着重要作用。因此，传统会计人员如能适应科技发展，不断学习，找准自身价值和定位，就有利于长期的职业规划和发展，从而不被人工智能时代淘汰。

### （三）与科研人员相配合，发展人工智能财务管理系统

信息的不断发展和革新，要求对计算机进行维护和更新。专业的科研人员不一定是专业的财务人员，对相应知识的了解不一定全面。因此，科研人

员和财务人员可以利用各自的学科优势。会计人员可以与科研人员合作，继续在智能程序设计，计算机硬件和软件的开发，智能机器维护、发展和升级中发挥重要作用。

（四）提高自主的创新发展能力，正确看待人工智能的发展

人工智能是人类智慧的产物，因此，人工智能不可能完全取代人类智慧。虽然人工智能相较于人类，在数据处理和记忆板块更灵敏、更具有优势，但是，人类应正确看待人工智能的发展，客观看待传统会计与人工智能的关系，并对人工智能产生正确的认知。人类应该在不断的发展中进步，努力转变落后的传统认知、观念，掌握先进的技术和知识，让人工智能更好地发展。

我国人工智能与会计的结合程度还处于初级阶段，人工智能主要作用于会计核算，处理会计工作中高重复性、低复杂性的工作。但就会计的预算、决策、管理等智能，人工智能目前能起的仅为辅助作用，尚不能完全代替人类工作，也无法独立做出会计决策。但尽管如此，人工智能对传统会计人员的影响也是不容小觑的，且随着人工智能技术的不断深入发展，对传统会计人员的影响也会不断扩大。可以预见的是，会计与计算机的全面结合以及人工智能与会计这一职业的结合将更加深入。因此，相较于担心人工智能取代传统会计，会计人员与其把自己置于被动地位，不如主动探索，在适应人工智能发展的同时不断完善自身，提高自身技能，努力降低自身被替代率，让人工智能技术带动会计行业朝更加智能化、效率化、先进化的方向发展，进一步推动会计行业的振兴和发展。

**参考文献：**

[1]高连术.浅议人工智能时代财务会计向管理会计的转型[J].中国商论，2018(30):6－7.

[2]唐倩.人工智能时代的会计综述与展望[J].河北企业,2018(9):23－24.

[3]沈捷,刘赣华,刘慧宇.人工智能技术在企业财务管理中的应用[J].合作经济与科技,2018(20):126－127.

[4]向燕娟,刘开华.人工智能对传统会计的影响与对策研究[J].中国市场,2018(23):126－127.

# 浅谈医务社工与情感缺失型老年患者的沟通技巧

陈臆朵

社会工作2017级

**摘　要：** 随着中国经济社会快速发展，人民生活和医疗卫生保健事业的巨大改善，生育率持续保持较低水平，老龄化进程逐步加快，我国已进入老龄化社会，因此，医务社会工作者熟练掌握沟通技巧是开展个案工作、小组工作以及社区工作等必不可少的一项技能。沟通是人与人之间、人与群体之间思想与感情的传递和反馈的过程，以求思想达成一致和感情的通畅，是人们分享信息、思想和情感的任何过程。医务社工掌握与情感缺失型老年患者的沟通技巧，就要有收集信息和发送的能力，再通过语音或语言来有效向患者表达自己的想法、感受与态度，也能较快地解读患者的信息，了解患者的想法与态度，及时使患者得到情感上的反馈，心理感受到温暖。

**关键词：** 医务社会工作；沟通技巧；老年患者；情感缺失

## 一、引言

1956年联合国《人口老龄化及其社会经济后果》规定，“当一个国家或地区65岁及以上老年人口数量占总人口比例超过7%时，则意味着这个国家或地区进入老龄化”。第六次全国人口普查的数据显示，60岁及以上人口占13.26%，比2000年人口普查上升2.93个百分点，其中65岁及以上人口占8.87%，比2000年人口普查上升1.91个百分点。中国人口年龄结构的变化，说明随着中国经济社会的快速发展，人民生活和医疗卫生保健事业的巨大改善，生育率持续保持较低水平，老龄化进程逐步加快。

## 二、老年患者特点

（一）生理特点

随着年龄的增长，老年人的身体素质逐步降低，老年人的患病概率也大大提高。老年患者的生理方面也出现不同程度的差异，其特点大致如下：

1. 机体衰老，代谢功能紊乱

老人步入花甲，身体素质日渐降低，新陈代谢速度也呈下降趋势，患的病种随之增多，疾病间相互影响，共同作用于机体，进一步加快机体衰老，加剧代谢紊乱，譬如对脂肪和糖代谢减弱易致高脂血症和糖尿病。

2. 免疫力降低，多种疾病并存

老年患者的免疫力普遍下降，免疫细胞数量减少，肌肉萎缩，身体水分减少，肝肾功能减弱，心率减慢，血管硬化，由此加重机体的消耗形成恶性循环，身体素质就越发降低。而身体水分的减少，影响体温调节，老年患者对环境温度的变化适应能力也逐渐降低，易引发感冒、发烧。

3. 个体差异大

同是老年人，但不同个体，其体质不尽相同，对药物的敏感性差异也很大。有的老年患者衰老较快，有的衰老较慢，各个脏器功能差别也较大，所以应综合考虑，实行个体化对症治疗。

（二）心理特点

人一旦进入老年时期，除机体生理方面的衰老，心理方面也在发生退行性改变。心理学研究表明，老年病人心理变化的总趋势是“减速”或“下降”。

1. 老年患者的感知认识活动发生退行性改变

这不仅体现在视觉、听觉、嗅觉、触觉、味觉五官感知器官的变化，还体现在记忆力、认知能力等其他地方，思维也受此影响而变得局限。

2. 老年患者的情绪波动起伏大，易有消极情绪产生

一些老年患者曾有稳定体面的工作，是领导者、组织者，在家庭社会上享有一定地位。一旦生病，伴随着家庭地位的下降与工作的丢失，老年患者情感缺失现象尤为明显，极度渴望关怀和受重视，对他人的依赖感也异常突出。此时的老年患者敏感、紧张，极易有消极情绪，例如焦虑易怒、自暴自

弃，对医生提出的检查和治疗产生抗拒，且伴有孤独感、失落感、忧郁感和恐惧感等。

（三）社会生活特点

随着现代经济的不断发展，医学改革不断深入，老年患者的生活水平不断得到提高，更加注重生活质量和功能改善，同时将此作为治疗的重要目标和最佳选择。此外，一些慢性病老年患者还热衷于社区活动，以此得到情感的寄托，身心得到治愈，同时对疾病治疗也有一定的辅助作用。由于慢性病需要长期治疗和调养，建议慢性病患者定期体检，以及时全面掌握身体健康状况，促进个体化综合治疗。

## 三、老年患者常见疾病

此处以解放军总医院老年急诊科于 2008 年 1 月至 2010 年 12 月就诊的 4062 例老年患者为例。

老年患者常见疾病按系统所占比例，排名前 5 位的是呼吸系统、心血管系统、神经系统、消化系统及外伤，疾病患病率排名前 5 位的疾病依次为上呼吸道感染、外伤、胃肠炎、短暂脑缺血发作和心绞痛。因此，老年患者应更加重视呼吸系统疾病及外伤的预防，加强对内分泌代谢系统、泌尿系统疾病的防治。

## 四、医务社会工作及其发展

医务社会工作是指在医疗机构中的医患之间建立的“独立第三方”机制，充当第三方的工作者是具有资质的社会工作者，他们围绕医疗过程开展工作，协助病人及家属解决与疾病有关的心理、社会、经济和家庭问题。

医务社会工作者简称医务社工，他们秉承“助人自助”核心价值理念，以利他主义为指导，在医院和医疗卫生机构中为患者提供心理关怀、社会服务的专业社会工作者。医务社工在掌握扎实基础的专业知识的前提下，有较强的法律知识背景和较多的医学知识，熟练运用医学、心理学、社会学、法学等多门学科。

与医生、护士不同的是，他们为患者提供的是“非医学诊断和非临床治疗”（浙江大学医学院郭永松教授对医务社工的定义）。医务社工是医院里一个特殊的“治疗”团队，他们用生命影响生命，他们是医师的助手、护士的伙伴、患者和家属的朋友、家庭的保护人、社区的组织者、其他专业技术人员的合作者。他们坚持接纳、个性化、保密性等助人的基本原则，综合运用多种沟通技巧如倾听、引导、对峙、总结等与案主交谈；运用理性情绪治疗法，理论联系实际帮助案主改变其非理性信念，协助其学习用理性思维方式思考问题。

20 世纪 80 年代，社会学者引进医务社会工作，依托医疗卫生服务开展社会工作成为推进医务社工的重要方式。在实践中，社会工作者运用社会工作的专业方法，为在生命历程中遭遇困难、受到疾病困扰的社会成员提供助人服务，协助医护人员完成医疗工作。随着医疗卫生事业的改革深入，人们对自身健康的相关需求不断增加，医务社会工作自身也在不断发展，其范围已经涉及社区照顾、公共卫生、政策倡导、医疗纠纷的预防与调节等方面。医务社会工作作为社会工作的一个分支，在现行医疗制度改革、医疗服务日益完善的大背景下，其地位和作用逐渐凸显。

## 五、医务社工与老年患者的沟通技巧

沟通是人与人之间交换意见、观点、情感的双向过程，可使两个人互相了解，透过传达及接收资料讯息，给予及接受对方的指示，互相教导，互相学习。而有效沟通是指人与人之间传递和接收信息以使双方互相理解。沟通过程是管理工作的重要手段，在充分认识老年患者情感缺失问题的基础上，通过有效沟通全面了解老年患者的心理和需求，使其情感上得到更多的弥补和支持，进一步提高他们战胜疾病的信心，促使他们更积极主动地配合治疗和护理，对疾病的康复具有重要意义。

### （一）沟通技巧的必要性

老年患者这一群体的特殊性决定了医务社工与其交流必须掌握一定的沟通技巧。老年群体在当前社会属于弱势群体，且随着年龄增长，身体机能的不断衰老退化，易出现听力与视力障碍，言语表达不到位，理解困难，自主活动范围缩小以及情感支撑上的系列变化，情绪不稳定，精神压力倍增，表现出特有的固执、易怒、脾气暴躁，也会有失落感、自卑感、孤独感等。特别是患有慢性病的老年患者，其心理、精神方面变化更突出，可出现紧张、焦虑、恐惧等消极情绪。

### （二）一般沟通技巧

1. 营造轻松、安全的氛围

社工以热情、友善的语言，向老年人传递温暖、真诚、关怀等信息，为其营造放松、自由、开放和安全的氛围。

医务社工与老年患者沟通时空间距离的选择：（1）尊重当事人的选择，让当事人保持觉得舒服的距离；（2）以较近为宜，在双方舒服的基础上尽可能地靠近一些，50—80 厘米的距离最佳；（3）沟通时可随关系加深、气氛的改变而缩短距离；（4）两人沟通时，相对坐姿以直角侧面相向较好，且不应有将两人完全隔离的家具。

2. 加强非语言沟通

非语言沟通包括声音、形体动作、服饰、面部表情等。“眼睛是人心灵的窗户”，对于听力有障碍的老年患者，我们可以多一些眼神交流，用心去感受眼睛所传达出来的讯息，同时还可以握住老人的手，轻抚他的肩背，予以肢体上的关心和赞同。此外，服饰也很重要，不可浮夸、过于张扬，和老年患者沟通时应穿着朴素的衣服，给人以亲切感，过于时髦的衣物在传统老年人面前是不合时宜的。

3. 体态语言不可忽视

在沟通过程中应照顾老年患者的实际，尽量慢一点，面带微笑，耐心倾听。医务社工言行举止应端庄大方自然，神情专注，可以尝试弯下腰以更近的距离同老年患者交流，予以肢体上的默默肯定和支持。

4. 态度为首

“态度决定一切”体现出态度的重要性。与老年患者沟通时，医务社工应随时保持尊重、谦卑的态度，对其“唠叨”予以理解，尝试换位思考，站在患者的立场去考虑问题，耐心倾听，面对询问不敷衍含糊，回答的言语应日常化，学术用语转为日常用语，以便老年患者更易理解和接受。

### （三）理论型沟通技巧

1. 自我表露

老年患者中，不乏对自己没有信心，或过于腼腆害羞的人，此时医务社工可以采取自我表露的技巧，通过自己的亲身经验、处事方法和态度去启发对方，使老年患者能从中借鉴他人的经验作为参考，在无形中引导自己表露内心世界，进而让医务社工获得更多讯息，利于促进工作关系，拉近彼此的心理距离，促进专业关系的发展。

2. 优势视角

优势视角是基于一种信念即个人所具备的能力及其内部资源允许他们能够有效地应对生活中的挑战的一种关注人内在力量和优势资源的视角，它着重挖掘案主自身的优点，帮助其认识自己的优势，从而达到解决案主外在或潜在的问题。老年患者容易产生极端思想，认为自己是儿女的负担，会连累子女，内心愧疚，但他们忽略了自己身上的特有优势，将自己的病情无限放大，致使自己的关注点也随之发生改变。在这种情况下，医务社工就需要引导老年患者纠正自己的思维，转变自己的关注点，培养他们采用优势视角理论来面对生命中的不幸和挫折，帮助其从逆境中走出来。

3. 叙事治疗

叙事疗法透过“故事叙说”“问题外化”“由厚到薄”等方法，使人变得更自主、更有动力，让老年人讲出自己的生命故事，在叙述的过程中发现新的角度，产生新的态度，从而产生新的重建力量。

## 六、结语

老年患者是一个特殊群体，医务社工在与其沟通中需要谨言慎行，需要对其有更多关心和呵护，给予他们情感上更全面的安慰和关怀。为此，医务社会工作者应掌握并熟练运用多种沟通技巧，了解患者内心需求，培养信任度，建立专业关系，使老年患者能高效地表达自己的想法和感受，增强自己参与服务的意愿，摆脱消极情绪对自己造成的困扰，积极配合医护人员的治疗，开心满足地度过自己的晚年生活。

**参考文献：**

[1] 中华人民共和国国家统计局. 2010 年第六次全国人口普查主要数据公报：第 1 号[J]. 中国计划生育学杂志，2011，54(8)：511 – 512.

[2] 向代明. 社区老年患者的生理特征与健康管理[J]. 中国卫生产业，2015(13)：133 – 135.

[3] 严玢冰. 浅谈老年病人的心理特点及沟通策略[J]. 才智，2014(13)：

305 -308.

[4]刘宏伟，袁彬，戴建业，等.4062 例老年急诊患者常见疾病分析[J]. 中华保健医学杂志，2012，14(6):429 -432.

[5]甄红菊. 我国医务社会工作现状及对策[J]. 医学与社会，2013，26(1):58 -60.

[6]张婷婷，王彩霞，刘春娇. 医务社会工作者在社区老年人卫生服务中的作用分析[J]. 医学与社会，2013，26(12):8 -10.

[7]刘继同. 改革开放30 年以来中国医务社会工作的历史回顾、现状与前瞻[J]. 社会工作，2012(1):19 -25.

[8]邓宇. 医务社会工作对老年心血管病患者焦虑情绪的介入研究：以 Z 个案为例[D]. 北京：首都经济贸易大学，2015.

[9]邹志文. 沟通技巧在实务中的运用[J]. 中国社会工作，2017(30):50 -51.

# 大数据时代下的医院财务管理创新

江采苹
财务管理2017级

**摘　要：**随着科学技术的发展，信息时代来临对各个行业产生了巨大的影响。财务管理是组织企业财务活动、处理财务关系的一项经济管理活动。对于每个企业来说，财务管理起着不可替代的作用。拿医院来说，财务管理是医院管理工作中的核心部分，是医院发展的基础，能确保医院的各项经济工作合理有序地开展。在大数据时代下，医院等医疗机构想要不断发展并提高自身综合能力与竞争力就必须加强医疗技术研究和创新，提高医疗服务水平，同时也要加强内部机构优化改革，完善财务管理制度，加强财务数据的分析与整理，提高财务管理效率。大数据时代背景下，医院财务管理需要创新，这样才能更好地迎合时代的发展。

**关键词：**大数据；医院；财务管理；创新

## 一、大数据对医院财务管理创新的重要性

大数据是一种规模大到在获取、存储、管理、分析方面大大超出了传统数据库软件工具能力范围的数据集合，具有海量的数据规模、快速的数据流转、多样的数据类型和价值密度低四大特征。对于医院而言，加强财务管理，是医院管理的基础工作。随着医疗卫生体制改革的不断深入，医院作为一个公益性的事业单位，在确保自身的发展下，要强化社会责任感，为群众提供安全、有效、方便的医疗服务。同时，医院作为一个独立的经济核算系统，也面临着在提高市场竞争力的同时兼顾医院的经济效益的问题。因此，医院财务管理的创新对医院的工作效率与经济效益有着重大的作用。医院每天接待的患者数不胜数，医院管理工作的内容与难度日益加大，病患的数据资料的收集整理分析也变得烦琐，同时，财务管理人员不仅仅要对内部的一些资

料进行收集整理，还要时刻关注市场外部环境的变化和新的医疗政策的颁布，从中获得财务信息，并及时做出正确判断，实行有利于医院可持续发展的措施。所以，财务人员要充分利用大数据来提高医院财务管理工作的质量，从而更好地实现财务管理的价值，体现大数据时代下财务管理创新的意义。

## 二、医院财务管理创新的意义

医院财务管理是指医院在开展业务工作过程中的财务活动，财务关系和经营管理核算、分析、控制、评价的总称。通过对医院财务支出计划的控制协调，医院能在各项经济活动中使资金得到有效利用。而创新医院财务管理模式，加强预算管理，强化风险意识，完善内部审核制度，加强财务信息化建设，提高财务人员的基本素质，加强财务数据整合、分析等形式，不仅能降低医院经营运营成本并且还能减少资源浪费，从而提高医院的经营能力，使医院能够持续发展。

## 三、当前医院财务管理中存在的问题

### （一）财务预算机制欠缺，财务管理制度有待完善

财务预算是医院财务管理工作的重要组成部分，构建科学完善的财务预算机制，能够及时掌握和了解医院财务资金的走向、流动情况，在资金出现问题时能够及时采取措施，确保医院财务的收支平衡，从而更好地提高财务管理的灵活性。但目前许多医院的财务预算机制都存在一些问题，他们实际的财务预算并没有与当前的财务状况结合，而是仅仅限于一些简单的计划，并没有起到控制资金流的作用，因此也滋生出许多内部问题，资金被盗用、滥用或者贪污现象时而发生。财务管理制度的落后与不完善，使得有些财务管理人员对医院的有形资产管理缺乏正确认识，忽视无形资产管理的重要性，不利于医疗事业的发展，同时也不利于医院财务管理制度的创新。

### （二）医院财务人员专业素养有待提高

目前医院的财务管理人员的职业素养总体较低，而且精通医院财务管理方面的专业型人才更是缺乏。财务管理的理念基础薄弱，工作效率低，工作能力不足，经验少，责任意识缺乏，对医院的整体运营情况不能全面清晰地掌控，从而影响了医院的发展。

（三）医院财务投资盲目，且风险意识淡薄

随着社会的发展，医院间的竞争压力不断加大，因此有些医院为了在市场上提高竞争力，盲目地进行一些投资。医院财务投资是很重要的，这关系到医院的整体发展。但是医院在投资方面缺乏专业型投资人才，并且对市场上一些财务信息不够了解，对投资的目标不明确，缺乏投资的可行性研究，因此给财务管理和医院整体发展带来不利影响。此外，市场经济瞬息万变，盲目的投资无疑增加了风险，而医院缺乏风险意识，不能对财务数据进行系统分析研究，投资决策缺乏科学性，使得医院财务管理发展面临诸多问题。

（四）存在乱收费现象，医院收费管理制度有待整饬

在我国许多医院都存在一定的乱收费、乱划价现象。江西省新余市渝水区罗坊卫生院等4家医院曾因违规收费（收取了检查费，但实际并未做检查）被查处通报。医院本为公益性质的单位，但有些医院为了盈利，自立收费名目，导致乱收费、乱要价的情况发生。加上许多医院内部又没有设立专门的物价管理部门，也没有配备专门的物价管理人员，因此，乱收费、乱划价等现象还没有完全得到遏制。因此医院的收费管理制度急需整饬。

（五）内部审核机制不健全

医院财务管理中，许多医院由于缺乏健全的内部审核机制，内部的许多账目混乱，并且资金滥用、盗用现象时有发生。在医院的运行过程中，由于缺乏相关的账目审核机制，许多账目的错误得不到及时纠正，使得整个医院在运行时出现困难；医院对资金流的监管不严格，在真正需要资金项目投资的时候医院没有足够的经济实力去施行，这大大降低了医院的经济效益，阻碍了医院的发展。

（六）医院缺乏对财务数据的整合与分析能力

医院是一个庞大的数据综合体，每时每刻都会产生大量的医患数据、管理部门运行的相关数据、财务投资等一系列数据。但目前很多医院都没有认识到这些数据的重要性，缺乏对这些数据的收集整理和深度挖掘，使得这些数据没有实现它们的价值，因此导致财务管理系统缺乏数据支持，进而影响医院的整体发展。

## 四、大数据时代下医院财务管理如何创新

### （一）完善财务管理制度

财务管理工作制度是医院开展财务管理工作的基础，也是重要依据。在这种情况下，医院要想实现迅速发展，就必须先完善财务管理制度。一方面，财务人员要学习先进的管理技术，不断完善财务管理结构，并结合医院财务的实际情况进行合理分析，根据分析结果制定相应的成本核算制度、风险预警制度、财务预算制度等制度，为医院的财务管理工作提供制度基础。另一方面，要充分利用大数据优势，在医院内部建立信息共享机制，确保医院各个部门之间做到信息共享，这样便于在以后的财务分析工作中能快速获取医院的真实数据信息，提高工作效率、质量。此外，财务人员要加强对有形资产的认识，建立健全财产管理制度。重视无形资产，加强对资产的研究，最大限度地发挥它的价值，促进医院更快速发展。

### （二）完善财务预算机制，增强风险意识

财务部门要不断深化预算管理，精简预算审批工作，提高预算管理水平。在进行投资前，财务人员要及时利用大数据对市场信息进行收集整理分析，并对投资中可能会出现的风险进行预测分析，权衡好得失，使医院在投资中能够获得最大利益。

### （三）加强财务人才队伍建设，提高医院财务人员的综合素质

财务人员要更新观念，拓宽眼界，拓展知识面。一方面，领导层加强对财务人员的重视，对现有的财务人员进行基本职业道德与业务能力、信息化知识、大数据分析能力等内容的培训，提高财务人才的专业知识掌握能力，为财务管理奠定基础。另一方面，医院应该引进复合型人才，即既掌握专业的医院财务知识，又能熟练掌握信息管理体系、数据整合技术、数据分析技术等多种知识的全方位人才，打造一批专业的财务管理人才，为医院财务管理工作提供人才储备。

### （四）加强物价管理，解决乱收费现象

虽然在医疗体制改革中对医疗服务收费标准做出了调整，并完善了公立医院的补偿机制，但是由于许多医院的收费管理制度还不健全，还存在着医院自立名目乱收费的现象。要改变这种乱收费现象，就需要重视物价管理，

设立专门的物价管理部门，并且配备专门的物价管理人员，加强对医药等物价的监督管理，提高物价管理水平。

（五）完善内部审核机制

在医院的财务管理工作中，账目清晰，资金的流向明确是保障医院发展的关键。医院可以通过完善相关的内部审核机制来保证这些账目清晰。公开医院的账目数据并且标注医院的每笔资金流向，不仅能够完善医院相关的财务数据，使医院的财务报账都能在“阳光”下进行，还能有效地避免医院内部账务混乱、虚报、乱报的现象再次出现，并且在一个公开公正的环境下给医院的财务管理实施提供了一个稳定的基础，使医院的财务状况更稳定。做好医院内部的审核工作，保持医院财务透明公开，才能使医院能够更好地发展。此外，内部审核机制也应该在内部审核人员、内部财务人员、内部管理人员中进行，实现内部审核人员、财务人员、管理人员之间的相互监督，从而提高医院工作的效率。

（六）提高财务信息数据的整合、分析能力

财务数据是医院最基本的数据，在大数据时代下，对财务数据的整合、分析，能够最大限度地挖掘与利用这些财务数据的价值。一方面，财务人员应该拥有财务数据整合、分析的能力，在原始数据收集完成后对其进行筛选，结合医院现在的财务情况，对其进行分析，及时发现问题。另一方面，要求医院能够引进先进的技术、专业的计算机设备，对各个部门的财务数据信息进行收集、整合等工作，减轻财务人员的负担。这样既保证了财务管理工作质量，也为医院的发展打下坚实的基础。

大数据时代下，随着我国医疗卫生事业的不断发展，医院财务管理工作变得越来越重要。面对激烈的市场竞争，医院财务管理必须因时而变进行创新。改变原来传统的财务管理模式，紧跟时代步伐并结合医院的情况，将财务管理工作智能化、信息化，促使医院财务管理质量和医院运行效率提高，推动医院更好、更快速地发展。

**参考文献：**

[1]葛智俊.医院财务管理中存在的问题分析及对策[J].消费导刊,2018

(16):221 -223.

[2]金旭.新形势下我国公立医院财务管理中存在的问题分析及对策[J].财经界(学术版),2015(24):209.

[3]王肖莉.医院财务管理中存在的问题分析及对策[J].中国医药导报,2008,5(2):105.

[4]甘世红.医院财务管理中存在的问题分析及对策[J].中国市场,2018(31):153 -155.

[5]宋铁妹.大数据视角下我国医院财务管理创新[J].会计之友,2015(24):97 -99.

# 困境与出路：农村空巢老人的精神赡养问题研究

王 伟
公共事业管理2015级

**摘 要**：随着我国社会老龄化进程的加快，我国的老年人口比例、数量都大大增加，其中空巢老人的数量也越来越多。在对老人的赡养问题上，人们通常关注的是老年人物质上的需求，往往忽略了对老年人的精神赡养。而在空巢老人的精神赡养问题上，农村空巢老人由于在经济条件、健康状况、日常照料上与城市空巢老人相比有较大的差距，因此农村空巢老人的精神健康问题尤其突出。据我们调查，大多数老人存在孤独、焦虑、疑病、自卑和人际交往、记忆障碍等精神问题。因此，我们更需要重视农村空巢老人的精神赡养问题。为此，我们根据调查结果从国家制度、政府扶持、社区养老服务、家庭教育等方面提出了一些改善农村空巢老人的精神健康现状的建议。

**关键词**：农村；空巢老人；精神赡养；对策

## 一、研究背景及目的

空巢老人是指没有子女照顾、独居或夫妻同住的老人，分为三种情况：一是无儿无女无老伴的孤寡老人，另一种是有子女但与其分开单住的老人，还有一种就是儿女远在外地，不得已寂守空巢的老人。我国是一个未富先老的国家，据统计，至2050年，中国老年人数量将达到4.8亿，占据全球老年人数量的四分之一，成为世界上老年人最多的国家。《中国老龄产业发展报告(2014)》中的数据显示，目前，我国有50%的老年人为空巢老人，其中农村空巢老人的数量不断上升。由于农村地区经济条件的限制、地区环境局限等原因，农村的年轻人不得不外出务工，使得绝大多数老人成为空巢老人。由于常年独居，在家无人照顾，农村生活条件较差，大多数老人有不同程度的精神健康问题，通常表现为孤独、焦虑、疑病、人际交往障碍等精神问题，严重影响了空巢老人的日常生活，一些老人甚至由于这些精神问题自杀，所以农村空巢老人的精神赡养问题是一个我们不得不重视的问题。

本文针对农村空巢老人面临的精神健康问题对调查地的农村空巢老人进行了问卷调查和针对性访谈，希望能为当地政府和有关部门改善农村空巢老人的精神健康现状提供一些有用的数据。

## 二、研究对象及方法

### （一）研究对象

文本选取四川省绵阳市文胜乡的农村空巢老人作为调查对象，通过事先询问和了解，确定对象为空巢老人后再进行调查，调查空巢老人共 128 人，其中排除心智不全的老人 2 人和子女在同村可以随时回家照顾自己的 6 人，有效调查对象共 120 人，有效统计率 93.75%。

### （二）调查方法

1. 问卷调查法

为了收集到较为详细的被调查者信息，我们设计了《农村空巢老人精神健康状况调查问卷》。此问卷包括两个部分：第一部分是被调查者的基本信息，如年龄、性别、婚姻状况、文化程度；第二部分包括经济来源、日常开销、是否有医疗保险和养老保险、老人心理感受、休闲方式和子女看望频率等综合问题。问卷由事先培训的调查员统一发放，由于大多数农村老人文化水平较低，大多数问卷由调查员根据老人口述回答亲自填写。

2. 个案访谈法

由于问卷的局限性和农村空巢老人的个体差异性，我们在基于问卷的基础上对 10 位比较健谈且具有代表性的老人进行了访谈调查，调查内容包括收入及收入来源、家庭关系、日常消费对象、生活自理情况等。

### （三）统计分析方法

本文采用统计分析软件 SPSS 20.0 对所收集的信息进行描述性统计分析和交叉分析。

## 三、调查结果

### （一）农村空巢老人基本信息

**表 1　样本基本信息**

| | 项目 | 人数 | 构成比（%） |
|---|---|---|---|
| 性别 | 男 | 56 | 46.7 |
| | 女 | 64 | 53.3 |
| 文化程度 | 文盲 | 40 | 33.3 |
| | 小学 | 42 | 35.0 |
| | 初中 | 14 | 11.7 |
| | 初中以上 | 24 | 20.0 |

| | 项目 | 人数 | 构成比（%） |
|---|---|---|---|
| 年龄 | 60—69 岁 | 60 | 50.0 |
| | 70—80 岁 | 47 | 39.2 |
| | 80 岁以上 | 13 | 10.8 |
| 居住情况 | 独居 | 27 | 22.5 |
| | 夫妇同住 | 46 | 38.3 |
| | 与子女居住（子女长期在外） | 38 | 31.7 |
| | 其他（养老院或亲戚家居住） | 9 | 7.5 |

本次调查共 120 人，其中 56 名男性，占比 46.7%；64 名女性，占比 53.3%。通过当地乡政府提供的数据和走访调查，发现此地老年人女性比例明显大于男性。而空巢老人中也是女性的数量多于男性。在年龄构成上，半数老人年龄在 60—69 岁；70—80 岁的共有 47 人，占比 39.2%；而 80 岁以上的老人只有 13 人，占比 10.8%，可见当地的空巢老人大多数年龄在 60—69 岁，且年龄结构呈现倒三角趋势。通过对此地空巢老人的文化程度的调查，文盲的比例达到了 33.3%，且小学文化程度的只有 35.0%，初中及初中以上的占比 31.7%，且通过走访调查，这 31.7% 的人中大多数是此处的 857 工厂落户当地的工人，所以当地原住村民文化水平并不高。通过对性别和年龄的交叉单因素分析发现，男性文盲比例为 23.21%，女性文盲比例为 42.19%。调查结果显示，该地空巢老人的文化水平普遍较低。该地空巢老人的居住情况调查显示，22.5% 的老人是独居，38.3% 的老人是夫妇同住，31.7% 的老人是和子女居住，但是子女长期在外，无人照顾老人，另外还有 7.5% 的老人是居住在养老院或与亲戚居住。通过访谈了解到，这一部分老人大多丧失劳动能力且在家无人照顾，所以暂住亲戚家或由子女、亲戚将他们送入养老院。

## （二）农村空巢老人生活现状

**表 2　样本生活现状**

| | 项目 | 人数 | 构成比（%） |
|---|---|---|---|
| 月收入 | 0—800 元 | 49 | 40.8 |
| | 801—1300 元 | 45 | 37.5 |
| | 1301—1800 元 | 13 | 10.8 |
| | 1800 元以上 | 13 | 10.8 |
| 身体状况 | 经常生病 | 29 | 24.2 |
| | 偶尔生病 | 66 | 55.0 |
| | 基本不生病 | 25 | 20.8 |
| 日常活动 | 干农活 | 53 | 44.2 |
| | 和朋友邻居娱乐 | 40 | 33.3 |
| | 在家看电视 | 13 | 10.8 |
| | 其他 | 14 | 11.7 |

| | 项目 | 人数 | 构成比（%） |
|---|---|---|---|
| 经济来源 | 退休养老金 | 29 | 24.2 |
| | 家庭其他成员供养 | 46 | 38.3 |
| | 最低生活保障金 | 15 | 12.5 |
| | 其他（务农、工） | 30 | 25.0 |
| 医疗保险 | 有 | 110 | 91.7 |
| | 无 | 10 | 8.3 |
| 养老保险 | 有 | 71 | 59.2 |
| | 无 | 49 | 40.8 |
| 子女看望频率 | 每天 | 9 | 7.5 |
| | 一周一次 | 22 | 18.3 |
| | 一月一两次 | 45 | 37.5 |
| | 一年一两次 | 44 | 36.7 |

调查显示，每月收入在 0—800 元的占比 40.8%，801—1300 元的占比 37.8%，收入在 1301—1800 元和 1800 元以上的均占 10.8%。对该乡的空巢老人的经济来源的调查显示，其中 24.2% 的人经济来源是退休养老金，38.3% 的人大多数经济来源是来自子女给予。由于年龄和身体原因，此类老人已经大都不能务农和务工，所以除了子女供养基本没有其他经济来源。12.5% 的人来自低保，由于此地位处山区，经济条件落后，很多人目前还没脱离贫困线，只能依靠低保勉强维持生活。25.0% 的人的生活来源是务工或者务农，这一类老人大多年龄在 60—70 岁，还有一定的劳动能力，他们的收入大多不稳定，务工主要是在农村的工地上工作，劳动强度大，工资低。而务农收入低，且不确定因素大。

在身体健康方面，24.2% 的老人经常生病，55% 的老人偶尔生病，只有 20.8% 的老人基本不生病。但是我们访谈调查发现，老人们认为的生病是指住院医疗那一类，通过了解，此地的老年人大多患有慢性疾病，常年需要服用药物。且通过年龄和健康情况的交叉分析，60—69 岁和 70—80 岁的老人经常生病的分别为 21.67% 和 21.28%，但是 80 岁以上的老人经常生病的比例达到了 46.15%，且随年龄的增加，发病率更高，甚至有些老人需要常年住院治疗。该地空巢老人的医疗保险和养老保险的调查显示，91.7% 的老人参加了新型农村医疗合作保险，只有 8.3% 的老人出于经济和观念等原因并未参加。通过访谈了解到，老人们对医疗保险一致好评，说他们年龄大了容易患病且每月的生活费大多用于看病，医疗保险的加入，使得他们大大减少了医疗支出，但是老人们也反映这种医疗保险存在着报销费用有限制额的问题，把每年能报销的费用一旦用完后再去医院看病仍然需要按原价给钱，而老人们三天两头地去看病拿药，限制额度对他们来说远远不够，所以他们每年仍然需要承担巨大的医疗费用。而养老保险中，有 59.2% 的人参加了养老保险，40.8% 的人未参加。《2017 年四川省新型农村社会养老保险试点实施方法》中指出，在成都市金堂县、自贡市富顺县、绵阳市江油市等地进行试点工作，基础养老金标准为每人每月 55 元，实施之日起已满 60 岁且符合条件的老人不用缴费。该地正好在试点范围，所以相比其他地方的农村空巢老人而言，此处的老人参加养老保险的人数较多，缓解了此地的一些空巢老人养老的经济问题。

日常活动调查显示，44.2% 的老人日常还在做农活。我们对老人在空闲时间进行的活动进行了访谈调查，发现他们空闲时大都和朋友邻居聊天或者自己在家看电视，很少外出活动。同时，我们还调查了老人们村里的集体活动和亲戚朋友组织的集体活动，老人们反映村里和镇上基本不会组织活动，即便组织了一些活动，也大都不适合老人们参加，所以老人们的娱乐活动很单一且交际范围很小。在对子女看望老人频率问题的调查中，很多家庭因为子女在外地大城市工作，由于经济和时间等限制，36.7% 的子女一年才回去看望老人一两次，37.5% 的子女一个月才回去一两次。通过对老人们期望子女看望自己的频率调查，只有 19.17% 的老人期望子女一年回来一两次看望自己，与实际情况有较大差距，可见老人们还是期望子女能多回来看望自己的，而剩下的老人大都因为担心子女看望自己来回车费等消耗太大，大都说了些善意的谎言，让子女少回来看望自己。

## 四、农村空巢老人精神健康状况影响因素分析

### （一）孤独感分析

通过调查发现，46.67%的老人有时会感到孤独，16.67%的老人经常感到孤独，只有8.33%的空巢老人不感觉孤独。婚姻状况和该题项的交叉分析显示，丧偶的老人经常感到孤独的比例是29.73%，未婚的是16.67%，已婚的为8.22%，有配偶的老人的孤独感明显要弱于未婚和丧偶的老人。老人居住情况问题和此题项的交叉分析显示，独居老人感到孤独的比例达到了37.04%，大大超过其他几种居住情况的比例。可见婚姻状况和居住情况都对老人的孤独情绪有着较大的影响。

表3　农村空巢老人精神健康状况分析

| | 项目 | 人数（占比%） | | 项目 | 人数（占比%） |
|---|---|---|---|---|---|
| 您常感觉孤独吗 | 从不 | 10（8.33） | 您是否经常感到心情抑郁 | 从不 | 9（7.5） |
| | 很少 | 34（28.33） | | 很少 | 37（30.83） |
| | 有时 | 56（46.67） | | 有时 | 54（45） |
| | 经常 | 20（16.67） | | 经常 | 20（16.67） |
| 您是否经常担忧将来 | 从不 | 13（10.83） | 您是否觉得自己年龄大了能力降低 | 从不 | 5（4.17） |
| | 很少 | 25（20.83） | | 很少 | 19（15.83） |
| | 有时 | 55（45.83） | | 有时 | 63（52.5） |
| | 经常 | 27（22.5） | | 经常 | 33（27.5） |
| 您是否经常害怕生病 | 从不 | 7（5.83） | 您是否经常感到焦虑 | 从不 | 8（6.67） |
| | 很少 | 23（19.17） | | 很少 | 32（26.67） |
| | 有时 | 47（39.17） | | 有时 | 53（44.17） |
| | 经常 | 43（35.83） | | 经常 | 27（22.5） |

### （二）抑郁情绪分析

数据显示，调查对象中，有时和经常感到抑郁的比例达到了61.67%。身体健康状况和此题项的交叉分析显示，经常生病的人有24.14%的人经常感到

心情抑郁，基本不生病的人只有12%经常感到抑郁，可见身体健康状况是影响老人抑郁状况的一个重要因素。

（三）疑病和害怕生病情绪分析

数据显示，调查对象有35.83%的人经常害怕生病，身体健康状况和此题项的交叉分析显示，经常生病的老人有41.83%的人经常担心生病，且生病频率越高，害怕生病的比例越大，可见身体健康状况影响着老人的疑病情绪。居住情况和该题项的交叉分析显示，55.56%的独居老人经常害怕生病，而同居的夫妇经常害怕生病的比例为17.39%，可见居住情况也大大影响着老人对生病的担忧。通过访谈了解到，有医疗保险的老人对生病的恐惧心理要低于没有医疗保险的老人，而且通过数据对比发现，经济条件较好的老人此题项的比例也要低于低收入老人，可见经济条件和制度保障都影响着老人对生病的担忧情况。

（四）焦虑情绪分析

数据显示，66.67%的老人有时和经常感到焦虑，只有6.67%的老人未明显感到焦虑。身体健康状况和此题项的交叉分析显示，经常生病的人有时和经常感到焦虑的比例为79.31%，而基本不生病的人该比例仅为31%，可见身体健康状况对焦虑情绪有较大的影响。月收入情况和此题项的交叉分析显示，收入低的老人的焦虑情绪明显高于高收入的老人，可见，农村空巢老人焦虑情绪受收入的影响较大。

（五）自卑情绪分析

数据显示，78%的老人明显感到年龄增加，自身能力下降，觉得自己对家庭的贡献能力下降，且44.17%的老人表示存在严重的记忆力下降，65.84%的老人认为自己年老，形象大不如从前。从年龄和此题项的交叉分析可以看出，6.54%的80岁以上的老人觉得自己能力大不如从前。通过访谈了解到，由于农村老人大多没有退休养老金，大多数老人由于年老不能给家庭贡献经济力量，且随着年龄的增加，劳动能力逐渐丧失，大多数老人存在较严重的自卑情绪。

## 五、改善空巢老人精神健康现状可行性对策

### （一）国家健全农村养老相关制度，推进农村养老保险和医疗保险的实施

社会保险是社会保障的重要方面，包括养老保险、失业保险、医疗保险、生育保险等多个方面。现在农村空巢老人大都参加了医疗保险，医保大大缓解了医疗费用给老人带来的压力。针对当前农村老人的医疗问题，应坚持低标准起步，并适当提高落后地区的医疗报销比例，扩大医疗报销范围。同时还要加紧农村养老保险的推进，要让老人养老生活有制度上、经济上的依靠，缓解老人对养老费用的担忧，从而改善老人们的精神健康状况。

### （二）当地政府发展和扶持农村产业，并完善乡村基础设施建设

通过调查发现，本地空巢老人的子女大都由于当地没有合适的就业岗位而需要外出务工，导致老人独自在家无人照顾。十九大报告指出，我国城镇化率平均每年提高 1.2%。未来仍会有大量农村人口进城务工，要实施乡村振兴战略，并将其和科教兴国等战略并列。所以要有效地缓解农村空巢老人当前这一现状，当地政府就要发展当地农村产业，文胜乡境内有养马峡景区，旅游资源丰富，应当发展景区内的农家乐休闲旅游产业，同时扶持当地现在已经有人在尝试的特色农作物和特种野猪养殖等行业，利用本地资源优势，同时借助当下的电商销售，不仅可以为农村空巢老人增加经济收入，同时还能为本地青年提供就近就业岗位，从而缓解空巢老人问题。

### （三）发挥新农村社区服务功能，建立社区空巢老人养老互助体系

在现在建设新农村的背景下，解决农村空巢老人的精神赡养问题也可以发挥新农村社区服务功能。新农村社区有别于传统的行政村，又不同于城市社区。十八大指出，要加大对农村文化建设的帮扶力度，继续推进公共文化设施向社会免费开放。农村社区的建立，可以大大发挥社区的互助功能，为农村居民提供文化娱乐设施和组织文化娱乐活动，丰富农村空巢老人的晚年生活，同时还能对有困难的老人实施对点帮助。

### （四）家庭内部注重养老教育，增强孝道观念

孝道是我国千百年来一直传承的传统美德，但是由于市场经济的冲击，社会和人们总是更多地追求经济和物质。马斯洛需求理论认为，人类有生理、

安全、社交、尊重以及自我实现需要。在对老人的供养上，物质虽然是基本，但是对老人的精神需要的满足也是非常重要的。物化的“孝”不能完全掩盖情感上的“孝”，要改善农村空巢老人的精神健康现状，就要重视家庭的养老教育，给予老人一个充满关爱的家庭养老环境，即使因为工作原因而不得不外出打工，子女也要经常利用手机等通信工具和老人联系。《中华人民共和国老年人权益保障法》第 14 条规定：“赡养人应当履行对老年人经济上供养、生活上照料和精神上慰藉的义务，照顾老年人的特殊需要。”空巢并不可怕，可怕的是心灵上的空巢，虽然法律要求对老人精神赡养，但是我们希望对老人的行孝之举不是法律所迫，而是来源于真正的感情。

**参考文献：**

[1]王芳.关于空巢老人精神赡养的法律思考[J].江苏经贸职业技术学院学报,2012(2):25－30.

# 我国医养结合养老模式的现状分析及对策研究

刘 悦
公共事业管理2015级

**摘 要：** 随着我国老年人口的不断增加，人口老龄化已俨然成为一个极为严峻的社会问题，严重影响着我国社会、经济等各方面的发展。医养结合养老模式应运而生，有效地整合了养老和医疗服务资源，顺应了健康老龄化的趋势。医养结合养老作为横跨医疗和养老两大社会职能部门的新创举，在我国的发展状况还存在一定的问题。本文通过介绍医养结合养老模式的研究背景及意义、含义，对医养结合发展的必要性与发展现状进行了文献综述，并根据存在的问题提出一些建议。

**关键词：** 老龄化；医养结合；养老服务

## 一、引言

### （一）研究背景和研究意义

#### 1. 研究背景

国家统计局最新数据来源显示，2017年全国人口中60周岁及以上人口24090万人，占总人口的17.3%，其中65周岁及以上人口15831万人，占总人口的11.4%。60周岁以上人口和65周岁以上人口都比上年增加了0.6个百分点。从我国老年人口结构来看，失能、半失能、失智、患慢性病的老人数量逐年增加，这庞大的数量无疑增加了老龄化问题的复杂性。随着我国老年人对专业化、多样化养老需求的不断上升，医护养老意识逐渐增强，给当前医疗保障制度和养老服务机构带来了巨大的压力，医疗服务供需矛盾日益突出，促使我国提出医养结合机构养老服务模式。在这样的情况下，近年来我国出现医疗机构内设养老院、养老机构中增设医疗机构、社区居家养老、一对一帮扶养老等新型养老服务模式，极大地推进了医养结合机构养老模式的发展。

但从当前的实践情况来看，现有的医养结合机构数量不多，养老产品供给不足、服务质量不高、配套设施不完善、相关专业人才缺乏等问题也制约着医养结合型养老服务模式的发展势头。

2. 研究意义

医养结合养老模式的研究，将进一步提高我国社会健康养老水平。同时，该研究有助于更好地应对我国老龄化问题，缓解养老服务机构的压力，完善我国养老服务体系，促进全社会发展；可以加快养老服务机构的改革和有效整合医疗、养老资源，使医疗机构和养老机构有机组合、灵活运用，优化资源配置；顺应国际养老服务潮流，借鉴国外优秀养老经验，不仅可以平衡完善我国老年人口结构，还可以推动我国医养结合机构创新型养老模式的发展；提高全社会对养老服务业和医养结合养老模式的认识。医养结合养老模式的顺利推进离不开全社会转变养老观念[1]。

（二）医养结合养老模式概念

医养结合养老是突出“养 + 医”的方式，在关注衣食住行、文化娱乐、身心健康的基础上进一步延伸到医疗服务的综合性养老模式。它能做到养老服务和医疗服务相结合，可以发挥医疗优势，为老年人提供持续的生活照料、日常保健、健康指导、中医康复、养老护理，把老人的日常生活照料和治疗康复关怀融为一体，是一种新型养老服务模式，能实现资源利用的最大化[2]。

（三）医养结合养老模式目标及特点

1. 目标

医养结合养老是在老年人不断增加的情况下，国家结合国情出台相关养老服务政策而形成的一种创新型养老模式，旨在扶持和发展医护型养老机构建设，推动医疗机构与养老机构合作，建立医养结合机制，完善我国养老服务体系，健全医疗保险机制，实现医养资源的有效整合，缓解老龄化压力和养老服务供需矛盾，优化医养产业链，激发养老市场的活力，实现参与主体多元化，有针对性地满足老年人的个性化、多层次的养老需求，从而提高我国健康养老水平。

2. 特点

①服务的便捷性。过去传统养老服务机构模式的服务便捷性较差，患有慢性病、慢性病反复发作的老年人需要在养老机构与医院之间来回奔波，患

有突发疾病的老人更是需要紧急医疗。现在的医养结合机构养老新模式，不仅配备有专业的护理社工人员，还与医疗机构进行合作，这样既减少了老年人往返于养老机构与医疗机构之间的次数，也可以在老年人有不适反应或突发疾病时第一时间与医护人员取得联系，或医疗机构为老年人开通绿色通道进行救治，有效保障了老年人的健康，大大提升了养老服务的便捷性。

②参与主体的多元性。过去传统养老模式的参与主体比较单一，医养结合的参与主体开始呈现多元化趋势，也丰富了医养结合的责任主体类型，参与主体包括医疗机构、社区、养老机构、民营企业、慈善机构、福利院等。

③资源有效整合性。传统养老机构的服务内容较单一，仅以简单的日常生活照料为主，很难满足老年人的个性化养老需求。目前患有慢性病老人的数量在不断增加，出现老年人过度依赖医疗机构、长期住院挤占医疗资源的现象。而医养结合能够实现医疗资源进养老机构、医疗机构与养老机构的结合使医疗资源与养老资源得到有效整合，更好地为居住在医养结合型养老机构的老年人提供健康指导、中医康复、养老护理等一系列服务。

## 二、国外医养结合养老模式的基本情况

发达国家对医养结合的实践起步早，经验丰富，国外学者对养老护理进行了深入的研究，给我们提供了借鉴和参考。本文以德国、美国、日本为例。

### （一）德国长期护理保险制度

德国目前已经形成比较完善的养老服务体系和制度，长期护理保险已成为德国社会保险第五大支柱。服务内容：居家和机构养老。服务对象：除指定职业人员，其他有医保的公民也被纳入法定护理保险体系。首先，德国养老机构较多，供给主体呈现多元化，包括政府、民营企业、教会及慈善机构等，由于德国市场化程度高，主要以私人和社会机构为主。其次，养老护理机构从业人员专业化程度高，相关专业人才数量多，并定期进行高质量的护理教育培训，提高从业人员的专业素养。再次，德国的养老护理政策保障了老年人的生活，养老护理采用养老保险补贴政策，按护理级别给予补贴，一半的费用由养老保险基金支付[3]。

### （二）美国 PACE 计划

PACE 计划即综合性老人健康护理计划，是一种专门为老年人提供综合性

服务的长期护理模式，以社区为基础，老人足不出户就可以享受照护服务。服务内容：医疗服务、康复服务、社会服务。主要服务对象：年龄在55周岁以上、年迈体弱多病以及有医疗保险和医疗补助金资格的老人。一方面，美国采用商业保险的方式向老年人介绍护理险，再加上政府的政策支持，可以为老年人节约健康成本；另一方面，医疗保健团队会在社区内定时定点地与老年人沟通身体健康状况，为老年人提供高质量有针对性的医疗服务[4]。

（三）日本“居家社会型”养老模式

日本重视家庭与社区结合的养老方式即居家社会型养老模式。该模式的特点：养老服务功能的多样化，老年人可以享受托管或上门等服务。类型多样的护理养老院遍布全国各地，并根据老年人的不同需求提供有针对性的个性化养老服务，并且所有类型的养老院都纳入了护理保险范围。日本完整的介护保险制度和优质的养老护理服务实现了社会福利的卡尔多改进，增进了社会整体的福利[5]。

## 三、我国医养结合养老模式发展的必要性

随着我国老龄化程度的不断加深，老年人对健康养老的需求持续增加。现在老年人患慢性病的概率也在增加，这就使得患慢性病的老人对医疗机构产生依赖，长期住院现象频繁，当老人慢性疾病反复发作时，也进一步加大了年轻人的家庭照护负担。因此，发展医养结合养老模式势在必行。

（一）人口老龄化压力增大

2000年，我国开始步入老龄化社会。预计到2020年，60岁以上老年人口数量可能达到2.48亿，占比接近18%。同时，在“未富先老”的背景下，失能老人数量持续增加，目前失能（半失能）老年人总数已达4023万。老龄化问题已经对现有养老保障体系提出了日益严峻的考验。而医养结合作为社会养老的一种创新模式，医疗结构与养老机构相结合，有针对性地满足老年人群的个性化需求，适应了老龄化发展的形势，提高社会经济效益和社会效益，实现了我国养老模式上的创新突破，走医养结合之路就成为发展中国特色养老事业的必然选择。

（二）长期住院现象普遍

传统养老机构很难满足老年人医疗需求，因此出现大量老年人长期住院

的现象。长期住院是指在医疗机构住院时间超过 30 天。长期住院的人群以慢性病患者、疾病复杂患者、重大手术后的患者、康复治疗患者为主，其中老年人占比最大且呈现不断增加的趋势。这一现象说明老年人的医疗康复需求在逐渐增加。因为许多老年人出院后的康复治疗得不到保障，担心疾病反复发作，家庭照护功能弱化并且一时间难以找到合适的养老机构，因此老年人对医疗机构的专业性康复治疗较依赖，导致医疗机构不断增加床位和护理人员，医疗资源供给不足。因此，为了满足长期住院患者的健康需求，在这一方面可充分发挥医养结合养老模式的优势，采取护理机构养老、社区照护、上门服务等措施，为老年人、长期住院患者提供有针对性的长期护理服务，有效缓解医疗机构资源紧张的问题，这也是积极应对老龄化社会的有效措施。

（三）家庭养老功能逐渐弱化

“五代同堂”是长辈们对生活的期望，老年人与儿孙同住一个屋檐下，其乐融融。但在计划生育政策和社会经济快速发展的影响下，我国无论是在家庭规模还是在家庭结构上都趋于小型化和简单化，家庭规模以 2—3 人的小家庭为主。一方面，大多数年轻人成家立业后会与老年人分居或者常年在外务工，“空巢家庭”就成了社会生活中的普遍现象，“空巢老人”数量也在逐渐增加，老年人很难及时得到子女的照料。另一方面，即便老年人与子女同住，但子女在生活中既要处理工作和学习上的问题，还要关心照顾自己的下一代，因此很少有时间精力去照顾老年人，关注他们的精神世界及其他需求。

（四）患慢性病的老年人数量不断增加

随着中老年人年龄的增长，患慢性病的概率也在不断增加，生活自理能力下降，传统的养老机构已不能满足老年人“老有所医”的需求。老年人慢性病高发，高血压、糖尿病、冠心病、慢性支气管炎等疾病都会造成老人生活自理能力下降。慢性病反复发作既增加了老年人的生命危险，又加大了年轻人的家庭照护负担。

## 四、国内医养结合养老模式现状分析

目前，我国医养结合养老模式还处于试点摸索阶段，存在的问题还很多。国内学者在研究医养结合养老模式时，针对出现的问题也提出了许多有建设性、创新性的对策建议，推动了我国医养结合机构养老模式的进一步发展。

### （一）我国医养结合养老模式发展现状

1. 医养结合服务对象及内容

医养结合以整个老年人群体为服务对象，其服务的对象区别于普通养老机构服务所有老年人，主要为慢性病老人、易反复发病老人、大病恢复期老人、残障老人以及绝症晚期老人提供养老和医疗服务。

医养结合服务内容采用的专业化养老服务模式，以基本的养老服务功能为基础，以医疗服务为重点。养老服务方面包括：个人生活照顾、心理社会支持、膳食与辅具服务、健康指导与康复管理、安宁护理。医疗服务方面包括：基本医疗服务、专业康复治疗与训练、护理服务（基本护理服务和治疗性护理服务）、健康管理、协助转诊服务。

2. 医养结合需求人数分析

在国家大力发展健康服务业的新格局下，医养结合养老进入一个新阶段。但我国老年人口在持续攀升，有照料需求的老年人占比仍然非常大，当前老年医疗养老服务满足率较低，仍有大量老年人没有得到相应的医疗养老服务。一部分老年人的经济支付能力和其养老需求之间存在不平衡性，无法实现其养老需求。还有一部分老年人对养老要求较高，一般的社区性养老和传统养老机构无法满足其多层次、多样化的养老需求。

3. 养老机构及床位的数量

从我国医养结合养老模式的基本情况来看，民政部统计数据显示，截至2017年底，全国各类收养性养老机构已达14.46万个，相比于2012年底的4.43万家增长达226%。全国各类养老床位合计730.2万张，比上年增长8.6%，其中社区留宿和日间照料床位322.9万张。但与此同时，我国60岁及以上老年人口在2012年底达1.94亿人，占总人口的14.3%；而到2016年底，这一人数已达2.3亿，占总人口的16.7%。总体看，老年人口数量和占比呈逐年上升趋势。养老机构及床位数量与老年人口持续上升的数量之间仍存在非常大的差距。

4. 城乡养老机构差异

目前传统家庭养老向社会化养老过渡。城市养老机构呈现多元化发展，服务质量高，政府投入多，养老环境好，受到广大老年人的青睐，因此床位数量紧张，通常需要预约排队入住。而在农村乡镇养老院，医养结合养老模式受农村现有资源和条件而发展缓慢，包括财政投入不足、医疗设施不全、护理人员缺乏、照护质量不高，出现无人入住、床位过剩的情况。

5. 医养结合护理人员情况

据统计，早在2010年，我国就有约594万名老年人需要间断性照护，238万名老年人生活完全不能自理，需要进入照护院等机构接受专业照顾。目前，我国城乡失能和半失能老年人的人数正在迅速攀升，越来越多的高龄、失能、失智和患病老年人迫切需要专业的照护服务，他们的长期照护问题日趋严峻。根据有关学者预测，到2020年，我国对长期护理人员的需求将达到121.5万人，但目前持证在岗者仅逾5万人，长期护理人力资源配置严重不足，远远不能满足老年人的照护需求，大大制约了医养结合的发展。

6. 医养结合宣传力度小，居民认知度低

目前我国对医养结合养老模式的宣传力度不足，政府将大量的精力放在了扶贫、普及文化教育、自然灾害灾后救助项目上，对养老事业的关注和宣传较少。并且还出现养老服务大多由高校医学、护理、社工等专业学生组织宣传的情况，宣传范围较小，宣传受众人数少，普及度不高。根据数据统计，在对成都、天津、南充等城市进行的医养结合养老模式认知度的抽样调查中，由于我国医养结合宣传力度不足，大多数的调查结果显示居民对医养结合的认知度较低。成都市有84.9%的社区居民表示不了解医养结合养老，有12.7%的社区居民表示了解一些或者是只听说过，未有居民表示非常了解。天津市有61.5%的居民从未听说过医养结合模式，听说过但不了解的占28.1%，基本了解的仅占9.5%，仅有2人对此模式十分了解（占1%）。南充市黄溪乡有60.3 %的居民从未听说过或了解过，26.7%的居民听过但不是特别了解，11.3%的居民基本了解，仅有1.7%的居民十分了解。这说明大多数居民对医养结合养老模式的了解度不够，应加大宣传力度，提高居民对医养结合养老模式的认知度。

（三）我国医养结合养老模式的发展优势

从经济上来看，我国老龄化进程加快，患慢性病老人、失能半失能老人、生活自理能力下降的老人数量大量增加，因此对医疗服务的需求增大。老年消费群体庞大，市场前景广阔，有利于优化产业链，促进社会经济发展。从社会方面来看，一方面，医疗机构和养老机构相结合，使资源得到有效整合，实现共建，同时又让老年人就医程序得以简化，使医疗服务成为一种常态服务，提高老年人的生活水平，并且“医养分离”状况的改善可以降低养老成本，减轻老年人的养老负担；另一方面，在保证医疗养老服务的前提下，开展各式各样的文化娱乐公益活动也大大丰富了老年人的精神生活。从人均寿命来看，国家卫健委发布的报告显示，从 2016 年到 2017 年，我国居民人均预期寿命由 76.5 岁提高到 76.7 岁。社会保持稳定状态和经济水平持续均衡发展延长了居民的寿命，长寿老人普遍存在，对养老服务的需求也在不断增加，有利于进一步深化养老服务的改革，促进医养结合养老模式的发展。从健康水平来看，随着社会的发展，我国居民健康素养水平也在逐年提高，老年人也越来越注重健康养老，而一般养老机构已无法满足老年人的需求，这就给医养结合养老模式的发展带来许多契机。从政策上来看，近十年来，国家出台相关养老政策，大力支持医养结合的发展，有利于推进养老机构和医疗机构的改革。从技术上来看，一方面积极引入现代医疗技术，提供专业的、高质量的养老服务，另一方面可发挥我国中医文化优势，将中医和预防保健相结合，让老年人更易于接受。

（四）我国医养结合养老模式存在的问题

1. 医养结合养老模式发展存在滞后性

目前国家为解决老年人养老问题制定了很多优惠政策，积极地引导各种力量参与，但是政策在经过层层下达后，无法在第一时间落实，社会力量进入缓慢，执行存在滞后性，并且政府在对医养结合养老形式的宣传方面有较大欠缺，宣传不到位，导致居民对医养结合养老模式的认识也存在滞后性。根据数据统计，我国大多数居民对医养结合养老模式的了解度不够。

2. 老年人养老成本过重

由于我国医保报销政策不完善，虽然在医院的治疗费用可以报销，但老年人在医养结合养老机构产生的一系列养老费用无处报销，极大地增加了养老经济负担，因此老年人拒绝选择医养结合养老机构，他们更愿意在可以报销医疗费用的医疗机构长期住院。我国许多学者在调查老年人对医养结合机构的看法以及入住意愿后发现，多数老年人表示更看重经济成本和医保报销。因此医保问题正在影响着老年人在医疗机构与医养结合机构之间的选择取舍。我国还需积极学习国外的优秀经验，制定更多养老惠民政策，降低老年人的养老成本。

3. 相关护理专业人才短缺

随着我国老龄化的加剧，现代老年人对高质量的养老需求也越来越强烈，但专业护理人员尤其短缺，很难满足老年人的专业养老需求。而国外非常重视养老护理机构从业人员的专业化程度，建立了专门的护理学院、康养学院，相关专业人才数量多，并定期对从业人员进行高质量的护理教育培训，提高从业人员的专业素养。对比国内情况，我国不光养老机构的护理人员缺乏，医养结合养老机构更为缺乏。首先，社会上普遍存在不够重视专业的护理人员的现象，由于观念问题，年轻人不愿接触这一行业，机构招聘的大多是一些临时就业的中年妇女，机构护理培训不到位，专业知识和医学常识匮乏。其次，我国高校在医养结合这一块的相关课程设计缺位，导致相关人才不足，跟不上医养结合发展的步伐。

## 五、对策建议

### （一）居民认知度低，政策宣传有待加强

随着社会的全面发展，很多中老年人越来越关注自己的养老方式，但由于受文化水平的限制和获取信息的能力有限，对医养结合养老模式的认知不足。因此政府可以将相关政策下发到各级地方部门，加大各级地方部门对居民的宣传力度。同时可以利用各种途径向不同年龄的群体开展宣传，例如对于中年群体，可以采用互联网、电视等大众媒体，或者通过中年群体的就业单位、参加的团体来加大宣传；对于老年群体，可以采用报纸、社区讲座、健康教育活动等方式，同时子女应加强对老年人的宣传。

### （二）完善优惠政策，将优惠落到实处

医养结合机构养老本是一件促进全社会发展的公益福利性质较强的事业，国家应该制定相关医保报销政策，不断完善养老优惠政策，在财政上大力支持，设立专项资金实施财政补贴，并且财政拨款要进行公示，保证透明化，防止出现贪污腐败现象。鼓励和支持招商引资，适当放宽准入条件。解决老年人在医养机构产生养老费用无法报销的问题，将符合条件的医养结合机构纳入医保定点范围，实施医保定点报销，让老年人敢住、愿意住进医养机构，提高老年人的养老信心。

### （三）重视专业护理岗位，关注护理人员的需求

第一，在高校设置相关专业课程，国家应鼓励专门开办养老护理专业学院，增强养老护理人才队伍培养的力度。第二，提高护理人员的地位和薪资

福利水平，对护理人员提供补贴，为其购入社会保险，转变社会对护理岗位的偏见。第三，在机构开展专业护理培训，充实护理人员的专业知识和医学常识，实施考评机制，推出星级护师标准，提升护理人员的个人成就感。

（四）建立长期护理保险制度

借鉴国外先进经验，例如日本、德国已经建立了多种形式的社会长期护理保险制度，美国则形成了长期护理的商业保险模式。由于护理需求与护理费用之间存在矛盾，护理费用普遍偏高使老年人想住却不敢住进医养机构。我国应加大探索长期护理保险的力度，制定符合中国特色的制度。

**参考文献：**

[1]王浩.医养结合养老模式的产业化发展研究[D].南京:南京大学,2017.

[2]马丽丽,陈娜,汤少梁.医养结合养老机构养老服务发展政策研究[J].医学与社会,2016,29(4):40－43.

[3]宋群,焦学利.德国养老护理服务业的发展经验对我国的借鉴[J].中国社会工作,2017(32):48－51.

[4]黄淑娴,杨芷玥,黄翰,等.美国社区居家养老典型模式对我国医养结合养老服务发展的启示[J].劳动保障世界,2017(6Z):13－14.

[5]杨少庆.我国医养结合型机构养老服务模式问题研究[D].大连:东北财经大学,2017.

# 农村重大疾病保障制度实施现状分析

何　玉
公共事业管理2015级

**摘　要：**为降低农村居民重大疾病经济风险，我国从2010年开始逐步建立农村重大疾病保障机制，逐步把20种甚至更多费用较高、病程较长、治疗效果较好、影响较大的病种纳入重大疾病保障病种，从而提高农村地区的保障水平。本文针对我国农村重大疾病保障制度实施现状进行分析，发现了我国农村重大疾病保障制度在实施过程中存在的问题即农村重大疾病保障制度病种保障范围较窄、筹资机制不完善、报销程序复杂，导致工作效率低下，并针对问题提出建议，即逐步扩大农村重大疾病保障制度病种保障范围，扩大受益人群；完善农村重大疾病保障制度筹资机制；简化农村重大疾病保障制度报销程序，提高工作效率。

**关键词：**农村重大疾病；保障制度；现状

改革开放以来，中国经济迅速发展，人民生活水平显著提高。随着社会老龄化问题的出现，越来越多的人开始关注自身的健康问题，中国医疗保障成为人们关心的焦点。自十八届三中全会以来，关于医疗领域的问题便开始渐渐浮现，看病难、看病贵等问题成为司空见惯的现象，因病致贫、因病返贫的现象成为国家扶贫攻坚工作的重点解决对象。世界卫生组织公布了全球十大死亡原因，其中缺血性心脏病名列第一，占740万人；脑卒中、糖尿病等符合大病保险疾病范围的病种在高致死率列表里也名列前茅，且重大疾病的患病率与年龄、家庭贫困程度、环境等因素息息相关。现如今，我国有7000多万贫困人口，其中1000多万人身患慢性病或者大病，加之医疗费用高，当疾病支出达到一定家庭经济收入比例时会对这部分人群形成灾难，从而加重家庭经济负担。为降低农村居民重大疾病经济风险，我国从2010年开始逐步建立农村重大疾病保障机制，逐步把20种甚至更多的费用较高、病程较长、治疗效果较好、影响较大的病种纳入重大疾病保障病种，从而提高农村地区的保障水平。

## 一、相关概念

### （一）重大疾病概念

对重大疾病概念的界定须从国际和国内两方面阐述。国际定义：在国际上，当一个家庭的自付卫生支出达到或超过家庭支付能力的40%，就认为该家庭发生灾难性卫生支出，即家庭成员患有重大疾病。40%的界定标准并不是固定不变的，不同的国家可以根据各自国家的健康政策采取略高或略低的百分比[1]。国内主要从重大疾病本身和疾病保障两个维度进行定义。重大疾病是指疾病长期潜伏而发作，病理具有复杂性，病发后具有日渐恶化的严重性，如不及时治疗将会危及患者生命安全的一类疾病。

### （二）重大疾病保障概念

重大疾病保障是指被保险人的疾病长期潜伏而发作，病理具有复杂性，病发后具有日渐恶化的严重性，如不及时治疗将会危及生命安全；在就诊治疗的过程之中，个人所花费的治疗费用已经超过个人的收入范围或者超过当地居民人均可支配收入范围。

### （三）农村重大疾病保障概念

农村重大疾病保障是指国家为了解决农村居民因患大病而带来的健康、经济风险所采取的综合措施。我国农村重大疾病保障制度主要是根据疾病病种的性质来保障的，从而减轻农村重大疾病患者的经济负担，降低农村地区“因病致贫”率的发生。

## 二、农村重大疾病保障制度实施现状

国家统计局最新人口普查数据显示，2017年末，我国总人口数为139008万人，其中农村人口为57661万人，占全国人口的41.48%。与其他发展中国家相比，我国农村人口数量庞大，这一群体的各方面素质情况直接关系到农村的发展与繁荣。农村的医疗保障制度主要是为广大的农村居民提供医疗保障的制度，农村居民的健康水平是建设社会主义新农村的核心因素。近几年来，国家对农村居民医疗保障建设越来越重视，尤其是容易导致贫困的重大疾病问题。

（一）农村重大疾病保障制度筹资情况、参保人数、覆盖率

2015年，全国新农合人均筹资标准为500元左右，其中中央和各级财政补助标准380元。2016年，政府补助标准进一步提高到每人每年420元，其中，中央财政对西部和中部地区分别按照300元和240元的标准补助，实际人均筹资水平中政府补助的比重约占80%，群众反映的“看病贵”的问题得到初步解决。《2017年中国卫生和计划生育统计年鉴》显示，2016年，我国新农合参保人数达到2.7516亿人，参保率达到99.36%，人均筹资为559元，筹资总额为1538.15亿元，基金支出为1363.64亿元，基金使用率为88.65%，补偿受益人次为6.57亿人次。

“因病致贫、因病返贫”的现象在农村地区依然比较严重。以往传染性疾病和地方病等所谓“穷”病是影响农民健康的主要因素，随着经济的发展，目前慢性病、心血管疾病等“富贵病”逐渐成为危害农村居民健康的主要疾病。城乡居民患大病发生高额医疗费用时，呈现出病情复杂、发病时间长、费用高、治愈难度大、后续治疗延长等特点，尽管有新农合保障，但个人负担的部分仍然较大。

（二）农村重大疾病保障制度病种范围

自从重大疾病保障制度建立以来，病种范围由2010年的2项增加到现在的22项。2010年，我国将农村地区儿童先天性心脏病、白血病纳入重大疾病保障范围；2011年，新增妇女乳腺癌、宫颈癌以及艾滋病机会性感染、耐药肺结核等；2012年又将癌症疾病、慢性粒细胞白血病、急性心肌梗死、脑梗死、血友病、Ⅰ型糖尿病、甲亢等12类重大疾病列为试点范围，2013年又将儿童苯丙酮尿症、儿童尿道下裂等病种纳入试点范围。具体执行情况如表1所示。

**表1　2010年至2014年农村重大疾病医疗保障政策具体的执行情况**

| 年份 | 病种范围 | 工作要求 | 执行情况 | 资料来源 |
|---|---|---|---|---|
| 2010 | 儿童白血病、先天性心脏病 | 各省（区、市）结合实际，并结合公立医院改革试点工作，在本辖区内选择 | 各地开展了农村儿童重大疾病医疗保障试点工作。辽宁、江苏、山东、福建、 | 1.《关于开展提高农村儿童重大疾病医疗保障水平试点工作的 |

续表

| 年份 | 病种范围 | 工作要求 | 执行情况 | 资料来源 |
| --- | --- | --- | --- | --- |
|  |  | 2—3个参合人口多、信息化管理能力较强、已经开展省、市级定点医疗机构即时结报工作和医疗救助“一站式”服务的县（市）开展试点工作 | 河北、内蒙古、吉林、黑龙江、安徽、湖北、湖南、重庆、甘肃13个省份直接在全省范围内开展试点工作 | 意见》（卫农卫发〔2010〕53号）<br>2.《城乡居民基本医保（新农合）工作2011年进展和2012年重点》 |
| 2011 | 新增：终末期肾病、妇女乳腺癌、宫颈癌、重性精神病、艾滋病机会性感染、耐药肺结核 | 辽宁、江苏、山东、福建、河北、内蒙古、吉林、黑龙江、安徽、湖北、湖南、重庆、甘肃13个省份新增并在全省范围内推广，浙江、广东、广西、海南、四川、山西6个省份在部分县、市开展了新增病种的试点工作 | 儿童两项工作基本全面推开，6个新增病种开始试点，部分地区还扩大了病种范围 | 《城乡居民基本医保（新农合）工作2011年进展和2012年重点》 |
| 2012 | 新增：肺癌、食道癌、胃癌、结肠癌、直肠癌、慢性粒细胞白血病、急性心肌梗死、脑梗死、血友病、I型糖尿病、甲亢、唇腭裂 | 以省为单位全面推开8种大病的疾病保障，并由省级卫生行政部门确定1/3左右的城乡居民基本医保（新农合）统筹地区开展12个病种的大病保障试点，优先选择在国家和省级公立医院改革试点地区以及县级公立医院综合改革试点县（市、区）开展试点工作 | 儿童白血病、先天性心脏病医疗保障工作已在全国范围内以省为单位全面推开；25个省份在全省范围内或大部分地区开展了终末期肾病、艾滋病机会性感染等6个病种的试点工作；湖北等23个省份开展了肺癌、血友病等12个新增病种的试点工作 | 1.《卫生部关于加快推进农村居民重大疾病医疗保障工作的意见》（卫政法发〔2012〕74号）<br>2.《深化医药卫生体制改革动态》2012年第119期<br>3.《国家卫生计生委发布2012年城乡居民基本医保（新农合）进展情况及2013年工作重点》 |

续表

| 年份 | 病种范围 | 工作要求 | 执行情况 | 资料来源 |
| --- | --- | --- | --- | --- |
| 2013 | 新增：儿童苯丙酮尿症、尿道下裂 | 以省为单位全面推开以儿童白血病、先心病等20个病种的城乡居民基本医保（新农合）重大疾病保障工作，并将儿童苯丙酮尿症和尿道下裂两个病种纳入大病保障范围 | 全国共有199万名患者获得城乡居民基本医保（新农合）重大疾病保障补偿，22个病种的实际补偿比达到69%，大幅度减轻了参合患者的经济负担。并且，全国有28个省份出台了大病保险实施方案 | 1.《国家卫生计生委发布2012年城乡居民基本医保（新农合）进展情况及2013年工作重点》<br>2.《2013年城乡居民基本医保（新农合）进展情况及2014年工作重点》 |
| 2014 | 儿童白血病、先天性心脏病等22种重大疾病保障 | 继续推进儿童白血病等22种重大疾病保障工作。将城乡居民大病保险工作推广到50%以上的城乡居民基本医保（新农合）统筹地区，充分发挥按病种和按费用两种大病保障机制的优势，有机衔接，进一步降低群众的大病负担 | 各地继续稳步推进城乡居民基本医保（新农合）重大疾病保障制度和能力建设，有效发挥了保障效应，减轻了群众的就医负担 | 《2013年城乡居民基本医保（新农合）进展情况及2014年工作重点》 |

（三）报销比例

随着农村重大疾病保障制度筹资水平的不断提高，筹资总额的增加，截至2014年第一季度底，累计救治补偿的重大疾病患者达356万多人次，农村基金累计补偿251亿元。2015年，中央财政拨付城乡医疗救助补助资金141亿元，农村基本医保大病保障工作共计救治Ⅰ型糖尿病患者4.39万人，农村基本医保基金累计报销金额10900万元，实际报销比例近70%，极大地解决了这类患者的医疗费用负担问题。2015年，政策范围内报销比例达到75%，22种重大疾病的实际补偿比达到70%左右。

（四）报销程序

我国在农村地区实现重大疾病保障制度是为了通过国家发放的医疗救助帮助农村重大疾病患者减轻经济负担，从而减少我国农村地区“因病致贫”率的发生。图1为我国农村重大疾病医疗救助报销审批程序。

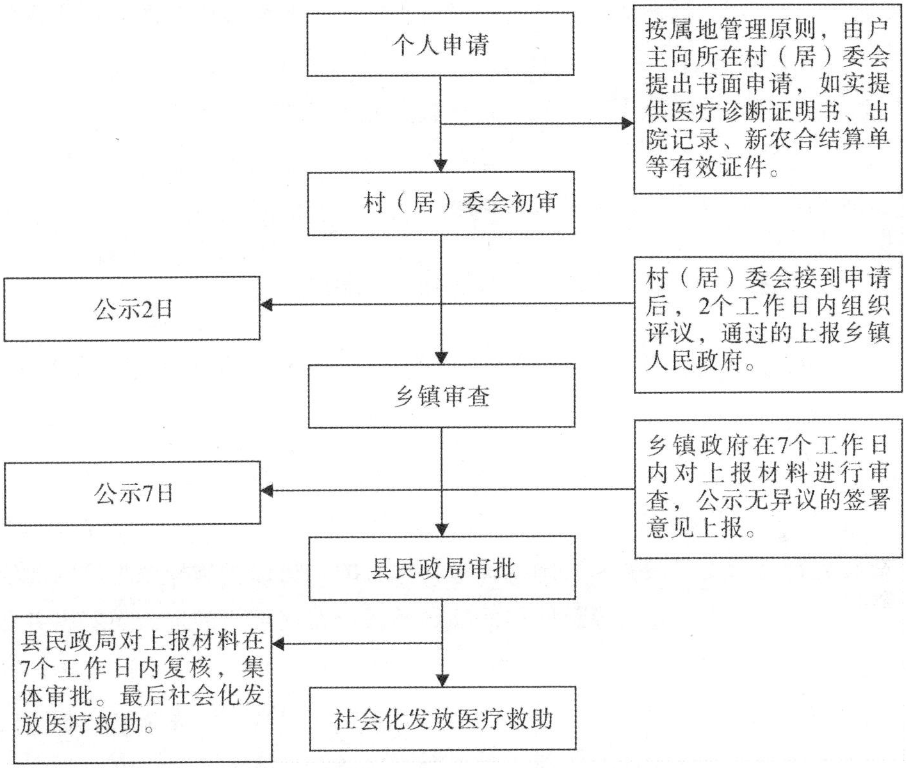


图1　农村重大疾病医疗救助报销审批程序

备注：农村重大疾病救助申请需要的材料：1. 个人申请；2. 家庭收入状况证明；3. 医疗诊断书、病史病历资料复印件；4. 医疗报销凭证、医疗费用收据；5. 申请人身份证、家庭户口本复印件；6. 农村商业银行存折复印件。

（五）各地区重大疾病保障制度的实施

各地因地制宜地扩大了农村重大疾病保障的病种范围。在国家规定优先纳入试点的22种大病外，各地结合实际，扩大了农村重大疾病保障的病种范围。2013年底，以省（区、市）为单位统计，有17个省份结合本省实际新增了部分病种，如安徽将慢性粒细胞白血病、重型再生障碍性贫血、病态窦房结综合征或二度Ⅱ型/三度房室传导阻滞、急性ST段抬高型心肌梗死、甲状腺癌、原发性纵隔肿瘤、颅内动脉瘤、听神经瘤等30种重大疾病纳入保障范围；吉林将恶性肿瘤（含妇女“两癌”）、心脏病手术治疗、肾功能衰竭（含终末期肾病）、成人白血病、再生障碍性贫血、结核病、艾滋病、癫痫、股骨头坏死、急性心肌梗死、精神病、急性坏死性胰腺炎、脑出血手术治疗、脑梗死溶栓治疗、脑性瘫痪、系统性红斑狼疮、下肢深静脉栓塞（限手术治疗）、腰椎间盘突出（限手术治疗）等20种发病率较高、医药费用较高的重大疾病纳入疾病保障范围；内蒙古地区在儿童单纯性先心病的基础上，增加了儿童复杂性先心病，将儿童白血病扩大为急性淋巴细胞白血病、急性非淋巴细胞白血病，将重性精神疾病的特殊治疗纳入补偿范围。

## 三、农村重大疾病保障制度实施中的问题

### （一）农村重大疾病保障制度病种保障范围面较窄，受益人群有限

虽然近几年取得的成果显著，表现为已将儿童白血病（0—14周岁）、先天性心脏病（0—14周岁）、女性重大疾病、癌症、急性心肌梗死、脑梗死等22类重大疾病纳入保障范围，其主要的受益人群为妇女、儿童、癌症患者。但实际情况是有更多疾病需要纳入保障，现有的大病保障病种保障范围面较窄，受益人群有限，这将导致同样面临高额医疗费用负担的重大疾病患者和在大病保障范围内的患者可以享受相应的保障待遇，不在大病保障范围内的患者则享受不到大病保障待遇，导致部分重大疾病患者由于无法享受相应的医疗救助而错失最佳治疗时间或丧失生命，这是农村地区“因病致贫”率多发的一个重要原因。

### （二）农村重大疾病保障制度筹资机制不完善

虽然近几年农村重大疾病保障制度的筹资水平在不断提高，但基金供求矛盾还是比较突出，主要表现为三个方面：一是筹资方式主要是个人筹资和政府补助两种，筹资方式比较单一；二是救助资金的可持续性难以保证，尚未形成制度化的筹资机制；三是保额有限，凡参保住院的大病患者一次性或全年累计应报医疗费超过5000元以上分段补偿，即5001—10000元补偿65%，10001—18000元补偿70%，镇级合作医疗住院及尿毒症门诊血透、肿瘤门诊放疗和化疗补偿年限额1.1万元，重大疾病患者实际所花的医疗费用

远超过补偿限额。因此，国家需建立多元化的筹资机制，从而增加保障资金的持有量和提高重大疾病患者的保额限度，减轻其经济负担。

（三）农村重大疾病保障制度报销程序复杂，工作效率低下

农村重大疾病保障报销程序流程复杂，主要表现为以下三个方面：一是报销时间长，从递交材料到报销资金的下发要接近1个月，首先由村（居）委会接到申请后，2个工作日内组织评议，通过的上报乡镇人民政府；其次由乡镇政府在7个工作日内对上报材料进行审查，公示无异议的签署意见上报；然后由县民政局对上报材料在7个工作日内复核，集体审批；最后才社会化发放医疗救助。二是报销审核需要层层递交，先由患者本人将个人申请交给村（居）委会，村（居）委会审核通过再上报给乡镇政府，乡镇政府审核通过后再上报给县民政局，最后需要县民政局复审通过才可以发放补助金。三是申请材料多而复杂，需要个人申请、家庭收入状况证明、医疗诊断书、病史病历资料复印件、医疗报销凭证、医疗费用收据等材料。这些纷繁复杂的申请过程，导致工作效率低下，患者在报销费用下来前需自行垫付医疗费用，从而使得我国农村地区“因病致贫”率多发。

## 四、针对问题提出的建议

（一）逐步扩大农村重大疾病保障制度病种保障范围，扩大受益人群范围

我们可以建立以费用为基准的病种筛选机制，患者无论身患何种疾病，只要医疗费用达到了政策规定的标准，都可以享受到重大疾病保障待遇。一方面，它在一定程度上可以扩大重大疾病保障制度的病种覆盖面，而且基本医疗保障制度下的参保者可以享受相同的补偿政策，这就极大地体现了重大疾病保障的公平性，有利于实现社会整体福利公平性和社会稳定。另一方面，它可以扩大受益人群的范围，使保障受益人群不再仅仅以妇女、儿童、癌症患者为主，其所保障的人群范围扩大为全人群。同时，部分地区可以根据本地情况将其地方病纳入重大疾病保障范围，从而减轻当地地方病患者的经济压力，促进该地区的健康、可持续发展。

（二）完善农村重大疾病保障制度筹资机制

首先建立多元化的筹资机制，鼓励政府、企业、个人共同筹资，拓宽筹

资渠道，丰富资金来源，建立多渠道、社会化的筹资模式；其次，加强对筹集资金的监管，以避免不必要的少资、漏资问题，形成制度化的筹资机制；最后是在资金有保障的情况下，根据患者所需医疗费用的比例来进一步提高保额限度，从而减轻患者的经济压力和促进保障资金的高效利用。

筹资渠道有以下四种：一是政府及相关部门注入资金，主要包括基本医疗保障部门（县医保局和合管办）用于大病关爱的资金，民政部门用于大病救助的资金，县残联用于残疾人康复的资金；二是大病关爱壹佰基金促进会每年向社会募集的慈善资金；三是按规定可以用于医疗救助的其他资金；四是基金带来的利息收入。

（三）简化农村重大疾病保障制度报销程序，提高工作效率

简化农村重大疾病救助申请流程，充分发挥重大疾病医疗救助便民救急的作用。各地在简化医疗救助操作程序的同时，要规范工作流程，完善服务管理，对于利用虚报、隐瞒、伪造等手段骗取重大疾病医疗救助资金的，应当期退回，并取消其重大疾病医疗救助或其他保障待遇资格。建立健全重大疾病工作的民主监督机制，及时将医疗救助对象姓名、救助标准、救助金额等向社会公布，接受群众和社会监督，做到政策公开、资金公开、保障对象公开。完善农村重大疾病保障管理系统功能，实现互联网互通，实现重大疾病保障报销的实时补偿，从而提高工作效率，减少患者垫付费用的压力。

农村重大疾病保障制度是对我国农村地区“因病致贫”现象的一种疾病救助制度。众所周知，我国农村人口数量庞大，这一群体的各方面素质情况直接关系到农村地区的发展与繁荣。本文主要针对农村重大疾病保障制度实施现状进行分析，发现了三大问题：一是农村重大疾病保障制度病种保障范围较窄，受益人群有限；二是农村重大疾病保障制度筹资机制不完善；三是农村重大疾病保障制度报销程序复杂，工作效率低下。针对以上问题提出对应建议：一是逐步扩大农村重大疾病保障制度病种保障范围，扩大受益人群；二是完善农村重大疾病筹资机制；三是简化农村重大疾病保障制度报销程序，提高工作效率。我们希望以此来促进农村地区重大疾病保障制度健康、可持续发展。

## 参考文献：

[1] Kawabata K, Xu K, Carrin G. Preventing improverishment through protect against catastrophic health expenditure[J]. Bulletin of the World Health Organization, 2002, 80(8): 612.

# 增能理论视角下的残疾人社区照顾

郑春容

社会工作2016级

**摘　要：**随着经济和社会的发展，人们越来越重视生活质量。残疾人作为社会中的一分子，由于一些不可抗因素（如身体因先天或后天的缺陷），导致其在融入社会的过程中比正常人遇到的困难更多，也需要付出更多的努力。近年来，政府增加了对残疾人的关注度，呼吁社会各界尊重残疾人，为残疾人提供互助帮扶，帮助其恢复自身能力，实现自我发展。同时，由于残疾人大多时间是在自身所处的社区范围内活动，社区及其成员是否为他们提供支持和照顾至关重要。

**关键词：**残疾人；社区照顾；增能理论

残疾人作为社会的一分子，由于其身体先天或后天的缺陷会对自身产生消极评价，从而在融入社会的过程中出现自卑、胆怯甚至逃避的心理。不仅如此，由于他们不便于活动或是活动经常容易受到限制，其他人会将其排除在社会主流活动之外，并给予他们消极的评价，因此残疾人在融入社会的过程中比正常人困难得多，也需要付出更多的努力。面对这一现象，党中央、国务院积极采取措施解决问题：从最初仅能从各种教育法、保护法找到有关残疾人的内容，到2008年《中华人民共和国残疾人保障法》明确地维护残疾人的权益，再到现代文明社会所形成的残疾人观，新时期残疾人事业正在健康持续地发展，越来越多的人呼吁残疾人应该有人的尊严和权利，他们的人格和权利应该得到尊重和保护。那么如何尊重和保护残疾人的人格和权利呢？

许多关于残疾人及其照顾的理论都把他们看作是脆弱的一方，忽视了人是有潜能的、是可以改变的，所以我们可以通过运用增能理论，在增强其原本丧失的机体功能的同时增强他们的生活信心。在这一理论的基础上，我们有尤其需要关注残疾人的社区照顾，因为就我国社会现状来看，残疾人大多数时间在自身所处的社区范围内活动。所以要充分运用正规照顾和非正规照顾网络，为需要照顾的残疾人士在家庭或者社区中提供全面照顾，使有困难的残疾人居民（个人或家庭）所需要的家庭照顾社会化，减轻家庭的负担；同时，挖掘社区的各种资源，建立社区支持网络，为残疾人居民建立起互助、互帮的责任意识，实现他们之间的高度互动，在互动过程中帮助其发现自身的潜能，从而达到自我实现的目的。

## 一、概述

1991年颁布的《中华人民共和国残疾人保障法》第二条中将残疾人定义为：在心理、生理、人体结构上，某种组织、功能丧失或者不正常，全部或者部分丧失以正常方式从事某种活动能力的人。同时该条款还包括视力残疾、听力残疾、言语残疾、肢体残疾、智力残疾等多种类型的分类。

### （一）残疾人的现状分析

继1987年我国进行首次残疾人抽样调查后，2006年我国又进行了第二次全国残疾人抽样调查。在这次调查中，残疾人占我国总人口的比例不仅有很大的增加而且呈上升趋势。面对这一特殊群体，国家也采取了很多措施。据残联发布的《2017年中国残疾人事业发展统计公报》统计，截至2017年底，全国已有残疾人康复机构8334个，854.7万名残疾儿童及持证残疾人得到基本康复服务；有10818名残疾人被普通高等院校录取，1845名残疾人进入高等特殊教育学院学习；全国城乡持证残疾人就业人数为942.1万。在2018年5月20日第二十八个全国助残日，中国残联介绍，在全国建档立卡贫困人口中，残疾人仍有281万，约占10%。这一数据说明残疾人群体情况不容乐观，为保障残疾人同全国人民一起奔赴小康，依旧需要政府建立健全社会保障制度，社区完善照顾制度。

### （二）残疾人的需求分析

在了解残疾人的基本情况之后，充分了解他们的需求也是有效解决问题的必要条件。这里所指的需求是需要、要求的意思，而需要是有机体内部的一种不平衡的状态，它表现在有机体对内部环境或外部环境生活条件的一种稳定的要求，也是有机体活动的源泉。

根据马斯洛的需要层次理论，人的需要分为5个等级，即生理需要、安全需要、归属和爱的需要、尊重的需要、自我实现的需要，这五个等级从低级到高级依次排列。对于残疾人来说，满足这5种需要或多或少都有一些困难。①生理需要主要体现在由于身体先天或后天缺陷，难以满足人的基本需要，如食物、睡眠、性的需要，会引起残疾人产生自卑、谴责及内疚的心理，不利于其生活和发展。②安全需要表现为人们要求安稳、安全、有秩序、受到保护等，而对于残疾人来说，其自身的缺陷本身就是一个最大的安全隐患，不仅如此，社会营造的大环境对其安全需要也有极大的影响。③归属与爱的需要是残疾人要求与其他人建立感情的联系或关系，如结交朋友、追求爱情；但在我国当前的社会状况下，部分残疾人在家容易被忽视或粗暴对待，同时在外出与人交往时容易受到不公平的待遇，难以获得与正常人平等的地位。④尊重的需要对于残疾人尤其重要，因为它不仅包括自尊而且还包括受到别人的尊重。自尊需要的满足有利于残疾人相信自己的力量及价值，使他们在生活中能变得更加有能力；而受到他人尊重是现在残疾人普遍面临的问题，他们被排除在主流的社会活动之外，不被接纳、理解和尊重。⑤自我实现的需要是残疾人能追求自己的能力或潜能的发挥和完善的需要。这一需要可以在增能理论视角下结合社区照顾，在满足他们其他需求之后，帮助其发现自我潜能，发展自身。

## 二、残疾人社区照顾

### （一）残疾人社区照顾的含义

社区照顾是社区工作六大模式之一，它有效地规避了院舍照顾的弊端，使被照顾者能够在熟悉的社区像正常人一样生活，而不再产生被抛弃感。尤其是残疾人群体，由于他们先天或后天的缺陷，离开医院或家庭之后最重要的活动场所就是社区，因此社区居民或其他人员所提供的照顾和支持尤为重要。

社区照顾，是指整合全部社会资源，运用正规照顾和非正规照顾网络，为需要照顾的人士在家庭或者社区中提供全面照顾，促进其过正常人的生活。它产生于居民对社会服务现实需求的增长，能够有效增加社会服务量的供给，有效地提高社会服务的质量，满足居民更加全面、更加周到的社会服务需求。它具体包括四个不同层面的照顾：行动照顾，即照顾饮食起居、打扫居室、代为购物等；物质支援，包括提供衣物家具和现金、提供食物等真实存在的物资；心理支持，即从情感方面提供问候、安慰和辅导等，帮助服务对象有效地缓解情绪；整体关怀，是从社会大环境着手，不仅仅留意生活环境，而且还包括发动周围资源以支援。残疾人社区照顾就是特指针对残疾人这一特殊群体，通过链接正规照顾和非正规照顾网络，为需要照顾的残疾人在家庭或者社区中提供全面照顾，增强其丧失的机体技能，增强他们的自信心，促进其过正常人的生活。坚持以政府为主导，社区为依托，充分发挥有关部门的职能作用，调动社会的各种力量共同参与，形成推进残疾人社区照顾的合力。组织家人、亲友或者邻居等基于情感和人伦的因素及动力提供无偿照顾，促进残疾人平等地参与社会生活。

（二）残疾人社区照顾的具体内容

为残疾人提供照顾和支持服务是社区照顾的内容之一，体现着社会文明和进步。残疾人由于其自身的不可抗障碍和需求的多样性，需要开展更广泛、更有针对性的服务，是社区照顾的重点对象。一般对于残疾人来说，社区照顾分为“在社区内照顾”和“由社区照顾”。

在社区内照顾是指需要照顾的残疾人士在社区内的小型服务机构或者住所中，获得专业人员的照顾。这类照顾属于正规照顾的范畴，如去社区医院或康复中心参与康复培训，能够帮助残疾人获得更专业的训练，促进其机体技能更快发展，并且不去“院舍化”的医院，改善了需要照顾的残疾人士的生活环境，有利于需要照顾者的康复。而由社区照顾是指社区内的人士，如家人、亲友、邻居、志愿者，为需要照顾的人士提供照顾。此举强调动员社区内一切可利用的资源，借助非正规社会支持网络，发动在社区内的亲朋好友和居民协助提供服务，属于非正规照顾。社区居民在日常生活中，可以与残疾人家人、亲友、邻居以及志愿者形成密切的联系，形成残疾人社会支持网络，相互交流，形成双向性的网络关系。该网络中的任何一位残疾人成员遇到困难时，都可以得到其他成员的支持。综上所述，不论是正规照顾还是非正规照顾，都需要充分利用社区资源和社区力量为本社区残疾人提供多项服务，提高其生活质量，促进其平等地参与社会生活。

（三）残疾人社区照顾存在的问题

社区照顾起源于英国，我国引进社区照顾的模式和理念之后，主要是由政府部门担当服务主体，通过对残疾人实行机构式的集中照顾，为其提供各种照顾和服务，能较好地满足需要照顾的残疾人的需求。尽管如此，我国依旧长期存在残疾人社区公民意识淡薄、残疾人诉求表达渠道不顺畅、社区残疾人公共服务资源专业化程度比较低等问题，而这些问题与发展残疾人社区照顾事业息息相关。总体来说，残疾人社区照顾存在以下几种问题：

1. 残疾人社区公民意识淡薄，获得的尊重较少。从社区层面来说，社区居民残疾人意识淡薄，大多数人认为残疾人是政府和社会的事，与自己无关，许多有关残疾人的设施都被占用，残疾人的权益得不到有效的维护；从社会组织层面来说，社区政府部门和残疾人组织对待残疾人的观念主要是一种救助观念，但扶持力度又不是很大，且很有少服务意识，基础设施不完善，公共服务制度不完整，只关注生理上的治疗和生活上的保障，忽略了社区无障碍建设和社区残疾人民主权利等问题，使得残疾人获得的尊重较少。

2. 残疾人社区服务能力较弱，获得的专业服务较少。残疾人服务由政府逐渐转移到社区之后，残疾人社区服务的事权下移，但财权没有相应下移，从而导致我国残疾人社区照顾指导政策过于笼统，服务资金不足；社区社会资源有限，而待业人员较多，难以保障社区残疾人充分就业；同时，社区硬件设施不足，服务场地缺乏，残疾人活动范围有限。不仅如此，社区内的残疾人服务组织缺乏，工作人员不足，且其他社会组织和志愿者团体严重不足，能够为残疾人提供专业服务的人较少。

3. 残疾人社区服务体制不畅，获得的社区照顾较少。在我国的残疾人体制下，社区残疾人只能被动地接受政府提供的各种服务，导致残疾人诉求表达渠道不畅通，残疾人社区服务的供给和需求脱节，使残疾人获得的社区照顾较少。

## 三、增能理论视角下的残疾人社区照顾

针对以上有关我国残疾人及残疾人社区照顾的基本情况，残疾人群体依旧是一个弱势群体。就是在这一基础上，许多关于残疾人及其照顾理论在把服务对象看作是脆弱的一方时，忽视了他们是有潜能的、是可以改变的，从而达到自我实现目标的这一基本价值观念。而增能理论则有效地规避了这些问题。

### （一）增能理论的具体内容

增能理论是站在人的发展立场上的，认为通过一定的方法残疾人也可以

在一定程度上恢复失去的机体的社会的功能，并且帮助他们进入一般、正常的社会生活。所谓增能，是指重新打破受助者的内心负面定型，协助他们加强内在的权利感，提高控制自己生活及未来命运的能力。它的基本假设包括个人的无力感来源于环境的排挤和压迫——负向评价、负面经验、无效行动；社会环境中存在的障碍使人无法发挥能力，但障碍可以改变；服务对象有能力、有价值等。这几种假设充分表明增能理论是以人的发展为基础的，它关注人的基本价值的实现。适用于解决我国残疾人社会照顾所面临的问题。

按照增能理论的理解，增能理论不仅仅是增强丧失的机体机能，还包括增强服务对象对生活的信心，缓解他们的不良反应，甚至减轻他们对社会的"负担"。如通过康复的方法可以使残疾人恢复其丧失的功能，提供教育和就业培训可以发掘他们的潜能。同时，结合社区照顾的方式方法，改善外界生活、活动条件，也有利于他们表现自己的能力，拓展在社会上与人们的交流和交往。

（二）增能理论介入残疾人社区照顾的必要性

近年来，随着我国残疾人事业的发展，人数众多的残疾人弱势群体的基本状况虽然得到一定程度的改善，但总的来说，目前残疾人在经济、教育、就业、医疗保障与康复等方面的状况仍需改善。增能需要一个内在的转化过程，即将无助、无能感的心态转化为拥有较强的自信及自尊。这一理论从个人层面、家庭层面、社区和社会层面三部分来阐释，对于满足残疾人的需求和解决残疾人社区照顾的问题有其独特的作用。具体来说：

1. 个人层面的自我增能。个人层面主要是指从个人发展、个人权利以及自我效能感出发进行这几方面的增能。而阻碍残疾人融入社会的个人层面的关键因素便是自我封闭性。残疾人由于自身先天或者后天的残疾而造成外出行动不便，或者有身体残疾不常见人，久而久之与社区甚至周围其他人群的人际关系疏远和淡漠，形成孤独、自卑、封闭、消极的状态，既使他们丧失自信又使他们失去锻炼能力。而在这个时候我们就需要帮他们树立正确的价值观和坚定的信念，提高残疾人包括参与行为、动机以及效能与控制感的能力，使他们有能力去影响和解决问题，同时又有能力改变自我的消极状态，主动获得社区照顾。

2. 家庭层面的增能。家庭层面主要是改变那些不利于实现自助的制度和规则。由于目前我国尚未完成家庭签约制度等有利于残疾人在家治疗的制度，残疾人回到家可能容易遭到二次损伤，不仅包括其家庭成员对残疾人的忽视或冷漠的态度，还包括家庭成员对一些康复培训或治疗手法的熟识程度不够。因此，在这种情况下，我们可以通过康复增强残疾人的机体机能，同时使其家庭成员掌握一些简单有效的治疗手法。

3. 社区和社会层面的增能。社区层面的增能包括组织的增能，同时还包括公民参与决策的机会。社会层面的增能强调社会层面的行动和社会改变，主要是改变社会对残疾人的负面态度，消除对残疾人的歧视，促进残疾人这一特殊团体认识其所享有的公民权利，为他们提供培训发展的机会，以提高生活自理能力、就业能力和参与社会活动的能力。

综上所述，增能理论在介入残疾人社区照顾时主要是从三个层面来解决问题的，从微观到宏观，不同层面有不同的针对性解决办法，有利于更好地满足其自身的需求，发掘潜能，帮助其改变，从而达到自我实现的目标。

（三）增能理论介入残疾人社区照顾的具体措施

增能理论以人的发展理论为基础，它关注的是人的实现。因此，在介入残疾人社区照顾中也是如此。

从微观层面来讲，首先需要确定社区照顾的服务对象即残疾人群体及其住所，在与之建立良好的相互信任的关系后，探索他们的潜能与资源，帮助他们建立自信心，树立坚定的信念，让他们敢于面对社会中出现的问题，并且解决它；同时，需要鼓励其积极参加康复培训，通过康复培训，增强其丧失的机体机能，从而减少对社会的“拖累”；然后，建立社区照顾网络和自助组织，包括直接服务的志愿组织服务系统、同类型服务对象的互助组织的服务系统（如病友小组）以及社区危机处理的自助组织服务系统等，定期为他们提供较为专业的照顾，使其感受到社会的“温暖”，促进其过上正常人的生活。

从宏观层面来讲，第一，寻找可以链接的资源；第二，激励社区居民与工作者一起照顾社区内的残疾人；第三，树立良好的社区形象，获得社会各界的长期支持与帮助以满足残疾人群体的需要；第四，开展社区残疾人照顾宣传，举办有关残疾人社区照顾的讲座，同时与有相同需要的人士（如残疾人的家人）密切接触座谈；第五，开展各种类型的培训，既需要为残疾人开展适合的就业培训并为其联系能够使用其技能的地方，又需要为那些提供照顾的人士开展培训，保证其照顾的质量等；第六，随着社区照顾的发展，可以与有相同问题的社区交流一些比较成熟的经验和做法，从而促进社区照顾达到更好的效果，为残疾人提供更好的服务。

**参考文献：**

[1]刘梦.小组工作:第2版[M].北京:高等教育出版社,2013.

[2]夏建中.社区工作:第3版[M].北京:中国人民大学出版社,2015.

[3]王辅贤.残疾人社会工作[M].北京:北京大学出版社,2008.

[4]张银,唐斌尧.浅析社区康复中的残疾人增能[J].中国康复理论与实践,2003,9(9):500-501.

[5]苏姝.我国社区残疾人公共服务体系建设困境及对策研究[D].成都:电子科技大学,2016.

[6]李金红.残疾人社区服务:问题与对策[J].江汉大学学报(社会科学版),2011,28(5):46-49.

[7]张银,唐斌尧.浅析社区康复中的残疾人增能[J].中国康复理论与实践,2003,9(9):500-501.

[8]黄飞飞.增能理论视角下社会工作介入社区社会组织能力建设研究:以社会治理创新服务园运营管理项目为例[D].成都:西南石油大学,2017.

# 医院官方微博建设探析
## ——从医院文化建设的视角

陈传林
公共事业管理2013级

**摘　要：**现如今，微博已经成为我国最活跃的网络社交媒体平台。医院官方微博也日益成为医院文化建设的重要部分。微博信息的发布既体现医院独具特色的文化传播发展模式，又充分展现医院的核心竞争力和发展理念。因此，医院官方微博与医院文化建设紧密相关，医院官方微博作为医院文化建设新的平台，能够极大地促进医院文化建设，提高医院核心竞争力。本文主要对医院官方微博发布的内容及其存在的问题进行研究，并提出相应对策。

**关键词：**医院；官方微博；文化建设

医院文化是医院的灵魂，引领着医院的建设与发展。微博不仅改变了人们的生活方式，也日益成为文化传播、文化建设的新形式。在“互联网+”时代，医院官方微博成为医院文化的一部分，它不仅是医院文化建设的重要组成部分，也是医院文化传播的平台和窗口。如何将微博与医院文化有效结合，如何利用微博推动医院文化建设，是医院管理者面临的新课题。

### 一、“医院官方微博”“医院文化”的含义

微博，微博客的简称，是基于用户关系信息共享、传播及获取的平台，借助于WAP、WEB技术，用户可以把该平台上140个字符信息分享给建立有虚拟关系的个体[1]。

在微时代新媒体的推动下，医院官微应运而生，为医院的管理与发展带来了新的挑战及机遇。“医院官方微博”是基于微博出现的又一网络工具，它是一个基于医患关系的信息分享、传播以及获取平台，以医院法人为担保实名认证并以140左右的文字更新医院信息，实现医院信息即时分享。

文化是一个非常广泛的概念。就现在广泛运用的含义来看，广义的文化

是指人类创造的一切物质产品和精神产品的总和。狭义的文化专指语言、文学、艺术以及一切意识形态在内的精神产品。

“医院文化”一词，从企业文化衍化而来，是美国学者于二十世纪八十年代初在福州召开的医学与文化讨论会上正式提出[2]并很快流行于世界的一种最新管理思想[3]。医院文化是在一定社会基础上发展形成的具有医院自身特征的行业文化，是全体员工应普遍认同和共同遵循的价值观念、群体意识、思维模式及行为准则，是医院医疗服务管理中物质财富和精神财富的总和[4]。医院文化作为一个管理系统，可以分为三个层次：

物质文化，即仪器设备、公共设施、就医环境等；制度文化，即医院规章制度、奖惩制度等；精神文化，即办院宗旨、核心价值理念、医院精神风貌等。医院文化建设则是在医院文化所包含的内容上对其进行建设和发展。

## 二、医院官方微博在医院文化建设中的作用

医院官方微博和医院文化建设密不可分，医院官方微博作为医院文化又一新的平台和重要窗口，不仅对文化建设起着举足轻重的作用，而且承担着医院文化的传承、创新，进一步促进了医院文化建设。

根据中国互联网络信息中心（CNNIC）最新发布的第39次《中国互联网络发展状况统计报告》显示，截至2016年12月，我国网民规模达7.31亿人，手机网民规模达到6.95亿人，占比达95.1%，互联网普及率达53.2%，2016年新增网民达到4299万人。微博成为目前我国最活跃的网络社交媒体平台，并成为继门户网站、搜索引擎之后的第三大互联网用户登录入口[5]，其影响力非常大。医院官方微博是医院文化的重要组成部分，微博作为医院文化建设又一新型传播媒体，利用微博将医院的文化建设、发展状况等向社会成员传递，可以充分展现一家医院的核心理念和价值体系，利用微博把医院文化建设具体化，以独特的方式展示医院文化，从而吸引更多的公众参与到医院文化建设中来。医院官方微博在医院文化建设中的作用有以下几点：

### （一）有效宣传医院文化的新型传播途径

微博具有传播速度快、及时性、多元化、时效性等特点，作为报纸、杂志、广播、电视等传统媒体外的又一新型媒体，微博具有独特的互动性，使广大群众不再是文化的“受众”，而是医院文化的“建设者”，形成了一种“由所有人面向所有人进行传播”的新型传播关系[6]，这是区别于传统媒介的

重要标志。医院通过官方微博进行医院信息发布、科普医疗领域的知识、医院开展活动宣传等，不仅可以拓宽医院文化宣传的途径，扬长避短，让更多的社会公众知晓医院文化，打破了医院文化建设的限制，而且可以有效地将医院推广出去，在社会上形成一定的反响，塑造良好的形象。

（二）降低医院文化宣传成本，扩大医院文化影响力

微博作为一个新型媒体，医院可以根据自身文化特点和自我定位编辑发布具有自身特色的文化内容，通过信息发布、共享互动，节省了媒体宣传的成本。一些微博新闻可以通过“爱特”相关单位或媒体的微博，如果得到转发，则势必会引起更多人的关注[7]。由于微博上每一个用户都是传播体，一旦精心设计的话题引起潜在用户的关注，便会通过他们的自媒体传播到自己的收听群中，从而影响更多的受众，获得更加广泛的传播效果[8]。通过利用官方微博将医院开展的重大活动进行发布，在微博界面“爱特”具有扩散影响力的相关媒体，引发他们的关注并进行传播扩散，势必会在社会上引起很大的关注，从而为医院在虚拟网络平台上宣传医院文化，提升文化建设影响力搭建了一个良好的平台。

（三）有效传播医院的文化价值观

微博在宣传医院文化的过程中具有快速、简洁的特点，在医院、员工、社会中搭建了良好的桥梁。它有效地改变了传统媒介的传播方式，把复杂的问题简单化、把抽象的问题具体化、把理性文化变为感性文化，不仅让患者和员工更愿意接受，在实际工作中也更容易落实[9]，让员工和社会群体更能够意识到医院的文化价值观和医院文化发展，打造医院形象的“个性名片”。

（四）营造医院文化和谐氛围的有力途径

良好的医院文化氛围，为高质量医疗服务水平的形成与提高提供了背景与前提，高质量的医疗质量水平又进一步奠定了医院文化基础[10]。在自媒体时代，通过微博这一平台，群众可以快速查询以及了解自己所需的信息，微博方便了广大人民群众，增强了医院的服务意识，营造了良好、和谐的文化建设氛围。

## 三、医院官方微博在医院文化建设实践中存在的问题

在我国，以公立医院为代表的大型医院一直非常重视新媒体的建设，国

内各大医院在进入 2011 年后陆续开通了官方微博，医院作为一个独立单元开始占领微博这个新型信息传播平台。以复旦大学医院管理研究所公布的《2015 年度中国最佳医院综合排行榜》来看，排名前五位的医院分别为北京协和医院、四川大学华西医院、中国人民解放军总医院、上海交通大学医学院附属瑞金医院、第四军医大学西京医院。从五家医院的微博开通情况来看，除了中国人民解放军总医院没有开通微博，其他四家医院都开通了微博。西京医院由于采用非实名制注册账号，有些人冒用医院微博发布与医院无关的信息，所以关注度和公信度极低。瑞金医院经过官方认证，但由于医院不重视新媒体建设，所以自从 2016 年 1 月起就不再发布内容。只有北京协和医院和四川大学华西医院经官方认证并且一直在运行，粉丝量上万。

这两家医院的受关注度都很高，以医院富有特色的 logo 作为头像并且以医院全称作为注册名，非常具有代表性。但从发布的内容来看，这两家医院还存在以下几个问题。

（一）医院发布的多是医疗科普信息，关于医院文化建设的博文较少

从协和医院和华西医院两家医院的微博日发布量来看，每日更博数量不超过 5 条，并且微博发布的卫生保健科普知识所占比例为 70%，涉及医院文化的博文很少，仅仅只能知晓一些医院开展的活动，不能了解医院独具特色的医疗技术等核心竞争力以及医院本身的核心价值理念下所体现出来的医院文化。只有通过医院最具权威的门户网站发布的官方新闻才能完全知晓医院在文化建设发展方面所做的点点滴滴。医院宣传方式也过于单一，仅仅以文字介绍来博得网友对医院微博的关注，生硬枯燥，不采取图文并茂、视频等方式吸引注意力，效果非常不好。医学普及知识成为两家医院微博建设的主要内容。

（二）忽视利用官方微博建设医院文化，管理者重视力度不够

医院官方微博作为医院门户网站外的又一个新型文化传播模式，新颖度高。“十三五”规划纲要提出，要加强文化建设，创新传播体系。医院的门户网站虽然是医院的门面，但作为传统媒体，其受关注度很低。微博信息量十足、内容形式多样等优点刚好可以弥补门户网站的不足，并且通过微博互动的形式，社会公众可以和医院进行双向沟通，知晓医院文化，拉近彼此之间的距离，为医院文化建设的改进与创新提供建议，最大化地发挥微博优势成

了应该思考的问题。然而医院管理者不够重视利用微博建设医院文化，未将医院核心精神和价值理念利用微博以医院具体所做的事迹有效地展示给网民，并且没有建立以先进技术为支撑、内容建设为根本的“内容 + 平台 + 终端”的新型传播体系。医院对公众的疑问不再进行回答，导致公众参与互动程度越来越低，一定程度上降低了医院的外在形象。

（三）未能将危机事件公开处理纳入医院文化建设新范畴

医患之间的关系实质上是一种信托关系[11]。患者觉得自己进了医院，医生就有义务把自己的病治好，期望值过高。医患关系紧张得让医务工作者随时担心自己是否安全。一些患者家属因为种种原因，围攻、殴打医生，砸东西，医生有时被追得到处跑。遇到这种事后，医生的心理压力非常大，部分医生留下了心理阴影。近年来，医患关系矛盾越发严重，公共危机处理事件作为医院文化建设新的一部分，两家大型的公立医院都未通过以官方微博的形式来普及一些手术流程以及可能出现的后患等。信息不对称导致患者在治疗过程中出现不良后果就会责怪医生，缺乏有效的沟通以及适当的应对措施致使医患之间的冲突给医院带来不良的影响。

医方和患方经常发生医疗纠纷，两家医院从未通过自媒体的方式客观公开地听取群众对事件的意见，仅仅以私下解决或者法律的途径解决，最后不了了之，没有适当地对一些典型的医疗纠纷的处理方案进行公开。作为医院文化的一部分，微博并没有被医院用来引导正确的观念。

（四）缺乏医学法律知识的普及教育

对于医院文化的认识不能过于片面，每家医院可以根据自身的定位建设不同特色的文化。法律知识属于文化范畴早已经被各大型医院纳入医院文化扩展领域。从两家医院发布的所有内容来看，医院不重视通过官方微博等媒介手段来普及一些医学领域的法律知识，法律意识淡薄。中国是法治国家，但懂法律的人特别少，医院通过微博普及医学法律知识，这样可以让更多人知道发生危机事件时应该怎样做，可以通过哪些法律程序来维护自己的合法权益。医闹事件经常发生。笔者曾经看到一则新闻，一名老年患者在医院死亡后，其家属在医院穿孝服、贴门报，并在病房布置灵堂。民警清理灵堂，清退家属时，死者的女儿和孙子将两名民警打伤。以这样盲目、暴力的方式解决问题不仅没有维护自己的权益，反而触犯了法律，会受到处罚。种种事件经常发生，医院应该引起高度重视。

## 四、加强医院官方微博管理，促进医院文化建设发展

医院官方微博运行好坏关乎一家医疗机构的公关形象。在医院文化建设中，医院管理者充当了医院文化传播的推广者、建设者、公关形象塑造者的角色。作为医院文化的一部分，医院要充分利用微博的优点，对发布的信息进行科学化、特色化的管理，根据医院自身文化建设特点，将医院官方微博和医院文化二者有效结合起来，最大化地发挥优势。

### （一）新建医院文化专栏，将官方微博和门户网站有效结合

医院门户网站作为一家医院最具有权威的新闻信息发布平台，关注度低，二者在文化建设上处于孤立脱节状态。微博作为自媒体，有很大的发展潜力，要做到合理、高效地利用官方微博，管理者应该取长补短，比如可以将医院门户网站的链接运用到微博当中，将门户网站与微博二者有效结合，双向利用传播方式为医院文化建设服务，扩大影响力。医院可以在微博界面上创建不同的微博主页内容，新建医院文化专栏，把医院发展概况、医院文化发展及建设进程分类介绍，患者可以在浏览其他内容的时候随手点开，更进一步了解医院，方便快捷，这样可以打造医院的特色微博。

### （二）丰富医院文化建设内容，宣传方式多样化

利用微博来建设医院文化，医院自身必须把握医院文化的发展目标和趋势，比如北京协和医院在“严谨、求精、勤奋、奉献”的协和精神下，在2011年创新提出了“待病人如亲人，提高病人满意度；待同事如家人，提高员工幸福感”的新办院理念。微博运营者可以借助微博将医护人员对患者所做的重大事迹具体展示出来，以此来体现医院的核心价值理念。同时，仅仅以文字来建设医院文化不能够将效能扩大，群众参与度少、关注度低、不了解大众关注的内容以及愿意接纳的宣传方式，会对文化建设的发展造成阻碍。通过采用小视频、动态图等生动形象的宣传方式来提高关注度，更易于让大众接受和喜爱，而且可以获得意想不到的效果。为了更好地推广医院，医院管理者还可以利用医院现有的发展成熟的传统媒体将医院官微的二维码扩散开来，比如利用预防知识宣传手册、医院的门户网站以及报纸专栏等，让群众了解到医院官微可以满足个人不同的需求。与此同时，医院文化建设离不

开每一位员工，医院可以将员工文化建设参与度纳入科室的整体绩效评定，激励员工主动关注医院官微，积极参与微博互动，科室负责人定时向微博运营者提供科室近期的活动安排，让更多的人可以通过微博得到自己需要的信息。

（三）加大微博管理力度，打造专业团队

从全国医院微博运营情况来看，大部分医院微博缺乏整体规划和系统管理。微博运行好坏关乎医院在社会上的名声。一名合格的微博运营员应具备洞察事务敏锐的眼力、文字能力、图形图像处理能力、法律知识等基本能力，院党委应该成立专门的微博运营小组，对微博进行舆论监测与管理。同时，微博运营人员在发布信息时，要善用网络语言和符号。在发布非官方新闻类信息时，尽量将语言拟人化，适当采取当下流行的网络语言以获得网民的认同感和共同的话语空间[12]，对于网友的提问，在不影响医院利益的情况下适当地沟通可以拉近彼此之间的距离。同时，利用标题来吸引网民的注意力，对医院文化开展的活动进行投票并进行抽奖，微博的裂变形式将会提高网民对医院的关注度，从而扩大医院的影响力。

（四）加强医学法律知识的普及，丰富医院文化内涵

当前医闹事件经常发生，利用武力解决问题的患者家属不计其数，他们不仅没能有效地维护自己的权益，而且给医院和社会带来了许多负面的影响。为了有效地解决医疗纠纷和维护医患双方的权益，我国当前涉及医疗领域的法律文书有许多，比如《中华人民共和国侵权责任法》《医疗事故处理条例》《中华人民共和国执业医师法》等多部法律。医院应该将法律知识普及纳入官微宣传医院文化范畴内，开创独具特色的医院文化建设之路。法律知识的普及通过医院官方微博平台可以让公众知晓一些基本的法律常识。普及的方式多种多样，书面化的文字普及过于生硬，可以利用视频，以案例为背景来解析如何运用法律条文，这样才能充分体现微博活跃性的特点。

普及法律知识不能仅限于社会公众，医院内部成员也要主动学习法律，增强法律知识素养，提升个人的人文素养，构建良好的学习氛围。医院管理者组织开展法律知识学习，要求各科室各部门派出人员进行培训学习，根据科室发生的一些医疗纠纷，负责人可以将事件的起因、经过、结果以及解决的方案利用微博进行公布，让更多的人了解医学，增强事件处理的透明度和

知晓度。

（五）加强危机事件监测管理，树立良好的公关形象

突发危机事件具有危险性、突发性、不可预测性。危机事件处理的好坏关乎一个组织在社会上的地位。医院通过微博的检索工具对自身品牌、服务和相关的话题进行监控，并及时从客户处获得反馈和建议，一旦出现危机事件，医院就可以用最快的速度做出回应，开展危机公关[13]。为了更好地利用微博来建设医院文化，管理者必须加强对医院官方微博的管理，将危机事件的舆情监测纳入文化建设领域。除了平常的信息发布，当医院一旦出现危机事件，管理者还要在第一时间将事件客观地陈述，主动沟通，听取广大群众的呼声和看法，然后及时进行处理，将损失减少到最小。医院内部员工也得树立正确的价值观念，在危机面前站在医院的角度思考问题，做出理性的判断。一旦负面的声音占据话语权，这将对医院产生不利的影响。微博的影响力和扩散面非常强大，负责人不仅通过新闻媒体进行曝光，而且利用医院官方微博发表声明也可以起到意想不到的效果。但我们应该清醒地看到，对于监测危机事件来说，微博的力量是远远不够的，但它可以作为一个良好的辅助性信息通道，为医院和公众之间构建一个实时、透明的沟通渠道，在最大限度上抑制危机事件的发酵和恶化[14]。

总之，医院文化发展离不开领导的重视、员工的支持以及科学的管理。利用微博这一新型媒体来建设医院文化，医院管理者应该趋利避害，充分利用微博的优点来开展医院文化建设。科学的管理，为医院文化建设提供了有力的保障，而医院文化又对医院的科学管理提出了更高的目标和要求[15]。高度重视医院具有特色的文化，创新医院文化宣传方式，通过微博平台大力宣传不仅可以塑造良好的品牌形象，而且还可以供其他医院借鉴。作为一名管理者应该正确看待二者之间的关系。

**参考文献：**

[1]渠周琳.新浪微博营销模式研究[D].北京：北京交通大学,2015:10.

[2]王海娇.医院文化建设研究及案例分析[D].重庆：重庆医科大学,2013:11.

[3]杨桂华.医院文化建设研究[D].武汉：华中师范大学,2004:3.

[4]崔普祥.对医院文化建设的几点认识[J].医院管理论坛,2008(12):16.

[5]何军,杨建,于红典,等.公立医院官方微博现状分析及建议[J].中国医药导报,2014(29):133.

[6]刘远.新媒介在医院文化建设中的实践研究[D].呼和浩特:内蒙古师范大学,2014:10.

[7]韦苗,周鸣.微博在医院文化建设中的功能[J].江苏卫生事业管理,2013(1):49.

[8]赵立春,杨洁,梁健,等.医院微博宣传的必要性和策略研究[J].现代医院管理,2014,12(1):29.

[9]王海芳.新形势下医院对外宣传如何与媒体有效沟通[J].现代医院,2013,13(8):128.

[10]纪伟伟,王耀刚,王伟平,等.新媒体在医院文化建设中的应用探讨[J].中国医院管理,2015(9):78.

[11]陆建明,康小明.试论医院文化建设的理念和实践[J].中国医院管理,2007(3):50.

[12]郑惠兰,周艳琴.医院微博、微信公众平台宣传的实践研究[J].中国卫生产业,2014(23):44.

[13]赵鹏图,李耀.微博营销在医院营销中的应用探讨[J].现代医院管理,2012(1):38.

[14]辛庆香.企业微博营销的价值与策略研究[J].商场现代化,2011(20):46.

[15]胡蓉,王伦.医院文化建设的实践与思考[J].中国卫生事业管理,2010(S1):27.

# 下篇

# 社会工作视角下对《人性的弱点》的解读

罗　鑫
社会工作2018级

人包括你我他，首先从最近的说起就是我。通过对这本书的阅读，我能够从中发现我的弱点（记不住对方的名字），和大多数人一样，我会觉得自己没有时间和精力去记住别人的名字，但是书中的美国总统富兰克林·罗斯福会花时间去牢记别人的名字，哪怕是一个普通的技工或者是白宫的女佣，他知道用最简单的、最明显而又最重要的方式来获得好感，那就是记住别人的名字，这也许是他成为一个最有威望的总统的原因之一。一个人的名字是他听到的所有语言中最甜蜜、最重要的声音。

第二个就是真诚地关心别人，这也是社会工作中的理解关怀原则。我记得书中有一句话是这样说的："如果我们只是想给别人留下印象，让别人对我们感兴趣，我们将永远找不到真正的忠诚的朋友。"是的，如果在现实生活中我们不关心别人而总是以自我为中心，别人也会以同样的方式来对待我们。这也是西奥多·罗斯福有令人好奇的好人缘的秘密之一。他的贴身男仆记载道：他的老婆很喜欢山齿鹑，每一次罗斯福先生经过他们小村庄时都会以这种鸟叫的方式给他们友好的问候。他总是很关注这样的小事，他把对这些下人们真挚的感情表现得淋漓尽致。

人与人之间的理解，一向是人际关系中最重要的却最容易忽略的关键。给那些看上去不重要的人以同样的关心，对他人怀有极大的热情，可以引起别人的关注。如果我们想和别人成为好朋友，就要忘我地为他人做事情，真诚地关心他们，记住他们的生日，无私地、考虑周全地把一些小细节做好。

在社会工作中也一样，我们把这种真诚地关心案主的原则称为理解与关怀原则，即我们的案主常常希望自己的感受或表达的感情能够得到工作者的了解、支持。所以，作为社会工作者，我们常常要有适度的感情介入，比如感同身受、理解、设身处地、信任、共鸣、同行者等，让案主能够感觉到我们与他处于同一情境中，并在设身处地地为他解决问题，真诚地关心他。

第三个是给人留下良好的第一印象，比如微笑。行胜于言，迷人的微笑就像在表达我喜欢你、你让我很高兴、我愿意见到你等意思。文中有一个故事是这样的：在一个兽医店里，有六七个顾客在排队等候，在这时，有一位女士抱着九个月大的婴儿和一只小猫走进了兽医店。她刚好坐在一位烦躁的男士旁边，男子抬头看见婴儿对他露出了微笑，他也对孩子回以微笑，很快他和那位女士因为那个婴儿开始攀谈起来，不久大家都加入进来，原本枯燥、紧张的气氛开始变得愉快起来。看到这里，我不由得想起在茫茫人海中经常会对一些爱笑的陌生人产生莫名的好感，有时候视线还会在他们离去的方向停留几秒钟。在学校，我们也会遇到很多宣传的同学，在这时，大多数同学会有两种选择，要么绕道走，要么主动了解，这两种选择大多取决于宣传的热情，而这种热情体现在脸上就是微笑。

在我看来，微笑是一缕阳光，很温暖很温暖。它让饥寒者感到温暖；它让失败者有了希望；它让勤劳者获得收获。如果你希望别人见到你表现出很高兴、欢愉的神情，那么你自己首先要这样去面对别人。

给人留下良好第一印象的简单方法就是微笑。在社会心理学中把这种人与人第一次交往时给人留下的印象，在对方的头脑中形成并占据着主导地位的效应称为首映效应。作为一个社会工作者，我们可以好好利用首映效应给我们的案主留下的良好的第一印象进行良好的沟通，促使社会工作者和案主之间关系的融洽并有助于我们对案主进行帮助。

"你有这样的反应，我一点也不意外。如果我是你的话，我肯定也会有同样的感觉。"这就是了解每一个人的想法。每一个人都有独立的人格和思考方式，在各自的背景下长大，年龄、智商、文化、阅历、习惯、不同的生活和利益造就了各种不同的感官与思考方式。当个人利益发生冲突时，每个人都自然地站在了自己的利益角度去看待问题，所得出的结论自然不相同。要理解别人的想法，正如别人也会认为我们的想法与他们的不同一样。

在文中有这样一个故事：在华盛顿有一位女士想利用自己丈夫在政坛的影响为她的儿子谋取一个职位。出于技术考虑，塔夫脱总统选择了另外一个人，这位女士写信告诉总统自己曾经通过什么方法帮助过总统推行行政法案。也许当我们接到这样一封信的时候，想到的第一件事就是怎样去严肃地对付一个提出了不恰当的要求或者说有点鲁莽的人，接着，你就会动笔回信了。

可是，这位总统并没有这么做，而是回复了一封最有礼貌的信。他对这位母亲在这种情况下的做法表示理解，接着向她解释自己不录取她儿子的理由，并表示希望她儿子继续在原来的工作岗位上取得成就。这封信平息了她心中的怒火，她也寄了一封信表示她之前的歉意。入主白宫的总统每一天都要面对这样的问题，更何况是我们呢？

在社会工作当中，应当尊重服务对象的个体差异，不应当使用一般或者统一的服务方法回应他们的独特需要，要充分地考虑到服务对象在年龄、性别、职位、社会地位、政治信仰、宗教以及精神状况等方面存在的差异，及其与社会主流价值之间可能存在的冲突，尊重个性化需求。这就是社会工作的七大原则之一的个性化原则，将案主看成独立的个人，重视案主对待困难和问题的个人感受和看法。就像上面的故事中总统是立足于女士的立场去考虑问题，从而化解了他们两个人之间的误会和矛盾。

总之，在这样的深夜读着这样的书，像是在品味一场美味的人生宴会，自得其乐，要将这样的感觉说出来，还真是只可意会、不可言传。它就像一面镜子，帮助我认识自我、了解自我，从而完善自我、驾驭自我，让我成为一个善于经营自己人生的成功者。漫漫人生路，它让我在看清来路的同时，更清楚自己要面对怎样的未来！

在这本书中我学到了很多。尊重他人的意见，永远不要说“你错了”，尝试理解他人，为他人着想，不要直言他人的错误，不要引起争端，要学会用巧妙的语言交谈并以友好的方式开始交流，耐心虚心地听完对方的话，让他人成为交谈的主角，用真诚的赞赏开始谈话。在坏消息之前说好消息，坏消息似乎也变得容易接受了。

最后，通过阅读学习卡耐基成功之路丛书《人性的弱点》，我收获很大。在未读这本书之前，我断章取义，认为这里讲述的是人的不足和懦弱的一面，似乎有些消极的意味。但阅读完全书，我有了新的认识，以人性的弱点命名，却处处从弱点中找出我们的优势所在，从而更好地战胜弱点，成就自我。书中虽然分为不同的部分，但章章相通，节节联系，无论是做人处事的基本技巧，还是如何使自己获得大家的欢迎，以及战胜忧虑的消极情绪等，都是一种很自然的连接。正如：不要轻易地去批评别人，有时真诚的赞赏会得到意外的惊喜；与别人相处的过程中，不要只想着自己而强人所难，要让别人心甘情愿地去做事；每个人都希望得到别人的重视，你若想得到大家的肯定，就应真诚地对待别人，并表现出自己的兴趣；微笑是无言的亲近，记住别人的名字是有利的证明，谈论他人感兴趣的话题更是有效的办法。总之，这一切都贯穿于学会赏识，满足做重要人物的那种感觉之中。

读完戴尔·卡耐基的《人性的弱点》这本书，我的思想也有与之碰撞的时候。我们传统的思维是严师出高徒，那么严厉一点不好吗？经过仔细地思考，其实严格的要求与尖刻的批评并不能相提并论。还有个性的发展，为什么总是千方百计地去讨论别人感兴趣的话题而忽视自我呢？放眼当今社会，在这个竞争的时代，必须要把握机遇，先有平台的提供，才有自我能力的展示，而平台的取得并非轻而易举，需要用到我们的处世技巧和实际能力。

总而言之，在人生的旅途中，《人性的弱点》这本书教我真理，给我智慧，一言以贯之：诚于嘉许，宽于称道。

# 《领导力》
## ——领导的五个习惯行为对领导力的影响

邹瑞雅
公共事业管理2013级

今天，世界格局正在发生根本性的改变，全球化、信息化、市场化、民主化迅猛发展，世界充满变革、创造、危机和合作。由于管理中由模糊、不确定机会和风险带来的挑战越来越多，因此每个国家、每个组织、每个家庭、每个人都要勇敢地站出来承担起领导的责任，共同应对挑战，要清楚地意识到“领导是每个人的事”，让每个人感觉自己是领导，不管他们是做什么的，欣赏每个人工作产生的积极影响。

### 一、领导力的概念

关于领导力的概念有多达350个，莫衷一是，但都包含三个共同要素：

领导力本质上是一种影响他人的社会过程，领导者的性格决定领导风格，情景影响领导力的发挥。从领导者的职责来看，毛泽东指出：“领导的责任，归结起来，主要是出主意、用干部两件事。”从领导者的能力和行为来看，领导力是动员大家为了共同愿景努力奋斗的艺术。

### 二、人们希望在领导者身上看到和得到什么

经过调查研究发现，不同国家、文化、种族、组织，不同的性别、受教育程度、年龄，调查结果都一致。要让人们自愿地追随某个领导者，他就必须具备以下几个品质：真诚、有前瞻性、有胜任力、激发他人，这就要求我们的领导要从这几个方面出发，培养自己在这些方面的能力，才能真正地让人们信服、跟随；要达到领导者的最佳状态，说到做到，为建立可靠的领导力打下基础。

## 三、五种习惯行为对领导力的影响

### （一）以身作则

1. 明确价值观，找到自己的声音。你是谁？这是追随者第一个要问的问题，找到这个问题的答案是每位领导者工作的起点。而明确价值观必须注意以下三个方面：

（1）找到自己的声音。要成为值得信任的领导者，你必须具有坚定的信念，或者价值观、原则、标准、伦理道德和理想，它们驱使你前进。要找到自己的声音就必须深刻探索自己的内心，你必须明确自己真正关心的是什么，是什么让你与他人区分开来，成为你自己，只有找到自己内心的声音才能进行真诚的领导，将说和做联系在一起。只有找到自己，才能找到自己的风格，才能提高自己的自信，才能肩负起自己的人生诺言，而不是盲目地模仿他人。

（2）明确共同的价值观。共同的价值观是建立高效、真诚的工作关系的基础。领导者首先要建立自己的价值观，价值观会指导一个人做出何种行动。领导者只有建立深刻的价值观才能让他们在面对众多的不同价值观、思维定式和利益时排除干扰，做出正确的选择。其次就是要确立企业的共同价值观。在共同的价值观上建立企业文化的公司，它会远远胜过其他公司。拥有共同的价值观可以让员工强烈地感受到自己对于组织的价值，增强人们对公司的忠诚度，提高团结力，增强自豪感等。

2. 使行动与共同的价值观保持一致，为他人树立榜样。

（1）践行共同的价值观。领导者是组织共同的价值观的代言人，他们要向世人展示组织的价值观和标准，他们的责任就是尽其所能地组织价值观服务。领导者要履行好自己的承诺，你的所作所为会比你的宣传影响力更大。

（2）教导他人践行共同的价值观。领导者不是组织中的唯一榜样。在任何情况下、任何阶层中，领导者都要做到言行一致。领导者的职责在于确保追随者恪守他们做出的承诺。要想创造高绩效的文化，就必须高度重视共同的价值观。为了向他人展示公司希望他们做什么，让他们保持责任心，你要正确地应对关键事件，确保组织体系能够强化公司期待大家重复的行为。

### （二）共启愿景

1. 展望未来，想象令人激动的、崇高的各种可能。组织愿景最大的作用就是聚焦人们的能量。要让每个人都看清前方的道路，你必须向人们描绘和传递一个激动人心的、崇高的未来愿景。在明确愿景之前，必须牢记，愿景本身要具有吸引力，要让每个人感觉到自己的利益与它休戚相关。要倾听他们的声音，了解他们的希望、梦想和抱负，只有这样才能让大家为共同的愿景持之以恒地献身。

2. 描绘共同的愿景，感召他人为共同的愿望奋斗。领导者描绘共同的愿景，他们把人们和共同的愿景中最有意义的部分联系起来，提高了人们的需求层次和精神境界，不断鼓励人们创造卓越的成就，让人们为自己的工作感到骄傲和自豪。要让共同的愿景能持续地激励人心，它必须是引人注目、难以忘怀的。领导者必须为愿景注入活力，让愿景鲜活起来，要让人们能想象出它是什么样子的，才愿意为他和独特的未来工作。要让人们确信共同的愿景，让人们感受到愿景的真实性，他们就会追随愿景。

（三）挑战现状

1. 通过捕捉创意和从外部获取创新的方法来猎取改进的机会。致力于成就卓越的领导者欢迎源自任何人、任何地方的想法，他们善于利用自己的观察力不断探查新技术、政治、经济、人文、艺术、宗教以及社会中的新思维。因为具有前瞻性，他们不会在变革中随波逐流，而是制造、引领趋势，他们寻找机会，应对组织环境中不断出现的转变。优秀的领导者会仔细观察自己的周围，以期发现绝好的创意。卓越的领导者不仅需要向内看，更需要向外看，那是未来所在。

2. 进行尝试和冒险，不断取得小小的成功，从实践中学习。变革是领导者的工作，他们必须不断地寻求持续地改进、发展和创新的方法。然而变革会令人不知所措，会让人恐惧，会让人止步不前。卓越的领导者视变革为可以战胜的挑战。他们坚信，人人都能掌控自己的生活，影响自己的未来，让人们建立起强烈的承担使命的责任感。要将目标划分为小小的短期目标，每次一小步的迎接挑战，以小小的成功把事情引向正确的方向。而每件事情，事无巨细，只要发生，就会有成败得失。人们应该知道的是，在尝试和承担风险时，他们不会因失败而遭受惩罚。相反，失败将被作为学习的经历。卓越的领导者营造使人感觉强大、自信的氛围，即使在最不利的形势下也能使人们感到自己拥有扭转乾坤的能力。

(四)使众人行

通过建立信任和增进关系来促进合作。协作是使公司、社团甚至课堂有效运行的重要技能。当你建立信任的关系，有效促成追随者间的长期关系，协作就能持久。你需要提升人们之间相互依存的认知，让人们知道自己处于一个彼此需要对方才能成功的群体中，要让人们形成一种“我们在一起的意识”。而信任是协作团队的命脉，要想建立并保持长久的协作关系，就必须要信任他人，还要他人能信任你，要互相信任。增进关系的难点在于要让他们认识到他们的成功依赖于彼此的存在，认识到他们之间的相互依存关系。而拥有共同的目标和角色，可以使人们建立起对集体目标的认知。通过制定互惠原则来让人们了解到只有合作才能使他们得到最高的利益。尽可能地支持人们互动，鼓励人们见面交流以增进关系的持久性。

通过增强自我意识和发展能力来增强他人的实力。增进他人的能力是追随者成长为领导者的必经之路，使他们有能力自主采取行动。要建立一个良性循环，赋予人们权利和责任。当你把责任赋予他人时，你也能使自己承担新的责任，并获得新的学习机会。

(五)激励人心

1. 通过表彰个人的卓越表现来认可他人的贡献。认可他人的贡献是在向他人展示你相信他们，并期待着他们能有更好的表现。你越相信追随者的能力，你在工作中越有积极的行动。

2. 通过创造一种集体主义精神来庆祝价值的实现和胜利。除体力和智力资本，人际关系也是幸福和成功的重要来源，人是一种社会性动物，因此要尽量创造一种集体主义精神。公开庆祝活动可以让人们亲自参与活动进行社交，同时还可以让他们一起享受乐趣，增进彼此之间的感情。

卓越领导五种习惯行为与受人尊敬的领导者的品质在同一个主题上相互补充。一个优秀的领导者不仅做出了业绩，还满足了追随者的期望。只有真诚的领导者才能做到以身作则。有前瞻力的领导才能共启愿景、激励人心。通过这五个行为习惯可以更好地让领导获得权威，能够让领导者更加重视真诚的作用，更加具有前瞻性，能够有更强的能力来胜任工作，更能激励人心，让人们有更好的精神状态为组织工作，让人们意识到“人人都是领导者”。

# 《影响力》
## ——我们是怎样被影响的

田 琪 王雅静
公共事业管理2013级

一次偶然的机会，我们接触到了罗佰特·B. 西奥迪尼——一位全球知名的说服术与影响力研究权威所著的《影响力》。自出版以来，这本书就一直是最畅销的图书。作为《财富》杂志大力推荐的75本商业必读书之一，《影响力》风靡20余年。在它的影响下，劝说得以成为一门科学，无论身份如何，这本书都能成为你理解别人心理的基石。

《影响力》一书建立在3年的参与性观察上，作者在一些广告公司、公关部门以及慈善机构中充当依从业者或者感化业者后得到了很多亲身经历，在依从业者五花八门、数不胜数的说服与感化策略中总结介绍了主要的6种类型，每一种类型都以一个指导人类行为的心理学原理为基础：互惠，承诺与一致，社会认同，喜好，权威以及短缺。这些原理在社会生活中运转，深入我们生活的方方面面。每一条原理都具有一种独特的让人们能够下意识地说“是”的能力。随着节奏的加快，信息越来越丰富，我们更多地是以一种不假思索的方式去依从，了解影响力的运作机制对个人以及社会也越来越重要，而这本书的魅力就在于此。

在打开这本书之前，我一直以为营销是一种自然而然的行为，所以来推销的人都是以一种顺势而为的状态在工作。事实上，营销中的每一步都需要对顾客的心理进行分析。比如一种叫对比原理的人类认知原理，即如果两件东西很不一样，我们会趋向于认为它们之间的差别比实际的差别更大，因此，如果我们在放下一样轻的东西之后再提起一样重物，就会觉得第二件东西比单独去拿时还要重。在实际购买中也是相同的情况，人们一旦接受了一个较高的价位，那么在这个价位之下的东西似乎都能接受。人们总是会根据之前所发生的事情或者接触的东西来作为参照。服装店里，销售员总会先拿出昂贵的东西，再拿出便宜的东西，这样会让人感觉东西更便宜；相反，如果店员先让顾客看便宜的东西，再让顾客看贵的东西，会使昂贵的东西显得更贵。

在生活中，我们总会在不经意间被“恩惠”，比如别人顺路带的礼物或者顺手帮的忙。这些恩惠往往在人的潜意识中生出了一种负债感，这种负债感可能会让我们对一个原本第一印象很差的人有所改观，可能会为了还一点小恩惠而去做一些可能原本会因为各种原因拒绝的事情。这些行为都是由负罪感催生出来的，这种感觉对于每一个人来说都是一副想要迫不及待地卸下的重担，因为如果不采取某种行为来回报自己所受的恩惠以消除这种恩惠感，就会终止一个互惠序列，而使施惠之人将来继续施惠的可能性随之降低，这种降低无论是对个人还是对社会都可能造成一定程度的危害。这种负罪感反映的就是另外一种名为互惠的原理，这一原理就是我们以相同的方式回报他人为我们所做的一切，接受与偿还往往是联系在一起的。在实际生活中，商场的免费试用就是这一原理的简单运用。比如我们去屈臣氏一般会买一点东西，哪怕在这之前原本什么都不打算购置。屈臣氏的店员都相当热情，从进店开始就会有至少一名店员跟在你背后向你介绍各种产品，这种热情的服务态度让人难以招架。这让我们看到了互惠原理的威力，这种威力就在于，即使是一个陌生人或者是一个不太讨人喜欢的人，若是先于我们施加了一点恩惠之后再提出自己的要求，那么我们答应这个要求的可能性就会大大提高。

我们也能够看到承诺的力量——如果一个人的信仰、言辞、行为相互矛盾，这个人就会被看作优柔寡断、头脑混乱、两面三刀甚至有精神病。而另一方面，高度的一致则更多地和坚强的个性和优越的智力联系在一起，是逻辑、理性、稳定和诚实的核心。因此，承诺要求言行必须一致，这种一致甚至关系到了你的个人形象与素质表现。这就是承诺与一致原理想要告诉我们的道理。一旦做出了一个选择或者采取了某种措施，我们就会感受到来自外部与内部的双重压力，这种混合式的压力会迫使我们言行一致。一旦我们在一份承诺书上签字后，这种承诺的力量会促使我们努力去遵守我们的诺言。而为一个承诺所付出得越多，这种影响力就会越大，就如同美国兄弟会一般，在入会之前，成员所要经受的磨难甚至让人觉得是一种羞辱与伤害，甚至能够夺走一个人的生命。可一旦经历了这些所谓的仪式而崭露头角的人对组织的忠贞不贰与献身精神会远远高于轻而易举加入的人，很大程度上促进了一个团体的共同进步。一旦掌握了这种承诺一致，这种原理所带来的影响力可以把普通公民变成“公仆”，把潜在顾客真正变为顾客。一旦自我形象发生了改变，他就很自然地答应一些与自身外在形象吻合的请求。

中国有个成语“众口铄金”，这种社会现象就是一种社会认同。我们或多或少都有一些从众心理，而中国社会的中庸思想让人们更加习惯于随波逐流。有时候人们做出一些判断可能并非出于理性，而是从社会大众的普遍选择出发。这种选择可能违背了自身的真实意愿，但当所有人都是这样选择时，逆流而上并不是最优选择，那么做出一个看似不合理但满足社会认同的选择就能够理解。在现代社会，尤其是现在的中国，看似人心冷漠，我认为在这背后也有着这种社会认同在作祟——在类似测试“人性”的实验中，单个旁观者提供急救的概率高达90%，但当一个旁观者身边有另外两个始终不动声色的旁观者时，提供急救的概率则骤降到16%。在局势尚且模糊的时候，人们更多的是观察他人的动作。正如有人说：“95%的人都爱模仿别人，只有5%能首先发起行动，所以，要想把人说服，我们提供任何证据都比不上别人的行动。”而这似乎也能够解释为什么淘宝上的畅销款大部分都打着“明星同款”的旗号，人们在购物中也在寻找一种社会认同从而达到一种自我满足。

在我看来，“明星同款”利用的不仅仅是社会认同，还有喜好原理，即我们大多数人更加容易答应自己认识和喜欢的人提出的要求。当我们喜欢一个人时，引用中国一句俗语“情人眼里出西施”，这种光环效应会影响我们对事物的判断力。这个人的正面特征会主导我们的整体看法，我们很难抵抗这种吸引力。

人们思维的惰性往往表现为决策时对权威意见的无条件顺从。权威压力很强大也很明显的领域是医学界：健康对我们每一个人来说都是十分重要的，因此，在健康问题上有更丰富的知识和更强大的影响力的医生，在我们心中便拥有十分崇高的地位。更何况医学界本身就是一个等级森严的地方，每一个在医疗系统工作的人都非常清楚自己在整个系统中的位置。在这个系统中，医生坐在金字塔的最高层，除非是一个级别更高的医生，否则没有人可以否决一名医生对病例做出的判断。因此，在医疗系统里，自动服从医生的命令自然而然地成了一种条件反射。在佳洁士牙膏推销中，无论是在其广告还是官方网页上，都出现了身着白大褂的医生，宝洁公司正是利用了口腔医生的权威性使人们去认同并购买佳洁士牙膏。

俗话说：“物以稀为贵。”从社会心理学的角度看，人们对失去某样东西或商品的短缺有种与生俱来的恐惧，往往愿意不假思索地用金钱去消除这种恐惧。人们的满足感不是来自对短缺商品的使用体验，而是来自对它名义上的占有。研究显示，当物品和机会变得匮乏时，人们就会认为其有价值。对管理者来说，这是个绝对有用的信息。他们可以借鉴稀缺性原理，把组织中有限的时间、有限的供应以及类似的限制性资源作为论据，来说服对方。比方说，坦诚地告诉同事有个机会即将错过：老板马上要去休长假，如果不能赶在他动身之前把建议告诉他，就没戏了。这样一来，那位同事肯定会迅速行动。管理者同样可以学习零售商的做法。零售商在推荐自己的产品时，总是一再强调如果人们不理会其提供的产品信息，将会有什么损失，而不是强调将获得什么。

上文浅析了书中六大核心原理，也是为了进一步说明这些原理存在于我们的生活中，我们或多或少地主动使用或被动使用着这些原理。

本书的作者罗伯特·西奥迪尼博士是美国亚利桑那州立大学心理学系的著名教授。他在多年的学习、教育、科研活动中，受到了很多实验社会心理学方面的严格训练。这本书给我的感觉就是直指内心深处，对读者进行了很好的心理分析。在当今快节奏、高效率的社会生活中，我想它会给人以更好的心理剖析和指示作用。因此，读这样的书一开始就会让你废寝忘食，同时也给自己加上了自我分析、自我诊断的压力。不同于平时看小说时的放松随意，这样一本带有学术性质的书，促使我毕恭毕敬地去阅读每一个字，越往下读，越对书的作者油然而生敬佩之意。字里行间流露出不同于一般人的严谨，文章结构也很有逻辑，思辨性很强。从事心理学研究一个很重要的方法论就是实证，实践出真知。阅读中，我深刻体会到作者对这句话理解得很深刻，对这一原理运用得很娴熟。

正是由于作者治学的严谨和心理学本身复杂的元素探究，一口气看完本书或许有些枯燥，所以建议每次只看一部分，尽量以放松的心情去感悟作者的思想，慢慢消化。虽然作者最终没有明确具体可操作的影响力法则，也不至于改变我的世界观，但是知识的积累，却是人生必不可少的。《影响力》对于丰富知识与人生，大有裨益。这是我对本书最大的感悟。

# 《定位》

## ——营销你的差异化

钟雯婷 郑 熠
公共事业管理2014级

1972年，杰克·特劳特（Jack Trout）和阿尔·里斯（Al Ries）提出了定位理论。这是一种新的营销思维和理念，被评为“有史以来对美国营销影响最大的观念”。里斯和特劳特认为，定位要从一个产品开始，你要在预期客户的头脑里给产品定位，确保产品在预期客户头脑里占据一个真正有价值的地位，而不是去改变客户的心智。定位的核心思想就是确定自己的产品在客户心中的地位，确定创业最终的目标。

《定位》一书有七则定位法则。这七则定位法则都是关于如何通过在众多竞争者中实现差异化来定位自己的品牌：

定位法则一：能够在同类产品中第一个进入客户大脑的品牌，往往能够在同类产品中位居前列。历史表明，第一个进入人们头脑的品牌所占据的长期市场份额通常是第二个品牌的两倍、第三个品牌的三倍。

定位法则二：如果你不是第一个进入预期客户头脑的产品，那就得搞出一个能使你成为第一份额的名堂来，而不是与竞争对手直接抗衡。

定位法则三：在考虑定位时，一定不要试图改变客户头脑里那些根深蒂固的观念，不要试图改变客户的心智。

定位法则四：不要企图让人人都满意，就像每个政治家都会坚持“政治立场”一样，市场营销人员必须坚持“差异化”。

定位法则五：鉴于每一类产品都有很多品种，如果你实在找不到空子可钻，无法成为第一的话，那就必须给竞争对手重新定位。

定位法则六：名字的威力。一个毫无意义的名字是难以进入人们的头脑的。你必须起一个能启动定位程序的名字，一个能告诉预期客户该产品主要特点的名字。实际上打入人们头脑的根本不是产品，而是该产品的“名字”，预期客户就是用这个名字与产品特征挂上钩的。

定位法则七："产品延伸"的陷阱。所谓产品延伸就是利用消费者对现有品牌的认知度和认可度，推出副品牌或新产品，以通过较短的时间、较低的风险来快速盈利，迅速占领市场。但这恰恰是最容易毁掉一个品牌的做法。

孙子云：先胜而后求战。商场如战场，而这就是差异化战略的角色。事实上，无论承认与否，如今的营销之战开战之前更加要认真思考和确定战略，才能在激烈的商战之中定位出自己的差异化，满足客户与潜在客户的心智。由此可见，定位思想有多么重要。定位自身有时不光决定了一个企业的成败，甚至关乎一个国家的发展。

比利时是一个静静地坐落于欧洲西部沿海的美丽王国，无论是地理上还是文化上，都处于欧洲十字路口，国土面积虽然不大，但各具特色的旅游景点遍布全国。但就是这样一个全国是景点的国家，它的航空公司并不发达，甚至成为欧洲首家宣布破产的国家航空公司。比利时航空公司实施的是传统的战略：宣传食品和服务。而现今社会，这显然已经不能满足顾客的需要。

比利时航空公司最有效的战略显然不是给企业本身定位，而是找出本国的特色、差异化，从而给国家定位。

提到英格兰，人们会想到皇家庆典、大本钟和伦敦桥；提到意大利，人们会想到古罗马剧场、比萨斜塔；提到阿姆斯特丹，人们会想到郁金香、运河；提到法国，人们会想到埃菲尔铁塔、薰衣草。

这些地方在人们心中犹如明信片，这些国家的差异化定位，成功地向全世界营销了本国。

而比利时错误地将自身宣传为中转站，显然没有突出自身的差异化。比利时作为一个典型，虽然自身条件优越，但没有准确定位自身的差异化，从而错误地分配了本国的资源。

比利时航空公司的破产，归根结底是国家定位的错误。那么想要准确定位，就要适用定位四步法：第一步，分析整个外部环境，明确"竞争对手是谁，对手的价值是什么"；第二步，避开竞争对手在顾客心中的强势，或是利用其强势中蕴含的弱点，确立本身的优势位置——定位；第三步，为这一定位寻求一个可靠的证明——信任状；第四步，将这一定位整合进企业内部运营的方方面面，特别是传播上要有足够多的资源，以将这一定位植入顾客内心。

定位，准则兴，失则衰。

# 《经营沉思录》

## ——做睿智的管理者

严舒婷

公共事业管理2013级

《经营沉思录》是由松下幸之助著、南海出版公司出版的一本书。这是一本行文浅显易懂的著作，很容易理解其含义，也能较快看完。看完之后，细细回想，又发现文字虽简明，其背后所表达的道理却不是那么简单。总之，把最深入的道理用最简明的方式表达出来，就是此书的特点，我认为能做到这点，是极其不容易的。

毋庸置疑，不管是在日本，还是在中国，甚至在全世界，松下幸之助都影响了无数的企业家甚至各行各业的人们。此书是松下幸之助的几本著作之合集，包括《商业心得帖》《经营心得帖》《员工心得帖》《人生心得帖》四块，乍看之下，四部分内容似乎不怎么关联，其道理却是共通的，彼此互相交叉、互相影响。松下幸之助亲笔记录点滴心得，从具体的经商活动、管理方法，一直谈到用人之法乃至人生之道，文字浅白流畅，处处闪现真知灼见，全面展示出成功经营的内在力量，是值得每一位经营者细细品读的沉思录。

有的人是天生的企业家，他与生俱来的睿智和风范印在时间长河中，不容忽视，如松下幸之助一般。只上了4年小学的松下幸之助，带领3名员工白手起家，打造了全球最大的电器制造集团，奠定了13本商业书的精神，被誉为“经营之神”。在日本，松下幸之助已经不再只是一个称呼，它还被赋予了更多层次的含义：一种拼搏向上、不屈不挠的精神，一种爱国爱民、尽心敬业的品格，一门经营与管理的学问，一个不论日夜从未停止前进的步伐。他不仅为了自己的理想、荣誉，也为了日本的繁荣、富强而不停地战斗。

松下幸之助的一生并不是顺风顺水的，少年时因父亲生意失败，曾离开家到大阪去当学徒，开始做自行车的生意，后来对电器感兴趣。1918年，23岁的松下在大阪成立了“松下电气器具制作所”，当时环境很艰苦，但松下幸之助带领制作所员工一同努力、创新，连续推出了先进的配线器具、炮弹形电池灯、电熨斗、无故障收音机、电子管、真空管等一个又一个成功的产品，7 年之后，松下幸之助成了日本收入最高的人。“二战”之前，日本正遭受严重的经济危机，百业凋敝，松下却鼓励消费，说用消费刺激经济的复苏，并买了一辆汽车——这在当时并不多见。那时在日本各行各业经营萧条冷清的情况下，松下的制作所却蒸蒸日上，销售额持续增长。直到 1988 年的 63 年中，有 10 年他的收入均排在日本第一位，有 6 年居第二位。1989 年，他逝世时留下了 15 亿多美元的遗产。

松下幸之助认为，经营的第一理想应该是贡献社会。以社会大众为企业发展考虑的前提，才是最基本的经营秘诀。企业如同宗教，是一种除贫造富度众生的事业。松下幸之助曾直言不讳地说：“赚钱是企业的使命，商人的目的就是赢利。”但他同时又声言：“担负起贡献社会的责任是经营事业的第一要件。”他甚至把企业当作宗教事业来经营。这种从表面上看来是矛盾的经营理想，在松下的人生、经营实践中，却是高度统一的。对经营者来说，想到从事经营的意义，就能让自己更加幸福，从而不让自己那么疲惫。只要一心一意地努力工作，就一定能取得成就，绝不能因此而放松懈怠，要随时保持吃苦耐劳的精神。

松下幸之助不仅是一位冷静自持的经营者，还是一位洞察世事的思想家。在日常经营活动中，他时时反省，总结得失，并著述成书，记录心得体会。在松下电工，不论是办公室，还是会议室，或是通道的墙上，随处都能看到一幅张贴画，画上是一条即将撞上冰山的巨轮，下面写着：“能挽救这条船的，唯有你。”松下幸之助认为，一个企业的发展，与每一位员工的付出都是息息相关的。而对于如何做一名好员工，他说：“大家都知道，我是公司的最高领导，月薪也是最高的。究竟有多高，在这里我就不方便透露了。假设我的月薪有一百万，如果我只完成了相当于一百万的工作量，那么我是无法给公司带来任何效益的。我必须至少完成相当于一千万的工作量，公司才能发展下去。因此，我常常问自己有没有完成这么大的工作量，并继续拼命地工作。”

一本书总会有那么几个让你印象深刻的地方，而此书中“二十个伙计的脸”就是令我感触最深的。松下幸之助刚开始创业时，带着自己的产品去东京联系进货商。那里的进货商看到他的产品后说：“这些东西我在本地就能买到，所以你只能以低于本地同类商品价位的价格给我发货才行。”松下幸之助想想觉得有道理，就准备降价卖给那个人。可正当他谈好条件要离开的时候，他看到了旁边站着的进货商的近二十个伙计，顿时想起了自己的员工。“可是，突然我感觉有点不安，一回头看到了在场的将近二十个营业员，全是小伙计。由于我是第一次来东京销售商品，是他们把我送出来的。我突然意识到，本来定好了以十五元出售的产品，因为我自己一个人就决定便宜一元，这是不应该的。这是大家流着汗水费心费力制造出来的产品，依我个人的意志而随意决定售价是不公平的。我把这个道理想通了。”

在驰骋商海的70余年当中，他累积了诸多宝贵的经验，著述60余种，达数百万字，被译成20多种文字，在全世界广为流传，松下电器也成为第一家用文字明确表达企业精神价值观的企业。只有凡事真正用“心”之人，才能有所“得”。所以松下幸之助虽然只上过四年学，却能一手打造这么一个长盛不衰的商业帝国，能著述几百万字，能把最深的道理用最直接的方式表述出来，靠的就是他的用“心”，用心工作、用心为人、用心学习，用心领悟那个无处不在的道并且“一以贯之”。

全书几乎没有教你具体的做法，基本上是在讲思想，即告诉你何为正确之道。松下幸之助相信，只要本着正确之道去用心工作，所有的问题就能迎刃而解。对此，我也深表认同，聪明反被聪明误，往往有很多一事无成的聪明人，就是因为没有把自己的道德修炼到可以Hold住其才智的程度，这点很值得我们进行反思。没有晦涩难懂的语言，没有时尚时髦的企业概念，而是和风细雨、平静坦然地与所有的读者交流最简单、最平常、最基本的原则。这些人性里最普通的观点，成为指引着每个人的路标。

# 《定位》
## ——与潜在顾客的认知保持一致

洪思玉
信息管理与信息系统2015级

听过一个案例，有三个人去登山，A位于山顶，且没有到达自己的极限；B位于山腰，达到了自己的极限；C位于半山腰，没有到达自己的极限。当主体是A时，他的视角是：位于山顶向下能够看到B和C，平行能够看到其他山顶，此时他能够选择下山或者在山中停留。当主体是B时，他的视角是：位于山腰向上能够看到A，向下能够看到C，由于此时他的体能已经达到极限，他的策略是选择下山。当主体是C时，他的视角是：向上看能够看到A和B，且精力充沛，因此他可以选择下山或者留在山中或者继续上山。这个案例引出了一个问题：当你是三者之一的时候你会怎么选择？假设你的选择就是三个选择之一，那么此时你就对他们有了一个成功的定位。

什么是定位？《定位》一书中提道，定位要从一个产品开始。那产品可能是一种商品、一项服务、一个机构甚至是一个人，也许就是你自己。

但是，定位不是你对产品要做的事。定位是你对预期客户要做的事。换句话说，你要在预期客户的头脑里给产品定位。所以说，把这个概念称作“产品定位”是不正确的，好像你在对产品本身做些什么似的。定位并不是不包括变化，它也要变。不过，那只是名称上的变化，产品的价格和包装事实上都丝毫未变。变化基本上是表面的，旨在确保产品在预期客户的头脑里占据一个真正有价值的地位。在我们这个传播过度的社会里，想要解决说话没人听的问题，定位同样也是首选的思路。

菲利普·科特勒认为，定位影响价格、销售渠道和促销。

影响价格。哈根达斯当年决定推出高价雪糕系列，建立了高级雪糕的定位。哈根达斯在过去几十年里一直是经久不衰的营销成功案例之一（哈根达斯在高价的一端独占鳌头，沃尔玛和西南航空在低价的一端亦不输风光）。

定位影响到销售渠道。海茵丝的连裤袜是美国百货店面渠道的领导品牌。

它推出了一款专门在超市渠道销售的连裤袜，采用蛋形纸箱包装。“超市出售的连裤袜”的定位使连裤袜大获成功，后来海茵丝成为全美销量最大的连裤袜品牌。

定位影响到促销。小凯撒之所以能成为比萨业中的老大，是因为它把“买一送一”的促销概念上升为定位策略。它的“两份比萨一份价”的电视广告被认为是有史以来最难忘的广告之一，同时也使小恺撒成为增长最快的比萨连锁店。

“我们这儿的问题是缺乏交流。”你经常听到这句让人听烦了的话吗？问题发生之后，“缺乏交流”是唯一最常见、最普通的解释。人们认为，要是大家都拿出一点时间交流一下感情，做一点解释，这世界上的许多问题自然就会消失。人们似乎相信，只要当事各方坐下来交谈，任何问题都能解决。真是这样吗？未必。

如今，交流本身也成了问题，我们所在的社会有史以来头一回变成了传播过度的社会。我们说的太多，听的太少。

我曾经拜读过学者写的一篇关于《定位》的文章，作者对书中的一句话发表了详细的看法，“go within or go without”。我们不仅需要洞察客户的内在需求和情感认知，还需要将它与企业的内部素质建立对等的关系，建构起符合社会主流价值、企业使命以及企业愿景的文化定位。如果企业忽视自身内在素质的提升，其发展将受阻。企业需要从内部寻求力量，因为这股力量更具有稳固性和建设性。回顾过去，中国有多少企业关注内在素质的完善与提升呢？一味地追求盈利而置消费者利益于不顾，这样的企业其最终结局只能是把自己送上断头台。盘踞奶粉市场老大地位十几年之久的三鹿轰然坍塌带给我们沉重的反省，但愿三鹿的猝死能为中国企业敲响警钟。相比较之下，海尔严把质量关，一锤子砸出了世界品牌，“海尔，中国造”，向世界发出中国企业的声音。眼下，商品质量依然是很多企业不可回避的问题。我对电视媒体中的药品广告做了一番比较，发现自从孙红雷为斯达舒做了“管用”的广告后，“管用、好用、好使”等类似的广告词不绝于耳。人们不禁要问，最起码的疗效怎么成了卖点？弦外之音令人琢磨。侯耀华代言的十大药品广告充斥着臃肿的虚假，让人听后不是心跳而是脸红。广告离不开美化和情感植入，但如果误导消费者，错把理想当现实，这无疑是低估消费者的智商，玩弄消费者的感情。把文化定位和商品定位结合起来，内练素质，外塑品牌，这才是企业持续发展的必由之路。

有这样一个案例是关于我们都喝过的可乐。可口可乐公司对自己的定位是正宗的可乐，百事可乐对自己的定位是年轻人的可乐。看起来一件无关紧要的小事，实则反映出正确的定位有多么重要。两个公司都占领了消费者和潜在消费者的大脑。《定位》开篇即提道，要想“在人们头脑里留下不可磨灭的讯息”，你首先需要的根本不是讯息，而是大脑，一个纯洁的大脑，一个未受其他品牌玷污的大脑。尽管比赛不一定总是为了比谁快，战斗也不一定总是为了看谁更强大，但这是打赌的唯一方式。智力竞赛却不是这回事，在斗智过程中，命运垂青的是进入预期对象头脑里的第一个人、第一种产品、第一个政客。因此，百事可乐公司要想在消费者的大脑里占据一席之地，就需要有一个特别的定位。所以他们给自己定位——年轻人的可乐。

为了证明定位概念的普适性，麦考米克通信公司买下了美妙音乐电台WLKW，并且把它变成了当地第一大音乐台。他们的主题是：WLKW是一个非摇滚音乐台。

要想找到一个独特的位置，你必须放弃传统的逻辑思维。传统逻辑认为，你要在你自身或你的产品当中找到你的观念。

不对。你必须做的是，到预期客户的脑子里去找。

你在“七喜”饮料罐上是找不到“非可乐”定位理念的；但你会在喝可乐的人的头脑里找到它。以上，可口可乐的“美味”“正宗”，百事可乐的“新一代”，七喜的“非可乐”就是成功的定位案例。

椰树集团推出椰树牌芒果汁是否违背了定位定论？就是说在节约推广费用和影响其原有品牌定位方面，企业应思考如何权衡和选择。我觉得这其实就是《定位》这本书里面反复在讨论的“品牌延伸”问题。

一方面，品牌延伸确实可以在新产品上市初期，利用已有的品牌知名度，节省宣传的成本。但是，从长期来看，品牌延伸会影响品牌在消费者心目中的形象和位置。举个书中的例子，Olay玉兰油近些年表现不佳的一个原因是其品牌形象的老化。尽管营销人员意识到了这一问题，不断延伸出新的产品线，但都选择挂在Olay牌子下面，因而效果不佳。试想，年轻的爱美人士会选择使用“妈妈级”的护肤品吗？显然不会。这就是原有品牌在消费者心中的固有形象所导致的问题。再比如，狗不理包子最近收购了国外一个咖啡厅，如果它在国内用“狗不理”作为“咖啡厅”的名字，你觉得会有人愿意去吗？从《定位》一书作者的角度来看，品牌延伸根本就是个不该出现的现象，尽管短期有经济利益。

失败的定位案例还有前些年凡客诚品对产品设计以及营销方向的不明确；李宁对目标群体把握时，定位不贴近市场；ofo 小黄车一味削减成本，对产品后期管理的定位失误等。

回到椰树的这个例子。长久以来，椰树在椰汁领域绝对是翘楚，我相信在很多消费者心目中，椰树 = 椰汁，椰汁 = 椰树。这就是“椰树”在消费者心目中的印象和定位，这种紧密的链接也是其成功的原因。但是如果现在告诉消费者有“椰树芒果汁”，这个链接就错乱了。消费者混乱暂且不说，这款芒果汁也很难在消费者心目中留下自己独特的定位。就好比，说到“椰树”你能想到“芒果”吗？我不能。

当然，快消领域的忠诚度都很低，因此公司选择进入新的细分市场、拓展新的品类绝对是一个正确的选择。比如，可口可乐近些年也不断地向其他饮料品类延伸，说白了就是要给消费者更多的选择机会，增加自己的市场占有度。但是，根据前面所言的逻辑，椰树集团更好的办法显然是给这个芒果汁认认真真做一个新的品牌，并且找出其独特的宣传点，从而在消费者心目中打出一个位置。

因纽特人曾说，只有跑在前面的狗，才能看到沿途的风景。一生中，每个人都是广告狗，都在营销自己，不断地定位、展现、推广自己。你在何种环境中定位？面对信息，人会如何选择？如何使用定位？为谁定位？如何差异化？如何简化？如何定位给熟悉的人？如何让目标群体记住并接受独一无二的你……在这个传播过度的社会里，想要解决说话没人听的问题，定位，同样是首选的思路。

首先，时常问自己：为什么你没有被人记住？为什么知道你的人不喜欢你？为什么和你一起玩的人比你受欢迎？你是怎样一步步失去友谊，远离心中希冀的？其次，要时刻督促自己保持善良、热爱生活、真诚自信、不忘初心、天生骄傲，并仰首挺胸地做自己。你爱过的人，藏着你读过的书，相由心生告诫每一个人要穿着得体、举止得体，外表和内心兼顾。以一个能让自己开心并且别人不会特别嫌弃的姿态，一直坚持下去。你若盛开，蝴蝶自来！

# 《社会契约论》读书札记

王雨婷
公共事业管理 2014 级

卢梭是法国著名的启蒙思想家、哲学家、教育家、文学家，是法国大革命的思想先驱。1762 年，卢梭的政治学著作《社会契约论》问世。在这本书中，卢梭提出人生来自由且平等、人民有权根据合意订立社会契约、建立民主共和国等一系列理论，为资产阶级描绘了一幅“理想国家”的蓝图。卢梭的社会契约思想在世界思想史上有着卓越的影响力，为我们研究人权、国家起源和政权合法性提供了理论依据。本文从“平等”“公意”“法律思想”“社会契约”“主权在民”“选举和直接民主”等方面论述了笔者对该书的理解和感悟，并且对卢梭的社会契约理论做了客观的评价。

## 一、创作背景及主要观点

《社会契约论》在法国政治黑暗、社会十分腐败、阶级矛盾非常尖锐的背景下应运而生。这本书分为四卷，第一卷是在基本原理上对社会契约加以研究，是该书的精华所在，其余三卷皆可说是将第一卷中所确立的论点予以发挥和推论而已。本文主要从以下几方面阐述我对《社会契约论》的看法。

在卢梭看来，一切社会问题根本上都是政治问题。1743 年，他在游历威尼斯时开始思考政治的相关问题。从卢梭的作品中我们不难发现他对封建制度疾恶如仇，对资产阶级的理想社会有着锲而不舍的追求。

在卢梭的《社会契约论》“理想国”里，自由和平等的权利是天赋的人权，国家是自由的人民在自由协议下订立的契约，如果自由被强力剥夺，那么被剥夺了自由的人民拥有用强力夺回自己的自由的权利；国家的主权在人民，政权应该掌握在最广大人民的手中，因此最好的政体是民主共和国。“天赋人权”和“主权在民”这两个理论有力地冲击了传统的政治权利“君权神授”观点，否认了君主制的合法性，为人民摧毁君主专制的王权、建立民主政治的人民主权奠定了理论基础。下面，我从书中挑选几个感兴趣的问题分析一下。

## 二、读书笔记

### （一）从“自然状态”引出人类平等

卢梭认为，想要建立一种对人们的约束机制，是绝不能仅仅靠强力的。想要人们长久地接受一种社会秩序，那么在建立这种秩序之初必须是人们出于自愿的约定。卢梭认为，想要使人们结合起来，社会契约必须解决两个问题，一方面个人要获得集体力量的保护，另一方面还要保留以往一样的自由。“论社会状态”一章阐述了人们只有在形成社会状态后，他们的行为才具有正义性和道德性，才拥有真正的自由和权利。从这一章节，我理解到人在纯自然的状态所拥有的随心所欲的、天然的自由是有局限的。只有从自然的状态进入社会状态之后，被赋予了道德性的自由，人才能真正地成为自己的主人，才能实现真正意义上的自由。

### （二）“公意”与法律思想

公意是《社会契约论》的核心，在卢梭的政治理论中占有极其重要的地位。卢梭在该书中曾多次提及公意，并将它和众意进行了区分。二者的着眼点不同，前者注重公共利益，是全体人民的共同利益和公共利益的集中表现。后者注重私人利益，简单地将个人意志相加。卢梭认为，公意以公共利益为依归，永远是公正的，同时又是不可摧毁、稳固不变的。虽然卢梭建构起了西方哲学史上较为完备和系统的公意学说体系，但不乏对其观点持反对意见者。梁启超在与革命派论战时，就指出公意学说“不过属于抽象的概念”。公意表面看来是对民主的肯定，实则未必如此，如果一切都由公意决断，但对公意没有过滤和提炼的过程，公意就很容易走向极端，从而演化为暴民政治。再者，卢梭没有明确指出谁的意志代表公意，这为集权政治留下了缺口。

卢梭在第二卷谈法律时认为社会契约给了政治体生命，而立法让政治体拥有意志和行动。如果没有法律的存在，国家就会变成没有灵魂的躯壳，只是存在，却无法行动。卢梭主张对公民进行守法教育而不是严厉的惩罚。政府需要用手段去启发人们接受并尊重法律，而严厉的惩罚只是下下策。如果想用恐吓换来对法律的尊重实在是无能的。卢梭还提到了法律的其中一种类别即风尚习俗、舆论。“这种法律既不是铭刻在大理石上，也不是铭刻在铜表上，而是铭刻在公民们的内心里；它形成了国家的真正宪法；它每天都在获得新的力量；当其他的法律衰老或消亡的时候，它可以复活那些法律或代替那些法律，它可以保持一个民族的创制精神，而且可以不知不觉地以习惯的力量代替权威的力量。”虽然最后一种形式无法写成条文，但是被卢梭阐述得最为深刻。在他看来，人们心中长期形成的观念风俗比法律本身更加重要。

（三）社会契约理论

“社会契约”不是卢梭的首创，由伊壁鸠鲁最早提出来 。1575 年，赛奥多尔·贝茨在《论行政官的权利》中提出，政治官员权利应当用条约加以规定和限制 。霍布斯、洛克、卢梭是社会契约论的杰出代表。霍布斯的国家起源说认为，国家是人们为了遵守“自然法”而订立契约所形成的。他首先阐述了社会契约论，是这一理论的开创者和奠基人。洛克第一次系统地提出“天赋人权”学说来反对“君权神授”思想，他充分论述政治权力的起源、政府的作用并提出分权原则，可以说是社会契约论的继承和发展者。卢梭从自然权利出发阐述国家的本质和起源，充分论述了社会契约理论，体现了彻底的资产阶级民主主义精神，第一次将社会契约理论系统化，是这一理论无愧的集大成者。卢梭指出：“人是生而自由的，但却无往不在枷锁之中。”自由是天赋的人权，而不是君王赐予的。人类社会所共有的自由是人性的产物，人性的首要法则是维护自身的生存。在卢梭看来，人人生而平等，这种平等不是指权力与财富的程度的绝对相等，更不是要实行绝对的平均主义，这种平等应该是法律上的平等，它不会因任何一个人的否认或剥夺而失去。因此，在这个人人平等的社会，任何人对于别人都没有任何天然的权威，只有约定才能成为一切合法权威的基础。为了论述社会契约建立的必要性，卢梭假设了一种“自然状态”。他设想：自然状态中不利于人类生存的种种障碍在阻力上已超过了每个个人在那种状态中为了生存所能运用的力量，在那种原始状态下，人类如果不改变其单独的生存方式，就会灭亡。因此，只有人类集合成一种力量的总和才能克服自然状态下的生存阻力，而“社会契约”所要解决的根本的问题就是找到一种结合力量的形式。因此，社会契约的订立是人类生存的必要。社会契约根据公意来确定，公意是社会契约的核心和基础，是社会自由的命脉。社会契约下，个人只不过是在服从其自身，其仍是独立、自由的。建立社会契约需要每个个人以自身及全部的力量共同置身于公意的最高指导之下，并且在共同体中接纳每一个成员作为全体中不可分割的一部分。通过这样的方式建立的社会契约并没有也不会摧毁人自然的平等，人们尽管在力量上和才智上不平等，但是契约约定和天赋人权用道德和法律的平等来弥补和取代自然造成的人与人之间身体上的不平等，达到本质上的人人平等。

“社会契约论”从霍布斯发展到卢梭这里的最大不同在于：霍布斯的社会契约是人民同君主缔结的，人民将自己的一部分权力让渡给君主，且让渡后无权收回。因而，霍布斯的社会契约一旦订立就不能被废除，其本质上维护了君主专制。而在卢梭看来，订立社会契约必须符合三个条件：第一，每个人都必须平等转让；第二，每个人都必须毫无保留地转让对等权利；第三，权利的转让必须是转让给全体这个集体，而非个人。每个人都让渡出权利，且转让是平等的，这就能在社会契约下保障人人平等，否认了任何特权阶层存在的可能性。平等转让能避免因个人保留权力膨胀而使社会契约成为空话或变为暴政。第三个条件是卢梭社会契约论区别于霍布斯的社会契约论最重要的一点。在卢梭看来，社会契约不能由个人（甚至是君主）掌握，只能由联合体即全体公民掌握。人们通过社会契约把自己的全部权利交给联合体这个集体而非君主，并且只要需要就有权收回已经交出的权利。因此，卢梭反对君主制，主张主权在民，人民通过契约建立民主共和国。

（四）主权在民

卢梭认为，公意从本质上来看就是社会契约，它体现了全体人民和国家的意志。在公意的支配下必然产生主权，社会契约下必然有主权的存在。公意即社会公理的标准，社会公理最根本的要求是实现社会的正义。人民是国家政权权力的源泉，而不是所谓“神授君权”的封建专制君主。因此，国家主权是人民权利的集合，是人民权利的保障，它理应掌握在人民的手中，而不应该由君主或者寡头所控制。在卢梭看来，主权有两重属性。第一，主权是不可转让的。主权即是公意的运用，是人民的合意，所以它永远不能转让；权利可以转移，但是意志却不可以转移。主权是人民意志的集合，代表了公意，是国家的灵魂，是集体的生命，是不可转让的。由此卢梭批判了格劳秀斯、霍布斯等人提出的主权可以转让给君主的论调，反对君主专制体制，提出主权在民，建立民主政治。第二，主权是不可分割的。意志要么是人民共同体的意志，一经宣示即成为一种主权行为，构成社会最根本的法律；要么只是一部分人的意志，它至多是一道命令，而不是一种个别意志或一种行政行为。在此，卢梭批判了洛克和孟德斯鸠的分权学说。在他看来，洛克和孟德斯鸠将主权权威所派生的东西即立法权、行政权和司法权误以为是主权权威的构成部分或其本身，这是认识上的错误。主权只能是公意的体现，是一个整体，不能被分割。立法权、司法权和行政权从属于主权，执行最高意志并永远以主权所代表至高无上的意志为前提，只有主权存在，才能执行和实现立法、司法和行政的职能。主权是绝对的、完整而不可侵犯的，是至高无上的政治权力。任何个人、政党和团体都不能凌驾于主权之上，一旦出现僭越、凌驾、篡夺主权的主体或行为，人民就可以并且有权通过合意推翻它，夺回自己的主权。主权的这两个属性充分说明了人民是权利的主人，能够用契约的形式选择和更替主权者。任何不合公意的主权行为都是可以被否定和推翻的，这样才能从长远意义上保证人民的天赋人权，实现人民的幸福和自由。

（五）选举和直接民主

政治体制的运作中，有两种重要的形式：投票和选举。在主权的一切行为中，投票的权利是不能剥夺的公民的权利。当人们在提议制定一项法律时，从本质上来说，人民要回答的不是究竟是赞成还是反对这项法律，而是这个法律是不是符合公意，是不是可以约束一切人的行为。如果答案是肯定的，那么这个法律就可以约束参加投票的所有人，因为公意就是他们自己的意志，所以法律才是公正的，人民才是自由的。选举有两种途径：一是选定；二是抽签。孟德斯鸠高度赞扬了抽签的好处，以抽签来进行选举是民主制的本性，抽签是一种不会伤害任何人的选举方式，它使每个公民都能有一种为祖国服务的合理愿望。卢梭认可抽签的好处，不过在他看来，在民主制那里，选举是一种政府职能，不是因为抽签能保证每个公民对祖国事物的参与，而是因为民主制下行政机构的行为越少，职能越好，所以选举这一政府职能也就越好。卢梭向往小国寡民的民主制，他推崇直接民主制。在他看来，公意不可转移，主权不可转让，主权只能由人民直接享有，绝不能被代表。因此，他批判英国的代议制度，指出："在古代的共和国里，而且甚至于在古代的君主国里，人民是从不曾有过代表的，他们并不知道有这样一个名词。"在卢梭看来，如果一个民族选举出了自己的代表，他们的意志将不再能成为公意，他们也就不再是自由的了，主权也就不再是人民的了。

## 三、简要评价

（一）《社会契约论》的缺陷

1.《社会契约论》中的观点带有唯心主义的色彩。如：卢梭承认一切权力来自上帝，一切正义来自上帝，唯有上帝才是正义的根源。他把人们之间结成的政治关系看作是任意约定的，而不是由一定的生产关系和阶级关系所决定的。2. 卢梭认为，人生而自由平等，但他却无法提出令人信服的证明，大多是卢梭自己的推论。其实，现实生活中的人们一出生难免会有智力、出身、身高、才能等方面的不同，而这些将会造成不平等。正如马克思所说，人是生而不平等的。

（二）《社会契约论》的成就

尽管在今天看来书中的观点有其阶级和历史的局限，但不可否认的是，卢梭的思想在法国历史上产生了巨大的影响。《社会契约论》中，卢梭主张民主和平等，从世俗的角度论证国家的起源，主张个人权利，看重人民公意，这是历史的进步。后人把卢梭看作是法国大革命的旗帜。事实上，卢梭的思想的确在法国大革命中起到了十分重要的作用。卢梭的思想激励了激进的资产阶级民主领袖，他的理论是革命纲领和行动指南。当下，《社会契约论》这本著作对于中国的法治建设和社会进步仍然具有借鉴的意义。在仅两百多页的书中，卢梭把关于社会契约的思想阐述得十分清晰。书中所包含的哲学、政治、法律思想还需我们认真地阅读、思考和研究。

# 重启文脉

## ——《中国文脉》之思

吴袁幽
公共事业管理2016级

中国文脉，是指中国文学几千年发展中最高等级的生命潜流和审美潜流。《中国文脉》以中国文字起源为引，酣畅地通论了三千年中国文学的精神主脉和美学主脉以及作为文脉载体的三千年中国书法史。由山峦阻隔的遥远是一种绝望，由河流相接的遥远是一种忧伤，那长江是否因自己的漫长为中国文化增添了许多忧伤，使晚风凄凄，烟雨迷蒙，白露横江？面对今日的文化烂俗和文化残屑，余秋雨教授感叹道："文脉既隐，小丘称峰；健翅已远，残羽称鹏。"在目前必然寂寞的文化良知领域，应该重启文脉之思，重开严选之风，重立古今坐标，重建普世范本。

你从远古走来，巨浪荡涤着尘埃；你向未来奔去，涛声回荡在天外。滚滚长江东逝水，古今多少世事，多少浪沙淘尽，多少文学潜流，均在一曲流觞中兜兜转转至今日。泱泱华夏，文脉传承，一气呵成，各有损益。

溯古源今，中华千年文化之旅，无不始于《诗经》。没有巴比伦的残忍，没有卢克索的神威，没有恒河畔的玄幻，《诗经》展示了黄河流域的平和、安详、寻常、世俗，咏之于江边白露，舞之于月下乔木。《诗经》首篇《国风·周南·关雎》中"关关雎鸠，在河之洲。窈窕淑女，君子好逑"，以雎鸟相向合鸣，相依相恋。孔子曰"《关雎》乐而不淫，哀而不伤"，以起兴的手法展开了诗歌的叙述。

几番辗转，来到了春秋战国时期。大变革大动荡是这一时期的突出特征。政治上这是一个诸侯争霸、群雄逐鹿的时期，经济上这是一个生产力大幅提升、土地制度变革的时期，思想文化上这是一个百家争鸣、百花齐放的时期。儒、墨、道、法、兵家等思想的碰撞，发出了耀眼的火花。同样处于东周烽火猖獗之中，而先秦诸子各有其不同的见解。在这里，余秋雨先生将先秦诸子的文学品相分为三个等级——

第一等级：庄子、孟子；

第二等级：老子、孔子；

第三等级：韩非子、墨子。

在第一等级中，庄子和孟子都是文学家。庄子的无为思想对于当代众人皆有深远的影响，庄子回到对生存意义的探寻，其伟大著作《庄子》，更是标志着战国时期的哲学思想和文学语言，已经发展到非常玄远高深的水平，是中国古代典籍中的瑰宝。《逍遥游》《秋水》《人间世》《齐物论》……这些篇章，也成为中国哲学史和中国文学史的第一流佳作。关于儒家亚圣孟子，我们都知道孟母三迁的故事，也知道孟子崇尚人性本善的观点，也知道孟子提出了一个富有民主性精华的著名命题：“民为贵，社稷次之，君为轻。”这里不多讲孟子的政治思想，讲讲孟子在文学上的伟大成就。孟子的文辞大气磅礴，浪卷潮涌，畅然无遮，情感浓烈，具有难以阻挡的感染力。《孟子》一书是我国古代极富特色的一部散文专集，气势充沛，感情洋溢，逻辑严密，运用形象化的事物与语言，说明了复杂的道理。此书对后世的散文家韩愈、苏轼等人的影响很大。

在第二等级中，余秋雨先生是这样描述的：“相比之下，孔子的声音，是恂恂教言，浑厚恳切，有人间炊烟气，令听者感动，令读者萦怀；相比之下，老子的声音，是铿锵断语，刀切斧劈，又如上天颁下律令，使听者惊悚，使读者铭记。”

孔子开创了中国语录式的散文体裁，使散文成为一种有可能承载厚重责任、端庄思维的文体。中国文脉蜿蜒曲折，支流繁多，但是那种朴实的正气却颠扑不破。因此，孔子于文，功劳赫赫。而老子另辟蹊径，别创独例，以极少之语，蕴极深之义，使每个汉字重似千钧，不容外借。

在第三等级中，韩非子作为法家代表人物，提出了“法、术、势”的观点，而墨子作为墨家的代表人物，代表小生产者阶级，核心观点则是“兼相爱，交相利”。但是，韩非子和墨子都不在乎文学，他们的论述具有文学素质，逻辑干净而雄辩，语言简洁明快，让人产生一种阅读上的愉悦。

提到先秦，那不得不提到另一个重要人物——屈原。余秋雨先生称其为“整个先秦时期的文学冠军”，一动一静，一祭一读，如果说《诗经》是“平原小合唱”，那么《离骚》则是“悬崖独吟曲”。《诗经》是现实主义风格，而屈原所开创的楚辞则深深地表现出浪漫主义的精神。屈子在政治上虽然被小人陷害，却在文学上取得了伟大的成就。屈子感叹“众女嫉余之蛾眉兮，谣诼谓余以善淫”，却也发出“亦余心之所善兮，虽九死其犹未悔”，为政治献身。这一时期，余秋雨先生似乎对如此文脉发出感慨，出入于文字内外，游弋于山河之间，已成气象。

公元前221年，秦朝成立。作为中国历史上第一个大一统的封建王朝，秦朝采用法家思想，焚书坑儒是其文化专制的表现，亦有“书同文”，对于文学产生了重大的影响，给文学增添了新鲜气息，为中国文脉提供了不可比拟的空间力量和技术力量，为文学灌注了一种天下一统的宏伟气概。李白写道：“秦王扫六合，虎视何雄哉！”王昌龄写道：“秦时明月汉时关，万里长征人未还。”

接下来的汉代，政治上“承秦制”，文学创作兴盛，最为突出的汉赋具有“整饬华丽重铺陈”的特点。汉赋如此抑扬顿挫、流光溢彩，给汉语增添了辞藻功能和节奏功能，为后世文学奠定重要基础。有“史家之绝唱，无韵之离骚”之称的《史记》，具有中国历史上第一部纪传体通史的价值，是一部优秀的文学著作，将中国历史拟人化、生命化，写出了中国历史的魂魄。

由汉至唐，世情纷乱，而文脉健旺。曹操“老骥伏枥，志在千里”“烈士暮年，壮心不已”“对酒当歌，人生几何”表现了其求贤若渴和远大志向。

三国两晋南北朝时期，当属风流。既有“建安七子”的诗作，亦有“竹林七贤”的风采，曹植《公宴诗》有诗句“秋兰被长坂，朱华冒绿池”，而后初唐四杰中的王勃也在《滕王阁序》中写道“邺水朱华，光照临川之笔”“阮籍猖狂，岂效穷途之哭”。这一时期还得提到一个人，那就是王羲之，兰亭一叙空前盛会，《兰亭集序》于一俯一仰之间参透人生和天地。古典诗歌发展至此，又一重要人物开田园诗一派，“采菊东篱下，悠然见南山”，语言质朴自然，于绚烂之极归平淡，唯五柳先生陶渊明是也，其笔下的桃花源创造了一种以“田园”为标志的人生境界，成了一种千年不移的文化理想。中国文化，看似主脉已散，却四方奔溢，气貌繁盛。南北朝的对立成就了中国文学史上未曾见过的辽阔和平静。中国北方出现了前所未有的世界文明大会聚，如民歌《木兰诗》和 郦道元的《水经注》。而南朝比较富裕，重视文化，文人较自由，比如刘勰的《文心雕龙》和钟嵘的《诗品》。

古代中国的繁荣时期——大唐，政文俱旺。大唐既是中国文化的平台，又是中国文化的熔炉，既是一种集合，又是一种冶炼。正所谓“李杜诗篇万口传”，唐朝涌现了大量的诗人，比如诗仙李白、诗圣杜甫。唐朝灭亡后，由藩镇割据而形成了五代十国的分裂局面。一江春水，流不尽的是朝代更迭，剪不断理还乱的是亡国哀思，李后主虽不通政治，却在词坛上留下了不朽的篇章，其词作，神秀也。

相比于唐朝的“政文俱旺”，宋朝则是“政文贴近”。宋代注重文官当政，比较防范武将，如陆游、辛弃疾。而文脉的首席当属苏轼。苏轼可称得上是文化全才，对诗、词、文、书法、音乐、佛理，都很精通，尤其是词作、散文、书法。婉约派词人李清照一句“生当作人杰，死亦为鬼雄”，具有金石般的坚硬度，是中国文脉中的一种特殊格调。宋词开辟了一个崭新的意境，既有豪放派的“想当年，金戈铁马，气吞万里如虎”，又有婉约派的“念去去，千里烟波，暮霭沉沉楚天阔”。

随着宋朝的灭亡，中国文脉却并未断绝。元曲中最脍炙人口的莫过于“枯藤老树昏鸦，小桥流水人家，古道西风瘦马。夕阳西下，断肠人在天涯”，马致远眼中的景象可谓是意蕴丰富。这一时期，诗歌、散文不是重点，正如《牡丹亭》中所述“原来姹紫嫣红开遍，似这般都付与断井颓垣”，但是元曲四大家自然不负盛名。此时的中国文脉在于《牡丹亭》《西厢记》《汉宫秋》《窦娥冤》《梧桐雨》……这在中国文学史和艺术史上是空前的。

明清两代五百四十余年，专制主义达到顶峰，中国文脉严重衰弱。能称得上的也只有“四大名著”，唯独一部《红楼梦》全方位地探寻人性美的存在状态和幻灭过程，抚慰了五百年的空白与荒凉。另有一位清代词人——纳兰性德，道出了真切性灵，道出了“人生若只如初见，何事秋风悲画扇”，道出了“一往情深深几许？深山夕照深秋雨”。

余秋雨说：“这是除《文化苦旅》之外，我最重要的作品。”《中国文脉》同时也被美国资深翻译专家汪班先生评论为“平生所见最独立、最简洁、最有魅力的中国文学通史”。本书使得历史与现实相沟通，文理与形象相交融，揭示了中国文化巨大的灵魂脉络，形象地反映了中国文化史。中国文化没有在历史的长河中湮灭，而是以一种全新的方式呈现在我们眼前，这全是那一脉相承的中国文脉，不论是汉民族文化，还是少数民族乐歌，中国文脉传承至今日，是一种置于熔炉后的重生与改造，是一种融入江河后的洗涤与萦绕。树立高度的文化自觉与文化自信，中国文脉在今天重拾希望。

# 《道德经》之道德力于管理学的应用

洪思玉
信息管理与信息系统2015级

《道德经》作为我国古代道家代表作，老子的管理学思想在现代企业管理中具有重大的作用。对于老子的哲学管理，我们应该进行深度的探究和挖掘。老子提出的“大道无为”“上善若水”“后其身而身先”“和其光同其尘”的思想对当今的领导人品格具有重大的启发意义。本文第一部分介绍了《道德经》与老子的关系，从一种新的理论入手，说明《道德经》的由来——其本来就是上古时代的管理学书籍，以及《道德经》对于世界的影响，从个人经验和性格方面对领导者进行引导和要求。本文第二部分着重阐述了老子对领袖道德的认知，主要是从“无为而治”“上善若水”“柔弱胜刚强”这三个方面来加以论证。这是领导者最重要的道德素养和理想境界。本文第三部分说明了老子的领袖道德力对当代管理学的应用价值。根据现代社会的员工需求以及科技进步带来的个体原子化生存，老子所提倡的领导素养或许能为当代管理学提供一定的价值，本文根据一些示例对领导素养进行了阐述。

## 一、《道德经》与老子

有一种说法认为：老子并不是写作者，而是编纂者。《道德经》的源头应该是上古时代管理者治理国家的法则。尧舜禹时期、夏商周时代，把治国要领刻在太庙里面的金人背后，叫《金人铭》。老子把这些内容都整理出来，成为管理国家的法则。所以从源头上来看，《道德经》理应是管理学的修炼法则，对当世管理学具有重大的意义。

几百年来，《道德经》的外语译本总数近500种，涉及17种欧洲文字，在译成外国文字的世界文化名著发行量上，《圣经》排第一，《道德经》高居第二，由此可见老子及其思想的重要性与应用价值。

## 二、《道德经》于管理学的意义

管理学并不是一个精密的公式或算法，不是一个严密的程式，不仅仅是一个在理论和体系层面上的学科，更是一门建立在人之共性与差异性、个人的经验和性格上的一门学科。管理于道德哲学上的解读是意义重大的。

由于系统理论和决策科学的影响，加上电子计算机的应用，管理的技术层面更加突出，但个人的风格和背景对于管理工作的成败，依然有着不可忽略的影响。因为电脑资讯只是简单用于制定决策和生成设计，然而，个人风格、知识背景以及信念仍然是管理实践成败的决定因素。道家哲学是决策智慧之所在，也称为决策智慧学。管理的核心为决策，有了决策，才有方向、目标，根据基本目标，以原则来综合运用知识、经验、信息所做的决策，才是正确、可行而具时效性的。对于道家哲学思想的本质，过去一般了解得十分有限，也不像儒、法两家在中国传统文化中如此受到重视，只单纯地从宇宙观、人生观来加以注释。实际上，道家为中国哲学中对决策注释得更为透彻的一支，我们可以从中找寻出决策的最高指导原则。

## 三、道家基本精神

### （一）无为而治

自然无为是指顺应事物自身的状况去发展，而不以外在的强制力量去约束它。

《道德经》将领导者分为四个境界。

道治，乃治的最高层次，体现为组织的运作和管理完全按照理想的规律进行，组织成员的个人价值观与组织文化高度一致，因而组织内部以及组织与环境之间的关系完满且和谐。

德治，乃治的第二个层次，体现为组织的运作和管理在组织领导者品德的驱动下按照预想有序进行，领导者的品德是组织成员行为的最大驱动因素。

法治，乃治的第三个层次，体现为组织的运作和管理依照既定的规则有序进行，规则作为最高的权威，是组织成员行为的最大制约因素。

术治，乃治的最低层次，体现为组织的运作和管理以组织成员的权术运用为基础，权术的运用是行为的最大制约因素。

（二）上善若水

水善利万物而不争，处众人之所恶，故几于道。老子之所以认为领导者应具有像水一样的品德，不仅仅是因为水能起到以柔克刚的作用，更重要的是，老子一贯反对以权势、以政令、以刑罚为手段来处理和对待老百姓，他主张“守柔”“若水”“清静”而达到“天下之至柔，驰骋天下之至坚”的领导目的。这与现代领导科学中倡导的领导者应具有良好的品德、才华等素质，谦虚谨慎，谦下服人，热忱地为人民群众服务，“俯首甘为孺子牛”的思想境界是一脉相承的。

（三）柔弱胜刚强

老子曰：“天下之至柔，驰骋天下之至坚。”又曰：“人之生也柔弱，其死也坚强，草木之生也柔脆，其死也枯槁。故坚强者死之徒；柔弱者生之徒。是以兵强则灭，木强则折。”老子从经验世界的万象中找到论据，证明柔弱并不是消极避世，而是内心圆融的外化，具有谦退、不争的内涵，勃勃生机、欣欣向荣。从反面来讲，老子曰：“持而盈之，不如其已；揣而锐之，不可长保。”才能外显，遭人嫉妒，容易遭人陷害和排斥，木秀于林，风必摧之；堆出于岸，流必湍之。坚强者必刚愎自用，自以为是，也就是老子说的自矜、自伐、自是、自见、自彰。

## 四、领袖道德力在现代管理中的应用

（一）无为而无不为

无为是对自己欲望的放低，不要随意去捞取利益。《道德经》讲：是以圣人处无为之事，行不言之教；万物作焉而不辞，生而不有，为而不恃，功成而弗居。天之道为万物：作、生、为、成功，但是对自己却弗始、弗有、弗恃、弗居。

“故有之以为利，无之以为用”，只要做的事是有利于众生的，就不计一城一池的得失，这样的人圆融无碍。有和无是事物的两个方面，不可取其一端，为即作、生、为、成功；无即弗始、弗有、弗恃、弗居。这也是罗素所赞成的观点。

如日本企业家稻盛和夫，27 岁创办京都陶瓷株式会社（现名京瓷 Kyocera），52 岁创办第二电信（原名 DDI，现名 KDDI，目前在日本为仅次于

NTT 的第二大通信公司），这两家公司都在他的有生之年进入世界 500 强，两大事业皆以惊人的速度成长。2009 年，正当他潜心佛学、安度晚年之际，日本航空公司负债 1.5235 万亿日元（约 1220 亿元人民币）宣告破产。日本航空公司不仅是世界第三大航空公司，更是日本的“翅膀”。“必须拯救这家公司”，时任首相鸠山由纪夫登门邀请稻盛和夫出山担任这家破产公司的董事长，几乎所有人为后者捏了一把汗，怕他“晚节不保”。但是，没有想到，稻盛和夫欣然应允。稻盛和夫于2010 年1 月13 日公开表态愿意重新出山。不过他提出了两个条件，其中一个是以零薪水出任日航 CEO。他让一家大型航空公司涅槃重生。稻盛和夫在自传中写到自己的成功法则：是零工资的奉献给了全体员工很大的精神鼓励。“我接受政府的邀请出任公司董事长时，已是快 80 岁的老人，在许多员工眼里，我是他（她）们的爷爷、父亲或叔叔，我一生与日本航空公司没有什么关系，却愿意不领一分钱的工资为日本航空公司的重建奉献最后的力量，给全体员工一个很好的榜样。”在他看来，公司运营的第一目标，不是为了股东的利润，也不是为了客户的利益，而是为了公司员工及其家属的幸福。他坚信，一个公司无论规模多大，只要建立起员工心有所属的平台，就可以提升全体员工的凝聚力，公司就可以持续拥有竞争力。

### （二）上德不德，处下不争

上德不德，是以有德；下德不失德，是以无德。老子认为领导者应具有上等的德行。上等德行应该是如同犹太箴言所讲：遇到成功看窗外，遇到挫折看镜子，保持谦卑而执着、羞涩而无畏的品格，做出努力但不以此作为邀功的筹码。

柯林斯带领 22 名研究人员，历时 5 年，付出了约 15000 个小时的辛勤努力，揭开了企业如何取得并保持卓越业绩的谜团。他们从 1965 年到 1995 年间名列《财富》500 强的 1435 家公司入手，经过重重筛选，最后锁定了 11 家公司作为研究对象。柯林斯认为，一个公司要想从优秀转变为卓越，有 7 个因素是至关重要的。它们分别是：先人后事、斯托克代尔悖论、累积与突破的“飞轮”、刺猬理念、技术加速器、训练有素的文化以及第五级领导者。其中，第五级领导者是重中之重。

**表 1　第五级领导者及其特质**

| 层级构架 | 领导者 | 特质 |
|---|---|---|
| 第五级 | 五级执行官 | 通过个人谦逊的性格和职业意志的复杂结合，使企业长期、持续健康发展 |
| 第四级 | 高效的领导者 | 对于目的明确的工作可以投入充沛的精力，显示专业的职业素养，激励整个团队追求更高的绩效标准 |
| 第三级 | 能干的经理 | 组织人力、物力，并使其得到充分的发挥利用，以实现既定目标 |
| 第二级 | 具有奉献精神的团队成员 | 投身集体项目，和其他成员高效合作 |
| 第一级 | 高素质的员工 | 用才智、知识、技能以及良好的工作习惯为公司创造价值 |

谦逊的品质可以增加领导者的个人魅力，可以体现领导者的个人修养。在现实生活中，很多领导者的个人能力可能不如他的一些下属，但是其温文尔雅、谦谦君子的做派却体现出了十足的领导者风范，让人为之折服。柯林斯指出：在现实生活中，我们与这样的领导们的交谈时，我们会被其自我剖析的方式感动，他们谈论公司，谈论其他执行官的贡献，却本能地回避谈论自己的作用。然而，与此形成鲜明对比的是，其他的领导们却常常夸耀个人功绩，抑或是打心底把公司的成功归功于自己。殊不知，极力吹嘘自己以获得他人的认可以及贬低别人的成绩、夸大自己的贡献的做法，都是一种极度的自我，而这类领导特质往往使得公司走向衰败。

（三）自然无为与企业留白式管理

当代员工选择公司的逻辑，主要是看一家公司对于自身职业技能提高的帮助以及能给予自身多大的自由发挥空间。随着科技设备的进步，每个人的优势能够最大化，因此顺应员工自身的发展趋势并加以引导，有利于最大化地激发员工的创造力和激情，以及增加员工对企业的归属感。《数字商业时代》杂志认为，在中国，车辆都被要求规规矩矩地停在白线圈定的框框以内；但在很多西方国家，除了白线之内，其他地方也可以停车。这白线之外的“留白”，或许便是中国管理者们在面对新生代员工时，所必须接受的转变。给员工更多“留白”的空间，并不是说企业内部不需要建立相应的规章制度，而是说在培养出一定的企业文化之后，管理者能容忍员工多元化的价值观，在失败面前能容错、能给予充分的时间等待他们重新站起来。管理学者孙虹钢甚至劝诫部分管理者放弃单向思维、自我中心、斗争思维等思考习惯。与此相对，和新生代员工建立类似生意伙伴的新关系，是提高企业人才竞争力的一个重要筹码。说到底，对于新生代员工管理方式的思考，其实质是企业内部如何重新调整、控制与激发员工的主观积极能动性和向心力。尊重员工的需求，把人这种企业内最大的财富理顺了，企业便能在商业战场上拥有更大的优势。

2003 年，谷歌公司被世界知名杂志《财富》评选为美国 500 强企业最佳雇主排行第一名。其中一个重要的原因竟然是，谷歌为员工提供自然宽松的环境，顺应其天性和兴趣进行自身的提高和发展。Google 独特的企业制度当中，20% 的“员工自由时间”最为人称道。在 Google 工作的人，感觉不像是在一家公司上班，更像是在一所大学或研究机构做有趣的研究。而 Google 则可以从这些自由员工的大脑中，源源不断地提取新的创意和新的商业计划。这个制度让 Google 在条件许可的范围内，最大限度地把工作变成一种兴趣。在信息技术高度发达的美国，市场竞争激烈而残酷，这家看似散漫的公司从诞生起十多年来不但没有垮掉，反而活得越来越滋润。在谷歌获得巨大商业成功的背后，我们不能不说其独有的轻松而充满童趣的工作氛围起着至关重要的推动作用。

## 五、结语

道家的管理思想在当代西方管理学思想看来可谓独树一帜，它以道为内在，以领导者素养为外显，以丰富而内涵深刻的理论提出了一套柔弱的管理方法。领导者必须具有“处下”的道德素养，具有谦卑而执着、羞涩而无畏的处事性格。当代管理者应该适当吸取我国古代博大精深的文化，这对于当代的团队建设和企业管理都具有重大的意义。

# 善治——有效的治理

## ——读《治理与善治》之思

张 虎
公共事业管理 2015 级

春暖花开，又是一年万物复苏的季节，我们迎来了管理学院第三届“学·思·行”活动。我很高兴能够参加这场读书盛宴，让我们这些学生能够有一个很好的平台将我们在读书过程中的所学、所思、所行表达出来，展示给大家，在一起交流读书心得。这次的“学·思·行”读书活动，让学生们提高了自身的读书热情，增长了大家的见闻，拓宽了大家的视野，丰富了大家的知识，也充实了我们自身。

那么，在这次“学·思·行”读书活动中，我就与大家分享一本管理学的著作——《治理与善治》，这本书由俞可平教授主编，由社会科学文献出版社出版。

《治理与善治》这本书的作者俞可平教授可不是一般人，俞可平教授是我国著名的学者和政治学家，是中国民主治理的主要倡导者，现任北京大学讲席教授、政府管理学院院长兼北京大学中国政治学研究中心主任、北京大学城市治理研究院院长、哲学政治学双学科博士生导师。俞可平教授还在 2008 年获“改革开放 30 年 30 名社会人物”称号，2011 年获“中国软科学奖”，同年被美国《外交政策》评选为“全球百名思想家”，2015 年被《中国新闻周刊》评为“年度学者”。

《治理与善治》这本书是俞可平教授根据自己“治理与善治”的理论，收录了一些相关的学术论文编写而成的，文章都是学术前沿理论，大都在 20 世纪 90 年代逐渐为国际学术界所瞩目，并正在对国际社会科学研究产生重要的影响。这些文章中提出的问题的研究事实上还刚刚起步，但它们在相当程度上预示了各国学者在 21 世纪初所关注的热点。所以，从某种意义上说，它们将是 21 世纪的学术话语。

## 一、《治理与善治》内容简介

自从1989年世界银行首次使用“治理危机”一词并于1992年将其年度报告称为《治理与发展》后，治理（governance）和善治（good governance）便成为国际社会科学中时髦的术语，成为多学科领域中的最新研究领域。它主要研究如何通过政府与民间的合作，改善国家，特别是地方、地区、公司、机关、学术机构等的治理结构，提高效率，增强民主。20世纪90年代后，治理和善治不仅是经济学的重要话语，也是政治学家、社会学家和管理学家的重要话语。治理和统治有什么区别，善治与善政有什么不同，怎样评估一个国家的治理状况？这些都成了国际社会科学界的热门话题。

《治理与善治》这本书收录了美国、英国、法国、瑞士等外国著名学者总计十四篇文章，这些文章提出了许多“治理与善治”的相关问题并提出了相关的解决思路和方法，如：“治理”概念的运用与滥用、治理的兴起及其失败的风险、治理问题与现代福利国家等问题。这些问题很好地让读者了解到了“治理与善治”的各方面知识。同时这些问题从各方面提出关于“治理与善治”问题并解决思路和方法，也极大地拓宽了读者的思路。

## 二、治理的概念

在中国，治理的概念自古有之，如：《荀子·君道》的“明分职，序事业，材技官能，莫不治理，则公道达而私门塞矣，公义明而私事息矣”；《汉书·赵广汉传》的“壹切治理，威名流闻”；《孔子家语·贤君》：“吾欲使官府治理，为之奈何？”

在西方，英语中的治理（governance）一词源于拉丁文和古希腊语，原意是控制、引导和操纵，长期以来它与统治（government）一词交叉使用，并且主要用于与国家的公共事务相关的管理活动和政治活动中。

但是，自从20世纪90年代以来，西方政治学家和经济学家赋予了governance以新的含义，不仅其涵盖的范围远远超出了传统的经典意义，而且其含义也与government相去甚远。它不再只局限于政治学领域，而被广泛运用于社会经济领域，不仅在英语世界里使用，并且开始在欧洲各主要语言中流行。这些西方政治学家和经济学家发表了许多文章，将治理定义为一系列活动领域里的管理机制，它们虽未得到正式授权，却能有效地发挥作用。与统治不同，治理指的是一种由共同的目标支持的活动，这些管理活动的主体未必是政府，也无须依靠国家的强制力量来实现。

在公共管理领域，治理的概念是20世纪90年代在全球范围逐步兴起的。在治理的各种定义中，全球治理委员会的表述具有很大的代表性和权威性。该委员会于1995年对治理做出如下界定：治理是或公或私的个人和机构经营管理相同事务的诸多方式的总和。它是使相互冲突或不同的利益得以调和并且采取联合行动的持续的过程。它包括有权迫使人们服从的正式机构和规章制度，以及种种非正式安排。而凡此种种均由人民和机构或者同意，或者认为符合他们的利益而授予其权力。它有四个特征：（1）治理不是一套规则条例，也不是一种活动，而是一个过程；（2）治理的建立不以支配为基础，而以调和为基础；（3）治理同时涉及公、私部门；（4）治理并不意味着一种正式制度，而确实有赖于持续地相互作用。

## 三、善治的概念

在古代中国，善治基本等同于善政，例如，董仲舒在《对贤良策》中写道："当更化而不更化，虽有大贤不能善治也。故汉得天下以来，常欲善治而至今不可善治者，失之于当更化而不更化也。"

老子也在《道德经》的第八章"正善治"中提出了系统的"善治"社会管理理论。该理论认为，对社会应以柔性管理为主。"柔"与"和"是"道"的本质属性。柔性的社会管理，其内涵包括"天下神器""为无为，则无不治""以正治国"及无形管理比有形管理更重要的思想。社会的治理者必须重视民生，要在民众中形成淳朴的社会风气，不可与民争利，在利益面前要将自己摆在最后；管理民众时，管理者一定要起好表率作用，要"居其实不居其华"，还要注重自身的修养。

在古代西方国家，善政在政治理想中也是长期独占鳌头。与中国相似，西方的善政一般包括严明的法度、清廉的官员、很高的行政效率、良好的行政服务等几个要素。但是自20世纪90年代后，这种情况在世界各国日益受到严重的挑战，这个挑战就是good governance——"善治"。20世纪90年代以来，在英语和法语的政治文献中，善治概念的使用率直线上升，成为出现频率最高的术语之一。

综合许多业已发表的文献，概括地说，善治就是使公共利益最大化的社会管理过程。善治的本质特征就在于它是政府与公民和公共生活的合作管理，是政治国家与公民社会的一种新颖的关系，是两者的最佳状态。

善治实际上是国家权力向社会的回归，善治的过程就是一个还政于民的过程。善治表示国家与社会或者说政府与公民之间的良好合作，从全社会的范围看，善治离不开政府，但更离不开公民。从某个小范围的社群来看，可以没有政府统治，但不能没有公共管理。善治有赖于公民自愿的合作和对权威的自觉认同，没有公民的积极参与和合作，至多只有善政，而不会有善治。所以，公民社会是善治的现实基础，没有一个健全和发达的公民社会，就不能有真正的善治。

## 四、治理与善治的联系

善治是针对治理出现的问题提出的一种有效的解决方案，治理可以弥补国家和市场在调控和协调过程中的某些不足，但是治理不是万能的，它也存在许多局限，它不能代替国家而享有合法的政治暴力。它也不可能代替市场而自发地对大多数资源进行有效的配置。事实上，有效的治理必须建立在国家和市场的基础之上，它是对国家和市场手段的补充。在社会资源配置中不仅存在国家的失效和市场的失效，也存在着治理失效的可能。“良好的治理”或“善治”理论就是针对治理可能失效问题提出的概念。

从之前阐述的治理和善治的概念来看，善治是对治理的继承、补充与发展。治理的概念是国家出现后就出现的理论，而善治的概念是20世纪90年代后才出现的概念。善治有两个概念，一是善于治理，二是好的治理。治理本身是一个中性词，是一个动词，泛指管理、统筹，一般宾语接地方或行业。而善治则表明治理的结果和过程是向上的，是积极的，是符合时代发展要求的。善治是从治理的理论中演变而来的，是对治理理论“取其精华，去其糟粕”之后的产物。

## 五、如何善治

### （一）想要知道如何善治，就必须要知道善治的基本要素

1. 合法性。它指的是社会秩序和权威被自觉认可和服从的性质和状态。那些被一定范围内的人们内心所承认的权威秩序，才具有政治学中所说的合法性。合法性越大，善治的程度便越高。取得和增大合法性的主要途径是尽

可能地增加公民的共识和政治认同感。所以善治要求有关的管理机构和管理者最大限度地协调各种公民之间以及公民与政府之间的利益矛盾，以便使公共管理活动最大限度地取得公民的同意和认可。

2. 透明性。它指的是政治信息的公开性。每一个公民都有权获得与自己利益相关的政府政策信息。透明性要求政策信息能够及时通过各种传媒为公民所知，以便公民能够有效地参与公共决策过程，并且在公共管理过程中实施有效的监督。透明的程度越高，善治的程度也越高。

3. 责任性。它指的是人们应当对自己的行为负责。在公共管理中，它特别指与某一特定职位或机构相连的职责和相关的义务。责任性意味着管理人员及管理机构由于其承担的职务而必须履行一定的职能和义务。公众，尤其是公职人员和管理机构的责任性越大，表明善治的程度越高。

4. 法治。它指的是法律是公共政治管理的最高准则，任何政府官员和公民都必须依法行事，在法律面前人人平等。法治是善治的基本要求，没有健全的法制，没有对法律的充分尊重，没有建立在法律之上的社会程序，就没有善治。

5. 回应。它指的是公共管理人员和管理机构必须对公民的要求做出及时的和负责的反应，不得无故拖延或没有下文。在必要时还应当定期地、主动地向公民征询意见、解释政策和回答问题。回应性越大，善治的程度也越高。

6. 有效。它指的是管理的效率。它有两分钟的基本意义，一是管理机构设置合理，管理程序科学，管理活动灵活；二是最大限度地降低管理成本。善治程度越高，管理的有效性也就越高。

（二）具体措施

1. 扩大基层民主。基层民主的扩大会巩固现存政权的支持基础，有利于而不是有害于社会的政治稳定。扩大公民的直接选举权是扩大基层民主的重要措施，选举被政治学家认为是现代民主政治的基础，是公民最基本的政治权利。公民是否真正享有选举权以及享有选举权的范围，是衡量一个国家民主程度的主要标准之一。

2. 加强公民自治。此举有利于保证人民群众依法管理自己的事情，创造自己的幸福生活，是社会主义民主最为广泛而深刻的实践，也是发展社会主义民主的基础性工作。

3. 实行政治透明。政治透明的主要内容是政治信息的公开化。政治透明是公民的政治知情权和监督权的基础，没有适度的政治信息公开，公民就无从知道政府的政策和行为的背景，更无从监督政府官员的行为。

4. 加强社会监督。这主要是指公民对政府和政府官员的监督，它是政治民主的基本要求之一。权力必须受到监督，否则便会腐败。社会监督的主体是公民，与治理的关系密切。目前比较有效的社会监督主要有新闻监督、群众监督、行政诉讼和行政复议、任前公示等。

5. 推动财务公开。财务公开的主要目的是反腐败和加强民主管理，将财务公开出来，接受群众监督，加强农村集体财务活动的管理与监督，促进农村集体经济健康发展和社会稳定。

6. 实施任职审计。任职审计即是在某一干部即将调离或退休前由审计部门对其进行专门的财务审查，并将审查结果予以公布。主要目的是防止官员的腐败行为，防止官员滥用权力，以权谋私。

## 六、进行善治最重要的是注重公民社会

20 世纪 90 年代以来，善治的理论与实践之所以能够得以产生和发展，是因为公民社会的日益壮大。

关于公民社会的定义，各国学者说法不一，这些定义大体上可以分为两类，一类是政治学意义上的，一类是社会学意义上的。政治学意义上的公民社会概念强调它的“民间性”，即公民社会主要是保护公民权利和公民政治参与的民间组织和机构。社会学意义上的公民社会概念强调它的“中间性”，即公民社会是介于国家和家庭、企业之间的中间领域。我们可以把公民社会当作是国家和政府之外的所有民间组织或民间关系的总和。

治理和善治的本质特征是公民社会组织对社会公共事务的独立管理或与政府的合作管理。善治需要公民社会的发展，没有健全的公民社会，不可能有善治；反之，公民社会的发展必然直接或间接地影响治理的变迁。为什么这么说呢？首先，公民社会的兴起奠定了基层民主特别是社会自治的组织基础。其次，民间组织是沟通政府与公民道德的一座重要桥梁。再次，众多的民间组织是影响政府决策的重要因素和推动政府改革的强大动力。最后，一个相对独立的公民社会是国家实行市场经济的必然结果。

要想发展公民社会，需要给公民社会以一定的经济基础和一定的政治环境。首先，政府要日益重视法制和法治，这样才能让公民的结社自由开始具

有实质性的意义。公民社会的存在首先必须得到法律的认可，才能有发展的根据和基础。如果没有法律的保护，公民申请成立非政治性的一般社团不仅不会得到批准，甚至可能遭到政治的压力。其次政府大幅度放权。政府向社会放权，会在一些撤走的管理领域留下真空地带，这些地带就只能由民间组织来弥补，民间组织就是公民社会的主体，民间组织的发展能够有力地推动公民社会的发展。再次，政府转变职能。政府精简机构，弱化政府的经济职能和社会职能，而强化了政府的管理职能。在大部分生产、经营、民事、文化、艺术和学术等领域中，政府不再履行直接的管理职能，而将这些职能转交给了相关的民间组织，以促进民间组织的发展。

# 飞轮和厄运之轮

## ——基于《从优秀到卓越》

吴袁幽

公共事业管理2016级

继管理经典《基业长青》之后，吉姆·柯林斯和他的团队历时5年，通过严密的筛选程序从美国所有公司中选中了11家实现跨越的公司、11家直接对照公司和6家间接对照公司，分析了企业从优秀走向卓越的深层次重要原因和理念精髓，为企业的基业长青奠定了基础。2001年，《从优秀到卓越》问世，取得了极大的反响，更是被《财富》杂志认为“柯林斯和他的研究团队解决了商业中最重要的难题之一”。从优秀到卓越，再到持续卓越、基业长青，11家实现跨越的公司有其共同点，也有区别于其他公司的差异之处。在本书中，柯林斯把“卓越”定义为从转折点开始经过15年时间，公司累积股票汇报至少是市场的3倍，而“优秀”业绩定义为在转折点之前的15年时间，公司累积股票汇报不超过市场的1.25倍。除此之外，转折点后的15年内的累积股票回报率和转折前的15年的累积股票回报率相除必须超过3。由此可见，其选择标准是严格而又严密的。相对于其他对照公司而言，实现跨越的公司是从优秀到卓越并且仍然在其后多年间保持着卓越。

### 一、累积和突破

从马克思主义基本原理的角度来说，量变和质变是辩证统一的，量变是质变的前提和必要准备，质变是量变的必然结果，任何事物的变化总是在一定质的基础上先开始量变的。开始的时候，一个又大又重的飞轮肯定是缓慢旋转的，但是一定是渐进的，甚至这种旋转运动都不易被察觉。一圈又一圈，一个行动接着一个行动，突然飞轮越转越快，越转越快，这时候飞轮以其永不停息的动力持续向前转动着。这看起来就像是一朝一夕之间的转变，然而却是每一次推动力的结果。

数年的沉淀和积累最终会实现突破，走向卓越。早在1965年，肯·艾弗森和山姆·西格尔就开始转动纽柯公司的飞轮了，可是10年过去了，除了财政新闻媒体和其他钢铁公司，根本没有任何人和媒体深度关注过它。1970年纽柯公司遭遇危机，其他公司主管全都对它一笑了之。直到1975年，纽柯公司开始发力了，拥有坚定意志与谦逊品格的第五级经理人和独特的生产文化使纽柯公司逐渐走上一条最具赢利能力的道路。1965年到1975年的10年间，关于纽柯公司的10篇报道中，没有一篇是有意义的。而从1976年到1995年的19年间，有关纽柯公司的新闻报道达到了96篇，都是介绍公司的经营情况或者显著特色。也许你会认为它是一个瞬间的奇迹，并不是这样，这是经过数十年的累积后才取得的革命性突破。正如“鸡蛋从内部打破是生命，从外部打破是食物”，纽柯公司似乎是一个新生的公司，创造了从优秀到卓越的奇迹。2008年，当全球经济遭遇大衰退时，许多钢铁公司股价大幅下降，而纽柯钢铁公司的股价却以相对市场涨幅的20%跑赢大市，当时纽柯已经连续40多年保持每年和每个季度的盈利，现在屹立于世界500强和优秀钢铁企业之林。

柯林斯团队对纽柯公司高管进行采访时，记录下了其中有代表性的阐述，“我们绝不会在任何一个特殊时刻做出决定，表示我们支持什么。我们的每一个决定都是由许多痛苦的争论和斗争发展而来的。在我们回顾过去之前，我并不能确信我们很清楚自己为何而战。后来，我明白我们为确立自己的地位而战斗。”

## 二、“飞轮效应”

“万事开头难”，当你迈出了艰难的第一步，随后的每一步都会比你想象的轻松许多。当你做事的方式可以使人们看得到、感觉得到，并且在不断积累，那么人们便会怀着极大的兴趣支持你帮助你。这便是“飞轮效应”。

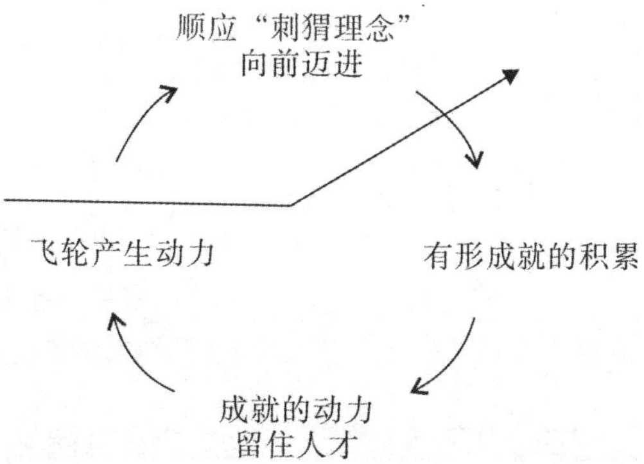

图1　飞轮效应

图1便是“飞轮效应”的作

用机制与过程。首先保证公司中有一位第五级经理人，其次得到合适的人才，注意宁缺毋滥。在公司总体观念下，确定了战略决策与公司愿景后，公司上下朝一个有利于积累能量的方向前进，呈现出不断递增的趋势。随着时间的推进，积聚的力量越来越大，获得的成果也越来越显著，突然某个时候公司在该行业中达到了最好。也就是这样的日积月累，使公司从积累走向了突破，从优秀走向了卓越。

## 三、厄运之轮

在所有调查中，纽柯公司的直接对照公司是伯利恒钢铁公司。反观伯利恒公司，它的定位为美国第二大钢铁公司，在两次世界大战时取得了显著的成果。后来，公司经历了多番周折：最开始时是产品多元化战略，转而聚焦钢铁业，再转回多元化，之后又回到钢铁业。如此反反复复，毫无定性，就像是那又大又重的飞轮一开始顺时针旋转，接着突然逆时针旋转，顺逆相反，重心不定，最终没有积蓄足够多的动量，陷入了“厄运循环”。

当一个新的想法、新的方向、新的项目或是新的领导者出现时，通常会确立一个全新的愿景。在这个方向努力了一段时间之后，发现有问题，发现很困难，领导者便会决定放弃这个方案，采用另一种新的方案，但是新的方案实施不久后又被抛弃了。这往往是决策者在重大事件面前的盲目反应，毫无定性，造成了无动力的积蓄，最终只能处于厄运之轮里面。

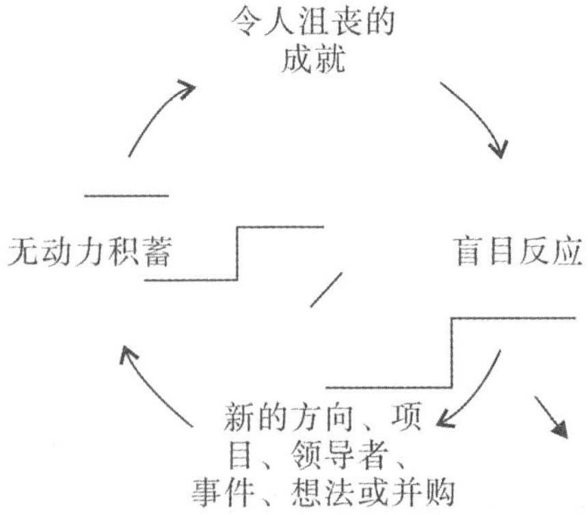


图2　厄运之轮

## 四、“飞轮效应”战胜“厄运循环”

显然，公司运营的过程中会不定时地出现一些短期压力或者公共危机，这些压力可能来自内部，也可能来自外部。当外部出现明显的压力时，公司最普遍的做法便是集合公司内部成员一致对外应付压力，或者是聘请专业的公关公司和经理人从不同方面、各个渠道解决公司危机，度过这段艰难时期。但是如果处理得不好，公司随时都会面临兼并重组或者宣告破产的困境。相对于外部的压力，公司内部的压力往往是更加强大的且无法避免必须解决的。内部压力往往来自组织成员或者管理漏洞，最直接、最简单的方式则是解雇相关职员，完善公司内部管理制度和体系。但是，如果公司从最开始就秉承“先人后事”的理念（《从优秀到卓越》一书第三章），让合适的人上车，不合适的自然请下车，那么可能就不会出现过大的内部压力。原因在于：第一，先从“选人”开始而非从“做事”开始，即使当前公司没有一个明确清晰的目标或愿景，公司也会逐渐找到合适的方向并向其发展，因为拥有众多合适的人；第二，既然公司找到了合适的人，那么这些人就愿意为公司有所作为，而不仅仅是局限于自己的长久发展。对于公司来说，只要稍加激励和管理，他们就会更加坚定自己的意志，会因为内在的驱动力而调整自我，会创造出卓越的业绩。

在整个进程中，公司面临的是轰然倒塌还是实现从优秀到卓越的跨越，绝大部分取决于公司自身及其首席执行官（CEO）。很多公司的 CEO 都具有人格魅力，都意志坚定，任职期间为公司做出了巨大的贡献并且成就了自己的名声。不幸的是，如果这些 CEO 退位之后做出了不合适的决策，公司的情况便会发生 180 度的大转变：飞轮的旋转速度变慢，公司陷入了衰退的危机。

被《福布斯》杂志誉为“隐士的王国”的 A&P 公司是所谓的“年老的国王统治下的君主专制帝国”。当哈特福德先生逝世后，作为 A&P 公司的创建人，拉尔夫·伯格仍然一直坚持“要是哈特福德先生的话，他会怎么做”的方法，一直信奉“永远不要挑战 100 年胜利的权威”的座右铭。延续了百年辉煌的 A&P 公司到了 20 世纪 60 年代却开始走向衰落。至此，A&P 公司不断寻找解决危机的方法，然而却在新办法实施和否决中徘徊，在聘用主管和解雇主管中纠结，他们总想一步登天，总想不费力气就重占市场份额，因此结果越来越糟，A&P 成了“垃圾中的垃圾”。

其实，每个公司在遇到挫折的时候都想实施战略变革，鼓舞全体员工为之努力。但是，很多公司都像 A&P 公司一样不断提出口号，不断实施新战略，也正是如此反复无常和没有坚持的实际行动使公司最终陷入了厄运循环。

从优秀到卓越的转变不是一个急促且激烈的过程，相反是非常缓慢的，比如前文中提到的纽柯公司。一个正确的战略在实施的过程中需要长期的积累和沉淀，而不是不断提出和否决，也就是说，处于厄运之轮里面的对照公司是略过积累直接跳跃到突破阶段。成功不是一朝一夕的事情，要想使“飞轮效应”发挥作用，战胜厄运之轮，就要慢慢地积累从而实现突破。

## 五、从优秀到卓越再到持久卓越

要想推动一个庞大而又沉重的飞轮旋转需要花费很大的力气才能做到，但是在一段很长的时间内，坚持不懈地推动飞轮朝同一个方向旋转，只需要花费一点点力气推动飞轮，飞轮就会以其自身的重量和速度不断旋转，逐渐积累起动量，最终实现突破。从优秀到卓越的转变就是一个这样的过程，对于那些局外人来说，这既像是戏剧性事件又像是革命性事件，但是对于执行者来说就像是一个有机的积累过程，长久的积累不会被白白浪费，而是会在某一天促成质的飞跃。

从根本上来讲，实现突破意味着具有做出一系列与“刺猬理念”一致的明智决策的能力——采取训练有素的行为的前提条件，要有能够形成训练有素思想的人，这是进入突破阶段的关键所在。书中提道，一个刚起步或者刚建成的公司可以运用此书中的理论去具体实践，持续地创造卓越的业绩，然后再运用《基业长青》中的发现使企业基业长青、保持持久卓越。

具体运作过程如下图所示：

已有或新创公司 + 从优秀到卓越理念 → 持续卓越业绩 + 基业长青理念 → 持久卓越

回顾众多研究，可以看出：那些实现持久卓越的企业的确经历了从起飞到突破这样的过程，它们在创立时期都遵循了从优秀到卓越的框架。这种模式其实类似于当代大学生十年寒窗苦读后终得金榜题名，一年复一年的知识积累和积极心态最终成就了他们。确立一个新的短期或长期目标，找到属于自己的“刺猬理念”，明白三个问题：你对什么充满兴趣和热情；你在哪些方面天生具有比别人做得出色的才能；做什么事情对你来说是有丰厚报酬的，然后找到三个问题的交叉地方，坚定自己的信念并且始终专注于这个领域，使自己获得有效的持续不断的积累，与周围人产生合力效应，最后达到那个突破点，便实现了从无到有、从优秀到卓越的转变过程。

# 《活着》
## ——亦生如夏花

单琦玥
财务管理 2017 级

人越惧怕死亡，就活得越怯懦，而坚强乐观是对死亡认知的超越。人因为孤独而痛苦，又因痛苦而孤独，两者在冥冥之中相辅相成，而我们活着，总会面对痛苦以及孤独，如果淡然视之，用灵魂去追寻真善美，那么我们活着，亦生如夏花！

余华的《活着》讲述主人公富贵一生的悲欢离合，展现了他一生的起起落落。读完整本书，或许我们会有这样的反思——我们是否从未真正地活着？人要依靠记忆来慰藉，要靠倾诉来释然，要靠哭泣来平静，要靠思考来彻悟。

回首开篇那一个午后的黄昏，悲弱的残阳微弱地呼吸着，直到老牛无尽地哀号，渲染了凄清的傍晚。从那一刻，富贵和我一样开始回忆，他开始讲述他复杂而又简单的生活，而我沉默不语，因为对于自己的生活，我无法一一讲述，于是我仔细地听富贵的故事……

枯藤老树昏鸦，曾经歌舞升平，往事就像一部老电影，记忆里的东西像洪水一般疯狂地充斥在富贵的脑海里。原来那个阔少爷过着人们向往的生活：曾经享受荣华富贵，沉迷于花街柳巷，在赌场挥洒自如……画面全部展现在我的眼前，他的话语久久不能停下。而对于我来说，他的故事逐渐把一张空白纸填满，有圈有点，直到我们忘却傍晚的清冷，忘却即将来临的黑夜，因为我们并不知道这夜到底有多么漫长！

我们人啊，总是喜欢在舒适的环境里放肆，有一点点的满足我们就会变得焦躁不安，变得心浮气躁，变得忘乎所以。富贵跟我讲，他说他是在拥有中变得堕落的，青楼女子像磁场一样吸引着他，即使他在心底还爱着家珍，但是他依旧不顾老丈人的感受和妓女穿梭在米铺的那一条街，金牌赌场也是他生活的一部分，他在那里挥洒自如，赌场上的输赢就像梦一般若即若离。

直到所有积蓄被花光的那一刻，他似乎才真正发现美好的生活总是昙花一现，他才发现自己在愚蠢地输掉自己的一生，他瘫坐在青石板上。我双手捧着书，无法回过神来，更不要说我将如何看待自己的一生。富贵曾经忘情于纸醉金迷的世界，是那么放浪形骸。都说上天总是喜欢捉弄不懂得珍惜的人，事实果然如此，他一下子从天上到地上，逍遥的生活一去不复返，若即若离的东西变成了真正的失去，烟花易冷，繁华的过往将随风飘散……

他的前半生就这样度过，接下来的生活更是扣人心弦，即使前半生再怎么辉煌，再怎么奇幻，也要面对后半生艰苦、悲哀、痛苦、绝望而又不平凡的生活。当他一败涂地的时候，家财万贯被输得精光的时候，他的父亲似乎对他手下留情。我们常常说一个人沉默是最为可怕的，他的父亲其实也是这样，表面越是平静，内心越是惊涛骇浪，就这样，他的父亲用生命的代价告诉他真实的悲恸！从此，他变成了一个被上帝唾弃的人。一切灾难全部降临在他的头上，还没来得及对前半生悲伤地恍悟，他又遭受了妻离之痛，老丈人张扬地接走了家珍以及他未出生的儿子，生活总是这么不尽如人意，而他总是要面对这样的生活。

作者余华告诉我，人往往在舒适的时候活得那么不安分，在难以活下去的时候又要拼命地活下去。富贵也不例外，他学会耕种，学会生活……看着年迈的老母亲蹒跚的脚步，看着自己乖巧伶俐的女儿凤霞，他似乎对于活着有那么一点点的期望。因为，在这个世界上，亲情总是让人难舍难分，总是使人在绝望的时候想要逢生。他心里现在有一种说不出来的感受，有一点揪心的痛，有一点自责的愧疚，但又有一点渺茫的微光。他现在竭力地想要活着，即使有一点悲凉，即使有一点凄惨，但他也想活下去，他是在真正地活着，就像拼了命一样！

余华还说，人一旦真实地活着，那不真实也变得真实了。似乎生活在不尽如人意的时候偏偏喜欢给人一丝丝希望，如果一个人一生都那么悲情，上帝似乎都有些愧疚，因为我们总是认认真真地追寻真善美。就像漆黑的夜晚，偶尔也会有几颗明亮的星星，即使它的光是那么微弱，在漫漫黑夜中显得那么微不足道……家珍的出现，对于富贵来说不是微光，是前行的明灯，他似乎不敢相信自己的眼睛，站在他面前的是他的妻子，昔日里被自己折磨痛打痛骂的妻子竟然带着一份执着的微笑站在他的面前。在这一刻，他算是明白自己以前活得多么肤浅，多么卑微，多么无能。他终于明白，家珍有太多的柔情和牵绊……正是家珍这一份执着与真情，使富贵真正地醒悟，他不再忽略家珍，而是开始用真实的感情去慢慢爱着家珍。那种爱不是海誓山盟，不是美剧里疯狂热烈的爱，没有掺杂一丝一毫的虚伪与不真诚，这种爱情在我们现在看来，真的一点也不奢侈，一点也不浮夸。就这样，他的后半生与他的患难妻子家珍一起为了活着而努力地活着，为了他们爱的人而辛勤地劳作，他在与命运抗争的同时，也慢慢在过往中醒悟！

人生啊，好比一场悲喜交加的舞台剧，既没有纯粹的悲，也没有纯粹的喜。富贵为了给卧病在床的老母亲寻一个医生，却没想到自己在进城的时候被拉去当了壮丁。远离家的那种感受是不能用单纯的语言去描述的，他想逃，想要冲出重围，想要回到那个真实温暖的家。经历过生离死别，他总算开始彻悟。想想自己的家庭，他没有放弃的念头，那一个家是他坚持撑住的理由，他一直想要逃走。后来，战火纷飞之中，他居然活了下来，他挺过来了，他活过来了！真的活过来了！看到那个熟悉的景象，茅草房还是那个茅草房，田埂还是那个田埂，家珍还是那个家珍，凤霞还是那个凤霞，一切人和事都变得格外亲切与温暖。眼泪是思念的载体，嘴上说没关系，可是眼泪很真实，眼泪是所有想要表达的东西，它是欢欣的写照，是感动的代表……劫后余生和绝处逢生是人生最大的欢喜，正是这样的欢喜给了他们想要活下去的力量，他们才有了对生的期望与期盼，而那种期盼和期望是一种远远超越孤独与痛苦的力量！

他的勇敢终究不能够得到赏识，他亲爱的儿子有庆依然丢掉了他年轻的生命，生命之火似乎在一瞬间被浇灭。这样的悲剧为什么总是发生在他的身上啊，那可是他最爱的儿子啊，那是一个活生生的儿子啊，那是他生命中最为重要的人啊。儿子啊儿子，就这样给他当头一棒，此时的泪水使内心揪心地痛啊，就如同他自己的鲜血在慢慢流尽，似乎快要干涸，真的从痛苦到绝望再到麻木。即使已经麻木，他也还是要接着活下去，因为他还有家人，他有妻子，有女儿，有女婿，还有小外孙……我满以为故事到了这里就要结束了，我愿每一个故事都有一个不令人悲伤的结局，但是余华写的这个故事实在是令我大吃一惊，随之而来的，是富贵余生的苟延残喘。

后来，他们都相继离开，只留下他一个人。他像那头老牛一样，再也没有力气去耕作，没有力气去好好活着，孤独与寂寞伴他左右，他真的快要倒下了，那种感受，你能明白吗？就如同黄牛在最后的哀号声中留下最后一点点回音，就如同新生的婴儿就要夭折，就如同坏人拿刀割你的脉搏，你却无力去反抗，就如同冬天永远不会过去一样！可就是这样，富贵还是不带半点掩饰痛苦的虚假，与那老牛一起活着。

时光流逝，经历了风霜雪月，直到生命的尽头才会彻彻底底地对自己的一生有那么一点感悟：死亡是我们每一个人都要去面对的。曾经有人说我们是向死而生，可是我更想说，我们如果将死视为另外一种生的话，我们是否会活得更加真实一点呢？我们是否会更加宁静与淡然呢？我们是否在生活的琐事中活得更加积极一点呢？其实，我们不该去同情甚至评价富贵，至少他还能坐在田埂间的青石板上开始聊聊他的一生……

余华说以笑的方式哭，在死亡的伴随下活着，即使生命在不断地接踵而至的死亡中变得异常诡异。正是这样，我们才能够体会到活着的意义，对于这样的意义，我们每一个人都没有一个准确的答案，也没有判断的标准。《活着》是一部经典，为我们讲述着人生的悲欢离合，也让我们在绝处中逢生，让我们在卑微的一生中不断寻求那一点微光，让我们感受这世间存留的一点温情！感谢余华的经典，感谢富贵的讲述，感谢家珍的善良与深情，也感谢自己能读到这样一种人生！

# “看不见的手”——市场调节

## ——学习《国富论》的思考

邹代燕
公共事业管理2016级

社会中的每个人都在力图追求个人满足，一般说来，他并不企图增进公共福利，但在这样做时，有一只看不见的手引导他去促进社会利益，并且其效果要比他真正想促进社会利益时所得的效果更大。这只看不见的手实际上就是人们自觉地按照市场机制的作用自发调节自己的行为，并实现消费效用最大化和利润最大化。看不见手的原理，强调的是在完全竞争市场中，市场机制可以有效率地实现资源的合理配置和有效配置，并最终导致社会不可能在不影响他人的情况下而使某些人的境况得到改善。斯密认为，每个人都应利用好自己的资本，使之产生最大的价值。从主观上讲，这个人并不想增进公共福利，更不知道他实际上增加了多少公共福利，他所追求的仅仅是个人的利益所得，但他这样做的时候，有一只看不见的手在引导他去帮助实现增进社会福利的目标，而这种目标并非他想追求的东西。通过追求个人利益，却无意识地增进的社会利益，其效果比真的想促进社会利益时所得到的效果要好。斯密之所以提出了这一论断，是因为他认为人们都有“利己心”，是“利己心”驱使着人们去获得最大利益，每个人都得到了利益，那么社会也就得到了，因为财富是所有国民对必需品和享用品的消费。

### 一、看不见的手对经济人与道德人的协调

在亚当·斯密看来，从经济学的角度看，经济人与道德人主要是通过“一只看不见的手”来完成的。在《道德情操论》中，斯密也提到富人虽贪得无厌，“但是他们还是同穷人一样分享他们所做一切改良的成果。一只看不见的手引导他们对生活必需品做出几乎同土地在平均分配给全部居民的情况下所能做出的一样的分配，从而不知不觉地增进了社会利益，并为不断增多

的人口提供生活资料。”在《国富论》中，斯密认为，在利己心的驱动下，经济人追求财富最大化的倾向能把资源尤其是自己所掌握的资源恰当配置到最能获利的地方，而这也是社会最需要的地方，这是因为“他受着一只看不见的手的指导，去尽力达到一个并非他本意想要达到的目的”。在这里，“一只看不见的手”成了连接“经济人”与“道德人”，“利己心”与“利他心”的桥梁，也是它要解决“人”的发展所做出的努力。

斯密在著作中把“一只看不见的手”描述为一种自然的、不可抗拒的神秘力量，但这个神秘的力量或者说这只“手”究竟是什么？斯密并未对此做出明确的解答。也就引发了不同的解读。要理解这个理论，就要回到斯密的著作，在我看来，斯密在《国富论》中提出了“经济人”这一创造性理论，但随着理论的深入，他发现以“经济人”的假设来解读经济的发展，或者是通过利己心来解读社会的发展，并不一定能得出完美的硕果，所以他又力求为“经济人”所致的不利后果寻找解决之道。在《国富论》中他提出“一只看不见的手”。在我看来，作为经济学家的斯密不可能认识不到客观经济规律的存在，如果在这里可以单纯使用经济规律概括“这只看不见的手”话，他又何必留下“自然的力量、神秘的力量”的诠释，正是认为经济学领域无法解决“经济人”所致的缺陷，他才会努力找寻解答，转到了伦理学领域，提出“道德人”力求调和。但随着理论的深入，他发现道德人似乎也无法回避出现的这些缺陷，甚至说在经济人和道德人之间的协调都成问题。故而他才提出应有一种“自然的力量、神秘的力量”在调和利己心与利他心，调和经济人和道德人的冲突，也许这样理解“看不见的手”才较为正确。

## 二、“看不见的手”的影响

### （一）看不见的手对完全竞争市场的影响

亚当·斯密是这样描述市场这只“看不见的手”的：于个人行为的非故意结果，一种能产生善果的社会秩序出现了。因此“看不见的手”便成为资本主义完全竞争模式的形象用语。这种模式的主要特征是私有制，人人为自己，都有获得市场信息的自由，自由竞争，无须政府干预经济活动。亚当·斯密的后继者们以均衡理论的形式完成了对完全竞争市场的精确分析。在完全竞争条件下，生产是小规模的，一切企业由企业主经营，单独的生产者对市场的价格不发生影响，消费者用货币作为选票，决定着产量和质量。生产者追求利润的最大化，消费者追求效用的最大化。价格自由地反映了供求的变化，其功能一是配置稀缺资源，二是分配商品和劳务。通过看不见的手，企业家获得利润，工人获得由竞争获得的劳动力供给决定的工资，土地所有者获得地租。供给自动地创造需求，储蓄与投资保持平衡。通过自由竞争，整个经济体系达到均衡，在处理国际经济关系时，遵循自由放任原则。政府不对外贸进行管制。“看不见的手”反映了早期资本主义竞争时代的经济现实。

（二）“看不见的手”指引下的自由市场

《国富论》一书的重点之一便是自由市场，自由市场表面看似混乱、毫无拘束，实际上由一双“看不见的手”所指引，引导市场生产出正确的产品数量和种类。

举个例子，如果产品发生短缺，产品的价格便会高涨，生产这种产品所能得到的利润便会刺激其他人也加入生产，最后便消除了短缺。如果许多产品进入了市场，生产者之间的竞争将会增加，供给的增加会将产品的价格降低至接近产品的生产成本。

亚当·斯密认为人的动机都是自私而贪婪的，自由市场的竞争将能利用这样的人性来降低价格，提供更多的产品和更好的服务，进而造福整个社会。亚当·斯密也对商人保持戒心，并且反对垄断的形成。亚当·斯密反对国家干预经济生活，提出自由放任原则，认为通过人类的利己之心和“看不见的手”，可以实现社会的和谐。

（三）“看不见的手”与自由贸易

亚当·斯密影响了一些关于自由贸易的基本论点。如：自由贸易允许廉价基础材料的进口；带来更低廉的食品价格，为压榨劳工提供空间；外国可以在英国市场里出口商品，然后用赚得的金银买入英国商品；如果英国进口商品价格在附加运输等费用后更廉价，外国就不会开始投入竞争行业；自由贸易，让外国更容易填补对英债务。

## 三、“看不见的手”的局限性

（一）存在垄断的情况下

在垄断的市场中，垄断常常会导致资源缺乏效率，会带来产品高价格和低产量，并且在垄断市场中，存在寻租活动。就单个寻租者而言，他愿意花费在寻租活动上的代价不会超过垄断地位可能给他带来的好处，否则就不值得了。但是在寻租市场上，寻租者往往不止一个，整个寻租活动的全部经济损失等于所有的寻租者寻租活动的代价总和，而且这个总和还会随着寻租市场竞争程度的不断加强而不断增大。

（二）存在外部影响的情况下

如我国的山西有丰富的煤炭资源，如果单纯地依靠市场机制的调节作用，必然会出现众多投资者纷纷进入煤炭行业，从而产生大量的小煤窑。可是小煤窑的存在不但会影响全省的煤炭开采效率，还会造成严重的环境污染，同时经常出现的事故又会影响社会的稳定。这一行为如果只靠市场的调节，对于个人来说是有利的，但是它存在着严重的外部成本，影响了公众的长远利益，因此必须依靠政府管制。

（三）存在公共物品和公共资源的情况下

在公共物品方面，最容易出现的就是“免费乘车者”。在公共资源方面的一个典型案例就是“公地的悲剧”，它是边际私人收益和边际社会收益的差别造成的。当个人决定增加奶牛的数量时，他仅仅是把个人所可能得到的收益和奶牛的成本做了比较，他忽略了他增加奶牛的社会代价。如果每一个人都忽略自己的个人行为所导致的社会代价变化，结果就是公地上的奶牛放牧量增加得太多，公地将会由于长期超载放牧而日益衰落。

（四）存在信息不完全和不对称的情况下

在现实的经济生活中，降低某种商品的价格，对该商品的需求量就会增加，这是一般商品的规律。但是当消费者的市场信息不完全时，他们对商品的需求量就可能不随价格的下降而增加，而是相反，随价格的下降而减少。这时就会出现所谓的“逆向选择”问题。

在保险市场，信息的不完全性不仅会“扭曲”保险市场中供给者即保险公司的行为，而且也会“扭曲”保险市场的需求者即投保人的行为。投保人的败德行为或者保险公司所面临的道德危险会进一步造成市场机制的困难。

## 四、解决“看不见的手”的不足

尽管“看不见的手”对我们的现代经济极为重要，但是我们不能过分迷信它的作用。在一定程度上，我们需要寻求政府这只“看得见的手”来发挥作用。在斯密那个年代，社会经济还不够发达，国民经济产业结构单一，整个经济的运行机制也较为简单，他所倡导的市场机制可以较好地解决经济运行中的种种问题。

然而现代的世界经济是一个无比复杂的系统，已经不是数百年前的斯密所能想象的了，如果仍然推崇市场的自发调节，排斥政府的有效干预，必然会由于不完全竞争以及市场的自发性与盲目性，导致社会经济运行不稳定，从而要求我们寻求一定的政府干预。对于垄断，政府可以指定相关法律法规，如反托拉斯法；对于外部性，政府可以进一步明确产权；对于信息不对称，政府可以制定委托代理机制，增加市场透明度。

但是我们也不能过分强调政府的“看得见的手”的作用，而忽视斯密的“看不见的手”的作用，否则，就会出现资源浪费、效率低下、经济发展缓慢的现象。

## 五、结束语

《国富论》是经济学的百科全书，提供了现代自由贸易、资本主义和自由意志主义的理论基础，对后世的经济学家产生了深远的影响。亚当·斯密关于分工、资本和利己利他的理论，确实是由一只看不见的手所驱动，协作完成了一件美好而有意义的劳动。市场机制对经济的调节作用，强调市场的自发性。社会共同利益是所有成员利益的总和，成员在市场中达到的利益最大化也将给共同利益带来最大的贡献。市场这只“看不见的手”对经济人和道德人进行了正确的协调，把个人的利己行为引向有利于整个社会，即经济中的自由放任。亚当·斯密《国富论》中有关“看不见的手”的思想对我国经济发展具有一定的指导意义，但也存在弊端。我们应该取其精华、去其糟粕，充分发挥主观能动性，面向世界，博采众长。

# 《目送》之里 满是温情

赵 秀
公共事业管理2017级

我被《目送》深深吸引：母亲推着自行车，注视着自行车上的儿子走在路上，世人看见的只有他们渐行渐远的背影。这样的画面既让我感到温馨又不免夹杂些许酸楚，我们一生都在不断前行，最后给人留下的只有背影。决绝、无奈还是开心，我们不得而知，但这样的感情似乎不是几个冷冰冰的词语就能完全概括的。而父母对我们的情感更加浓烈，如孩提时的时刻陪伴、叛逆期的无限争吵、成年后的无奈分别。父母不断目送我们成长，然后离别，最后我们又不得已目送父母的离开，就如同书中所说的那样：如果说那渐行渐远的背影只是给我们一个生命或情感的出发点的话，目送则是连接这一点长长的线，这一点一线无限伸展的是长长的人生，起点连接着终点。目送之里，满是温情。

## 一、家

书中，母亲在华安即将去美国做交换生时去机场送华安。告别时，母亲深情地拥抱华安，而华安却明显在勉强忍受母亲的深情。在等候护照检查的长长的队列里，母亲的视线从未离开过华安，而华安在海关窗口停留片刻拿回护照后闪入一扇门，倏然不见。母亲一直在等候那消失前的回头一瞥，但是母亲没有等到，只能暗自离去。

而我们又何尝不是如同华安这样呢？我上大学后好像和父母的联系渐渐少了起来，父母好像不似少年时对我那般严厉，取而代之的是更多小心翼翼的问候，如同捧在手中的鸡蛋，害怕一不小心就掉在地上，打碎了。大学后的第一个国庆假期结束后，母亲说送我去车站，而我坚持一个人去，母亲却说："让我送送你吧！我想再多陪你说一会话。"当时的我愣在了那儿，却不知道用什么话语接下这个话题。离开时，我也如同书中的华安一样没有给母亲回头一瞥，而是决绝地离去。现在回想起来，当时母亲的心情应该和书中的母亲一样，在殷切地期盼最终却只能暗自离去……

父母对孩子的不舍是情感上的，而对孩子的不断成长最后离开却又是理性且不可避免的，最终在理性战胜情感时，父母只能忍痛放手，目送孩子离开……

书中的老父亲因年迈而瘫痪，大小便失禁，而“我”帮父亲擦拭裤脚的排泄物后不得不赶回去上班，只能目送护士推着轮椅把他送进病房，而这也是最后一次在父亲生前送别父亲；老母亲也因年迈而出现记忆混乱，像个小孩子般一样要不停地哄着她，有时一件事情也需要重复无数遍讲给她听，但她永远不会忘记她的女儿叫雨儿，在她心中，她的雨儿是独一无二的。父母的身体会无法避免地一天天衰老，记忆也会衰退，可他们永远不会忘记自己的儿女，而且他们的儿女是独一无二的，无可复制的……

家中奶奶也因年事已高而瘫痪在床，时不时地意识不清、胡言乱语。她忘记周围的人，忘记自己是谁，忘记自己是否吃过饭，唯一没有忘记的是父辈们的名字、她的孩子们。吃饭时，奶奶会首先询问他们是否吃过了，睡觉时会问他们是否回来了……在得到肯定的回答后，她就不停地念叨着：“好，好，好……”这或许是长辈对子女的爱的最深刻体验吧！我可以忘记自己是谁但永远不会忘记你是我的孩子。

“我慢慢地，慢慢地了解到，所谓父子、母女一场，只不过是意味着，你和他的缘分就是今生今世不断地在目送他的背影渐行渐远。你站立在小路的这一端，看着他逐渐消失在小路转弯的地方，而且，他用背影默默告诉你，不必追。”生命的脚步是无法追逐的，这是龙应台在冷静思考后对生命的感悟。世间万物皆有定律，我们无法凭借一己之力去改变，我们能做的只能是在目送家人的背影离开前努力不留下遗憾，不至于终身悔恨。

是的，不必追，曾经那个像一棵大树一般护你周全、为你不顾一切遮风挡雨的人，两鬓渐渐长满了银丝，眼角爬满了鱼鳞般的皱纹，曾经身手矫健的他现在却显得颤颤巍巍，无论做什么都显得那么力不从心。甚至曾经那些他不以为意的感冒如今都把他折腾得够呛。这时，你突然发现了岁月的无情。在不得已间，你们互换了角色，就这样，你只能看着曾经的参天大树如今一天天枯萎，最后作为后代，我们只能看着他们渐行渐远，望着他们的背影，想追却无能为力，直到最后一次目送他们离开。

## 二、独自走

有些事，只能一个人做；有些关，只能一个人过；有些路，只能一个人走。《目送》中有两幅对比强烈的画面：一幅画面是容纳五万人的露天演唱会，这里人声鼎沸，光彩夺目，热闹非凡；而另一幅画面是医院的加护病房里住着“前行者”沈君山，这里冷清至极，只有象征着生命体征的机器在滴滴作响。曾经的“前行者”现在只能孤零零地躺在这，独自与生命搏斗。是可怜他吗？不是的，作者只是想告诉我们有些路只适合一个人走。别人无法也不能替你走，就像一个人才是你和风景的单独私会，别人无法替你欣赏这独特的风景。

曾经的我们谁不是做什么事情都想要拉上三五个同伴一起，好像同时做同一件事才是体现我们之间的友谊最直白、最好的方式。一起上课、同行去洗手间、下课拉着手疯狂地冲向食堂、买一样的衣服穿、喝着同一种味道的饮料……这是我们曾经证明友谊的最常用的方式，可渐渐长大后，我们才发现再好的朋友也有分别的一天，如同停靠在车站的列车不能一直停滞不前，最终它还是会向前驶去。一次考试——高考，好像是一次悄无声息的告别，在这以后我们各自分别，散落在天涯。上大学后，一切都变了，虽也结交了好友，但或许是因为各自的兴趣不同，又或许是因为参与的活动不同，大家经常是一个人，一个人吃饭，一个人去教室，一个人回宿舍……直到这时候才明白，原来没有人可以陪在自己身边一辈子。有些人走了，不必难过，因为会有新的人出现在你的生命里，来来往往，但最终都将成为过客，所以我们要学会坚强，学会独自走过一些路。沙上有印，风中有音，光中有影，它们会告诉你，你经历过。

有一种孤独，身边添一个可谈的人、一条知心的狗，或许就可以消减。然而有一种孤独，茫茫天地间，“余舟一芥”的无边无际无着落，人只能独自面对，素颜修行。但修行的路本不就是孤独的吗？因为智慧总是来源于孤独。

## 三、温情

《目送》是龙应台的代表作之一，她改变了以往犀利的文风，以温柔婉转的笔调思考了家族的人生情感。七十三篇散文从父亲的逝世、母亲的苍老、儿子的离开、朋友的牵挂、兄弟的携手同行，写出了失败和脆弱、失落和放手，写出了缠绵不舍和决然的虚无。

家，是一个特别的词汇，它在我们中国人心中有着不可替代的地位，人的一生都离不开它，从出生一直到死亡。古时就有“修身，齐家，治国，平天下”的名言，可见家的重要性。家是你无论离它多远都会让你魂牵梦绕的地方。可到底又是什么让你念念不忘呢？是那撑起家的房屋建筑？还是父母做的美味饭菜？我想应该是在家中与家人一起度过的温情时光吧。虽也有与父母意见不合时的争执，但是那里是你年少所有美好时光的体验地。家是给予人幸福的地方，但什么是幸福？幸福之于我们就是：生活中不必时时恐惧，寻常的人都在的满满安全感。幸福之于父母是：早上挥手说“再见”的人，晚上又平平常常地回来了，书丢在同一个角落，臭球鞋塞在同一张椅子下……

家不是一个地方，而是一段温情的时光。

《目送》以温柔的笔触描写了亲子间的亲密互动，却也夹杂着生死之间，对时间的无言，对生命的目送。在每一个我们不以为意的曾经，回想起来：每一个当时，都稍纵即逝，可我们又无能为力。《目送》绝不是宣扬消极的悲观的无所作为的思想。它的本意是让我们抓住每一个当下，与家人尽可能地多相处，多多体验家人间的温情时光，当你一个人无可避免地感到孤独时，你也不必慌张，因为它会给你呈现不一样的风景，让你体验不一样的心境。

《目送》中另一个重要的观点就是：一件事情的结束，永远是另一件事情的开端。就如同孩提时的我们在艰难地学会行走后，注定会迫不及待地开始学习奔跑；小学毕业就意味着初中的开始，初中毕业自然预示着高中的开始，诸如此类。如同书中龙应台在经历了父亲逝世、母亲苍老、儿子离去后才深刻体会到家人间的温情是如此重要，而时间如此无情，我们又如此无可奈何地经历着这一切。所以不必抱怨、遗憾一件事情的结束，因为旧的篇章刚刚翻过，新的篇章即将展开！

这就是《目送》传达出的：目送之里，满是温情。

# 《苏菲的世界》
## ——人生如星尘

杨启方
社会工作2017级

一花一世界，一叶一菩提。这个世界是有生命的，而且是充满奥秘的，不是吗？你听，那神秘的海浪声，那呢喃的风声，那淅淅沥沥的雨声，那动听的风吹麦浪声，那悠扬的远古的钟磬音……所有的一切，都无一例外地透露出生命的妙不可言。有人说所有的有机体都是由各种元素组成的，人也是吗？没错，人也是星尘。

有三位伟人、三部巨著在哲学上探索出了一个全新的世界，分别是马克思的《资本论》、达尔文的《物种起源》、弗洛伊德的《梦的解析》。而《苏菲的世界》的作家贾德，则是他们的继承者，因为《苏菲的世界》毋庸置疑是一个独特的、充满神秘的世界。

在我看来，哲学都是比较高深莫测、晦涩难懂的。但在看了《苏菲的世界》一书之后，我改变了对哲学的固有看法。

《苏菲的世界》以一种哲学思维为主线，运用生动的语言描绘了一个耐人寻味的故事，让读者们产生一种好奇和渴望：好奇故事发生的原因，渴望知道每个问题背后的答案。故事讲的是14岁的少女苏菲不断接到一些很有趣的来信，世界像谜团一般在她眼前一一展开。在一位神秘老师的带领下，苏菲开始探索，她用自己的知识和悟性，尝试着去解开这些谜题。然而，事实的真相远比她想象的更怪异、更离奇……“你是谁?”“世界从何而来?”这些看起来很容易回答的问题，也困扰了我很久。其实，生命本来就有很多不可思议的地方。

### 你是谁?

好像是远方那地底的奔涌的河流，又好像是远处传来的钟声，我起身四处寻找声音的来源，突然，声音渐渐变得清晰：你是谁？对啊，我是谁？

当我们被问到“我是谁”这个问题时，我们首先想到自己的名字，而我们几乎可以肯定，这个名字代表的就是我们自己。就像书中所言，如果苏菲不知道自己是谁，那不是太奇怪了吗？然而，一个名字的背后，往往涉及家庭环境、社会文化、经济地位等影响因素。那么，要怎么回答这个问题呢？

在精神学家弗洛伊德看来，人的本质分为本我、自我、超我三个层面。本我，即最原始的欲望；自我，即自己意识的存在；超我，即社会的行为准则的约束。从这三个层面看，人就显得更丰富了。

## 我们都一样

我相信，每个人都是独特的。无论你是谁，无论你的名字好听与否，无论你的长相平庸与否，无论你的家境普通与否，无论你的才能显著与否，无论你年幼与否，无论你的身体健康与否，无论你的文化水平高低与否，无论你是医生、律师、教师、学生还是农民、清洁工，都是独特的存在，都在为这个社会的存在发挥着不一样的作用，区别就在于我们发挥出来的力量的大小不同而已。我们生活在同一片天空之下，呼吸着同样的空气，欣赏着美丽的朝霞、日出和日落，淡看着云卷云舒和花开花谢。

我们尽管生活在同一片蓝天下，但是有着不一样的梦想和追求。每个人的人生境遇都有所不同，所以一千个人有一千个梦想，一万个人有一万个梦想。每个人都有自己的梦想，也许你的梦想是当一名为人民服务的警察，也许是当一名能说会道的记者、导游，也许是当一名家喻户晓的歌星，也许是当一名悬壶济世的医生……

我也深信，每个人都有追求自己信仰的权利，每个人都有祈祷这个世界变得更加美好的权利。抛开我们的身份和地位不谈，单从人的本质上来讲，我们或许都应该积极地为大家共同拥有的世界做些什么。

我想，哲学家之所以要探究这些简单却又充满哲学的问题，并不是要我们停留于表面现象，而是要引导我们用哲学的思维方式去思考学习与生活中的问题，简而言之就是带领我们透过现象看本质。

举个例子，关于“知识就是力量”这句话的见解，有人说知识本身没有力量，把知识用起来才具有力量。我个人是不太赞同这种说法的。在我看来，知识本身即力量，只是作用于不同的人效果不一样而已。语言表达的力量是非常奇妙的，借助语言，知识的作用会得到更大的发挥。而没有通过语言发挥出来的那部分知识，或许已经作用于我们的思想之中、我们的情感之中、我们的生活之中了。所以，知识就是力量这句话一点都没错。

## 世界从何而来?

在人生的成长道路上，似乎有一部分人失去了对世界的好奇心。有的大人们总是认为宏观事物的存在是理所当然的，并且放任自己陷入柴米油盐酱醋茶的生活中。然而，哲学家们从来不会过分习惯这个世界，他们永远有着小孩那样的好奇心。他们会积极地探索，比如研究“世界从何而来”这样简单又不简单的问题。

看完《苏菲的世界》这本书，我在想，如果像我这样受过一定教育的在读生都不知道这个世界的来源和存在的意义，那么我们未免太无知了些。事实上，世界很大，我们是渺小的。我们不一定要具体地研究世界从何而来，但是至少要知道在这个世界上我们应该怎么去活。

借助科学和技术的力量，我们了解到：地球之外，还有浩瀚的宇宙，人只是浩渺世界中的一粒尘埃。我们人类或许是整个宇宙中唯一有宇宙意识的高级生物，能意识到我们自己是宇宙中的很小的一部分，亿万年的时间变迁造就了我们。但是，时间变迁又是什么？可能首先应该是宇宙层面，然后是社会层面，再然后是文化层面和个人层面吧。

或许，“世界从何而来”这个问题并不是每个人都感兴趣的，只凭这一问题来辨别无知与否或许有失偏颇。那么，存不存在一个问题能引起大家的关心呢？无论他们是谁，无论他们在哪里。

生命中最重要的事情是什么？如果我们问一个饥饿的人，答案或许是“食物”；如果我们问一个正处于恋爱中的人，答案或许是“爱情”；如果我们问一个寒冷的人，答案或许是“温暖”；如果我们问一个被疾病缠身的人，答案或许是“健康”；如果我们问一个双目失明的人，答案或许是“光明”；如果我们问一个缺乏照顾的留守儿童，答案或许是“关爱”；如果我们问一个独居在家的空巢老人，答案或许是“团圆”；如果我们问一个长年漂泊在外的农民工，答案或许是“至亲”；如果我们问一个处于战争中的公民，答案可能是“和平”。毋庸置疑，每个人都需要食物和水，每个人都需要尊重和关怀。

迄今为止，很多哲学家都在关心类似“世界从何而来”这样的问题，而每个人给出的答案都不一样。

百科全书也不会告诉我们应该如何去生活，它不会直接告诉你生活在世界上各个角落的人们的生活各有各的不易；它不会直接告诉你世界各地的人们的内心世界是夏日晴天还是阴雨绵绵；它不会告诉你其实每个人都是一个充满好奇、值得人们探索的独特的世界；它不会教你为人处世与终身学习的方法；它不会明确指出这个世界运行的规则，也不会告诉你你在生活这部有趣的舞台剧中的结局。

在哲学史中，哲学家们一直想要探索人的人性。萨特相信，人并没有一成不变的“本性”。所以，追求广泛的生命的“意识”是没有用的。换而言之，我们就像还没准备好台词就被拉上舞台的演员，没有剧本，也没有提示词，没有人低声告诉我们应该怎么做。所以，我们必须自己决定该怎么办。

很多东西需要我们去探索，而不是从“百科全书”上直接获得。其实人生就是一场接着一场不断变换的舞台剧，很多人和事物都是本色出演。当这出剧将要谢幕，无论这过程中是波涛汹涌，还是风平浪静，所有人都终将离场，然后我们又将踏上新的征程，去寻找、去探索、去发现。我们自己和我们的亲人、朋友、老师……大抵如此吧，有时候，他们陪我们走过一段又一段路程，最终在教会我们一些东西之后就要离开。他们可能教会了我们如何爱人和被爱，或许教会了我们感恩与理解……是的，就像星尘，有些路，总要一个人孤独地走。

“人生天地之间，若白驹过隙，忽然而已。”生命本身就是带着悲伤、带着严肃的。我们每个人来到这个美好的世界上，彼此相逢，互相问候，并在共同相处一段短暂的时间之后，彼此失联，像星尘那样莫名其妙地消失了。

所以，对于活在当下的我们来说，我们的一生应该怎么过呢？我想，引用著名文学家奥斯特洛夫斯基的话来描述最适合不过。人的一生应当这样度过：当他回首往事的时候，不因虚度年华而悔恨，也不因碌碌无为而羞愧。

## 人生如星尘

天空中的星辰，微弱闪亮，如人的一生。

星辰在黑夜里绽放出闪耀的光芒，人在挫折之中锻炼心志。曾几何时，我陷入低谷，孤独、难过充斥内心，面对未来既迷茫又绝望，如同一颗散落在天际的最暗淡无光的星星。“苔花如米小，也学牡丹开。”当我爬出那段低谷，心中充满着希望和阳光。我认识到，我们每个人都有独特的地方，即使卑微渺小，也有独一无二的地方。

家乡的夏夜，天空格外美丽，繁星点点，亮晶晶地闪着银光，与夜幕下的天空构成一幅美丽的图画。最惬意的地方要属瓜藤下了，躺在摇椅上，静静地仰望天空，与星辰进行心灵的交流，听星辰诉说，体会它内心的情感，感受它内心的孤独，学习它内心的真挚。这渺小又闪亮的星星，让我不禁感叹：芸芸众生都好像星辰，它们行驶在自己的轨道之上，默默无闻地付出，平凡而又渺小。我们都是星辰，虽微弱，却有无限发展的可能，如若坚持不懈，那么一定会在黑暗之中绽放出万丈光芒，走向成功的巅峰。

新时代，新征程，我们将会不忘初心，我们会一直在路上：体会生命的奥秘，寻觅人生的终极意义，始终保持对人生和生命的关怀。这些就是《苏菲的世界》所带给我的感与思。

# 《自在独行》
## ——冷眼看世界

刘　茜
财务管理 2017 级

喜欢西安这个古都，缘于在一个相关的杂志上看到了贾平凹先生。我便开始留意起来，渐渐开始去了解这个作者。

有一天，我在家中看到了贾平凹先生的《自在独行》，很感兴趣，便读了起来。起初稍觉无聊，后来却深陷其中，越来越有兴致。平凹先生的这本书写着自己的独行世界，是写给每个孤独的行路人的。孤独，这个词或许离我们很远，因为我们身边有家人、朋友、同学，但其实孤独就在我们的身边。因为有的路总是需要一个人去走的，没人能替代你走该你走的路。这本书里面写了情感，聊了爱好，谈了社会，说了人生。这里面有书写生活的乐趣，也有俗世的智慧。书中说，对于匆匆的路人，平凹先生这部文集只是用来附庸风雅的玩物。但是这本书是写给生命的行者的，愿他们能懂得孤独的意义，在生活里多一些从容潇洒。然而在现实生活中，对于孤独的定义，我们大多数人不是很了解，或者说并不是很能体会。于我而言，我不能说自己很懂孤独，却有些理解平凹先生所说的："独行是一场心灵的隐居，真正的洒脱来自内心安宁。"

我之所以这么喜欢这本书，很大程度上是因为平凹先生所说的"从容是真，宽释是福，有敬无畏，乐以忘忧"。这短短 16 个字，诠释出了我对生活的态度。平凹先生还说过，人最大的"任性"就是不顾一切坚持做自己喜欢的事，只有这样，人才可以说，我这一生不虚此行。这句话让我有了方向，让我不管不顾地坚持自己所喜欢的，心中多了坚定。而我们能坚持住的，我想源头必定是喜欢。能把一项事情坚持做两年、三年、五年、十年……这份坚持就是个体存在价值最好的证明，我渴望拥有这份"任性"，我希望我的这份任性可以维持得久长，能够让我把自己的喜好活出"任性"来，坚定地走过自己的人生路。

起先读这本书时稍觉无聊，因为平凹先生在这本书中的语言不是欢快活泼的，需要经过反复咀嚼、沉思才能够领会得到其中的道理，所以只有用心去读，才会对文中各类事情产生些许见解。平凹先生的书完全不失纯朴的本色，所以不像其他的散文那样书写有趣的事情或者奇妙的际遇，搞得好像人在江湖旅行，让人读得津津有味。平凹先生的这本书平实地书写了各种事情。书的开头写了平凹先生的母亲、父亲和小学。他的父亲在“文革”中受累，母亲依旧不离不弃地照顾孩子，日日夜夜地纺织供孩子上学，在天灾的时候粮食歉收，母亲只能喝稀饭里的米汤……这些故事用的是朴素的语言，却让人产生共鸣，为那故事里的人，也为那朴实无华的感情。我越是深入地去读，越是感到有兴致。看了书后，我很佩服平凹先生的母亲。平凹先生说过他的母亲只是一个没文化、普普通通的小脚女人。然而就是这么一个女人撑起了一个家，成了平凹先生的依靠，让他读了书，成就了自己。舒婷在《母亲》里说，母亲，不是激流，不是瀑布，是花木掩映中唱不出歌声的枯井。于平凹先生而言，那“嗡儿，嗡儿”的纺织声可能是最好听的乐曲。那无穷无尽的棉线，抽出多少幸福的心绪啊。

平凹先生的《自在独行》看似写的是自己的人生经历，但这种经历和别人的经历很相似，所以会产生共鸣，而我一直以来觉得能够让人产生共鸣的都是好文章。平凹先生在《自在独行》中提及的孤独并不是一般意义上的孤独，是一种心境，而不是外在的表现，也不是孤单寂寞，而是一种内心的宁静的自在。所以，先生所说的自在，是灵魂的自在，所讲的独行，也是灵魂的独行。我也认为，内心孤独焦躁者可以通过这本书来求得心灵的安慰。全书的文字通俗质朴，作者笔下的每一座山都拥有特立独行的灵魂，每一朵花都是不一样的婀娜，每一株草都是别样的苍翠欲滴。一花一世界，一叶一菩提，大抵如是。在我们的生活中，生活的美处处可见，用一颗平常心去感受它，会得到不同的真实的感受，而生活就该自自然然的，用平常心对待，我想平凹先生想要告诉我们的也是这样。

书中第一章写的是孤独地走向未来，生命的睿智——从容是真。他说：“人既然如蚂蚁一样来到世上，忽生忽死，忽聚忽散，短短数十年里，该自在就自在吧，该潇洒就潇洒吧，各自完满自己的一段生命，这就是生存的全部意义了。”所以啊，人的一生经历得太多，自在、从容地过日子，时常笑口常开才是最棒的。对于平凹先生而言，他的家庭是不幸的，母亲独自撑起家庭，而家庭的不幸会让孩子提前长大，并牢记母亲的那份坚持与坚强。所以平凹先生比同龄人更早懂事。书中最先描写的是先生的母亲，可想而知，他的母亲对他的影响有多大。也许，母亲的韧性最能让自己的孩子变坚强，所以平凹先生的坚韧与坚强源于他的母亲。当然他的父亲也对他产生了很深的影响，他父亲的言行对他的影响也很大，他父亲的精神和品格完全影响了他。书中也描写了先生生的病："我突然患了肝病，立即遭到歧视。"在这个世界上，大多数人似乎对生病的人有一种鄙夷，没有同情心。所以他感慨："我们是病人，人却都病了，我的猫头鹰上帝。"但是先生对于生病，只有自嘲的苦涩，没有怨恨的意味。

书中第二章写的是默默看世界，人世的悲心——宽释是福。他说："世上的事，认真不对，不认真更不对，执着不对，一切视作空也不对，平平常常，自自然然，如上山拜佛，见佛像了就磕头，磕了头，佛像还是佛像，你还是你——生活之累就该少下来了。"书中提到了朋友，说了花钱，谈了名人，更聊了生病与死亡……谈到的很多，但都只有一个态度，就是学会宽释，平淡而自然才是真的。陪同先生一起去看玩牌的，一起去见抽烟的，一起和老人下棋博弈……其实也兴致勃勃。最有趣的是先生看人，他说最好的风景是在街上看人。所以"在街头上看一回人的风景，犹如读一本历史，一本哲学，你从此看问题、办事情，心胸就不那么窄了，目光就不那么短了……人既然如蚂蚁一样来到世上，忽生忽死，忽聚忽散，短短数十年里，该自在就自在吧，该潇洒就潇洒吧，各自完满自己的一段生命，这就是生存的全部意义了"。这看人就像在教我们如何做人：宽释是福，平平常常，自自然然。

书中的第三章写的是独自走一走，大地的灵魂——有敬无畏。他说："五味巷里的人工资都少，而开销皆多，上养老，下育小，两个钱顶一个钱花，地位都低，而心性皆高，家家看重孩子学习，巷内有一位老教师，人人器重。"先生首先提到了秦腔，接着提了黄土高原、五味巷、白浪街、在米脂，还有清涧的石板……这些都是陕西的美，也是西安的美。平凹先生曾经说过，西安是他遇到的第一个姑娘……平凹先生把见过的风土人情写成一本书，每一个字好像都是生动活泼善良的，没有鞭策，也没有愤世嫉俗，让人如同被春雨滋养了一般。

书中第四章写的是独处的安宁，万物的情怀——乐以忘忧。他说："玩风筝的是得不到心身自由的一种宣泄吧；玩猫的是寂寞孤独的一种慰藉吧……我在我的书房里塞满这些玩物，便旨在创造一个心绪愉快的环境，而让我少一点俗气，多一些灵感。”于是便有了《狐石》《三目石》《丑石》《拓片闲记》《红狐》《关于树》《落叶》……这些故事反而写得很有趣味。而关于自在，先生写了一篇《说自在》，书中没有具体谈到什么才是自在，我却在书中领略了先生的想象力与乐趣，从中似乎领悟到了自在的含义，自在其实就是人们在场畔乘凉闲话，你一句他一句，到了深夜，谁都说不上说了什么，但是本人却满足了。我很喜欢《坐佛》，能使我身静思安。而现在的我们需要的正是身静思安。

书中第五章写的是自在的禅意，天空的禅意——行于天地。他说：“日月交替一年，树就长出一圈。生命从一点起源，沿一条线的路回旋运动。无数个圈完成了生命的结束，留下来的便是有用之才。”他描写了那燕子，那云雀，那晚雨，那风雨，那荒野地……这些都是平平常常的简单事物，先生却从中悟出了自在的禅意……其实自在，就是平淡地生活，自自然然的。

这是一本冷眼看世界的书，先生在苍茫的大地上行走，观察人生的百态，却又能用独特的视角来看世界，给人以启迪。

# 管理之道　宽严相济

## ——《用透乾隆管理学》之我见

胡　晓
公共事业管理17级2班

众所周知，康、雍、乾三朝是清王朝的鼎盛时期。康熙的管理方式重“宽”，以诚信、中和而善治，尊理学，重民生。雍正的管理方式重“严”，立政以除弊为先，整肃贪污腐败，官吏清廉，民心则安。乾隆则取两朝所长，管理以“宽严相济”为准则。

宽与严，是对立统一的一对矛盾，要驾驭它们是相当不易的。但治理与管理中总有些问题需要靠“严”来解决和理顺。而在宽、严之间，什么情况下要宽？什么情况下要严？如何拿捏好其中的分寸？这里面有不少讲究。

“宽严相济”的原则对企业与各类机构的各级领导提高管理水平都有帮助。本文将通过探讨乾隆皇帝的治国理政之道，分析其对企业管理的现实意义。

### 一、对领导干部严，对一线员工宽

乾隆刚上任不久，便诏谕：“治理天下，应当宽严相济。”他解释说，“朕谓之宽，指兵丁、百姓应加抚恤”，但是“诸王大臣须严明振作”，“若事务废弛，朕不得不严”。乾隆的意思是：一是对民要宽，抚恤民众，宽待民生；二是对官要严，官吏要“在任守制”，“严明振作”。

乾隆一方面对民宽，连发数十道诏谕：禁止重复征税，荒年停征米税，歉收之年，贫民借谷不得收息；豁免苗族新赋税；兵丁可退休养老，嫁娶有赏银。另一方面对官严 ：官吏严禁匿灾瞒报，报喜不报忧；裁撤各部冗员，精兵简政；各省督抚不得越权增设官职，安插亲信；厘正文风，允许“臣下直言不隐”，章疏、考举须自抒己见；等等。如下级犯错，追究上级及上级的上级双重主体责任，实施下级官吏亏空钱粮由上司分赔的政策，衙役滋事，上级管官降一级使用。

在现实的企业管理中，领导者常常对员工过于严格，领导者通常认为过于宽容的管理会对企业的发展产生不利的影响。但过于严格的管理可能会使员工产生逆反心理，从而对企业的管理及发展造成严重的反作用。结合乾隆皇帝的管理方法，我们可以设想，如果对于掌握实权的领导干部过于宽容的话，一定程度上可能造成权力的滥用，乃至贪污腐败，从而对企业发展造成极大的危害。相反，如果对于掌握技术且处于企业生产核心的一线员工过于严格的话，其身心方面的压力必定会增大，从而导致工作效率下降，对企业发展的不利影响也相当大。所以说，如何协调领导干部和一线员工的工作，对于企业管理者来说尤为重要。管理者不妨参考乾隆皇帝的管理之道，再根据企业的现实状况合理调整方案，以促进企业的健康发展。

## 二、在制度上严，在处罚上宽

摒弃“人治”，把权力关在制度的笼子里。雍正朝“除弊立政”的方式是非常厉害的问责及罪罚，而乾隆之严不同，旨在整治，以制度、纪律整顿官场秩序，约束官吏之行为。乾隆执政的第一、二年，先后颁布诏谕近百余条，从官吏作风、职责守制、推荐能吏、科举教育、匡正文风、关注民生、治安秩序等诸多方面进行全面的政务整顿。这些规范举措，既有一事一议的政策，也有持之为常的制度、规章。为防止搞形式、走过场，乾隆还亲自到乾清门御门听政。

乾隆的高明之处，是针对官场的弊端，从制度设计上从严。诸如任用管理干部一项，乾隆采取综合治理：对各省、府县保荐能吏在数量、政治要求、业务特长上均做明文规定；禁止督抚大员越权，擅自“增设官职”，安插幕僚、亲信；颁布科举定考官子弟回避考试及“申严科举舞弊之紧”的禁令；立法以制之，任贤以守法。多管齐下，有效遏止了任人唯亲歪风的蔓延。事实证明，乾隆的新规督促官吏执行新政的自觉性和长效性，远远胜过雍正朝运动式的问责。在抓好制度、严格管人的基础上适当放宽处罚。如减少株连，与案情无关的人，哪怕是案犯直系亲属，仍可照常生活、做官，即便与贪官有经济往来，只要不是共同犯罪，一般也不予追究；减少酷刑，严讯与当面对质相结合，重视采集证据。

企业是有严明制度的，对违反制度的行为，是不是也要宽容对待呢？如果宽容了违反制度的员工，放过了给公司带来损失的行为，公司将不能称之为公司。因为公司是一个有机体，是一个系统，对一些错误行为的宽容，一定会带来连锁反应，也许不是当下。但在员工的心中会留下一个印象：公司的制度是可以违反的，给公司带来损失也是可以被放过的。于是，这种思想就会像瘟疫一样，慢慢滋生传播，正如温水煮青蛙效应一样，一切在慢慢发生，而且不被人注意，却在产生着人们不想要的结果。防微杜渐，就是在这个时候，对人们的提醒。

惩罚是基于管理的需要，是针对违纪行为的必要措施，有利于建立一个自律的团队。而宽容可以支持人，惩罚一样可以支持人，宽容针对弱点，惩罚针对错误，但如果宽容了犯错误的人，是害人；惩罚了有弱点的人，同样也是害人。宽容，让个人和团队失去了在错误中学习成长的机会；惩罚，打击人的自信，让人失去了健康成长的信心。一个成功的企业领导和管理者，要聪明地用好惩罚和宽容这两个同样可以支持个人进步和企业成长的工具。

### 三、德行之内，宽严灵用

有一次，贵州总督张广泗向乾隆推荐云南迤东道员王廷琬，说后者是一个可用的人。乾隆命人调出他的档案进行查阅，结果发现王廷琬在任职期间有受贿行为。乾隆认为此人行为不端，失德在先，决定不予起用，并且对张广泗不负责任的用人态度进行了严厉斥责。对于德才兼备的官员，即使工作中出现一时疏忽或需承担责任，乾隆也会出于爱护人才的角度，宽以待之。直隶总督方观承的政绩十分突出，当时被人称为“小黄河”的永定河经常泛滥成灾，方观承集思广益，采取了正确的治水措施，引永定河水入大清河，减轻水害，赢得了京畿地区群众的称颂。有一次，因天津一带发生水灾，科道官员多人上疏弹劾方观承，乾隆却极力维护，说道：“直隶事务殷繁，又值灾欠，措置不无竭蹶。言易行难，持论者易地以处，恐未必能如方观承之勉力支持也。”乾隆的大白话是说：你们这些批评方观承的人，是站着说话不腰痛，如果让你们来干，还不如他呢。

乾隆本人对道家思想也颇为推崇。正如《道德经》中提到的，上德不德，是以有德；下德不失德，是以无德。真正品德好的员工，不会到处标榜自己，老板在管理员工的同时，不仅要树立好榜样，用实事求是的原则要求自己，还要从实际出发，真正学会如何辨别员工的溜须拍马及假道德。

## 四、对事严，对人宽

我们常说“对事不对人”，但事实上这一点很难做到，我们经常把对人与对事搅和成一团，很容易因为一件事情，把一个人全盘否定，也容易因为是某个人，就宽容了他所有的不好。一个人做错了事情，必须进行严格要求甚至加以惩罚，但并不是说行为的主体不能得到宽恕；而对一个人的宽容，也不是说对他做错的事情可以淡然处之，轻易原谅。

拿对人的态度对事，容易放纵。这一点在很多家长的身上表现得最为明显，明明知道小孩子做错了事情，仍一味宽容放任，使得小孩子过分骄纵而变得飞扬跋扈。殊不知，这样的宽容反而害了孩子，直到有一天酿成大错受到极大惩罚的时候，才慨叹为时已晚，覆水难收。用对事的态度对人，容易偏执。工作中，由对事情本身的不同意见转化为对人的气愤不满，就很容易进入偏执狂的狭隘境地不能自拔，最终不仅害了团队也伤了自己。我们应对他人抱有同情心与怜悯心，当一个人做错事时，要体会他的过往经历与成长的不易，给予改正与成长机会，不要一棍子打死，全盘否定。

对事严格严苛，对人宽容宽恕，这才是严与宽的真谛。严与宽，实质上都围绕同一个目的，激发员工最大的潜能，实现自我，遇见真正的、美好强大的自己。

## 五、对工作严，对生活宽

乾隆在对官员严时，也没忘记给官员加薪，目的是让各级官员“日用充裕，庶乎保其操守”。

生活中宽容，可营造宽容的领导和被领导关系，提高下属的积极性。在工作上严格要求的同时，领导者应该注意情感管理，积极打造良好的感情氛围，将自己融入这个集体中，在生活中多关心手下成员，尤其那些需要帮助的成员。建立团结、紧张、严肃、活泼、友善、合作的上下级关系，而不是简单的命令与被命令式的关系，只有上下级关系和谐，及时沟通，互相理解，才能使各种指示得到自觉主动与顺利有序的执行。先严后宽；正如《菜根谭》所说：“先严后宽者，人感其恩；先宽后严者，人怨其酷。”

乾隆刚登基时，恶性贪腐非常普遍、严重。督抚权力过大，缺乏监督。大臣投其所好，争相进贡。中央地方勾结，监督机制失灵。不少官僚涉足权力寻租。乾隆此时想到，要打击朋党，整肃风气，首先须拥有令行禁止的威严。他便开始寻找机会。没多久，皇后病死，乾隆下令国丧，百日内不准剃头。但是，天气炎热，这么长时间不剃发让人很是煎熬。河道总督周学健把禁令不当回事，剃了发。乾隆便拿他问罪，将其诛杀。从此，朝廷上下没有人敢瞧不起这位年轻的皇帝，乾隆由此立威。

## 六、对己严，待人宽

孔子《论语》说：政者，正也。其身正，不令则行；其身不正，虽令不从。领导干部应率先垂范，做有素质、守纪律、讲规矩的排头兵。不能严于律人，宽于律己。待人宽，就是说，作为一名领导者，要善于团结各种不同的人，甚至是批评过你、伤害过你但有必要团结的人。对待别人的某些错误不能恶语相加，或抓住不放。应该换位思考，应该遇到问题讲协作，遇到利益讲风格，遇到矛盾讲大度，遇到摩擦讲大局。像弥勒佛，大肚能容，容天下难容之事。

严格要求自己，是一种能力。严格要求自己就是自律，自律就是自我管理。自律是解决人生问题最主要的工具，也是消除人生痛苦最重要的途径。作家王小波说过："人一切的痛苦，本质上都是对自己无能的愤怒。而自律，恰恰是解决人生痛苦的根本途径。"欲成小事，只需自励；欲成中事，还需自省；欲成大事，必需自律。人真正的能力，应该包括抑制欲望、克己心在内。不管你有多大的能力，但如果不能战胜自己贪图安逸之心，不肯努力奋斗，不能发挥天赋，从这个意义上讲，就是缺乏发挥自己能力的能力。

宽以待人，则可海阔天空，容忍别人的错误，就是给自己多留条路。俗话说"种瓜得瓜，种豆得豆"，当你种下了宽容的种子，必然换来别人的"感激"，最终受惠的还是自己。宽容不是一件很简单的事，需要一个人有宽广的胸怀，去容纳别人容纳不了的错误，受别人受不了的委屈才可以。宽容可以让我们理智地对待人与人之间的矛盾，广结善缘，让身边朋友越来越多，道路也会越走越宽，宽容别人，最终被善待的人却是我们自己。

## 七、宽严之外，广开言路

乾隆刚即位时，他所面临的最大政治问题是父皇雍正统治13年间，由于实行铁腕政治，打击异己和贪污官吏时手段严酷无情，导致朝野上下终日惶惶不安。为了缓和紧张的气氛，调节矛盾，改善各方关系，他将广开言路作为第一要务。群臣纷纷为皇帝的求言姿态动容，一时间奏章纷呈，人言鼎沸，大献治国之策。

作为企业领导者来说，了解基层员工的需求及管理中的漏洞，是有必要的。这能使管理制度更加符合企业与员工的共同需求，从而促进员工的自觉性，比靠冷冰冰的制度来强行约束员工，更加明智。

管理之道，在道家看来，则是操纵德刑二柄——宽严相济之道。政有繁简，事有缓急；势无常态，水无常形；宜宽则宽，宜严则严；刚柔兼顾，恩威并施。这是自古以来从政者总结出来的经验。“宽严相济，刚柔并用”也是一种管理艺术。其实，宽与严并不是完全对立的两方面，只要科学合理地运用就能将治理效果最大化。在公务员管理制度中也适用，宽与严所对应的就是严管与厚爱。宽是对于人心，严是对于规矩。

# 《我们仨》
## ——家才是最好的港湾

程亚玲
财务管理2018级

我很崇拜杨绛先生，读完《我们仨》这本书，我站在杨绛先生的角度感受到了这个善良的家庭所遭遇的幸福与苦难。她用朴实的语言让我深刻地体会到：只有家，才是最好的港湾。

通过这本书，我想先介绍一下我眼中的杨绛先生。作为一个女人，她出身书香门第，很好地诠释了什么叫作腹有诗书气自华，性格温柔善良，是大家眼中的大家闺秀，也是一代文学大家；作为一个妻子，她是丈夫的贤内助，体贴丈夫，对家人照顾细微；作为一个母亲，她教子有方，给孩子树立了好的榜样。在杨绛先生身上，我看到了一个女子最好的模样，她为这个家付出了所有的心血。在丈夫和女儿生病期间，她一边要学习，一边要做饭洗衣，包揽所有的家务活，还要承受两个最爱的人生病给她带来的痛苦。在她的眼里，只有家，才是最好的港湾。作为一个当代女大学生，正如杨绛先生回复那个青年所说："你的问题在于读书不多而想得太多。"这一句话是多少人的真实写照啊！杨绛先生以自身的行为给后人以启迪，让我们不断成长。杨绛先生的去世，让我们这些整天被娱乐花边新闻洗脑的人，可以好好地审视一下自己，当自己真正去理解作者所流露的真情实感时，才发现正如杨绛先生所说，原来人刚开始时假装坚强，后来就真的变坚强了。

《我们仨》这本书我一共读了3次，分为两个部分，第一部分以做梦的形式讲述了他们一家三口最后的那段时间，第二部分讲述的是他们夫妻去英国留学生下女儿后所经历的坎坷历程。这本书是由他们仨共同完成的，其中倾注了太多的感情，字里行间都是他们的真情流露。他们以朴实的语言让我感受到了一家三口所经历的点点滴滴，还有他们身上强烈的爱国之情。"世间好物不坚牢，彩云易散琉璃脆。"在杨绛先生晚年时，她的丈夫与女儿相继去世，书中杨绛先生淋漓尽致地表现出了对丈夫和女儿的怀念。我常常在想，多强大的一个女人才可以如此坚强，或许这背后的原因只有她自己才清楚。在这个家庭中，每个人都以他们独有的方式爱着这个家庭。和大多数家庭一样，他们也常常有集体活动，在探险、散步等一件件事情中，感情不断升温。钱钟书先生对妻子和女儿特别体贴，是妻子眼中的好丈夫，是女儿眼中的好爸爸，他给女儿树立了好榜样。他们的女儿圆圆特别孝顺父母，体贴理解父母，性格乖巧，听父母的话，试问，这样的女儿怎么能不讨人喜欢呢？

读完这本书我的想法是，流水的朋友，铁打的闺密，但是只有家，才是最好的港湾。每年的春节都会有春运，一到腊月所有人翘首以盼的就是回到家中见见自己的亲人，尝尝家的味道，好像只要与他们待在一起就无比幸福。“常回家看看，回家看看，哪怕帮妈妈刷刷筷子洗洗碗……”在如今的和平年代，如果你想念你的家人可以借助各种交通通信工具马上与他们取得联系；在古代，战乱让山河支离破碎，让人们颠沛流离，让家人不能团聚，他们好像所有东西都没有了，在他们的心灵深处，没有了家人，没有了家，才是真正什么都没有了，只要他们还活着，还可以见到他们，生活就有希望。现在的人都喜欢旅行，就正如陈默说的一样：“在家里住久了，便想起了旅行的意义，去过很多地方后，才知道家的意义。”不管你在哪里，最终你都要回到你的原点，那就是你的家！不管你有多累，你都可以回到家好好休息一下，好像第二天真的就会好很多。不管你在外面经历了什么，你都可以告诉你的家人，他们会跟你一起承担，会想方设法地帮你解决。不管你在外面受了多大委屈，回到家你就可以得到满满的关爱。我清楚地记得我舅妈曾经发过一条朋友圈，她是这样说的：“不知从什么时候开始，回家的意义跟以往不太一样了。每天忙忙碌碌地上班，回家完全是想静静地待几天，即使每个小家庭都很忙，我想说这就是家的意义吧。”我想这段话是很多人内心深处的独白。上高中的时候，由于是寄宿学校，我总盼着能够回家一趟。我发现家真的好神奇，不管我心情多糟糕，一想到明天可以回家，我就可以笑出来，我是真的想家，想回去看期待我回家的人，想想就觉得好幸福。

从这本书中我们可以学到很多东西，我喜欢这本书正是因为它引起了我相同的情感共鸣。很庆幸的是，我也有这样一个普通但是很幸福的家庭。

我的父亲，中等身材，年轻的时候很帅，现在发福了。他从小给我的感觉就是话很少，很温柔，很照顾这个家，如同脊梁柱一般的存在。父亲只有高中学历，但我总觉得他懂的特别多，姜还是老的辣。父亲总能一眼看透我的心思，所以我和父亲之间没有任何代沟。很小的时候，父亲就会辅导我和弟弟的功课，时常帮我俩检查作业，每天还要签字。我觉得父亲的字是为数不多的特别工整的字，我都怕老师怀疑是我自己签上去的。我的母亲胖乎乎的，有的时候感觉很凶。母亲生起气来是很吓人的，但是她每次在我俩犯事儿打完我们后都会买我们最喜欢吃的零食。最重要的是，我母亲做的饭超级好吃，我感觉没有她不会做的东西，而我对做饭一点儿都不感兴趣。还有我的弟弟，他和我是龙凤胎，但是我觉得我俩之间并没有心灵感应，长得也不是特别像。小的时候，我和弟弟关系不好，老是打架，我的父母很民主，每次我俩打架时，不管是谁的错，都是责罚两个人，并不会全把责任怪罪到一个人身上。我和弟弟的东西都是平均的，我的弟弟非常喜欢喝牛奶，我总会把我的给他喝。我俩基本上形影不离，一起玩游戏，一起做作业，一起上学，一起看电视，一起溜冰，一起骑自行车。现在我俩都在上大学，成了异地姐弟。

我理解我的父母，养两个孩子负担原本就大，更何况是龙凤胎。我们从小到大没有离开父母独自生活过，刚生出来没多久，就跟随父母一起去了浙江。父母很迁就我们，记得小时候最幸福的事情就是每天早上爸妈陪我们吃完早饭然后送我们去等校车，晚上放学后再来接我们。每次快到下车的地方，我和弟弟总喜欢把脑袋伸出来看看爸爸妈妈在不在，他们有没有看到我们，有没有给我们买好吃的东西。我的父母很少吵架，好像他们感情很好，我们一家人又有些怪，我和爸爸不吃辣椒，弟弟和妈妈超级爱吃辣椒，而且性格也是这样的。我觉得珍惜很重要。爸爸常说："每当我下班匆忙回家，发现你妈已经先一步进入厨房，做好了一桌饭菜，我就会觉得非常幸福。"

长大后，我更加成熟，更明白家的意义、父母的意义。想听听妈妈的唠叨，听听爸爸的笑声，想一家人好好地聚在一起吃顿饭。每次回寝室，看到的都是一群室友，那个默默等待的身影好久不见。但我无时无刻不在翘首期盼着他们的到来。在高中寄宿时，我的爸妈每周星期天的下午都会来看我，我那一整天都好像丢了魂，无心学习，觉得上课度日如年，或许是想念他们，或许是想念他们做的饭菜，或许是学习压力太大，但是不论我经历了什么，我都可以回头，还有一个港湾可以依靠。

想起以前的一件事，那是一个晚自习下课后的夜晚，我和一群朋友回家，在走到回家必经的一个小巷子里时，我发现有一个醉汉一直跟着我，我特别害怕就一直跑，一直跑，往家的方向跑。因为我知道那里有可以保护我的人，有爱我的人，他们不会伤害我。后来我妈每天晚上都会来接我。直到现在上了大学，晚上我都不会单独一个人出去。

虽然我没有杨绛先生般的经历，但《我们仨》这本书仍对我有很大的触动。书中没有华丽的辞藻，没有夸张的语言，但让我们真实地体会到在她身上发生的事情，她所有的经历以及她的心路历程。作为一个当代女大学生，我们的主要任务是学习，我们学习的目的有很多，最大的目的是让父母过得好一些，让以后的家过得好一些。在异地的我，能做的只有多体贴父母，常回家看看他们。一本经典，让爱被永远记录下来，让那句“只有家才是最好的港湾”深深地烙印在心中。

# 归去，也无风雨也无晴

## ——读《苏东坡传》之感

普秀荣
财务管理 2018 级

历史长河奔流不息，成就了厚重的史册，记载了无数事、无数人。其中，文学史上记载了这样一个人，他的一生可谓是起起落落、浮浮沉沉，因而也成就了他多彩的人生，成就了他对人生百态独特的见解。他说“事如春梦了无痕”，他说“一蓑烟雨任平生”，他也说“淡妆浓抹总相宜”。跌跌落落的人生，没有使他向命运屈服，他反而活得自在，活得洒脱，活得放荡不羁。尽管历经百年沧桑，但他始终在史册上熠熠生辉，让人永久铭记。他便是一代诗词大家——苏东坡。

几乎每代人中都有人写他，都有人追捧他，因为他们都被他那豪放的性格吸引，被他的华美诗词打动。林语堂先生亦是如此，他说：“像苏东坡这样富有创造力，这样刚正不阿，这样放任不羁，这样令人万分倾倒而又望尘莫及的高士，有他的作品摆在书架上，就令人觉得有了丰富的精神食粮。现在我能专心致志写他这本传记，自然是一大乐事。”林语堂先生的《苏东坡传》满足了我们想了解东坡的好奇心，虽不完全，但写得恰到好处，既不冗长，也不简短，写尽了东坡精彩的一生。

他是个独一无二的存在，他是万众中那颗闪耀易捕捉的星，他的一举一动都是自然本性的流露，若想对其人品个性做概括，无疑徒劳无功，可要是想了解他身上的特点，那便可以这样说：“苏东坡是个秉性难改的乐天派，是悲天悯人的道德家，是黎民百姓的好朋友，是散文作家，是新派的画家，是伟大的书法家，是酿酒的实验者，是工程师，是假道学的反对派，是瑜伽术的修炼者，是佛教徒，是士大夫，是皇帝的秘书，是饮酒成瘾者，是心肠慈悲的法官，是政治上的坚持己见者，是月下的漫步者，是诗人，是生性诙谐爱开玩笑的人。”也许正因如此，我忍不住崇拜他，喜欢上了他。

苏东坡的一生，过得极为精彩，在官场上三起三落，在俗世中肆意张狂。他是俗世中的欢乐人，却不是宦海中如鱼得水的人。俗世中的他，有“与君世世为兄弟，更结来世未了因”的兄弟情深，有“十年生死两茫茫，不思量，自难忘”的夫妻情深，有“一年好景君须记，最是橙黄橘绿时”的朋友情深，也有“击鼓吹箫，却入农桑社”的忧国忧民之情。苏东坡可不止这些情，他的情可不是一两句话便能说完的，总之，东坡之情如其性子般，随心自然。

东坡是秉性难改的乐天派，一生坎坷，纵然历“乌台诗案”，宦海沉浮，多次被贬，几乎踏遍大江南北，可是他依然勇于直面挫折，不畏强权，敢于直面现实。“莫听穿林打叶声，何妨吟啸且徐行?”这是何等洒脱。“一蓑烟雨任平生!”这是何等坦然。虽遭贬谪，他却活出了另一种韵味。他成为山野间一个奔放的村夫，由于气质和自然爱好的驱使，又变成了一个悠闲的隐士。林语堂评价苏东坡说：“他的一生是载歌载舞，深得其乐，忧患来临，一笑置之。”今人提到最多的不是苏轼而是苏东坡，为何是东坡呢？原来东坡源于他自得自乐、自给自足、闲来无事时自创的一道名为东坡肉的菜。身处逆境，却有如此闲情，普天之下，怕是前无古人后无来者，因此今日我们方能吟诵“大江东去，浪淘尽，千古风流人物”。这背后是东坡广袤千里的豁达胸襟，是他逆境而存的标识。

东坡是浩然正气的化身。苏东坡有句名言：“吾上可陪玉皇大帝，下可以陪卑田院乞儿。眼前见天下无一个不好人。”可见，此人不仅过得自得，而且还无所畏惧。若他生活在一个和平年代，他的率真也许令人羡慕，可他忘了，自己所处的是一个皇权至上、强权当道的时代，不是你洒脱、不争名利便可安然度过的时代。他那激励而又固执的性子终究还是害了他，引火烧身，屡次被贬。就拿王安石变法来说，他的变法出现了很多弊端，苏东坡等人立刻提出反对，他向帝王直言：“苛政猛于虎。”可惜此时的朝堂早已在王安石为首的变法派手中，皇帝都对变法充满期待，又怎会听取一个位低权轻的文人之言？所以结果不言自明，反对变法的一派失败了，东坡又再次被贬。这次的他是幸运的，他被贬到了有“上有天堂，下有苏杭”之称的杭州。杭州的美景、风土人情使他入迷，他过得怡然自得，因而杭州成为他的第二故乡。“一点浩然气，千里快哉风。”苏东坡这一豪气之语告知世人：一个人如果正气凛然，拥有浩然正气，便能如千里奔腾的风一般，快哉，乐哉。苏东坡处事安然，遇事不慌不忙，泰然自若，因此他方能高呼：“人生如逆旅，我亦是行人。”

东坡是悲天悯人的。被贬密州，“衣食之俸，殆不如昔”，生活本就过得清贫，可他那怜人之心的火焰却不曾熄灭。因新税法实行，百姓不堪重负，饿死者不计其数。他曾救了三四十个饥饿的孤儿，在自己家中抚养；也曾因为所住地有溺死初生婴儿的野蛮风俗，成立救儿会；更是花尽钱财买了房屋，又还给主人。他说，他在为自己积德，他行的是最上乘的佛教教义，行的是益事，收获的是欢喜，何乐而不为。

东坡是一个伟大的工程师。他不仅是个优秀的工程师，还是个靠谱的设计师。他亲自参与水利工程的建造，如开挖河道，开凿水井。拿他被贬徐州来说吧，他到任三个月后，洪水到了徐州。苏东坡奋不顾身，抢救城池，几十天不归家，亲自监督参与防堵工程，终得以建成，另外建有一黄楼，作为防洪保障。他不仅以身作则，而且亲力亲为，赢得百姓的敬仰，受万人称赞。可惜，他这人淡泊名利，只做对的事，只认对的理。所谓的功成名就，他丝毫不放在心上，他追求的不过是自然安逸的生活罢了。

东坡是佛教徒，是修炼者。苏东坡崇尚儒教，与此同时吸收佛家、道家之长，以儒行之，却不偏执；好佛崇之，却不愚昧；扬道之风，却不避世。他于顺境中，不骄不躁，于逆境中，不摇不动，因此得以实现从现实人生到艺术人生的转化，使他的坎坷境遇化作充满艺术审美情趣的人生，并体现在他丰富多彩的文学艺术创作中。被贬惠州后，他开始过上了仙居的生活，他炼丹，迷上了长生术。他患痔疮甚为严重，失血甚多，他不看大夫，自己医治，数月后，竟暂时痊愈。苏东坡曾经说：“未有天君不严而能圆通觉悟者。”人生的不朽与精神的不朽应当是分开的，人生不过短短几十载，生死难定，人死灯灭，什么也不能留下，精神却不同，真正的不朽恰恰体现在精神层面。而苏东坡已然做到了不朽，他的事迹，他的诗词，他的精神不朽，代代相传，屹立于史册上，万古长青。

作为诗人，“大江东去浪淘尽”，他文采飞扬，谈笑风生；作为官吏，“持节云中，何日遣冯唐”，他疾恶如仇，爱民如子；作为苏轼，“莫听穿林打叶声，何妨吟啸且徐行”，他不畏风雨，砥砺前行。纵观东坡的一生，他在宦海中浮沉，在诗词中遨游，在俗世中安然自乐，在命运中负重前行，他的苦乐皆可见、可触，不过是酸甜苦辣他自受而已。有人说苏东坡是不幸的，因为他活在了乱世，活在了一个不属于他能够生存的时代，活在了不能彰显他能力的时代，因为他多次被贬，人生几乎处于飘零状态，没做什么大官，不曾有令人震撼的成就。也有人说他是幸运的，虽贬但起码一生平平安安、妥妥当当，也升过官，受过庇护，直至最后安享晚年，如今更是声名远播，国内外爱他之人数不胜数。我们不是苏轼，安知东坡之乐？或许我们所认为的不幸是他之幸，幸之为不幸。总之，一代大家苏东坡像风一样过了他的一生。

虽然苏轼的人生道路上有许多的泥泞，可从他的诗篇、他的文章以及他的生活见闻中能够发现，他的人生态度是乐观、积极向上的。这不就是我们喜爱他的缘由吗？正是因为他豪放不羁，为人处世正直，乐天达观，随遇而安，爱国爱民，所以我们向他靠近，深深地被他吸引。每当我身处困境时，是他给了我前进的动力，他说："且将新火试新茶，诗酒趁年华。"当我疲惫想要放弃时，是他鼓励我坚持，他说："古之立大事者，不惟有超世之才，亦必有坚忍不拔之志。"当我荒废诗书时，是他警醒了我，他说："故书不厌百回读，熟读深思子自知。"都说史家不幸诗家幸，我想说，遇见你，是我之幸。

林语堂先生说："人生如梦，一出戏演得如何，只有在幕落之时才可以下断语。"而东坡的这出戏精彩绝伦，他虽已死，却永世长存。我们似乎仍能听到他高呼："回首向来萧瑟处，归去，也无风雨也无晴。"

# 人生何处不清欢

## ——读《人生最美是清欢》之思

罗　杨
公共事业管理2018级

林清玄在《人生最美是清欢》一书中，大多是围绕自己身边发生的故事来自然地引出最美“清欢”的主题，而且他在本书中所叙述的美往往是在稀松平常的生活中发现的。奥古斯特·罗丹说过：“生活中不是缺少美，而是缺少发现美的眼睛。”而林清玄就拥有这样一双能在平凡的生活中发现美的眼睛，这在现代社会是多么难得呀。他强调的“清欢”是清静的欢乐，没有欲望和邪念，只是从自然、生活中感受到的快乐。读这本书会勾起很多关于小时候的回忆，怀念以前的简单和纯粹。同时他在这本书中大量引用诗词名句，尤其是苏轼的诗词。从一方面来讲，他对苏轼写的诗词十分钟爱，也可能是对苏轼悠然的生活状态的向往，更有可能是对他生活中随处可见的“清欢”的艳羡；从另一方面可以得知，他的文化内涵之深、知识面之广，博闻强识，对待事物也有自己独到的见解。他在这本书的后半部分融入了很多宗教思想，也借用了许多佛家名人对事物的看法。不同的人站在不同的角度看问题，看法也各有千秋，但是林清玄会站在不同的角度去理性思考，特别是站在宗教的角度。因为他在三十几岁时闭关了一段时间，到山上清修，去思考，去感悟人生，为此他抛弃了所有工作和名利。敢问有多少人能有他这样的勇气和决心，去寻找那份人生的“清欢”？

### 一、人间有味，最是清欢

“雪沫乳花浮午盏，蓼茸蒿笋试春盘。人间有味是清欢”是苏轼的《浣溪沙·细雨斜风作晓寒》中的下阕，大概这是最符合林清玄心境的词了。他的许多言语也不无道理，“没有完美的人生，才是人生的真情实景；人生永远不变的，就是每天都在改变”，这是《人生最美是清欢》的自序中的一句话，这也是我们的现实状态。一切都在不断改变：乡村在不断缩小，城市在不断扩大，高楼不断拔地而起，经济不断发展，国家也越来越强大，正如他所说唯一不变的就是改变。世间的变迁与无常是不变的真理，随着因缘的改变而变迁，不会单独存在，不会永远存在。所以林清玄在嘈杂的红尘中追忆已逝的“清欢”，寻找依然存在的“清欢”。

在这个章节中，他写了光、雪、晴日、月、自己的书房以及落幕的夕阳，借着与自然物象发生的故事来展开，语言简练清晰却饱含情感。他学生时代时的圆通寺清静幽雅，没有世俗的纷扰，走在石阶上轻嗅着空气中弥漫的朱槿花的清香，那是多么“清欢”。可在短短几年之后，那里石阶依旧，却无人问津，香客都从新开辟的山道开车环山而上。寺院前摆满了摊子，充满着红尘的气息，何来“清欢”呢？他以前是在青青的草坪上骑马，一路驰骋，毫无灰尘，而现在那片草坪已变成了光秃秃的土地，骑马而过时扬起的一大片灰尘遮掩了前方的路。他宁愿把书房作为自己的小世界让自己想象力飞奔，他想回到自己，让自己光明，他道出对时光的哀痛，他说时间的流逝和空间的转移是如此无情和霸道，他回忆儿时的故事来反思自己为何没发现平常事物中的美。

现代人为何不能过清欢的生活？也许在喧嚣的尘世，我们过清欢的生活会被看作是另类。人们游走在污浊的城市，用光鲜和亮丽的打扮炫耀着自己。有人向往清欢的生活却被认为迂腐、跟不上时代，好像只有将自己陷于声色犬马之中，才可以称得上与时代接轨。为金钱名利所累的人们寻一刻清欢谈何容易。

## 二、活在当下，自在宁静

“岁月当是证明，我们活的时候真正感觉到自己是存在的，岁月的脚步一走过，转眼便是云烟无形”，只有活在当下才能保留一份自在的宁静。

此章节借用生活中的酒、鱼、粗海盐、小调、马蹄兰、贝壳来展开。他回忆小时候姐姐讲过的东坡词《定风波》中的故事，感受到了苏东坡的宁静；他向往在北极的人说话的浪漫方式，只有宁静，没有争吵；他想做一只有观点、有思想的鱼去捕捉美好的心灵，去感受细腻的生活。细腻的生活里也有粗糙的存在，粗海盐就是林清玄生活中一种特殊的存在，是与朋友之间美好又宁静的回忆。

当下我们身边充斥着喧嚣、世俗与钩心斗角，想要宁静谈何容易。陶渊明归隐终南山也只是他的愿望，如果你想在喧嚣闹市中寻找一份宁静，人们会认为你不合群，是特殊的存在，你会被同学孤立、被家长误解，你的与世无争在别人眼里就只是一种可笑般的存在。与其这样留住一份属于自己的宁静，不如活在当下，不用刻意去寻找，在心里留有一方净土，宁静自来，就如同“青山元不动，白云自去来”的淡然，与苏轼的《壶中九华诗》有异曲同工之妙。不管世间如何变幻仿佛都与我无关，看破红尘也就看淡了人世间的种种虚名，就像庄子在《逍遥游》中所说：“至人无己，神人无功，圣人无名。”

## 三、天寒雾重，望君保重

人世间的温暖无非是亲情、友情和爱情，但最重要的可能非亲情莫属。信笺中一句“天寒雾重，望君保重”道出了亲情中简单而又平凡的温暖，但简短的字句又饱含父母对子女满满的爱意。随着通信工具的发展，使用网络、电话的人不计其数，而使用书信的人屈指可数，让人很难感受到统一的字体中字里行间的用心，更难想象写信的人对字句仔细斟酌时的情景。

为何我们不能在通信快速发展的时代给书信留有一席之地，为何有人说便捷的通信会让亲人、朋友之间的感情越来越疏远。就如同春节：在通信还不是很便捷的时代，游子会尽量在春节前回家团圆，享受阖家欢乐的小幸福，一起除尘、一起准备年夜饭、一起给长辈拜年、一起守岁……这样的日子别提有多幸福。可是在这个通信便捷的时代，春节的年味儿越来越淡，拜年只需手指轻轻一点，一个视频通话就可以搞定；给小辈发红包也不需要当面给了，一个通信软件就可以搞定。这样的便捷不会使家人“离心”吗？我认为即使再便捷的通信也比不上家人相聚的欢乐与幸福。

## 四、不忘初心，方得始终

生而为人，本就应保持自己的初心，“人之初，性本善”，保持与生俱来的善良谈何容易，初心容易得而始终难守，就像要保持时刻充满爱的状态是非常困难的。世间的爱有千万种，美丽的爱是写在水上的诗，平凡的爱是写在水上的公文，爱的誓言是流水上偶尔漂过的枯叶，落下时，总是无声地流走。爱的坚守对人生也是一个巨大的挑战，不忘初心，这份坚守有极大的可能变为现实，从而成为始终。在不忘初心的同时，我们也应保持一颗如水的温暖的心，更要时刻保持清净与平和的状态，否则会在汹涌的波涛中迷失纯真的本我。

林清玄也在这初心中悟到了禅心，人间的喜乐我们要看清，生命的苦难我们也该承受，因为在终极之境，喜乐是映在镜中的微笑，苦难是水面偶尔飞过的鸟影。人世间的纷纷扰扰不过是众多飞影中的一个，何须为此挂心，扰乱自己平和的心境，外界的喧嚣与我何干，柳絮无风尚自飞，我与尘嚣互不扰。

## 五、温柔半两，从容一生

台静农说，人的一生应活得从容一些。林清玄认为，要有这样的觉悟需做到以下四点：一要尽可能地把所有的时间和空间都留给那些重要的事情；二是必须要意识到世俗的事务并非无价；三是不要失去对真实价值的认知；四是要认识到这个世界是多元的而不是单一的。而我认为做到这四点也不一定能做到真正的从容。我认为的从容是一种不紧不慢、有条不紊、与世无争的生活状态：既可以淡然地看待一些事物，又可以紧张地看待自己期待的事物，最重要的是自己内心的从容，尽管在外人看来这可能是一种漠视世界或者厌世的态度，但是我们仍不为所动。不难看出，林清玄是现代社会中比较“佛系”的人，但不是一味地佛系，是掺杂着自己思想的特殊的、难得一见的“佛系”。

生活中的点点滴滴都可以从中揣摩出自己的人生理念和人生哲学，但都需要我们心平气和地去看待，只有当你冷静下来之后才可能发现身边不一样的美丽风景和属于自己的“清欢”。世界如此喧嚣，但我愿为世界献出一份宁静，成为一股清流，这也许就是“清欢”。

# 后　　记

为适应时代和社会发展对创新型管理人才的需要，管理学院秉持“学·思·行”的理念，探索创新型管理人才培养新模式，开展了以“学·思·行”的理念创新管理人才培养模式的教学改革研究。经过几年的探索实践，学院促进了人才培养质量和规格的不断提升，成效初显。学院将学生所形成的成果结集成册。由于版面所限，该书仅是部分优秀成果，主要是论文。本书分为上、下两篇，上篇是具有一定学术性的论文，下篇为对“经典、专业、学术”著作和文章阅读后的理性思考。这些成果，在一定程度上反映了学院以“学·思·行”的理念探索创新管理人才培养模式的积极成效。由于我们的改革探索，是以“学·思·行”的理念为引领而开展的，因此将其定名为《学而思 思而行》。

本书主编：潘尔春。编委会成员：何文强、张鹏程、姜艳、唐榆晴、王梁宇、康蔚林、陈滨、肖霞、欧阳明月。